코로나19 바이러스
"친환경 99.9% 항균잉크 인쇄"
전격 도입

언제 끝날지 모를 코로나19 바이

99.9% 항균잉크(V-CLEAN99)를 도입하

독자분들의 건강과 안전을 위해 노력히.

㈜시대고시기획

Clean Zone

본 도서는 항균잉크로 인쇄하였습니다.

항균➕
99.9%
안심도서

항균잉크(V-CLEAN99)의 특징

◉ 바이러스, 박테리아, 곰팡이 등에 항균효과가 있는 산화아연을 적용

◉ 산화아연은 한국의 식약처와 미국의 FDA에서 식품첨가물로 인증받아 **강력한 항균력**을 구현하는 소재

◉ 황색포도상구균과 대장균에 대한 테스트를 완료하여 **99.9%의 강력한 항균효과** 확인

◉ 잉크 내 중금속, 잔류성 오염물질 등 **유해 물질 저감**

TEST REPORT

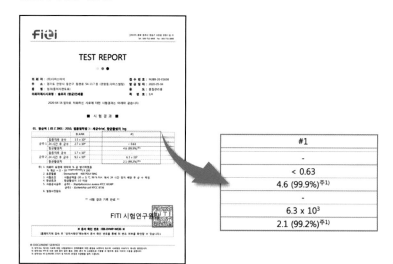

#1
-
< 0.63
4.6 (99.9%)주1)
-
6.3 x 10³
2.1 (99.2%)주1)

Clean Zone

SD에듀
(주)시대고시기획

합격에
자신 있는
무역시리즈
합격자!

무역영어

1급 기출이 답이다

(주)시대고시기획

편저자의 말

21세기, 국경 없는 무한경쟁의 시대에 대외교역을 보다 확대하기 위해서는 무역에 관한 전문지식이 필수적이며, 무역관련 영문서류의 작성 · 번역 등 영어구사 능력은 물론 무역실무 지식과 함께 전문적인 실력이 요구됩니다. 이러한 시대의 요구에 발맞추어 대한상공회의소와 정부는 무역영어에 대한 국가공인시험제도를 마련하여 인재를 양성해 국가경제의 발전을 이어가기 위해 노력하고 있습니다.

무역영어 시험은 무역관련 영문서류의 작성 · 번역 등 영어능력뿐만 아니라 무역실무 전반에 걸친 지식을 평가하는 시험입니다. 따라서 원하는 결과를 얻기 위해서는 정형화된 무역용어와 서신, 무역서류에 쓰이는 문구 및 무역실무 전반을 이해해야 하며 무역에서 자주 쓰이는 영어표현도 익혀야 합니다.

무역영어 시험을 준비하는 많은 수험생이 수험에 대한 부담감 때문인지 효율적이지 않은 공부 방법으로 오히려 수험기간만 늘리고, 결국 기대한 결과를 얻지 못하는 경우를 종종 보아왔습니다. 출제경향에 따라 핵심이론을 학습하고, 기출문제와 예상문제 등 가능한 한 많은 양의 문제를 풀어보는 것이 가장 기본적인 학습방법임을 다시 한 번 말하고 싶습니다.

이에 본서를 여러분 앞에 내놓게 되었습니다. 이 책의 특징은 다음과 같습니다.

> 첫　째 최근 무역영어 1급 3개년(2018~2020년) 기출문제와 자세한 해설을 수록하여 독학이 가능하도록 하였습니다.
>
> 둘　째 회차별 문제를 풀어보며 출제경향과 난이도를 파악할 수 있도록 구성하였습니다.
>
> 셋　째 핵심 영단어 A to Z를 부록으로 수록하여 중요한 단어를 암기할 수 있도록 하였습니다.
>
> 넷　째 핵심 확인학습을 통해 주요 키워드와 영문표현에 익숙해질 수 있도록 하였습니다.

끝으로 세계를 무대로 대한민국 무역 일선에서 활약하게 될 예비무역인 여러분의 건승을 빕니다.

편저자 올림

영문해석 / 영작문

영문해석/영작문 과목의 경우에는 무역서신이 지문으로 제시되기 때문에, 전반적인 무역용어와 실무에 대한 이해가 선행되어야 문제를 잘 풀 수 있습니다. 무역용어의 한글·영문표현 모두 숙지해 두도록 하며, 독해 능력을 꾸준히 키우도록 합니다.

빈출 유형

- 밑줄 친 부분이 가리키는 것 추론하기
- 서신의 앞뒤에 올 내용 혹은 이전 서신 내용 추론하기
- 빈 칸 채우기
- 적절한 것/적절하지 않은 것 찾기
- 문장 삽입하기
- 주제 찾기
- 흐름에 맞지 않는 문장 찾기

무역실무

무역실무에서는 무역계약, 운송, 결제, 보험 부분이 높은 비율로 출제됩니다. 서비스무역, 기술무역, 해외투자, 전자무역 부분은 출제빈도가 낮습니다. 무역실무 내용은 영문해석, 영작문 과목에서 영어로 출제되기 때문에, 무역실무에서 자주 출제되는 부분에 대한 공부를 가장 중점적으로 하는 전략이 필요합니다.

빈출 유형

- 무역계약 : 인코텀즈, 신용조회, 청약, 품질/수량조건
- 운송, 선적 : 선하증권, 선적서류(원산지증명서), 송장, 해상운임
- 무역결제 : 결제방식, 신용장, 포페이팅, 환어음, 무역금융
- 무역보험 : 해상손해(물적손해/공동해손), 협회적하약관, 피보험이익
- 무역규범 : UCP 600, URC 522, CISG

2018~2020년 1급 기출문제 & 해설!

무역영어 1급 최근 3개년 (2018~2020년) 기출문제 총 9회분을 모두 실어 출제경향을 파악하고 빈출 유형을 파악할 수 있어요!

CHAPTER
03

무역영어 1급 기출이 답이다
2020년 제3회(119회) 기출문제

제1과목 **영문해석**

01 What can you infer from the sentence below?

> Trade finance generally refers to export financing which is normally self-liquidating.

① All export amounts are to be paid, and then applied to extend the loan. The remainder is credited to the importer's account.
② Pre-shipment finance is paid off by general working capital loans.
③ Export financing is a bit difficult to use over general working capital loans.
④ All export amounts are to be collected, and then applied to payoff the loan. The remainder is credited to the exporter's account.

정답 ④

해석 아래 문장에서 추정할 수 있는 것은?

> 무역금융은 일반적으로 자기회수적인 수출금융을 말한다.

① 모든 수출금액을 지불한 다음, 대출금 연장에 적용한다. 나머지는 수입업자의 계좌로 입금된다.
② 선적 전 금융은 일반적인 근로자본대출로 상환된다.
③ 수출금융은 일반적인 근로자본대출보다 사용하기 조금 어렵다.
④ 모든 수출금액을 수금한 다음, 대출금 상환에 적용한다. 나머지는 수출업자의 계좌로 입금된다.

경우가 많다. 즉, 자금을 빌려준 은행이 모든 판매 수익금을 징수하도록 명시하고 있어서 그 다음에 대출금을 지불하도록 적용된다는 뜻이다.
*Trade finance : 무역금융
*refer to : 언급[지칭]하다, ~와 관련 있다
*export financing : 수출금융
*self-liquidating : 자기회수적인
*extend the loan : 대출을 연장하다
*remainder : 나머지(= the rest)
*credit B to A : A에 B를 입금하다
*Pre-shipment finance : 선적 전 금융
*pay off : (돈을) 갚다
*collect : (빚·세금 등을) 수금하다[징수하다]
*apply to : ~에 적용되다

기출문제와 풀이를 함께 구성!

오답 풀이까지 수록되어 있는 상세한 해설을 문제 아래 배치하여 문제를 읽으면서 바로바로 관련 이론들을 학습할 수 있도록 구성했어요!

제3과목 **무역실무**

51 승낙의 효력발생에 관한 국제물품매매계약에 관한 유엔협약(CISG)의 규정으로 옳지 않은 것은?

① 서신의 경우 승낙기간의 기산일은 지정된 일자 또는 일자의 지정이 없는 경우에는 봉투에 기재된 일자로부터 기산한다.
② 승낙이 승낙기간 내에 청약자에게 도달하지 아니하면 그 효력이 발생하지 아니한다.
③ 구두청약에 대해서는 특별한 사정이 없는 한, 즉시 승낙이 이루어져야 한다.
④ 지연된 승낙의 경우 청약자가 이를 인정한다는 뜻을 피청약자에게 통지하더라도 그 효력이 발생하지 아니한다.

정답 ④

해설 ④ 지연된 승낙은 청약자가 지체 없이 피청약자에게 유효하다는 취지를 구두로 알리거나 그러한 취지의 통지를 발송하는 경우에는 승낙으로서의 효력을 갖는다(CISG 제21조 (1)항).
①은 CISG 제20조 (1)항의 내용이고, ②·③은 CISG 제18조 (2)항의 내용이다.

52 다음 무역계약에 대한 설명 중 옳지 않은 것은?

① 협의의 무역계약은 국제물품매매계약이라고 볼 수 있으며 이외의 기타계약을 포함하면 광의의 무역계약이 된다.
② 매도인과 매수인간에 오랜 거래관계를 가지고 있는 경우에는 Case by Case Contract보다는 Master Contract가 바람직하다.
③ 미국의 계약법 리스테이트먼트는 기존판례들을 약술하여 정리한 것이다.
④ 양도승인에 의한 인도에는 점유개정, 간이인도, 목적물 반환청구권의 양도가 있다.

정답 ②

해설 ② 동일한 매수인과 거래하는 경우 계약서에 기재되는 필수 기재사항과 임의 기재사항을 SALES CONTRACT에 매 거래 주문 건마다 기재하기보다는, 기준이 되는 필수 기재사항은 Master Contract에 별도로 작성되어 아래와 같이 건별 계약서에 표기하면 업무의 효율성이 배가 된다[other terms and conditions as per Appendix(General Terms and Conditions)].

수출입 계약 체결 방식

계약의 종류	개념 및 특징	무역 계약서
개별계약 (Case By Case Contract)	거래가 성립될 때마다 체결하는 계약	Sales Confirmation Note(매매 계약서) / Purchase Order Note(주문서)
포괄 또는 장기계약 (Master Contract)	연간 또는 장기간 기준으로 계약을 체결하고 필요 시마다 수정을 가하는 계약	Agreement on General Terms and Conditions of Business(일반 거래조건 협정서 + 물품매도확약서 / 매입확약서)
독점계약 (Exclusive Contract)	수출입 전문상사 간에 매매를 국한시키는 계약	Exclusive Sales Contract(독점판매 계약서)

2019 제3회 기출문제

부록

무역영어 1급 기출이 답이다
핵심 영단어 A to Z

▎무역계약

- acceptance : 승낙
- accumulate : 축적하다, 모으다
- anticipate : 예상하다, 기대하다
- approval : 승인, 시제품
- authoritative : 권위 있는, 믿을 만한
- bank reference : 은행 신용조회처
- banker's check : 은행수표
- barrel : 통
- bilateral contract : 쌍무계약
- borne : bear(비용이나 책임 등을 지다, 떠맡다)의 과거분사
- bundle : 묶음
- business ability : 영업능력
- business proposal : 거래제안
- buyer : 구매자, 구입자, 매수인
- capacity : 기업운용능력
- capital : 재정상태
- case by case contract : 개별계약
- character : 상도덕
- claim : (주문품의 미도착 등으로 인한) 클레임
- client : 고객
- collateral : 담보능력
- commercial invoice : 상업송장
- common carrier : 전문 운송인
- conditional offer : 조건부 청약
- consensual contract : 낙성계약

- contract of carriage : 운송계약
- contract of sales of goods : 물품매매계약
- correspond : 일치하다
- counter offer : 반대청약
- credit inquiry : 신용조회
- cross offer : 교차청약
- currency : (거래) 통화
- deal : 처리하다, 다루다, 거래하다
- deficit : 적자, 부족액
- delay : 지연시키다, 연기하다, 미루다
- escalation : (단계적인) 증대, 확대, 상승
- exclusive contract : 독점계약
- expiry date : 만료일, 유통기간
- export license : 수출승인
- facility : (기계나 서비스 등의 특수) 기능
- factoring : 팩터링
- fair average quality : 평균중등 품질조건(FAQ)
- financial status : 재정상태
- firm offer : 확정청약
- good merchantable quality : 판매적격 품질조건(GMQ)
- handwriting : 수기
- hereto : 이에 관하여
- hereunder : 이 아래에, 이 다음에
- honesty : 정직성
- implied contract : 묵시계약
- import license : 수입승인
- inferior quality : 열등한 품질

[부록] 핵심 영단어 A to Z 제공!

시험에 자주 출제되는 주요 용어들을 무역실무 출제기준에 맞춰 수록했어요!

부록

무역영어 1급 기출이 답이다
핵심 확인학습

해석을 보고 빈칸을 채워보세요.

001 당사는 금일 귀사를 지급인으로 한 일람 후 30일 출급조건의 환어음을 발행하였고, 런던의 바클레이 은행을 통하여 매입하였습니다.
→ We have today drawn on you at 30 d/s, and (   ) the draft through the Barclays Bank, London.

002 당사자 무역은 자기 자신을 위해 혹은 자신의 회사 이익을 위해 교역하는 것이나 대행사는 고객 혹은 고객사를 위해 교역한다.
→ (   ) is trading for himself or money for his firm but agency is trading for a client or firm of a client.

003 귀사의 상품이 동 시장에 적합하기 때문에 9월 10일자 귀사의 제안을 기꺼이 수락합니다.
→ We are pleased to (   ) your proposal dated September 10 as your goods suit our market.

004 당사는 전보로 확정청약을 합니다.
→ We cable you the (   ) offer.

005 당사는 반대청약을 하고자 합니다.
→ We would like to make a (   ) offer.

006 제품의 품질은 샘플의 품질과 정확히 동일해야 합니다.
→ The (   ) of the goods should be exactly to that of the samples.

007 운송비 지급 인도조건에서 합의된 목적지까지 운송을 위하여 후속 운송인이 사용될 경우에, 위험은 물품이 최초 운송인에게 인도되었을 때에 이전된다.
→ In CPT, if subsequent carriers are used for the carriage to the agreed destination, the risk passes when the goods have been delivered to the first (   ).

008 공장 인도조건을 제외한 모든 인코텀즈는 매도인이 물품의 수출통관을 이행할 것을 요구하고 있다.
→ All the terms of INCOTERMS except EXW require the (   ) to clear the goods for export.

[부록] 핵심 확인학습 수록!

확인학습 문제를 풀며 한 번 더 머릿속에 암기할 수 있어요!

시행처 : 대한상공회의소

응시자격 : 제한 없음

응시료 : 29,000원

2022 무역영어 시험일정

원서접수	개설일로부터 시험일 4일전까지
시험일자	연 52회 시행 – 매주 화요일, 일요일(4~6월, 9~11월)
발표일자	시험일 다음날 오전 10시

※ 해당 시험일정은 변경될 수 있으니, 반드시 해당 시행처 홈페이지(http://license.korcham.net/)를 확인해주시기 바랍니다.

시험과목 및 시험시간

등급	시험방법	시험과목	제한시간	문제수	출제방법
1·2·3	필기시험	• 영문해석 • 영작문 • 무역실무	90분	75문항	객관식 4지선다형

출제기준

1·2급	3급
❶ 무역실무 전반에 걸친 무역통신문 ❷ 해외시장조사, 신용조사방법, 수출입 개요 등 ❸ 무역관계법(실무에 적용되는 것에 한함) ❹ 무역계약 ❺ 대금결제 ❻ 운송, 용선계약, 적화보험 ❼ 무역클레임과 상사중재 ❽ EDI에 의한 수출입 통관	❶ 무역통신문의 구성 및 형식 ❷ 거래관계의 개설(신용조회 및 보고, 거래제의) ❸ 거래관계의 성립(청약, 주문, 계약) ❹ 신용장(발행신청, 통지 및 수정) ❺ 선적과 운송서류(선적보험, 운송서류, 보험) ❻ 기본 무역용어 ❼ 상용회화

※ 1·2급의 문제는 상기 범위 내에서 난이도로 조정하여 출제됩니다.

합격기준 : 매 과목 100점 만점에 전 과목 평균 60점 이상 합격(단, 1급은 과목당 40점 미만인 경우 불합격)

CONTENTS
목차

PART 01

2020년 기출문제

무역영어 1급 기출이 답이다

제1과목 **영문해석**

[01~02] Read the following and answer the questions.

> Dear Sirs,
>
> We received your letter on April 5, in which you asked us to issue immediately a letter of credit (ⓐ) your order No. 146.
> We have asked today the Korean Exchange Bank in Seoul to issue an irrevocable and confirmed letter of credit in your favor for USD250,000 only, and this credit will be valid until May 20.
> This credit will be advised and confirmed by Ⓐ the New York City Bank, N.Y. They will accept your (ⓑ) drawn at 60 days after (ⓒ) under the irrevocable and confirmed L/C.
> Please inform us by telex or fax immediately of the (ⓓ) as soon as the goods have been shipped.
>
> Faithfully yours,

01 Choose the wrong role which the underlined Ⓐ does not play.

① Confirming bank
② Advising bank
③ Issuing bank
④ Accepting bank

02 Select the wrong word in the blanks ⓐ ~ ⓓ.

① ⓐ covering
② ⓑ draft
③ ⓒ sight
④ ⓓ maturity

해석

담당자께,

귀사의 4월 5일자 서신에서, 당사는 귀사의 주문 No. 146(ⓐ 에 대한) 신용장을 즉시 개설할 것을 요청받았습니다. 당사는 오늘 서울의 한국외환은행에 미화 250,000달러에 대하여 귀사를 수익자로 하여, 취소불능 확인신용장 개설을 요청했으며, 이 신용장은 5월 20일까지 유효할 것입니다.

상기 신용장은 ⓐ <u>N.Y. 뉴욕시티은행</u>에 의해 통지되며 확인될 것입니다. 그 은행은 취소불능 확인신용장 하에서 귀사의 (ⓒ 일람) 후 60일에 출급 (ⓑ 환어음)을 인수할 것입니다.

물품 선적 즉시 당사에 텔렉스나 팩스로 (ⓓ <u>만기일 → 선적일</u>)을 알려주십시오.

그럼 안녕히 계십시오.

01 밑줄 친 ⓐ의 역할이 아닌 것은?
 ① 확인은행
 ② 통지은행
 ③ 개설은행
 ④ 인수은행

02 빈 칸 ⓐ ~ ⓓ에 들어갈 말로 잘못된 단어를 고르시오.
 ① ⓐ ~에 대한
 ② ⓑ 환어음
 ③ ⓒ 일 람
 ④ ⓓ 만기일

해설 01

서신의 두 번째 문단에서 '... will be advised and confirmed by ⓐ <u>the New York City Bank, N.Y.</u> They will accept ...'라고 했으므로, 밑줄 친 ⓐ '뉴욕시티은행'은 개설은행(서울 외환은행)의 신용장에 대한 인수·확인·통지 은행이다. 신용장 거래에서 인수은행은 신용장의 조건과 일치되는 서류가 첨부된 기한부 환어음(time bill or usance bill)을 발행하여 은행에 제시하면, 이 기한부 환어음을 인수하도록 수권된 은행이다. 자행 앞으로 발행된 기한부 환어음을 인수한 경우에는 그 어음의 만기일에 반드시 지급할 의무를 지게 되므로 인수은행은 어음의 만기일에 가서는 지급은행이 된다.

02

수입자가 수출자에게 물품 선적 즉시 알려달라는 것이므로, ⓓ maturity(만기일) → shipment(선적일)이 되어야 한다.

03 Which of the following has a different purpose of replying from the others?

> We would appreciate it if you would inform us of their financial standing and reputation. Any information provided by you will be treated as strictly confidential, and expenses will be paid by us upon receipt of your bill.
> Your prompt reply will be much appreciated.

① The company is respected through the industry.
② Their accounts were not always settled on time.
③ As far as our information goes, they are punctually meeting their commitments.
④ They always meet their obligations to our satisfaction and their latest financial statements show a healthy condition.

정답 ②

해석 다음 중 나머지와 회신의 목적이 다른 것은?

귀사가 그들의 재정적인 상태와 평판을 알려주신다면 감사하겠습니다. 귀사가 제공한 모든 정보는 극비 사항으로 취급되며 비용은 청구서 수령 즉시 당사에서 지불할 것입니다.
신속하게 답신해주시면 감사하겠습니다.

① 그 회사는 업계에서 존경받고 있습니다.
② 그들의 계좌가 항상 제때에 정산된 것은 아닙니다.
③ 당사의 정보에 따르면, 그들은 약속을 정확히 지키고 있습니다.
④ 그들은 항상 만족스럽게도 지불기한을 지켰으며, 최근 재무제표는 건전한 상태입니다.

해설 주어진 지문은 어떤 회사의 신용평가서를 요청하는 내용으로, ①·③·④는 긍정적인 평가, ②는 부정적인 평가이다.
*settle : (주어야 할 돈을) 지불[계산]하다, 정산하다
*as far as : ~하는 한
*punctually : 정각에; 엄수하여
*commitments : 약속(한 일); 책무
*to one's satisfaction : 만족스럽게도
*financial statements : 재무제표

04 Which of the following is NOT true about the CPT rule under Incoterms 2020?

① The seller delivers the goods to the carrier or delivers the goods by procuring the goods so delivered.

② The seller contracts for and pay the costs of carriage necessary to bring the goods to the named place of destination.

③ The seller fulfills its obligation to deliver when the goods reach the place of destination.

④ The seller must pay the costs of checking quality, measuring, weighing and counting necessary for delivering the goods.

[정답] ③

[해석] 다음 중 인코텀즈 2020 하에서 CPT 규칙에 대하여 사실이 아닌 것은?
① 매도인은 물품을 운송업자에게 인도하거나, 그렇게 인도된 물품을 조달함으로써 인도한다.
② 매도인은 지정목적지까지 상품을 운송하기 위하여 필요한 경우 운송계약을 체결하고 비용을 지불한다.
③ 매도인은 물품이 지정목적지에 도착하면 인도의 의무를 이행한다.
④ 매도인은 물품 인도를 위해 필요한 경우 물품의 품질·용적·중량·수량 검사비용을 지불한다.

[해설] 인코텀즈 2020의 CPT 규칙 중 B2의 내용으로, 매도인(The seller)이 아닌 매수인(The buyer)이 A2에 따라 인도된 때에 물품의 인도를 수령하여야 하고, 지정목적지에서 또는 합의된 경우 지정목적지 내의 지점에서 운송인으로부터 물품을 수령하여야 한다.
CPT[Carriage Paid To, (지정목적지) 운임 지급 인도조건]
• FCA 조건에 지정목적지까지의 운송비(Carriage)를 추가한 조건이다.
• CPT 뒤에 지정목적지를 표시한다(매도인 수출통관).
• 물품의 인도장소 : 매도인은 합의된 장소에서 자기가 지명한 운송인 또는 기타 당사자에게 수출통관을 필한 물품을 인도한다.
• 물품에 대한 매매당사자의 위험부담의 분기점(위험이전) : 지정된 운송인에게 인도 시(물품을 지정목적지까지 운송할 운송인의 보관 하에 최초 운송인에게 물품 인도 시)
• 물품에 대한 매매당사자의 비용부담의 분기점(경비이전) : 합의된 목적지
• 매도인(Seller)과 매수인(Buyer)의 책임

매도인(Seller)	매수인(Buyer)
• 수출통관 필 • 해상운송계약 체결 • 운임 부담 • 통상의 운송서류를 지체 없이 매수인에게 제공	• 물품이 운송인에게 인도된 이후의 모든 위험부담 • 지정목적지까지의 운송비 이외 모든 비용부담

*deliver : (물건·편지 등을) 배달하다
*procure : (특히 어렵게) 구하다[입수하다]
*the named place of destination : 지정목적지
*fulfill its obligation : 의무를 이행하다
*reach : ~에 이르다[닿다/도달하다]

05 Which of the followings is CORRECT according to the letter received by Mr. Beals below?

Dear Mr. Beals,

Our Order No. 14478.

We are writing to you to complain about the shipment of blue jeans we received on June 20, 2019 against the above order.

The boxes in which the blue jeans were packed were damaged, and looked as if they had been broken in transit. From your invoice No. 18871, we estimated that twenty-five blue jeans have been stolen, to the value of $550. Because of the damages in the boxes, some goods were also crushed or stained and cannot be sold as new articles in our shops.

As the sale was on a CFR basis and the forwarding company was your agents, we suggest you contact them with regard to compensation.

You will find a list of the damaged and missing articles enclosed, and the consignment will be put to one side until we receive your instructions.

Your sincerely,
Peter Jang

Encl. a list of the damaged and missing articles

① Mr. Beals will communicate with their forwarding company for compensation.
② Mr. Jang intends to send back the damaged consignment to Mr. Beals.
③ Mr. Beals would receive the damaged consignment.
④ Mr. Jang believes that Mr. Beals sent the damaged article.

정답 ①

해석 다음 중 Beals씨가 받은 서신에 따르면 옳은 것은?

친애하는 Beals씨께,

당사의 주문 No. 14478.

2019년 6월 20일에 인수한 상기 주문 청바지 선적에 대한 클레임을 제기합니다.
청바지 포장박스가 운송 중 훼손된 것으로 보입니다. 귀사의 상업송장 No. 18871에 따르면, 청바지 25개가
도난당했으며, 550달러에 상당하는 것으로 추정됩니다. 포장박스가 훼손되어서 일부 상품은 밟히고, 오염이
심해 점포에서 새 상품으로 판매하기에 무리가 있습니다.
판매는 CFR 기준으로 이루어졌고 운송회사가 귀사의 대리점이었기 때문에, 당사는 보상과 관련하여 그 회사와
연락할 것을 제안합니다.
파손되고 없어진 물품 리스트를 동봉했으며, 탁송물은 귀사의 지시를 받을 때까지 한쪽에 따로 두겠습니다.

그럼 안녕히 계십시오.
Peter Jang

손상 및 분실 물품 리스트 동봉

*in transit : 운송 중에
*crushed : 밟힌
*stained : 얼룩이 묻은
*forwarding company : 운송주선업자
*with regard to : ∼에 관해서는

① Beals씨는 보상을 위해 그들의 운송회사와 연락할 것이다.
② Jang씨는 손상된 화물을 Beals씨에게 돌려보낼 작정이다.
③ Beals씨는 손상된 화물을 인수할 것이다.
④ Jang씨는 Beals씨가 손상된 물품을 보냈다고 믿고 있다.

해설 위 서신은 포장박스가 훼손된 채 배달된 주문에 대한 보상을 요구하는 서신으로, 세 번째 문단에서 '... we suggest
you contact them with regard to compensation.'라고 했으므로, 정답은 ①이다.
*communicate with : ∼와 연락하다
*compensation : 보상
*intend to : ∼할 작정이다
*consignment : 탁송물[배송물]

06 Which of the following is LEAST likely to be included in a reply?

> Dear Mr. Song,
>
> Thank you for your letter of December 21, making a firm offer for your Ace A/V System. All terms and conditions mentioned in your letter, including proposed quantity discount scheme, are quite acceptable, and we would like to place an initial order for 200 units of the Ace System. The enclosed Order Form No. KEPP-2345 gives the particulars concerning this order. For further communication and invoicing, please refer to the above order number.

① Provided you can offer a favorable quotation and guarantee delivery within 6 weeks from receipt of order, we will order on a regular basis.

② Once we have received your L/C, we will process your order and will ship the units as instructed.

③ We are afraid that the product listed in your order has been discontinued since last January this year.

④ As we do not foresee any problem in production and shipment of your order, we expect that this order will reach you on time.

[정답] ①

[해석] 다음 중 답신에 포함될 가능성이 가장 적은 것은?

친애하는 송 선생님께,

12월 21일자 서신의 귀사의 에이스 A/V 시스템 확정청약에 대하여 감사드립니다. 수량할인 제안을 포함한, 귀사의 서신에서 언급된 모든 조건이 수용 가능합니다. 당사는 에이스 시스템 200대를 초도주문하려고 합니다. 본 주문 관련 상세는 동봉한 주문서 No. KEPP-2345에 있습니다. 추가 통신과 송장 발행에 대해서는 상기 주문번호를 참조하시기 바랍니다.

*firm offer : 확정청약
*terms and conditions : (계약이나 지불 등의) 조건
*quantity discount : 수량할인
*acceptable : 받아들일 수 있는[허용할 수 있는]
*place an initial order : 초도주문하다

① 만약 귀사가 주문 접수 후 6주 이내에 유리한 견적을 제공하고 인도를 보증할 수 있다면, 당사는 정기적으로 주문할 것입니다.
② 귀사의 신용장을 받으면, 당사는 귀사의 주문을 처리해서, 지시대로 물품을 선적할 것입니다.
③ 귀사의 주문서에 기재된 제품이 유감스럽게도 올 1월 이후 생산 중단되었습니다.
④ 귀사의 주문에 대한 생산과 선적에 문제가 없을 것으로 예상되므로, 당사는 이 주문이 제때에 도착할 것으로 예상합니다.

해설 위 서신은 수출자의 청약조건을 승낙하여 수입자가 초도주문을 하는 내용이므로, ②·③·④는 수출자의 답신에 포함될 수 있다. ①은 수입자가 주문하는 경우에 쓰는 표현이다.
  * Provided : (만약) ~라면
  * favorable quotation : 유리한 견적
  * on a regular basis : 정기적으로
  * process order : 주문을 처리하다

07 Select the right words in the blanks under negotiation letter of credit operation.

> We hereby engage with (   ) that draft(s) drawn under and negotiated in (   ) with terms and conditions of this credit will be duly (   ) presentation.

① drawers and/or drawee – accordance – paid on
② drawers and/or bona fide holders – conformity – honoured on
③ drawers and/or payee – conformity – accepted on
④ drawers and/or bone fide holders – accordance – accepted on

정답 ②

해석 매입신용장 개설 하에서 빈 칸에 옳은 단어들을 고르시오.

당행은 여기에서 본 신용장의 조건과 조항에 (일치하여) 환어음이 발행되고 매입되었다면 (환어음의 발행인 그리고/또는 선의의 소지인)에게 서류제출 시 정히 (지급될) 것임을 약속한다.

해설 신용장 방식에서는 신용장 발행은행이 수입자(발행의뢰인)를 대신하여 수출자에게 일정기간 내(신용장 유효기간)·일정조건(신용장 기재조건) 아래 선적서류 등을 담보로 '수입자·신용장 개설은행·개설은행 지정 환거래 취결은행'을 지급인으로 하는 화환어음을 발행할 권한을 부여(지급신용장 제외)한다. 이 선적서류와 어음이 제시될 경우 발행은행이나 발행은행의 지정은행이 일정금액의 어음을 매입(Negotiation), 인수(Acceptance) 또는 지급(Payment)할 것을 어음발행인(수출상) 및 어음수취인(어음매입은행)에게 보증한다.
  * drawer : 어음발행인
  * bona fide holders : 어음의 선의의 소지인
  * in (conformity) with : ~에 따라서[일치하여]
  * on presentation : 제시하는 대로
  * duly : 적절한 절차에 따라
  * honour : (은행 등에서 수표에 적힌 액수를) 지급하다

08 Which is right under the following passage under Letter of Credit transaction?

> Where a credit calls for insurance certificate, insurance policy is presented.

① Insurance policy shall accompany a copy of insurance certificate.
② Insurance certificate shall only be presented.
③ Insurance policy can be accepted.
④ Insurance certificate shall accompany a copy of insurance policy.

정답 ③

해석 신용장 거래 하에서 다음 문구에 적절한 것은?

> 신용장이 보험증명서를 요청하는 경우, 보험증서가 제시된다.

① 보험증서는 보험증명서 사본과 함께 제출해야 한다.
② 보험증명서만 제시되어야 한다.
③ 보험증서도 승인될 수 있다.
④ 보험증명서는 보험증서 사본과 함께 제출해야 한다.

해설 UCP 600 제28조 보험서류와 부보범위에 따르면, 보험증서는 포괄예정보험에 의한 보험증명서나 통지서를 대신하여 수리될 수 있다.
* insurance certificate : 보험증명서
* transaction : 거래
* insurance policy : 보험증서
* accompany : 동반되다

[09~10] Read the following letter and answer the questions.

Dear Mr. Simpson,

Could you please ⓐ pick up a consignment of 20 C2000 computers and make the necessary arrangements for them to be ⓑ shipped to Mr. M. Tanner, NZ Business Machines Pty, 100 South Street, Wellington, New Zealand?
Please ⓒ handle all the shipping formalities and insurance, and send us five copies of the bill of lading, three copies of the commercial invoice, and the insurance certificate. We will ⓓ advise our customers of shipment ourselves.
Could you handle this as soon as possible? Your charges may be invoiced to us in the usual way.

Neil Smith

---

09 Which can NOT be inferred?

① Mr. Simpson is a staff of freight forwarder.
② Neil Smith is a shipping clerk of computer company.
③ Mr. M. Tanner is a consignee.
④ This email is from a shipper to a buyer.

10 Which could not be replaced with the underlined?

① ⓐ collect   ② ⓑ transported
③ ⓒ incur   ④ ⓓ inform

정답 09 ④ 10 ③

해석

친애하는 Simpson씨께,

C2000 컴퓨터 20대 탁송물을 ⓐ 픽업해서 다음 주소지(NZ Business Machines Pty, 100 South Street, Wellington, New Zealand)의 M. Tanner씨에게 ⓑ 선적하는 데 필요한 준비를 해주시겠습니까? 모든 선적수속과 보험을 ⓒ 처리해 주시고, 당사에 선하증권 사본 5통, 상업송장 사본 3통, 보험증서를 보내주십시오. 당사가 고객들에게 직접 선적 건에 대해 ⓓ 통보하겠습니다.
본건을 되도록 빨리 처리해 주시겠습니까? 귀사의 청구서는 통상적인 방법으로 당사에 청구될 것입니다.

Neil Smith

*pick up : 픽업하다, 맡긴 물건을 찾다
*make arrangement for : ～을 준비하다
*ship : 수송[운송]하다
*handle : 처리하다
*shipping formalities : 선적수속
*advise : (정식으로) 알리다(= inform)
*invoice : (물품 대금작업비 등의) 청구서[송장]를 보내다
*in the usual way : 통상적인 방식으로

09 다음 중 추론할 수 없는 것은?
① Simpson씨는 화물운송회사의 직원이다.
② Neil Smith는 컴퓨터 회사의 운송 담당 직원이다.
③ M. Tanner씨는 수하인이다.
④ 이 이메일은 선적처리회사로부터 매수인에게 간 메일이다.

10 다음 중 밑줄 친 단어와 바꿔 쓸 수 없는 것은?
① ⓐ ～을 데리러[가지러] 가다
② ⓑ 수송하다
③ ⓒ (비용을) 발생시키다
④ ⓓ (특히 공식적으로) 알리다[통지하다]

위 이메일은 수출인인 컴퓨터 회사의 선적사무원(Neil Smith)이 운송회사(Mr. Simpson)에게 수출화물을 픽업해서 매수인(Mr. M. Tanner)에게 선적할 것을 요청하는 메일이다.

*staff : 직원
*freight forwarder : 화물운송업자
*shipping clerk : 선적사무원
*consignee : 수하인
*shipper : 선적처리업자, 해운회사

10

밑줄 친 ⓒ handle은 '처리하다'의 뜻인데, ③ incur는 '(비용을) 발생시키다'의 뜻이므로, 바꿔 쓸 수 없다.

11 Select the right words in the blanks (A) ~ (D) under transferable L/C operation.

((A)) means a nominated bank that transfers the credit or, in a credit available with any bank, a bank that is specifically authorized by ((B)) to transfer and that transfers the credit. ((C)) may be ((D)).

	(A)	(B)	(C)	(D)
①	Transferring bank	the issuing bank	An issuing bank	a transferring bank
②	Transferring bank	the negotiating bank	A negotiating bank	a transferring bank
③	Issuing bank	the transferring bank	A negotiating bank	an Issuing bank
④	Advising bank	the issuing bank	A negotiating bank	a transferring bank

정답 ①

해석 양도가능 신용장 하에서 빈 칸 (A) ~ (D)에 적절한 단어들을 고르시오.

(A) 양도은행은 신용장을 양도하는 지정은행, 또는 어느 은행에서나 이용가능한 신용장의 경우에는 (B) 개설은 행으로부터 양도할 수 있는 권한을 특정하여 받아 신용장을 양도하는 은행을 의미한다. (C) 개설은행은 (D) 양도은행이 될 수 있다.

해설 UCP 600 제38조 양도가능 신용장의 내용으로, 양도은행은 제1수익자의 의뢰를 받아서 제2수익자에 대해서 신용장의 양도통지를 행하는 은행을 말한다. 개설은행으로부터 지급, 인수 또는 매입을 이행하도록 수권받은 은행만이 이행할 수 있는데 통상적으로 통지은행이 그 역할을 한다.

*transferring bank : 양도은행
*issuing bank : 개설은행

[12~13] Read the following and answer the questions.

Dear Mrs. Reed,

Thank you for choosing Madam Furnishing. Further to our telephone discussion on your delivery preference for the Melissa table and modification to the table design, kindly review and confirm the terms below as discussed.

Your order, which was scheduled for shipping today, has been put on ((A)) to ensure your requirements are incorporated and that you receive your desired furniture. Your desire to change the colour of the table and delivery schedule has been documented and your order ((B)).

Please be informed that :

The Melissa table is commercially available in Black, Brown, and Red. The production of the table in a different colour is considered as a custom order and attracts an additional fee of $20.

Delivery of the Melissa table on Sunday between 12 noon and 3 pm is possible but will attract an additional fee of $10 which is our standard weekend/public holiday delivery fee.

12 Which of the following statements is TRUE about the message above?

① The message is written to confirm customer's requirements.

② The production of the Melissa table in a different colour other than Black, Brown, and Red is not available.

③ Delivery of the table will attract an additional fee of $10.

④ The customer is not desiring to change color of the table and delivery schedule.

13 Select the right words in the blanks (A), (B).

① hold — modified

② document — modified

③ document — cancelled

④ hold — cancelled

해석

친애하는 Reed씨께,

Madam Furnishing을 선택해 주셔서 감사합니다. 멜리사 테이블에 대한 귀하의 배송 선호도 및 테이블 디자인 변경에 대한 전화상담 관련하여 아래 조건을 검토 및 확인하시기 바랍니다.

오늘 발송 예정이었던 주문은 귀하의 요구사항을 포함하여 원하는 가구를 받을 수 있도록 하기 위해 (A) 보류되었습니다. 테이블 색상변경과 배송일정에 대한 요구가 문서화되어 주문서가 (B) 수정되었습니다.

다음 사항에 유의하시기 바랍니다.

멜리사 테이블은 블랙, 브라운, 레드 색상으로 판매됩니다. 다른 색상의 테이블 생산은 주문 제작으로 간주되어 20달러의 추가 수수료를 받습니다.

멜리사 테이블 배송은 일요일 낮 12시부터 오후 3시 사이에 가능하지만, 주말/공휴일 기본 배송비인 10달러의 추가요금이 발생할 것입니다.

*Further to : ~에 덧붙여[~와 관련하여]
*ensure : 보장하다
*incorporated : (일부로) 포함하다
*custom order : 주문제작
*additional fee : 추가요금

12 위 서신에 대한 설명으로 옳은 것은?
① 메시지는 고객 요구사항을 확인하기 위해 쓰였다.
② 블랙, 브라운, 레드 이외의 다른 색상의 멜리사 테이블은 생산이 불가능하다.
③ 테이블 배송에는 추가요금 10달러가 부과될 것이다.
④ 고객은 테이블 색상과 배송일정 변경을 원하지 않는다.

13 빈 칸 (A), (B)에 알맞은 단어를 고르시오.
① 잡다 – 수정되다
② 서류 – 수정되다
③ 서류 – 취소되다
④ 잡다 – 취소되다

해설 12

위 서신의 두 번째 문단에서 'Your desire to change the colour of the table and delivery schedule has been documented and your order modified(테이블 색상변경과 배송일정에 대한 요구가 문서화되어 주문서가 수정되었습니다).'라고 했으므로, ①이 정답이다.
② '다른 색상의 테이블 생산은 주문 제작으로 간주되어 20달러의 추가 수수료를 받습니다'라고 했으므로, 사실이 아니다.
③ 추가요금 10달러는 주말배송의 추가요금이므로, 사실이 아니다.
④ 서신의 두 번째 문단에서 'Your desire to change the colour of the table and delivery schedule ...'라고 했으므로, 사실이 아니다.

13

빈 칸 (A) 다음에서 '... to ensure your requirements are incorporated and that you receive your desired furniture.'라고 했으므로, 문맥상 빈 칸 (A)에는 '~을 보류, 연기하다'라는 뜻의 put on hold가 적절하다. 빈 칸 (B) 앞에서 'Your desire to change the colour of the table and delivery schedule has been documented and your order ...'라고 했으므로, 문맥상 '수정되다'의 뜻인 modified가 적절하다.

14

Which documentary credit enables a beneficiary to obtain pre-shipment financing without impacting his banking facility?

① Transferable

② Red Clause

③ Irrevocable

④ Confirmed irrevocable

정답 ②

해석 다음 중 수익자가 자신의 은행 시설에 영향을 미치지 않고 선적 전 금융을 받을 수 있는 화환신용장은?
① 양도가능 신용장
② 선대지급 신용장
③ 취소불능 신용장
④ 취소불능 확인신용장

해설 선대지급 신용장은 거래상대방인 수입업자로부터 수출대금 중 일부를 미리 받아 물품을 구입 또는 생산하여 수출한 후 나머지 대금을 회수하는 거래방식을 말하며, 이러한 선수금 허용순번이 적색으로 기재되어 있어 Red-Clause L/C라고 한다.
*pre-shipment financing : 선적 전 금융

[15~16] Read the following letter and answer the questions.

> Your order was shipped on 17 April 2018 on the America, will arrive at Liverpool on 27 April. We have informed your agents, Eddis Jones, who will make ((A)) for the consignment to be sent on to you as soon as they receive the shipping documents for ((B)).
> Our bank's agents, Westmorland Bank Ltd, High Street, Nottingham, will ((C)) the documents : shipped clean bill of lading, invoice, and insurance certificate, once you have accepted our bill.

15

Which can NOT be inferred?

① This letter is an advice of shipment to the importer.

② Eddis Jones is a selling agent for the importer.

③ Westmorland Bank Ltd is a collecting bank in importing country.

④ In documentary collection, financial documents are accompanied by commercial documents.

16 Select the right words in the blank (A), (B), (C).

① (A) arrangements - (B) clearance - (C) hand over
② (A) arrangements - (B) transit - (C) hand over
③ (A) promise - (B) clearance - (C) take up
④ (A) promise - (B) transit - (C) take up

정답 15 ② 16 ①

해석

귀사의 주문이 2018년 4월 17일에 미국에서 선적되었으며, 4월 27일에 리버풀에 도착 예정입니다.
당사는 귀사의 대리인 Eddis Jones에게 통보하였고, 그들이 (B) 통관을 위한 선적서류를 받는 즉시 탁송물을
귀사에 인도할 (A) 준비를 할 것입니다.
당사의 은행 대리점인 Westmorland Bank Ltd(노팅엄 하이 스트리트 소재)는 귀사가 당사의 청구서를 인수할
경우, 다음 서류를 (C) 넘겨줄 것입니다. : 무사고 선적선하증권, 송장, 보험증명서

*shipping documents : 선적서류
*clearance : 통관
*hand over : 넘겨주다
*shipped clean bill of lading : 무사고 선적선하증권
*invoice : 송장

15 추론할 수 없는 것은?
① 이 서신은 수입자에게 보내는 선적통지이다.
② Eddis Jones는 수입자를 위한 판매대리인이다.
③ Westmorland Bank Ltd는 수입국에 있는 추심은행이다.
④ 추심결제방식에서는, 금융서류가 상업서류를 동반한다.

16 빈 칸 (A), (B), (C)에 알맞은 단어를 고르시오.
① (A) 준비 - (B) 통관 - (C) 넘겨주다
② (A) 준비 - (B) 통과 - (C) 넘겨주다
③ (A) 약속 - (B) 통관 - (C) 계속하다
④ (A) 약속 - (B) 통과 - (C) 계속하다

해설 15
서신 내용으로 미루어 Eddis Jones는 수입자를 위한 판매대리인(Selling agent)이 아니라, 운송주선인(Freight forwarder)이 되어야 한다.
금융서류와 상업서류의 종류
• 금융서류(Financial Document) : 환어음(Bill of Exchange), 약속어음(Promissory Note), 수표(Check) 등
• 상업서류(Commercial Documents) : 선하증권(Bill of Lading), 상업송장(Commercial Invoice), 포장명세서
 (Packing List), 검사증명서(Inspection Certificate), 원산지증명서(Certificate of Origin) 등
*advice of shipment : 선적통지
*collecting bank : 추심은행

16
• (A) : make arrangements for는 '~의 정리[준비, 계획]을 하다'를 의미한다.
• (B) : 운송주선인(Freight forwarder)의 업무는 운송 및 물류 관련한 컨설팅 및 의뢰, 국가 및 대륙 간의 최적화된
 이동수단 확인, 비용·기간 확인, 수·출입 관련한 전체적인 서류 및 통관 대행 업무 진행, 선사로부터 받은
 Master B/L을 근거로 화주에게 House B/L을 발행(항공의 경우 AWB-Airway Bill 발행) 등이다.

- (C) : Westmorland Bank Ltd는 추심은행으로, 환어음과 선적서류를 접수하는 즉시 수입자에게 선적서류가 도착하였다는 통지서(Arrival notice)를 발송하고 환어음 대금을 지급 또는 인수할 것을 요구한다. 은행으로부터 추심을 받은 수입자(지급인)는 추심환어음이 D/P 방식인 경우에는 어음인수와 동시에 대금을 지급하고, D/A 방식인 경우에는 제시된 환어음을 인수한다. 동시에 수입자로부터 환어음의 지급 또는 인수의 서명을 받은 추심은행은 선적서류를 수입자에게 인도한다.

17 Select the best translation.

> By virtue of B/L clauses, the carrier and its agents are not liable for this incident. Therefore, we regret to repudiate your claim and suggest that you redirect your relevant documents to your underwriters accordingly.

① B/L약관에 따라서 운송인과 그 대리인은 본 사고에 대해 책임이 없으므로 당사는 귀사의 클레임을 거부하게 되어 유감이고 따라서 귀사의 보험업자에게 귀사의 관련서류를 다시 보내도록 제안합니다.

② B/L조항에 따라서 운송인과 그 대리인은 본 사고에 대해 책임이 없으므로 당사는 귀사의 요구를 부인하게 되어 유감이고 따라서 귀사의 보험업자에게 귀사의 관련서류를 재지시하도록 제안합니다.

③ B/L조항에 따라서 운송인과 그 대리인은 본 사고에 대해 책임이 없으므로 당사는 귀사의 클레임을 거부하게 되어 유감이고 따라서 귀사의 보험중개업자에게 귀사의 관련서류를 재지시하도록 제안합니다.

④ B/L약관에 따라서 운송인과 그 대리인은 본 사고에 대해 책임이 없으므로 당사는 귀사의 클레임을 부인하게 되어 유감이고 따라서 귀사의 보험중개업자에게 귀사의 관련서류를 다시 보내도록 제안합니다.

[정답] ①

[해설] ② · ④ 'we regret to repudiate your claim(당사는 귀사의 클레임을 거부하게 되어 유감이고)'를 '귀사의 요구[클레임]를 부인하게 되어 유감이고'라고 했으므로, 적절한 번역이 아니다.

③ 'to your underwriters(귀사의 보험업자)'를 '귀사의 보험중개업자(insurance broker)'라고 했으므로, 적절한 번역이 아니다.

*By virtue of : ~의 힘으로
*be liable for : 지불 의무가 있다
*repudiate : (공식적으로) 부인하다
*redirect : (다른 주소·방향으로) 다시 보내다
*relevant : 관련 있는, 적절한
*underwriter : 보험업자

18 Select the right words in the blanks (A) ~ (D).

> We have been very satisfied with your handling of our orders, and as our business is growing we expect to place even larger orders with you in the future. As you know we have been working together for more than 2 years now and we will be glad if you can grant us ((A)) facilities with quarterly settlements. This arrangement will save us the inconvenience of making separate payments on ((B)). Banker's and trader's ((C)) can be provided upon your ((D)). We hope to receive your favorable reply soon.

① (A) open-account - (B) invoice - (C) references - (D) request
② (A) open-account - (B) invoice - (C) referees - (D) settlement
③ (A) deferred payment - (B) check - (C) references - (D) settlement
④ (A) deferred payment - (B) check - (C) referees - (D) request

정답 ①

해석 빈 칸 (A) ~ (D)에 옳은 단어들을 고르시오.

당사는 우리 주문에 대한 귀사의 처리 방식에 대단히 만족하고 있으며, 거래 관계가 성장해서 앞으로 귀사에 좀 더 대량주문하기를 기대하고 있습니다. 알고 있는 바대로, 현재 귀사와 당사는 2년 이상 함께 거래를 해오고 있으므로, 당사에 분기별로 결제하는 (A) 청산계정을 승인해주시면 감사하겠습니다. 이 협정으로 당사는 (B) 송장마다 따로 지불하는 불편함을 덜게 될 것입니다. 은행과 거래업자의 (C) 추천서는 귀사의 (D) 요청대로 제공될 수 있습니다. 빠른 시일 내 귀사의 긍정적인 답신을 기대합니다.

*handling : (기계·장치 등의) 조작[처리]
*place even larger orders with : 훨씬 더 많은 주문을 하다
*open-account : 청산계정
*facility : (기계·서비스 등의 특수) 기능
*quarterly : 분기별의
*settlement : (갚을 돈의) 지불[계산]
*arrangement : 합의, 협의
*invoice : 송장
*reference : 추천서
*favorable : 찬성[승인]하는

해설 위 지문은 수입자가 수출자에게 '분기별로 결제하는 청산계정을 요청'하는 내용으로, 빈 칸 (A)에는 open-account(청산계정), (B)에는 invoice(송장), (C)에는 references(추천서), (D)에는 request(요청)이 적절하다.
청산계정(Open Account)
매매 양당사자가 상호 간에 수출입거래를 빈번하게 하는 경우에 각 거래마다 대금을 지급하지 않고 일정 기간의 거래에서 발생하는 채권·채무의 총액에 대하여 상계하고 그 잔액을 현금으로 결제하는 방법을 말한다.

19 Which of the following clauses is NOT appropriate for describing the obligations of the seller and the buyer as for the Dispute Resolution?

① The parties hereto will use their reasonable best efforts to resolve any dispute hereunder through good faith negotiations.

② A party hereto must submit a written notice to any other party to whom such dispute pertains, and any such dispute that cannot be resolved within thirty (30) calendar days of receipt of such notice (or such other period to which the parties may agree) will be submitted to an arbitrator selected by mutual agreement of the parties.

③ The decision of the arbitrator or arbitrators, or of a majority thereof, as the case may be, made in writing will be final and binding upon the parties hereto as to the questions submitted, and the parties will abide by and comply with such decision.

④ If any term or other provision of this Agreement is invalid, illegal or incapable of being enforced by any law or public policy, all other terms and provisions of this Agreement shall nevertheless remain in full force and effect so long as the economic or legal substance of the transactions contemplated hereby is not affected in any manner materially adverse to any party.

정답 ④

해석 다음 조항 중 분쟁해결(Dispute Resolution)에 대한 매도인과 매수인의 의무 기술로 적절하지 않은 것은?
① 당사자들은 선의의 협상을 통해 이에 의거하여 모든 분쟁을 해결하기 위해 합리적인 최선의 노력을 다할 것이다.
② 당사자는 이러한 분쟁에 관련된 다른 당사자에게 서면 통지서를 제출해야 하며, 통지서를 수령한 날로부터 30일 이내에 (또는 당사자들이 동의할 수 있는 다른 기간에) 해결될 수 없는 분쟁은 당사자들의 상호 합의에 의해 선택된 중재자에게 제출될 것이다.
③ 중재자나 중재자의 결정 또는 그 과반수의 서면 결정은 서면으로 제출되는 질문에 대해 당사자들에게 최종적이고 구속력이 있으며, 당사자들은 그러한 결정을 준수하고 순응할 것이다.
④ 본 계약의 어떤 조건 또는 다른 조항이 무효하거나, 불법적이거나, 어떤 법률이나 공공 정책에 의해 집행될 수 없는 경우, 그럼에도 불구하고, 본 계약의 다른 모든 약관은 완전한 효력을 유지하며, 여기에 의해 고려된 거래의 경제적 또는 법적 실체가 어떤 당사자에게 구체적으로 불리한 방식으로 영향을 받지 않는 한, 효력을 유지한다.

해설 ④는 분리가능조항의 내용이다.
분리가능조항(Severability Clause)
계약내용의 일부가 어떠한 사유로 실효 또는 무효화 하더라도 그 계약 전체가 실효 또는 무효로 되는 것은 아니라는 조항으로, 법원의 판결이나 법규의 강행규정에 의하여 계약내용의 일부가 실효 또는 무효로 되는 경우에 계약 전체가 실효 또는 무효화 하는 것을 미연에 방지하기 위하여 설정되고 있다. 다만 계약조항의 중요한 부분이 실효가 되는 때에는 계약 전부가 실효되는 경우가 있음을 유의하여야 한다.
*party : (소송계약 등의) 당사자
*hereto : 이것에, 여기에
*hereunder : 이 기록[조건]에 따라, 이에 의거하여
*pertain : (특정한 상황·때에) 존재하다[적용되다]
*arbitrator : 중재자
*thereof : (앞에 언급된) 그것의
*abide by : 준수하다, 지키다

*comply with : 순응하다, 지키다
*provision : (법률 관련 문서의) 조항[규정/단서]
*remain in full force : 전권을 유지하다
*contemplate : 심사숙고하다
*adverse : 부정적인, 불리한

[20~21] Read the following and answer the questions.

We were sorry to learn from your letter of 10 January that some of the DVDs supplied to this order were damaged when they reached you.

(1) Replacements for the damaged goods have been sent by parcel post this morning.

(2) It will not be necessary for you to return the damaged goods; they may be destroyed.

(3) Despite the care we take in packing goods, there have recently been several reports of damage.

(4) To avoid further inconvenience and (   ) to customers, as well as expense to ourselves, we are now seeking the advice of a packaging consultant in the hope of improving our methods of handling.

20 Which is suitable for the blank?

① annoyance
② discussions
③ negotiation
④ solution

21 This is a reply to a letter. Which of the following is NOT likely to be found in the previous letter?

① We can only assume that this was due to careless handling at some stage prior to packing.

② We are enclosing a list of the damaged goods and shall be glad if you will replace them.

③ We realize the need to reduce your selling price for the damaged one and readily agree to the special allowance of 10% which you suggest.

④ They have been kept aside in case you need them to support a claim on your suppliers for compensation.

해석

귀사의 1월 10일자 서신에서 금번 주문의 DVD 일부가 파손 상태로 배송되었음을 알게 되었으며, 대단히 죄송합니다.
(1) 파손 물품의 대체품이 오늘 아침 소포로 발송되었습니다.
(2) 파손 물품을 돌려줄 필요는 없습니다. 폐기될 수 있기 때문입니다.
(3) 물품 포장에 신경을 썼지만, 최근 몇 차례 파손되었다는 보고가 있었습니다.
(4) 당사의 비용뿐만 아니라, 더 이상 고객들에게 불편을 끼치고 (성가시게) 하지 않기 위해, 현재 당사는 처리 방법을 개선하고자 포장 컨설턴트의 조언을 구하고 있습니다.

*replacement : 교체[대체]물
*parcel post : 우편소포
*annoyance : 골칫거리
*in the hope of : ~을 바라고

20 빈 칸에 들어갈 말로 적절한 것은?
① 성가심
② 논의, 논쟁
③ 협 상
④ 해결방법

21 이것은 서신에 대한 답신이다. 다음 중 이전 서신에 있을 것 같지 않은 것은?
① 당사는 단지 이것이 포장 전 어느 단계에서 부주의한 취급 때문이라고 추측할 뿐입니다.
② 파손된 물품 목록을 동봉하니, 귀사가 그것들을 교체해 주면 감사하겠습니다.
③ 당사는 파손 물품에 대한 판매가를 낮출 필요성을 깨닫고 귀사가 제안하는 10%의 특별 수당에 흔쾌히 동의합니다.
④ 그것들은 귀사가 공급업체에 대한 보상 청구를 지원하기 위해 필요한 경우 따로 보관되어 있습니다.

해설 20

위 서신은 운송 중 파손된 물품의 클레임 제기에 대한 답신으로, 빈 칸 앞의 'To avoid further inconvenience(불편을 끼치지 않기 위해)'로 미루어 빈 칸에는 ① 'annoyance(성가심)'이 적절하다.

21

위 서신으로 미루어보아 ①·②·④는 파손된 물품에 대한 매수인의 클레임으로, 이전 서신에 있을 만한 내용이다.
③은 매도인이 파손 물품의 판매가를 인하한다는 내용이므로, 이전 서신의 내용으로 적절하지 않다.
*assume : 추정[상정]하다
*due to : ~에 기인하는,~때문에
*prior to : ~에 앞서, 먼저
*enclose : 동봉하다
*replace : (낡은 것·손상된 것 등을) 바꾸다[교체하다]
*readily : 선뜻, 기꺼이
*special allowance : 특별수당
*support a claim : 클레임을 지지하다

22 Which of the following is the best title for the passage?

> A system used within some conference systems, whereby a shipper is granted a rebate of freight paid over a specified period subject to his having used Conference line vessels exclusively during that period.

① Contract rate system
② Dual rate system
③ Fidelity rebate system
④ Fighting ship

정답 ③

해석 다음 중 지문에 가장 적절한 제목은?

일부 연맹 체재 내에서 사용되는 체재로, 화주에게 특정 기간 동안 독점적으로 동맹선을 이용할 것을 조건으로 기지불한 화물운임 중 리베이트를 승인한다.

① 계약운임제
② 이중운임제
③ 운임할려제
④ 경쟁억압선

해설 ③ 운임할려제(Fidelity rebate system) : 일정 기간(약 6개월 정도) 동안 자기 화물을 모두 동맹선에만 선적한 화주에 대해 운임이 선불이든 후불이든 관계 없이 그 기간 내에 선박회사가 받은 운임의 일정 비율(보통 10% 정도)을 일정 기간 경과 후에 환불하는 제도이다(선사의 일방적 조치).
① · ② 계약운임제(Contract Rate System = Dual Rate System) : 화물 전부를 동맹선에만 선적하겠다는 계약은 선사와 체결한 화주에게는 저렴한 계약 운임률을 적용하고, 비계약 화주에게는 고율의 비계약 운임률을 적용하는 이중의 운임 제도 운영을 통해 동맹선에만 화물을 선적하도록 화주를 구속하는 제도이다.
④ 경쟁억압선(Fighting ship, 투쟁선) : 비계약 화주의 선박(비동맹선사)을 방해하기 위하여 비동맹선박의 운항 일정에 맞추어 동맹선사들이 운임을 대폭 인하하여 운영하는 것이다.
*whereby : (그것에 의하여) ~하는
*rebate : 할인, 리베이트
*subject to : ~을 조건으로
*Conference line vessels : 동맹선
*exclusively : 독점적으로

Thank you for your recent order, No. 234-234-001.

We have received your letter about the $10,000 handling charge that was applied to this shipment. This was indeed an error on our ((A)). We do apply a special handling charge to all orders for ((B)) items such as porcelain birdbaths but somehow that notice was deleted temporarily in the page that described the product. We have ((C)) that error on our Web site.

In the meantime, though, we have placed $10,000 to your credit. We apologize for any inconvenience and hope that we will have the opportunity to serve you again in the near future.

23 Which is LEAST correct about the letter?

① The buyer have ordered brittle items.

② There was a miscommunication about the quality of products.

③ The buyer got the information about the product in the web homepage.

④ For the orders which deal with brittle items, there must be an additional handling charge.

24 Select the right words in the blanks (A), (B), (C).

	(A)		(B)		(C)
①	part	–	fragile	–	corrected
②	side	–	fragile	–	contemplated
③	part	–	solid	–	corrected
④	side	–	solid	–	contemplated

해석

귀사의 최근 주문 No. 234-234-001에 감사드립니다.

당사는 이 선적물에 적용된 $10,000의 취급수수료에 대한 귀사의 서신을 받았습니다. 이것은 전적으로 우리 (A) <u>측</u>의 실수였습니다. 당사는 도자기로 된 새 물대야 같은 (B) <u>깨지기 쉬운</u> 모든 제품에 대해 특별 취급수수료를 적용하고 있지만, 그 통지가 당사 웹사이트의 제품 설명 페이지에서 일시적으로 삭제되었습니다. 당사는 웹사이트에서 실수를 (C) <u>수정했습니다</u>.

하지만, 그 동안에 당사는 귀사의 대변에 1만 달러를 기입했습니다. 불편을 끼쳐 죄송하며, 가까운 미래에 다시 귀사에게 서비스를 제공할 기회를 갖기를 희망합니다.

*handling charge : 취급수수료
*fragile : 깨지기 쉬운
*porcelain birdbaths : 도자기로 만든 새 물대야
*place + 금액 + to your credit : 금액을 대변에 기입하다

23 다음 중 위 서신에 대하여 옳지 않은 것은?
① 매수인은 깨지기 쉬운 물품을 주문했다.
② 제품 품질에 대하여 의사소통 오류가 있었다.
③ 매수인은 제품 정보를 웹사이트에서 얻었다.
④ 부서지기 쉬운 품목을 취급하는 주문의 경우, 취급수수료가 추가되어야 한다.

24 빈 칸 (A), (B), (C)에 알맞은 단어를 고르시오.

	(A)	(B)	(C)
①	편, 측	부서지기 쉬운	수정된
②	쪽, 측면	부서지기 쉬운	심사숙고하는
③	편, 측	견고한	수정된
④	쪽, 측면	견고한	심사숙고하는

해설 23

위 지문은 제품 품질에 대한 의사소통 오류가 아니라, 부서지기 쉬운 물품에 대한 추가 취급수수료에 대한 내용이므로, 정답은 ②이다.

*brittle : 부서지기 쉬운
*miscommunication : 의사소통 오류
*additional handling charge : 추가 취급수수료

24

문맥상 (A)에는 part(편, 측)가, (B)에는 fragile(부서지기 쉬운)이, (C)에는 corrected(수정된)가 적절하다.

25 Which is NOT properly translated into Korean?

(a) We regret having to remind you that we have not received payment of the balance of £105.67 due on our statement for December. (b) This was sent to you on 2 January and a copy is enclosed. (c) We must remind you that unusually low prices were quoted to you on the understanding of an early settlement.
(d) It may well be that non-payment is due to an oversight, and so we ask you to be good enough to send us your cheque within the next few days.

① (a) 12월 계산서에 지급되어야 하는 105.67파운드가 아직 정산되지 않아 독촉장을 보내게 되어 유감입니다.

② (b) 계산서는 1월 2일에 발송하였으며 여기 사본을 동봉합니다.

③ (c) 귀하에게 상기시켜 드리는 이번 건은 유독 낮은 가격을 빨리 견적해 드린 것임을 이해해 주시기 바랍니다.

④ (d) 혹시 실수로 금액 지불이 늦어진 것이라면 2~3일 내로 수표를 보내 주셨으면 감사하겠습니다.

정답 ③

해석 한국어로 번역한 것으로 적절하지 않은 것은?

(a) 12월 계산서에 지급되어야 하는 105.67파운드가 아직 정산되지 않아 독촉장을 보내게 되어 유감입니다.
(b) 계산서는 1월 2일에 발송하였으며 여기 사본을 동봉합니다. (c) 조기 결제하는 조건으로 귀사에 이례적으로 낮은 가격으로 견적해드렸다는 것을 다시 한 번 알려드립니다.
(d) 혹시 실수로 금액 지불이 늦어진 것이라면 2~3일 내로 수표를 보내 주셨으면 감사하겠습니다.

해설 (c)는 '조기 결제하는 조건으로 귀사에 대단히 낮은 가격으로 견적해드렸다는 것을 다시 한 번 알려드립니다.'가 되어야 한다.
*balance : 잔고, 잔액
*be due on : ~까지 마감이다
*remind : 다시 한 번 알려[말해] 주다
*on the understanding of : ~을 조건으로
*oversight : 실수, 간과

26 Which of the following BEST fits the blank (a) ～ (c)?

> 1. The negotiating bank pays the seller or ((a)) B/E drawn by the seller, and sends the shipping documents to the issuing bank in the buyer's country.
> 2. The issuing bank releases the shipping documents to the buyer in importing country against ((b)).
> 3. The accounter gets the consignment by presenting the ((c)) to the shipping company.

① (a) discounts ‒ (b) payment ‒ (c) shipping documents
② (a) honours ‒ (b) negotiation ‒ (c) bill of lading
③ (a) honours ‒ (b) negotiation ‒ (c) shipping documents
④ (a) discounts ‒ (b) payment ‒ (c) bill of lading

정답 ④

해석 다음 중 빈 칸 (a) ～ (c)에 가장 적절한 것은?

1. 매입은행은 매도인에게 지불하거나 또는 매도인에 의해 발행된 환어음(B/E)을 (a) 할인해서 선적서류를 매수인 국가에 위치한 개설은행에 보낸다.
2. 개설은행은 수입국의 (b) 대금지불에 대하여 매수인에게 선적서류를 제출한다.
3. 대금결제인(수입자)*은 (c) 선하증권을 운송회사에 제시하고 수하물을 찾는다.

① (a) 할인하다 ‒ (b) 지불 ‒ (c) 선적서류
② (a) 결제하다 ‒ (b) 매입 ‒ (c) 선하증권
③ (a) 결제하다 ‒ (b) 매입 ‒ (c) 선적서류
④ (a) 할인하다 ‒ (b) 지불 ‒ (c) 선하증권

해설 지문은 매입(Negotiation) 절차에 대한 설명이다.

매입(Negotiation)

수출자가 제시한 서류가 신용장 조건을 충족하고 있는지 심사한 후 매입은행(Negotiating bank)이 자신의 자금으로 어음대금을 수출자에게 지급하는 것이다. 신용장통일규칙(UCP 600) 제2조에서는 매입(Negotiation)이란 '일치하는 제시에 대하여 지정은행이, 지정은행에 상환하여야 하는 은행영업일 또는 그 전에 대금을 지급함으로써 또는 대금지급에 동의함으로써 환어음 및/또는 서류를 매수하는 것을 의미한다.'고 규정하고 있다.

*discount : 할인하다
*shipping document : 선적서류
*release : 풀어 주다
*payment : 지불
*accountee : 대금결제인
*consignment : 탁송물[배송물]
*bill of lading : 선하증권

※ 문제에서는 'The accounter(대금수령인, 수출자)'라고 되어있으나, 매입 절차 내용상 'The accountee(대금결제인, 수입자)'가 적절하다. 신용장 개설의뢰인(Applicant)은 화물의 실질적 수화인(Consignee)이며, 환어음의 최종 결제인이 되므로 수입업자를 'Accountee'라고도 부른다.

27 Select the one which fits the blanks under the UCP 600.

> A nominated bank acting on its nomination, a confirming bank, if any, or the issuing bank may accept a commercial invoice issued for an amount (　　　), and its decision will be binding upon all parties, provided the bank in question has not honoured or negotiated for an amount (　　　).

① in excess of the amount permitted by the credit − less than that permitted by the credit

② less than the amount permitted by the credit − less than that permitted by the credit

③ less than the amount permitted by the credit − in excess of that permitted by the credit

④ in excess of the amount permitted by the credit − in excess of that permitted by the credit

정답 ④

해석 UCP 600 하에서 빈 칸에 알맞은 것을 고르시오.

지정에 따라 행동하는 지정은행, 확인은행(있는 경우) 또는 개설은행은 (신용장에서 허용된 금액을 초과하여) 발행된 상업송장을 승인할 수 있고, 그러한 판단은, 문제의 은행이 (신용장에서 허용되는 것보다 초과하여) 결제 또는 매입하지 않았다면 모든 당사자를 구속한다.

해설 UCP 600 제18조 b항 상업송장에 대한 내용으로 모두 '신용장에서 허용되는 것보다 초과(excess of the amount permitted by the credit)'하여야 한다는 것을 설명하고 있다.
*act on : ~에 따라서 행동하다, 따르다
*nomination : 지명, 추천, 임명
*confirming bank : 확인은행
*issue : 발행하다
*in excess of : ~을 초과하여, ~이상의
*permit : 허용[허락]하다
*bind upon : 의무를 지우다[구속하다]
*honour : (은행 등에서) 수표를 받다[수표에 적힌 액수를 지급하다]

28 Select the wrong word in the blank.

① (　　　) means a bank, other than the issuing bank, that has discounted or purchased a draft drawn under a letter of credit. (A negotiating bank)

② (　　　) issued by a bank in Korea in favour of the domestic supplier is to undertake the bank's payment to the supplier of raw materials or finished goods for exports on behalf of the exporter. (Local L/C)

③ (　　　) has a condition that the amount is renewed or automatically reinstated without specific amendments to the credit. (Revolving L/C)

④ Banking charges in relation to L/C are borne by the parties concerned. All banking charges outside importer's country are usually for the account of (　　　). (applicant)

정답 ④

해석 빈 칸에 들어갈 말로 옳지 않은 것을 고르시오.
① (매입은행)이란 개설은행 이외의 은행으로서 신용장에 따라 발행한 어음을 할인하거나 매입한 은행을 말한다.
② 국내 은행이 국내 공급자를 위해 발행하는 (내국신용장)은 수출자를 대신하여 수출용 원자재 또는 완제품의 공급자에게 은행의 대금지불을 약속하는 것이다.
③ (회전신용장)은 신용장에 대한 구체적인 개정 없이 금액이 갱신되거나 자동적으로 상환되는 조건을 가지고 있다.
④ 신용장과 관련된 은행 수수료는 당사자들이 부담한다. 수입국 밖에서의 모든 은행 수수료는 보통 (개설의뢰인) 부담으로 한다.

해설 ④ 빈 칸 앞 문장에서 '신용장과 관련한 은행비용은 관계 당사자가 부담해야 한다.'라고 했으므로, 수입국 밖에서의 모든 은행비용은 보통 수익자(수출자) 부담이 되어야 한다. 따라서 applicant(개설의뢰인) → beneficiary(수익자) 가 되어야 한다.
① 매입은행(Negotiating Bank) : 매입은행은 제3자가 지급인인 어음·수표에 대해 권리를 취득한 은행으로 환어음 매입으로 선의의 소지자(Bona Fide Holder)가 되어 개설은행에 어음대금 청구권을 행사할 수 있다. 통상 수익자의 거래은행이 매입은행이 되나, 개설은행이 지정한 은행 또는 어떤 은행(Any bank)도 매입은행이 될 수 있다.
② 내국신용장(Local L/C) : 수출업자(제1수익자)가 자신 앞으로 내도한 원신용장(Master L/C)을 담보로 자신의 거래은행에 요청하여 '국내 료공급자, 하청업자 또는 생산업자'를 수익자(제2수익자)로 하여 개설한 신용장을 말한다.
③ 회전신용장(Revolving L/C) : 수출·수입자 사이에 동종의 상품거래가 상당기간 계속하여 이루어질 것으로 예상되는 경우 거래 시마다 신용장을 개설하는 불편을 덜기 위하여 일정기간 동안 일정금액의 범위 내에서 신용장 금액이 자동 갱신(Automatically reinstated/restored)되어 재사용할 수 있도록 하는 조건으로 개설된 신용장을 말한다.
*negotiating bank : 매입은행
*Local L/C : 내국신용장
*in favour of : ~을 위하여
*undertake : 동의하다
*on behalf of : ~을 대신하여
*Revolving L/C : 회전신용장
*reinstate : (직장·직책 등에로) 복귀시키다
*Banking charges : 은행수수료

29 What is NOT true about the Institute Cargo Clauses?

① Only difference between ICC(B) and ICC(C) is the additional risks covered under ICC(B) cargo insurance policies.

② ICC(B) covers loss of or damage to the subject-matter insured caused by entry of sea lake or river water into vessel craft hold conveyance container or place of storage but ICC(C) does not.

③ ICC(B) covers loss of or damage to the subject-matter insured caused by general average sacrifice but ICC(C) does not.

④ ICC(C) is the minimum cover for cargo insurance available in the market.

정답 ③

해석 **협회적하약관에 대한 설명으로 옳지 않은 것은?**

① ICC(B)와 ICC(C)의 차이점은 ICC(B) 하에서 담보되는 추가적인 위험이다.

② ICC(B)는 선박 운송 컨테이너나 보관 장소에 유입한 해수, 호수, 하천수로 인한 피보험자의 보험목적물에 대한 상실 또는 손상을 담보하지만, ICC(C)는 그렇지 않다.

③ ICC(B)는 공동해손희생에 의한 보험목적물의 멸실 또는 훼손을 담보하지만, ICC(C)는 그렇지 않다.

④ ICC(C)는 이용 가능한 적하보험의 최소 담보조건이다.

해설 ③ 공동해손희생(general average sacrifice)에 대해서는 ICC(B), ICC(C) 약관 모두 담보한다.

신협회적하약관의 위험담보 범위

ICC(A)	ICC(B)	ICC(C)	 • 화재, 폭발 • (본선/부선의) 좌초, 교사, 침몰, 전복 • 육상운송용구의 전복, 탈선 • 충돌, 접촉 • 피난항에서 양하 중 발생한 손해 • 공동해손희생(손해) • 투 하
			 • 지진, 화산분화, 낙뢰 • 파도에 의한 갑판상의 유실 • 본선, 부선, 운송용구, 컨테이너 및 보관 장소에 유입한 해수, 호수, 하천수(강물)로 인한 손해 • 선적, 하역 중 해수면에 낙하하여 멸실되거나 추락에 의한 포장당 전손
		• 특정 면책사항 이외의 모든 우발적 원인에 의한 손해	

*subject-matter insured : 피보험목적물
*insured : 피보험자, 보험계약자
*conveyance : 수송, 운송
*general average sacrifice : 공동해손희생
*cargo insurance : 적하보험
*minimum cover : 최소한의 담보조건

30 Which of the following words is NOT suitable for the blanks (a) ~ (d) below?

In all break-bulk and bulk vessels, there is a document called ((a)). This document is like a delivery note and has all the information pertaining to the shipment like cargo description, number of bundles, weight, measurement, etc and this document is handed over to the ship at the time of loading.

If any discrepancies are found between the actual cargo delivered and the ((a)), the Chief Mate will check the cargo and document such discrepancies to confirm that the cargo was received in that condition. This was possible in the era of pre-containerization because the ship/agents were able to physically check and verify the cargo.

However, in the case of containerized cargoes and especially ((b)) cargoes, the carrier/agents are not privy to the packing of the containers and the nature of the cargo. The carrier relies on the information provided by the shipper in terms of the cargo, number of packages, weight and measurement. Hence the clauses ((c)) is put on the ((d)) to protect the carrier from any claims that the shipper might levy on them at a later stage.

① (a) Mate's Receipt
② (b) LCL
③ (c) SHIPPER'S LOAD, STOW, AND COUNT
④ (d) Bill of Lading

정답 ②

해석 다음 중 아래 빈 칸 (a) ~ (d)에 적절하지 않은 것은?

모든 혼재화물과 벌크선에는, (a) 본선수취증이라고 불리는 서류가 있다. 이 서류는 배달인수증과 같으며, 이 서류는 화물 설명, 묶음 수, 중량, 측정 등 선적화물에 관련된 모든 정보를 담고 있으며, 적재 시 선박에 인도된다.

실제 인도된 화물과 (a) 본선수취증 사이에 불일치가 발견될 시, 1등 항해사가 화물을 검사하고 이러한 불일치를 문서화하여 화물이 그 상태로 수령되었는지 확인할 것이다. 이것은 선박/대리점이 화물을 물리적으로 확인하고 확인할 수 있었기 때문에 컨테이너 이전 시대에는 가능했다.

하지만, 컨테이너 화물과 특히 (b) FCL 화물의 경우, 운송업자/대리점은 컨테이너의 포장 및 화물의 특성에 대해 알고 있지 않다. 운송업자는 화물의 수, 포장물의 수, 무게, 측정의 측면에서 화주가 제공하는 정보에 의존한다. 따라서 해운회사가 나중에 운송업자에게 부과할지도 모르는 클레임으로부터 그들을 보호하기 위해 (d) 선하증권 표면에 (c) 부지약관 문언을 기재한다.

① (a) 본선수취증   ② (b) 소량컨테이너 화물
③ (c) 부지약관   ④ (d) 선하증권

해설 문맥상 (b)는 1인 화주의 화물이 컨테이너 한 개에 만재되는 경우이므로, LCL(Less Than Container Load) → FCL(Full Container Load)가 되어야 한다.

LCL(Less than Container Load)

하나의 표준 컨테이너를 만재할 수 없는 소량화물로, 다른 하주의 화물과 혼재하므로 혼재화물(Consolidated Cargo)이 된다. 운송인이 지정한 CFS Operator에 의해서 컨테이너에 적입(Vanning)되거나 컨테이너에서 끄집어낸다(Devanning).

*break-bulk : 혼재화물

*delivery note : 배달인수증
*discrepancy : 차이[불일치]
*Chief Mate : 1등 항해사
*document : (상세한 내용을) 기록하다
*privy : (비밀을) 공유하는 것이 허용된
*rely on : 의존하다
*verify : (진실인지・정확한지) 확인하다
*levy : (세금 등을) 부과[징수]하다
*SHIPPER'S LOAD, STOW, AND COUNT : 부지약관(송하인의 적재 및 수량 확인, 화기엄금)

31 Which of the following statement on General Average in the marine insurance is NOT correct?

① Defined by York Antwerp Rules 1994 of General Average, these rules lay guidelines for the distribution of loss in an event when cargo has to be jettisoned in order to save the ship, crew, or the remaining cargo.

② A loss is deemed to be considered under general average if and only if the reason of sacrifice is extraordinary or the sacrifice is reasonably made for the purpose of common safety for preserving the property involved.

③ General average shall be applied only for those losses which are linked directly with the material value of the cargo carried or the vessel.

④ Any claims arising due to the delay, a loss or expense caused due to loss of market or any indirect loss must be accounted into general average.

정답 ④

해석 다음 중 해상보험의 공동해손약관에 대한 설명이 정확하지 않은 것은?
① 요크 앤트워프 공동해손 규칙(1994)에서 정의된 이 규칙들은 선박, 승무원 또는 나머지 화물을 구하기 위해 화물을 분사해야 하는 경우에 손실 분배에 대한 지침을 제공한다.
② 공동해손 하에서 관련 재산의 보존을 위하여 희생사유가 비상하거나 공동의 안전을 목적으로 합리적으로 희생하는 경우에 한하여 상실로 간주된다.
③ 공동해손은 운송 화물 또는 선박의 물질적 가치와 직접 관련된 손실에만 적용되어야 한다.
④ 지연, 시장 손실 또는 간접 손실로 인해 발생하는 모든 클레임은 공동해손으로 회계처리해야 한다.

해설 공동해손의 구성요건
• 이례적인 희생이나 비용이 있어야 한다.
• 희생이나 비용이 자발적으로 발생한 것이어야 한다.
• 합리적인 수준 이내에서 발생한 것이어야 한다.
• 전체 공동이 위험에 직면한 경우에 이러한 위험으로부터 회피하거나 벗어나기 위한 비용이나 희생이어야 한다.
• 현실적인 손해로서 공동해손행위에 의한 직접적인 손해여야 한다.
• 장래 발생할 가상의 손해는 안 된다.
*lay guidelines : 지침을 마련하다
*jettison : (이동 중인 항공기・선박이 무게를 줄이기 위해 무엇을) 버리다
*be accounted into : ~로 간주하다, 여기다

32 Choose the most appropriate term to complete the sentence under UCP 600.

> The description of the goods in the (   ) must correspond with the description in the credit, and the (   ) must be made out in the name of the Applicant.

① bill of lading

② commercial invoice

③ sea waybill

④ bill of exchange

정답 ②

해석 UCP 600 하에서 문장을 완성하기 위해 가장 적절한 용어를 고르시오.

(상업송장)상의 물품의 명세는 신용장에 보이는 것과 일치하여야 하며, (상업송장)은 개설의뢰인 앞으로 발행되어야 한다.

① 선하증권
② 상업송장
③ 해상화물운송장
④ 환어음

해설 제시문은 UCP 600 제18조 상업송장에 관한 내용으로, 상업송장상 물품 등의 명세는 신용장상의 것과 엄격하게 일치하여야 하며(엄밀일치의 원칙), 이 때 상업송장의 상대방은 개설의뢰인이다.

UCP 600 제18조 상업송장

a. A commercial invoice must be made out in the name of the applicant(except as provided in sub-article 38(g)).

a. 상업송장은 개설의뢰인 앞으로 작성되어야 한다(제38조 g항에 규정된 경우 제외).

c. The description of the goods, service or performance in a commercial invoice must correspond with that appearing in the credit.

c. 상업송장상의 물품, 용역 또는 이행의 명세는 신용장에 제시된 것과 일치하여야 한다.

엄격[엄밀]일치의 원칙

수익자가 제시한 서류와 신용장 조건과의 일치성 여부에 관한 심사는 오로지 서류의 문면상으로 판단함으로써 은행은 신용장 조건에 엄밀히 일치하지 않는 서류를 거절할 권리가 있다는 법률원칙이다.

*correspond with : ~과 부합하다
*make out : 작성하다
*in the name of : ~의 이름[명의]으로

33 Choose one which can NOT replace each underline.

> You have been with us for over 20 years. Such loyalty cannot be overlooked. We have looked into your credit account with us and have decided to help. As you are aware, (a) you have four overdue invoices, the latest is about six months overdue. This is unlike you; therefore we have assumed that these (b) delays are connected to the current economic situation your company (c) is going through.
>
> We like to offer you a 20% discount on all the overdue invoices if (d) payment is made within the next 30 days from today. We have attached the new invoices to this email. We believe you place a great value on the credit relationship you have with us. Therefore, we hope to receive the payments at the stipulated date.

① (a) four invoices are still outstanding
② (b) timely payment
③ (c) is encountering
④ (d) the settlement of the invoice is organized

정답 ②

해석 밑줄 친 각 부분들을 대체할 수 없는 한 가지를 고르시오.

귀사는 20년 넘게 당사와 거래해 왔습니다. 그러한 충성도는 간과될 수 없습니다. 당사는 귀사의 신용 계좌를 조사했고 도와주기로 결정했습니다. 아시다피, (a) 미지불된 송장은 4개인데, 가장 최근의 송장은 6개월 정도 연체된 겁니다. 이것은 이전의 귀사와 다릅니다. 그러므로 당사는 이러한 (b) 지연이 귀사가 (c) 겪고 있는 최근의 경제적인 상황과 연관되어 있다고 추측했습니다.
오늘부터 30일 이내에 (d) 대금이 지불될 경우, 당사는 귀사의 모든 연체 송장에 대해 20%의 할인을 제공하고 싶습니다. 본 이메일에 새로운 송장을 첨부했습니다. 귀사가 당사와의 신용 관계에 큰 가치를 두고 있다고 믿고 있습니다. 따라서 당사는 정해진 날짜에 결제받기를 바랍니다.

① (a) 귀사의 송장 4개가 아직 미결제 상태입니다
② (b) 적시 지불
③ (c) 봉착하고 있는
④ (d) 송장의 결제가 정리되다

해설 (b) delays는 '지연'이라는 뜻이므로, ② 'timely payment(적시 지불)'와 바꿔 쓸 수 없다.
*overdue : (지불·반납 등의) 기한이 지난
*invoice : 송장
*assume : (사실일 것으로) 추정[상정]하다
*delay : 지연, 지체
*go through : 겪다
*stipulated date : 규정된 날짜
*outstanding : 미지불된, 미해결된
*settlement : (갚을 돈의) 지불[계산]
*place a great value : ~을 가치 있게 보다, ~에 가치를 부여하다

안심Touch

34 Which word fits best for the blank?

> We have already explained that it is essential for medical equipment to arrive (   ) due dates as late delivery could create a very serious problem.

① on   ② for
③ at   ④ from

정답 ①

해석 빈 칸에 가장 적절한 것은?

당사는 인도 지연이 매우 심각한 문제를 초래할 수 있기 때문에 의료기기가 납기일(에) 도착하는 게 필수적이라고 이미 설명했습니다.

해설 ① 날짜, 요일 등의 시간을 나타내는 말 앞에는 전치사 'on'을 쓴다.
*due date : 만기일
*delivery : (물품·편지 등의) 배달[인도/전달]

35 Which of the following has different intention from the others?

① Your patience and understanding would be greatly appreciated.
② A short extension would be very helpful to us, as it would give us an extra month to clear the checks.
③ We ask that you grant the extension this one time. We assure you that this will not happen again.
④ We are sorry to hear that the bankruptcies of two of your clients have been causing you difficulties.

정답 ④

해석 다음 중 다른 것과 의도가 다른 것은?
① 귀사가 인내심을 갖고 이해해주신다면 대단히 감사하겠습니다.
② 수표 결제에 한 달이 더 걸리기 때문에, 단기 연장은 당사에 큰 도움이 될 것입니다.
③ 귀사가 이번에 한 번 연장을 허가해 줄 것을 요청합니다. 당사는 다시는 이런 일이 일어나지 않을 것을 보장합니다.
④ 귀사의 고객 중 두 곳의 파산으로 어려움을 겪고 있다니 유감입니다.

해설 ①~③은 모두 결제기간 연장에 대한 내용인데, ④는 고객사의 파산으로 인해 어려움을 겪는 데 대한 유감 표명이다.
*patience : 인내력, 인내심
*clear : (수표가[를]) 결제를 받다[결제하다]
*assure : 보장하다
*bankruptcy : 파산 (상태), 파탄

36 Select the wrong word in view of document examination.

> When the address and contact details of (ⓐ) appear as part of (ⓑ) or (ⓒ) details, they are not to (ⓓ) with those stated in the credit.

① ⓐ the applicant   ② ⓑ the consignee

③ ⓒ notify party   ④ ⓓ agree

정답 ④

해설 서류심사의 관점에서 틀린 단어를 고르시오.

ⓐ 개설의뢰인의 주소와 세부 연락처가 ⓑ 수하인 또는 ⓒ 통지처의 일부로서 나타날 때에는 신용장에 명시된 대로 ⓓ 일치하지 않으면 안 된다.

해설 UCP 600 제14조 서류심사 기준에 대한 내용의 일부로, 간단하게 말하면 서류상의 주소가 신용장에 언급된 주소와 완벽하게 일치하지 않더라도 같은 국가이면 되지만, 만약 그 주소와 연락처가 운송서류의 수하인이나 통지처일 경우 명시된 대로 작성되어야 한다는 의미이므로, ④ agree(일치하다) → disagree(불일치하다)가 되어야 한다.
*document examination : 서류심사

37 Select the wrong word in the blank.

> Documents for which the UCP 600 transport articles do not apply are (   ).

① Delivery Note

② Delivery Order

③ Cargo Receipt

④ Multimodal Transport Document

정답 ④

해설 빈 칸에 옳지 않은 것을 고르시오.

UCP 600 운송조항에서 적용되지 않는 서류는 (배달인수증, 화물인도지시서, 화물수령증)이다.

① (물품) 배달인수증

② 화물인도지시서

③ 화물수령증

④ 복합운송서류

구 분	서류 명칭	세부 서류 명칭
주(요)서류	운송서류 (UCP상 운송서류)	• 해상/해양 선하증권(Marine/Ocean B/L) • 비유통 해상화물 운송장(Non-negotiable SWB) • 용선계약부 선하증권(Charter Party B/L) • 복합운송서류(Multimodal Transport Document) • 항공운송서류(Air Transport Document) • 도로, 철도, 내수로 운송서류(Road, Rail or Inland Transport Document) • 특사수령증 및 우편수령증(Courier and Post Receipts) • 운송 주선인 발행 운송서류(Transport Documents Freight Forwarders)
	보험서류	• 해상보험증권(Marine Insurance Policy) • 보험증명서(Certificate of Insurance)
	대금청구서류	• 상업송장(Commercial Invoice)
부속서류		• 품질/수량증명서(Certificate of Quality/Quantity) • 부속품질/수량증명서(Specification of Quality/Quantity) • 포장명세서(Packing List) • 영사송장(Consular Invoice) • 세관송장(Customs Invoice) • 원산지증명서(Certificate of Origin) • 대변표(Credit Note) • 차변표(Debit Note) • 계산서(Statement of Account) • 용적중량증명서(Certificate of Measurement and/or Weight)

*apply : (규칙을) 적용하다

38 Fill in the blanks (a) ~ (b) with the best word(s).

> To date, no payments have been received from you, and we are assuming that this is merely (a) _____ on your side. Please remit the full (b) _____ due amount immediately.

① (a) an oversight (b) past   ② (a) an oversight (b) intended

③ (a) a fortnight (b) intended   ④ (a) a fortnight (b) past

정답 ①

해석 빈 칸 (a) ~ (b)에 가장 적절한 것을 고르시오.

현재까지, 귀사로부터 어떤 지불도 받지 못했고, 당사는 이것이 귀사 측의 (a) 실수일 뿐이라고 가정하고 있습니다. (b) 지난 연체 금액을 즉시 전부 송금해주시기 바랍니다.

해설 문맥상 빈 칸 (a)에는 an oversight(실수)가, 빈 칸 (b)에는 past(지난)가 적절하다.

*to date : 지금까지

*merely : 한낱, 그저, 단지

*oversight : 실수, 간과

*remit : 송금하다

*past due : 기일을 넘긴, 만기가 지난

*fortnight : 2주일

39 Which of the following sentences is NOT correct?

Dear Mr. Kim,
Thank you for your inquiry on April 13, (a) <u>expressing interest in our software products</u>. In reply to your letter, we are enclosing a detailed catalog and price lists (b) <u>for our design software you required</u>.
(c) <u>Beside those advertising in the Business Monthly</u>, the attached illustrated brochure shows various softwares available for you. If you have any questions or concerns (d) <u>that are not covered in the materials</u> we sent you, please do not hesitate to contact us at any time.

① (a) ② (b)

③ (c) ④ (d)

정답 ③

해석 다음 문장들 중 옳지 않은 것은?

친애하는 김 선생님께,

(a) 당사의 소프트웨어 제품에 관심을 표명한 귀사의 4월 13일자 문의에 감사드립니다. 귀사의 문의에 대한 답신으로, (b) 요청하신 당사의 디자인 소프트웨어 제품에 대한 자세한 카탈로그와 가격 리스트를 동봉합니다. (c) 월간 비즈니스 광고 이외에, 첨부된 삽화 브로슈어는 귀사가 이용할 수 있는 다양한 소프트웨어들을 보여줍니다. 당사가 보내준 (d) 자료에서 다루지 않은 질문이나 관심사가 있으시면 언제든지 연락하시기 바랍니다.

해설 어법상 (c) Beside(옆에) → Besides(~뿐만 아니라)가 되어야 한다.

*inquiry : 문의[질의/조회]

*attached : 첨부된

*available : 이용할 수 있는

*concerns : 걱정, 염려, 관심사

*hesitate : 망설이다[주저하다]

[40~41] Read the following and answer the questions.

Dear Mr. MacFee,

We are writing to you on the recommendation of Mr. David Han, Chief Accountant at Hannam Trading. He advised us to contact you as a referee concerning the credit facilities which his company has asked us for.

Could you confirm that the company is sound enough to meet credits of USD3,000,000?

We would be most grateful for a reply ((A)).

Yours sincerely,

---

40 What does the underlined credit facilities imply?

① The potential buyer wants to settle some days later.
② The seller wants to have some loans from bank.
③ The seller wants to have credit from the potential buyer.
④ The potential buyer may ask his bank to open credit.

41 Fill in the blank (A) with suitable word.

① at your earliest convenience
② by the time we arranged
③ at their early convenience
④ to my company's satisfaction

해석

친애하는 MacFee씨께,

당사는 한남무역의 회계책임자인 David Han의 추천으로 귀사에 서신을 보냅니다. 그는 당사에 조언하기를 자신의 회사가 당사에 요청한 <u>신용[외상]판매제</u>와 관련하여 신용조회를 귀사에 연락하라고 알려왔습니다.

그 회사가 미화 300만 달러의 신용거래 금액을 지불할 만큼 건실한지 확인해 주시겠습니까?

(A) <u>가능한 한 빨리</u> 회답해 주셨으면 감사하겠습니다.

그럼 안녕히 계십시오.

*recommendation : 추천
*advise : (정식으로) 알리다
*referee : 추천인, 신원 보증인
*confirm : 사실임을 보여주다[확인해 주다]
*credit facilities : (금융기관의) 융자[금융 지원] 제도
*meet : 지불하다
*at your earliest convenience : 가급적 빨리

40 밑줄 친 credit facilities가 암시하는 것은?
① 잠재적인 매수인이 며칠 더 늦게 정산하기를 원한다.
② 매도인은 은행에서 대출을 받고 싶어 한다.
③ 매도인은 잠재적 구매자로부터 신용을 얻고 싶어 한다.
④ 잠재적 매수인은 자신의 은행에 신용장 개설을 요청할 수도 있다.

41 빈 칸 (A)에 들어갈 단어로 알맞은 것은?
① 가급적 빨리
② 우리가 주선할 때쯤에는
③ 그들이 일찍 편리할 때
④ 우리 회사가 만족할 수 있도록

해설 **40**

밑줄 친 credit facilities는 '신용[외상]판매제'의 뜻이므로, ① '잠재적 매수인은 며칠 더 늦게 정산하기를 원한다.'가 정답이다.
*potential : 가능성이 있는, 잠재적인
*settle : 지불[계산]하다, 정산하다
*loan : 대출[융자](금)

41

문맥상 빈 칸 (A)에는 ① '가급적 빨리'가 적절하다.

42 Which of the following best fits the blank?

> (   ) are used for taking goods from a port out to a ship, or vice versa. They can also do the same work as a barge.

① Car ferry
② Oil-tanker
③ Lighters
④ Trailors

[43~44] Read the following and answer the questions.

> We were surprised to receive your letter of 20 November in which you said you had not received payment for invoice No. 1555.
>
> We instructed our bank, Seoul Bank to ((A)) your account in HSBC London, with USD2,000,000 on 2nd November.
>
> As our bank statement showed the money had been debited from our account, ((B)) as well. It is possible that your bank has not advised you yet.
>
> Yours sincerely,

43 Fill in the blank (A).

① credit   ② debit

③ sort out   ④ draw

44 What is best for blank (B)?

① We thought that it was double paid to your account

② We assumed that it had been credited to your account

③ We are certain that payment was in order

④ You may debit our account if you want

정답 43 ① 44 ②

해석

11월 20일자 귀사의 서신에서 송장 1555번의 대금 결제를 받지 못했다고 하여 놀랐습니다.

당사는 11월 2일에 당사의 은행인 서울은행에 HSBC 런던 지점의 귀사의 계좌에 200만 달러를 (A) 입금하라고 지시했습니다.

당사의 은행 입출금내역서에 따르면, 당사의 계좌에서 그 금액이 빠져나갔기 때문에, (B) 당사는 그 금액이 귀사의 계좌에도 입금된 것으로 추정했습니다. 귀사의 은행이 아직 귀사에 통보하지 않았을 가능성이 있습니다.

그럼 안녕히 계십시오.

*instruct : 지시하다
*bank statement : (은행 계좌의) 입출금내역서
*debit : (돈을) 인출하다
*credit A with B : A에 B를 입금하다

43 빈 칸 (A)를 채우시오.
① 입금하다
② 인출하다
③ 선별하다
④ (돈을) 인출하다

44 빈 칸 (B)에 가장 적절한 것은?
① 당사는 귀사의 계좌에 두 배로 지불되었다고 생각했습니다.
② 당사는 그 금액이 귀사의 계좌에도 입금된 것으로 추정했습니다.
③ 우리는 순서대로 지불되었다고 확신합니다.
④ 원하면 당사의 계좌에서 차변할 수 있습니다.

해설 43
문맥상 빈 칸 (A)에는 'A에 B를 입금하다'를 뜻하는 ① 'credit'이 적절하다.

44
문맥상 빈 칸 (B) 앞에서 'As our bank statement showed the money had been debited from our account'라고 했으므로, (B)에는 ② '당사는 그 금액이 귀사의 계좌에 입금된 것으로 추정했습니다'가 적절하다.
*double paid : 두 배로 지불된
*certain : 확실한, 틀림없는
*be in order : 순서대로 되어 있다

45 Which sentence is MOST proper for the blank?

> Thank you for submitting your proposal. (   ), as it is still too early to judge whether or not we will be needing to hire an outside house to take care of the website redesign.

① I accept your proposal
② Perhaps we could work together to make this project happen
③ Please let us know the final result of this bid
④ I'm afraid my response will be delayed

정답 ④

해석 빈 칸에 들어갈 문장으로 가장 적절한 것은?

귀사의 제안서 제출에 감사드립니다. 홈페이지 재설계를 위해 외부주택을 세내야 할지 말지 판단하기에는 너무 이르기 때문에 <u>유감스럽지만 당사의 답신이 늦어질 것 같습니다</u>.

① 나는 귀사의 제안을 승인합니다.
② 아마 이 프로젝트를 성사시키기 위해 함께 일할 수 있을 겁니다.
③ 이번 입찰의 최종 결과를 알려주세요.
④ 유감스럽지만, 당사의 답신이 늦어질 것 같습니다.

해설 빈 칸 다음에서 'as it is still too early to judge whether or not ...'라고 했으므로, ④가 정답이다.
*submit : 제출하다
*proposal : 제안
*judge : 판단하다
*hire : 빌리다[세내다]
*bid : 입찰

46 Which of the following statements about Stand-by L/C is NOT correct?

(a) A Stand-by Letter of Credit ('SBLC') can be used as a safety mechanism in a contract for service. (b) A reason for this will be to hedge out risk. In simple terms, (c) it is a guarantee of payment which will be issued by a bank on the behalf of a client and which is perceived as the "payment of last resort". (d) This will usually be avoided upon when there is a failure to fulfill a contractual obligation.

① (a)　　　　　　　　　② (b)
③ (c)　　　　　　　　　④ (d)

정답 ④

해석 다음 보증신용장에 대한 문장들 중 옳지 않은 것은?

(a) 보증신용장('SBLC')은 서비스 계약에서 안전 메커니즘으로 사용될 수 있다. (b) 그 이유는 위험을 회피하기 위해서일 것이다. 간단히 말해서, (c) 그것은 은행이 고객을 대신하여 발행할 지불 보증이며, "마지막 수단 지불"으로 인식된다. (d) 이것은 일반적으로 계약상 의무를 이행하지 못할 때 회피될 것이다.

해설 ④ 보증신용장은 계약상 의무를 이행하지 못할 경우에 회피될 → 사용될 것이다.
보증신용장(Stand-by Credit)
담보력이 부족한 국내 상사의 해외지사의 현지 운영자금 또는 국제입찰 참가에 수반되는 입찰보증(Bid Bond)·계약 이행보증(Performance Bond) 등에 필요한 자금을 해외현지은행에서 대출받고자 할 때, 이들 채무보증을 목적으로 국내 외국환은행이 해외은행 앞으로 발행하는 무담보신용장(Clean L/C)이다.
*Stand-by Letter : 보증신용장
*hedge out : 울타리로 막다, 제외하다
*guarantee : 보장[약속]하다
*perceive : 감지[인지]하다
*resort : 최후의 수단
*avoid : (회)피하다
*fulfill : 이행하다, 수행하다
*contractual obligation : 계약의무

47 Which is NOT correct when the underlined ones (ⓐ ~ ⓓ) are replaced with the word(s) given.

당사는 귀사 앞으로 12월 10일까지 유효한 총액 10,000달러에 대한 취소불능 신용장을 발행하도록 지시했습니다.

→ We have ⓐ instructed our bank to open an irrevocable letter of credit ⓑ in your favor ⓒ for the sum of USD10,000 ⓓ valid until December 10.

---

① ⓐ instructed → arranged with

② ⓑ in your favor → in favor of you

③ ⓒ for the sum of → amounting to

④ ⓓ valid → expired

정답 ④

해석 밑줄 친 ⓐ ~ ⓓ를 주어진 단어들로 대체할 때 옳지 않은 것은?
① ⓐ 지시하다 → 지시하다
② ⓑ 귀사를 수익자로 하여 → 귀사를 수익자로 하여
③ ⓒ ~의 합에 이르는 → ~의 합에 이르는
④ ⓓ 유효한 → 만료된

해설 밑줄 친 ⓓ valid는 '(법적·공식적으로) 유효한[정당한]'의 뜻이므로, expire(만료되다, 만기가 되다)와 바꿔 쓸 수 없다.
*instruct : 지시하다(= arrange with)
*in your favor : 귀사를 수익자로 하여(= in favor of you)
*for the sum of : 합계가 ~에 이르는(= amounting to)
*valid : 유효한[정당한]
*expire : 만료되다, 만기가 되다

48 Which is best for the blank?

> Under UCP 600, terms such as "first class", "well known", "qualified", "independent", "official", "competent" or "local" used to describe the issuer of a document allow (　　).

① any issuer including the beneficiary to issue that document

② any issuer except the beneficiary to issue that document

③ certain issuer in the L/C to issue that document

④ issuer who is not known to the beneficiary to issue that document

정답 ②

해석 빈 칸에 가장 적절한 것은?

　　UCP 600 하에서, "First Class(일류)", "Well Known(저명한)", "Qualified(자격을 갖춘)", "Independent(독립적인)", "Official(공식적인)", "Competent(능숙한)" 또는 "Local(현지의)"과 같이 서류발행자를 기술하는 용어들은 그 서류를 발행한 수익자를 제외한 모든 서류발행자가 사용할 수 있다.

① 그 서류를 발행한 수익자를 포함한 모든 서류발행자

② 그 서류를 발행한 수익자를 제외한 모든 서류발행자

③ 신용장에서 그 서류를 발행한 특정 발행자

④ 그 문서를 발행할 수익자에게 알려지지 않은 발행자

해설 제시문은 UCP 600 제3조 해석에 대한 내용으로, '수익자를 제외한 서류발행인을 기술하는 일류의, 저명한, 자격을 갖춘 등의 수식어는 어떤 서류발행자에게 허용된다'라고 했다. 이것은 수익자가 발행한 서류에 대해서는 수익자에 대한 어떤 수식어도 인정하지 않겠다는 뜻이 된다. 수익자는 마음만 먹으면 언제든지 서류를 위조할 수 있는 당사자에 해당하기 때문에 이러한 권위 있는 수식어가 애초에 필요하지 않다.

UCP 600 제3조 해석

Terms such as "first class", "well known", "qualified", "independent", "official", "competent" or "local" used to describe the issuer of a document allow any issuer except the beneficiary to issue that document. Unless required to be used in a document, words such as "prompt", "immediately" or "as soon as possible" will be disregarded.

서류발행자를 표시하기 위해 사용되는 "일류의(first class)", "저명한(well known)", "자격을 갖춘(qualified)", "독립적인(independent)", "공식적인(official)", "능숙한(competent)" 또는 "현지의(local)"와 같은 용어가 있으면 수익자를 제외한 모든 서류발행자가 서류를 발행할 수 있다.

*describe : 말하다[서술하다], 묘사하다

*issuer : 발행자, (어음 따위의) 발행인

*beneficiary : 수익자

49 Choose what is NOT correct 1) ~ 3).

> According to CISG provision, the seller may declare the contract avoided;
> 1) _____
> 2) _____
> 3) _____

① If the failure by the buyer to perform any of his obligations under the contract or this Convention amounts to a fundamental breach of contract.

② If the buyer does not, within the additional period of time fixed by the seller, perform his obligation to pay the price.

③ If the buyer does not, within the additional period of time fixed by the buyer, perform his obligation to deliver the goods.

④ If the buyer declares that the buyer will not perform his obligation to pay the price or take delivery of the goods within the period within the additional period of time fixed by the seller.

정답 ③

해석 1) ~ 3)에 가장 옳은 것을 고르시오.

CISG 협약에 따라, 매도인은 다음의 경우에 계약을 해제할 수 있다.
1) _____
2) _____
3) _____

① 계약 또는 본 협약에 따라 매수인의 의무 불이행이 본질적 계약 위반에 해당하는 경우
② 매수인이 매도인이 정한 추가 기간 내에 대금지급 의무를 이행하지 않는 경우
③ 매수인이 자신이 정한 추가 기간 내에 물품수령의 의무를 이행하지 않는 경우
④ 매수인이 매도인이 정한 추가 기간 내에 대금지급 의무 또는 물품수령 의무를 이행하지 않는 경우

해설 CISG 제64조 매도인의 계약해제권의 내용으로, ③ '... within the additional period of time fixed by the buyer, ...'에서 buyer(매수인) → seller(매도인)가 되어야 한다.

CISG 제64조 매도인의 계약해제권

매도인은 다음의 경우에 계약을 해제할 수 있다.

• (a) 계약 또는 이 협약상 매수인의 의무 불이행이 본질적 계약 위반으로 되는 경우
• (b) 매수인이 제63조 제1항에 따라 매도인이 정한 추가 기간 내에 대금지급 또는 물품수령 의무를 이행하지 아니하거나 그 기간 내에 그러한 의무를 이행하지 아니하겠다고 선언한 경우

*fundamental : 근본[본질]적인
*breach of contract : 계약 위반
*perform : 행하다[수행하다/실시하다]
*obligation : (법적 · 도의적) 의무(가 있음)
*declare : 선언[선포/공표]하다

50 Which of the following words is NOT appropriate for the blanks below?

Demurrage and detention is mostly associated with imports although it may happen in the case of exports as well. ((a)) is a charge levied by the shipping line to the importer in cases where they have not taken delivery of the full container and move it out of the port/terminal area for unpacking within the allowed free days. ((b)), on the other hand, is a charge levied by the shipping line to the importer in cases where they have taken the full container for unpacking (let's say within the free days) but have not returned the empty container to the nominated empty depot before the expiry of the free days allowed.

If a customer took the full box out of the port/terminal on the 7th of July which is within the free days (expiring on the 8th of July), but returned the empty container to the line's nominated depot only on the 19th of July. So, the shipping line will be eligible to charge the consignee ((c)) for 11 days from the 9th July (after expiry of free days) till the 19th July at the ((d)) fixed by the line.

---

① (a) Demurrage
② (b) Detention
③ (c) demurrage
④ (d) commission

정답 ③, ④

해석 다음 중 아래 빈 칸에 가장 적절하지 않은 것은?

체선료와 지체료는 수출의 경우에도 발생하지만, 대부분 수입과 관련 있다. (a) 체선료는 수입업자가 전체 컨테이너를 인도하지 않고 항만/터미널 구역 밖으로 이동시켜 허용된 기간 내에 짐을 풀지 않은 경우 해운회사가 수입자에게 부과하는 요금이다. 이와 반대로, (b) 지체료는 수입자가 포장을 풀기 위해 전체 컨테이너를 가져갔지만 (허용된 기간 이내라고 하자) 허용된 기간이 만료되기 전에 지정된 빈 창고에 빈 컨테이너를 반환하지 않은 경우에 해운회사가 수입자에게 부과하는 요금이다.

만약 고객이 7월 7일(만기일 7월 8일)에 항만/터미널에서 짐이 꽉 찬 박스를 꺼냈지만, 7월 19일에야 빈 컨테이너를 해운회사가 지정한 창고에 반납했다고 하자. 그러면, 해운회사는, 수하인에게 7월 9일(허용된 기간 만료 후)부터 7월 19일까지 11일 동안에 대하여, 해운회사에서 정한 (d) 비율로 (c) 지체료를 부과할 자격을 가진다.

해설 지문은 체선료(Demmurage)와 지체료(Detention)에 대한 내용으로, ③ (c) demurrage → detention, ④ (d) commission → rate로 바뀌어야 한다.

체선료와 지체료
• 체선료(Demmurage)
 – 초과 정박일(계약 정박기간 초과일)에 대해 화주(용선자)가 선주에게 지급하는 위약금(Penalty) 또는 지체상금으로 보통 조출료의 2배이다.
 – 1일 24시간을 기준하여 계산하지만, WWD(Weather Working Day)는 주간하역, 즉 1일 24시간으로 계산하기도 한다.
 – 체선료는 선적 및 양륙을 분리하여 따로 계산(Laydays not Reversible)하는 것을 원칙으로 하나, 용선자의 선택 하에 선적 및 양륙기간을 합산하여 계산(Laydays Reversible)하는 경우도 적지 않다.
• 지체료(Detention) : 화주가 허용된 시간(Free Time) 이내에 반출해 간 컨테이너를 지정된 선사의 CY로 반환하지 않을 경우 지불하는 비용으로, Free Time은 동맹 또는 선사에 따라 각기 다르다.
*be associated with : ~와 관련되다
*levy : 부과[징수]하다
*shipping line : 해운회사

*unpack : (짐을) 풀다
*nominate : 지명[추천]하다
*empty : 비어 있는, 빈
*depot : 창고
*be eligible to : ~할 자격이 있다
*consignee : 수하인, 하물 인수자
*at the rate : ~의 비율로

51 대금이 물품의 중량에 의하여 지정되는 경우, 의혹이 있을 때 대금은 무엇에 의해 결정되는가?

① 총중량   ② 순중량

③ 순순중량   ④ 정미중량

정답 ②

해설　순중량에 의한 결정

대금이 물품의 중량에 따라 지정되는 경우에 이에 의혹이 있을 때에는, 그 대금은 순중량에 의하여 결정되어야 한다(CISG 제56조).

52 Incoterms 2020의 FOB 조건에 관한 설명 중 옳지 않은 것은?

① 선적항에서 매수인이 지정한 본선에 계약상품을 인도하면 매도인의 인도 의무가 완료된다.

② FOB 조건은 매도인이 물품을 본선 갑판이 아닌 CY에서 인도하는 경우에도 사용한다.

③ FOB 조건은 FAS 조건에 매도인의 본선적재 의무가 추가된 조건이다.

④ 매수인은 자기의 책임과 비용부담으로 운송계약을 체결하고 선박명, 선적기일 등을 매도인에게 통지하여야 한다.

정답 ②

해설　② 매도인이 물품을 갑판이 아닌 CY 등 다른 장소에 인도하는 경우에는 FOB 대신 FCA 조건을 사용하여야 한다.

FOB(Free On Board, 지정선적항 본선 인도조건)

• 계약물품을 지정선적항의 본선상에 인도하는 조건이다.

• FOB 다음에 지정선적항을 표시한다(매도인 수출통관).

• 물품의 인도장소 : 선적항에 수배된 선박의 본선을 통과한 곳

• 물품에 대한 매매당사자의 위험부담 분기점(위험이전) : 물품이 지정선적항 본선 갑판에 안착되었을 때

• 물품에 대한 매매당사자의 비용부담 분기점(경비이전) : 물품이 지정선적항 본선 갑판에 안착되었을 때(매도인은 인도할 때까지 모든 비용부담, 매도인은 매수인이 지명한 본선에 수출통관된 물품을 적재하여야 함)

53 국제물품매매계약에 관한 UN협약(CISG, 1980)상 계약 위반에 따른 손해배상책임과 면책에 대한 내용으로 옳지 않은 것은?

① 매도인이 매수인으로부터 공급받은 원자재를 이용하여 물품을 제조하여 공급하기로 한 계약에서 원자재의 하자로 인하여 물품이 계약에 불일치하는 경우에는 매도인은 면책된다.

② 계약당사자가 계약체결 시 예견하지 못한 장해가 발생하여 계약의 이행이 불가능해지는 경우에 의무위반 당사자는 면책된다.

③ 면책은 양당사자가 모두 주장할 수 있으며 모든 의무에 적용이 된다.

④ 계약불이행 당사자는 계약체결 시 예견하지 못한 장해가 존속하는 기간 동안 손해배상책임으로부터 면제되며 그 장해가 제거된다 하더라도 그 당사자의 의무가 부활되는 것은 아니다.

[정답] ④

[해설] CISG 제79조 손해배상책임의 면제
- 계약불이행 당사자는 의무 불이행이 자신의 통제를 벗어난 장해에 기인하였다는 것과 계약체결 시 장해에 대한 고려를 합리적으로 기대할 수 없거나 장해[결과]의 회피·극복을 합리적으로 기대할 수 없었다는 것을 입증하는 경우, 면책의 효력을 가진다.
- 불이행의 당사자가 장해를 알았거나 또는 알고 있었어야 했던 때로부터 합당한 기간 내에 계약상대가 불이행 당사자로부터 통지를 수령하지 못한 경우, 불이행 당사자는 이러한 불착으로 인하여 발생하는 손해에 책임이 있다.

54 내국신용장의 설명으로 옳지 않은 것은?

① 원신용장을 견질로 하여 발행되는 신용장이다.

② Local credit이라고 한다.

③ 사용면에서 양도가능 신용장과 유사하다.

④ 수입국의 개설은행이 지급확약을 한다.

[정답] ④

[해설] ④ 수출국의 내국신용장 개설은행이 지급확약을 한다.
내국신용장(Local L/C)
수출업자(제1수익자)가 자신 앞으로 내도한 원신용장(Master L/C)을 담보로 자신의 거래은행에 요청하여 "국내 원료공급자, 하청업자 또는 생산업자"를 수익자(제2수익자)로 하여 개설한 신용장을 말한다.

55 포페이팅(Forfaiting) 거래방식의 설명으로 옳은 것은?

① 포페이터(Forfaiter)의 무소구조건부 어음의 할인매입
② 포페이터(Forfaiter)의 조건부 지급확약
③ 포페이터(Forfaiter)의 무조건부 지급확약
④ 포페이터(Forfaiter)의 소구권부 어음의 할인매입

정답 ①

해설 포페이팅(Forfaiting)
- 신용장거래에서 수출자가 발행한 환어음 및 선적서류를 수출입은행(Forfaiter)이 수출자로부터 무소구(Without Recourse)조건(수입국은행 또는 수입자가 환어음 만기일에 수출대금을 상환하지 못해도 수출자에게 대금을 청구하지 않는 조건)으로 채권을 매입하는 수출금융이다.
- 수출자는 수출이행 즉시 수출입은행으로부터 수출대금을 지급받고 환어음의 만기일에 수출입은행이 수입국은행으로부터 대금을 회수한다.

56 다음 내용은 해상운임 관련 부대운임 중 무엇에 대한 설명인가?

> 대부분의 원양항로에서 수출화물이 특정기간에 집중되어 화주들의 선복수요를 충족시키기 위해 선박용선료, 기기확보 비용 등 성수기 비용상승을 보전받기 위해 적용되고 있는 할증료

① Port Congestion Charge
② Peak Season Surcharge
③ Detention Charge
④ Demurrage Charge

정답 ②

해설 ② Peak Season Surcharge : 성수기할증료. 대부분의 원양항로에서 수출화물이 특정 기간에 집중되어 선박용선비용, 기기확보비용 등 성수기에 발생하는 비용 상승을 보전받기 위해 화주들의 선복수요를 충족시키고자 적용하는 할증료
① Port Congestion Charge : 체화할증료(항구혼잡할증료). 도착항이 선박으로 혼잡할 때 하역시간이 지체될 경우 선박 가동률이 떨어져 선박회사가 손해의 책임을 하주에 전가하는 할증료
③ Detention Charge : 지체료. 정해진 시간 내에 반환하지 못했을 때의 벌과금으로써, 운송업체에게 지불해야 하는 요금
④ Demurrage Charge : 체선료. 계약 정박기간 이내에 화물을 CY에서 반출하지 않을 때 부과하는 요금

57 해상적하보험의 보험기간과 관련된 설명으로 옳지 않은 것은?

① 해상적하보험은 일반적으로 항해보험형태를 취한다.
② 운송약관(Transit clause)에 따라 보험기간이 개시된 후 피보험화물이 통상의 운송과정을 벗어나더라도 보험자의 책임은 계속된다.
③ 2009년 협회적하약관(ICC)에서의 보험기간은 1982년 ICC상의 보험기간보다 확장되었다.
④ 보험기간과 보험계약기간은 일치하지 않을 수도 있다.

정답 ②

해설 ② 운송약관(Transit clause)에 따라 보험기간이 개시된 후 피보험화물이 통상의 운송과정을 벗어난 경우 보험자의 책임은 종료된다.

보험종료
협회적하보험 약관에서는 해상적하보험의 종료 시점을 다음 세 가지 중 한 가지가 가장 먼저 일어난 때로 규정한다.
• 보험증권에 기재된 목적지의 수하인 또는 기타 최종 창고나 보관 장소에 화물이 인도된 때
• 통상의 운송과정이 아닌 화물의 보관·할당·분배를 위해 임의의 창고 또는 보관 장소에 인도된 때
• 최종 양륙항에서 화물을 하역한 후 60일(항공인 경우 30일)이 경과된 때

58 내국신용장과 구매확인서의 비교 설명으로 옳지 않은 것은?

구 분		내국신용장	구매확인서
㉠	관련법규	무역금융 관련규정	대외무역법
㉡	개설기관	외국환은행	외국환은행, 전자무역기반사업자
㉢	개설조건	원자재 금융한도	제한 없이 발급
㉣	발행제한	2차까지 개설 가능(단, 1차 내국신용장이 완제품 내국신용장인 경우에는 차수 제한 없음)	차수 제한 없이 순차적으로 발급가능

① ㉠
② ㉡
③ ㉢
④ ㉣

정답 ④

해설 내국신용장과 구매확인서의 발행제한
• 내국신용장 : 제한 없음(완제품 내국신용장은 3차까지 가능)
• 구매확인서 : 제한 없음(단, 1차 구매확인서의 수혜자가 유통업자인 경우 추가로 1차에 한해 발급 가능)

59 UN국제물품복합운송조약상 복합운송서류의 유통성 조건에 해당되지 않는 것은?

① 지시식 또는 지참인식으로 발행

② 지시식의 경우 배서에 의해 양도

③ 지참인식의 경우 배서에 의해 양도

④ 복본으로 발행되는 경우 원본의 통수를 기재

정답 ③

해설 복합운송서류의 유통성 조건
- 지시식 또는 소지인(지참인)식으로 되어 있어야 한다.
- 지시식으로 발행된 경우 배서에 의해 양도가능하다.
- 무기명식으로 발행된 경우 배서 없이 양도가능하다.
- 복본으로 발행된 경우 원본의 통수를 기재하여야 한다.

60 함부르크 규칙(Hamburg rules)상 화물인도의 지연에 따른 운송인의 책임으로 옳은 것은?

① 화물운임의 2배 반에 상당하는 금액

② 화물운임의 2배에 상당하는 금액

③ 화물운임의 3배 반에 상당하는 금액

④ 화물운임의 3배에 상당하는 금액

정답 ①

해설 함부르크 규칙상 화물인도 지연 및 운송인의 책임
함부르크 규칙에서는 인도지연이란 운송계약에서 명시적으로 합의된 기간 내에 또는 그러한 합의가 없는 경우 당해 정황을 고려하여 성실한 운송인에게 요구되는 합리적 기한 내에 화물이 인도되지 않은 경우를 말한다(제5조 2항). 인도지연 손해에 대해서는 지연된 물건에 대하여 지급되는 운임의 2.5배에 상당하는 금액이며 다만, 그 운송계약상 지급되는 운임의 총액을 넘지 않는 금액이어야 한다(제6조 1항 (b)호).

61 협회적하약관(2009) ICC(A), (B), (C) 조건 모두에서 보상하는 손해로 옳지 않은 것은?

① 지진·화산의 분화·낙뢰
② 피난항에서의 화물의 양륙
③ 육상운송용구의 전복·탈선
④ 본선·부선·운송용구의 타물과의 충돌·접촉

[정답] ①

[해설] ICC(A), (B), (C) 조건 모두에서 보상하는 손해
• 화재, 폭발
• (본선/부선의) 좌초, 교사, 침몰, 전복
• 육상운송용구의 전복, 탈선
• 충돌, 접촉
• 피난항에서 양하 중 발생한 손해
• 공동해손희생(손해)
• 투 하

62 협회적하약관(2009) ICC(A) 조건에서 보험자의 면책위험으로 옳지 않은 것은?

① 피보험자의 고의적인 위법행위
② 운항자의 지급불능
③ 동맹파업위험
④ 해적행위

[정답] ④

[해설] ④ ICC(A)에서는 해적위험을 보상한다.
협회적하약관(2009) ICC(A) 조건에서 보험자 면책위험
• 피보험자의 고의적인 악행
• 통상의 누손, 통상의 중량·용적의 부족, 자연소모
• 포장의 불완전, 부적합
• 보험목적물 고유의 하자 및 성질상의 손해
• 지연으로 인한 손해
• 원자력·방사성 물질로 인한 손해
• 본선의 소유자, 관리자, 용선자, 운항자의 지불불능 또는 재정상의 채무불이행으로 인한 손해
• 전쟁 및 동맹파업위험(추가로 특별약관을 첨부하여 보험료를 납입하면 보상 가능)

63 포괄보험제도를 활용한 해상보험 방법이 아닌 것은?

① Floating Policy
② Open Cover
③ Open Account
④ Open Slip

정답 ③

해설 포괄예정보험계약(Open Policy)
- 계약자가 수출 또는 수입하는 화물 전부 또는 특정한 일부 화물에 대하여 무기한의 예정보험으로 계약을 체결하는 보험이다.
- 영국 해상보험법(MIA)에서는 예정보험계약을 전부 Floating Policy라고 부르고 있으나 실무적으로는 개별예정보험계약을 Provisional Policy, 포괄예정보험계약을 Open Cover/Policy/Contract라고 부른다.
- 현재 우리나라 해상적하보험의 포괄부보증권의 종류에는 Floating Policy, Open Cover, Open Slip/Policy, Block Policy가 있다.

64 클레임 해결방법 중 하나인 알선(Intercession)에 대한 설명으로 옳지 않은 것은?

① 공정한 제3자 기관이 당사자의 일방 또는 쌍방의 의뢰에 의하여 클레임을 해결하는 방법이다.
② 알선은 강제력이 있다.
③ 알선은 중재와는 달리 형식적 절차를 요하지 않는다.
④ ADR에서 타협 다음으로 비용과 시간차원에서 바람직한 해결방법이다.

정답 ②

해설 알선(Intercession/Recommendation)
- 계약 일방 또는 쌍방의 요청에 따라 공정한 제3자(상사 중재원 등)가 사건에 개입하는 방식
- 형식적 절차를 요하지 않고 원만한 타협을 권유하여 자발적인 클레임 해결에 이르도록 하는 방법
- 당사자 간 비밀이 보장되고 지속적 거래 관계를 유지할 수 있다는 장점
- 양 당사자 간 자발적 합의가 없으면 실패하는 법적 강제력 없는 분쟁 해결방법
- ADR에서 타협 다음으로 비용과 시간차원에서 바람직한 해결방법

65 극히 경미한 손상으로 클레임을 제기하기에 무리가 있는 경우나 무역계약 성립 후 시세가 하락하여 수입업자가 손해를 입을 것으로 예상되는 경우에 감가의 구실로 제기하는 클레임의 종류는?

① 일반적인 클레임
② 계획적 클레임
③ 마켓 클레임
④ 손해배상 클레임

[정답] ③

[해설] 마켓 클레임(Market Claim)
• 매수인이 상품시가 하락 등에 의한 경제적 손실을 메우려고 제기하는 부당한 클레임이다.
• 매수인이 매도인의 물품 및 다른 계약이행상의 문제를 부당하게 트집 잡아 상품 인수거절, 계약해지 또는 가격할인을 강요하는 것이다.
• 상품의 시황이 좋지 못한 경우에 자주 발생한다.
• 매도인의 부주의나 잘못으로 발생한 상품의 품질불량이나 수량부족 등에 대해 매수인이 제기하는 정당한 이유가 아닌 클레임을 총칭한다.

66 중재에 의하여 사법상의 분쟁을 적정, 공평, 신속하게 해결함을 목적으로 하는 중재법에 관한 설명으로 옳지 않은 것은?

① 법원은 중재법에서 정한 경우를 제외하고는 이 법에 관한 사항에 관여할 수 없다.
② 중재합의는 독립된 합의 또는 계약에 중재조항을 포함하는 형식으로 할 수 있다.
③ 중재인의 수는 당사자 간의 합의로 정하나, 합의가 없으면 중재인의 수는 5명으로 한다.
④ 중재판정은 양쪽 당사자 간에 법원의 확정판결과 동일한 효력을 가진다.

[정답] ③

[해설] ③ 중재인의 수는 당사자 간의 합의로 정하되, 합의가 없으면 중재인의 수는 3명으로 한다(중재법 제11조).

67 매도인의 계약위반에 따른 매수인의 권리구제수단으로 옳지 않은 것은?

① 물품명세의 확정
② 추가기간의 지정
③ 대체품 인도청구
④ 대금감액 청구

정답 ①

해설 매수인의 권리구제(Buyer's Remedies)
- 대금감액(Reduction of the Price) 청구권
- 추가기간 설정권
- 계약해제권
- 손해배상청구권
- 특정이행청구권(매수인은 매도인에게 그 의무이행 청구 가능)
- 대체품 인도청구권
- 하자보완 청구권/수리 요구권

68 송금방식의 특징으로 옳지 않은 것은?

① 은행수수료가 저렴하다.
② 어음법의 적용을 받지 않는다.
③ 결제상의 위험을 은행에 전가할 수 있다.
④ 적용되는 국제 규칙이 없다.

정답 ③

해설 송금방식의 특징
- 은행수수료가 저렴하다.
- 환어음을 사용하지 않아 어음법 적용을 받지 않는다.
- 위험의 경우 사전송금방식은 수입자가, 사후송금방식은 수출자가 부담한다.
- 적용되는 국제 규칙이 없다.

69 Incoterms 2020 가격조건 중 그 뒤에 지정목적지(Named Place of Destination)가 표시되는 조건으로 옳은 것은?

① FOB
② CFR
③ CIF
④ CIP

정답 ④

해설 ④ CIP[Carriage and Insurance Paid to, (지정목적지) 운임 · 보험료 지급 인도조건]
① FOB[(Free On Board, (지정선적항) 본선 인도조건)]
② CFR[Cost and FReight, (지정목적항) 운임 포함 인도조건]
③ CIF[Cost, Insurance and Freight, (지정목적항) 운임 · 보험료 포함 인도조건]

70 곡물류 거래에서 선적품질조건에 해당되는 것으로 옳은 것은?

① T.Q.
② S.D.
③ R.T.
④ G.M.Q.

정답 ①

해설 곡물류 매매 시 품질결정시기에 관한 조건
- T.Q.(Tale Quale) : 곡물류 거래에서 이용되는 선적품질조건을 말한다. 이 경우 수출업자가 품질의 물품을 선적한 후에는 품질에 관한한 면책된다.
- R.T.(Rye Terms) : 양륙품질조건에 해당하므로 국제운송 중 곡물류의 변질에 대해서는 매도인이 모든 책임을 져야 한다.
- S.D.(Sea Damaged Terms) : 곡물류 거래에서 이용되는 특약부 선적품질조건으로 해상운송 중 발생한 품질손상에 대해서만 수출업자가 특약에 의해 책임을 부담하는 조건이므로 선적품질조건과 양륙품질조건을 절충한 조건으로 볼 수 있다.

71 기술도입계약에 있어 당사자 의무에 대한 설명으로 옳지 않은 것은?

① 기술제공자는 기술도입자에게 계약의 존속기간 동안 기술제공의무가 부담된다.
② 기술제공자는 제공하는 기술에 대한 유효성을 보장해야 한다.
③ 기술도입을 위해 독점적 라이센스계약을 체결한 경우, 기술제공자는 제3자의 권리침해를 배제할 의무가 있다.
④ 기술도입자는 계약을 통해 정해진 시기와 방법에 따라서 기술제공자에게 기술료를 제공해야 한다.

정답 ③

해설 ③ 전용실시권을 체결한 경우, 독점배타성을 가지므로 기술제공자는 제3자의 권리불침해에 대한 보증을 해야 한다.
기술도입계약의 형태
- 특허라이센스계약 : 특허권을 가진 자가 타인에게 특허권을 실시하도록 허락하는 계약으로 독점적 실시허락, 비독점적 실시허락, 단독실시허락, 재실시허락이 있다.
- 국제특허계약
  - 소극적 실시허락(Negative License) : 원칙적으로 기술제공자인 특허권자는 기술도입자에게 특허권의 실시만을 허락할 뿐 제3자의 권리침해에 대한 책임을 지지 않는다.
  - 적극적 실시허락(Positive License) : 기술제공자인 특허권자는 기술도입자에게 특허기술을 제공할 적극적 의무를 부담한다.

72 복합운송인의 책임에 관한 법제도와 책임한도에 대한 설명으로 옳지 않은 것은?

① 이종책임체계(Network Liability System)는 손해발생 구간이 확인된 경우와 확인되지 않은 경우로 나누어 각각 다른 책임법제를 적용하는 방법이다.

② 복합운송인은 화물의 손해가 복합운송인의 관리 하에 있는 경우에 책임을 져야 하지만 그 결과를 방지하기 위해 모든 조치를 취한 경우는 예외이다.

③ 수화인은 화물의 인도예정일로부터 연속하여 90일 이내에 인도지연의 통지를 하지 않으면 인도 지연으로 인한 손해배상청구권이 상실된다.

④ 화물의 인도일로부터 2년이 경과한 법적 절차나 중재 절차의 개시는 무효이다.

정답 ③

해설 ③ 화물의 인도예정일로부터 연속하여 90일 이내에 인도되지 아니한 경우, 화물이 멸실된 것으로 간주할 수 있다(UN 국제복합운송협약 제16조 제3항).

책임의 근거(UN 국제복합운송협약 제16조)
• 복합운송인은 화물이 자신의 책임 하에 있는 동안 멸실, 훼손 또는 인도지연 사고가 발생하였을 경우 그로 인한 손실에 책임을 져야한다. 다만, 복합운송인이 당해 사고와 그에 따른 결과를 방지하기 위해 합리적인 모든 조치를 취하였다는 것이 증명된 경우에는 그러하지 아니하다.
• 화물의 인도예정일로부터 연속하여 90일 이내에 인도되지 아니한 경우, 화물이 멸실된 것으로 간주할 수 있다.

기소의 제한(UN 국제복합운송협약 제25조)
손해배상 청구소송은 화물이 인도된 날 또는 인도되었어야 할 날로부터 2년 이내에 제기되어야 한다. 다만, 복합운송인에게 클레임의 종류 및 상세사항을 서면으로 통지하지 않은 경우 인도 후 6개월이 경과하면 제소시효가 소멸된다.

---

73 관세법의 법적 성격에 대한 설명으로 옳지 않은 것은?

① 관세법은 행정법의 일종으로 관세의 부과 · 징수와 통관 절차에 대한 규율을 중심으로 하고 있기 때문에 권력행위로서 부담적 행정행위가 대부분을 차지한다.

② 관세는 수입되는 물품에 대해 부과된다는 점에서 보통세, 소비행위를 전제로 한다는 점에서 소비세, 다른 조세와 상관없이 과세한다는 점에서 독립세이다.

③ 관세법은 다수의 WTO협정, 세계관세기구(WCO)협약, 특정국과의 협정, 일반적으로 승인된 국제법규가 관세 제도나 관세율로서 반영되어 있다.

④ 관세법은 상품이 국경을 통과하여 이동하는 수출, 수입, 또는 경유하는 과정에서 폭발물 차단, 마약단속 등의 불법적인 차단이라는 점에서 통관절차법적 성격이 있다.

정답 ②

해설 ② 관세는 외국으로부터 국경을 통과하여 우리나라의 영토 안으로 수입되는 물품에 과세되는 조세이다.

74 eUCP에 대한 설명으로 옳지 않은 것은?

① 준거문언에 따라 UCP의 부칙으로 적용한다.

② eUCP 신용장에 UCP 600이 적용된다.

③ eUCP와 UCP 600이 상충하는 경우 eUCP가 적용된다.

④ eUCP는 종이서류상 신용장 개설과 통지에 있어서도 적용된다.

정답 ④

해설 eUCP Credit은 eUCP를 준수하고 그 적용대상이 되는 신용장이며, 신용장상에 eUCP의 준수를 명시하고 아울러 전자기록만으로 혹은 종이문서와 함께 제시(Presentation)되는 경우에만 적용된다. 종이문서만으로 제시되거나 신용장에 eUCP의 적용이 명시되지 않은 경우는 eUCP Credit이 아니다.

75 Incoterms 2020에 대한 설명으로 옳지 않은 것은?

① 이전 버전과 같이 운송수단에 따라 2개 그룹으로 나뉜다.

② DAT 규칙은 DPU 규칙으로 변경되었으나 매도인의 위험과 비용은 DPU 규칙에서도 동일하게 적용된다.

③ CPT 규칙과 CIP 규칙에서 매도인은 목적지에서 양하 의무가 없다.

④ CIF 규칙과 CIP 규칙에서 매도인의 부보의무는 ICC(C)에 해당하는 최소부보 의무로 이전 버전과 같이 유지되었다.

정답 ④

해설 ④ Incoterms 2020에서는 CIP 규칙과 CIF 규칙의 부보조건을 차별화하였다. CIF 규칙에서는 ICC(C)의 부보조건을 유지하였으나, CIP 규칙에서는 ICC(A)의 부보조건으로 부보의무를 강화하였다.

CIF와 CIP 간 부보수준의 차별화

CIF 규칙과 CIP 규칙에서 최소부보에 관하여 다르게 규정하기로 결정되었는데, 즉 CIF 규칙은 일차산품의 해상무역에서 사용될 가능성이 매우 높으므로 현상을 유지(ICC(C)의 원칙을 계속 유지)하되, 당사자들이 보다 높은 수준의 부보를 하기로 달리 합의할 수 있도록 길을 열어 두었다. CIP 규칙의 경우 매도인은 ICC(A)에 따른 부보를 취득하여야 한다.

제1과목 영문해석

01 Followings are the clauses frequently used for a sales contract. Which of the following clauses LEAST represent 'Entire Agreement' between the seller and the buyer?

① This Agreement together with the Plan supersedes any and all other prior understandings and agreements, either oral or in writing, between the parties with respect to the subject matter hereof and constitutes the sole and only agreement between the parties with respect to the said subject matter.

② This Agreement alone fully and completely expresses the agreement of the parties relating to the subject matter hereof. There are no other courses of dealing, understanding, agreements, representations or warranties, written or oral, except as set forth herein.

③ The failure of any party to require the performance of any term or obligation of this Agreement, or the waiver by any party of any breach of this Agreement, shall not prevent any subsequent enforcement of such term or obligation or be deemed a waiver of any subsequent breach.

④ This Agreement is intended by the parties as a final expression of their agreement and intended to be a complete and exclusive statement of the agreement and understanding of the parties hereto in respect of the subject matter contained herein.

해석 다음은 판매계약서에 자주 사용되는 조항들이다. 매도인과 매수인 사이의 '완전합의조항(Entire Agreement)'을 대표하는 것이 아닌 것은?

① 그 계획과 함께 본 계약은, 본 문서의 주제와 관련하여 당사자 간에 구두 또는 서면으로 사전 이해와 합의를 모두 대체하며, 상기 주제와 관련하여 당사자들 사이의 유일한 합의를 구성한다.

② 본 계약서만으로 본 문서의 주제와 관련된 당사자들의 합의를 충분히 완전하게 표현한다. 여기에 명시된 경우를 제외하고 서면 또는 구두로 처리·이해·합의·진술 또는 보증의 다른 과정은 없다.

③ 당사자가 본 계약의 어떤 기간이나 의무의 이행이나 또는 어떤 당사자의 본 계약 위반에 대한 포기를 요구하지 않는 것이, 해당 기간이나 의무의 후속적인 집행을 막거나, 후속 위반의 포기로 간주되지 않는다.

④ 본 계약은 당사자들에 의해 계약에 대한 최종적인 표현으로 의도하며, 본 계약에 포함된 주제와 관련하여 본 계약 당사자들에 대한 완전하고 배타적인 합의와 이해의 진술로 의도된다.

해설 ③은 '권리불포기조항(Non-Waiver Clause)'의 내용으로, 권리불포기조항은 일시적으로 어느 계약조건의 이행 청구를 하지 않더라도 이로 인하여 그 후의 동 조항 또는 조건의 이행 청구권의 포기로 간주하는 것을 의미하지 않는다. 따라서 어느 일방이 타방 당사자의 계약조건 위반에 대해 이의를 제기하지 않았다는 것이 곧 이의제기를 포기하는 것 등으로 해석되어 그 위반과 관련되어 갖게 되는 권리가 박탈되지 않는다.

완전합의조항(Entire Agreement Clause)

당사자 사이의 합의사항은 모두 계약서에 기재된다는 것을 전제로 "이 계약서 작성 이전에 있었던 당사자 간의 구술 및 서면합의는 기속력을 상실한다"는 내용을 규정하는 조항으로 그 내용은 "이 계약은 양 당사자 간의 합의내용을 완결 짓는 것이며, 이 계약의 목적과 관련된 이전의 양 당사자 간의 모든 협상 및 의사표명, 양해, 약정 등을 대체하고, 양 당사자의 서면합의에 의하지 아니하고는 수정될 수 없다"는 취지를 규정하는 것이 일반적이다.

*Entire Agreement : 완전합의조항
*supersede : 대체하다
*prior : 사전의
*with respect to : ~에 대하여
*hereof : 이것의, 이 문서의
*constitute : ~이 되는 것으로 여겨지다, ~이 되다
*sole : 유일한
*warranty : 보증(서)
*set forth herein : 여기에 명시되다
*enforcement : 시행, 집행
*deem : (~로) 여기다[생각하다]

02 What is the purpose of the following correspondence?

> Dear Mr. Mike,
>
> We have organized a series of online coaching clinic for middle schools' table tennis coaches this winter. For the virtual training, we would like to provide all registered participants with a tablet PC for interactive real-time communication.
>
> I saw a catalogue with my colleague showing your company's ranges of tablets. We are planning to make an order for more than 1,000 sets at a time. Is there a discount package available for a bulk purchase? I will also like to know the minimum price if we order for 15 or more desktop PCs with webcam.

① Request for Proposal(RFP)
② Request for Quotation(RFQ)
③ Purchase Order
④ Firm Offer

정답 ②

해석 다음 서신의 목적은 무엇인가?

친애하는 Mike씨께,
당사는 이번 겨울 중학교 탁구 코치들을 위한 일련의 온라인 코칭클리닉을 마련했습니다. 가상교육을 위해, 당사는 등록된 모든 참가자에게 실시간 상호 의사소통을 위한 태블릿 PC를 제공하고 싶습니다.
저는 동료와 함께 귀사의 태블릿을 보여주는 카탈로그를 봤습니다. 당사는 한 번에 1,000세트 이상 주문할 계획입니다. 대량구매에 이용 가능한 할인 패키지가 있습니까? 웹캠이 장착된 데스크톱 PC를 15대 이상 주문할 경우 최저가도 알고 싶습니다.

① 제안요청서
② 견적요청서
③ 구입주문서
④ 확정청약

해설 서신에서 한 번에 1,000세트 이상 주문 예정으로, 대량주문에 따른 할인 여부와 웹캠이 딸린 데스크톱을 15대 이상 주문할 경우 최소가격에 대해 문의하고 있으므로, 서신의 목적은 ② '견적요청(Request for Quotation, RFQ)'임을 알 수 있다.
*interactive : 상호적인
*real-time : 실시간의
*make an order : 주문하다
*bulk purchase : 대량구입

03 Select the wrong explanation of definitions under the UCP 600.

① Advising bank means the bank that advises the credit at the request of the issuing bank.

② Applicant means the party on whose request the credit is issued.

③ Beneficiary means the party in whose favour a credit is issued.

④ Honour means to incur a deferred payment undertaking and pay at maturity if the credit is available by sight payment.

정답 ④

해석 UCP 600 하에서 정의에 대한 설명이 잘못된 것을 고르시오.

① 통지은행(Advising Bank)은 개설은행의 요청에 따라 신용장을 통지하는 은행을 의미한다.

② 개설의뢰인(Applicant)은 신용장 개설을 신청한 당사자를 의미한다.

③ 수익자(Beneficiary)는 신용장 개설을 통하여 이익을 받는 당사자를 의미한다.

④ 결제(Honour)는 신용장이 일람출급(→ 연지급)으로 이용 가능한 경우 연지급을 확약하고 만기일에 지급하는 것을 의미한다.

해설 ④는 UCP 600 제2조 정의 중에서 결제(Honour)에 대한 내용으로, '... if the credit is available by sight payment(일람출급) → deferred payment(연지급)'가 되어야 한다.

결제(Honour)(UCP 600 제2조)

• 신용장이 일람지급에 의하여 이용가능하다면 일람출급으로 지급하는 것
• 신용장이 연지급에 의하여 이용가능하다면 연지급을 확약하고 만기에 지급하는 것
• 신용장이 인수에 의하여 이용가능하다면 수익자가 발행한 환어음을 인수하고 만기에 지급하는 것

*advising bank : 통지은행
*advise : 통지하다
*issuing bank : 개설은행
*applicant : 개설의뢰인
*beneficiary : 수익자
*honour : 결제
*incur : (비용을) 발생시키다
*undertaking : (책임을 맡아서) 착수하다[하다]
*sight payment : 일람출급

04 Which documentary credit enables a beneficiary to obtain pre-shipment financing without impacting his banking facility?

① Standby L/C   ② Red clause L/C

③ Revolving L/C   ④ Back-to-back L/C

[정답] ②

[해석] 수익자가 자신의 은행시설에 영향을 미치지 않고 선적 전 금융을 받을 수 있는 화환신용장은?
① 보증신용장
② 선대지급신용장
③ 회전신용장
④ 견질신용장

[해설] ② 선대지급신용장(Red Clause Credit)은 거래상대방인 수입자로부터 수출대금 중 일부를 미리 받아 물품을 구입 또는 생산하여 수출한 후 나머지 대금을 회수하는 거래방식을 말하며, 이러한 선수금 허용순번이 적색으로 기재되어 있어 Red Clause L/C라고 한다.
*pre-shipment financing : 선적 전 금융

05 Under the UCP 600, which of the below shipments will be honoured on presentation?

A documentary credit for USD160,000 calls for instalment ships of fertilizer in February, March, April and May. Each shipment is to be for about 500 tonnes. Shipments were effected as follows :

a. 450 tonnes sent 24 February for value USD36,000.

b. 550 tonnes sent 12 April for value USD44,000.

c. 460 tonnes sent 30 April for value USD36,800.

d. 550 tonnes sent 4 June for value USD44,000.

① a only   ② a and b only

③ a, b, and c only   ④ none

[정답] ①

[해석] UCP 600 하에서, 아래 선적물 중 제시 즉시 결제되는 것은?

미화 160,000달러에 대한 화환신용장이 비료를 2월, 3월, 4월, 5월로 할부선적할 것을 요청한다. 각각의 선적물은 약 500톤에 해당된다. 선적은 다음과 같이 실시되었다.
a. 2월 24일 미화 36,000달러의 비료 450톤을 선적했다.
b. 4월 12일에 미화 44,000달러의 비료 550톤을 선적했다.
c. 4월 30일에 미화 36,800달러의 비료 460톤을 선적했다.
d. 6월 4일에 미화 44,000달러의 비료 550톤을 선적했다.

해설 UCP 600 제32조 할부청구 또는 할부선적 관련 내용이다. 신용장에 일정기간과 일정수량을 지정한 할부선적 또는 어음의 할부발행을 규정하고 있는 경우에는, 각 할부분을 일괄하여 선적하거나 몇 회분씩 한꺼번에 선적하는 등 그 기간과 수량을 위반하여서는 안 된다. 만약 신용장의 수익자가 할부분마다 지정된 기간과 수량을 위반하여 선적하거나 어음을 발행한 경우에는, 신용장은 그 위반된 할부분과 이후 모든 할부분에 대하여 효력을 상실한다.

할부선적(Instalment Shipment)
수출업자가 정해진 분할선적 기간 내에 약정된 수량의 선적의무를 이행하지 못하면 수입업자 및 개설은행이 당해 선적분을 포함하여 그 이후 분까지 모두 취소되는 선적조건

*on presentation : 제시하는 대로
*call for : ~을 요구하다
*instalment ship : 할부선적
*fertilizer : 비료

06 Which of the following statement about a B/L is LEAST correct?

① A straight B/L is a NEGOTIABLE DOCUMENT.

② An order B/L is one of the most popular and common form of bill of lading issued.

③ When a straight bill of lading is issued, the cargo may be released ONLY to the named consignee and upon surrender of at least 1 of the original bills issued.

④ A straight B/L could be used in international transaction between headquarter and branch.

정답 ①

해석 다음 중 선하증권에 대한 설명으로 가장 옳지 않은 것은?
① 기명식 선하증권은 유통가능 서류이다.
② 지시식 선하증권은 가장 대중적이고 일반적인 선하증권의 형태 중 하나이다.
③ 기명식 선하증권이 발행되었을 때, 최소 1개 이상의 선하증권 원본을 양도하자마자 화물은 지정된 수하인에게만 양도될 수 있다.
④ 기명식 선하증권은 본사와 지점 간의 국제적인 거래에 사용할 수 있다.

해설 ① 기명식 선하증권(Straight B/L)은 선하증권의 수하인(Consignee)란에 특정한 수하인명이 명기된 B/L로, 특정 수하인 이외에는 수입항에서 화물의 인수를 선사에 요청할 수 없는 유통불능 선하증권(Non-negotiable B/L)이다.

*straight B/L : 기명식 선하증권
*NEGOTIABLE : 유통가능한
*order B/L : 지시식 선하증권
*surrender : (권리 등을) 포기하다[내주다/넘겨주다]

07 Select the best answer suitable for the blank.

Premium means the (A) or sum of money, paid by the (B) to the (C) in return for which the insurer agrees to indemnify the assured in the event of loss from an insured peril. The insurer is not bound to issue a (D) until the premium is paid.

	(A)	(B)	(C)	(D)
①	consideration	assured	insurer	policy
②	consideration	insurer	assured	policy
③	fees	insurer	assured	certificate
④	fees	assured	insured	certificate

정답 ①

해석 빈 칸에 들어갈 단어로 가장 적절한 것을 고르시오.

보험료는, 보험자가 피보험자의 위험으로 인한 손실을 보상하기로 합의하는 대가로, (B) <u>피보험자</u>가 (C) <u>보험자</u>에게 지불하는 (A) <u>대가</u> 또는 금액을 말한다. 보험자는 보험료가 지불되기 전까지는 (D) <u>보험증권</u>을 발행할 의무가 없다.

해설 주어진 지문은 보험료(Insurance Premium)에 대한 설명이므로, (A)에는 consideration(대가), (B)에는 assured(피보험자), (C)에는 insurer(보험자), (D)에는 policy(보험증권)이 적절하다.

보험료(Insurance Premium)
• 보험자의 위험부담에 대해 보험계약자가 지급하는 대가이다.
• 보험료 = 보험금액(CIF Value × 110%) × 보험료율(Premium Rate)
※ 보험요율은 보험(가입)금액에 대하여 백분율(%)로 표시
*Premium : 보험료
*consideration : 보답[보수]
*insurer[assurer] : 보험자
*in return for : 대가로
*indemnify : 배상[보상]하다
*in the event of : 만약 ~하면[~할 경우에는]
*insured[assured] : 피보험자
*peril : (심각한) 위험
*be bound to : 의무가 있다
*certificate : 보험증명서

08 Select the best answer suitable for the following passage.

> Chartering term whereby the charterer of a vessel under voyage charter agrees to pay the costs of loading and discharging the cargo.

① FI
② FO
③ FIO
④ FIOST

정답 ③

해석 다음 지문에 가장 적절한 것을 고르시오.

항해용선계약 하에서 선박용선자가 화물적재 및 양하비용의 지불에 동의하는 용선 조건

해설 ③ FIO는 'Free In and Out'의 약칭으로, 화물의 본선적재비용(In) 및 본선으로부터의 양화물 양하비용(Out) 모두를 용선자(하주)가 부담하고 선주측은 부담하지 않는 조건이다. 부정기선에 의한 용선계약에 채용된다.
① FI(Free In) : 선내 하역비 부담조건의 하나로 선사가 양육비만 운임에 부가한다.
② FO(Free Out) : 목적항에서 본선으로부터의 양하하역은 용선자(하주)가 수배하고 비용을 부담하는 조건이다. 화물의 선적하역은 운송인(선주)이 수배하고 비용을 부담한다.
④ FIOST(Free In and Out, Stowing and Trimming) : 용선자가 적·양하의 하역비를 부담할 뿐 아니라 선적준비 완료 시점부터 양륙 종료 시까지의 적부(Stowing), 트리밍(Trimming) 등 일체의 비용을 부담하는 방식이다.
*Chartering : 용선
*whereby : (그것에 의하여) ~하는
*charterer : 용선계약자, 용선주
*voyage charter : 항해용선(계약)
*loading : 적재
*discharging : 양하

09 Select the best answer suitable for the blank under letter of credit operation.

> The beneficiary usually (　　) after loading the goods on board to tender documentary
> drafts to the negotiating bank within expiry date.

① looks for business connection abroad

② dispatches to the importer Trade Circulars including catalogue

③ applies for the issuance of a Letter of Credit

④ prepares shipping documents and draws a draft for negotiation

정답 ④

해석 신용장 하에서 빈 칸에 가장 적절한 것을 고르시오.

수익자는 보통 만기일 내에 매입은행에 화환어음을 제출하기 위해 물품을 본선적재 후 (선적서류를 준비하고 매입을 위한 어음을 발행한다).

① 해외에서의 사업 관계를 찾는다

② 수입자에게 카탈로그를 포함한 무역 회람을 발송한다

③ 신용장 발행을 신청한다

④ 선적서류를 준비하고 매입을 위한 어음을 발행한다

해설 신용장 방식에서 수익자(Beneficiary)는 '수출자'를 말하며, 신용장 조건과 일치하는 서류(선적서류, 상업송장, 보험서류 등)들을 갖춘 후 통상 환어음을 발행하여 지급·인수·매입을 의뢰하므로 Drawee(환어음 발행인)으로 불리기도 하고, '물품을 발송하는 자'라는 의미에서 Consignor(하주)가 된다.

*beneficiary : 수익자
*shipping document : 선적서류
*draw a draft : 어음을 발행하다
*negotiation : 매입
*on board : 본선적재
*tender : 제출하다
*documentary draft : 화환어음
*negotiating bank : 매입은행
*expiry date : 만기일
*dispatch : 보내다[파견하다]
*issuance : 발행, 간행

10 Select the best one which explains well the following passage.

> The shipping documents are surrendered to the consignee by the presenting bank upon acceptance of the time draft. The consignee obtaining possession of the goods is thereby enabled to dispose of them before the actual payment falls due.

① D/A
② D/P
③ Collection
④ Open Account

정답 ①

해석 다음 지문을 가장 잘 설명한 것을 고르시오.

제시은행이 기한부어음을 인수하면 선적서류가 수하인에게 양도된다. 물품의 소유권을 획득한 수하인은 실제 지불기한이 도래하기 전에 물품을 처분할 수 있다.

① 인수인도조건(Document against Acceptance)
② 지급인도조건(Document against Payment)
③ 추 심
④ 청산결제

해설 ① D/A(Document against Acceptance, 인수인도조건) 방식은 수출상(의뢰인)이 물품을 선적한 후 구비 서류에 '기한부환어음'을 발행·첨부하여 자기거래은행(추심의뢰은행)을 통해 수입상 거래은행(추심은행)에 어음대금의 추심을 의뢰하면, 추심은행은 이를 수입상(Drawee, 지급인)에게 제시하여 그 제시된 환어음을 일람지급받지 않고 인수만 받음으로써(against Acceptance, 환어음 인수와 상환) 선적서류를 수입상에게 인도한 후 약정된 만기일에 지급받는 방식이다.
② 지급인도조건(Document against Payment, D/P) : 수출상(의뢰인)이 계약물품 선적 후 구비 서류에 '일람출급 환어음'을 발행·첨부하여 자기거래은행(추심의뢰은행)을 통해 수입상의 거래은행(추심은행) 앞으로 그 어음대금의 추심을 의뢰하면, 추심은행은 수입상(Drawee, 지급인)에게 그 어음을 제시하여 어음금액을 지급받고(Against Payment, 대금결제와 상환) 서류를 인도하는 거래 방식이다.
③ 추심(Collection) : 소지한 어음을 만기 전에 은행이 대신 받아줄 것을 의뢰하는 것을 말한다.
④ 청산결제(Open Account) : 매도인, 매수인이 일정기간을 정하고 대금을 몰아서 지급하는 방식이다.
*presenting bank : 제시은행
*acceptance : 승낙
*time draft : 기한부어음(Usance Bill · After Sight Draft)
*consignee : 수하인
*thereby : 그렇게 함으로써
*dispose of : ~을 처리하다
*fall due : (어음이) 만기가 되다

11 Which of the followings is APPROPRIATE for (A)?

(A) transaction is a sale where the goods are shipped and delivered before payment is due. This option is the most advantageous for the importer in terms of cash flow and cost, but it is consequently the highest risky option for an exporter. However, the exporter can offer competitive (A) terms while substantially mitigating the risk of non-payment by using one or more of the appropriate trade finance techniques, such as export credit insurance.

① Telegraphic transfer
② Cash with order
③ Open account
④ Letter of credit

정답 ③

해석 다음 중 (A)에 가장 적절한 것은?

(A 청산계정) 거래는 결제 마감 전에 물품을 선적하고 인도하는 판매이다. 이 옵션은 수입자에게 현금 유동성과 비용 면에서 가장 유리하지만, 결과적으로 수출자에게 가장 위험한 옵션이다. 그러나 수출자는 수출신용보험 같은 하나 이상의 적절한 무역금융 기법을 사용하여 미지불 위험을 상당히 경감시키면서 경쟁력 있는 (A 청산계정) 조건을 제공할 수 있다.

① 전신환
② 주문불 방식
③ 청산계정
④ 신용장

해설 ③ 청산계정(Open Account)은 후지급 방식으로, 수출자가 물품을 선적한 후 운송관련 서류를 직접 수입자에게 발송하고 수출채권을 은행에 매각하여 현금화하므로, '외상수출 채권방식', '선적통지 결제방식', '무서류 매입방식'이라고 불린다.
*Open account : 청산계정
*transaction : 거래, 매매(= deal)
*due : (돈을) 지불해야 하는
*advantageous : 이로운, 유리한
*in terms of : ~면에서[~에 관하여]
*cash flow : 현금유동성
*substantially : 상당히, 많이
*mitigate : 완화[경감]시키다
*export credit insurance : 수출신용보험

12 Followings are the replies to customer complaints. Which of the following is NOT appropriate?

A. Thank you for taking time out of your busy schedule to write us and express your grievances on how our products and services do not meet up with your expectations.

B. This is to confirm that I have seen your email. I look forward to receiving my consignment next week as you promised.

C. However, we can neither receive the return nor refund you as you demanded. This is because of our company's policy. We make refunds only for orders whose complaints are received within two weeks of purchase.

D. Despite our effort to deliver your order on time using Skynet Express Delivery Service, it's quite unfortunate that we didn't meet up with the time allotted for the delivery of those products.

① A ② B
③ C ④ D

정답 ②

해석 다음 고객 불만사항에 대한 답변 중에서 적절하지 않은 것은?

A. 바쁜 일정 중 시간을 내서 저희 제품과 서비스가 귀하의 기대에 미치지 못하는 점에 대한 불만사항을 편지로 보내주셔서 감사합니다.

B. 이것은 제가 귀사의 이메일을 봤다는 것에 대한 확인입니다. 약속하신 대로 다음 주에 제 탁송물을 받기를 고대합니다.

C. 그러나, 당사는 귀하의 요구대로 반품도, 환불도 해드릴 수 없습니다. 이것은 당사의 방침 때문입니다. 당사는 구매 후 2주 이내에 불편사항이 접수되는 주문에 대해서만 환불해 드립니다.

D. Skynet Express Delivery Service를 사용하여 귀하의 주문을 제시간에 배송하기 위한 당사의 노력에도 불구하고, 당사가 그 상품들의 인도에 할당된 시간을 맞추지 못해 매우 유감스럽습니다.

해설 A, C, D는 고객의 불만사항에 대한 매도인의 답신인데, B는 매수인이 매도인의 메일에 대한 수신확인으로, 다음 주에 물품을 인도받기를 기대한다는 내용이므로 불만사항에 대한 답신이라고 볼 수 없다.
*grievances : 불만사항
*meet : (필요요구 등을) 충족시키다; (기한 등을) 지키다
*confirm : 확인해주다
*consignment : 탁송물[배송물]
*make a refund : 환불하다
*allotted for : ～에 할당된

2020년 1급 제2회(118회) 기출문제 **71**

13 Select the best answer suitable for the blank.

> We are (A) of being able to send you the (B) by the end of this week. We shall do (C) in our power to see that such an irregularity is not (D).

	(A)	(B)	(C)	(D)
①	convinced	substitute	all	replace
②	convinced	substitution	all	replace
③	confident	substitution	everything	replaced
④	confident	substitute	everything	repeated

정답 ④

해석 빈 칸에 가장 적절한 것을 고르시오.

이번 주말까지는 (B) 대체품을 보내드릴 수 있을 것으로 (A) 확신합니다. 당사는 그러한 부정이 (D) 되풀이되지 않도록 (C) 전력을 다할 것입니다.

	(A)	(B)	(C)	(D)
①	납득시키는	대체품	모든	대체하다
②	납득시키는	대체	모든	대체하다
③	확신하는	대체	모든 것	대체하는
④	확신하는	대체품	모든 것	되풀이하는

해설 (A) 문맥상 '확신하다'는 뜻이 되어야 하고 빈 칸 뒤에 of와 함께 하므로, 빈 칸 (A)에는 confident가 적절하다.
(B) 'substitute'가 '대체품'의 뜻이므로, 빈 칸 (B)에는 substitute가 적절하다.
(C) 'do everything in one's power'가 '전력을 다하다'의 뜻이므로, (C)에는 everything이 적절하다.
(D) 문맥상 빈 칸 앞의 '부정이 되풀이되지 않다'가 되어야 하므로, (D)에는 repeated가 적절하다.
*be confident of : 확신하다, 의심하지 않다
*substitute : 대체물
*do everything in one's power : 전력을 다하다
*irregularity : 부정, 이상

14 Which of the following is LEAST correct according to the discourse?

> Lee : Hello, Mr. Jung. Jack Lee speaking.
>
> Jung : Hello, Mr. Lee. I'm with SRG Electronics. And I was hoping to talk to you about our line of electronic parts.
>
> Lee : Oh, yes, I've heard of SRG. How are things going in Korea?
>
> Jung : Good, thanks. In fact, recently there's been a lot of demand for our parts, so we've been very busy.
>
> Lee : Glad to hear that. I'd certainly be interested in your prices.
>
> Jung : Well, I'm going to be in San Francisco next week and wondering if you have time to get together.
>
> Lee : When will you be here?
>
> Jung : Next Wednesday and Thursday. What does your schedule look like?
>
> Lee : Um... Let me check my calendar. Let's see, I have a meeting on Wednesday morning. How about Wednesday afternoon at about two o'clock?
>
> Jung : That is fine.

① Jung works for SRG Electronics.
② Jung and Lee will meet in San Francisco.
③ Jung and Lee already know each other before this phone call.
④ There are few customers in SRG Electronics.

정답 ④

해석 대화에 따르면 가장 적절하지 않은 것은?

> Lee : 안녕하세요, 정 선생님. Jack Lee입니다.
>
> Jung : 안녕하세요, 이 선생님. 저는 SRG Electronics에 있습니다. 저희 전자부품 제품군에 대해 말씀드리고 싶어요.
>
> Lee : 오, 네. 저는 SRG에 대해서 들어봤어요. 한국에서는 요즘 어떠세요?
>
> Jung : 좋아요, 감사합니다. 사실, 최근 부품 수요가 많아져서, 매우 바빴어요.
>
> Lee : 그 소리를 들으니 기쁘네요. 저는 귀사의 가격에 관심이 있어요.
>
> Jung : 네, 다음 주에 샌프란시스코에 가서 함께 만날 시간이 있는지 궁금해요.
>
> Lee : 여기에 언제 오실 예정인가요?
>
> Jung : 다음 주 수요일과 목요일이요. 일정이 어떻게 되세요?
>
> Lee : 음... 제 일정을 확인해 보겠습니다. 어디 보자, 수요일 아침에 회의가 있어요. 수요일 오후 두 시쯤 어떠세요?
>
> Jung : 좋아요.

① Jung은 SRG Electronics에서 일한다.
② Jung과 Lee는 샌프란시스코에서 만날 것이다.
③ Jung과 Lee는 이 전화 통화 전부터 이미 서로 알고 있다.
④ SRG Electronics에는 고객이 거의 없다.

대화에서 Jung이 '... recently there's been a lot of demand for our parts, so we've been very busy.'라고 했으므로, ④ 'SRG Electronics에는 고객이 거의 없다'가 정답이다.

*discourse : 담론

*demand : 요구(사항)

*wondering if : ~여부를 궁금해 하다

15 Who is doing export credit insurance agencies in Korea?

In international trade, export credit insurance agencies sometimes act as bridges between the banks and exporters. In emerging economies where the financial sector is yet to be developed, governments often take over the role of the export credit insurance agencies.

① Korea International Trade Association

② K-Sure

③ Kotra

④ Korcham

②

다음 중 한국에서 수출신용보험 대행기관은?

국제무역에서, 수출신용보험 대행기관들은 때때로 은행과 수출업자들 사이에서 가교 역할을 한다. 금융 부문이 아직 개발되지 않은 신흥 경제국에서, 정부가 종종 수출신용보험 대행기관의 역할을 떠맡는다.

② 한국무역보험공사(K-sure)는 우리나라 '수출·수입보험제도'를 전담·운영하는 정부출연기관으로, 수입자의 계약 파기, 파산, 대금지급지연 또는 거절 등의 신용위험과 수입국에서의 전쟁, 내란 또는 환거래 제한 등의 비상위험 등으로 입게 되는 손실을 보상하는 수출보험제도와 국민경제에 중요한 자원이나 물품을 수입하는 경우, 국내기업이 부담하는 선급금 미회수 위험을 담보하거나 국내기업에 대한 수입자금 대출지원이 원활하도록 지원하는 수입보험제도를 시행하고 있다.

*export credit insurance : 수출신용보험

*act as : ~으로서의 역할을 하다[맡다]

*take over : 인계받다

16 Select the best answer suitable for the blank.

> (   ) letter of credit states : "Credit available with any bank, by negotiation for payment of beneficiary's draft at sight. The L/C is subject to UCP 600".

① Irrevocable Open
② Revocable Open
③ Irrevocable Special
④ Revocable Special

정답 ①

해석 빈 칸에 가장 적절한 것을 고르시오.

(취소불능 보통) 신용장에는 다음과 같이 기록되어 있다. : "수익자의 일람출급환어음에 대한 지급을 매입에 의하여 어느 은행에서나 이용가능한 신용장. 신용장은 UCP 600의 적용을 받는다."

① 취소불능 보통
② 취소가능 보통
③ 취소불능 특정
④ 취소가능 특정

해설 매입은행 제한여부 기준에 따른 신용장

보통신용장 (General[Open] L/C)	• 어음매입을 특정은행으로 제한하지 않고 아무 은행에서나 매입할 수 있도록 되어 있는 신용장이다. • 매입은행 지정표시가 없으면 자유매입 신용장(Freely Negotiable Credit)으로 본다.
특정신용장 (Special[Restricted] L/C)	• 수익자가 발행하는 환어음의 매입은행이 특정은행으로 지정되어 있는 신용장이다.

*Irrevocable : 취소불가능한
*Revocable : 취소가능한
*draft at sight : 일람출급환어음
*be subject to : ~의 대상이다

17 Which of the followings is NOT appropriate for the reply to a claim letter?

① Upon investigation, we have discovered that defective goods sometimes filter despite rigorous inspection before shipment.

② Ten cases of T.V. Set for our order No. 10 per m/s "Chosun" have reached here, but we immensely regret to have to inform you that six units in C/N 10 are different in quality from the specifications of our Order.

③ As a settlement, we have arranged to reship the whole goods by the first ship available, with a special discount of 3% off the invoice amount.

④ After careful investigation, we could not find any errors on our part, because we took every effort to fill your order as evident from the enclosed certificate of packing inspection.

정답 ②

해석 클레임 서신에 대한 답신이 아닌 것은?
① 조사 결과, 당사는 선적 전 엄격한 검사에도 불구하고 불량품이 걸러지는 경우가 있다는 것을 발견했습니다.
② 당사의 주문 No. 10(TV 세트 10건)이 m/s Chosun호를 통하여 이곳에 도착했으나, 유감스럽게도, C/N 10개 중 6개가 당사 주문서 사양과 품질이 상이함을 알립니다.
③ 합의한 바대로, 당사는 송장금액의 3% 특별할인으로, 이용가능한 첫 번째 선박에 전체 상품에 대한 재선적을 준비했습니다.
④ 면밀한 조사를 거쳐, 귀사의 주문에 응하려고 만반의 노력을 했으므로, 당사는 어떠한 오류도 발견할 수 없었음을 밝히는 포장검사증명서를 동봉합니다.

해설 ②는 인수물품 품질에 대한 클레임을 제기하는 매수인의 서신이고, ①·③·④는 클레임 서신에 대한 매도인의 답신이다.
*claim letter : (손해 등에 대한) 항의의 편지
*defective : 결함이 있는
*filter : 여과하다, 거르다
*rigorous : 철저한, 엄격한
*specifications : 설계명세서
*settlement : 합의
*reship : 재승선하다
*fill your order : 주문에 응하다
*certificate of packing inspection : 포장검사증명서

18 Select the right one in regard to the situation.

> Documents presented under an L/C issued by Roori Bank are fully complied. The applicant has already made payment to his bank and then the issuing bank pays the negotiating bank. Some days after, the applicant finds that the goods are not in good quality. He goes to the issuing bank and requests the bank to refund such payment for him.

① Roori Bank has to refund payment to the applicant.
② Roori Bank has to ask for the opinion of the beneficiary.
③ Roori Bank shall ask refund of money to the beneficiary.
④ Roori Bank has no obligation to refund payment.

정답 ④

해석 상황에 적절한 것을 고르시오.

루리은행에 의해 개설된 신용장 하에 완전히 일치하는 서류들이 제시되었다. 개설의뢰인이 이미 그의 은행에 지불하고 난 후, 개설은행이 매입은행에게 지불한다. 며칠 후, 개설의뢰인은 그 물품들이 품질이 좋지 않다는 것을 발견한다. 그는 개설은행에 가서 은행에 환불을 요청한다.

① 루리은행은 개설의뢰인에게 환불해주어야 한다.
② 루리은행은 수익자의 의견을 물어봐야 한다.
③ 루리은행은 수익자에게 환불을 요청할 것이다.
④ 루리은행은 지불을 환불할 의무가 없다.

해설 ④ 신용장 거래는 상품거래가 아닌 서류상의 거래이므로, 루리은행은 개설의뢰인에게 물품의 품질로 인한 환불 의무가 없다.

신용장 거래의 독립성 원칙
신용장은 수출·수입자 간 체결된 매매계약 등을 근거로 개설되지만, 신용장 개설 후에는 그 근거가 되었던 매매계약과 완전히 독립되어 그 자체로 별도의 법률관계가 형성됨으로써 신용장 당사자(개설은행과 수익자)가 신용장 조건에 따라서만 행동하는 것(즉, 매매계약으로부터의 단절)을 신용장의 독립성이라 한다.
*comply : (법·명령 등에) 따르다
*make payment : 지불하다
*request : 요청하다
*refund : 환불하다

19 A credit requires an 'invoice' without further definition. Which of the following MUST be considered to be a discrepancy under UCP 600?

> A commercial invoice :
>
> A. that appears to have been issued by the beneficiary.
> B. that is made out in the name of the applicant.
> C. that is made out in the different currency as the credit.
> D. for which the beneficiary did not sign.

① A only
② A + B only
③ C only
④ D only

정답 ③

해석 신용장은 추가 정의 없이 '송장'을 요구한다. UCP 600 하에서 불일치로 간주되어야 하는 것은?

상업송장 :

A. 수익자에 의해서 발행된 것으로 보이는 상업송장
B. 개설의뢰인 앞으로 발행된 상업송장
C. 신용장과 <u>다른(→ 동일한)</u> 통화로 발행된 상업송장
D. 수익자가 서명하지 않은 상업송장

해설 UCP 600 제18조 상업송장의 내용으로, 'C. that is made out in the <u>different → same</u> currency as the credit(신용장과 동일한 통화로 발행되어야 한다)'가 되어야 한다.
*discrepancy : 불일치
*in the name of : ~이름으로

[20~21] Read the following and answer.

> Thank you for your letter regarding opening an account with our company for trading our goods. Please fill in the enclosed <u>financial information</u> form for 3 years and provide us with two or more trade references as well as one bank reference.
>
> Of course, all information will be kept in strict confidence.
>
> Thank you very much for your cooperation.
>
> Your sincerely,

20 Who is likely to be the writer?

  ① Banker   ② Seller

  ③ Buyer   ④ Collector

21 What would NOT be included in the <u>financial information</u>?

  ① Cash flow   ② Profit and loss account

  ③ Balance sheet   ④ Draft

[정답] 20 ②   21 ④

[해석]

당사와 상품거래를 위해 거래 개설에 관한 귀사의 서신에 감사드립니다. 동봉한 <u>재무정보</u> 양식에 3년 간 기록을 작성하시고, 신용조회처 2곳 이상, 은행 신용조회처 1곳을 제공해 주십시오.

물론, 모든 정보는 엄격히 비밀에 부쳐질 것입니다.

협조해 주셔서 대단히 감사합니다.

그럼 안녕히 계십시오.

*regarding : ~에 관하여
*open an account with : ~와 거래를 시작하다
*trade reference : 신용조회처
*bank reference : 은행 신용조회처

20 위 서신의 저자는 누구인가?
  ① 은행가
  ② 매도인
  ③ 매수인
  ④ 추심인

21 밑줄 친 '재무정보'에 포함되지 않는 것은?
  ① 현금유동성
  ② 손익계정
  ③ 대차대조표
  ④ 어 음

[해설] **20**
위 서신은 매수인(Buyer)의 거래 제의에 대한 매도인(Seller)의 답신으로, 신용조회처와 은행 신용조회처를 요청하고 있다.

21
무역거래에서 거래 업체의 신용상태를 확인하는 것은 향후 거래가능성을 진단하고 위험요소를 사전에 예방한다는 면에서 매우 중요하다. 신용조회 시 상대기업의 재무상태를 볼 수 있는 현금유동성, 손익계정, 대차대조표 등의 재무정보가 요청된다.

Dear Peter Park,

I intend to place a substantial order with you in the next few months.
As you know, over the past two years I have placed a number of orders with you and <u>settled promptly</u>, so I hope this has established my reputation with your company. Nevertheless, if necessary, I am willing to supply references.
I would like, if possible, to settle future accounts every three months with payments against quarterly statements.

22 Which is LEAST similar to <u>settled promptly</u>?

① debited per schedule

② paid punctually

③ cleared punctually

④ paid on schedule

23 What can be inferred from the above?

① Peter Park is a buyer.

② The writer wants to place an initial order with the seller.

③ References are to be provided if the buyer is afraid of seller's credit.

④ The seller may send invoices for settlement on a quarterly basis provided that the request is accepted.

해석

친애하는 Peter Park께,

앞으로 몇 달 안에 귀사에 상당량의 주문을 할 예정입니다. 아시다시피, 지난 2년 동안 저는 귀사에 주문을 많이 하고 즉시 결제했으므로, 이것이 귀사에 제 평판이 확립되었기를 바랍니다. 그럼에도 불구하고 필요하다면, 저는 기꺼이 신용조회처를 제공하겠습니다.
앞으로 가능하다면, 매 3개월마다 분기별로 대금을 결제하고 싶습니다.

*place a substantial order with : ~에 대량주문을 하다
*settle : 지불[계산]하다, 정산하다
*establish a reputation : 평판을 얻다
*reference : 신용조회처
*statement : 입출금 내역서

22 다음 중 settled promptly와 가장 비슷하지 않은 표현은?
① 일정대로 인출했다
② 제때에 지불했다
③ 기일대로 결제했다
④ 예정대로 지불했다

23 위 서신에서 추론할 수 있는 것은?
① Peter Park은 매수인이다.
② 글쓴이는 매도인에게 초도주문을 하기를 원한다.
③ 매수인이 매도인의 신용을 염려할 경우 신용조회처를 제공해야 한다.
④ 요청이 수락될 경우 매도인은 결제를 위해 분기별로 송장을 보내도 된다.

해설 22
① debited per schedule는 '일정대로 (돈을) 인출하다'의 뜻이다.
*punctually : 시간[기일]대로
*clear : (수표가[를]) 결제를 받다[결제하다]
*on schedule : 예정대로

23
분기별 결제를 요청하는 매수인의 서신이므로, ④가 정답이다.
① Peter Park은 서신의 수신인으로, 매도인(Seller)이다.
② 글쓴이는 분기별로 결제하기를 원한다.
③ 매도인이 매수인의 신용을 염려할 경우, 신용조회처가 제공되어야 한다.
*place an initial order with : ~에 초도주문을 하다
*on a quarterly basis : 분기별로
*provided that : ~을 조건으로

24 Choose the awkward one from the following underlined parts.

> I am sorry to inform you that, due to an (A) <u>expected price increase from our manufacturers in USA</u>, (B) <u>we have no option but to raise the prices of</u> all our imported shoes by 4% from 6 May, 2020. However (C) <u>orders received before this date will be invoiced</u> at the present price levels. (D) <u>We sincerely regret the need for the increase.</u>
> However, we know you will understand that this increase is beyond our control.

① (A)
② (B)
③ (C)
④ (D)

정답 ①

해석 **다음 밑줄 친 부분 중 어색한 것을 고르시오.**

유감스럽게도, (A) 미국 내 당사 제조업체들의 예상가격(→ 생산가격) 인상으로 인해, (B) 당사는 2020년 5월 6일부터 당사의 모든 수입 신발 가격을 4% 인상할 수밖에 없습니다. 그러나 (C) 이 날짜 이전에 받은 주문은 현재 가격 수준에서 청구될 것입니다. (D) 당사는 가격 인상 필요성을 진심으로 유감스럽게 생각합니다. 그러나, 이번 인상은 당사가 어쩔 수 없다는 것을 이해해주시리라 알고 있겠습니다.

해설 서신의 문맥상 '(A) <u>expected price(예상가)</u> → production cost(생산가) increase from our manufacturers in USA,'가 되어야 한다.
*due to : ~에 기인하는, ~때문에
*expected price : 예상가격
*have no option but to : ~하는 수밖에 없다
*beyond our control : 어쩔 수 없는

25 Choose the right one for the next underlined part.

> Protection and Indemnity (P&I) insurance contained in an ocean marine policy covers :
> _____

① Ordinary loss or damage in the voyage

② Loss of the shipper fees

③ Marine legal liability for third party damages caused by the ship

④ Damage to another vessel caused by collision

[정답] ③

[해석] 다음 밑줄 친 부분에 옳은 것을 고르시오.

해상보험증권이 포함되어 있는 선주상호보험(P&I insurance)은 선박에 의한 제3자 손실에 대한 해상법률책임을 보장한다.

① 여정 도중 통상의 상실 또는 손상
② 해운업자의 수수료 상실
③ 선박에 의한 제3자 손실에 대한 해상법률책임
④ 충돌로 인한 다른 선박의 손상

[해설] 선주상호보험(P&I Insurance)

선박의 소유 및 운항에 따라 선주 또는 용선자에게 발생하는 손해 및 배상책임은 일반 선박보험만으로 모두 커버할 수 없다. 예를 들면, 선박 이외의 화물에 대한 충돌손해배상책임·난파선 제거비용·선원의 사상에 대한 배상책임 및 비용·선하증권의 면책조항에 해당되지 않는 배상책임 등은 모두 선박보험의 대상이 되지 못한다. 이처럼 선박의 소유와 운항에 관련, 제3자에 대한 법적 배상책임을 보전하는 선주 상호 간의 보험을 P&I 보험이라 한다.

*Protection and Indemnity(P&I) insurance : 선주상호보험
*cover : (보험으로) 보장하다
*shipper : 선적처리업자, 해운회사
*fee : 수수료, 요금
*collision : 충돌

26 Which of the following words is not suitable for the blank below?

> The more geographic reach your company has, the more important this clause will become. For example, if you're a small local business dealing 100% exclusively with locals, you may not really need a clause telling your customers which law applies. Everyone will expect it to be the law of whatever state that little local business is in.
>
> Now, take a big corporation with customers and offices in numerous countries around the world. If a customer in Korea wants to sue over an issue with the product, would Korean law apply or would the law from any of the other countries take over? Or, what if you're an American business that has customers from Europe.
>
> In both cases, a/an (   ) clause will declare which laws will apply and can keep both companies from having to hire international lawyers.

① controlling law
② governing law
③ applicable law
④ proper law

정답 ①

해석 다음 중 아래 빈 칸에 적절하지 않은 것은?

회사가 지리적 범위를 더 많이 갖고 있을수록 이 조항은 더 많이 중요해질 것이다. 예를 들어, 100% 현지인만을 대상으로 하는 소규모 현지 사업체라면 어떤 법이 적용되는지 고객에게 알리는 조항이 실제로 필요하지 않을 수 있다. 모든 사람들은 그것이 지역 상거래가 거의 없는 주의 법이기를 기대할 것이다.

이제, 전 세계 각국에 고객과 사무실들을 소유한 거대 회사의 경우를 살펴보자. 만약 한국의 고객이 제품 문제로 소송을 제기하기를 원한다면, 한국법을 적용할 것인가, 아니면 다른 나라의 법을 적용할 것인가? 또는, 당신의 회사가 유럽 출신 고객들이 있는 미국의 기업이라면 어떻게 할 것인가?

두 경우 모두에서, (준거법) 조항은 어떤 법률이 적용될 것인지를 선언할 것이고 양쪽 회사들이 국제변호사를 고용하는 것을 막아줄 것이다.

해설 빈 칸에는 '준거법'에 해당하는 ②, ③, ④가 적절하다.

준거법 조항(Governing Law[Proper Law/Applicable Law] Clause)
- 계약을 해석할 때 어느 국가의 법률을 적용하느냐 하는 문제를 약정한 조항이다.
- 국제적으로 통일된 물품매매법이 존재하지 않기 때문에 계약의 성립·이행·해석 등에서 어느 법을 준거법으로 할 것인지를 계약서에 명시해야 한다.
- 준거법으로 가장 널리 이용되고 있는 비엔나협약은 원칙적으로 협약에 비준한 체약국의 매매 당사자 간에 적용된다. 비엔나협약에도 물품매매에 관한 매도인과 매수인의 의무가 규정되어 있으나 그 내용이 포괄적이므로, 일반적 국제관습인 INCOTERMS와 충돌이 생길 경우 INCOTERMS가 우선 적용된다.

*geographic reach : 지리적 거리[범위]
*clause : 조항, 조목
*exclusively : 배타적으로
*apply : 적용하다
*corporation : (큰 규모의) 기업[회사]
*sue : 소송을 제기하다
*declare : 선언[선포/공표]하다

[27~28] Read the following and answer.

The most common negotiable document is the bill of lading. The bill of lading is a receipt given by the shipping company to the shipper. A bill of lading serves as a document of title and specifies who is to receive the merchandise at the designated port. In a straight bill of lading, the seller consigns the goods directly to the buyer. This type of bill is usually not desirable in a letter of credit transaction, because (   ).

With an order bill of lading the shipper can consign the goods to the bank. This method is preferred in letter of credit transactions. The bank maintains control of the merchandise until the buyer pays the documents.

27 What is nature of straight bill of lading?

① Non-negotiable bill of lading
② Negotiable bill of lading
③ Foul bill of lading
④ Order bill of lading

28 What is best for the blank?

① it allows the buyer to obtain possession of the goods directly.
② the shipper can consign the goods to the bank.
③ the bank maintains control of goods until the buyer pays the documents.
④ the bank can releases the bill of lading to the buyer.

해석

가장 보편적인 유통가능한 문서는 선하증권이다. 선하증권은 운송회사가 송하인에게 주는 영수증이다. 선하증권은 권리증권 역할을 하며 지정된 항구에서 상품을 수령할 사람을 명시한다. 기명식 선하증권에서 매도인은 상품을 매수인에게 직접 보낸다. 이러한 유형의 선하증권은, (매수인이 물품 소유권을 직접 획득하도록 하기 때문에), 일반적으로 신용장 거래에는 바람직하지 않다.

지시식 선하증권의 경우 송하인은 물품을 은행에 위탁할 수 있다. 이 방식은 신용장 거래에서 선호된다. 은행은 매수인이 서류를 지불할 때까지 물품에 대한 통제를 유지한다.

*negotiable document : 유통가능 서류
*bill of lading : 선하증권
*shipping company : 운송회사
*shipper : 송하인
*document of title : 권리증권
*specify : 명시하다
*merchandise : 물품, 상품
*designated port : 지정된 항구
*straight bill of lading : 기명식 선하증권
*consign : ~에게 ~을 보내다
*desirable : 바람직한
*order bill of lading : 지시식 선하증권
*refer : 선호하다
*maintain : 유지하다[지키다]

27 기명식 선하증권의 특성은 무엇인가?
① 유통불능 선하증권
② 유통가능 선하증권
③ 사고선하증권
④ 지시식 선하증권

28 빈 칸에 가장 적절한 것은?
① 그것은 매수인이 물품 소유권을 직접 획득하도록 한다.
② 송하인은 물품을 은행에 위탁할 수 있다.
③ 은행은 매수인이 서류를 지불할 때까지 물품에 대한 통제를 유지한다.
④ 은행은 선하증권을 매수인에게 공개할 수 있다.

해설 27

기명식 선하증권(Straight B/L)은 선하증권의 수하인(Consignee)란에 특정한 수하인명이 명기되며, 특정 수하인 이외에는 수입항에서 화물의 인수를 선사에 요청할 수 없는 유통불능 선하증권(Non-negotiable B/L)이다.

28

기명식 선하증권은 선하증권 수하인(Consignee)란에 화물의 수취인, 즉 수입업자의 주소와 상호가 기재된 것이다. 기명식 선하증권은 수하인이 명확하게 당해 화물에 대한 소유권을 유보하고 있기 때문에 무역거래에서는 선불결제 (Payment in advance)방식 등을 제외하고는 이러한 형식의 선하증권은 보통의 경우 발행되지 아니한다.

29 Which of the followings has a different meaning with others?

① We will give you a special discount if you order by May 12.

② You will be given a special discount if you take order until May 12.

③ If you order on or before May 12, you will get a special discount.

④ A special discount is available for your order being received on or before May 12.

정답 ②

해석 **다음 중 나머지와 의미가 다른 것은?**

① 5월 12일까지 주문하시면 특별할인을 적용해 드리겠습니다.

② 5월 12일까지 주문을 받으시면, 특별할인을 받을 수 있습니다.

③ 5월 12일 이전에 주문하시면 특별할인을 받을 수 있습니다.

④ 5월 12일 이전에 주문하신 것에 대해 특별할인을 받을 수 있습니다.

해설 ①·③·④는 '주문을 하면 특별할인을 받는다'고 했고, ②는 '주문을 받으면(take order)'이라고 했으므로, 나머지와 의미가 다르다.

*special discount : 특별할인

*take order : 주문을 받다

30 Which of the following is appropriate for the blank?

> In comparison with lawsuit case in a court, arbitration has advantages of the speedy decision, lower costs, nomination of specialized arbitrators, and (   ).

① international effect of judgement

② mandatory publication of arbitral award

③ legal approach by government

④ higher legal stability

해석 다음 중 빈 칸에 적절한 것은?

법정 소송사건에 비해서, 중재는 신속한 결정, 더 저렴한 비용, 전문적인 중재자의 지명, 그리고 (판정에 대한 국제적인 효력)이라는 이점이 있다.

① 판정에 대한 국제적인 효력
② 중재판정에 대한 의무적인 발표
③ 정부에 의한 법적인 접근
④ 더 높은 법적 인정성

해설 ① 중재판정은 국제적으로도 그 효력이 보장되고 있다. 뉴욕협약(New York Convention)에 따라 각 체약국의 중재판정은 해외 체약국에서 그 승인 및 집행을 보장받게 되어 있다.

중재(Arbitration)의 장점
• 중재계약에서부터 중재판정에 이르는 모든 절차를 당사자의 합의로 결정한다.
• 법원의 소송보다 신속히 해결되고, 단심제로 해결할 수 있다.
• 비용이 저렴하다.
• 전문적인 중재인들이 거래내용에 맞는 분쟁해결이 가능하다.
• 중재판정은 국제적으로도 그 효력이 보장되고 있다.
• 비공식적인 절차로 진행된다.
• 거래의 기밀보장을 위해 비공개로 진행된다.
*In comparison with : ~에 비해서
*lawsuit case : 소송사건
*arbitration : 중재
*advantage : 이점, 장점
*speedy decision : 신속한 결정
*nomination : 지명, 추천, 임명
*specialized : 전문화된
*arbitrator : 중재자
*mandatory : 법에 정해진, 의무적인
*arbitral award : 중재판정
*stability : 안정, 안정성[감]

31 Which of the following is NOT appropriate for the blank below?

> Types of marine insurance can be differentiated as follows :
> (A) caters specifically to the marine cargo carried by ship and also pertains to the belongings of a ship's voyagers.
> (B) is mostly taken out by the owner of the ship to avoid any loss to the vessel in case of any mishaps occurring.
> (C) is that type of marine insurance where compensation is sought to be provided to any liability occurring on account of a ship crashing or colliding and on account of any other induced attacks.
> (D) offers and provides protection to merchant vessels' corporations which stand a chance of losing money in the form of freight in case the cargo is lost due to the ship meeting with an accident.

① (A) : Voyage insurance
② (B) : Hull insurance
③ (C) : Liability insurance
④ (D) : Freight insurance

정답 ①

해석 **다음 중 아래 빈 칸에 적절하지 않은 것은?**

해상보험의 종류는 다음과 같이 구분할 수 있다.
(A) 항해보험(→ 적하보험)은 선박으로 운송되는 해상화물에 특별히 적용되며, 선박 항해자들의 소지품에도 관련되어 있다.
(B) 선박보험은 사고가 발생할 경우 선박에 대한 손실을 피하기 위해 대부분 선박 소유주에 의해 보험에 가입되어 있다.
(C) 책임보험은 선박의 충돌 또는 그 밖의 다른 유발된 공격으로 인해 발생한 책임에 대해 보상을 요구하는 해상보험의 유형이다.
(D) 운임보험은 선박사고로 화물이 유실될 경우 운임손해를 볼 가능성이 있는 상선회사를 보호하기 위해 제공하는 보험이다.

해설 ① 해상보험 중에서 보험의 목적물이 적하물(Cargo)에 해당하는 보험이므로, Voyage insurance(항해보험) → Cargo insurance(적하보험)가 되어야 한다.
*marine insurance : 해상보험
*differentiate : 구별하다
*pertain to : ~와 관계가 있다
*in case of : 만일 ~한다면
*mishap : 작은 사고[불행]
*compensation : 보상(금)
*on account of : ~때문에
*stand a chance : (~을 할) 가능성이 있다

32 Which is NOT grammatically correct?

Thank you for your order of February 23, 2020. We are pleased to inform you that (A) your order No. 3634 has been loaded on the M/S Ventura, (B) leaving for Busan on March 10, 2020, and (C) arriving at Genoa around April 3, 2020. (D) The packing was carefully carried out according to your instructions, and we are sure that all goods will reach you in good condition.

① (A)

② (B)

③ (C)

④ (D)

정답 ②

해석 문법적으로 옳지 않은 것은?

2020년 2월 23일자 귀사의 주문에 감사드립니다. (A) 귀사의 주문 No. 3634이 M/S Ventura 호에 적재되었으며, (B) 2020년 3월 10일 부산에서 출발하여 (C) 2020년 4월 3일경에 제노바에 도착 예정임을 알려드리게 되어 기쁩니다. (D) 포장은 귀사의 지시에 따라 신중하게 수행되었으며, 당사는 모든 물품이 양호한 상태로 귀사에 도착할 것을 확신합니다.

해설 ② 지문의 문맥상 부산을 출발해서 제노바에 도착 예정임을 알 수 있으므로, (B) leaving for Busan(부산으로 향해서) → leaving Busan(부산을 출발해서)이 되어야 한다.
*carry out : 수행하다
*instructions : 지시, 명령
*in good condition : 양호한 상태로

33 Select the wrong part in the following passage.

(A) Average adjuster is an expert in loss adjustment in marine insurance, particular with regard to hulls and hull interest. (B) He is more particularly concerned with all partial loss adjustments. (C) He is usually appointed to carry out general average adjustments for the shipowner on whom falls the onus to have the adjustment drawn up. (D) His charges and expenses form part of the adjustment.

① (A)
② (B)
③ (C)
④ (D)

정답 ②

해석 다음 지문에서 틀린 부분을 고르시오.

(A) 공동해손 정산인은 특히 선박과 선박의 이익과 관련한 해상보험의 손실조정 전문가이다. (B) 공동해손 정산인은 특히 모든 분손(→ 공동해손)에 대한 조정에 좀 더 관심을 가지고 있다. (C) 공동해손 정산인은 보통 조정안 작성의 책임이 있는 선주를 위해 공동해손의 조정을 수행하도록 임명된다. (D) 공동해손 정산인 요금과 비용은 조정의 일부를 구성한다.

해설 ② (B) He is more particularly concerned with all partial loss(분손) → general average loss(공동해손) adjustments.

공동해손 정산인(Average Adjuster)
공동해손(General Average)의 정산업무 처리를 전문으로 하고 있는 개인 또는 회사를 말한다. 공동해손 정산서의 작성이 주요 업무이지만 이밖에 공동해손 분담금의 징수, 공동해손 공탁금의 반환 등의 사무도 처리한다.
*Average adjuster : 공동해손 정산인
*loss adjustment : 손실 조정
*regard to : ~와 관련하여[~에 대하여]
*be concerned with : ~에 관계가 있다
*interest : 이익
*general average adjustments : 공동해손정산
*onus : 책임
*draw up : 만들다[작성하다]

34 Select the wrong part in the following passage.

(A) Sea Waybill is a transport document for maritime shipment, which serves as prima-facie evidence of the contract of carriage (B) and as a receipt of the goods being transported, and a document of title. (C) To take delivery of the goods, presentation of the sea waybill is not required; (D) generally, the receiver is only required to identify himself, doing so can speed up processing at the port of destination.

① (A)

② (B)

③ (C)

④ (D)

[정답] ②

[해석] 다음 지문에서 틀린 부분을 고르시오.

(A) 해상화물운송장은 해상운송의 운송서류로, 운송계약의 추정적 증거와 (B) 운송 중인 물품에 대한 영수증과 권리증권의 역할을 한다. (C) 물품 인수를 위해, 해상화물운송장의 제시가 필요하지 않다. (D) 일반적으로, 수취인은 오직 신원확인을 위해서만 요구되며, 그렇게 함으로써 목적항에서 처리과정이 빨라질 수 있다.

[해설] ② 해상화물운송장(Sea Waybill)은 화물수령증의 일종으로, 권리증권(Document of Title)은 아니므로, (B)가 정답이다.
해상화물운송장(Sea Waybill)
해상운송수단의 발달로 운송기간이 단축됨에 따라 발행과 제도가 번거로운 해상선하증권 대신에 이용되는 비유통성 화물운송장을 말한다. 이는 주로 기명식으로 특정인을 수하인으로 발행하는 화물수령증의 일종이며, 해상선하증권과 같은 권리증권(Document of Title)은 아니다. 따라서 본·지사 간의 거래, 신용이 두터운 거래선 또는 이사화물 등에 주로 이용된다.
추정적 증거(Prima Facie Evidence)
특정 사실의 증명에 있어서 일단 충분하다고 하는 증거이며, 상대방의 반증에 의해 뒤집히지 않는 한 진실이라고 추정되는 증거
*Sea Waybill : 해상화물운송장
*prima-facie evidence : 추정적 증거
*serve as : ~의 역할을 하다
*document of title : 권리증권
*take the delivery of : [물건 따위]를 인수하다
*presentation : 제출, 제시
*receiver : 수령인, 수취인
*identify : (신원 등을) 확인하다[알아보다]
*speed up : 속도를 더 내다[높이다]

35 Which is NOT grammatically correct?

> (A) All disputes, controversies or differences which may raise (B) between the parties out of or in relation to or (C) in connection with contract, for the breach thereof (D) shall be finally settled by arbitration in Seoul.

① (A)　　　　　　　　　　　② (B)
③ (C)　　　　　　　　　　　④ (D)

정답 ①

해석 문법적으로 옳지 않은 것은?

(C) 계약 위반으로 인해 (B) 계약 당사자들 간에 (A) 발생할지도 모르는 모든 분쟁, 논란 또는 이견은 (D) 최종적으로 서울에서 중재에 의해 해결되어야 한다.

해설 ① (A) 'All disputes, controversies or differences which may raise → rise'가 되어야 한다. raise(타동사)는 '~을 들어 올리다'의 뜻으로 목적어가 필요하고, rise(자동사)는 '발생하다[시작되다]'의 뜻으로 목적어가 필요 없다.
*dispute : 분쟁, 분규
*controversy : 논란
*in connection with : ~와 관련되어
*breach : 위반
*thereof : (앞에 언급된) 그것의
*arbitration : 중재

36 Which of the following is LEAST correctly written in English?

① 당사는 귀사에게 당사의 늦은 답장에 대해 사과드리고 싶습니다.
　　– We would like to apologize you to our late reply.
② 귀사의 담당자는 당사의 어떤 이메일에도 답을 하지 않았습니다.
　　– The person in charge at your company did not respond to any of our emails.
③ 귀사의 제안은 다음 회의에서 다루어질 것입니다.
　　– Your suggestion will be dealt with at the next meeting.
④ 신상품 라인에 대하여 설명해 주시겠습니까?
　　– Would you account for the new product line?

정답 ①

해설 ① We would like to apologize you to → for our late reply.
*apologize for : ~에 대해 사과하다
*in charge : ~을 맡은, 담당인
*respond to : ~에 대응하다
*account for : 설명하다, 처리하다

37 Which of the following is LEAST correctly written in English?

① 이 계약서의 조건을 몇 가지 수정하고 싶습니다.
   – I'd like to amend some of the terms of this contract.
② 가격을 원래보다 20달러 더 낮출 수 있을 것 같네요.
   – I think I can lower the price of $20.
③ 계약 기간은 2년입니다.
   – The contract is valid for two years.
④ 3년간 이 소프트웨어 독점 사용권을 제공해 드릴 수 있습니다.
   – We can offer you an exclusive license to this software for three years.

정답 ②

해설 ② I think we can lower the price of $20 → by $20 more than we used to.
*amend : 개정[수정]하다
*lower : 낮추다, 내리다
*be valid : 효력이 있다
*exclusive license : 독점사용권

38 Which of the following is LEAST correctly written in English?

① 제품 No. 105와 106호의 즉시 선적이 불가능하다면, 제품 No. 107과 108호를 대신 보내주십시오.
   – If Nos. 105 and 106 are not available for immediate shipment, please send Nos. 107 and 108 instead.
② 이 가격이 귀사에게 괜찮다면 우리는 주문양식을 보내드리고자 합니다.
   – If this price is acceptable to you, we would like to send you an order form.
③ 귀사가 제품을 공급해줄 수 없다면, 이유를 알려주시기 바랍니다.
   – If you cannot supply us with the products, please let us have your explanation.
④ 당사의 송장은 주문한 안락의자들을 7월 12일 오후 5시까지 설치해줄 것을 구체적으로 명시하고 있습니다.
   – Our invoice specifically is stated that the armchairs ordering should be furnished until 5:00 p.m. on July 12.

해설 ④ Our invoice specifically is stated → states that the armchairs ordering → ordered should be furnished until 5 p.m. on July 12.

*available : 이용할 수 있는
*immediate shipment : 즉시 선적
*acceptable : 받아들일 수 있는
*supply with : ~을 공급하다
*specifically : 분명히, 명확하게
*furnish : (가구를) 비치하다

39 Select the best answer suitable for the blank.

(   ) are taxes assessed for countering the effect of subsidies provided by exporting governments on goods that are exported to other countries.

① Retaliatory duties
② Countervailing duties
③ Dumping duties
④ Anti-dumping duties

해석 빈 칸에 가장 알맞은 것을 고르시오.

(상계관세)는 다른 나라로 수출되는 물품에 대하여 수출국 정부에서 제공하는 보조금 효과에 대응하기 위해 부과된 세금이다.

① 보복관세
② 상계관세
③ 덤핑관세
④ 덤핑방지관세

해설 ② 상계관세(Countervailing duties) : 수출국에서 제조, 생산 또는 수출에 관하여 보조금을 지급받은 물품이 수입되어 국내산업을 저해하는 경우에 기본세율 이외에 해당 보조금만큼의 금액을 추가 부과하는 관세이다.
　　① 보복관세(Retaliatory duties) : 교역상대국이 우리나라의 수출품 또는 선박, 항공기에 대하여 불리한 대우를 하는 경우에 자국의 이익을 보호하기 위하여 그 나라의 수입물품에 대하여 보복적으로 할증 부과하는 관세이다.
　　③·④ 덤핑방지관세(Anti-dumping duties) : 외국물품의 덤핑(부당하게 싼 가격으로 수입)을 방지하는 수단으로 부과하는 관세로 WTO 제6조에 의하면 덤핑방지관세는 국내산업에 중대한 위협을 주는 경우에 한하여 부과하도록 하고 있다(cf. 덤핑관세).

*be assessed for : ~에 대한 평가를 받다
*counter : 반박[논박]하다
*subsidies : 보조금

As we wrote you previously about the delays in the delivery of your order, the situation is still the same, the trade union strike is on-going. We apologize for this occurrence, but there is not much that we can do to (   ) this, as it is out of our hands.

We again apologize and regret the delay in delivery of your order.

Yours faithfully,

40 What situation is excused in the above letter?

① Late payment

② Force majeure

③ Non payment

④ Early delivery

41 Fill in the blank with suitable word.

① rectify

② examine

③ arrange

④ file

해석

당사의 이전 서신에서 주문품 인도지연에 대해 알려드린 것처럼, 상황은 여전히 똑같습니다. 노동조합의 파업이 계속되고 있습니다. 이번 일에 대해 사과드립니다만, 이번 사태는 어쩔 수 없기 때문에, 이것을 (바로잡기) 위해 당사가 할 수 있는 일이 많지 않습니다.

귀사의 주문품 배송지연에 대해 다시 한 번 사과드립니다.

그럼 안녕히 계십시오.

*trade union : 노동조합
*strike : 파업
*on-going : 계속 진행 중인
*apologize for : ~에 대해 사과하다
*occurrence : 발생, 존재, 나타남
*out of hands : 손을 쓸[통제할] 수 없는

40 위 서신에서 사과하고 있는 상황은 무엇인가?
① 지불지연
② 불가항력
③ 미지급
④ 조속한 인도

41 빈 칸에 알맞은 것은?
① 바로잡다
② 조사하다
③ 처리하다
④ 보관하다

해설 **40**

불가항력(Force Majeure)
당사자들이 통제할 수 없고, 예견 불가능하며, 회피할 수 없는 사안으로 천재지변(Act of God)이나 화재, 전쟁, 파업, 폭동, 전염병과 기타 자연 재앙 같은 특정한 사정이나 사건을 의미한다. 불가항력에 의해 선적지연 및 계약 불이행이 발생할 경우를 대비하여 무역거래 당사자는 무역계약 체결 시 불가항력으로 인정할 수 있는 구체적인 사항들과 선적지연 시 언제까지 지연을 인정할지 여부를 명시하는 것이 좋다.

41
서신의 문맥상 빈 칸에는 ① rectify(바로잡다)가 적절하다.
*rectify : 바로잡다(= correct)
*examine : 조사[검토]하다
*arrange : 마련하다, (일을) 처리[주선]하다
*file : (문서 등을 정리하여) 보관하다[철하다]

[42~43] Below is part of shipping letter of guarantee. Answer to each question.

Whereas (A) <u>you</u> have issued a bill of lading covering the above shipment and the above cargo has been arrived at the above port of discharge, we hereby request you to give delivery of the said cargo to the above mentioned party without presentation of the original bill of lading.

In consideration of your complying with our above request, we hereby agree to *indemnify* you as follows :

Expenses which you may sustain by reason of delivering the cargo in accordance with our request, provided that the undersigned Bank shall be exempt from liability for freight, demurrage or expenses in respect of the contract of carriage.

As soon as the original bill of lading corresponding to the above cargo comes into our possession, we shall surrender the (B) <u>same</u> to you, whereupon our liability hereunder shall cease.

42 Which is the right match for (A) and (B)?

① (A) carrier — (B) Letter of Guarantee

② (A) carrier — (B) Bill of Lading

③ (A) buyer — (B) Bill of Lading

④ (A) seller — (B) Letter of Guarantee

43 Which is similar to the word <u>indemnify</u>?

① register

② reimburse

③ recourse

④ surrender

정답 42 ② 43 ②

해석

(A) 귀사가 상기 선적물에 대하여 선하증권을 발행하여 상기 화물이 상기 양륙항에 도착했으므로, 당사는 이로써 원본 선하증권을 제시하지 않고 상기 언급한 당사자에게 이 화물을 배달할 것을 귀사에 요청합니다. 당사의 위와 같은 요청을 귀사가 준수하는 것을 고려하여, 당사는 다음과 같이 귀사에 *배상하기로* 동의합니다. : 아래 서명하는 당행은 운송계약과 관련된 운임, 체화료, 또는 기타 경비와는 무관하다는 것을 전제로, 귀사가 당사의 요청에 따라 화물 인도를 이유로 발생하게 될 경비이다.

상기 화물에 일치하는 원본 선하증권이 당행의 수중에 들어오는 즉시 당사는 귀사에 (B) 동일한 것을 양도할 것이며 그 결과 당사의 법적 책임은 이에 의거하여 종료될 것입니다.

*whereas : ~한 사실이 있으므로
*port of discharge : 양륙항
*hereby : 이에 의하여, 이로써
*original : 원본
*bill of lading : 선하증권
*comply with : 지키다
*indemnify : 배상[보상]을 약속하다
*sustain : (피해 등을) 입다[당하다]
*in accordance with : ~에 따라서
*undersigned : (특정 문서의) 서명인
*exempt from : ~을 면제하다
*liability : (~에 대한) 법적 책임
*demurrage : 체선료
*in respect of : ~에 관해서는
*come into : ~의 상태가 되다[들어가다]
*surrender : 포기하다[내주다/넘겨주다]
*whereupon : 그래서, 그 때문에, 그 결과
*hereunder : 이에 의거하여

42 밑줄 친 (A)와 (B)가 뜻하는 것끼리 짝지어진 것은?

① (A) 운송인 – (B) 화물선취보증서
② (A) 운송인 – (B) 선하증권
③ (A) 매도인 – (B) 선하증권
④ (A) 매수인 – (B) 화물선취보증서

43 다음 중 indemnify와 비슷한 단어는?

① 등록하다
② 배상하다
③ 상환청구권
④ 포기하다

해설 42

화물선취보증서(Shipping Letter of Guarantee, L/G)
수입지에 선적서류 원본보다 화물이 먼저 도착한 경우 수입자가 서류도착 시까지 기다리지 않고 수입화물을 통관하려고 할 때 신용장 개설은행이 선박회사 앞으로 발행하는 보증서를 말한다. L/G의 발급은 운송서류의 원본을 인도하는 것과 동일한 효과를 가지며 신용장 조건과 일치하지 않는 서류가 내도하여도 화물이 수입자에게 인도된 후이므로 수입자는 매입은행에 대하여 수입어음의 인수 또는 지급을 거절할 수 없다.

43
indemnify는 '배상[보상]을 약속하다'의 뜻으로, 의미가 비슷한 것은 ② reimburse(배상[변제]하다)이다.

Blank endorsement is an act that the (A) <u>endorser</u> signs on the back of Bill of Lading (B) <u>with</u> bearing a specific person when a bill of lading is made out (C) <u>to order or shipper's order</u>. The bill of lading then becomes a bearer instrument and the (D) <u>holder</u> can present it to the shipping company to take delivery of the goods.

44 Which is WRONG in the explanation of blank endorsement?

① (A)
② (B)
③ (C)
④ (D)

45 What is correct about the bearer?

① Bearer is someone who owns or possesses a B/L.
② Bearer is not able to assign the B/L to others.
③ Bearer is normally bank in negotiable B/L operation.
④ Bearer can not hold the B/L but endorse it to third party for assignment.

해석

백지식 배서는 선하증권이 (C) 지시식으로 발행될 경우, 특정인을 (B) 지정하고(→ 지정하지 않고) (A) 배서인이 선하증권의 뒷면에 서명하는 행위이다. 그러면 해당 선하증권은 무기명증권이 되어, 그 (D) 소지인은 물품 운송을 위해 그것을 운송회사에 제시할 수 있다.

*blank endorsement : 백지식 배서
*endorser : 배서인
*bearer instrument : 무기명증권
*holder : 소지인

44 백지식 배서에 대한 설명으로 옳지 않은 것은?

45 소지인에 대한 설명으로 옳은 것은?
① 소지인은 선하증권을 소유하거나 소지한 자이다.
② 소지인은 선하증권을 다른 사람들에게 양도할 수 없다.
③ 소지인은 유통가능 선하증권의 경우 보통 은행이다.
④ 소지인은 선하증권을 보유할 수 없지만 제3자에게 양도할 수 있도록 배서할 수 있다.

해설 **44**

② (B) 'with → without bearing a specific person(특정인을 지정하지 않고)'가 되어야 한다.
백지식 배서(Blank Endorsement)
• 백지식은 인도문언 및 피배서인에 대하여는 아무것도 기재하지 않고 배서인만이 서명한다.
• 백지식에 의하면 이후 선하증권의 인도에 의하여 물품의 권리가 이전하게 되며, 실질적으로는 무기명식으로 발행되는 것과 차이가 없으나 배서연속의 문제가 생기지 않는다.
• 특히 백지배서를 의미하는 'Blank Endorsement', 'Endorsed in Blank'라는 표현은 Order, Order of Shipper 같은 지시식 선하증권에서 전형적으로 등장하는 방식이다.

45

선하증권은 운송인이 선적자에게 발행하는 선적서류로, 합법적인 선하증권 소지인에게 지정된 목적항까지 화물을 운송하는 약속을 증명하는 서류이다. 따라서 선하증권은 물품수령증인 동시에 화물운송계약서이다. 선하증권은 선적자 혹은 화물소유자에게 다른 제3자에게 양도가능한 권리증이며, 운송중인 화물을 매매할 수도 있고, 화환신용장 하에서 다른 서류와 함께 은행으로부터 대금을 지급받을 수도 있다.
*assign : 맡기다
*normally : 보통
*negotiable B/L : 유통가능 선하증권
*assignment : 과제, 임무

All risks is an insurance term to denote the conditions covered by the insurance.
(A) It is to be construed that the insurance covers each and every loss all the times. In cargo insurance, the term embraces all fortuitous losses such as (   ) occurring during transit and (B) the term incorporates a number of excluded perils.

In other words, all risks insurance is a type of property or casualty insurance policy that (C) covers any peril, as long as the contract does not specifically exclude it from coverage. This means that, (D) as long as a peril is not listed as an exclusion, it is covered.

46 Which is NOT suitable in the explanation of all risks insurance?

① (A)
② (B)
③ (C)
④ (D)

47 Which is NOT appropriate for the blank?

① inherent vice
② fire
③ earthquake
④ jettison

해석

전위험담보(All risks)는 보험이 적용되는 조건을 나타내는 보험 용어이다.
(A) 보험이 항상 모든 손실을 보상하는 것으로 해석되어야 한다. 적하보험에서, 이 용어는 운송 중에 발생하는 (화재, 지진, 투하) 같은 모든 우연한 손실을 수용하며, (B) 이 용어는 다수의 배제된 위험을 포함한다.

다시 말해서, 전위험담보 보험은 (C) 계약서에서 명시적으로 보험 적용대상에서 제외되지 않는 한, 어떤 위험도 보상하는 물질보험 또는 상해보험의 일종이다. 이것은, (D) 배제된 위험으로 나열되지 않는 한, 그것이 보장된다는 것을 의미한다.

*denote : 조짐을 보여주다
*construe : ~을 이해하다
*embrace : (열렬히) 받아들이다
*fortuitous : 우연한
*incorporate : 포함하다
*excluded perils : 배제된 위험
*property insurance : 물질보험
*casualty insurance : 상해보험

46 전위험담보에 대한 설명으로 적절하지 않은 것은?

47 다음 중 빈 칸에 적절하지 않은 것은?
① 고유의 하자
② 화 재
③ 지 진
④ 투 하

해설 46
① 전위험담보는 면책위험 및 보험요율서 상에서 제외된 위험으로 인한 손해 이외의 모든 손해가 면책률 없이 보상된다.

ICC(AR)(All Risks : 전위험담보조건)
• 면책위험 및 보험요율서상에서 제외된 위험으로 인한 손해 이외의 모든 손해가 면책률 없이 보상된다.
• 보험금 청구를 위해 피보험자는 손해가 구체적으로 어느 위험으로 발생했는지 입증하면 된다.
• 모든 위험을 담보하는 조건이나 모든 손해ㆍ멸실을 담보하는 것은 아니고, 약관상 규정된 면책사항은 담보하지 않는다.
• 약관상 면책위험
 – 보험계약자, 피보험자의 고의 또는 불법적인 행위
 – 화물의 통상적인 누손이나 마모
 – 보험목적물 고유의 하자, 자연소모
 – 운송지연에 의한 손해
 – 전쟁 및 동맹파업에 의한 손해(특별약관을 첨부하여 보험료를 납입하면 보상 가능)

47
고유의 하자 또는 성질(Inherent Vice or Nature)
보험의 대상화물에 존재하는 일반적 또는 특수적 결함, 즉 하자를 말한다. 예를 들어 과일이나 육류가 시간이 경과함에 따라 부패하는 것, 수분을 포함한 석탄이 자연 발화하기 쉬운 것 또는 도자기가 깨지기 쉬운 것 등이 있다. 영국해상보험법(MIA) 제55조에서는 보험자는 보험의 목적의 '고유의 하자 또는 성질'에 대하여 책임을 지지 않는다는 취지를 규정하고 있다. 현재 사용하고 있는 모든 협회적하약관(ICC)은 화물의 고유의 하자 또는 성질에 기인하는 손해를 면책한다고 규정하고 있다.

Compared to other payment type, the role of banks is substantial in documentary Letter of Credit (L/C) transactions.

The banks provide additional security for both parties in a trade transaction by playing the role of intermediaries. The banks assure the seller that he would be paid if he provides the necessary documents to the issuing bank through the <u>nominated bank</u>.

The banks also assure the buyer that their money would not be released unless the shipping documents such as (   ) are presented.

48 What expression is normally stated for <u>nominated bank</u> in L/C?

① available with

② available for

③ available by

④ claims at

49 Which is NOT suitable for the blank?

① packing list

② bill of exchange

③ invoice

④ inspection certificate

해석

다른 지불 유형에 비해, 신용장 거래에서 은행의 역할은 상당히 크다.

은행은 중개인의 역할을 함으로써 무역거래에서 양 당사자에게 추가적인 보안을 제공한다. 은행은 매도인이 <u>지정은행</u>을 통해 필요한 서류를 제공하면 대금을 지불받을 것을 보증한다.

은행들은 또한 매수인에게 선적서류(포장명세서, 송장, 검사증명서)가 제시되지 않으면 그들의 대금이 양도되지 않을 것을 보증한다.

*Compared to : ~와 비교해서
*substantial : (양·가치·중요성이) 상당한
*intermediary : 중재자, 중개인
*nominated bank : 지정은행
*inspection certificate : 검사증명(서)

48 신용장에서 <u>지정은행</u>은 보통 어떻게 표현되는가?
　① ~을 사용할 수 있는
　② ~을 위한 여유가 있는(시간이 있는)
　③ ~에 의해 이용가능한
　④ ~에 대해 청구하다

49 빈 칸에 들어갈 말로 적절하지 않은 것은?
　① 포장명세서
　② 환어음
　③ 송 장
　④ 검사증명서

해설 48

지정은행의 표시방법 및 역할
• 'available with ABC Bank by ~'에서 'by ~' 이하에 기재되는 것이 지정은행의 역할이다.
• 지정은행은 신용장을 사용할 수 있는(available) 은행 또는 모든 은행에서 사용가능한(available) 신용장의 경우에는 모든 은행을 의미한다(UCP 600 제2조).
• 지정은행(Nominated bank)은 개설은행으로부터 지급, 연지급, 인수, 매입을 할 수 있도록 권한을 부여받은 은행을 말한다. 지정은행의 구체적인 역할은 신용장에서 정해진다.
• 지정은행의 지급, 매입 등은 지정은행의 권한일 뿐이며, 지정은행에게 지급, 매입 등의 의무가 있는 것은 아니다.

49

② 환어음(Bill of exchange) : 채권자인 수출자가 발행인(Drawer)이 되고 채무자인 수입자 또는 은행을 어음의 지급인(Drawee, Payer)으로 발행되는 무역결제에 사용되는 어음을 말한다. 신용장 결제의 경우에도 D/P 또는 D/A 어음결제의 경우와 마찬가지로 이 환어음에 선적서류(Shipping documents)를 첨부한 화환어음(Documentary bill)으로서 수출지의 은행에 제시하여 수출대금을 지급받는다. 이것을 화환어음의 매입(Negotiation)이라 한다.

① 포장명세서(Packing list) : 수입자가 각 화물의 내용을 쉽게 파악하기 위해 요구되는 포장된 내장품의 명세서로 상업송장의 부속서류로 작성되는 서류

③ 송장(Invoice) : 수출자가 무역계약을 정당하게 이행할 것을 해외의 수입자 앞으로 증명하는 화물의 명세서

④ 검사증명서(Inspection certificate) : 계약한 상품의 품질, 포장, 재료, 성분 등에 대해 계약한 상품과의 동질성 또는 동일성 및 진정성을 확보하기 위해 주로 수입자가 수출상에게 요구하는 증명서

선적서류(Shipping documents)

무역거래에서 매도인이 물품을 적출한 다음 매수인으로부터 대금을 지급받기 위하여 제공되는 서류를 말하며, 상업송장(Invoice), 선하증권(B/L), 포장명세서(P/L), 검사증명서, 원산지증명서, 보험서류 등이다.

50 Fill in the blanks with right words.

It must be remembered that the Letter of Credit is a contract between the issuing bank and the (A), regardless of any intermediary facilitating banks. Therefore, regardless of a place of presentation different from that of the issuing bank as stated on the Letter of Credit, the beneficiary is at liberty to make a (B) presentation to the issuing bank and the issuing bank is obliged to honour if the presentation is compliant.

① (A) beneficiary — (B) dircct
② (A) applicant — (B) direct
③ (A) beneficiary — (B) indirect
④ (A) applicant — (B) indirect

정답 ①

해석 빈 칸을 옳은 단어로 채우시오.

신용장은 개설은행과 (A) 수익자 사이의 계약이며, 중개인 역할의 은행과는 무관함을 기억해야 한다. 그러므로, 신용장에 명시된 것처럼 개설은행의 장소와 다른 장소에서 제시되어도 관계없이, 수익자는 자유롭게 개설은행에 (B) 직접 제시할 수 있으며, 개설은행은 일치하는 제시에 대하여 지불할 의무가 있다.

*beneficiary : 수익자
*regardless of : ~에 상관없이[구애받지 않고]
*facilitate : 가능하게[용이하게] 하다
*be at liberty to do : 자유롭게 ~할 수 있는
*be obliged to : 하는 수 없이 ~하다
*honour : (은행 등에서) 수표를 받다[수표에 적힌 액수를 지급하다]
*compliant : (일정한 규칙에) 부응하는

① (A) 수익자 – (B) 직접적인
② (A) 개설의뢰인 – (B) 직접적인
③ (A) 수익자 – (B) 간접적인
④ (A) 개설의뢰인 – (B) 간접적인

해설 신용장 거래의 원칙

• 독립성의 원칙(The Principle of Independence, UCP 제4조) : 신용장은 수출·입자 간 체결된 매매계약 등을 근거로 개설되지만, 신용장 개설 후에는 그 근거가 되었던 매매계약과 완전히 독립되어 그 자체로 별도의 법률관계가 형성됨으로써 신용장 당사자(개설은행과 수익자)가 신용장 조건에 따라서만 행동하는 것(즉, 매매계약으로 부터의 단절)을 신용장의 독립성이라 한다.

• 추상성의 원칙(The Principle of Abstraction, UCP 제5조) : 신용장 거래는 상품, 용역, 계약이행 등의 거래가 아니라 서류로서 거래가 이루어지는데 이를 신용장의 추상성이라 한다. 즉, 서류만으로 매매계약의 이행여부를 결정하게 되므로 실제 물품·용역·계약의 불일치 또는 불이행에 따른 분쟁은 신용장과 전혀 별개의 문제이다.

51 UN 국제물품매매에 관한 협약(CISG)의 적용대상인 것은?

① Sales of goods bought for personal, family and household use

② Sales by auction

③ Sales of ships, vessels, hovercraft or aircraft

④ Contracts for the supply of goods to be produced

정답 ④

해설 UN 국제물품매매에 관한 협약(CISG)의 적용대상 제외
- 개인용·가족용 또는 가정용으로 구입된 물품의 매매. 다만, 매도인이 계약체결 전이나 그 체결 시에 물품이 그와 같은 용도로 구입된 사실을 알지 못하였고, 알았어야 했던 것도 아닌 경우에는 그러하지 아니하다.
- 경매에 의한 매매
- 강제집행 그 밖의 법령에 의한 매매
- 주식, 지분, 투자증권, 유통증권 또는 통화의 매매
- 선박, 소선(小船), 부선(浮船) 또는 항공기의 매매
- 전기의 매매

52 계약형태의 진출방식인 국제라이센스(International License)에 대한 설명으로 옳지 않은 것은?

① 해외시장에서 특허나 상표를 보호하는 동시에 크로스 라이센스를 통해 상호교환을 기대할 수 있다.

② 노하우가 라이센스의 대상이 되기 위해서는 공공연히 알려진 유용한 경영상의 정보이어야 한다.

③ 현지국에서 외환통제를 실시할 경우, 해외자회사에서 라이센스를 통해서 본국으로 과실송금이 어느 정도 가능하다.

④ 비독점적 라이센스는 기술제공자가 특정인에게 허락한 것과 동일한 내용의 권리를 제3자에게 허락할 수 있는 조건이다.

정답 ②

해설 ② 노하우가 라이센스의 대상이 되기 위해서는 비밀유지의무가 매우 중요하다. 노하우의 핵심이 비밀유지이기 때문이다.

53 인코텀즈(Incoterms) 2020의 CIF 조건에 대한 설명으로 옳지 않은 것은?

① 매도인이 부담하는 물품의 멸실 또는 손상의 위험은 물품이 선박에 적재된 때 이전된다.

② 물품이 컨테이너 터미널에서 운송인에게 교부되는 경우에 사용하기 적절한 규칙은 CIF가 아니라 CIP이다.

③ 매도인은 물품이 제3국을 통과할 때에는 수입관세를 납부하거나 수입통관 절차를 수행할 의무가 있다.

④ 매도인은 목적항에 물품이 도착할 때까지 운송 및 보험 비용을 부담하여야 한다.

정답 ③

해설 ③ 인코텀즈(Incoterms) 2020의 CIF 조건에서는 수출자는 물품의 수입을 위한 또는 제3국을 통과하기 위한 통관을 하거나 수입관세를 지불하거나 수입통관 절차를 수행할 의무가 없다.

CIF[Cost, Insurance and Freight, (지정목적항) 운임 · 보험료 포함 인도조건]
- CFR 조건에 보험조건이 포함된 조건(매도인 수출통관)
- 물품의 인도장소 : 선적항의 본선을 통과한 곳
- 물품에 대한 매매당사자의 위험부담의 분기점(위험이전) : 물품이 지정선적항 본선 갑판에 안착됐을 때
- 물품에 대한 매매당사자의 비용부담의 분기점(경비이전) : 목적항(매도인은 적재 시까지 모든 비용과 목적항까지 운임, 양하비 부담 + 보험료)

54 관세법상 외국물품으로 보기 어려운 것은?

① 수출신고 수리된 물품

② 우리나라 선박이 공해에서 채집한 수산물

③ 외국에서 우리나라에 반입된 물품으로서 수입신고 수리되기 전의 물품

④ 보세구역으로부터 우리나라에 반입된 물품으로서 수입신고 수리되기 전의 물품

정답 ②

해설 외국물품(관세법 제2조 제4호)
- 외국으로부터 우리나라에 도착한 물품[외국의 선박 등이 공해(公海, 외국의 영해가 아닌 경제수역을 포함한다. 이하 같다)에서 채집하거나 포획한 수산물 등을 포함한다]으로서 제241조 제1항에 따른 수입의 신고(수입신고)가 수리(受理)되기 전의 것
- 제241조 제1항에 따른 수출의 신고(수출신고)가 수리된 물품

55 한국의 ㈜Haiyang은 베트남의 Hochimin Co., Ltd.로 Chemical 제품 15톤을 수출하기로 하였다. 거래조건은 CIP, 결제조건은 sight L/C이다. Hochimin Co., Ltd.가 거래은행을 통하여 발행한 신용장상에 다음과 같은 문구가 있다. 이에 대한 설명으로 옳지 않은 것은?

> + Insurance Policy in duplicate issued to Beneficiary's order and blank endorsed for the invoice value plus 10 pct.

① 보험증권의 피보험자란에 ㈜Haiyang이 기재된다.
② 보험증권상에 Hochimin Co., Ltd.의 백지배서가 필요하다.
③ 보험부보금액은 송장금액의 110%이다.
④ 보험증권은 총 2부가 발행된다.

정답 ②

해설 제시된 내용은 신용장의 문구내용은 보험증서 2부를 발행하고 보험부보금액은 송장금액의 110%로 백지배서한다는 것이다. CIP는 매도자의 비용으로 지정목적지까지 가는 데 필요한 운송료와 추가로 보험료를 지불하는 조건이므로, 보험증권의 피보험자란에 수익자명이 기재되고, 백지식 배서(Blank Endorsement)는 인도문언 및 피배서인에 대하여는 아무것도 기재하지 않고 배서인만 서명하는 것이다.

56 신용장 양도 시 확인사항으로 옳지 않은 것은?
① 당해 신용장이 양도가능(Transferable) 신용장인지의 여부
② 개설은행이 신용장상에 지급, 인수 또는 매입을 하도록 수권받은 은행인지의 여부
③ 분할양도의 경우 원수출신용장상에 분할선적을 허용하고 있는지의 여부
④ 제시된 원수출신용장에 의하여 기 취급한 금융이 없는지의 여부

정답 ②

해설 신용장 양도 시 확인사항
• 당해 L/C가 양도가능(Transferable) 신용장인지 여부
• 양도은행이 신용장상에 지급, 인수 또는 매입을 하도록 수권받은 은행인지 여부
• 원수익자와 제2수익자 공동연서에 의한 양도신청인지 여부
• 1회에 한한 양도인지 여부
• 분할양도의 경우 원수출신용장상에 분할선적을 허용하고 있으며 분할양도금액이 원수출신용장상의 금액을 초과하지 않는지 여부
• 제시된 원수출신용장에 의하여 제공된 금융이 없으며 기타 국내의 여건에 비추어 행정상 필요에 의하여 양도를 금지하는 기재내용이 없는지 여부

57 신용장의 기능에 대한 설명으로 옳지 않은 것은?

① 개설은행의 지급 확약을 임의로 취소 또는 변경할 수 없으므로 대금회수의 확실성을 높일 수 있다.

② 수출업자는 대금지급에 대한 은행의 약속에 따라 안심하고 상품을 선적할 수 있다.

③ 수출업자는 신용장을 담보로 하여 대도(T/R)에 의해 수출금융의 혜택을 누릴 수 있다.

④ 수입업자는 선적서류를 통해 계약 물품이 선적기간 및 신용장 유효기간 내에 선적되었는지를 알 수 있다.

정답 ③

해설 ③ 수출업자는 신용장을 담보로 하여 쉽게 제조대금에 필요한 금융의 혜택을 받을 수 있다. 수입업자는 발행은행의 수입담보화물대도(Trust Receipt ; T/R)에 의한 신용 공여로 금융상의 혜택을 확보할 수 있다.

58 화물의 형태나 성질에 관계없이 컨테이너 1개당 얼마라는 식으로 운송거리를 기준으로 일률적으로 책정된 운임은?

① Ad Valorem Freight
② Minimum All Kinds Rate
③ Freight All Kinds Rate
④ Revenue Ton

정답 ③

해설 ③ 무차별운임(Freight All Kinds Rate)은 화물, 화주, 장소를 불문하고 운송거리를 기준으로 일률적으로 운임을 책정하는 방식, 즉 화물의 종류나 내용에는 관계없이 화차 1대당, 트럭 1대당 또는 컨테이너 1대당 얼마로 정하는 운임을 말한다.

59 다음 계약서의 조항 중 조건의 성격이 다른 것은?

① 품질조건
② 수량조건
③ 결제조건
④ 중재조건

정답 ④

해설 무역계약 관련 조건
- 무역계약의 6대 거래조건 : 계약상품의 품질(Quality), 수량(Quantity), 가격(Price), 포장(Packing), 선적(Shipment), 보험(Insurance), 결제(Payment)
- 계약의 불이행에 따른 분쟁구제조건 : 계약의 불이행에 따른 불가항력 조항, 클레임 조항, 중재 조항, 준거법 조항, 재판관할 조항 등

60 추심결제방식에 대한 설명으로 옳지 않은 것은?

① 환어음의 지급인이 선적서류를 영수함과 동시에 대금을 결제하는 것은 지급도(D/P) 방식이다.
② 추심결제는 수출상이 환어음을 발행하여 선적서류를 첨부하여 은행을 통해 송부하는 방식이다.
③ 은행에 추심업무를 위탁하는 자는 지급인(Drawee)이다.
④ 'URC'라는 국제규칙이 적용되며 신용장 거래와 비교하면 은행수수료 부담이 적다.

[정답] ③

[해설] **추심결제방식(On Collection Basis ; D/P & D/A)**
수출상(Principal/Drawer/Accounter, 의뢰인)이 계약물품을 선적한 후 선적서류(B/L, Insurance Policy, Commercial Invoice)를 첨부한 '화환어음(환어음)'을 수출상 거래은행(Remitting Bank, 추심의뢰은행)을 통해 수입상 거래은행 (Collecting Bank, 추심은행)에 제시하고 그 어음대금의 추심(Collection)을 의뢰하면, 추심은행은 수입상(Drawee, 지급인)에게 그 어음을 제시하여 어음금액을 지급받고 선적서류를 인도하여 결제하는 방식이다.

61 전자선하증권이 사용될 경우 사용이 감소될 문서는?

① Letter of Indemnity
② Manifest
③ Letter of Guarantee
④ Delivery Order

[정답] ③

[해설] ③ Letter of Guarantee(수입화물선취보증장)는 선하증권 없이 수입화물을 먼저 수취할 때 선사에게 제출하는 보증서로, 전자선하증권(e-B/L)이 운용될 경우 사용이 감소된다.

62 선하증권의 기능에 대한 설명으로 옳지 않은 것은?

① 선하증권은 권리증권의 기능이 있기 때문에 정당한 소지인이 화물인도를 청구할 수 있다.
② 선하증권은 수취증 기능을 하므로 목적지에서 동일한 물품이 인도되어야 한다.
③ 선하증권이 일단 양도되면 그 기재내용은 양수인에 대해 확정적 증거력을 가진다.
④ 선하증권은 운송계약의 추정적 증거가 되며 운송계약서라고 할 수 있다.

[정답] ④

[해설] ④ 선하증권은 그것에 기재된 화물의 수량, 중량 및 상태와 동일한 물품을 운송인이 송하인으로부터 수령하였다는 추정적 증거(Prima Facie Evidence)로 선하증권 자체는 계약서라 할 수 없다.

63 항해용선계약에 대한 설명으로 옳지 않은 것은?

① GENCON 1994 서식이 이용되고 있다.
② 선복에 대하여 일괄하여 운임을 결정하는 용선계약을 Lumpsum Charter라고 한다.
③ 약정된 정박기간 내에 하역을 완료하지 못한 경우에 Demurrage가 발생한다.
④ 용선자는 약정된 정박기간을 전부 사용할 수 있도록 하역작업을 수행하는 것이 바람직하다.

정답 ④

해설 ④ 정박기간은 선적 및 양륙을 위해 용선자에게 허용된 기간으로 용선자가 이 기간을 자유로이 사용할 수 있지만, 기간 내에 선적과 양륙을 끝내지 못하면 계약 정박기간 초과일에 대해 선주에게 위약금을 지불해야 하며, 허용된 정박기간 종료 전에 하역이 완료되었을 때 그 절약된 기간에 대하여 선주가 용선자에게 조출료(일종의 격려금)를 지급한다. 따라서 정박기간을 전부 사용할 수 있도록 하역작업을 수행하는 것은 바람직하지 않다.

64 보험에 대한 설명으로 옳지 않은 것은?

① 일부 보험의 경우 보험금액의 보험가액에 대한 비율로 비례보상한다.
② 초과보험은 초과된 부분에 대해서는 무효이다.
③ 피보험이익은 보험계약 체결 시에 존재하여야 한다.
④ 해상적하보험의 보험가액은 보험기간 중 불변인 것이 원칙이다.

정답 ③

해설 ③ 피보험이익은 보험계약 체결 시 반드시 현존·확정되어 있어야 하는 것은 아니나 늦어도 보험사고 발생 시까지는 보험계약의 요소로서 이익의 존재 및 귀속이 확정될 수 있어야 한다. 즉, 피보험이익이 계약 체결 시에는 확정되어 있지 않더라도 향후(손해 발생 시까지) 확정될 것이 확실한 것(기대이익 또는 보수 수수료 등)은 피보험이익으로 인정되어 피보험목적물로 보험대상이 될 수 있다.

65 청약의 효력이 소멸되는 경우가 아닌 것은?

① 피청약자의 청약거절
② 유효기간 경과
③ 당사자의 사망
④ 청약조건의 조회

정답 ④

해설 청약의 효력 소멸
- 승낙의 경우
- 청약거절 또는 반대청약(Rejection of Offer or Counter Offer)
- 청약의 철회(Revocation of Offer)
- 당사자의 사망(Death of Parties)
- 시간의 경과(Lapse of Time)

66 청약의 유인에 대한 설명으로 옳지 않은 것은?

① 피청약자가 승낙하여도 청약자의 확인이 있어야 계약이 성립한다.
② 청약자는 피청약자의 승낙만으로는 구속되지 않으려는 의도를 가진다.
③ 불특정인, 불특정집단을 대상으로 이루어진다.
④ Sub-con Offer와는 전혀 다른 성격을 지닌다.

정답 ④

해설 ④ Sub-con Offer(확인조건부청약)는 형식적으로는 청약이지만 그 본질은 청약이 아닌 청약의 유인(Invitation to Offer)에 해당한다.

청약의 유인(Invitation to Offer, 자유/조건부청약)

청약이 확정적인 의사표시라는 점에서 청약의 준비행위에 지나지 않는 청약의 유인이나 계약체결의 예비교섭 단계에 있는 청약의 표시와는 구별해야 한다. 청약이 법적으로 구속력을 가지고 상대방에게 보내는 확정적인 의사표시인데 반해, 청약의 유인[예컨대, 확인조건부청약(Sub-con Offer)]이란 피청약자가 승낙하여도 계약이 성립되지 않고 청약자의 확인으로 계약이 성립되는 청약의 사전준비단계로 예비교섭단계라고 할 수 있다.

Sub-con Offer(확인조건부청약)

• 청약자가 청약할 때 단서로서 계약 성립에는 청약자의 확인이 필요하다는 내용(Offer Subject to Final Confirmation)을 명시한 조건부청약이다. 즉, 청약에 대해 피청약자가 승낙해도 청약자의 최종 확인이 있어야 계약이 성립한다.
• 형식적으로는 청약이지만 그 본질은 청약이 아닌 청약의 유인에 지나지 않는다. 따라서 법적 측면에서 보면 Sub-con Offer에 대한 피청약자의 승낙이 사실상 오퍼(Offer)이며, 청약자의 최종확인이 승낙(Acceptance)이 된다.

67 해상보험에 대한 설명으로 옳지 않은 것은?

① 해상보험은 가입대상에 따라 선박보험과 적하보험으로 나눌 수 있다.
② 해상적하보험은 우리나라 상법상 손해보험에 해당된다.
③ 추정전손은 현실전손이 아니지만 현실적, 경제적으로 구조가 어려운 상태이다.
④ 현실전손인 경우에는 반드시 위부통지를 해야 한다.

정답 ④

해설 ④ 추정전손의 경우 피보험자가 전손 보험금을 청구하기 위해서는 보험자에게 보험목적물에 대한 일체 권리를 위부(Abandonment, 권리이전)해야 하며, 위부함으로써 피보험자가 보험자에게 보험금 청구 의사를 표시한다. 위부하지 않을 경우 추정전손이 아니라 분손(Partial Loss)으로 처리한다. 이와 달리 현실전손은 위부 통지(권리이전 의사표시)가 불필요하다.

68 매도인이 계약을 위반했을 때 매수인의 권리구제 방법으로 볼 수 없는 것은?

① 매도인이 계약을 이행하지 않는 경우에 매수인은 원칙적으로 계약대로의 이행을 청구할 수 있다.

② 매수인은 매도인의 의무이행을 위하여 합리적인 추가기간을 지정할 수 있다.

③ 계약상 매도인이 합의된 기일 내에 물품의 명세를 확정하지 아니한 때에는 매수인이 물품 명세를 확정할 수 있다.

④ 물품이 계약에 부적합한 경우에 모든 상황에 비추어 불합리하지 않는 한, 매수인은 매도인에 대하여 하자보완을 청구할 수 있다.

정답 ③

해설 ③ 매수인이 통지를 접수한 후 설정된 기간 내에 상이한 물품명세를 확정하지 아니하는 경우에 비로소 매도인이 지정한 물품 명세사항이 구속력을 갖는다.

권리구제 방법

매도인의 구제	매수인의 구제	매도인과 매수인 모두에게 적용되는 구제
• 하자보완권 • 물품명세확정권	• 대체품인도청구권 • 하자보완청구권 • 금감액청구권	• 손해배상청구권 • 계약이행청구권 • 추가이행기간설정권 • 계약해제권

69 우리나라 중재법상 임시적 처분의 주요 내용으로 옳지 않은 것은?

① 분쟁의 해결에 관련성과 중요성이 있는 증거의 보전

② 본안(本案)에 대한 중재판정이 있을 때까지 현상의 유지 또는 복원

③ 중재판정의 집행 대상이 되는 부채에 대한 보전 방법의 제공

④ 중재절차 자체에 대한 현존하거나 급박한 위험이나 영향을 방지하는 조치 또는 그러한 위험이나 영향을 줄 수 있는 조치의 금지

정답 ③

해설 ③ 중재판정의 집행 대상이 되는 자산에 대한 보전 방법의 제공

임시적 처분(중재법 제18조)

• 당사자 간에 다른 합의가 없는 경우에 중재판정부는 어느 한쪽 당사자의 신청에 따라 필요하다고 인정하는 임시적 처분을 내릴 수 있다.

• 임시적 처분은 중재판정부가 중재판정이 내려지기 전에 어느 한쪽 당사자에게 다음의 내용을 이행하도록 명하는 잠정적 처분으로 한다.

　– 본안에 대한 중재판정이 있을 때까지 현상의 유지 또는 복원

　– 중재절차 자체에 대한 현존하거나 급박한 위험이나 영향을 방지하는 조치 또는 그러한 위험이나 영향을 줄 수 있는 조치의 금지

　– 중재판정의 집행 대상이 되는 자산에 대한 보전 방법의 제공

　– 분쟁의 해결에 관련성과 중요성이 있는 증거의 보전

70 비용의 분기가 선적지에서 이뤄지는 Incoterms 2020 조건으로 옳은 것은?

① FOB
② DAP
③ DDP
④ CIF

정답 ①

해설 Incoterms 2020의 'F그룹'은 물품 및 위험과 비용의 인도가 모두 선적지에서 이루어지는 그룹으로서, FCA, FAS, FOB 총 3개 조건으로 구성되어 있다.

71 중재계약에 대한 설명으로 옳지 않은 것은?

① 중재조항은 직소금지의 효력이 있다.
② 중재계약은 주된 계약에 대하여 독립성을 갖는다.
③ 중재계약에는 계약자유의 원칙이 적용되지 않는다.
④ 중재는 단심제이다.

정답 ③

해설 ③ 중재 역시 일종의 계약이므로 계약자유의 원칙이 적용된다. 계약자유의 원칙에는 계약 체결의 자유, 계약 체결 상대방 선택의 자유, 계약 내용 결정의 자유, 계약 체결방식의 자유가 있다.

72 대리점의 권한과 관련 본인으로부터 권한을 부여받지는 못하였으나 법률의 규정에 의하여 본인의 동의 여부를 불문하고 대리점이 권한을 소유하는 것을 무슨 권한이라고 하는가?

① Actual Authority
② Apparent Authority
③ Presumed Authority
④ Doctrine of Ratification

정답 ②

해설 표현대리(Apparent Authority)
무권대리(無權代理), 즉 대리권이 없는 자가 대리인이라 칭하고 행하는 행위 가운데 그 대리인이라 칭하는 자(무권대리인)와 본인과의 사이에 특수한 관계가 있기 때문에 본인에 관하여 대리권이 진실로 존재한 것과 같은 효과를 생기게 하는 제도이다. 대리인이 권한 외의 법률행위를 한 경우 제3자가 해당 권한이 대리인에게 있다고 믿을 합리적 이유가 있을 경우, 본인은 그 행위에 대한 책임이 있다(민법 제126조).

73 신용장 조건 점검 시 성격이 다른 하나는?

① 검사증명서에 공식검사기관이 아닌 자의 서명을 요구하는 경우
② 화주의 책임과 계량이 표시된 운송서류는 수리되지 않는다는 조건
③ 개설의뢰인의 수입승인을 신용장 유효조건으로 하는 경우
④ 매매계약의 내용과 불일치한 조건이 있는지의 여부

정답 ④

해설 ④ 신용장은 수출·수입자 간 체결된 매매계약 등을 근거로 개설되지만, 신용장 개설 후에는 그 근거가 되었던 매매계약과 완전히 독립되어 그 자체로 별도의 법률관계가 형성되므로 신용장 당사자(개설은행과 수익자)는 신용장 조건에 따라서만 행동한다(즉, 매매계약으로 부터 단절된다). 그러므로 은행은 신용장 관습상 서류심사 시 매매계약 조건이 아닌 신용장 조건과 서류와의 일치여부를 확인해야 한다.
① · ② · ③ 은행의 서류심사 시 제시서류와 신용장 조건이 일치하는지의 여부를 판단할 수 있다.

신용장 거래의 원칙
- 독립성의 원칙(The Principle of Independence, UCP 제4조) : 신용장은 수출·입자 간 체결된 매매계약 등을 근거로 개설되지만, 신용장 개설 후에는 그 근거가 되었던 매매계약과 완전히 독립되어 그 자체로 별도의 법률관계가 형성됨으로써 신용장 당사자(개설은행과 수익자)가 신용장 조건에 따라서만 행동하는 것(즉, 매매계약으로 부터의 단절)을 신용장의 독립성이라 한다.
- 추상성의 원칙(The Principle of Abstraction, UCP 제5조) : 신용장 거래는 상품, 용역, 계약이행 등의 거래가 아니라 서류로서 거래가 이루어지는데 이를 신용장의 추상성이라 한다. 즉, 서류만으로 매매계약의 이행여부를 결정하게 되므로 실제 물품·용역·계약의 불일치 또는 불이행에 따른 분쟁은 신용장과 전혀 별개의 문제이다.

신용장 조건변경
매매계약에서 개설의뢰인과 수익자가 내용과 불일치한 신용장 조건이 있다고 합의할 경우, 신용장 조건변경이 가능하다. 금액 증감, 기한 연장, 선적·도착항 변경, 품목 및 상품명세 변경 등의 사항을 변경할 수 있다.

74 전자무역에 대한 설명으로 옳지 않은 것은?

① 무역의 일부 또는 전부가 전자무역문서로 처리되는 거래를 말한다.
② 전자무역은 글로벌B2C이다.
③ 신용장에서 전자서류가 이용될 때 eUCP가 적용될 수 있다.
④ 선하증권의 위기를 해결하기 위해 CMI에서 해상운송장과 전자선하증권에 관한 규칙을 각각 제정하였다.

정답 ②

해설 ② 전자무역은 인터넷과 무역정보처리 시스템 등을 이용하여 국내외 시장정보 수집·해외바이어 발굴·정보검색·수출입계약 체결 등의 제반 무역거래를 전자방식으로 처리하는 무역거래 방식이다. 따라서 소비자(Consumer)를 대상으로 하는 B2C 영업방식이라고 볼 수 없다.
① 전자무역은 무역거래 시 종이서류를 전자파일 형태로 데이터 통신망을 통해 전달되는 전자문서교환(EDI ; Electronic Data Interchange)방식으로 이루어진다.
③ eUCP(전자신용장통일규칙) 신용장은 신용장에 UCP가 적용된다고 기재를 하지 않아도 UCP가 적용되며 eUCP와 UCP가 적용된 결과가 다른 경우에 eUCP가 우선적으로 적용된다고 규정하였다.
④ 전자적 거래에 대비하고자 국제해사위원회(CMI)에서 1990년 6월 "해상화물운송장에 관한 통일규칙(Uniform Rules for Sea Waybills)"과 함께 "전자식 선하증권에 관한 규칙(Rules for Electronic Bills of Lading)"을 채택하였다.

75 다음 내용은 일반거래조건협정서의 어느 조건에 해당하는가?

All the goods sold shall be shipped within the time stipulated in each contract. The date of bills of lading shall be taken as a conclusive proof of the date of shipment. Unless specially arranged, the port of shipment shall be at Seller's option.

① 품질조건　　　　　　　　　　② 선적조건
③ 정형거래조건　　　　　　　　④ 수량조건

정답 ②

해석
판매된 모든 물품은 각 계약에 명시된 기간 내에 선적되어야 한다. 모든 판매 물품의 어음 발행일은 각 계약에서 정한 기한 내에 선적되어야 한다. 선하증권의 날짜는 선적일의 결정적인 증거로 간주되어야 한다. 특별히 조정되지 않는 한, 선적항은 판매인의 선택에 따른다.

해설 선적조건(Shipment Terms)
• 판매된 모든 물품은 각 계약에 명시된 기간 내에 선적되어야 한다.
• 선하증권의 날짜는 선적일의 결정적인 증거로 간주되어야 한다.
• 특별히 조정되지 않는 한, 선적항은 판매인의 선택에 따른다.

제1과목 **영문해석**

01 What can you infer from the sentence below?

> Trade finance generally refers to export financing which is normally self-liquidating.

① All export amounts are to be paid, and then applied to extend the loan. The remainder is credited to the importer's account.
② Pre-shipment finance is paid off by general working capital loans.
③ Export financing is a bit difficult to use over general working capital loans.
④ All export amounts are to be collected, and then applied to payoff the loan. The remainder is credited to the exporter's account.

정답 ④

해석 **아래 문장에서 추정할 수 있는 것은?**

무역금융은 일반적으로 자기회수적인 수출금융을 말한다.

① 모든 수출금액을 지불한 다음, 대출금 연장에 적용한다. 나머지는 수입업자의 계좌로 입금된다.
② 선적 전 금융은 일반적인 근로자본대출로 상환된다.
③ 수출금융은 일반적인 근로자본대출보다 사용하기 조금 어렵다.
④ 모든 수출금액을 수금한 다음, 대출금 상환에 적용한다. 나머지는 수출업자의 계좌로 입금된다.

해설 일반적으로 무역금융은 개인의 거래 혹은 일련의 거래의 회전을 일컫는다. 무역금융의 대출은 자기회수[변제]적인 경우가 많다. 즉, 자금을 빌려준 은행이 모든 판매 수익금을 징수하도록 명시하고 있어서 그 다음에 대출금을 지불하도록 적용된다는 뜻이다.
*Trade finance : 무역금융
*refer to : 언급[지칭]하다, ~와 관련 있다
*export financing : 수출금융
*self-liquidating : 자기회수적인
*extend the loan : 대출을 연장하다
*remainder : 나머지(= the rest)
*credit B to A : A에 B를 입금하다
*Pre-shipment finance : 선적 전 금융
*pay off : (돈을) 갚다
*collect : (빚·세금 등을) 수금하다[징수하다]
*apply to : ~에 적용되다

02 Below is about del credere agent. Which is NOT in line with others?

(A) An agreement by which a factor, when he sells goods on consignment, for an additional commission (called a del credere commission), (B) guaranties the solvency of the purchaser and his performance of the contract. Such a factor is called a del credere agent. (C) He is a mere surety, liable to his principal only in case the purchaser makes default. (D) Agent who is obligated to indemnify his principal in event of loss to principal as result of credit extended by agent to third party.

---

① (A)
② (B)
③ (C)
④ (D)

정답 ①

해석 다음은 지급보증대리인에 대한 설명이다. 다른 것과 일치하지 않는 것은?

(A) 팩터에 의한 계약은, 그가 (지급보증수수료라고 불리는) 할증수수료(→ 수수료)를 위한 위탁판매 시, (B) 구매자의 지불능력과 계약수행을 보증한다. 이러한 팩터를 지급보증대리인이라고 한다. (C) 그는 단지 보증인에 불과한데, 구매자의 채무불이행의 경우에만 원금을 변상해야 한다. (D) 대리인이 제3자에게 신용거래를 연장한 결과 원금이 손실된 경우, 원금을 배상해야 할 의무가 있는 대리인을 말한다.

해설 ① (A) '... for an additional commission → commission(called a del credere commission)'이 되어야 한다. 지급보증대리인(Del credere agent)은 지급보증수수료(Del credere commission)를 받고 대리점의 거래선인 고객이 채무불이행으로 대금을 지급하지 않는 경우에도 본인(매도인)이 입은 손해를 배상할 책임이 있는 대리인을 말한다.

*be in line with : ~와 일치하다
*additional commission : 할증수수료
*del credere commission : 지급보증수수료
*guaranty : 보장하다
*solvency : 지불[상환] 능력
*purchaser : 구입한 사람
*surety : (채무 등의) 보증인
*liable to : ~에게 갚아야[변상해야] 하는
*principal : (꾸어 주거나 투자한) 원금
*default : 채무불이행
*obligated : (법적·도덕적으로 ~할) 의무가 있는(= obliged)
*indemnify : 배상[보상]하다

[03~04] Read the following and answer.

We are pleased to state that KAsia in your letter of 25th May is a small but well-known and highly respectable firm, (A) <u>who has established in this town for more than five years.</u>

We ourselves have now been doing business with them (B) <u>for more than five years on quarterly open account terms</u> and although (C) <u>they have not taken advantage of cash discounts,</u> they have always paid promptly on the net dates. The credit we have allowed the firm (D) <u>has been well above USD100,000 you mentioned.</u>

03 Who might be the writer?

① Bank

② Referee

③ Seller

④ Buyer

04 Which is grammatically WRONG?

① (A)

② (B)

③ (C)

④ (D)

[해석]
귀사의 5월 25일자 서한의 KAsia는 작지만 잘 알려져 있고 대단히 괜찮은 회사로, (A) <u>이 도시에 설립된</u>
<u>지 5년 이상 된 회사</u>임을 알려드립니다.
당사는 현재 그 회사와 (B) <u>분기별 청산계정 조건</u>으로 5년 이상 거래해오고 있으며, 비록 (C) <u>그들이 현금할인을</u>
<u>이용하지는 않았지만</u>, 그들은 항상 제 날짜에 즉시 지불했습니다. 당사가 그 회사에 허락한 신용은 (D) <u>귀사가</u>
<u>언급했던 미화 10만 달러를 훨씬 상회</u>하고 있습니다.

*be pleased to : 흔쾌히 ~하다
*highly respectable : 매우 괜찮은
*cash discounts : 현금할인

03 글쓴이는 누구인가?
　　① 은 행
　　② 추천인
　　③ 매도인
　　④ 매수인

04 문법적으로 옳지 않은 것은?

[해설] 03
위 서신은 신용조회에 대한 답신이므로, 저자는 ② Referee(추천인)이다.
신용조회 회신
• 신용조회를 의뢰하는 것이 아니라 신용조회를 의뢰받는 입장일 때는 해당 회사의 재정상태, 기업운영능력, 평판
　등에 관해 객관적으로 보고해야 한다.
• 신용정보를 보고하기 위한 신용조사 회신 서한 작성 순서는 다음과 같다.
　- 신용보고를 하게 된 경우
　- 상대방이 요구한 신용정보 및 기타 참조사항
　- 제공하는 정보에 대한 책임 여부
　- 극비로 취급해 달라는 요청 등
*referee : 추천인, 신원 보증인

04
밑줄 친 (A)에서 관계대명사 who의 선행사는 firm(회사)이므로, 사물을 받는 관계대명사 which로 바뀌어야 하며,
establish(설립하다)는 타동사이므로, 'who → which has been established …'가 되어야 한다.

05 Which of the following CANNOT be inferred from the passage below?

Dear Mr. Cooper,

Thank you for your letter in reply to our advertisement in EduCare.

Although we are interested in your proposition, the 5% commission you quoted on the invoice values is higher than we are willing to pay. However, the other terms quoted in your quotation would suit us.

Again we do not envisage paying more than 3% commission on net invoice values, and if you are willing to accept this rate, we would sign a one-year contract with effect from 1 August.

One more thing we would like to add is that the volume of business would make it worth accepting our offer.

Yours sincerely,

Peter

① Peter is an agent.
② Cooper is engaged in a commission based business.
③ 3% commission is a maximum to the Principal to go with.
④ Low commission might be compensated by large volume of business.

[정답] ①

[해석] 다음 중 아래 지시문에서 추정할 수 없는 것은?

친애하는 Cooper씨께,

에듀케어의 당사 광고에 대한 답신에 감사드립니다.

귀사의 제안에 관심이 있지만, 청구서에 제시한 5% 수수료는 당사가 지불하고자 하는 것보다 높습니다. 그러나 귀사의 견적서에 인용된 다른 조건은 적합할 것입니다.

다시 한 번 당사는 순송장 금액에 대해 3% 이상 수수료 지불을 예상하고 있지 않으며, 귀사가 이 요율을 받아들일 의향이 있다면, 당사는 8월 1일부터 유효한 1년 계약을 체결할 것입니다.

한 가지 더 사업규모가 당사 제안을 받아들일 만한 가치가 있음을 첨가하고 싶습니다.

그럼 안녕히 계십시오.

Peter

① Peter는 대리인이다.
② Cooper는 수수료 기반 사업에 종사하고 있다.
③ 3% 수수료가 본인이 받아들일 수 있는 최대이다.
④ 낮은 수수료는 대규모 사업에 의해 보상될 수 있다.

[해설] 서신은 Cooper의 청약(Offer)에 대한 답신으로, Peter는 대리인(Agent)이 아니라 피청약자(Offeree)이다.

청약(Offer)
• 거래 조회/문의(Inquiry)과정을 통해 상대방에 대한 탐색이 끝난 후 일방이 상대방에게 법적 구속력을 갖는 계약 체결을 위한 제의를 하게 되는데 이를 '청약'이라 한다.
• 이러한 청약의 일정한 조건에 대해 수용하는 행위가 승낙(Acceptance)이다.
• 이와 같이 청약자(Offeror)가 제시한 거래조건에 대해서 피청약자(Offeree)가 승낙하면 계약이 성립되므로 Offer와 Acceptance는 계약 성립의 필수요건이 된다.
*proposition : 제의
*commission : 수수료
*quote : 견적을 내다[잡다]
*suit : 편리하다[맞다/괜찮다]
*envisage : 예상[상상]하다
*on net invoice values : 순송장 금액으로
*with effect from : ~부터 유효하여[한]
*principal : 본인
*go with : (계획·제의 등을) 받아들이다
*compensate : 보상하다

06 Select the wrong explanation of negotiation under UCP 600.

(A) Negotiation means the purchase by the nominated bank of drafts (drawn on a bank other than the nominated bank) (B) and/or documents under a complying presentation, (C) by advancing or agreeing to advance funds to the beneficiary (D) on or before the banking day on which reimbursement is due to the issuing bank.

---

① (A)

② (B)

③ (C)

④ (D)

정답 ④

해석 UCP 600 하에서 매입에 대한 설명으로 틀린 것을 고르시오.

매입(Negotiation)은 (D) 개설은행(→ 지정은행)에 상환하여야 하는 은행영업일 또는 그 이전에 (C) 수익자에게 대금지불 또는 대금지불에 동의하여 (B) 일치하는 제시에 따라 (A) 지정은행이 환어음(지정은행이 아닌 다른 은행 앞으로 발행된) 및 서류를 매입하는 것을 의미한다.

해설 UCP 600 제2조 매입에 대한 정의로, (D) 'issuing bank(개설은행) → nominated bank(지정은행)'가 되어야 한다.
*negotiation : 매입
*purchase : 구매, 매입
*nominated bank : 지정은행
*complying presentation : 일치하는 제시
*advance : 선불[선금]을 주다
*beneficiary : 수익자
*reimbursement : 갚음, 변제
*be due to : ~하기로 되어 있다
*issuing bank : 개설은행

07 What is correct about the bearer in bill of lading operation?

① Bearer is someone who owns or possesses a B/L.

② Bearer is not able to assign the B/L to other.

③ Bearer is normally second consignor in negotiable B/L operation.

④ Bearer can not hold the B/L but endorse it to third party for assignment.

정답 ①

해석 선하증권의 소지인에 대한 설명이 옳은 것은?

① 소지인은 선하증권을 소유하거나 소지한 자이다.

② 소지인은 다른 사람에게 B/L을 양도할 수 없다.

③ 소지인은 통상적으로 유통가능 선하증권에서 두 번째 하주이다.

④ 소지인은 선하증권을 보유할 수 없지만, 배서해서 제3자에게 양도할 수 있다.

해설 선하증권의 개념 및 법적 성질

- 개념 : 선하증권은 운송인이 선적자에게 발행하는 선적서류로, 합법적인 선하증권 소지인에게 지정된 목적항까지 화물을 운송하는 약속을 증명하는 서류이다. 따라서 선하증권은 물품수령증인 동시에 화물운송계약서이다. 선하증권은 선적자 혹은 화물소유자에게 다른 제3자에게 양도가능한 권리증이며, 운송 중인 화물을 매매할 수도 있고, 화환신용장 하에서 다른 서류와 함께 은행으로부터 대금을 지급받을 수도 있다.

- 법적 성질

채권증권	선하증권의 소지인은 선하증권과 상환으로 물건의 인도를 청구할 수 있다.
요식증권	기재사항이 법으로 정해진 유가증권이다.
문언증권	운송인은 선하증권의 선의의 소지인에 대하여 증권의 기재 문언에 관하여 책임을 진다.
요인증권	운송인 또는 그 대리인이 물건을 선적 또는 선적을 위하여 수취하였다는 요인이 있어야 비로소 발행된다.
인도증권	증권의 정당한 소지인에게 물건을 인도하며 인도는 증권기재의 물건 자체를 인도한 것과 동일한 효력을 갖게 한다.
제시증권	수하인은 어떤 다른 방법으로 자기가 운송품의 정당한 증권상의 의무자라는 것을 증명하여도 선하증권을 제시하지 않으면 화물을 수취할 수 없다.
처분증권	증권에 표시된 물건에 관한 처분(양도 등)을 하는 데는 그 증권으로 해야 한다.
지시증권	증권에 지정된 자 또는 지정된 자가 다시 증권에 지정하는 자를 증권이 나타내는 권리의 정당한 행사 주체로 하는 유가증권이다.

*bearer : 소지인

*assign : 맡기다[배정하다/부과하다]

*consignor : 위탁자, 하주(= shipper)

*negotiable B/L : 유통가능 선하증권

*assignment : 배정, 배치

08 Select the wrong explanation of credit under UCP 600.

> (A) Credit means any arrangement, (B) however named or described, (C) that is irrevocable or revocable and thereby constitutes a definite undertaking of (D) the issuing bank to honour a complying presentation.

① (A)

② (B)

③ (C)

④ (D)

정답 ③

해석 UCP 600 하에서 신용장에 대한 설명으로 틀린 것을 고르시오.

(A) 신용장은 (B) 그 명칭과 상관없이 (D) 개설은행이 일치하는 제시에 대해 결제하겠다는 (C) 확약으로서 취소불가능한 또는 취소가능한(→ 취소불가능한) (A) 모든 약정이다.

해설 UCP 600 제2조 신용장의 정의로, (C) 'that is irrevocable or revocable → irrevocable ...'로 바뀌어야 한다.
*arrangement : 약정
*irrevocable : 취소불가능한
*revocable : 취소가능한
*thereby : 그렇게 함으로써, 그것 때문에
*constitute : ∼이 되는 것으로 여겨지다, ∼이 되다
*definite undertaking : 확약
*honour : 〈어음을〉 인수하여 (기일에) 지불하다

09 Select the best answer suitable for the blanks.

> Excepted perils mean the perils exempting the insurer from liability where the loss of or damage to the subject-matter insured arises from certain causes such as (A) of the assured, delay, (B), inherent vice and vermin or where loss is not (C) by perils insured against.

① (A) wilful misconduct (B) ordinary wear and tear (C) proximately caused

② (A) wilful misconduct (B) wear and tear (C) proximately caused

③ (A) misconduct (B) wear and tear (C) caused

④ (A) misconduct (B) ordinary wear and tear (C) caused

정답 ①

해석 빈 칸에 가장 적절한 것을 고르시오.

면책위험은 피보험목적물에게 일어난 손실 또는 손상에 대하여 보험자에게 법적 책임을 면제해 주는 위험으로, 다음과 같은 원인에 의한 위험을 말한다. 그것은 피보험자의 (A) 고의적인 불법행위와 지연, (B) 통상적인 자연소모, 고유의 하자, 해충에 의한 손해 또는 보험 가입이 (C) 근접하게 원인이 된 위험에 의해 손실이 발생하지 않는 경우이다.

① (A) 고의적 불법행위 (B) 통상적인 자연소모 (C) 근접하게 원인이 된
② (A) 고의적 불법행위 (B) 자연소모 (C) 근접하게 원인이 된
③ (A) 불법행위 (B) 자연소모 (C) 원인이 된
④ (A) 불법행위 (B) 통상적인 자연소모 (C) 원인이 된

해설 면책위험(Excepted perils)

그 위험에 의하여 발생된 손해에 대하여 보험자가 보상책임을 면하는 특정한 위험으로서, 보험자의 보상책임을 적극적으로 제한하는 효과를 가진다. 아래 면책위험은 어떠한 경우에도 보상되지 않는다. 단, 전쟁위험과 동맹파업위험은 특약으로 담보가 가능하다.

• 피보험자의 고의적인 불법행위
• 통상적인 누손, 중량 또는 용적의 통상적인 손해, 자연소모
• 포장 또는 준비의 불완전 혹은 부적합
• 보험목적물 고유의 하자 또는 성질에 기인한 멸실·손상
• 항해의 지연으로 인한 손해
• 선주, 관리자, 용선자, 운항자의 파산 혹은 재정상의 채무불이행
• 원자력, 핵분열, 핵융합 또는 이와 비슷한 전쟁무기 사용으로 인한 손해
• 불내항 및 부적합
• 전쟁위험(군함, 외적, 습격 등)
• 동맹파업위험

*excepted perils : 면책위험
*exempt : 면제하다[받다]
*insurer : 보험업자[회사]
*liability : (~에 대한) 법적 책임
*subject-matter insured : 피보험목적물
*assured : 피보험자
*inherent vice : 고유의 하자
*vermin : 해를 입히는 야생동물

10 What is the subject of the passage below?

> A written statement usually issued by the issuing bank at the request of an importer so as to take delivery of goods from a shipping company before the importer obtains B/L.

① Letter of Guarantee
② Letter of Surrender
③ Bill of Exchange
④ Trust Receipt

정답 ①

해석 **아래 지시문의 주제는 무엇인가?**

수입업자가 선하증권을 입수하기 전에 운송회사로부터 물품을 인도받기 위해 수입업자의 요청으로 통상 개설은행에 의해 발행된 서면 진술서

① 수입화물선취보증서
② 권리포기증서
③ 환어음
④ 수입화물대도(T/R)

해설 ① 수입화물선취보증서(Letter of Guarantee ; L/G) : 수입지에 선적서류 원본보다 화물이 먼저 도착한 경우 수입업자가 서류도착 시까지 기다리지 않고 수입화물을 통관하려고 할 때 신용장 개설은행이 선박회사 앞으로 발행하는 보증서를 말한다.
② 권리포기증서(Letter of Surrender) : 화물에 대한 주인의 권리를 포기한다는 의미로, 현금거래이며 원본이 양도된 증서를 말한다.
③ 환어음(Bill of Exchange) : 발행인(Drawer)이 지급인(Drawee)에게 자신이 지시하는 자(Payee, 수취인)에게 일정금액(환어음 금액)을 일정기일(만기)에 무조건 지급할 것을 위탁하는 요식성 유가증권이다.
④ 수입화물대도(Trust Receipt ; T/R) : 은행은 담보권을 확보한 채로 수입자에게 담보화물을 대도하고 수입자는 화물매각대금으로 대금결제 또는 차입금을 상환하는 제도이다.
*written statement : 서면 진술서
*issuing bank : 개설은행
*at the request of : 요청에 의하여
*so as to : ~하기 위해서
*obtain : 얻다[구하다/입수하다]

11 Which of the followings is NOT suitable for the blanks below?

A factor is a bank or specialized financial firm that performs financing through the purchase of (A). In export factoring, the factor purchases the exporter's (B) foreign accounts receivable for cash at a discount from the face value, generally (C). It sometimes offers up to 100% protection against the foreign buyer's inability to pay − with (D).

① (A) account receivables
② (B) long−term
③ (C) without recourse
④ (D) no deductible scheme or risk−sharing

정답 ②

해석 다음 중 아래 빈 칸에 적절하지 않은 것은?

팩터는 은행이나 전문 금융회사로, (A) 미수금 매입을 통해서 자금 조달을 수행한다. 수출 팩터링에서, 팩터는 통상적으로 (C) 상환청구불능 시 수출업자의 외국 (B) 장기(→ 단기) 미수금 현금을 액면가로부터 할인된 금액으로 구입한다. 그것은 때때로, (D) 공제보험 제도나 위험분담 없이, 외국 구매자의 지불불능에 대해 최대 100%까지 보호를 제공한다.

① (A) 미수금
② (B) 장기적인
③ (C) 상환청구불능
④ (D) 공제보험 제도나 위험분담 없이

해설 ② (B) 'long−term(장기의) → short−term(단기의)'으로 바뀌어야 한다.
팩터링 계약
팩터링 계약은 단기 금융 계약의 한 방식으로 거래기업이 외상매출채권을 팩터링 회사에 양도하고 팩터링 회사는 거래기업을 대신하여 채무자로부터 매출채권을 추심하는 동시에 이에 관련된 채권의 관리 및 장부작성 등의 행위를 인수하는 것이다.
*specialized : 전문적인, 전문화된
*at a discount : (액면 이하로) 할인하여
*offer : 제공하다
*deductible : 공제 조항(이 있는 보험 증권), 공제 금액
*risk−sharing : 위험분담

[12~13] Read the following letter and answer the questions.

Thank you for your advice of 15 May. We have now effected (A) to our customers in New Zealand and enclose the (B) you asked for and our draft for £23,100 which includes your (C). Will you please honour the (D) and remit the (E) to our account at the Mainland Bank, Oxford Street, London W1A 1AA.

12 Select the wrong one in the blank (C)?

① discount   ② commission

③ charges   ④ proceeds

13 Which of the following BEST completes the blanks (A), (B), (D) and (E)?

① (A) dispatch (B) transport documents (D) documentary draft (E) proceed

② (A) shipment (B) transport documents (D) clean draft (E) proceed

③ (A) shipment (B) shipping documents (D) documentary draft (E) proceeds

④ (A) dispatch (B) shipping documents (D) clean draft (E) proceeds

정답 12 ④ 13 ③

해석

5월 15일자 귀사의 통지에 감사드립니다. 당사는 이제 뉴질랜드의 고객들에게 (A) <u>선적</u>을 끝냈고, 귀사가 요청한 (B) <u>선적서류</u>와 귀사의 (C) <u>할인/수수료/요금</u>이 포함된 23,100파운드에 대한 환어음을 동봉합니다. (D) <u>환어음</u>을 지불해주시고, (E) <u>수익금</u>은 메인랜드 은행(런던 W1A 1AA, 옥스퍼드 스트리트 소재)의 당사 계좌로 송금해 주십시오.

*effect shipment : 선적을 끝내다
*honour : 〈어음을〉 인수하여 (기일에) 지불하다, 받아들이다
*remit : 송금하다
*proceeds : (물건 판매·행사 등을 하여 받는) 돈[수익금]

12 다음 중 빈 칸 (C)에 알맞지 않은 것은?
    ① 할 인   ② 수수료
    ③ 요 금   ④ 수익금

13 빈 칸 (A), (B), (D), (E)에 가장 알맞은 것은?
    ① (A) 발송 (B) 운송서류 (D) 환어음 (E) 진행하다
    ② (A) 선적 (B) 운송서류 (D) 클린어음 (E) 진행하다
    ③ (A) 선적 (B) 선적서류 (D) 환어음 (E) 수익금
    ④ (A) 발송 (B) 선적서류 (D) 클린어음 (E) 수익금

위 서신은 선적통지문(Shipping Advice)으로, 수출자가 매매계약에 따라 물품을 선적하고 선적서류에 환어음을 발행, 첨부하여 지불 요청하는 내용이다. ④ '수익금(proceeds)'은 물품 판매 후 이익이므로, 환어음 금액에 포함되지 않는다.

13

(A)에는 선적(shipment), (B)에는 선적서류(shipment documents), (D)에는 환어음(documentary draft), (E)에는 수익금(proceeds)이 적절하다.

클린어음(Clean Bill)

선적서류가 첨부되어 있지 않은 환어음으로, 이 어음에는 담보물이 붙어 있지 않으므로 충분한 담보가 제공되거나, 신용장이 발행되어 있거나 또는 어음매입 의뢰자의 신용도가 높은 경우가 아니면 은행은 원칙으로 매입에 응하지 않는다. 이 Clean Bill은 수수료, 보험료, 경비 등의 추심을 위해서 발행된다.

14 Please put the following sentences in order.

(A) After having dealt with you for many years, I deserve better treatment.

(B) Your competitors will be happy to honor my credit, and I will transfer my future business elsewhere.

(C) I did not appreciate the curt letter I received from your Credit Department yesterday regarding the above invoice, a copy of which is attached.

(D) I've been disputing these charges for two months.

① (C) - (D) - (A) - (B)　　② (A) - (B) - (D) - (C)
③ (B) - (D) - (C) - (A)　　④ (D) - (A) - (B) - (C)

정답 ①

해석 다음 문장들을 순서대로 배열하시오.

(C) 나는 어제 귀사의 신용부서로부터 상기 송장(사본 첨부)에 관하여 받은 퉁명스런 편지를 인정하지 않습니다.
(D) 나는 두 달 동안 이 요금에 대해 이의를 제기하고 있습니다.
(A) 여러 해 동안 귀사와 거래해 왔으니, 나는 더 나은 대우를 받을 자격이 있습니다.
(B) 귀사의 경쟁자들은 기꺼이 나와 신용거래를 할 것이고, 나는 미래의 사업을 다른 곳으로 이전할 것입니다.

해설 위 서신은 불만을 제기하는 내용으로, 문맥상 (C)에서 서신을 보내게 된 이유(신용부서로부터의 퉁명스런 편지)를 말하고, (D)에서 불만의 내용(요금 관련)을, (A)에서 불만의 이유(여러 해 동안 거래해옴)를, (B)에서 앞으로의 결심(다른 회사와 거래 시작)으로 마무리하는 게 적절하다.
*appreciate : 진가를 알아보다[인정하다]
*curt : 퉁명스러운
*Credit Department : 신용부서
*regarding : ~에 관하여[대하여]
*dispute : 반박하다, 이의를 제기하다

15 Select the different purpose among the following things.

① The finish is not good and the gilt comes off partly.

② By some mistake the goods have been wrongly delivered.

③ When comparing the goods received with the sample, we find that the color is not the same.

④ All marks must be same as those of invoice in accordance with our direction.

정답 ④

해석 **다음 보기 중 의도가 다른 것은?**
① 마감이 좋지 않고, 금박은 부분적으로 벗겨진다.
② 어떤 착오로 물건이 잘못 배달되었다.
③ 받은 상품을 샘플과 비교해보니 색상이 같지 않다.
④ 모든 표시는 당사의 지시에 따라 송장과 동일해야 한다.

해설 ①~③은 배송된 물품에 대한 불만을 제기하는 내용인데, ④는 물품을 배송하기 전 지시사항이다.
*finish : (페인트 광택제 등의) 마감 칠 (상태)
*gilt : 금박, 금가루
*come off : 떼어낼[제거할] 수 있다
*mark : (외관상 얼룩 같은) 표, 흔적, 자국, 흠집
*in accordance with : ~에 따라서

[16~19] Read the following passage and answer.

The UCP 600 definition of complying presentation means a presentation that is in accordance with the terms and conditions of the documentary credit, the applicable provisions of these rules and international standard banking practice.

This definition includes three concepts. First, (A) Second, the presentation of documents must comply with the rules contained in UCP 600 that are applicable to the transaction, i.e., (B). Third, the presentation of documents must comply with international standard banking practice. The first two conditions are determined by looking at the specific terms and conditions of the documentary credit and the rules themselves. ⓐ The third, international standard banking practice, reflects the fact that the documentary credit and ⓑ the rules only imply some of the processes that banks undertake in the examination of documents and in the determination of compliance. ⓒ International standard banking practice includes practices that banks regularly undertake in determining the compliance of documents. ⓓ Many of these practices are contained in the ICC's publication International Standard Banking Practice for the Examination of Documents under Documentary Credits ("ISBP") (ICC Publication No. 681); however, the practices are broader than what is stated in this publication. Whilst the ISBP publication includes many banking practices, there are others that are also commonly used in documentary credit transaction beyond those related to the examination of documents. For this reason, (C).

16 Select the suitable one in the blank (A).

① the presentation of documents must comply with the terms and conditions of the documentary credit.

② the presentation of documents must represent the goods.

③ the passing of the documents by the beneficiary to the issuing bank must be punctual.

④ the presentation of complying documents must made to the nominated banks under the documentary credit.

17 Select the wrong one for the underlined parts.

① ⓐ   ② ⓑ

③ ⓒ   ④ ⓓ

18 Select the best one in the blank (B).

① those that have been modified or excluded by the terms and conditions of the documentary credit

② those that can not be applied by way of special conditions that exclude the rules

③ those that can not be applied by way of special conditions that modify or exclude the rules

④ those that have not been modified or excluded by the terms and conditions of the documentary credit

19 Select the best one in the blank (C).

① the definition of complying presentation specifically refers to the International Standard Banking Practice publication

② the definition of complying presentation does not specifically refer to the International Standard Banking Practice and UCP publications

③ the definition of complying presentation does not specifically refer to the International Standard Banking Practice publication

④ the definition of complying presentation specifically refers to the International Standard Banking Practice and UCP publications

해석

UCP 600의 일치하는 제시에 대한 정의는 신용장 조건과 적용 가능한 범위 내에서의 이 규칙의 규정, 그리고 국제표준은행관행에 따른 제시를 의미한다.

이 정의는 세 가지 개념을 포함한다. 첫째, (A) 서류의 제시는 신용장 조건에 일치해야 한다. 둘째, 서류의 제시는 거래에 적용되는 UCP 600에 포함된 규칙, 즉 (B) 신용장 조건에 의해 수정되거나 제외되지 않은 규칙들을 준수해야 한다. 셋째, 서류의 제시는 국제표준은행관행에 일치해야 한다. 처음 두 조건은 신용장의 특정 약관과 규칙 자체를 살펴봄으로써 결정된다. ⓐ 세 번째 조건에서 국제표준은행관행은 반영하기를 화환신용장과 ⓑ 그 규칙들이 은행의 서류심사와 준수 결정에 대한 수행과정에서 일부만을 의미한다는 것이다. ⓒ 국제표준은행관행은 은행이 서류 준수 결정에서 정기적으로 수행하는 관행을 포함한다. ⓓ 이들 관행 대부분은 ICC 간행 국제표준은행관행집("ISBP")(ICC Publication No, 681)에 담겨있다. 하지만, 관행들은 이 간행물에 명시된 것보다 더 광범위하다. ISBP에는 은행 관행들이 다수 포함되어 있지만, 서류심사와 관련된 것 외에 신용장 거래에 일반적으로 사용되는 다른 사례들도 있다. 이런 이유로, (C) 일치하는 제시의 정의는 국제표준은행관행을 구체적으로 언급하지는 않는다.

*complying presentation : 일치하는 제시
*comply with : 순응하다, 지키다, 준수하다
*documentary credit : 화환신용장

16 빈 칸 (A)에 알맞은 것을 하나만 고르시오.
  ① 서류의 제시는 신용장 조건에 일치해야 한다.
  ② 서류의 제시는 상품을 대표해야 한다.
  ③ 수익자가 개설은행에 서류를 전달하는 데 시간을 반드시 지켜야 한다.
  ④ 일치하는 서류의 제시는 신용장 하에서 지정은행에 이루어져야 한다.

17 밑줄 친 부분이 옳지 않은 것을 고르시오.

18 빈 칸 (B)에 알맞은 것을 하나만 고르시오.
  ① 신용장 조건에 의해 수정되거나 제외된 것들
  ② 그 규칙을 배제한 특수한 조건에 의해 적용될 수 없는 것들
  ③ 그 규칙을 수정하거나 제외하는 특별한 조건에 의해 적용될 수 없는 것들
  ④ 신용장 조건에 의해 수정되거나 제외되지 않은 것들

19 빈 칸 (C)에 알맞은 것을 하나만 고르시오.
  ① 일치하는 제시의 정의는 국제표준은행관행을 구체적으로 언급한다.
  ② 일치하는 제시의 정의는 국제표준은행관행과 UCP 규칙을 구체적으로 언급하지는 않는다.
  ③ 일치하는 제시의 정의는 국제표준은행관행을 구체적으로 언급하지는 않는다.
  ④ 일치하는 제시의 정의는 국제표준은행관행과 UCP 규칙을 구체적으로 언급한다.

해설 16

UCP 600 제2조 정의 중 '일치하는 제시(Complying Presentation)'의 내용이다. 일치하는 제시는 신용장 조건, 적용 가능한 범위 내에서의 이 규칙의 규정, 그리고 국제표준은행관행에 따른 제시를 의미한다.
*comply with : 순응하다, 지키다, 준수하다
*represent : 대표[대신]하다
*beneficiary : 수익자
*punctual : 시간을 지키는[엄수하는]
*nominated bank : 지정은행

17

② ⓑ UCP 600 제14조 서류심사 기준 d 항목의 내용으로, "신용장과 서류 그 자체 및 국제표준은행관행의 문맥에 따라 읽을 때의 서류상의 데이터 혹은 정보는 해당 서류, 다른 규정된 서류 또는 신용장의 정보와 완벽하게 일치할 필요는 없지만, 상충되어서도 안 된다"고 설명하고 있다.

18

일치하는 제시는 적용 가능한 범위 내에서의 UCP 600의 규정에 따른 제시를 의미하며, 빈 칸 (B) 앞 문장에서 '... the presentation of documents must comply with the rules contained in UCP 600 that are applicable to the transaction, ...'라고 했으므로, (B)에는 ④가 적절하다.

*modified : 수정된

*excluded : 제외되는

*apply : 적용하다

19

빈 칸 (C) 앞 문장에서 'Whilst the ISBP publication includes many banking practices, there are others that are also commonly used in documentary credit transaction beyond those related to the examination of documents.'라고 했으므로, (C)에는 ③이 적절하다.

20 Which is right pair of words for the blanks?

A sight draft is used when the exporter wishes to retain title to the shipment until it reaches its destination and payment is made.

In actual practice, the ocean bill of lading is endorsed by the (A) and sent via the exporter's bank to the buyer's bank. It is accompanied by the draft, shipping documents, and other documents that are specified by the (B). The foreign bank notifies the buyer when it has received these documents. As soon as the draft is paid, the foreign bank hands over the bill of lading with other documents thereby enabling the (C) to take delivery of the goods.

	(A)	(B)	(C)
①	exporter	buyer	buyer
②	exporter	exporter	buyer
③	buyer	exporter	buyer
④	buyer	buyer	buyer

해석 빈 칸에 적절한 단어쌍은 무엇인가?

일람불어음은 선적물이 목적지에 도착해서 지불이 이루어질 때까지 수출자가 선적물에 대한 권리를 유지하기 원할 때 사용된다.
실제로, 해양선하증권은 (A) 수출자에 의해서 이서되어 수출자의 은행을 경유하여 매수인의 은행으로 보내진다. 그것은 환어음, 선적서류, 그리고 (B) 매수인에 의해 명시된 다른 서류들과 함께 보내진다. 외국은행은 이 서류들을 인수하면 매수인에게 통지한다. 환어음이 지불되자마자, 외국은행은 (C) 매수인이 물품을 인수할 수 있도록 선하증권을 넘긴다.

	(A)	(B)	(C)
①	수출자	매수인	매수인
②	수출자	수출자	매수인
③	매수인	수출자	매수인
④	매수인	매수인	매수인

해설 지문은 지급인도조건(D/P ; Document against Payment)에 대한 내용이다. 지급인도조건은 수출자(의뢰인)가 계약물품을 선적 후 구비된 서류에 '일람불어음'을 발행·첨부하여 자기 거래은행(추심의뢰은행)을 통하여 수입자의 거래은행(추심은행) 앞으로 그 어음대금의 추심을 의뢰하면, 추심은행이 수입자(Drawee, 지급인)에게 그 어음을 제시하여 어음 금액을 지급받고(Against Payment, 대금결제와 상환) 서류를 인도하는 거래방식이다.

D/P와 D/A 방식의 차이점
• D/P 방식은 추심지시서를 통한 일종의 현금결제이며, D/A 방식은 환어음 인수를 통한 외상결제방식이다.
• D/P 방식은 거래수출상이 화물을 선적하고 구비된 운송서류에 일람출급/일람불 화환어음[(Documentary) Sight Bill]을 발행하며, D/A 방식은 기한부 화환어음[(Documentary) Usance Bill]을 발행한다.
*retain : 유지[보유]하다
*title : 소유권[소유권 증서]
*ocean bill of lading : 해양선하증권
*endorse : 배서[이서]하다
*via : (특정한 사람·시스템 등을) 통하여
*accompany : (일·현상 등이) 동반되다[딸리다]
*shipping documents : 선적서류
*specified : 명시된
*notify : (공식적으로) 알리다[통고/통지하다]
*hand over : 이양하다, 인도하다

21 Which is NOT suitable in the blank?

> The Incoterms® 2020 rules do NOT deal with (   ).

① whether there is a contract of sale at all
② the specifications of the goods sold
③ the effect of sanctions
④ export/import clearance and assistance

[정답] ④

[해석] 빈 칸에 적절하지 않은 것은?

> Incoterms® 2020 규칙은 (   )을 다루지 않는다.

① 매매계약의 존부
② 매매물품의 성상
③ 제재의 효력
④ 수출/수입 통관 및 지원

[해설] Incoterms 2020의 소개문에서 '인코텀즈 규칙이 하지 않는 역할은 무엇인가'의 내용으로, ④ 'export/import clearance and assistance → export or import prohibitions(수출 또는 수입의 금지)'가 되어야 한다.
Incoterms 규칙에서 다루지 않는 사항
• 매매계약의 존부
• 매매물품의 성상
• 대금지급의 시기, 장소, 방법 또는 통화
• 매매계약 위반에 대하여 구할 수 있는 구제수단
• 계약상 의무이행의 지체 및 그 밖의 위반의 효과
• 제재의 효력
• 관세부과
• 수출 또는 수입의 금지
• 불가항력 또는 곤란함
• 지식재산권 또는
• 의무위반의 경우 분쟁해결의 방법, 장소 또는 준거법
아마도 가장 중요한 것으로, Incoterms 규칙은 매매물품의 소유권/물권의 이전을 다루지 않는다는 점도 강조되어야 한다.
*specification : 설명서, 사양
*sanction : 제재

22 Which of the following is the LEAST appropriate Korean translation?

① We are very sorry to have to inform you that your latest delivery is not up to your usual standard.

→ 귀사의 최근 발송품은 평소의 수준에 미치지 못하는 것이었음을 알려드리게 되어 유감입니다.

② We must apologize once again for the last minute problems caused by a clerical error on our side.

→ 당사 측의 사소한 실수로 인해 발생한 문제에 대해 마지막으로 다시 사과드려야 하겠습니다.

③ In consequence we are compelled to ask our agents to bear a part of the loss.

→ 따라서 당사는 당사 대리점들이 이번 손실의 일부를 부담해줄 것을 요청하지 않을 수 없습니다.

④ Thank you for your quotation for the supply of ABC but we have been obliged to place our order elsewhere in this instance.

→ ABC의 공급에 대한 견적을 보내주셔서 감사합니다. 하지만 이번에 한해서는 타사에 주문할 수밖에 없게 되었습니다.

정답 ②

해설 ②는 '당사 측의 사무착오로 발생한 마지막 문제에 대해 다시 사과드려야 하겠습니다'가 되어야 한다.
*apologize for : ~에 대해 사과하다
*clerical error : 사무착오
*in consequence : 그 결과(로서)
*be compelled to : 하는 수 없이 ~하다

---

23 The following is on Incoterms® 2020. Select the right ones in the blanks.

> The Incoterms® rules explain a set of (A) of the most commonly-used three-letter trade terms, e.g. CIF, DAP, etc., reflecting (B) practice in contracts for the (C) of goods.

① (A) twelve (B) business-to-consumer (C) sale and purchase
② (A) eleven (B) business-to-business (C) sale and purchase
③ (A) eleven (B) business-to-consumer (C) sales
④ (A) twelve (B) business-to-business (C) sales

[정답] ②

[해석] 다음은 인코텀즈 2020에 관한 내용이다. 빈 칸에 옳은 것을 고르시오.

> Incoterms 규칙은 예컨대 CIF, DAP 등과 같이 가장 일반적으로 사용되는 세 글자로 이루어지고 물품의 (C) 매매계약상 (B) <u>기업 간</u> 거래관행을 반영하는 (A) <u>11개</u>의 거래조건을 설명한다.

[해설] 지문은 Incoterms 2020 소개문으로, (A)에는 'eleven(11개)'이, (B)에는 'business-to-business(기업 간)', (C)에는 'sale and purchase(매매)'가 적절하다.
*commonly-used : 흔하게 쓰이는
*trade terms : 거래조건
*reflecting : 반영하는
*business-to-business practice : 기업 간 거래관행

24 Select the wrong explanation of changes in Incoterms® 2020.

① Bills of lading with an on-board notation could be required under the FCA Incoterms rule.
② Obligations which are listed in one clause.
③ Different levels of insurance cover in CIF and CIP.
④ Arranging for carriage with seller's or buyer's own means of transport in FCA, DAP, DPU and DDP.

[정답] ②

[해석] Incoterms® 2020에서 바뀐 것에 대한 설명이 틀린 것은?
① 본선적재 표기가 있는 선하증권이 Incoterms 규칙 FCA 하에서 요구될 수 있다.
② 한 조항에 열거된 의무
③ CIF와 CIP 간 부보수준의 차별화
④ FCA, DAP, DPU 및 DDP에서 매도인 또는 매수인 자신의 운송수단에 의한 운송 허용

[해설] Incoterms 2020 규칙에서 변경한 사항들
• 본선적재 표기가 있는 선하증권과 Incoterms FCA 규칙
• 비용, 어디에 규정할 것인가
• CIF와 CIP 간 부보수준의 차별화
• FCA, DAP, DPU 및 DDP에서 매도인 또는 매수인 자신의 운송수단에 의한 운송 허용
• DAT에서 DPU로의 명칭 변경
• 운송의무 및 비용조항에 보안관련 요건 삽입
• 사용자를 위한 설명문
*on-board notation : 본선적재 표기
*clause : 조항, 조목
*arrange for : 준비하다, 계획을 짜다
*means of transport : 교통수단

25 Select the term or terms which the following passage does not apply to.

> The named place indicates where the goods are "delivered", i.e. where risk transfers from seller to buyer.

① E-term

② F-terms

③ C-terms

④ D-terms

정답 ③

해석 다음 지문에서 적용되지 않는 조건을 고르시오.

지정된 장소는 물품이 '인도되는', 즉 위험이 매도인으로부터 매수인으로 이전되는 곳을 나타낸다.

해설 ③ C조건의 경우, E조건, F조건과 달리 물품의 위험이전과 비용이전의 분기점이 다르다. 물품의 위험은 지정운송인에게 인도 또는 선박에 적재될 때 이전되지만, 매도인은 지정목적항 또는 지정목적지까지 운송 또는 운임비를 부담하여야 한다. 매도인은 자신의 비용으로 운송계약을 체결해야 한다.

인코텀즈 2020 하에서 그룹별 거래조건

구 분	인도조건	위험이전	비용이전
E그룹	작업장	작업장	작업장
F그룹	선적지	선적지	선적지
C그룹	선적지	선적지	도착지
D그룹	도착지	도착지	도착지

[26~28] Please read the following letter and answer each question.

(A) We have instructed our bank, Korea Exchange Bank, Seoul to open an irrevocable letter of credit for USD22,000.00 (twenty two thousand US dollars) to cover the shipment (CIF London). The credit is (a) until 10 June 2020.

(B) Bill of Lading (3 copies)

Invoice CIF London (2 copies)

AR Insurance Policy for USD24,000.00 (twenty four thousand US dollars)

(C) We are placing the attached order for 12 (twelve) C3001 computers in your proforma invoice. No. 548.

(D) You will receive confirmation from our bank's agents, HSBC London, and you can draw on them at 60 (sixty) days after sight for the full amount of invoice. When submitting our draft, please enclose the following documents.

Please fax or email us as soon as you have arranged (b).

---

26 Put the sentences (A) ~ (D) in the correct order.

① (D) − (B) − (A) − (C)

② (C) − (A) − (D) − (B)

③ (D) − (C) − (B) − (A)

④ (B) − (A) − (C) − (D)

27 Which word is NOT suitable for (a)?

① invalid

② in force

③ effective

④ available

28 Which word is MOST suitable for (b)?

① shipment

② insurance

③ negotiation

④ invoice

해석

(C) 당사는 귀사의 견적송장 No. 548에 C3001 컴퓨터 12대를 첨부하여 주문합니다.

(A) 당사는 서울의 한국외환은행에 선적물(CIF 런던)에 대한 미화 22,000달러의 취소불능 신용장 개설을 지시했습니다. 신용장은 2020년 6월 10일까지 (a 유효)합니다.

(D) 당사 은행의 에이전트인 HSBC 런던으로부터 확인서를 인수할 것이며, 송장 총액에 대한 일람 후 60일 출급어음을 인출할 수 있습니다. 당사의 환어음 제출 시 다음 서류를 동봉해 주십시오.

(B) 선하증권(3통), CIF 런던 송장(2통), 전위험담보조건 보험증서(미화 24,000달러 부보)

(b 신적)이 준비되는 대로 딩사에 팩스 또는 이메일로 일려주기 바랍니다.

*proforma invoice : 견적송장
*instruct : 지시하다
*irrevocable letter of credit : 취소불능 신용장
*confirmation : 확인
*draw : (돈을) 인출하다[찾다/뽑다]
*submit : 제출하다
*AR Insurance Policy : 전위험담보조건 보험증서

26 문장 (A) ~ (D)를 옳은 순서대로 배열하시오.

27 다음 중 빈 칸 (a)에 들어갈 단어로 옳지 않은 것은?
① 효력 없는
② 시행되는
③ 효과적인
④ 이용가능한

28 다음 중 빈 칸 (b)에 들어갈 단어로 옳은 것은?
① 선 적
② 보 험
③ 매 입
④ 송 장

해설 26

위 서신은 수입자가 수출자에게 추가주문을 통지하는 내용으로, 문맥상 (C)에서 컴퓨터 12대를 추가주문하고, (A)에서 신용장 개설을 알리고, (D)에서 확인은행(HSBC 런던)과 환어음(일람 후 60일 출급)을 공지하고, (B)에서 제출서류(선하증권, CIF 런던 송장, 전위험담보조건 보험증서)를 알리는 순서가 적절하다.

27

빈 칸 (a)에는 '시행되는, 유효한'을 뜻하는 in force, effective, available이 적절하다. ① invalid는 '효력 없는'의 뜻이다.

28

위 서신은 수입자가 수출자에게 컴퓨터 12대를 추가주문 할 것을 통지하는 내용이므로, 문맥상 빈 칸 (b)에는 ① '선적'이 적절하다.

29 Select the right term for the following passage.

> The freight is calculated on the ship's space or voyage rather than on the weight or measurement.

① Lumpsum Freight
② Dead Freight
③ Bulky Freight
④ FAK

정답 ①

해석 다음 지문에 옳은 용어를 고르시오.

화물운임이 무게나 용적보다 배의 공간이나 항해에 따라 계산된다.

해설 ① 선복운임(Lumpsum Freight) : 운송계약에서 운임은 운송품의 개수(個數), 중량 또는 용적을 기준으로 계산되는 경우와 선복(Ship's Space) 또는 항해를 단위로 하여 포괄적으로 지급되는 경우가 있다. 후자의 계약은 선복계약이라 하고 이 경우에 지급되는 운임을 뜻한다.
② 부적운임(Dead Freight) : 화물의 실제 선적수량이 선복 예약수량보다 부족할 때 그 부족분에 대해서도 지급해야 하는 운임으로 일종의 손해배상금이다. 그러나 화물을 예약수량대로 전부 선적하지 못한 것이 불가항력에 의한 경우에는 화주측은 면책된다.
③ 장척화물운임(Bulky Freight) : 교량, 철도레일이나 목재처럼 길이가 30 feet 이상 되는 장척(長尺)의 화물을 말한다. 장척화물에 대해서는 중량화물과 마찬가지로 하역작업상 특별한 불편을 준다는 등의 이유로 일정률의 할증운임을 부과한다.
④ 품목무차별운임(FAK ; Freight All Kinds Rate) : 화물 종류나 내용과 관계없이 화차 1대당, 트럭 1대당 또는 컨테이너 1대당 얼마로 정하는 운임을 말한다.
*calculate : 계산하다, 산출하다
*weight : 무게
*measurement : 용적

30 Choose the one which has same meaning for the underlined part under UCP 600.

> We intend to ship a consignment of (A) dinghies and their equipment to London at (B) the beginning of next month under the letter of credit.

① (A) boats — (B) the 1st to the 10th

② (A) yachts — (B) the 1st to the 15th

③ (A) machines — (B) the 1st to the 10th

④ (A) hull — (B) the 1st to the 15th

정답 ①

해석 UCP 600 하에서 밑줄 친 부분과 같은 의미인 것을 고르시오.

당사는 다음 달 (B) 초에 신용장에 따라 (A) 소형보트와 그 장비들을 런던으로 운송할 계획이다.

해설 ① UCP 600 제3조 해석의 내용으로, 어느 월의 '초(beginning)', '중(middle)', '말(end)'이라는 단어는 각 해당 월의 1일부터 10일, 11일부터 20일, 21일부터 해당 월의 마지막 날까지로 해석되며, 그 기간 중의 모든 날짜가 포함된다.

*intend to : ~할 작정이다

*ship : 수송[운송]하다

*consignment : 탁송물[배송물]

*dinghy : 소형보트

*equipment : 장비

*hull : (배의) 선체

31 What kind of draft is required and fill in the blank with suitable word?

> This credit is available by draft at sight drawn on us for (   ).

① usance — invoice value plus 10%

② demand — the full invoice value

③ demand — invoice value plus 10%

④ usance — the full invoice value

정답 ②

해석 아래 지문에서 요구되는 환어음의 종류와 빈 칸에 알맞은 것은?

이 신용장은 (송장 총액)에 대한 당사 발행 일람출급어음에 의해 이용가능하다.

① 기한부어음 – 송장액 + 10%
② 일람불어음 – 송장 총액
③ 일람불어음 – 송장액 + 10%
④ 기한부어음 – 송장 총액

해설 ② 일람불어음(Sight/Demand Draft)은 어음의 소지인이 어음을 제시하자마자 지급해야 되는 어음으로, 어음면에 pay at sight라고 표시한다. 일람불어음에서 수입자는 어음제시를 받자마자 대금을 지급하여야 한다.

신용장부화환어음(Documentary Bill of Exchange with L/C)
• 신용장에 의거 발행되는 화환어음이다.
• 은행이 지급·인수·매입을 확약한다.
• 신용장(L/C)은 화환어음에 은행의 조건부지급확약이 더 붙는 것이다.
• 종류 : 일람불어음(Sight/Demand Draft), 기한부어음(Usance Bill·Time Draft·After Sight Draft)

32 Select the wrong part in the following passage.

(A) Authority to Pay is not a letter of credit, (B) but merely an advice of the place of payment and also specifies documents needed to obtain payment. (C) It obliges any bank to pay. (D) It is much less expensive than a letter of credit and has been largely superseded by documents against payment.

① (A)　　　　　　　　　② (B)
③ (C)　　　　　　　　　④ (D)

정답 ③

해석 다음 지문에서 틀린 부분을 고르시오.

(A) 어음지급수권서는 신용장이 아니라, (B) 지불장소에 대한 통지에 불과하며, 지불을 얻기 위해 필요한 문서도 명시한다. (C) 그것은 어떤 은행이라도 지불해야 한다. (D) 그것은 신용장보다 비용이 훨씬 저렴하고 대체로 지급인도조건으로 대체되었다.

해설 ③ 어음지급수권서(Authority to Pay)는 수입상의 요청에 따라 수입지의 은행이 수출지의 본·지점이나 환거래 은행에게 수출상이 발행하는 환어음에 대해 지급할 것을 요청하는 통지서이다. 어음은 수출지 은행을 지급인으로 하는 일람출급으로 발행된다.

*oblige : 의무적으로[부득이] ~하게 하다
*supersede : 대체[대신]하다

33 Which of the following is MOST appropriate in the blanks?

If a credit prohibits partial shipments and more than one air transport document is presented covering dispatch from one or more airports of departure, such documents are (A), provided that they cover the dispatch of goods on the same aircraft and same flight and are destined for the same airport of destination. In the event that more than one air transport document is presented incorporating different dates of shipment, (B) of these dates of shipment will be taken for the calculation of any presentation period.

① (A) unacceptable - (B) the latest
② (A) unacceptable - (B) the earliest
③ (A) acceptable - (B) the latest
④ (A) acceptable - (B) the earliest

정답 ③

해석 다음 중 빈 칸에 가장 적절한 것은?

신용장이 분할선적을 금지하고 한 군데 이상의 출발공항으로부터 발송되는 항공운송서류가 두 개 이상 제시된다면, 그러한 서류는 (A) 승인될 수 있다. 단, 동일 항공기로 동일 물품을 발송, 동일한 구간을 운항하여 동일 목적지 공항으로 가기로 예정된 경우에 한한다. 서로 다른 선적일이 결합된 두 개 이상의 항공운송서류가 제시되는 경우, 이러한 선적일자의 (B) 가장 최근 날짜를 제시 기간으로 여길 것이다.

① (A) 승인될 수 없는[용납불가한] – (B) 가장 최근의
② (A) 승인될 수 없는[용납불가한] – (B) 가장 초기의[이른]
③ (A) 승인되는[용납가능한] – (B) 가장 최근의
④ (A) 승인되는[용납가능한] – (B) 가장 초기의[이른]

해설 UCP 600 제31조 분할어음발행 또는 분할선적 b항

• 동일한 운송수단에서 개시되고 동일한 운송구간을 위한 선적을 증명하는 2세트 이상의 운송서류로 구성된 제시는, 운송서류가 동일한 목적지를 표시하고 있는 한 다른 선적일 또는 다른 적재항, 수탁지 또는 발송지를 표시하더라도 분할선적으로 보지 않는다. 제시가 2세트 이상의 운송서류로 이루어지는 경우 어느 운송서류에 의하여 증명되는 가장 늦은 선적일을 선적일로 본다.
• 동일한 운송방식에서 둘 이상의 운송수단상의 선적을 증명하는 하나 또는 2세트 이상의 운송서류를 구성하는 제시는, 비록 운송수단들이 같은 날짜에 같은 목적지로 향하더라도 분할선적으로 본다.

*prohibit : 금하다[금지하다]
*partial shipment : 분할선적
*air transport document : 항공운송서류
*dispatch : 발송
*provided that : ~을 조건으로
*be destined for : ~하게 될 운명이다
*In the event that : (만약에) ~할 경우에는
*incorporating : 결합시키는, 합체시키는
*take for : ~이라고 생각하다
*calculation : 추정, 추산

34 Select the best one in the blank.

> If a nominated bank determines that a presentation is complying and forwards the documents to the issuing bank or confirming bank, whether or not the nominated bank has honoured or negotiated, and issuing bank or confirming bank must (　　) that nominated bank, even when the documents have been lost in transit between the nominated bank and the issuing bank or confirming bank, or between the confirming bank and the issuing bank.

① reimburse

② honour or reimburse

③ negotiate or reimburse

④ honour or negotiate, or reimburse

정답 ④

해석 빈 칸에 가장 적절한 것을 고르시오.

만일 지정은행이 제시가 일치한다고 판단하고 개설은행 또는 확인은행에 서류를 전달한다면, 지정은행의 결제 또는 매입 여부와 관계 없이, 서류가 지정은행과 개설은행 또는 확인은행 사이 혹은 확인은행과 개설은행 사이에서 송부 도중 분실되었더라도 개설은행 또는 확인은행이 그 지정은행에 (결제 또는 매입하거나, 상환)하여야 한다.

① 상환하다

② 결제하다 또는 상환하다

③ 매입하다 또는 상환하다

④ 결제 또는 매입하거나 상환하다

해설 주어진 제시문에서 설명하고 있는 것은 UCP 600 제35조 전송과 번역의 면책에 대한 내용이다.
UCP 600 제35조 전송과 번역에 관한 면책
• 수익자가 제시한 서류가 대금을 받기에 합당하다는 것이 일단 밝혀지면(하자가 없음이 인정되면) 개설은행으로 서류가 오는 중에 없어지더라도 대금은 정상적으로 받을 수 있다는 것이다.
• 지정은행이 제시가 신용장 조건에 일치한다고 판단한 후 서류를 개설은행 또는 확인은행에 송부한 경우, 지정은행의 결제 또는 매입 여부와 관계 없이, 비록 서류가 전송 도중 분실된 경우에도 개설은행 또는 확인은행은 결제 또는 매입을 하거나, 그 지정은행에게 상환하여야 한다.
*nominated bank : 지정은행
*determine : 확정하다
*forward : 보내다[전달하다]
*confirming bank : 확인은행
*reimburse : 상환하다
*in transit : 수송 중

35 A letter of credit requires to present bill of lading and insurance certificate. If the shipment date of bill of lading is 20 May, 2020, which of following document can be matched with such bill of lading?

> A. An insurance certificate showing date of issue as 20 May, 2020
> B. An insurance certificate showing date of issue as 21 May, 2020
> C. An insurance policy showing date of issue as 20 May, 2020
> D. A cover note showing date of issue as 20 May, 2020

① A only
② C only
③ A and C only
④ all of the above

정답 ③

해석 신용장은 선하증권과 보험증서를 제시해야 한다. 선하증권의 선적일이 2020년 5월 20일이라면, 다음 중 해당 선하증권과 짝이 될 수 있는 서류는?

> A. 발행일자를 2020년 5월 20일로 표시한 보험증명서
> B. 발행일자를 2020년 5월 21일로 표시한 보험증명서
> C. 발행일자를 2020년 5월 20일로 표시한 보험증서
> D. 발행일자를 2020년 5월 20일로 표시한 보험승낙서

해설 선적일의 증명
- 결정적 증거 : 선하증권 발행일(B/L Date)
- 선적일의 증명은 선하증권의 발행일을 기준으로 한다.
- 선적선하증권(Shipped Bill of Lading)의 경우 그 발행일이 선적일이며, B/L 발급일이 신용장상의 선적일보다 빠르면 된다.
- 수취선하증권(Received[Received for Shipment] Bill of Lading)의 경우 선하증권상의 본선적재일 표시(on Board Notation)가 선적일이며, B/L상의 본선적재일(On Board Notation)이 신용장의 선적일보다 빨라야 한다.
*match with : ~와 짝을 맞추다, 어울리는 것을 찾다
*cover note : 보험승낙서

36 Which of the followings is NOT correctly explaining the Charter Party Bill of Lading under UCP 600?

① The charter party B/L must appear to be signed by the master, the owner, or the charterer or their agent.

② The charter party B/L must indicate that the goods have been shipped on board at the port of loading stated in the credit by pre-printed wording, or an on board notation.

③ The date of issuance of the charter party bill of lading will be deemed to be the date of shipment unless the charter party bill of lading contains an on board notation indicating the date of shipment.

④ A bank will examine charter party contracts if they are required to be presented by the terms of the credit.

정답 ④

해석 다음 중 UCP 600 하에서 용선계약 선하증권에 대한 설명으로 적절하지 않은 것은?
① 용선계약 선하증권은 선장, 선주, 용선자 또는 그들의 대리인에 의해서 서명되어야 한다.
② 용선계약 선하증권은, 사전에 인쇄된 문구 또는 본선적재표기에 의해, 물품이 신용장에 명시된 적재항에서 지정된 선박에 본선적재되었음을 표시하여야 한다.
③ 용선계약 선하증권이 선적일자를 표시하는 본선적재표기를 하지 않은 경우에는 용선계약 선하증권의 발행일을 선적일로 본다.
④ 신용장의 조건이 용선계약서를 제시하도록 요구한다면, 은행은 용선계약을 심사할 것이다.

해설 ④ UCP 600 제22조 용선계약 선하증권의 내용으로, '신용장의 조건이 용선계약서를 제시하도록 요구하더라도 은행은 용선계약을 심사하지 않는다(A bank will not examine charter party contracts, even if they are required to be presented by the terms of the credit)'가 되어야 한다.
*appear to : 나타나다, 보이기 시작하다
*master : 선장
*charterer : 용선자
*indicate : 나타내다
*on board : 본선적재
*port of loading : 선적항
*on board notation : 선적부기(본선적재 표기)
*issuance : 발행
*deem : (~로) 여기다[생각하다]
*charter party contract : 용선계약서

37 Select the right terms in the blanks?

> Payments under (A) are made direct between seller and buyer whereas those under (B) are made against presentation of documentary bills without bank's obligation to pay.

① (A) Documentary Collection – (B) Letter of Credit
② (A) Remittance – (B) Documentary Collection
③ (A) Letter of Credit – (B) Documentary Collection
④ (A) Remittance – (B) Letter of Credit

정답 ②

해석 빈 칸에 옳은 용어를 고르시오.

(A) 송금에 따른 지불은 매도인과 매수인 간에 직접 이루어지는 반면, (B) 추심어음에 따른 지불은 은행의 지불의무 없는 환어음 제시로 이루어진다.

① (A) 추심어음 – (B) 신용장
② (A) 송 금 – (B) 추심어음
③ (A) 신용장 – (B) 추심어음
④ (A) 송 금 – (B) 신용장

해설 대금결제방식의 종류

송금방식 (Remittance Basis)	• 수입자가 수출자에게 물품대금을 송금하여 결제하는 방식이다. • 물품 인도시기에 따라 단순송금방식, 대금교환도방식(물품인도방식, 서류인도방식), 상호계산방식, 신용카드방식 등으로 분류된다.
추심방식 (On Collection Basis)	• 수출자가 물품을 선적한 후 수입자를 지급인으로 하는 환어음을 발행하여 수출국에 소재하는 추심의뢰은행에 추심을 요청하고 추심의뢰은행은 수입국에 소재하는 추심은행에 다시 추심을 의뢰하면, 추심은행이 수입자에게 환어음을 제시하여 수출대금을 회수하는 대금결제방식이다. • 환어음의 지급인(수입자)이 선적서류를 받고 이와 동시에 대금을 결제하는 지급인도조건(D/P)과 환어음의 지급인(수입자)이 환어음을 인수하여 선적서류를 받고 환어음의 만기일에 대금을 결제하는 인수인도조건(D/A)이 있다.

*Remittance : 송금액
*whereas : ~한 사실이 있으므로
*Documentary Collection : 추심어음
*documentary bill : 화환어음

38 Which of the following is LEAST correct about the difference between Bank Guarantee and Letter of Credit?

① The critical difference between LC and guarantees lie in the way financial instruments are used.

② Merchants involved in exports and imports of goods on a regular basis choose LC to ensure delivery and payments.

③ Contractors bidding for infrastructure projects prove their financial credibility through guarantees.

④ In LC, the payment obligation is dependent of the underlying contract of sale.

정답 ④

해석 은행보증과 신용장 간의 차이점 중 옳지 않은 것은?
① 신용장과 보증의 중요한 차이는 금융상품의 사용방식에 있다.
② 물품의 수출과 수입에 정기적으로 관여하는 상인들은 인도와 지불을 보장하기 위해 신용장을 선택한다.
③ 사회기반시설 프로젝트 입찰 계약자들은 보증을 통해 자신들의 재정신뢰도를 증명한다.
④ 신용장에서, 지급 의무는 기본 판매계약에 의존한다.

해설 신용장의 독립성(The Principle of Independence)
신용장은 기본거래인 매매계약이나 기타의 거래와는 독립된 별개의 거래이다. 이에 따라 개설은행은 수익자의 기본계약 불이행(즉, 수출계약 불이행)을 사유로 신용장대금의 지급을 거절할 수 없다.
*critical : 대단히 중요한[중대한]
*financial instrument : 금융상품
*on a regular basis : 정기적으로
*ensure : 보장하다
*bidding for : ~에 대한 입찰
*infrastructure : 사회기반시설
*financial credibility : 재정신뢰도
*dependent of : ~에 의존하는
*underlying : 근본적인[근원적인]

39 Which of the followings is NOT APPROPRIATE as part of the reply to the letter below?

> Thank you for your fax of July 5, requesting an offer on our mattress. We offer you firm subject to your acceptance reaching us by July 20.
> Our terms and conditions are as follows :
> Items : mattress (queen size)
> Quantity : 300 units
> Price : USD1,100.00 per unit, CIF New York
> Shipment : During May
> Payment : Draft at sight under an Irrevocable L/C

① We need the goods in early June, so we want to change only shipment term.

② Thank you for your firm offer, and we are pleased to accept your offer as specified in our Purchase Note enclosed.

③ Thank you for your letter requesting us to make an offer, and we would like to make an offer.

④ We regret to say that we are not able to accept your offer because of high price comparing with that of your competitor.

[정답] ③

[해석] 다음 중 아래 서신에 대한 답신의 일부로 적절하지 않은 것은?

당사의 매트리스에 대한 청약을 요청하는 귀사의 7월 5일자 팩스에 감사합니다. 당사는 귀사의 승낙이 7월 20일까지 당사에 도착하는 것을 조건으로 청약을 확정합니다.
당사의 조건은 다음과 같습니다.
• 품목 : 매트리스(퀸사이즈)
• 수량 : 300개
• 가격 : 개당 USD1,100.00, CIF 뉴욕
• 선적 : 5월 중
• 지불 : 취소불능 신용장 하에서 일람불환어음

① 당사는 6월 초에 물건이 필요하기 때문에, 선적기간만 변경하고자 합니다.
② 귀사의 확정청약에 감사드리며, 동봉한 당사의 매입계약서에 명시된 대로 귀사의 청약을 기꺼이 승낙합니다.
③ 청약을 요청하는 귀사의 서신에 감사드리고, 당사는 청약을 하고 싶습니다.
④ 유감스럽게도 귀사의 청약은 경쟁사 제품에 비해 비싼 가격 때문에 수락할 수 없습니다.

[해설] 수입자의 청약 제안에 대한 수출자의 답신인 위 서신에 대한 답신은 수입자의 서신이어야 한다. ③은 수입자의 청약을 승낙하는 수출자의 서신이므로, 적절하지 않다.
*request : 요청[요구/신청]하다
*subject to : ~을 조건으로
*Draft at sight : 일람불환어음
*Irrevocable L/C : 취소불능 신용장
*shipment term : 선적조건
*specified : 명시된
*Purchase Note : 매입계약서
*enclosed : 동봉된

40 Put the sentences (A) ~ (D) in the correct order?

(A) Finally, in accordance with the instructions of our buyer, we have opened an insurance account with the AAA Insurance Company on W.A. including War Risk.

(B) We enclose a check for $50.00 from Citibank in payment of the premium.

(C) As you know, our buyer directed us to make a marine insurance contract on W.A. including War Risk with you on 300 boxes of our Glasses Frames, which we are shipping to New York by the S.S. "Ahra" scheduled to leave Busan on the 15th February.

(D) We want you to cover us on W.A. including War Risk, for the amount of $2,050.00 at the rate you suggested to us on the phone yesterday, and one copy of our invoice is enclosed herein.

① (A) − (B) − (C) − (D) 　　② (C) − (D) − (B) − (A)
③ (D) − (B) − (C) − (A) 　　④ (B) − (C) − (D) − (A)

정답 ②

해석 문장 (A) ~ (D)를 옳은 순서대로 배열하시오.

(C) 아시다시피, 당사의 바이어가 당사의 안경테 300박스에 대해 전쟁위험(War Risk)을 포함한 단독해손(W.A.)에 대한 해상보험 계약 체결을 지시했으며, 당사는 2월 15일 부산을 출발해서 뉴욕으로 향하는 S.S. "Ahra"에 선적할 예정입니다.

(D) 귀사가 어제 전화로 당사에 제안한 요금으로 전쟁위험을 포함한 단독해손(W.A.)을 $2,050.00에 보장해 주시기 바라며, 송장 사본은 여기에 동봉되어 있습니다.

(B) 당사는 보험료 지불을 위해 씨티은행으로부터 $50 수표를 동봉합니다.

(A) 마지막으로, 구매자의 지시에 따라, 당사는 전쟁위험(War Risk)을 포함한 단독해손(W.A.)에 대하여 AAA 보험회사에 보험계좌를 개설했습니다.

해설 위 서신은 수출자가 보험회사에 보내는 보험계약과 물품 선적에 대한 내용으로, 문맥상 (C)에서 보험계약 체결과 물품(안경테 300박스) 선적 일정을 말하고, (D)에서 보험회사가 제시한 금액과 보장조건을 말하고, (B)에서 보험료 지불용 수표 동봉을 말하고, (A)에서 보험 조건과 계좌개설을 확인하고 있으므로, ②가 적절하다.

단독해손조건과 전쟁위험
• 단독해손 또는 분손담보조건(WA ; With Average) : ICC(Institute Cargo Clause, 협회적하약관)의 구약관 중 기본약관의 하나로, 신약관인 ICC(B)에 해당된다. 이는 특정 해난 이외의 해난에 기인하는 손해 및 비용(전손, 단독해손, 공동해손, 구조비 등의 해난)에서 발생하는 일체의 손해를 보험자가 전보하는 조건을 말한다. 이는 원칙적으로 보험증권 본문의 면책비율약관의 소손해면책률이 적용되며, 일정 비율 미만의 작은 손해에 대해서는 전보하지 않는다.
• 전쟁위험(War Perils) : 군함(Men-of war), 외적(Enemies), 습격 및 해상탈취(Surprisable and Taking at sea), 군왕·군주·인민의 강류, 억지, 억류(Arrest, Restraints and Detainment of king, princes and people) 등으로 ICC(A)에서 뿐 아니라 ICC(B)나 ICC(C)에서도 담보되지 않기 때문에 이 위험을 보상받기 위해서는 협회전쟁약관(Institute War Clause)을 특약해야 한다.

*W.A. : 단독해손
*War Risk : 전쟁위험
*Glasses Frames : 안경테
*scheduled : 예정된
*herein : 여기에, 이 문서에
*premium : 보험료
*instructions : 지시, 명령

41 Where a bill of lading is tendered under a letter of credit, which is LEAST appropriate?

The bill of lading is usually (A) drawn in sets of three negotiable copies, and goods are deliverable against (B) any one of the copies surrendered to the shipping company. The number of negotiable copies prepared would be mentioned on the bill which would also provide that "(C) one of the copies of the bill being accomplished, the others to stand valid". It is, therefore, essential that (D) the bank obtains all the copies of the bill of lading.

① (A) ② (B)

③ (C) ④ (D)

정답 ③

해석 신용장 하에서 선하증권의 발행에 대한 내용 중 가장 적절하지 않은 것은?

선하증권은 보통 (A) 유통가능한 3통이 세트로 발행되며, (B) 그 중 1통을 운송회사에 제출하면 물품을 인도할 수 있다. 선하증권상에 준비된 유통가능한 사본의 수가 언급될 것이며, 또한 "(C) 어느 한 통이 사용되면, 나머지는 유효하다(→ 무효하다)"라는 문구가 표시되어 있다. 그러므로 (D) 은행은 선하증권의 모든 사본을 입수하는 게 필수적이다.

해설 ③ (C) 'one of the copies of the bill being accomplished, the others to stand valid → void.'가 되어야 한다. 선하증권은 일반적으로 원본 3통/부(Original, Duplicate, Triplicate)를 1조로 발행하며, 배서에 의한 권리양도가 가능한 성질이 있다. 3통 모두 정식 선하증권으로 독립적 효력이 있어서 이 중 어느 1통(부)만 있어도 선박회사는 화물을 수하인에게 인도하게 되며, 일단 1통이 사용되면 나머지 2통은 무효가 된다. 따라서 수출상이 수출물품의 현금화를 위해 자신의 거래은행에 선적서류를 제시하는 경우('매입' 혹은 '네고'), 신용장 취급은행은 선하증권 전통(3통)을 제시받아야 매입에 응하게 된다(중복사용 방지). 이때 이중사용 방지를 위해 B/L 문면상에 표시하는 문구가 "One of which being accomplished, the others to be void(어느 한 통이 사용되면 나머지는 무효)"이다.

*tender : 지불하다, (채무 변제로서) 〈돈·물품을〉 제공하다
*negotiable : 양도[유통]가능한
*surrender : (권리 등을) 포기하다[내주다/넘겨주다]
*provide : 규정하다(= stipulate) (→ provision)
*accomplish : 완수하다, 성취하다
*stand : (특정한 조건상황에) 있다
*valid : (법적·공식적으로) 유효한[정당한]
*obtain : 얻다[구하다/입수하다]

42 What does the following refer to under marine insurance operation?

> After the insured gets the claim money, the insurer steps into the shoes of insured. After making the payment of insurance claim, the insurer becomes the owner of subject matter.

① Principle of Subrogation
② Principle of Contribution
③ Principle of Abandonment
④ Principle of Insurable Interest

정답 ①

해석 다음 중 해상보험 하에서 가리키는 것은?

피보험자가 보험금을 받은 후 보험자는 피보험자의 입장이 된다. 보험금 청구를 한 후, 보험자는 보험목적물의 소유자가 된다.

① 보험대위의 원칙
② 공동해손분담금의 원칙
③ 위부의 원칙
④ 피보험이익의 원칙

해설 ① 보험대위(Subrogation) : 피보험자가 운송인, 기타의 제3자에 대한 구상권을 보험자에게 양도하는 것을 말한다. 피보험자가 보험자에게 대위권 양도서를 제공하면 보험금을 지급받으며, 보험자가 취득한 대위권은 보험자가 지급한 보험금 한도 내에서만 유효하다. 위부는 피보험자가 피보험목적물의 모든 권리를 보험자에게 이양하고 보험금액의 전액을 청구하는 권리를 가지는데 반하여, 대위(代位)는 보험자가 보험금을 지급한 경우 손상된 피보험목적물에 대해 피보험자가 가지고 있던 소유권과 손상을 발생하게 한 자에 대한 구상권을 보험자가 대신할 수 있다.

② 공동해손분담금(Contribution) : 항해단체에 공동위험이 발생한 경우 공동안전을 위해 인위적으로 취한 행위로 인한 손해를 이해관계자들이 공동분담(공동해손분담금)한다.

③ 위부(Abandonment) : 일정사고가 발생하였을 경우에 현실전손이 발생한 것은 아니지만 피보험자로 하여금 보험의 목적물에 관하여 그가 가지는 일체의 권리를 보험자에게 양도하고 보험금액의 전액을 청구할 수 있게 한 제도를 말한다.

④ 피보험이익(Insurable Interest) : 보험목적물과 피보험자 사이의 이해관계, 즉 보험목적물에 보험 사고가 발생함으로써 피보험자가 경제상의 손해를 입을 가능성이 있는 경우, 이 보험목적물과 피보험자와의 경제적 이해관계를 피보험이익이라고 하며, 이를 보험계약의 목적이라고도 한다.

*insured : 피보험자
*claim money : 보험금
*insurer : 보험자
*step into the shoes of : ~의 입장이 되다
*insurance claim : 보험금 청구
*subject matter : 목적물

43 Which of the followings is NOT correctly explaining the arbitration?

① With arbitration clause in their contract, the parties opt for a private dispute resolution procedure instead of going to court.

② The arbitration can only take place if both parties have agreed to it.

③ In contrast to mediation, a party can unilaterally withdraw from arbitration.

④ In choosing arbitration, parties are able to choose such important elements as the applicable law, language and venue of the arbitration. This allows them to ensure that no party may enjoy a home court advantage.

정답 ③

해석 **다음 중재에 대한 설명이 옳지 않은 것은?**
① 계약서에 중재조항이 있기 때문에 당사자들은 법정에 가지 않고 사적인 분쟁해결절차를 택하고 있다.
② 중재는 양측이 합의한 경우에만 할 수 있다.
③ 조정과는 달리 일방의 당사자는 일방적으로 중재에서 손을 뗄 수 있다.
④ 중재를 선택할 때 당사자들은 해당 법률, 언어 및 중재 장소와 같은 중요한 요소를 선택할 수 있다. 이것은 그들이 어떤 당사자도 홈코트 이점을 누릴 수 없도록 보장할 수 있게 해준다.

해설 ③ 중재는 분쟁당사자 간 합의(중재합의)에 의거 제3의 중재기관의 중재인(Arbitrator)에 의한 중재판정(Award)을 통해 분쟁을 해결하는 방법으로, 중재판정은 양 당사자가 절대 복종해야 하는 강제력 있는 판정이며 당사자 합의수용여부와 상관없이 무조건 대법원 확정판결과 동일한 효력이 발생한다.

조정 vs 중재(판정) 비교

구 분	조 정	중 재
수용/실행요건	• 계약 일방 또는 쌍방의 요청에 의해 수용 가능	• 당사자 간 중재합의가 있어야 함
강제력	• 조정인의 조정결정(조정안)을 일방이 거부 시 강제 불가 • 양 당사자의 자유의사에 따른 해결	• 중재판정 불복 불가 • 절대 복종해야하는 강제력 보유
확정판결 효력여부	• 조정안에 대해 양 당사자가 합의할 경우에만 중재판정, 즉 법원 확정판결과 동일한 효력 보유	• 당사자 합의수용 여부와 상관없이 무조건 대법원 확정판결과 동일한 효력 • 일방의 불복으로 법원에 다시 제소할 수 없고, 사건 종결 의미

*arbitration : 중재
*opt for : ~을 선택하다
*dispute resolution procedure : 분쟁해결절차
*take place : 개최되다[일어나다]
*In contrast to : ~와 대조를 이루어
*mediation : 중재
*unilaterally : 일방적으로
*withdraw : 중단[취소/철회]하다
*venue : (콘서트 · 스포츠 경기 · 회담 등의) 장소
*ensure : 보장하다

44 Select the right term for the following passage.

> A principle whereby all parties to an adventure, who benefit from the sacrifice or expenditure, must contribute to make good the amount sacrificed or the expenditure incurred.

① General average

② Jettison

③ Particular charges

④ Particular average

정답 ①

해석 다음 지문에 옳은 용어를 고르시오.

모험의 모든 당사자들, 즉 손해나 경비의 혜택을 받는 사람들은, 손해금액 발생된 비용을 보상하는 데 기여해야 한다는 원칙

해설 ① 공동해손(General average) : 항해단체(선박, 화물 및 운임 중 둘 이상)에 공동위험이 발생한 경우 그러한 위험을 제거·경감시키기 위해 (선장 책임 하에) 선체나 그 장비 및 화물의 일부를 희생(공동해손 희생손해)시키거나 필요한 경비(공동해손 비용손해)를 지출했을 때 이러한 손해와 경비(물적손해 및 비용손해)를 항해단체를 구성하는 이해관계자들이 공동분담(공동해손분담금)해야 하는데, 이 같은 손해를 공동해손이라고 한다.

② 투하(Jettison) : 조난 중인 선박의 무게를 가볍게 해주기 위해 물건을 던지거나 배 밖으로 버리는 것을 말한다.

③ 특별비용(Particular charges) : 피보험목적물 및 선박의 안전유지를 위하여 피보험자에 의해 지출된 비용으로, 공동해손비용이나 구조비용 이외의 비용을 말한다. 특별비용은 물적손해가 아니므로 공동해손에도 단독해손에도 포함되지 않는다.

④ 단독해손(Particular average) : 피보험목적물의 일부가 해난에 의하여 멸실되었거나 손상되어 발생된 비용에 대하여 피보험자가 단독으로 부담하는 손해를 말한다. 아래에서 설명할 공동해손을 제외한 분손을 의미한다.

*whereby : (그것에 의하여) ~하는

*sacrifice : 희생, 희생물

*expenditure : 지출, 비용

*contribute to : ~에 기여하다

*incur : (비용을) 발생시키다[물게 되다]

45 Select the wrong term in view of the following passage.

> A negotiation credit under which negotiation is not restricted to one nominated bank or which is available through any bank.

① General L/C

② Unrestricted L/C

③ Open L/C

④ Freely acceptable L/C

정답 ④

해석 다음 지문의 관점에서 틀린 용어를 고르시오.

> 매입이 한 지정은행으로 제한되어 있지 않거나 어느 은행을 통해서라도 이용 가능한 매입신용장

① 보편신용장
② 매입비제한신용장
③ 개방(자유)신용장
④ 자유인수신용장

해설 ④ Freely acceptable L/C → Freely negotiable L/C가 되어야 한다.
자유매입신용장(Freely negotiable L/C)
• 수출지의 매입(Nego)은행을 수출상이 마음대로 선택할 수 있도록 허용하는 신용장을 말한다.
• 가장 보편적인 형태의 신용장이라는 의미에서 이를 General L/C, 매입은행이 개방되어 있다는 의미에서 Open L/C라고도 한다.
*negotiation credit : 매입신용장
*negotiation : 매입
*restricted : 제한된
*nominated bank : 지정은행

46 The following are on CIF under Incoterms® 2020. Select the wrong one.

① The insurance shall cover, at a minimum, the price provided in the contract plus 10% (i.e. 110%) and shall be in the currency of the carriage contract.

② The insurance shall cover the goods from the point of delivery set out in this rule to at least the named port of destination.

③ The seller must provide the buyer with the insurance policy or certificate or any other evidence of insurance cover.

④ Moreover, the seller must provide the buyer, at the buyer's request, risk and cost, with information that the buyer needs to procure any additional insurance.

정답 ①

해석 다음은 Incoterms® 2020 하에서 CIF이다. 잘못된 것은?

① 보험금액은 최소한 매매계약에 규정된 대금에 10%를 더한 금액(매매금액의 110%)이어야 하고, 보험의 통화는 운송계약의 통화와 같아야 한다.

② 보험은 물품에 관하여 이 규칙에 규정된 인도지점부터 적어도 지정목적항까지 부보되어야 한다.

③ 매도인은 매수인에게 보험증권이나 보험증명서, 그 밖의 부보의 증거를 제공하여야 한다.

④ 또한 매도인은 매수인에게, 매수인의 요청에 따라 매수인의 위험과 비용으로 매수인이 추가보험을 조달하는 데 필요한 정보를 제공하여야 한다.

해설 Incoterms 2020에 따르면, ① '... shall be in the currency of the <u>carriage contract(운송계약) → contract(매매계약)</u>'가 되어야 한다. 즉, 보험금액은 최소한 매매계약에 규정된 대금에 10%를 더한 금액(매매금액의 110%)이어야 하고, 보험의 통화는 매매계약의 통화와 같아야 한다.

CIF와 보험금액의 관계

• 보험료 = 보험금액(CIF Value × 110%) × 보험료율(Premium Rate)
  ※ 보험료율은 보험(가입)금액에 대하여 백분율(%)로 표시

• If there is no indication in the credit of the insurance coverage required, the amount of insurance coverage must be at least 110% of the CIF or CIP value of the goods.
  요구된 보험담보에 관하여 신용장에 아무런 표시가 없는 경우에는, 보험담보의 금액은 적어도 물품의 CIF 또는 CIP 가격의 110%이어야 합니다.

*at a minimum : 최소한도로
*set out in : ~에 (정리되어) 제시된
*the named port of destination : 지정목적항
*insurance policy : 보험증권
*insurance certificate : 보험증명서
*procure : 조달하다

47 Select the wrong part in the following passage under UCP 600.

(A) Letter of Credit means an engagement by a bank or other person made at the request of a customer (B) that the issuer will honor drafts or other demands for payment upon compliance with the conditions specified in the credit. (C) A credit must be irrevocable. (D) The engagement may be either an agreement to honor or a statement that the applicant or other person is authorized to honor.

① (A)

② (B)

③ (C)

④ (D)

[정답] ④

[해석] UCP 600 하에서 다음 지문에서 틀린 부분을 고르시오.

(A) 신용장은 고객의 요청에 따라 은행 또는 다른 사람이 계약을 체결하는 것으로, (B) 발행인이 신용장에 명시된 조건에 따라 어음 또는 기타 지불을 결제할 것을 내용으로 한다. (C) 신용장은 취소불능이어야 한다. (D) 계약은 결제를 위한 계약이거나 개설의뢰인 또는 신청자 또는 다른 사람이 결제할 권한이 있는 명세서가 될 수도 있다.

[해설] ④ UCP 600 제4조 신용장과 원인계약의 내용으로, 신용장은 그 본질상 그 기초가 되는 매매 또는 다른 계약과는 별개의 거래이다. 신용장에 그러한 계약에 대한 언급이 있더라도 은행은 그 계약과 아무런 관련이 없고, 또한 그 계약 내용에 구속되지 않는다. 따라서 신용장에 의한 결제, 매입 또는 다른 의무이행의 확약은 개설의뢰인 또는 수익자와 개설의뢰인의 사이의 관계에서 비롯된 개설의뢰인의 주장이나 항변에 구속되지 않는다. 수익자는 어떠한 경우에도 은행들 사이 또는 개설의뢰인과 개설은행 사이의 계약관계를 원용할 수 없다.

*issuer : 발행인, (어음 등의) 발행인
*honor : 〈어음을〉 인수하여 (기일에) 지불하다
*compliance with : ~을 준수하여
*agreement : 협정, 합의
*statement : 명세서
*applicant : 개설의뢰인
*be authorized to : 권한이 있다

48 Select the wrong one in the blank under Incoterms® 2020.

> The seller must pay (　　) under FCA.

① all costs relating to the goods until they have been delivered in accordance with this rule other than those payable by the buyer under this rule

② the costs of providing the transport document to the buyer under this rule that the goods have been delivered

③ where applicable, duties, taxes and any other costs related to export clearance under this rule

④ the buyer for all costs and charges related to providing assistance in obtaining documents and information in accordance with this rule

정답 ②

해석 인코텀즈 2020 하에서 빈 칸에 옳지 않은 것을 고르시오.

> 매도인은 FCA 하에서 (　　)을 지불하여야 한다.

① 물품이 이 규정에 따라 인도되는 때까지 물품에 관련되는 모든 비용. 단, 이 규정에 따라 매수인이 부담하는 비용은 제외한다.
② 물품이 인도되었다는 운송서류를 이 규정에 따라 매수인에게 제공하는 데 드는 비용
③ 해당되는 경우에 이 규정에 따른 수출통관에 관한 관세, 세금 및 기타 비용
④ 이 규정에 따라 서류와 정보를 취득하는 데 매수인이 협력을 제공하는 것과 관련한 모든 비용

해설 ② Incoterms 2020 FCA 중 비용분담에 대한 내용으로, 'the costs of providing the <u>transport document →</u> <u>usual proof</u> to the buyer under this rule 6 that the goods have been delivered(물품이 인도되었다는 통상적인 증거를 이 규정에 따라 매수인에게 제공하는 데 드는 비용)'이 되어야 한다.
*relating to : ~에 관하여
*in accordance with : ~에 따라서
*usual proof : 통상의 증거
*applicable : 해당[적용]되는
*export clearance : 수출통관
*obtain : 얻다[구하다/입수하다]

49 The following are the purpose of the text of the introduction of Incoterms® 2020. Select the wrong one.

① to explain what the Incoterms® 2020 rules do and do NOT do and how they are best incorporated

② to set out the important fundamentals of the Incoterms rules such as the basic roles and responsibilities of seller and buyer, delivery, risk etc.

③ to explain how best to choose the right Incoterms rules for the general sale contract

④ to set out the central changes between Incoterms® 2010 and Incoterms® 2020

정답 ③

해석 다음은 Incoterms® 2020 소개문의 목적이다. 틀린 것을 고르시오.
① Incoterms® 2020 규칙의 적용사항과 미적용사항, 그리고 Incoterms 규칙에 대한 최상의 편입방법을 설명하기 위해
② 매도인과 매수인의 기본적 역할과 책임, 인도, 위험 같은 Incoterms® 2020 규칙의 중요한 기초사항을 제시하기 위해
③ 일반적인 매매계약에 적합한 Incoterms 규칙의 선택방법을 설명하기 위해
④ Incoterms® 2010과 Incoterms® 2020 간 주요 변경사항을 제시하기 위해

해설 ③ 'to explain how best to choose the right Incoterms rules for the general → particular sale contract(특정 매매계약에 적합한 Incoterms 규칙의 선택방법을 설명하기 위해)'가 되어야 한다.
Incoterms 2020 소개문(Introduction to Incoterms® 2020)의 목적
• Incoterms 2020 규칙(Incoterms® 2020 rules)의 적용사항과 미적용사항, 그리고 인코텀즈 규칙의 편입(계약에 편입)방법 설명
• 다음과 같은 Incoterms 규칙의 기초사항(Important fundamentals) 제시 : 매도인과 매수인의 기본적 역할과 책임, 인도, 위험, 그리고 Incoterms 규칙과 계약의 관계
• 특정 매매계약에 적합한 Incoterms 규칙의 선택방법 설명
• Incoterms 2010과 Incoterms 2020 간 주요 변경사항 제시
*incorporate : (일부로) 포함하다
*fundamentals : 기초사항

50 Which of the following is logically INCORRECT?

① A person authorized by another to act for him is called as principal.

② Co-agent means one who shares authority to act for the principal with another agent and who is so authorized by the principal.

③ Agents employed for the sale of goods or merchandise are called mercantile agents.

④ Del credere agent is an agent who sell on behalf of a commission and undertakes that orders passed to the principal will be paid.

정답 ①

해석 다음 중 논리적으로 옳지 않은 것은?
① 다른 사람에 의해 그를 대신할 권한을 부여받은 사람을 본인이라고 부른다.
② 공동대리인은 타 대리인과 당사자의 대리권한을 공유한 자와 당사자에 의해 권한을 위임받은 자를 말한다.
③ 상품 또는 상품 판매를 위해 고용된 대리점을 상사(商事)대리인이라고 한다.
④ 지급보증대리인은 수수료를 위해서 판매하고 주문이 당사자에게 가도록 하는 대리인이다.

해설 ① 'A person authorized by another to act for him is called as principal(본인) → agent(대리인).'가 되어야 한다. 다른 사람에 의해 그를 대신할 권한을 부여받은 사람을 대리인이라고 부른다.
*principal : (상업·법률에서 대리인에 대한) 본인
*merchandise : 물품
*mercantile agent : 상사대리인
*on behalf of : ~을 위해서
*commission : 수수료
*undertake : (책임을 맡아서) 착수하다[하다]

51 DPU 조건에 대한 설명으로 옳지 않은 것은?

① 매도인은 지정목적지까지 또는 있는 경우 지정목적지에서의 합의된 지점까지 물품의 운송을 위해 자신의 비용으로 계약을 체결하거나 준비하여야 한다.

② 매도인은 목적지까지 운송을 위해 어떠한 운송관련 보안요건을 준수하여야 한다.

③ 매도인은 자신의 비용으로 매수인이 물품을 인수할 수 있도록 하기 위해 요구되는 서류를 제공하여야 한다.

④ 매도인은 수출통관절차, 수출허가, 수출을 위한 보안통관, 선적 전 검사, 제3국 통과 및 수입을 위한 통관절차를 수행하여야 한다.

정답 ④

해설 ④ FCA 조건에 대한 설명이다. FCA(= Free Carrier)는 매도인이 매도인의 구내(Seller's Premises) 또는 그 밖의 지정장소에서 약정기간 내에 매수인이 지정한 운송인 또는 그 밖의 당사자에게 수출통관을 필한 계약물품을 인도해야 하는 조건(매도인 수출통관 의무)이다.

DPU[Delivery at Place Unloaded, 목적지 양하 인도조건]

• DPU는 지정목적항 또는 지정목적지에서 도착된 운송수단으로부터 일단 양하한 물품을 수입통관을 하지 않고 매수인의 임의처분 상태로 인도하는 조건이다.

• DPU 뒤에 목적항 또는 목적지를 표시한다.

• 물품의 인도장소 : 목적지의 어느 장소이든지 물품 양하가 가능한 곳

• 물품에 대한 매매당사자의 위험부담의 분기점(위험이전) : 지정목적항 또는 지정목적지에서의 특정 지점

• 물품에 대한 매매당사자의 비용부담의 분기점(경비이전) : 지정목적지

52 권리침해조항에 대한 설명으로 옳지 않은 것은?

① 특허권, 실용신안권, 디자인권, 상표권 등의 지적재산권의 침해와 관련된 조항이다.

② 매도인의 면책내용을 규정하고 있고 매수인의 주문내용에 따른 이행에 한정된다.

③ 매수인은 제3자로부터 지적재산권 침해를 받았다는 이유로 매도인에게 클레임을 제기할 수 있다.

④ 선진국으로 수출되는 물품을 주문받았을 경우 특히 이 조항을 삽입해야 한다.

정답 ③

해설 ③ 권리침해조항은 발생할 수 있는 지적재산권의 침해와 관계 있는 모든 책임으로부터 매도인을 면책으로 하는 면책조항으로, 이 조항이 있는 경우에는 매수인은 제3자로부터 지적재산권 침해를 받았다는 이유로 매도인에게 클레임을 제기할 수 없다.

53 인코텀즈(Incoterms) 2020에 대한 설명으로 옳지 않은 것은?

① CIF 조건에서는 협회적하약관 C 약관의 원칙을 계속 유지하였다.

② 물품이 FCA 조건으로 매매되고 해상운송되는 경우에 매수인은 본선적재표기가 있는 선하증권을 요청할 수 없다.

③ 인코텀즈 2020 규칙에서는 물품이 매도인으로부터 매수인에게 운송될 때 상황에 따라 운송인이 개입되지 않을 수도 있다.

④ 매도인이 컨테이너화물을 선적 전에 운송인에게 교부함으로써 매수인에게 인도하는 경우에 매도인은 FOB 조건 대신에 FCA 조건으로 매매하는 것이 좋다.

정답 ②

해설 ② 인코텀즈(Incoterms) 2020 FCA에서 당사자의 합의로 '본선적재표시(On-board notation)가 있는 선하증권'을 요구할 수 있도록 하였다.

54 매입은행과 개설은행의 서류심사와 관련된 내용으로 옳지 않은 것은?

① 은행의 서류심사와 수리여부 결정은 선적서류를 영수한 익일로부터 제7영업일 이내에 이루어져야 한다.

② 신용장 조건과 불일치한 서류가 제시된 경우 개설은행은 개설의뢰인과 하자 서류의 수리여부를 교섭할 수 있다.

③ 신용장에 서류의 지정 없이 조건만을 명시한 경우 그러한 조건은 없는 것으로 간주된다.

④ 은행이 선적서류가 신용장 조건과 일치하는지 여부를 심사할 때 신용장통일규칙과 국제표준은행관행(ISBP)에 따라야 한다.

정답 ①

해설 ① 은행의 서류심사와 수리여부 결정은 선적서류를 영수한 익일로부터 제5영업일 이내에 이루어져야 한다.
선적서류 심사기간 단축
• 개설은행과 지정은행의 최장 서류심사(검토) 기간이 서류접수 다음 날을 기산일로 기존 제7영업일에서 제5영업일로 단축되었다.
• 개설은행과 확인은행에는 서류검토를 위해 제5영업일이 주어지는데(UCP 600 제14조), 개설은행 또는 확인은행은 제시(서류)가 일치한다고 판단했을 때는 대금을 지급해야 한다고 규정한다(UCP 600 제15조).

55 해운동맹의 운영수단으로 성격이 다른 하나는?

① Sailing Agreement　　　　　② Pooling Agreement

③ Fidelity Rebate System　　　④ Fighting Ship

정답 ③

해설 해운동맹의 운영수단
- 대내적 운영수단 : 운임협정(Rate Agreement), 운항협정(Sailing Agreement), 풀링협정(Pooling Agreement), 공동운항(Joint Service), 중립감시기구(Neutral Body), 투쟁선(Fighting Ship)
- 대외적 운영수단 : 충성환불제(Fidelity Rebate System), 거치환불제(Deferred Rebate System), 이중운임제(Dual Rate System) 혹은 계약운임제(Contract Rate System)

56 관세법상 입국 또는 입항하는 운송수단의 물품을 다른 세관의 관할구역으로 운송하여 출국 또는 출항하는 운송수단으로 옮겨 싣는 것을 의미하는 용어로 옳은 것은?

① 통관(通關)　　　　　　　　② 환적(換積)

③ 복합환적(複合換積)　　　　④ 복합운송(複合運送)

정답 ③

해설 ① 통관(通關) : 절차를 이행하여 물품을 수출·수입 또는 반송하는 것
② 환적(換積) : 동일한 세관의 관할구역에서 입국 또는 입항하는 운송수단에서 출국 또는 출항하는 운송수단으로 물품을 옮겨 싣는 것
④ 복합운송(複合運送) : 두 개 이상의 다른 운송수단을 이용하여 화물을 운송하는 것

57 수출입을 총괄하는 대외무역법의 성격에 대한 설명으로 옳지 않은 것은?

① 수출입공고상 상품분류방식은 HS방식을 따르고 있다.
② 통합공고는 대외무역법에 물품의 수출입요령을 정하고 있는 경우 이들 수출입요령을 통합한 공고이다.
③ 수출입공고는 우리나라 수출입품목을 관리하기 위한 기본공고체계이다.
④ 수출입공고, 통합공고, 전략물자수출입공고 등의 품목 관리는 대외무역법에서 규정하고 있다.

정답 ②

해설 ② 통합공고는 산업통상자원부 장관이 대외무역법 이외의 다른 법령(약사법, 식품위생법, 검역법 등 개별법)에 물품의 수출입요령을 정하고 있는 경우, 이들 법령에서 정한 수출입요령을 통합한 공고를 말한다.

58 해상운송에서 사용되는 할증운임으로 그 성격이 다른 하나는?

① Heavy Cargo Surcharge

② Length Cargo Surcharge

③ Bulky Cargo Surcharge

④ Optional Surcharge

[정답] ④

[해설] ④ Optional Surcharge는 양륙항 선택 추가운임이다.
① 중량할증운임, ② 장척할증운임, ③ (산화물)부가운임은 모두 할증운임이다.

59 다음 내국신용장과 구매확인서의 비교설명표에서 옳지 않은 것을 모두 고른 것은?

구 분	내국신용장	구매확인서
㉠ 관련법규	대외무역법 시행령	무역금융 규정
㉡ 개설기관	외국환은행	외국환은행
㉢ 개설조건	제한 없이 발급	무역금융 융자한도 내에서 개설
㉣ 수출실적	공급업체의 수출실적 인정	공급업체의 수출실적 인정
㉤ 부가가치세	영세율 적용	영세율 미적용
㉥ 지급보증	개설은행이 지급보증	지급보증 없음

① ㉠, ㉡, ㉤   ② ㉠, ㉢, ㉤

③ ㉡, ㉢, ㉤   ④ ㉡, ㉣, ㉤

[정답] ②

[해설] 내국신용장과 구매확인서의 비교

구 분	내국신용장	구매확인서
관련법규	무역금융관련규정	대외무역법
개설기관	외국환은행	외국환은행, 전자무역기반사업자
거래대상물품	수출용원자재 및 수출용완제품	외화획득용 물품
개설조건	원자재 금융한도	제한 없이 발급
수출실적	공급업체의 수출실적 인정	공급업체의 수출실적 인정
관세환급	환급 가능	환급 가능
부가가치세	영세율 적용	영세율 적용
지급보증	개설은행이 지급보증	지급보증 없음

60 다음 서류상환인도(CAD) 방식에 대한 설명으로 옳게 짝지어진 것을 모두 고른 것은?

> ㉠ 수입상이 자신 앞에 도착된 상품의 품질검사를 완료한 후에 구매여부를 결정할 수 있는 결제방식 이다.
> ㉡ 선하증권상 수하인은 수입국 소재의 수출상의 지사나 대리인이며, 대금의 결제와 동시에 선하증 권을 배서 양도하여 물품을 인도하게 된다.
> ㉢ 수출업자가 선적을 완료한 상태에서 수입업자가 수출국에 소재하는 자신의 해외지사 또는 대리 인에게 지시하여 서류의 인수를 거절하게 되는 경우에는 수출업자는 곤란한 상황에 처하게 된다.
> ㉣ 수입자의 대리인을 수입국 소재 수입지의 거래은행으로 지정하는 경우 European D/P라고도 한다.

① ㉠, ㉡
② ㉡, ㉢
③ ㉡, ㉣
④ ㉢, ㉣

정답 ④

해설 ④ ㉠·㉡ 현물상환도방식(Cash On Delivery ; COD)에 대한 설명이다.
대금교환도방식 – COD와 CAD 방식

COD(Cash On Delivery, 물품인도 결제방식)	CAD(Cash Against Document, 서류인도 상환방식)
• 상품이 목적지에 도착하면 '상품과 상환'으로 현금 결제하는 방식 • 수출자가 수입국에서 수입통관을 완료하고 수입자에게 물품을 인도할 때 대금(Cash)을 수령하는 결제방식 • 통상 수출자의 지사나 대리인이 수입국에 있는 경우 또는 귀금속과 같은 고가품을 거래할 때 활용	• 상품 선적 후 수출국에서 '서류와 상환'으로 현금 결제하는 방식 • 수출자가 선적 후 선적서류들을 수출국소재 수입자 대리인 또는 거래은행에 제시하고 서류와 상환으로 대금을 수령하는 결제방식 • 통상 수입자의 지사나 대리인이 수출국에 있는 경우 활용

61 선하증권의 법적 성질에 대한 설명으로 옳지 않은 것은?

① 요인증권성 – 화물의 수령 또는 선적되었음을 전제로 발행한다.
② 요식증권성 – 상법 등에서 정한 기재사항을 증권에 기재하여야 한다.
③ 문언증권성 – 선의의 B/L 소지인에게 운송인은 B/L 문언에 대하여 반증할 수 없다.
④ 지시증권성 – 화물에 대하여 B/L이 발행된 경우, 그 화물을 처분할 때에는 반드시 B/L로써 한다.

정답 ④

해설 ④ 화물에 대하여 B/L이 발행된 경우, 그 화물을 처분할 때에는 반드시 B/L로써 하는 것은 처분증권성이며, 지시증권 성은 B/L 소지인이 배서에 의해 다른 사람을 B/L의 권리자로 되게 할 수 있는 법률상 당연한 지시증권이다.

62 항공화물운송에서 품목분류요율(CCR) 관련 할인요금 적용대상 품목으로 옳지 않은 것은?

① 서 적
② 카탈로그
③ 정기간행물
④ 점자책 및 Talking Books(Calendar, Price Tag, Poster도 적용가능)

정답 ④

해설 품목분류요율(CCR) 할인요금 적용대상 품목
• 할인요금 적용품목 : 신문, 잡지, 정기간행물, 서적, 카탈로그, 점자책 및 Talking Books(Calendar, Price Tag, Poster 등은 적용 불가), 화물로 운송되는 개인의류 및 개인용품(Baggage Shipped as Cargo)
• 할증요금 적용품목 : 금괴, 화폐, 유가증권, 다이아몬드 등 귀중화물, 시체(Human Remains), 생동물

63 선하증권(B/L)에 대한 설명으로 옳지 않은 것은?

① FOB 조건이나 CIF 조건처럼 본선상에 물품의 인도를 의무화하고 있는 거래에서는 선적 선하증권을 제시해야 한다.
② 적색 선하증권(Red B/L)은 선하증권과 보험증권을 결합한 증권으로 선사가 보험회사에 일괄보험으로 가입하게 된다.
③ FIATA 복합운송 선하증권은 운송주선인이 운송인이나 운송인의 대리인으로 행동한다는 것이 운송서류에 나타나 있지 않아도 수리된다.
④ 최초의 운송인이 전구간에 대하여 책임을 지고 화주에게 발행해 주는 선하증권을 통선하증권(Through B/L)이라 한다.

정답 ③

해설 ③ FIATA 복합운송 선하증권은 운송주선인이 운송인이나 운송인의 대리인으로 행동한다는 것이 운송서류에 나타나 있지 않는 한 수리되지 않는다.

64 하역비부담 및 할증운임 조건에 대한 설명으로 옳지 않은 것은?

① Berth term은 정기선 조건에 사용되어 Liner term이라고도 하고 선적과 양륙비용을 선주가 부담한다.

② FIO는 선적과 양륙이 화주의 책임과 비용으로 이루어지는 조건이다.

③ Bulky cargo surcharge는 벌크화물에 대하여 할증되는 운임이다.

④ Optional surcharge는 양륙지가 정해지지 않은 화물에 부가되는 할증운임이다.

정답 ③

해설 ③ Bulky cargo 할증운임은 취급에 특별한 주의가 필요한 Bulky cargo에 부과되는 할증운임이다. Bulky cargo는 보일러, 발전기, 항공기, 교량부선 등 용적이 특별히 커서 배의 창구에서 선창 내로의 반입이 불가능하거나 곤란한 화물을 말한다.

65 해상손해의 보상에 대한 설명으로 옳지 않은 것은?

① 공동의 해상항해와 관련된 재산을 보존할 목적으로 공동의 안전을 위하여 이례적인 희생이나 비용이 의도적으로 지출된 때에 한하여 공동해손행위가 있다.

② 구조비(Salvage Charge)는 구조계약과 관계없이 해법상으로 회수할 수 있는 비용이라고 정의하고 있어 구조계약과 관계없이 임의로 구조한 경우에 해당한다.

③ 손해방지비용(Sue and Labor Expense)은 근본적으로 보험자를 위한 활동이라고 할 수 있기 때문에 손해방지비용이 보험금액을 초과하는 경우에도 보험자가 보상한다.

④ 특별비용(Particular Charge)은 피보험목적물의 안전이나 보존을 위하여 피보험자에 의하여 지출된 비용으로서 공동해손비용과 손해방지비용은 제외된다.

정답 ④

해설 ④ 특별비용(Particular Charge)은 보험의 목적의 안전이나 보존을 위하여 피보험자에 의하여 또는 피보험자를 위하여 지출된 비용으로서 공동해손비용 및 구조료 이외의 비용을 말한다.

66 미국의 신해운법(Shipping Act, 1984)상 특별히 인정되는 복합운송인은?

① Carrier형 복합운송인
② CTO형 복합운송인
③ NVOCC형 복합운송인
④ 운송주선업자

정답 ③

해설 NVOCC형 복합운송인
포워더형 복합운송주선업자를 법적으로 실제화시킨 개념으로 미국의 신해운법(Shipping Act, 1984)상 특별히 인정되는 복합운송인이다. 선박을 직접 운항하지 않지만 해상운송인에 대해서는 화주의 입장을 취한다.

67 다음 보기에서 설명하는 분쟁해결 조항상 사용할 수 없는 분쟁해결방법은?

> Dispute Resolution. The Parties agree to attempt initially to solve all claims, disputes or controversies arising under, out of or in connection with this Agreement by conducting good faith negotiations. If the Parties are unable to settle the matter between themselves, the matter shall thereafter be resolved by alternative dispute resolution.

① Amicable Settlement
② Conciliation
③ Arbitration
④ Litigation

정답 ④

해석
분쟁 해결. 양 당사자는 처음에 선의의 협상을 실시함으로써 본 계약에서 발생하는 모든 청구, 분쟁 또는 논쟁을 해결하는데 동의한다. 만약 당사자 간에 문제를 해결할 수 없는 경우에는 그 후 다른 분쟁해결로 해결한다.

해설 양 당사자 간에 선의의 협상(Good faith negotiation)에 의해 분쟁해결을 시도한다고 했으므로, 국가기관인 법원의 판결에 의한 분쟁해결방법인 ④ 소송(Litigation)이 정답이다.
① Amicable Settlement(화해) : 상호평등의 원칙 하에 당사자가 직접적 협의를 통해 자주적으로 타협점을 찾는 것
② Conciliation(조정) : 계약 일방 또는 쌍방의 요청에 따라 제3자를 조정인으로 선임하여 조정인이 제시하는 해결안(조정안)에 양 당사자의 합의로 분쟁을 해결하는 방법
③ Arbitration(중재) : 법원의 소송절차로 분쟁을 해결하지 않고 분쟁당사자 간 합의(중재합의)에 의거 제3의 중재기관의 중재인에 의한 중재판정(Award)을 통해 분쟁을 해결하는 방법

68 국제복합운송 경로에 대한 설명으로 옳은 것은?

① ALB(American Land Bridge)는 극동아시아의 주요항만에서부터 북미 서안의 주요항만까지 해상운송하여 철도로 내륙운송 후 북미 동남부에서 다시 해상운송으로 유럽의 항만 또는 내륙까지 연결하는 복합운송 경로이다.

② MLB(Mini Land Bridge)는 극동아시아에서 캐나다 서안에 있는 항만까지 해상운송 후 캐나다 철도를 이용하여 몬트리올 또는 캐나다 동안까지 운송한 다음 다시 캐나다 동안의 항만에서 유럽의 각 항만으로 해상운송하는 복합운송 경로이다.

③ MB(Micro Bridge)는 미국 서안에서 철도 등의 내륙운송을 거쳐 동안 또는 멕시코만 항만까지 운송하는 해륙복합운송시스템이다.

④ SLB(Siberian Land Bridge)는 중국과 몽골을 거쳐 시베리아 철도를 이용하여 극동, 유럽 및 북미간의 수출입화물을 운송하는 복합운송 경로이다.

정답 ①

해설 ② MLB(Mini Land Bridge) : 극동에서 미국, 캐나다의 서안(西岸)까지 해상운송 후 미국, 캐나다의 철도로 미국 동안(東岸) 또는 멕시코만 일대의 각 지점 항만까지 일관운송하는 서비스이다.
③ MB(Micro Bridge) : 동아시아에서 출발하여 미국 태평양 연안까지 해상운송하고 철도나 트럭으로 미국 내륙지역으로 운송하는 육상운송을 말한다.
④ SLB(Siberian Land Bridge) : 국제운송에서 시베리아를 교각처럼 활용하여 운송하는 복합운송 방식을 말한다. 시베리아 철도를 이용하여 한국, 일본, 극동, 동남아, 호주 등과 유럽 대륙, 스칸디나비아 반도를 복합운송 형태로 연결하고, 보스토치니까지 해상운송한 다음 시베리아 횡단철도로 각 유럽 대륙, 중동, 스칸디나비아 반도 등까지 운송한다.

69 해상손해의 형태 중 성격이 다른 하나는?

① 구조료
② 손해방지비용
③ 충돌손해배상책임
④ 특별비용

정답 ③

해설 ③ 충돌손해배상책임은 책임손해이며, 구조료, 손해방지비용, 특별비용은 비용손해에 해당한다.

해상손해의 분류

해상손해	물적손해	전 손	현실전손
			추정전손
		분 손	단독해손
			공동해손
	비용손해	구조료	–
		특별비용	
		손해방지비용	
		손해조사비용	
		공동해손비용	
	책임손해	충돌손해배상책임	
		공동해손분담금	

70 중재제도에 관한 설명으로 옳지 않은 것은?

① 중재계약은 계약자유의 원칙이 적용되는 사법상의 계약이라고 할 수 있다.
② 중재법정은 자치법정이라고 볼 수 있다.
③ 구제제도로서 중재판정취소의 소를 인정하고 있다.
④ 중재심문에는 증인을 출석시킬 수 있으며 선서도 시킬 수 있다.

정답 ④

해설 ④ 법원과 달리 중재판정부는 증인의 출석을 강제할 수 있는 권한이 없다.

71 제3자가 개입되지만 제3자는 당사자로 하여금 일치된 해결안에 도달하도록 도와주는 대체적 분쟁해결방법(ADR)의 한 유형은?

① 화 해   ② 알 선
③ 조 정   ④ 중 재

정답 ②

해설 제3자 개입에 의한 해결방법
- 알선 : 제3자가 개입되지만 제3자는 당사자로 하여금 일치된 해결안에 도달하도록 도와주는 대체적 분쟁해결방법
- 조정 : 양 당사자가 공정한 제3자를 조정인으로 두어 조정인이 제시하는 해결안에 합의함으로써 해결하는 방법
- 중재 : 당사자의 합의에 따라 중재인을 선정하여 중재인이 시행하는 중재판정에 의해 해결하는 방법
- 소송 : 비용 당사자의 일방이 상대방에게 강제를 가하려 법원에 제소함으로써 공권력 발동을 요청하는 방법

72 조건부 청약(Conditional Offer) 중 성격이 다른 것은?

① 예약불능 청약(Offer without engagement)
② 통지 없이 가격변동 조건부 청약(Offer subject to change without notice)
③ 시황변동 조건부 청약(Offer subject to market fluctuation)
④ 승인부 청약(Offer on approval)

정답 ④

해설 ④ 승인부 청약(Offer on approval)은 청약과 함께 물품을 송부하여 피청약자가 물품을 점검해 보고 구매의사가 있으면 그 대금을 지급하고 그렇지 않으면 반품해도 좋다는 조건의 청약이다.
①·②·③ 예약불능 청약(Offer without engagement)은 시황변동에 따라 사전통고 없이 제시가격이 변동될 수 있다는 조건의 청약으로 통지 없이 가격변동 조건부 청약(Offer subject to change without notice), 시황변동 조건부 청약(Offer subject to market fluctuation)이라고도 한다.

73 분쟁의 해결방법에 대한 설명 중 옳지 않은 것은?

① Amicable Settlement는 당사자간 클레임을 해결하는 방법이다.
② 중재과정에서 Amicable Settlement에 이르는 경우도 있다.
③ 당사자 간 분쟁해결방법으로 Mediation 또는 Conciliation도 고려해 볼 수 있다.
④ 중재는 서면에 의한 합의가 있어야 활용이 가능하다.

정답 ③

해설 ③ 조정(Mediation 또는 Conciliation)은 제3자의 개입에 의한 해결이다.

74 대리점계약에서 대리인과 본인 즉, 당사자 관계에 대한 설명 중 옳지 않은 것은?

① 대리점계약은 계약에 합의된 수수료를 본점이 대리점에게 지급하지만, 본점이 직접 주문을 받았다면 수수료를 지급할 의무가 없다.

② 대리점계약상에 명시규정이 없는 한, 대리인은 본점을 위해 주문을 수취하였더라도 그 지출한 거래비용을 본점으로부터 청구할 수 없다.

③ 본점이 계약만료 전에 정당한 사유 없이 계약을 종료하였을 때, 자신이 이미 제공한 서비스 수수료는 배상청구할 수 있지만 이후 취득할 수수료 등 직접적인 손해발생액은 배상청구할 수 없다.

④ 대리점은 본점에게 회계보고의 의무를 지고, 대리점의 회계보고는 계약조건이나 본점의 요구에 따라 행하여야 한다.

[정답] ③

[해설] ③ 본점은 계약만료 전에 정당한 사유 없이 계약이행의 의무를 위반하였을 경우에는 그 손해배상의 책임을 져야 한다.

대리점계약의 일반사항

• 계약 당사자인 본인(매도인) 대 대리인이라는 관계에서 본인(매도인)이 대리점에 본인(매도인)의 대리인으로서 행위를 할 권한을 부여하고 그 수권행위에 의해 매도인과 매수인 간의 권리와 의무관계를 규정한다.

• 대리점에게 법률상의 대리권을 부여하는 것이므로 본인(매도인)과 대리점 간에 상품의 매매가 직접 이루어지는 것이 아니라 매수인이 별도로 존재한다.

• 본점(Principal)이 결정할 수 있는 사항 : 계약해제
  – 계약 불이행, 파산 등 계약해제 사유
  – 최소 구매량 미이행 시 계약해제
  – 계약만료 및 해지 시의 정산 및 해지 만료 전에 발주된 계약물량에 대한 처리
  – 계약종료, 해지 시 본인 대리점 또는 판매점 판매품의 부품 대체품 공급의무

75 다음 설명 중 옳지 않은 것은?

① 한국 등 대륙법 국가에서 확정청약은 유효기간 내에 철회가 불가능하다.

② 영미법상 청약이 날인증서로 되어 있는 경우 철회가 불가능하다.

③ 영미법상 피청약자가 약인을 제공한 경우 철회가 불가능하다.

④ UCC상 청약의 유효기간이 3개월이 초과하는 경우에도 청약의 철회가 불가능할 수 있다.

[정답] ④

[해설] ④ 미국통일상법전(UCC)상 철회가 불가능한 확정청약은 청약의 유효기간이 3개월이 초과하지 않아야 한다고 규정되어 있다.

MEMO

PART 02

2019년 기출문제

무역영어 1급 기출이 답이다

무역영어 1급 기출이 답이다
2019년 제1회(114회) 기출문제

제1과목　**영문해석**

---

01 In what circumstance does the following apply?

> Incoterms 2010 rules include the obligation to procure goods shipped as an alternative to the obligation to ship goods in the relevant Incoterms rules.

① Deliver to the carrier
② Deliver on board the vessel
③ Sale of commodities sold during transit
④ Arrange goods at seller's premises

정답 ③

해석 다음은 어떤 상황에서 적용되는가?

인코텀즈 2010 규칙은 관련 인코텀즈 규칙에 대하여 물품 선적 대신 선적된 물품 조달 의무를 포함한다.

*procure : 구하다[입수하다]
*as an alternative to : ~의 대책[대안]으로서

① 운송인에게 물품을 전달할 때
② 선박에서 물품을 전달할 때
③ 운송 중에 판매된 상품의 판매
④ 판매자의 영내에서 물품을 진열할 때

해설 인코텀즈 2010의 연속매매에 대한 내용이다. 제조품의 매매와 대립되는 일차산품 매매의 경우, 흔히 운송 중 화물을 '연속적으로(down a string)' 여러 번 판매한다. 이런 연속매매의 경우 연속거래의 초기에 있는 매도인은 이미 선적하였기 때문에 연속거래의 중간에 있는 매도인이 물품을 선적하지는 않는다. 따라서 연속매매의 중간에 있는 매도인은 물품 선적 대신 물품 조달을 통하여 매수인에 대한 의무를 수행한다.

02 Below is about demand guarantee which is internationally used. Which is wrong?

A. Demand guarantee is a non-accessory obligation towards the beneficiary.
B. The guarantor remains liable even if the obligation of the applicant is for any reason extinguished.
C. The guarantor must pay on first demand with making objection or defence.
D. URDG 758 is an international set of rules produced by ICC governing the rights and obligations of parties under demand guarantees.

① A only
② A + B only
③ C only
④ C + D only

정답 ③

해석 다음은 국제적으로 사용되는 청구보증에 대한 내용이다. 잘못된 것은 무엇인가?

A. 청구보증은 수익자에 대한 비 부대채무이다.
B. 보증인은 개설의뢰인의 의무가 어떤 이유에서든 소멸되더라도 법적 책임이 남아있다.
C. 보증인은 첫 번째 지급요구에 대해 지급을 하지 않을 수도 있다.
D. 청구보증통일규칙 758(URDG 758)은 ICC에 의해 생산된 일련의 규칙으로 청구보증 하에서 당사자들의 권리와 의무를 관장한다.

*Demand guarantee : 청구보증
*accessory : 부수[보조]적인, 부(副)-
*extinguish : 끝내다, 없애다

해설 ③ 청구보증서가 발행되면 보증인은 1차적으로 지급 책임을 부담한다.
청구보증통일규칙(Uniform Rules for Demand Guarantees ; URDG 758)
청구보증은 지급청구서 및 기타보증서에 규정된 서류를 구비하여 유효기간 내에 지급청구를 하면 수익자에게 일정한 보증금을 지급한다는 지급약속을 말한다. 청구보증은 입찰보증, 계약이행보증, 선수금환급보증 등의 분야에서 주로 사용되고 있다. 청구보증통일규칙은 청구보증에 사용되는 통일규칙으로 청구보증에의 적용, 용어, 해석의 기준과 요건 등을 규정해 둔 규범을 의미한다.

03 What has a similar function with Demand guarantee?

A. Surety Bond
B. Commercial L/C
C. Standby L/C
D. Aval

① A only
② B only
③ C only
④ all of them

[정답] ③

[해석] 청구보증과 유사한 기능을 갖고 있는 것은 무엇인가?

A. 보증증서
B. 상업신용장
C. 보증신용장
D. 어음보증

[해설] 청구보증과 보증신용장의 관계

• 청구보증(Demand guarantee) : 채무불이행의 사실 여부 입증과는 관계없이 지급청구서 및 보증장이 정하는 것과 일치되는 서류를 제시하는 것만으로 보증채무의 이행을 요구할 수 있는 것으로, 그 성격은 보증신용장(Stand-by L/C)과 동일하다고 볼 수 있다.

• 보증신용장(Stand-by credit) : 국제보증업무 등에 사용되는 보증신용장은 고객이 현지은행으로부터 금융서비스를 받거나 화환신용장을 개설 받고자 할 때, 자신이 거래은행에 요청하여 그 거래은행이 현지은행(수익자) 앞으로 고객의 채무보증을 확약한다는 뜻으로 개설하는 신용장을 말한다. 따라서 일반적인 화환신용장처럼 물품에 대한 결제수단으로 이용되는 것이 아니고 해외 현지법인이나 지점이 현지에서 금융담보조나 또는 건설·용역과 관련된 입찰기관에의 입찰보증(Bid bond)·계약이행보증(Performance bond)·하자보증(Maintenance bond) 등에 대한 채무보증의 성격을 띠고 있으며, 운송서류가 없이 단지 채무불이행에 관한 사실 서류와 환어음에 의해서 대금지급이 확약되므로 무담보신용장(Clean L/C)이라고도 한다.

보증증서(Surety Bond)

일정액의 금전을 지급하는 것을 약속하거나 어느 채무가 존재하고 있는 것을 확인하고 있는 증거서류를 말한다. 즉, A(수입자)가 B(수출자)에게 지고 있는 채무를 이행하지 않는 경우에는 B에 대해 지급한다는 C(은행)의 채무확인서를 말한다.

04 Which is NOT correct according to following situation?

> Goods are taken in charge at Daegu, Korea for transport to Long Beach, California, under a price term "CIP Long Beach, California, Incoterms 2010".

① The seller will arrange transportation.

② The seller will pay for freight to Long Beach.

③ Risk will pass to the buyer upon delivery of the goods to the carrier at Daegu.

④ The Buyer will take risk from the time the goods arrive at Long Beach.

[정답] ④

[해석] 다음 상황에 따르면 옳지 않은 것은?

> 대한민국 대구에서 물품 인수 '인코텀즈 2010 CIP 롱비치 캘리포니아' 조건으로 캘리포니아 롱비치로 운송

① 매도인이 운송편을 구할 것이다.

② 매도인이 롱비치까지 운임을 지불할 것이다.

③ 위험부담은 대구에서 물품이 운송인에게 이송되는 순간 매수인에게로 전달될 것이다.

④ 매수인은 물품이 롱비치에 도착하는 때부터 위험을 감수할 것이다.

[해설] 운임·보험료지급 인도조건(CIP ; Carriage and Insurance Paid to)
- CIP는 CPT 조건에 운송 도중의 위험에 대비한 적하보험계약을 체결하고 보험료를 지급하는 것을 매도인의 의무에 추가한 조건(매도인 수출통관)
- 물품의 인도장소 : 지정된 운송인
- 물품에 대한 매매당사자의 위험부담의 분기점(위험이전) : 지정된 운송인(물품을 지정목적지까지 운송할 운송인의 보관하에 최초 운송인에게 물품 인도 시)
- 물품에 대한 매매당사자의 비용부담의 분기점(경비이전) : 합의된 목적지(매도인은 물품 인도 시까지 모든 비용과 지정목적지 운임·보험료 부담)
- 매도인(Seller)과 매수인(Buyer)의 책임

매도인(Seller)	매수인(Buyer)
• 수출통관 필 • 자기가 지명한 운송인 또는 기타 당사자에게 물품 인도 • 운임 부담, 보험계약 체결 • 통상의 운송서류를 지체 없이 매수인에게 제공	• 물품이 운송인에게 인도된 이후의 모든 위험 부담 • 지정목적지까지의 운송비 이외 모든 비용 부담

05 What does the following explain?

> This is non-negotiable transport document and simply evidences that goods are on the way and should only be used when title and financing are not issues. Its function is contract, receipt, and invoice for the goods carried by sea.

① Charter party B/L
② Bill of Lading
③ Air waybill
④ Sea waybill

정답 ④

해석 다음은 무엇을 설명하고 있는가?

> 이것은 비유통 운송증권으로 단순히 물품이 운송 중이라는 증거서류이며 권리증권과 재정서류가 발행되지 않았을 경우에 한해서만 사용되어야 한다. 해상운송 물품의 운송계약과 운송화물수령증의 기능을 한다.

① 용선계약 선하증권
② 선하증권
③ 항공화물운송장
④ 해상화물운송장

해설 해상화물운송장(Sea Waybill ; SWB)
- 선하증권과 달리 운송중인 화물에 대한 전매 필요성이 없는 경우 발행되는 선적서류로 유통성 있는 권리증권이 아니라는 점을 제외하면 선하증권과 성질 및 기능이 동일하다.
- SWB 또한 운송계약의 증거서류이자 운송화물에 대한 수령증(화물수취증)이며 기명식으로만 발행된다.
- 해상화물운송장은 선하증권과 마찬가지로 운송계약의 증거, 즉 화물 수취 증거로서 발행되지만 유가증권이 아니다.
- 선하증권과 해상화물운송장은 양자택일이다. 선하증권이 발행되면 해상화물운송장은 발행되지 않는다.
- 해상화물운송장은 화물의 수취증일 뿐이므로 양륙지에서 화물과 상환으로 제출되는 것을 조건으로 하지 않는다.
- 권리증권이 아닌 기명식이고 비유통증권이므로 결국 선하증권과 다르다.
- 해상화물운송장은 비유통성, 운송중인 화물 전매 불가, 분실 시 위험성이 적다는 점, 기명식으로만 발행된다는 점에서 항공화물운송장(AWB)과 유사하다.

06 If seller and buyer enter into sales contract incorporating 'FCA Busan Container Depot', which of the following transport documents would be acceptable to the buyer?

> A. Air Waybill marked 'freight paid at destination'.
> B. Bill of Lading marked freight paid.
> C. Combined Bill of lading marked freight payable at destination.
> D. Multimodal Bill of lading marked freight paid.

① A only

② A + B only

③ C only

④ C + D only

정답 ③

해설 만약 매도인과 매수인이 'FCA 부산 컨테이너 창고 조건'과 결합한 계약을 한다면, 아래 운송서류 중 매수인이 승인할 수 있는 것은 무엇인가?

A. '도착지 운임지급필'이 표기된 항공화물운송장
B. 운임지급필 표기된 선하증권
C. 도착지 지급운임 표기된 복합운송 선하증권
D. 운임지급필 표기된 복합운송 선하증권

*freight paid : 운임지급필
*Combined Bill of lading [Multimodal Bill of lading] : 복합운송 선하증권
*freight payable at destination : 도착지 지급운임[후지급운임], 지정된 양륙지에서 화물과 상환하여 지급하는 운임

해설 운송인 인도조건(FCA ; Free CArrier)
• 매도인이 매도인의 구내(Seller's Premises) 또는 그 밖의 지정장소에서 약정기간 내에 매수인이 지정한 운송인 또는 그 밖의 당사자에게 수출통관을 필한 계약물품을 인도해야 하는 조건(매도인 수출통관 의무)
• 물품의 인도장소
 − 매도인의 작업장(매도인은 운송수단에 물품을 적재할 의무가 있음)
 − 매수인이 지정한 운송인(물품 양하는 매수인의 책임)
• 물품에 대한 매매당사자의 위험부담의 분기점(위험이전) : 운송인에게 인도한 시점(매도인은 지정된 장소에서 매수인이 지정한 운송인에게 수출통관이 된 물품을 인도하며, 이 조건은 항공, 철도, 도로, 컨테이너, 복합운송과 같은 모든 운송형태에 적합)
• 물품에 대한 매매당사자의 비용부담의 분기점(경비이전) : 운송인에게 인도한 시점(매도인은 인도할 때까지 모든 비용 부담)

07 Incoterms are a series of pre-defined commercial terms published by the International Chamber of Commerce(ICC) relating to international trade rules. What is WRONG in the explanation of Incoterms 2010?

① Incoterms by themselves do not define where title transfers.

② Incoterms support the sales contract by defining the respective obligations, costs and risks involved in the delivery of goods from the Seller to the Buyer.

③ Incoterms are used in the Sales Contract, suitable INCOTERM rule and place or port are to be specified.

④ DDP and DAP are the Incoterms where the Seller has responsibility for import.

[정답] ④

[해석] 인코텀즈는 사전에 정의된 일련의 상업적인 용어들로 ICC에 의해 간행되었으며 국제 무역규범과 관련있다. 인코텀즈 2010에 대한 설명이 틀린 것은 무엇인가?
① 인코텀즈 자체는 권리증거가 어디서 이양되는지 정의하지 않는다.
② 인코텀즈는 물품이 매도인으로부터 매수인에게 인도되는 과정에 포함된 각각의 의무와 가격, 위험부담에 대해 정의함으로써 매매계약을 지원한다.
③ 인코텀즈는 매매계약서에 적절한 인코텀즈 규칙과 장소 혹은 항구가 명기됨으로써 사용된다.
④ DDP와 DAP 조건은 매도인이 수입통관의 책임이 있다.

[해설] ④ DAP(Delivered At Place) 조건에서 매도인은 물품만 운송시켜 주고, 물품의 수입통관은 매수인이 진행한다.
D그룹 거래조건(DDP와 DAP)
• DDP[Delivered Duty Paid, (지정목적지) 관세지급 인도조건] : 매도인이 지정목적지에서 수입통관을 필한 물품을 도착된 운송수단으로부터 양하하지 않은 상태로 매수인에게 인도하는 조건
• DAP[Delivered at Place, 목적지 인도조건] : 지정목적지에서 수입통관을 필하지 않은 계약물품을 도착된 운송수단 으로부터 양하하지 않은 상태로 매수인의 임의처분상태로 인도하는 조건(매도인 수출통관/매수인 수입통관)

08 Below explains Bill of Exchange. Who is the underlined one?

> A bill of exchange is an unconditional order, in writing addressed by <u>one</u> person to another, signed by the person giving it, requesting the person to whom it is addressed to pay certain amount at sight or at a fixed date.

① Drawer
② Drawee
③ Payee
④ Payer

해석 아래는 환어음에 대한 설명이다. 밑줄 친 것은 누구인가?

환어음은 무조건적인 지급 요식 유가증서로 <u>어음발행인</u>이 지급인으로 하여금 소지인이 제시하면 명기된 지급일에 일정한 금액을 지급하기로 되어 있다.

*unconditional : 무조건적인

① 어음발행인   ② 지급인
③ 수취인   ④ 지불인

해설 환어음(Draft ; Bill of Exchange)
어음발행인(Drawer)이 지급인(Drawee)인 제3자로 하여금 일정 금액을 수취인(Payee) 또는 그 지시인(Orderer) 또는 소지인(Bearer)에게 지급일에 일정한 장소에서 무조건 지급할 것을 위탁하는 요식 유가증권이자 유통증권 (Negotiable instrument)을 말한다.

09   What is NOT watching point in application of Incoterms 2010?

① DDP – Some taxes such as VAT are only payable by a locally-registered business entity, so there may be no mechanism for the seller to make payment.

② CPT – The buyer should enquire whether the CPT price includes THC, so as to avoid disputes after arrival of goods.

③ EXW – Although the seller is not obliged to load the goods, if the seller does so, it is recommended to do at the buyer's risk.

④ FOB – If the goods are in containers, FOB may be appropriate.

해석 인코텀즈 2010의 적용 시 주의사항이 아닌 것은?
① DDP : VAT 같은 일부 세금은 국내 등록된 기업체에 의해서만 지불 가능하므로 매도인이 지불하는 장치가 없다.
② CPT : 매수인은 운송비 지급 인도조건(CPT)에 터미널화물처리비(THC) 포함 여부를 문의해서 물품 도착 이후 논쟁을 피해야 한다.
③ EXW : 매도인이 물품 적재의무가 없지만 그렇게 한다면, 매수인 위험부담에서 권장사항이다.
④ FOB : 물품이 컨테이너에 있다면, 본선 인도조건(FOB)은 적절하다.

해설 적절한 Incoterms의 선택(Incoterms 2010 개정내용 중 실무상 유의점)
• Incoterms의 선택은 당해 물품과 그 운송방법에 적합하여야 하고, 무엇보다도 예컨대 운송계약의무나 보험계약체결의무 등을 매도인 또는 매수인 중에서 누가 부담하도록 의도하는지에 적합하여야 한다.
• 예컨대, 매매물품이 컨테이너에 적입되어 복합운송으로 운송되거나, 항공운송으로 신속하게 운송되어야 하는 경우에, FOB나 CFR・CIF가 아니라 FCA나 CPT・CIP를 사용하여야 한다.
• 매수인이 수출국의 항구나 공항의 사정을 잘 알지 못하여 스스로 운송계약을 체결할 수 없는 경우에, FCA나 FOB가 아니라 CPT나 CIP, CFR, CIF가 사용되어야 한다.
• 매수인이 직접 부보하고자 하는 경우에, CIP나 CIF를 피하여야 한다.

10 What is most WRONG in the explanation of global business?

① Protectionism holds that regulation of international trade is important to ensure the markets protection.

② Tariffs, subsidies and quotas are common examples of protectionism.

③ FDI leads to a growth in the gross domestic product of investing country.

④ As a result of international trade, the market becomes more competitive by bringing a cheaper product to the consumer.

정답 ③

해석 글로벌 비즈니스에 대한 설명으로 가장 옳지 않은 것은?

① 보호무역주의는 시장 보호를 보장하기 위해 국제무역 규정이 중요하다고 간주한다.

② 관세와 보조금, 할당량은 보호무역주의의 일반적인 예이다.

③ 해외직접투자(FDI)는 투자국 국내총생산(GDP)의 성장을 이끈다.

④ 국제무역의 결과, 시장은 더 저가의 생산품을 소비자에게 제공함으로써 더욱 경쟁이 치열해졌다.

해설 해외직접투자의 장·단점

장 점	• 해당 기업의 경쟁우위를 가장 잘 실현할 수 있는 시장진입 방법 • 관리, 기술, 생산 및 마케팅, 자본 및 기타 자산을 하나의 기업 형태로 결합하여 목표시장에 이전하고 자신의 통제 하에 두기 때문에 통제력 강화 • 현지 시장국의 입지우위 활용 기회 극대화(저렴한 노동력, 풍부한 자원) • 수입장벽 우회 수단 • 현지 소비자 요구·반응의 신속 반영가능 • 원가절감을 통한 공급가격을 하락 • 수익증대 효과(라이센싱, 자본첨가)
단 점	• 기업자원의 투입이 많아 투자 위험도가 높음 • 특히 초기 투자비가 많이 소요되고 투자회수기간이 깊 • 미진한 성과나 전략 수정으로 인한 투자 철수가 용이하지 않음 • 현지국의 정치적 위험에 노출

*Protectionism : (무역) 보호주의
*ensure : 반드시 ~하게[이게] 하다, 보장하다
*Tariff : 관세
*subsidies : 보조금
*quotas : (수출입 등에 공식적으로 허용되는) 한도[할당](량)
*gross domestic product : 국내총생산(略 GDP)
*competitive : 경쟁력 있는, 뒤지지 않는

I recently purchased from your catalog OEM Toner Cartridge No. 123 for USD74.99 per piece, which was advertised to be 20 percent below the normal price. I received the toner cartridge two days later and felt completely satisfied with my purchase.

While looking through the Sunday edition of THE BOSTON GLOBE yesterday, I noticed the same toner cartridge selling for USD64.99 at Global Computer Outlet.

You say you won't be undersold on any merchandise. If that's true, I'd appreciate a refund of USD (   ) since we bought 100,000 cartridges.

Thank you.

Sincerely,

Skip Simmons

11   What is MOST suitable for the blank?

① 10   ② 1,000,000

③ 100,000   ④ 6,499,000

12   Which is MOST likely to be enclosed in this letter?

① Writer's first inquiry letter

② A copy of invoice and Global Computer Outlet's advertisement

③ A copy of catalog

④ A copy of price list which Simmons sent

정답   11 ②   12 ②

해석

저는 최근 귀사의 카탈로그에서 OEM Toner Cartridge No. 123를 개당 74.99 US 달러에 구입했는데, 그것은 정상가보다 20퍼센트 할인된다고 광고되었습니다. 저는 2일 후 토너 카트리지를 수령했고, 이번 구매에 완벽하게 만족했습니다.

어제 THE BOSTON GLOBE지 일요일판을 훑어보는데, 동일 제품이 글로벌 컴퓨터 아웃렛에서는 64.99 US 달러에 판매되고 있는 것을 알았습니다.

귀사는 어떤 상품도 그 이하 가격에 판매되지 않을 것이라고 말했습니다. 그것이 사실이라면, 저는 US (1,000,000) 달러를 환불받고 싶습니다. 당사는 100,000개의 카트리지를 구입했기 때문입니다.

감사합니다.

충심으로,

Skip Simmons

11 빈 칸에 가장 적절한 것은 무엇인가?

12 이 서신에 동봉된 것은 무엇인가?
① 저자의 첫 번째 문의서신
② 대금청구서 사본과 글로벌 컴퓨터 아웃렛의 광고 사본
③ 카탈로그 사본
④ 시몬스가 보낸 가격 목록 사본

해설 11
7,499,000(74.99달러 × 100,000개) − 6,499,000(64.99달러 × 100,000개) = 1,000,000달러

12
서신은 글로벌 컴퓨터 아웃렛의 판매가보다 비싸게 구입한 금액만큼 환불받기 원한다는 내용이므로 ②가 정답이다.

[13~14] Read the following and answer the questions.

I read your ad in the January issue of <u>Mobile Homes Monthly</u> looking for Carefree Mobile Homes in the Atlanta area.
I would like to learn more about Carefree Mobile Homes and their incentive program for dealers. Mobile Homes are very popular in this area, and I am most interested in hearing more about your products and marketing opportunities.

13 What is being sought in <u>Mobile Homes Monthly</u>?

① Job offer for technician
② Retail dealership
③ Customer recruitment for Mobile Homes service
④ Promotion to offer special discount

14 Who is the receiver of the letter?

① Magazine editor
② Dealer in Atlanta
③ Carefree Mobile Homes company
④ Customer center for mobile service

해석

나는 <u>월간 모바일 홈즈</u> 1월호에 실린 애틀랜타 지역에서 '케어프리 모바일 홈즈'를 구하는 귀사의 광고를 읽었습니다.

나는 '케어프리 모바일 홈즈'와 중개인들을 위한 인센티브 프로그램에 대해 좀 더 배우고 싶습니다.

이동주택은 이 지역에서 매우 인기 있으며 귀사의 제품과 마케팅 기회를 더 듣는 데 관심이 있습니다.

13 **월간 모바일 홈즈에서 찾고 있는 것은 무엇인가?**
① 기술자를 구하는 일자리 제의
② 소매 대리점
③ 이동주택 서비스를 위한 소비자 모집
④ 특별할인 제안 판촉활동

14 **위 서신의 수령인은 누구인가?**
① 잡지 편집자
② 애틀랜타의 중개인
③ 케어프리 모바일 홈즈 회사
④ 모바일 서비스 고객센터

해설 **13**

글쓴이는 잡지에 실린 광고를 보고 이동주택과 중개인을 위한 인센티브 프로그램을 배우고 싶다고 했으므로 정답은 ②이다.

14

잡지 광고를 보고 이동주택과 중개인을 위한 인센티브 프로그램을 배우고 싶다는 서신의 내용으로 미루어 정답은 ③이다.

2019 제1회 기출문제

[15~17] Read the following letter and answer the questions.

I have now received our (A) <u>assessor's</u> report with reference to your claim in which you asked for (B) <u>compensation</u> for damage to two turbine engines which were shipped ex—Liverpool on the Freemont on 11 October, for delivery to your customer, D.V. Industries, Hamburg.

The report states that the B/L was <u>claused</u> by the captain of the vessel, with a (C) <u>comment</u> on cracks in the casing of the machinery.

Our assessor believes that these cracks were the first signs of the weakening and splitting of the casing during the (D) <u>voyage</u>, and that this eventually damaged the turbines themselves.

(   )

I am sorry that we cannot help you further.

---

15 Which could NOT be replaced with the underlined (A), (B), (C) and (D) parts?

① A : surveyor

② B : compliment

③ C : remark

④ D : trip

16 Which could not be replaced with the underlined <u>claused</u>?

① commentary

② dirty

③ unclean

④ foul

17 Which of the following BEST fits the blank in the letter?

① I regret that we can accept liability for goods if they are shipped clean.

② I regret that we cannot accept liability for goods unless they are shipped clean.

③ I am very happy that we accept liability for goods as they are shipped clean.

④ I regret that we cannot accept liability for goods even though they are shipped clean.

해석

나는 지금 당사 (A) <u>평가자</u>의 보고서를 받았는데, 손상된 터빈 엔진 두 개에 대한 (B) <u>보상</u>을 요청하는 귀사의 클레임과 관련된 것입니다. 상기 화물은 10월 11일 리버풀 인도로 프리몬트에서 선적되어 함부르크에 있는 귀사의 고객 D.V. 인더스트리사로 운송되었습니다.

보고서는 기술하기를 선하증권은 선박의 선장에 의해 기계류 포장의 균열에 대한 (C) <u>조항</u>이 붙었다고 했습니다. 당사의 평가는 이 균열은 (D) <u>운송</u> 도중에 포장이 약해지고 갈라져서 생긴 최초의 사인이며, 이것이 결과적으로 터빈 엔진을 손상시켰다고 믿고 있습니다.

(물품이 깨끗한 상태로 선적되지 않았다면, 당사가 물품에 대한 법적 책임을 받아들일 수 없어서 유감입니다.)

유감스럽게도 당사는 귀사에 더 이상 도움을 줄 수 없습니다.

*assessor : 평가자
*claused : 조항이 붙은

15 밑줄 친 (A), (B), (C)와 (D) 부분을 대체할 수 있는 것으로 옳지 않은 것은?
① A : 조사자
② B : 찬 사
③ C : 표시하다
④ D : 이 동

16 밑줄 친 <u>claused</u>와 대체될 수 없는 것은?
① 해 설
② 더러운, 지저분한
③ 더러운, 부정한
④ 더러운, 악취 나는

17 다음 중 서신의 빈 칸에 들어갈 가장 알맞은 문장은?
① 물품이 깨끗한 상태로 선적되었다면, 당사가 물품에 대한 법적 책임을 받아들일 수 있는 것이 유감입니다.
② 물품이 깨끗한 상태로 선적되지 않았다면, 당사가 물품에 대한 법적 책임을 받아들일 수 없는 것이 유감입니다.
③ 물품이 깨끗한 상태로 선적된 채로 당사가 물품에 대한 법적 책임을 받아들일 수 있는 것이 다행입니다.
④ 물품이 깨끗한 상태로 선적되었음에도 불구하고 당사가 물품에 대한 법적 책임을 받아들일 수 없는 것이 유감입니다.

해설 **15**

위 서신은 손상된 터빈 엔진의 보상 요청에 대해 운송 중 포장이 찢어져서 생긴 것이므로 보상할 수 없다는 내용이다. (B) 보상에 대해 ② compliment(찬사)는 대체할 수 없다.

16

claused는 '(조항 등이) 붙은'이라는 뜻이므로 신용장상에 손상 및 과부족이 있어 dirty, unclean, foul 등의 표기가 기재되었다는 의미와 유사하다.

*commentary : 해설
*dirty : 더러운, 지저분한
*unclean : 더러운, 부정한
*foul : 더러운, 악취 나는

17

운송 중 생긴 포장의 찢어짐으로 인해 생긴 물품의 손상을 보상할 수 없다는 서신의 내용으로 미루어 정답은 ②이다.

18 Under UCP 600, what is NOT correct?

> • Seller is in Seoul, Korea
> • Buyer is in Frankfurt, Germany
> • Seller sells USD 100,000.00 worth of goods to Buyer
> • Buyer uses Deutche Bank to open the Letter of Credit
> • This unconfirmed letter of credit requires a '90 days after sight' draft from the beneficiary.

① The drawer of draft is seller.

② Issuing bank is to reimburse for complying presentation, whether or not the nominated bank purchased before the maturity of draft.

③ The draft shall be drawn on the buyer.

④ The seller may apply silent confirmation.

정답 ③

해석 UCP 600 하에서, 옳지 않은 것은?

> • 매도인은 한국 서울에 있다.
> • 매수인은 독일 프랑크푸르트에 있다.
> • 매도인은 US 100,000.00달러의 상품을 매수인에게 판매한다.
> • 매수인은 도이치 은행에 신용장을 개설한다.
> • 이 미확인 신용장은 수익자로부터 '일람 후 90일 출급 환어음'을 요구한다.

① 어음 발행인은 매도인이다.
② 신용장 개설은행은 어음만기일 전에 지정은행의 매입 여부에 상관없이 일치하는 제시를 변제해야 한다.
③ 어음은 매수인에게 발행될 것이다.
④ 매도인은 침묵의 확인을 적용할 수도 있다.

해설 ③ 신용장 하에서 선적서류와 어음이 제시될 경우 발행은행이나 발행은행의 지정은행이 일정금액의 어음을 매입(Negotiation), 인수(Acceptance) 또는 지급(Payment)할 것을 어음 발행인(매도인, 수출상)에게 보증한다. 따라서 어음은 매도인에게 발행될 것이다.

19 What kind of charter does the following explain?

It is a charter, an arrangement for the hiring of a vessel, whereby no administration or technical maintenance is included as part of the agreement.

In this case, the charterer obtains possession and full control of the vessel along with the legal and financial responsibility for it. Also the charterer pays for all operating expenses, including fuel, crew, port expenses and P&I and hull insurance.

① Demise charter
② Voyage charter
③ Time charter
④ Trip charter

정답 ①

해석 다음에서 설명하고 있는 것은 어떤 종류의 용선계약인가?

이것은 선박을 임대하는 협정계약으로 계약의 일부로 행정적인 또는 기술적인 유지를 포함하고 있지 않다. 이 경우, 용선자는 선박 소유권을 획득하고 법적인 재정적인 책임과 함께 선박을 통제한다. 또한 용선자는 연료비, 선원, 항구 정박비용, 선주상호보험(P&I), 선체보험료를 포함한 일체의 운행경비를 지불한다.

① 나용선계약
② 항해용선계약
③ 정기/기간용선계약
④ 항해용선계약

해설 용선계약의 종류

정기/기간용선계약 (Time charter)	• '용선 기간'을 기준으로 대가(용선료)를 산정하는 방식으로 선원 및 선박에 필요한 모든 용구를 비치시킨 내항성(Seaworthiness)을 갖춘 선박을 일정기간 용선하는 것 • 선주는 선용품, 수리비 등 직접비와 보험료, 금리 등 간접비 부담, 용선자는 용선료 외에 연료비, 항구세 등 운항비 부담
항해용선계약 (Voyage/Trip charter)	• 한 항구에서 다른 항구까지 1항차 또는 수개항차의 운송을 기준으로 체결하는 용선계약으로 특정항해구간에 대해서만 운송계약 체결 • 용선료는 실제 적재량(톤당 얼마 등)을 기준으로 책정 • Lump-sum charter(선복용선계약), Daily charter(일대용선계약)
나용선계약 (Demise/Bareboat charter)	• 의장은 제외하고 오직 배만 빌리는 것으로 용선자가 선박을 제외한 선장, 선원, 선체보험료, 항해비, 수리비, 장비와 소요품 일체를 책임지는 용선계약 • 표준서식 : 영국의 Bareboat Charter Party(1951년 개정), 일본해운집회소의 나용선계약서

20 What is the MAIN purpose of the letter?

Dear Mr. Colson :

Thank you for your application for credit at Barrow.

We appreciate your interest.

Your personal references are exceptionally good, and your record of hard work indicates that your business prospects are good for the near future.

Unfortunately, at the present, your financial condition only partially meets Barrow's requirements. We cannot extend the USD500,000 open credit you requested.

Please call me at your convenience. I am sure we can set up a program of gradually increasing credit that will benefit both of us. Meanwhile, remember that deliveries on cash purchase are made within two days.

Let me hear from you soon. We are interested in your business venture.

① to praise the good credit report

② to offer the credit increase

③ to deny credit extension

④ to continue the business with the company

정답 ③

해석 이 서신의 주요 목적은 무엇인가?

친애하는 Colson씨께 :

Barrow에서 신용을 신청해주셔서 감사합니다.

당사는 귀하의 관심에 감사드립니다.

선생님의 신원조회는 매우 좋고, 열심히 일한 기록으로 조만간 귀사가 번창할 것으로 예상됩니다.

불행스럽게도, 현재 귀사의 재정적인 상황은 Barrow의 요구사항에 단지 일부만 충족됩니다. 당사는 귀하가 요구하신 US 500,000달러 자유매입신용장을 연장할 수 없습니다.

편리한 시간에 전화 주십시오. 당사가 단계적 신용 증강 프로그램을 구축해서 귀사와 저희가 모두 이익을 얻을 수 있게 되리라 확신합니다. 그 동안에, 배달 물품은 2일 안에 현금 구매하는 것을 기억하십시오.

빠른 시일에 답변을 보내주시기 바랍니다. 당사는 귀사의 사업상의 모험에 관심을 갖고 있습니다.

① 좋은 신용보고서를 칭찬하기 위해서

② 신용을 늘리는 것을 제안하기 위해서

③ 신용장 연장을 거절하기 위해서

④ 그 회사와 거래를 계속하기 위해서

해설 'We cannot extend the USD500,000 open credit you requested.'로 미루어 정답은 (자유매입)신용장을 더 이상 연장할 수 없다는 내용을 나타내는 ③이다.

21 Which is NOT correct in accordance with CISG?

① An offer becomes effective when it reaches the offeree.

② An offer, even if it is irrevocable, may be withdrawn if the withdrawal reaches the offeree before or at the same time as the offer.

③ A statement made by or other conduct of the offeree indicating assent to an offer is an acceptance.

④ Silence or inactivity in itself amounts to acceptance.

정답 ④

해석 CISG와 일치하지 않는 것은?
① 청약은 피청약자에게 도달할 때 효력을 발생한다.
② 청약은 취소 불가능하더라도, 철회의 의사표시가 청약의 도달 전 또는 그와 동시에 피청약자에게 도달하는 경우에는 철회할 수 있다.
③ 청약에 대한 동의를 표시하는 피청약자의 진술 또는 기타의 행위는 승낙이 된다.
④ 침묵 또는 부작위 그 자체로 승낙이 된다.

해설 ④ CISG 제18조 침묵 또는 부작위 그 자체로는 승낙이 되지 않는다.
① CISG 제15조 (1) ② CISG 제15조 (2) ③ CISG 제18조

22 Which of the following is NOT covered by ICC(C)?

① Explosion

② Washing overboard

③ Jettison

④ General average sacrifice

정답 ②

해석 ICC(C) 조항에 의해 보상되지 않는 것은 무엇인가?
① 폭 발
② 갑판유실위험
③ 투 하
④ 공동해손 희생손해

해설 ② 파도에 의한 갑판상 유실, 선박 내에 빗물 유입 및 지연에 의한 손실 등은 ICC(B)에서는 담보되나 ICC(C)에서는 보상하지 않는다.

23 What is WRONG with the roles of freight forwarders?

① They act as an agent on behalf of shipper in moving the cargo to the destination.

② They are familiar with the methods of shipment and required documents relating to foreign trade.

③ They have primary responsibility for paying duties and taxes for import customs charges.

④ They assist the customers in preparing price quotations by advising on freight costs, port charges, cost of documentation, handling fee, etc.

정답 ③

해석 운송주선인의 역할로 옳지 않은 것은 무엇인가?

① 그들은 중개인으로서 선박처리업자를 대신해서 화물을 목적지로 이동시킨다.

② 그들은 선적 방법과 해외 무역 관련 수비 서류에 익숙하다.

③ 그들은 세금과 수입통관 세금 지불에 주요한 책임을 갖고 있다.

④ 그들은 화물운송비와 항만사용료, 서류 작성비, 수수료 등 경비에 대해 조언해서 견적서 준비 과정에 고객들을 돕는다.

해설 운송주선인(Freight Forwarder)의 역할

• 전문적인 조언
• 운송관계서류의 작성
• 운송계약의 체결
• 선복의 예약
• 항구로 반출
• 통관수속
• 운임 및 기타 비용의 입체
• 포장 및 창고 보관
• 화물의 관리 및 분배
• 혼재서비스
• 시장조사

*on behalf of : ~을 대신하여
*price quotations : 견적서
*handling fee : 수수료

24 Under UCP 600, what is NOT an appropriate statement for the amendments of Letter of Credit?

① A credit can neither be amended nor cancelled without the agreement of Seller, Buyer and issuing bank.

② The terms and conditions of the original credit will remain in force for Seller until Seller communicates its acceptance of the amendment.

③ If Seller fails to give notification of acceptance or rejection of an amendment, a presentation that complies with any not yet accepted amendment will be deemed to be notification of acceptance of such amendment.

④ Partial acceptance of an amendment is not allowed and will be deemed to be notification of rejection of the amendment.

정답 ①

해석 UCP 600 하에서, 신용장 조건변경에 대해 적절하지 않은 문장은 무엇인가?
① 신용장은 매도인과 매수인, 개설은행의 동의 없이는 변경되거나 취소될 수 없다.
② 원신용장의 조건은 매도인이 그러한 조건변경에 대한 승낙의 뜻이 전달될 때까지 매도인에게 유효하다.
③ 만일 매도인이 조건변경에 대한 승낙이나 거절의 통지를 하지 않는다면, 아직 승낙되지 않는 모든 조건변경에 일치하는 제시는 그러한 조건변경에 대한 승낙 통지로 간주된다.
④ 조건변경에 대한 부분 승낙은 허용되지 않으며 조건변경에 대한 거절의 뜻으로 간주된다.

해설 ① UCP 600 제10조 조건변경 중 a항으로 '신용장은 개설은행과 확인은행, 수익자의 동의 없이는 변경되거나 취소될 수 없다.'로 바뀌어야 한다.

25 The following statement is a part of contract. What kind of clause is it?

> If any provision of this Agreement is subsequently held invalid or unenforceable by any court or authority agent, such invalidity or unenforceability shall in no way affect the validity or enforceability of any other provisions thereof.

① Non-waiver clause   ② Infringement clause
③ Assignment clause   ④ Severability clause

정답 ④

해석 다음은 계약의 일부이다. 어떤 조항에 대한 것인가?

본 계약의 일부조항이 후에 법원 또는 관계당국에 의해 무효 또는 집행 불능으로 판단되었을 경우에도 그 무효 또는 집행 불능은 본 계약의 기타 조항의 유효성 또는 강행성에 아무런 영향을 주지 않는다.

해설 ④ 계약분리조항(Severability clause)은 계약의 일부 조항이 무효라고 해도 기타 조항은 유효하다는 것이다. 다만 중요한 부분이 무효가 되는 때에 계약 자체가 무효되는 경우가 있으므로, 무조건적인 효력을 가지지는 않는다.

26 Which of the following BEST fits the blank?

> In the event of (　　　), the assured may claim from any underwriters concerned, but he is not entitled to recover more than the statutory indemnity.

① reinsurance
② double insurance
③ coinsurance
④ full insurance

정답 ②

해석 다음 중 빈 칸에 가장 적절한 것은?

(중복보험)의 경우, 피보험자는 보험사로부터 보험금을 청구할 수 있지만, 그는 법적 보상보다 더 보상받지 않는다.

해설 해상보험에서 중복보험(Double Insurance)
• 동일한 피보험이익에 대하여 보험계약 또는 보험자가 복수로 존재하며 그 보험금액 합계액이 보험가액을 초과하는 경우를 중복보험이라고 한다.
• 보험금액 합계가 보험가액을 초과하지 않으면 각 보험자가 피보험이익 일부를 부담하는 '공동보험'이 된다.
• 중복보험의 경우 피보험자는 보험사고가 발생하여 보험금을 청구할 때 자기가 적당하다고 생각하는 순서에 따라 각 보험자에게 보험금을 청구할 수 있다.
• 각 보험자는 보험계약상 자기가 부담하는 금액의 비율에 따라 비례적으로 손해를 보상할 의무를 진다.
• 각 보험자가 부담하는 보험금의 합계가 보험가액을 초과할 수 없다.

27 Which of the following statements has a different purpose?

① We would advise you to proceed with caution in your dealings with the firm in question.
② We regret that we have to give you unfavorable information about that firm.
③ According to our records, they have never failed to meet our bills since they opened an account with us.
④ You would run some risk entering into a credit transaction with that company.

정답 ③

해석 다음 문장 중 목적이 다른 것은?
① 당사는 문제의 회사와의 거래를 신중하게 진행할 것을 귀사에 조언합니다.
② 당사는 귀사에 그 회사에 대한 비우호적인 정보를 제공하게 되어 유감입니다.
③ 당사의 기록에 따르면, 그들은 당사와 거래를 시작한 이후 청구서 지불을 못한 적이 없습니다.
④ 귀사는 그 회사와 신용 거래에서 위험을 감수해야 할 것입니다.

해설 ③은 신용조회 문의에 대한 긍정적인 답변인데, ①・②・④는 모두 부정적인 의견이다.

28 Which of the following BEST completes the blanks in the letter?

> We would like to send (A)−Heathrow (B) Riyadh, Saudi Arabia, 12 crates of assorted glassware, to be delivered (C) the next 10 days.

① A : ex, B : to, C : within
② A : ex, B : to, C : in
③ A : from, B : through, C : within
④ A : from, B : through, C : in

정답 ①

해석 다음 중 서신에서 빈 칸에 가장 적절한 것은?

당사는 히스로에서 인도하여 사우디아라비아 리야로 각종 유리제품이 담긴 상자 12개를 보내 다음 10일 내에 배달되게 하고 싶습니다.

해설 • (A) ex : ~에서 인도(引渡)하는
• (C) within : ~이내에

29 Which is the proper Incoterms 2010 term for the following?

> The seller delivers the goods on board the vessel nominated by the buyer at the named port of shipment or procures the goods already so delivered. The risk of loss of or damage to the goods passes when the goods are on board the vessel, and the buyer bears all costs from that moment onwards.

① FAS
② FCA
③ FOB
④ CFR

정답 ③

해석 다음에 어울리는 인코텀즈 2010 조건은?

매도인은 지정선적항에서 매수인이 지정한 선박의 선측에 물품을 두거나 그렇게 인도된 물품을 조달함으로써 인도해야 한다. 물품의 멸실 혹은 손상에 관한 위험은 물품이 본선에 적재되었을 때 이전하며 매수인은 그 시점 이후로부터 모든 비용을 부담한다.

해설 본선인도(FOB ; Free On Board)
• 계약물품을 지정선적항의 본선상에 인도하는 조건
• FOB 다음에 지정선적항 표시(매도인 수출통관)
• 물품의 인도장소 : 선적항에 수배된 선박의 본선을 통과하는 곳
• 물품에 대한 매매당사자의 위험부담 분기점(위험이전) : 물품이 지정선적항 본선 배 갑판에 안착됐을 때
• 물품에 대한 매매당사자의 비용부담 분기점(경비이전) : 물품이 지정선적항 본선 배 갑판에 안착됐을 때(매도인은 인도할 때까지 모든 비용부담, 매도인은 매수인이 지명한 본선에 수출통관된 물품을 적재해야 함)

30 The following is related to insurance. What are the proper words to be filled in the blanks A and B?

> In order to recover under this insurance, the (A) must have an insurable interest in the subject-matter insured at the time of (B).

① A : assurer, B : the loss

② A : assured, B : the loss

③ A : assurer, B : the insurance contract

④ A : assured, B : the insurance contract

정답 ②

해석 다음은 보험과 관련된 내용이다. 빈 칸 A와 B에 들어갈 적절한 단어는 무엇인가?

> 이 보험 하에서 보험을 회수하기 위해서는, (A 피보험자)가 (B 손실) 시점에 피보험목적물에 대한 피보험이익이 있어야 합니다.

① A : 보험자, B : 손실

② A : 피보험자, B : 손실

③ A : 보험자, B : 보험계약

④ A : 피보험자, B : 보험계약

해설 피보험자와 피보험이익의 요건

• 피보험자(Assured/Insured) : 피보험이익을 갖는 자로 손해배상을 받을 권리가 있는 자를 말한다. 보험사고의 발생 시 보험자로부터 손해의 보상으로 보험금을 영수하는 자이다.

• 피보험이익(Insurable Interest) : 피보험목적물에 대해 특정인이 갖는 이해관계로 보험목적물이 손실 또는 손상됨으로써 경제적 손실을 입게 되는 특정인이 보험계약에 의거하여 보험자로부터 보호받는 이익이다. 보험금은 이러한 피보험이익을 금액으로 환산한 것이다. 보험계약이 효력을 발생하기 위해 피보험이익이 갖추어야 할 3가지 요건이 있다.

  − 피보험이익은 적법한 것이어야 한다는 것으로 법규를 위반하면 법의 보호를 받지 못하므로 보험계약은 무효가 된다.

  − 피보험이익은 경제적 이익, 즉 금전으로 산정할 수 있어야 한다.

  − 피보험이익이 누구에게 있는지, 누구에게 귀속될 것인지 확정되거나 확정할 수 있는 것이어야 한다.

31 Put the right words in the blanks.

> [Complaint]
> I strongly object to the extra charge of USD9,000 which you have added to my statement.
> When I sent my cheque for USD256,000 last week, I thought it cleared this balance.
>
> [Answer]
> We received your letter today complaining of an extra charge of USD9,000 on your May statement.
> I think if you check the statement you will find that the amount (A) was USD265,000 not USD256,000 which accounts for the USD9,000 (B).

① A : due, B : difference
② A : for, B : price
③ A : of, B : charges
④ A : received, B : less

정답 ①

해석 **빈 칸에 옳은 단어를 넣으시오.**

[불 만]
저는 귀사가 제 내역서에 부과한 할증수수료 USD 9,000에 대해 강력하게 반대합니다. 지난 주에 저는 USD 256,000 수표를 보냈고, 나는 그것으로 잔금을 결제했다고 생각했습니다.

[답 변]
당사는 귀사의 5월 내역서에 부과된 할증수수료 USD 9,000에 대해 항의하는 서신을 오늘 받았습니다. 제 생각에는 내역서를 살펴보면 (A 납부예정액)이 USD 256,000이 아니라 USD 265,000인 것을 발견할 것인데, 그것이 (B 금액 차이)를 설명할 것입니다.

① A : ~할 예정, B : 차이
② A : ~을 위한, B : 가격
③ A : ~의, B : 요금
④ A : 받은[인수된], B : ~보다 적은

해설 ① 주어진 내용은 할증수수료에 대한 불만을 제기하자 이에 대하여 할증수수료가 부과된 이유를 설명하고 있다. 따라서 문맥상 A에는 5월에 납부해야할 금액이라는 의미의 단어가 나와야 하므로 due(~할 예정인), B는 USD265,000와 USD256,000의 차이인 USD9,000를 설명하고 있으므로 difference(다름, 차이)가 와야 적절하다.

32 Choose the right word(s) for the blank below.

(   ) in international trade is a sale where the goods are shipped and delivered before payment is due, which is typically in 30, 60 or 90 days. Obviously, this option is advantageous to the importer in terms of cash flow and cost, but it is consequently a risky option for an exporter.

① A COD transaction
② A CAD transaction
③ An open account transaction
④ A D/P transaction

정답 ③

해석 아래 빈 칸에 옳은 단어를 고르시오.

국제무역에서 (청산계정 거래)는 대금결제일 전에 물품이 선적되고 인도되는 거래로, 결제는 일반적으로 30일, 60일 또는 90일 이내에 이루어진다. 이 옵션은 현금유동성과 가격 면에서 확실히 수입업자에게 유리하지만, 결과적으로 수출업자에게는 위험한 옵션이다.

*advantageous : 이로운, 유리한
*cash flow : 현금 유동성
*consequently : 그 결과, 따라서

① 현품인도지급(COD ; Cash on Delivery) 거래
② 서류인도상환(CAD ; Cash Against Document) 거래
③ 청산계정 거래
④ 지급인도조건(D/P ; Document against Payment) 거래

해설 ③ 청산계정(Open Account)은 매매 양 당사자가 상호간에 수출입거래를 빈번하게 하는 경우에 각 거래마다 대금을 지급하지 않고 일정기간의 거래에서 발생하는 채권·채무의 총액에 대하여 상계하고 그 잔액을 현금결제하는 방법을 말한다.

[33~34] Read the following and answer.

While we cannot give you an explanation at present, we are looking into the problem and will contact you again shortly.
As we are sending out orders promptly, I think these delays may be occurring during (   ). I shall get in touch with the haulage contractors.
Would you please return samples of the items you are dissatisfied with, and then I will send them to our factory in Daejeon for tests.

33 What is the main purpose of the letter above?

① To give complaints in the soonest manner
② To ask for more time to investigate the complaint
③ To investigate the delay with carrier
④ To return samples damaged

34 What is best for the blank?

① investigation
② transit
③ arrival
④ despatch

[정답] 33 ② 34 ②

해석

당사가 현재 귀사에 설명을 할 수 없으므로 당사는 문제를 조사하고 있고 곧 귀사에 연락할 것입니다.
당사가 주문을 즉시 보냈기 때문에 저는 이번 지연은 (운송) 중 발생한 것으로 생각합니다. 저는 화물수송계약자
와 연락하겠습니다.
귀사가 불만족했던 물품 샘플을 돌려주시면 당사의 대전 공장에 검사하도록 보내겠습니다.

*haulage contractors : 화물수송 계약자

33 위 서신의 주요 목적은 무엇인가?
① 가장 빠른 방식으로 불만을 제기하기 위해서
② 불편사항을 조사하기 위해 시간을 더 달라고 요청하기 위해
③ 운송인과 지연에 대해 조사하기 위해
④ 손상된 샘플을 돌려주기 위해

34 빈 칸에 가장 적절한 것은?
① 조 사
② 운 송
③ 도 착
④ 발 송

해설 33
위 서신은 배달 지연에 대한 불만사항을 접수하고 그 원인을 조사하기 위해 시간이 필요하다는 내용이므로 정답은
②이다.

34
주문 즉시 배송했으므로 지연 원인이 운송 중에 발생했을 수 있다는 서신 내용으로 미루어 정답은 ②이다.

35 Which is MOST appropriate for the blank?

> I was surprised and sorry to hear that your Order No. 1555 had not reached you. On enquiry I found that it had been delayed by a local dispute on the cargo vessel SS Arirang on which it had been loaded. I am now trying to get the goods transferred to the SS Samoa which is scheduled to sail for Yokohama before the end of next week.
> (   ).

① I shall remind you if this happens again

② Please keep me be informed of the sailings

③ We can reach an amicable agreement in the near future

④ I shall keep you informed of the progress

[정답] ④

[해석] 빈 칸에 가장 적절한 것은?

귀사의 오더 No. 1555가 아직 도착하지 않았다니, 놀랍고 유감입니다. 문의해 보니 물품이 선적된 화물선 SS Arirang호의 현지 분쟁에 의해 지연되고 있는 것으로 밝혀졌습니다. 현재 물품을 SS Samoa호로 이전하고 있는데, 다음 주말 이전에 요코하마로 출항할 예정입니다.
(계속 진행상황을 알려드리겠습니다.)

*local dispute : 현지분쟁
*be scheduled to : ~할 일정[시간 계획]을 잡다, 예정하다

① 이런 일이 다시 발생한다면 알려드리겠습니다.
② 항해에 대해 내게 계속 알려주세요.
③ 우리는 조만간 우호적인 합의에 이를 수 있습니다.
④ 계속 진행상황을 알려드리겠습니다.

[해설] 위 글은 물품 도착 지연에 대한 컴플레인에 대한 답신으로 지연 원인을 밝히고 물품을 다른 화물선으로 이전해서 출항할 예정이라는 내용이므로, 정답은 ④이다.

[36~37] Which of the pairs does NOT have the similar intention?

36 ① Can you give me some cost estimates on that?
   – I was wondering roughly how much your service would cost.

② I am not convinced that acting on this plan is in the best interests of my team.
   – I am behind this plan 100%.

③ We appreciate your asking us and are willing to comply with your request.
   – Thank you very much for asking. Let me give you a hand, please.

④ We have been forced to withdraw ourselves from this project.
   – We have no choice but to pull ourselves out of the project.

37 ① The contents of the meeting should be kept strictly confidential.

  – Please keep the things discussed in the meeting to yourself.

  ② I am not completely against your thoughts.

  – I give my conditional support to your proposal.

  ③ I am wondering whether you could let me put off the deadline.

  – I would be grateful if you could grant me an extension of the original deadline.

  ④ The pleasure of your company is requested when we visit them.

  – We hope that all the people in your firm will be very satisfied at this.

정답 36 ② 37 ④

해석 [36~37] 유사한 의미를 나타내는 짝이 아닌 것은?

36 ① 저것에 대한 대략적인 예측 비용을 줄 수 있나요?
  – 귀사의 대략적인 서비스 비용이 궁금합니다.
  ② 이 계획에 대한 집행이 나의 팀에 가장 흥미 있는 것인지 확신이 안 가요.
  – 나는 이 계획을 100% 지지합니다.
  ③ 당사에 대한 도움 요청에 감사하고 기꺼이 귀사의 요청을 들어드리겠습니다.
  – 요청해 주셔서 감사합니다. 도와드리겠습니다.
  ④ 당사는 금번 프로젝트에서 스스로 물러날 것을 강요받았습니다.
  – 당사는 그 프로젝트에서 스스로 벗어날 수밖에 없습니다.

37 ① 회의 내용은 극비 처리되어야 합니다.
  – 회의에서 논의된 것들은 혼자만 알고 계세요.
  ② 귀사의 의견에 완전히 반대하는 것은 아닙니다.
  – 귀사의 제안에 조건부 지지합니다.
  ③ 마감일을 늦출 수 있는지 알고 싶습니다.
  – 마감일을 연장해 주신다면 감사하겠습니다.
  ④ 당사가 방문할 때 부디 참석해 주시기를 간청 드립니다.
  – 당사는 귀사의 직원 모두 이것에 대단히 만족하기를 바랍니다.

해설 36
② 'am not convinced that(확신이 없다)'와 'am behind(지지하다)'는 정반대의 의미이다.
*cost estimates : 가격 예측
*be behind : 지지하다
*comply with one's request : ~의 부탁을 들어주다
*be forced to : ~하도록 강요받다
*have no choice but : ~할 수밖에 없다, ~하지 않을 수 없다
*pull out of : ~에서 벗어나다

37
④ 'We request the pleasure of your company.'는 '꼭 참석해 주시기 바랍니다.'의 의미이다.
*kept strictly confidential : 극비 처리되다
*keep something to yourself : ~에 대해 혼자만 알고 있다[남에게 말하지 않다]
*put off the deadline : 마감날짜를 늦추다

Dear Mrs. Johnson

Thank you for your letter inquiring for electric heaters. I am pleased to enclose (a) <u>a copy of our latest illustrated catalogue</u>.

You may be particularly interested in our newest heater, the FX21 model.

Without any increase in fuel consumption, it gives out 15% (b) <u>more heat than earlier models</u>. You will find (c) <u>details of our terms in the price list</u> printed on the inside front cover of the catalogue. Perhaps you would consider (   ) to (d) <u>provide you of an opportunity</u> to test its efficiency. At the same time this would enable you to see for yourself the high quality of material.

If you have any questions, please contact me on 6234917.

38 Which is MOST suitable for the blank?

① taking an order

② placing a volume order

③ placing a trial order

④ to place an initial order

39 Which of the following is grammatically INCORRECT?

① (a)

② (b)

③ (c)

④ (d)

정답 38 ③ 39 ④

해석

Mrs. Johnson께,

전기난로에 대하여 문의하는 귀하의 서신에 감사드립니다. (a) <u>당사의 최신 도해 카탈로그 1부</u>를 동봉합니다. 귀하는 특히 당사의 신제품 난로 FX21 모델에 흥미를 보일지도 모릅니다.

연료소비량이 늘어나지 않는다면 (b) <u>이전 모델들보다 15% 이상 난방 효율이 더 높습니다.</u> (c) <u>당사의 조건과 가격 세부사항이</u> 카탈로그 앞표지 안쪽 면에 인쇄되어 있습니다.

아마 귀하는 이 제품의 효율성을 시험해 볼 (d) <u>기회를 얻기 위해</u> (시험주문을 내는 것을) 고려할 것입니다. 의문사항이 있으면, 6234917로 제게 연락하세요.

*electric heater : 전기난로
*fuel consumption : 연료 소비량

38 빈 칸에 들어갈 말로 가장 적절한 것은?
① 주문을 받다
② 대량주문을 하다
③ 시험주문을 하다
④ 첫 주문을 하다

39 다음 중 문법적으로 옳지 않은 것은?

해설 38

신제품 전기난로에 대한 고객의 문의에 카탈로그를 보내고 제품의 성능을 테스트해보기 위해 시험주문을 권하는 내용이므로, 정답은 ③이다.

*take an order : 주문을 받다
*volume order : 대량주문

39

'기회를 얻기 위해서'라는 서신의 내용으로 미루어 ④ (d) provide you of an opportunity → get an opportunity로 바뀌어야 한다.

40 Fill in the blank with the BEST word(s).

> A written one to pay a determinate sum of money made between two parties is a (　　　). The party who promises to pay is called the maker; the party who is to be paid is the payee.

① promissory note
② letter of credit
③ draft
④ Bill of Exchange

정답 ①

해석 빈 칸에 가장 적절한 단어를 채우시오.

양 당사자들 사이에서 만들어진 지불하기로 결정된 액수에 대한 서면 기록은 (약속어음)이다. 지불을 약속한 당사자를 어음발행인, 지불받는 당사자를 어음수취인이라고 한다.

① 약속어음
② 신용장
③ 어 음
④ 환어음

해설 ① 약속어음(Promissory Note)은 수취인 또는 그가 지정하는 자에게 일정한 기일에 일정한 금액을 지급하는 것을 약속하는 증권이다. Note라고 약칭한다.

41 Which is NOT a good match?

> An insurance document, such as (A), (B) or (C) under an open cover, must appear to be issued and signed by an insurance company, an underwriter or their agents or their (D).

① (A) cover note
② (B) insurance policy
③ (C) insurance certificate
④ (D) proxies

정답 ①

해석 **바르게 짝지어 지지 않은 것은?**

포괄예정보험 하에서 (A 보험승낙서), (B 보험증명서), (C 통지서)는 (해상보험) 보험사인 보험회사 또는 그 대리인 또는 (D 대리권)에 의해서 발행되고 서명된 것이어야 한다.

① (A) 보험승낙서
② (B) 보험증권
③ (C) 보험증명서
④ (D) 대리(위임)권

해설 ① 보험증권은 포괄예정보험에 의한 보험증명서 또는 통지서를 대신하여 수리될 수 있으나, 보험승낙서는 수리되지 아니한다.

포괄예정보험계약(Open Policy)
다량의 화물을 장기간에 걸쳐서 해외로 수출하는 경우에 개별적인 각 화물이 보험에 부보되지 않는 경우를 대비하여 사전에 일정 화물에 대하여 보험자와 부보가 가능한 총액 등을 포괄적으로 미리 정하는 것을 포괄예정보험이라 한다. 포괄예정보험이 체결된 후 실제로 보험이 확정되면 이를 기반으로 개개의 화물이 부보되어 있음을 입증하는 보험증명서, 또는 통지서가 발급된다. 신용장에 별도로 정함이 없으면 은행은 포괄예정보험증권에 의하여 발행된 보험증명서나 통지서도 수리한다.

42 Which is INCORRECT under UCP 600?

① The words "from" and "after" when used to determine a maturity date include the date mentioned.
② Banks deal with documents and not with goods, services or performance to which the documents may relate.
③ Branches of a bank in different countries are considered to be separate banks.
④ Applicant means the party on whose request the credit is issued.

해석 UCP 600 하에서 옳지 않은 것은?
① 만기일을 결정하기 위해 "from"과 "after"가 사용되면 언급된 일자는 포함한다.
② 은행은 서류를 거래하는 것이지 그 서류와 관련된 물품, 서비스 또는 의무이행을 거래하는 것이 아니다.
③ 다른 국가에 소재하는 어느 은행의 지점들은 별개의 은행으로 간주한다.
④ 발행의뢰인은 신용장 발행을 요청하는 당사자이다.

해설 UCP 600 제3조 해석에 따르면 '만기일을 결정하기 위해 'from'과 'after'가 사용되면 언급된 일자는 제외한다.'이므로
'① ... <u>include</u> the date mentioned → <u>exclude</u> the date mentioned.'가 되어야 한다.

43 Choose the INCORRECT one about arbitration?

① Arbitration decisions are final and binding on the both parties.
② Disputes are resolved more quickly by arbitration than by litigation, saving time and cost.
③ Both parties may choose the arbitrators, place, language.
④ Proceedings are open to the public and the arbitral award is disclosed.

해석 중재에 대해 올바르지 않은 것은 무엇인가?
① 중재 결정은 양 당사자들에게 최종적이고 법적 구속력이 있다.
② 분쟁은 소송보다는 중재에 의해서 더욱 신속하게 해결되며, 시간과 비용을 절약한다.
③ 양 당사자들은 중재자와 장소, 언어를 선택할 수 있다.
④ 진행과정은 대중에 공개되고 중재판정은 밝혀진다.

해설 중재(Arbitration)
• 법원의 소송절차로 분쟁을 해결하지 않고 분쟁당사자 간 합의(중재합의)에 의거 제3의 중재기관의 중재인 (Arbitrator)에 의한 중재판정(Award)을 통해 분쟁을 해결하는 방법이다.
• 중재판정은 양 당사자가 절대 복종해야 하는 강제력 있는 판정이며 당사자 합의수용 여부와 상관없이 무조건 대법원 확정판결과 동일한 효력이 발생한다.
• 비공개 진행이 원칙이다.
*binding : 법적 구속력이 있는
*litigation : 소송
*arbitral award : 중재판정
*disclose : 밝히다, 폭로하다

44 What does blank refer to?

(　　　) literally means "as it arrives". It is used in contract for shipment of grain in bulk to signify that the consignor will accept the goods in whatever condition they arrive, so long as they were in good order at time of shipment, as evidenced by a certificate of quality issued by an impartial inspection agency.

---

① GMQ
② Tale Quale
③ Rye Term
④ Sea Damaged Term

정답 ②

해석 빈 칸이 나타내고 있는 것은?

(선적품질조건)은 말 그대로 '도착하는 대로'를 의미한다. 그것은 포장하지 않은 곡물의 선적 계약에 사용되는데 상품이 선적 시 좋은 상태였다면, 공정한 검사기관에 의해 발행된 품질증명서에 의한 증명으로써 도착 시 어떤 상태든지 하주가 받아들일 것을 의미한다.

*in bulk : 포장하지 않고, 산적 화물로
*signify : 나타내다[보여주다]
*consignor : (판매품의) 위탁자; 하주(= shipper)
*inspection agency : 검사기관
*evidenced by : ~에 의해 증명된

해설 ② TQ(Tale Quale, 선적품질조건) : 런던시장에 있어서 농산물거래에 사용되는 선적품질조건(Shipped Quality Terms)을 말한다.
① 도착지기준 품질조건(GMQ ; Good Merchantable Quality) : 판매적격 품질조건으로 물품을 인도할 당시의 품질이 당해 물품의 성질이나 상관습상 판매하기에 적합한 수준이기만 하면 된다. 주로 원목, 냉동어류, 광석류 거래 시 이용한다. 당초의 숨은 하자(Hidden Defects, 잠재하자)가 인도 후에 나타난 경우에도 수입자는 수출자에게 클레임을 제기할 수 있다.
③ R.T. 조건(Rye Terms) : 런던시장에서 곡물류 거래에 이용되는 양륙품질조건(Landed Quality Terms) 매매를 말한다. 도착한 화물에 손해가 발생한 경우에는 매수인은 가격인하를 요구할 수 있으나 인수를 거부할 수 없다. 다만 손상이 심하여 다른 용도가 없을 때 인수를 거부할 수 있다.
④ SD 품질조건(Sea Damaged Terms) : 조건부 선적품질조건으로 해상운송 중 생긴 유손(Damaged by wet), 즉 해수유(Wet by sea water), 우유(Wet by ram), 담수유(Wet by fresh water), 증기유(Wet by vapor) 등으로 야기되는 품질손해에 대하여는 매도인이 도착 시까지 책임을 지는 조건이다.

45 Which is NOT a replacement for the underlined?

① We shall be compelled to <u>place the matter in the hands of our lawyer</u>. (institute legal proceeding for the matter)

② We have to inform you that it is not yet possible for us to <u>meet our obligations</u>. (fulfill our commitments)

③ Thank you for writing to us so frankly about your <u>inability to pay your debt</u>. (competence to meet your debt)

④ There have, however, been several instances in the past when you have asked for extra time to <u>settle your account</u>. (balance your account)

정답 ③

해석 밑줄 친 부분과 바꿔쓸 수 없는 것은?
① 당사는 부득불 <u>그 사건을 당사 변호사에게 맡길 것입니다</u>. (그 사건에 대한 법적 절차를 시작하다)
② 당사가 아직 <u>의무 이행</u>이 가능하지 않다는 것을 귀사에 통지해야 합니다. (약속을 수행하다)
③ <u>귀하의 부채 지불 불능</u>에 대해 솔직하게 서신으로 알려줘서 감사합니다. (귀하의 부채청산 기능)
④ 하지만 귀하가 <u>계좌를 결제하기</u> 위해 여분의 시간을 요청한 몇 가지 경우가 있었습니다. (계좌를 결제하다)

해설 ③ inability to pay your debt은 '귀하의 부채청산 불능', competence to meet your debt은 '귀하의 부채청산 기능'을 뜻한다.

46 Choose a correct one in O/A payment?

① It is dangerous to use when the importer has favorable payment history.

② It is safe to use if the freight forwarder has been deemed to be creditworthy in order for the trade transaction.

③ O/A is the most advantageous option to the importer in terms of cash flow and cost, but it is consequently the highest risky option for an exporter.

④ O/A means Opening Applicant.

정답 ③

해석 O/A 지불에 대해 옳은 것을 고르시오.
① 그것은 수입업자가 선호하는 지불 이력을 가질 때 사용하기에 위험하다.
② 그것은 화물운송업자가 무역거래에 있어 신뢰할 만하다고 여겨진다면 사용하는 게 안전하다.
③ O/A는 수입업자에게 현금 유동성과 가격 면에서 가장 이익이 되는 옵션이지만, 수출업자에게는 결과적으로 가장 위험부담이 높은 옵션이다.
④ O/A는 개설의뢰인 개방을 의미한다.

해설 O/A(Open Account Credit Terms)는 수출업자가 물품을 선적한 후 운송관련 서류를 직접 수입자에게 발송하고 수출채권을 은행에 매각하여 현금화하는 방식으로, '외상수출 채권방식', '선적통지 결제방식', '무서류 매입방식'이라고 불린다.
*creditworthy : 신용할 수 있는
*deem to : ~라고 여기다

47 What is <u>THIS</u>?

> <u>THIS</u> is the term used to describe the offence of trying to conceal money that has been obtained through offences such as drugs trafficking.
> In other words, money obtained from certain crimes, such as extortion, insider trading, drug trafficking and illegal gambling is 'dirty'.

① Money laundering

② Fraud

③ Illegal investment

④ Abnormal remittance

정답 ①

해석 <u>이것은 무엇인가?</u>

이것은 마약 거래 같은 범법행위를 통해서 얻은 돈을 숨기려고 하는 위법행위를 설명하는 데 사용하는 용어이다. 다시 말해서, 강탈, 내부자 거래, 마약 거래, 불법적인 도박과 같은 어떤 범죄로부터 얻은 돈은 '더럽다'는 것이다.

*offence : 범법행위
*conceal : 감추다, 숨기다
*drugs trafficking : 마약 거래
*extortion : 강요, 강탈
*insider trading : 내부자 거래

해설 어떤 범죄로부터 얻은 돈은 '더럽다'는 것으로 미루어, 정답은 ①임을 유추할 수 있다.

---

48 According to the letter, what would be MOST suitable for the blank in common?

> We certainly appreciate your interest in Maxoine Sportswear.
> Nevertheless, I am afraid we cannot give you the information you requested.
> Because we do not sell our garments directly to the consumer, we try to keep ____ between ourselves and our dealers. It is our way of meriting both the loyalty and good faith of those with whom we do business. Clearly, divulging ____ to a consumer would be a violation of a trust.

① our dealer lists

② our wholesale prices

③ the highest price

④ our consumers' information

해석 서신에 따르면, 빈 칸에 공통으로 들어갈 말로 적절한 것은?

맥소인 스포츠웨어에 대한 귀하의 관심에 감사드립니다.
그럼에도 불구하고, 요청하신 정보를 제공할 수 없어서 유감스럽습니다.
당사는 의류를 직접 고객에게 판매하지 않기 때문에, 당사와 대리점들 간에 <u>당사의 도매가격</u>을 유지하려고
노력하고 있습니다. 당사가 사업을 하는 사람들에게 충성과 좋은 신뢰 두 가지를 받을 만한 가치가 있는
당사의 방법입니다. 분명하게도, <u>당사의 도매가격</u>을 고객에게 발설하는 것은 신뢰 위반이 될 것입니다.

*merit : (칭찬관심 등을) 받을 만하다[자격/가치가 있다]
*divulging : (비밀을) 알려주다[누설하다]

① 당사의 중개인 목록
② 당사의 도매가격
③ 최고가액
④ 당사의 고객정보

해설 소매로 판매하지 않고 대리점 판매만 하는 회사이므로, 대리점과의 신의를 지키기 위해서 고객에게 도매가격을
알려줄 수 없다는 내용이므로, 정답은 ②이다.

49 Which is most AWKWARD English writing?

① 우리 소프트웨어 제품에 관심을 보여주신 귀사의 4월 8일자 문의에 대해 감사드립니다. → Thank
you for your inquiry on April 4, expressing interest in our software products.

② 오늘 주문서 No. 9087에 대한 배송을 받고 포장을 풀었을 때, 우리는 전 품목이 완전히 파손되었
음을 발견했습니다. → Today we received delivery of our order No. 9087, and unpacked,
we found all items were completely damaging.

③ 신용장의 잔액은 미화 15,000달러이므로 그 범위 내에서 선적해 주십시오. → As the balance
of L/C is USD15,000, please make shipment within the amount.

④ 귀사가 신용장의 유효 기간 내에 주문을 이행하지 않았으므로 당사는 신용장을 취소하겠습니다.
→ As you have not executed the order within the validity of L/C, we will make
cancellation of the L/C.

정답 ①, ②

해설 ① inquiry on April <u>4 → 8</u>, 4월 8일자 문의이므로 '달(Month) – 일(Date)'의 순이 와야 한다.
② 물품들이 파손되었음을 나타내므로 수동형인 -ed로 변경하여야 하므로 all items were completely <u>damaging</u>
→ damaged이다.

50 Which is NOT grammatically correct?

① 귀하가 겪은 불편에 대해 깊이 사과드립니다. → We deeply apologize for the inconvenience you have experienced.

② 2월 20일까지 귀사 부담으로 XT-4879 케이블 모뎀 500개를 항공 화물편으로 보내주시기 바랍니다. → Please send us 500 XT-4879 cable modems by February 20 by air freight at your expense.

③ 귀사의 8월 5일자 주문서에 대한 신용장이 개설되도록 귀사 거래은행에 신용장 개설을 촉구하여 주십시오. → Please arrange with your bank to open a letter of credit for your order of August 5.

④ 귀사가 주문하신 Model No. 289E 재봉틀이 단종되었음을 알려드리게 되어 유감입니다. → We are sorry to inform you of the sewing machine(Model No. 289E) you ordered have discontinued.

[정답] ④

[해설] ④ '단종되었다'는 수동의 의미가 나타나 있으므로 be를 형태에 맞게 삽입한다. you ordered <u>have → have been</u> discontinued.

[제3과목] **무역실무**

51 아래 글상자는 무역계약에서 국제상관습의 의의에 관한 설명이다. 공란에 들어갈 내용을 바르게 연결한 것은?

> (ⓐ)의 (ⓑ)은 극히 간결한 형태로 표현되고 있음에도 불구하고, 대량의 무역거래가 신속 안전하게 이행되는 것은 수백 년에 걸쳐서 형성된 (ⓒ)이란 형태의 (ⓓ)에 의하여 (ⓐ)을 보완하여 왔기 때문이다.

① ⓐ 국제상관습 ⓑ 명시조항 ⓒ 무역계약 ⓓ 묵시조항
② ⓐ 국제상관습 ⓑ 묵시조항 ⓒ 무역계약 ⓓ 명시조항
③ ⓐ 무역계약 ⓑ 묵시조항 ⓒ 국제상관습 ⓓ 명시조항
④ ⓐ 무역계약 ⓑ 명시조항 ⓒ 국제상관습 ⓓ 묵시조항

정답 ④

해설 무역매매계약서의 내용 구성
- 명시조건(Express Terms) : 매매계약서에 명시되는 조건으로 일반적으로 거래의 기본이 되는 품질, 수량, 가격, 인도시기, 결제, 포장, 보험 등의 조건과 불가항력조항, 권리침해조항, 중재조항, 준거법조항 등이다.
- 묵시조건(Implied Terms) : 매매계약서나 일반협정서에 명시되지 않는 조건으로 대부분 무역관습(Usage, Practice 또는 Customs)에 따른다.
- 준거법조항(Governing Law Clause) : 명시조건이나 묵시조건으로 생기는 법적 공백의 보충으로 각자 자국의 법률을 준거법으로 원하므로 갈등 발생 → 국제적 통일법 필요

52 해상보험에서 사용하는 용어에 대한 설명으로 옳지 않은 것은?

① 손인은 손해의 원인으로 좌초, 충돌, 화재 등을 들 수 있다.
② 위험은 손해발생가능성을 말하는 것으로 반드시 손해로 연결되는 것을 말한다.
③ 위태는 손해발생의 가능성을 증가시키는 상태를 말한다.
④ 보험금액은 보험사고 발생 시 보험자가 보상하는 최고한도가 된다.

정답 ②

해설 해상위험의 요건
- 해상보험에서 보험자는 담보위험에 의한 손해를 보상하기 때문에 위험은 손해의 원인이어야 한다.
- 위험은 우연한 것이어야 한다. 즉, 그 발생은 가능하지만 불확실한 것이어야 한다.
- 위험은 장래의 사고뿐 아니라 과거의 사고라 하더라도 보험계약 체결 시 보험계약자가 발생한 사실을 모르고 있을 경우에는 소급보험에 있어서 위험이 될 수 있다.
- 불가항력도 위험의 일종이기 때문에 위험이 반드시 불가항력(Force Majeure)적인 사고여야 할 필요는 없다.
해상위험의 표시방식에 의한 분류
- 원인형태 표시위험 : 폭풍우, 짙은 안개, 유빙, 전쟁, 해적, 강도, 사람의 고의·과실, 선박의 불내항, 보험목적의 하자·결함, 포장의 불완전 등을 원인형태 표시위험이라고 한다.
- 사고형태 표시위험 : 침몰, 좌초, 화재, 충돌, 폭발, 낙뢰, 나포, 포획 등 사고 그 자체인 위험을 사고형태 표시위험이라고 한다.
- 손상형태 표시위험 : 멸실, 파손, 누손, 유손, 소손, 갈고리손, 땀과 열에 의한 손해, 오손, 오염, 마찰손 등은 사고에 의한 손상의 구체적인 형태며 이들에 의해 위험이 표시될 때를 손상형태 표시위험이라고 한다.
- 조건적 표시위험 : 위험이 그 원인형태 내지 사고, 손상 등의 형태가 사고발생의 시간, 장소, 환경 등으로 표시될 때를 조건적 표시위험이라고 한다.

53 결제방식에 대한 설명으로 옳지 않은 것은?

① 대금회수와 관련하여 신용장은 안전하지만 국제팩토링은 다소 위험하다.

② 신용장에서는 환어음네고로 결제가 이루어지고 국제팩토링의 경우 전도금융이 이루어진다.

③ 신용장은 일람불환어음이나 기한부환어음을 요구하지만 국제팩토링은 환어음을 요구하지 않는다.

④ 신용장과 추심결제에서 사용되는 서류는 환어음과 선적서류이다.

정답 ①

해설 국제팩터링 방식은 수출상이 매출채권을 팩터링회사에게 양도하고 그 대가로 팩터링회사로부터 금융지원, 신용조사 및 채권의리 및 대금회수, 기타 사업처리 대행 등의 서비스를 제공받는 금융 기법이다. 상환청구가능 유무에 따라 상환청구불능 팩터링(Factoring without recouse)과 상환청구가능 팩터링(Factoring with recouse)이 있다.
팩터링 방식의 장점

수출상	수입상
• 수출팩터가 대신 신용거래를 해주기에 안전한 거래 가능 • 수출대금 조기 회수 가능(현금흐름 원활) • 무신용장 거래로 신용장 거래보다 간편함 • 무신용장 거래는 수입상에게도 편리하므로, 대외경쟁력 확보 가능 • 결제와 관련된 것은 팩터에게 넘기면서, 수출상은 생산과 판매에 전념할 수 있음	• 수출팩터를 활용하여 신용구매를 할 수 있음 • 수입보증금을 예치하여 자금부담 없음 • 신용장을 사용하지 않으므로, 신용장 수수료가 들지 않음 • 금융 수혜를 얻을 수 있음 • 신용한도를 설정해 놓으면, 계속 구매 가능 • 팩터를 통해 회계관리 서비스를 받을 수 있음

54 양도된 신용장의 최종적인 지급의무를 지는 당사자로 옳은 것은?

① 제1수익자

② 신용장 양도은행

③ 개설의뢰인

④ 원신용장 개설은행

정답 ④

해설 ④ 신용장 개설은행은 신용장을 발행함으로써 1차적이고 최종적인 지급채무를 부담하게 된다. 발행은행은 자신의 채무부담을 발행의뢰인에게 전가하기 위한 조치를 한다. 신용장 발행 전에 발행의뢰인과의 거래약정을 체결할 때 물적 담보나 보증을 받아두고 그 담보 범위 내에서 신용장을 발행한다.

55 보험관련 설명 중 옳지 않은 것은?

① 화물보험의 보험기간은 장소로 표시한다.

② 해상보험에서 부보되는 위험은 Warehouse to warehouse Clause에 의한 해륙혼합위험이다.

③ 소급약관이나 포괄예정보험은 보험계약기간과 보험기간이 일치하게 된다.

④ 전쟁위험의 보험기간은 화물이 육상에 있는 동안에는 해당되지 않는다.

정답 ③

해설 ③ 소급약관이나 포괄예정보험은 보험계약기간과 보험기간이 일치하지는 않는다.

소급보험
보험계약이 체결되기 전 일정기간 내에 발생한 손해를 부담하는 보험으로, 따라서 소급보험에서는 보험기간이 보험계약보다 길어진다.

포괄예정보험계약
• 계약자가 수출 또는 수입하는 화물 전부 또는 특정한 일부 화물에 대하여 무기한의 예정보험으로 계약을 체결하는 보험이다.
• 실무적으로는 포괄예정보험계약을 Open Cover/Policy/Contract라고도 부른다.

56 컨테이너와 관련된 설명으로 옳지 않은 것은?

① 컨테이너선의 대형화는 항구에서의 하역작업에 많은 시간을 요하는 한계성이 있다.

② 컨테이너의 한계성은 컨테이너에 적입하는데 한계상품이나 부적합상품이 있다는 것이다.

③ LCL 화물들은 CFS에 반입되어 FCL 화물로 혼재되어 목적지별로 분류된다.

④ 컨테이너의 사용으로 포장비용을 줄일 수 있고 선박의 정박일수도 단축할 수 있다.

정답 ①

해설 ① 컨테이너 선(Container Ship)은 컨테이너화물의 운송에 적합하도록 설계된 구조를 갖춘 고속대형화물선을 말한다. 따라서 컨테이너선의 대형화는 항구에서의 하역작업에 걸리던 시간을 줄여주는 효과가 있다.

컨테이너 선의 분류방식
• 적재형태에 의한 분류
 – 혼재형(Mixed Type Containership)
 – 분재형(Semi Containership)
 – 겸용형(Convertible Containership)
 – 전용형 (Full Containership)
• 하역방식에 의한 분류
 – Lift-on / Lift-off 방식
 – Roll-on / Roll-off 방식

57 추정전손에 대한 설명으로 옳지 않은 것은?

① Constructive Total Loss이라고 하고 해석전손이라고도 한다.

② 화물손해 발행 시, 손상을 수선하는 비용과 화물을 그 목적항까지 운송하는 비용을 합산한 비용이 도착 시의 화물 가액을 초과할 것으로 예상되는 경우가 추정전손에 포함된다.

③ 추정전손이 있을 경우에는 피보험자는 그 손해를 분손으로 처리할 수도 있고 보험자에게 보험목적물을 위부하고 그 손해를 현실전손에 준하여 처리할 수도 있다.

④ 선박이 행방불명되고 상당한 기간 경과 후까지 그 소식을 모를 경우는 추정전손으로 처리될 수 있다.

정답 ④

해설 ④ 화물을 적재한 선박이 상당기간 행방불명인 경우는 현실전손(Actual Total Loss)의 요건이다.

추정전손(Constructive Total Loss)
• 피보험목적물이 사실상 전손이 아니지만 그 수선 또는 회복의 비현실성 또는 비용 때문에 전손으로 처리하는 것이 바람직한 경우이다.
• 추정전손의 경우 피보험자가 전손보험금을 청구하기 위해서는 보험자에게 보험목적물에 대한 일체 권리를 위부(Subrogation/Abandonment, 권리이전)해야 하며 위부하지 않을 경우 추정전손이 아니라 분손으로 처리한다.
• 요 건
  – 피보험목적물이 현실전손이 될 것이 확실하다고 인정될 경우
  – 피보험목적물에 대한 피보험자의 지배력 상실로 회복에 상당 기간이 필요한 경우
  – 회복비용이 회복 후 화물가액을 초과할 것으로 예상될 경우
  – 화물 훼손으로 인한 수리비(목적지까지 수송함에 소요될 비용이 있는 경우 이를 포함)가 도착 후의 화물가액을 초과할 경우 등
※ 보험목적물이 담보위험으로 전손된 경우 초과보험(CIF 가액보다 더 많은 금액을 기초로 하여 보험에 가입한 경우)이 아닌 한 보험금액을 보험금으로 보상받는다.

58 적하보험에 대한 설명으로 옳지 않은 것은?

① 객관적 위험이 이미 발생했거나 위험이 없는 경우, 보험계약 당사자가 이 사실을 모르는 경우에는 보험계약 체결이 가능한데 이러한 보험을 소급보험이라고 한다.

② 보험금액이 보험가액보다 적은 경우의 보험은 일부보험(Under Insurance)이다.

③ Premium은 보험자의 위험부담에 대한 대가로서 피보험자나 보험계약자가 보험자에게 지급하는 금전이다.

④ 피보험자는 보험계약이 체결될 때 보험목적물에 이해관계를 가져야 하나 손해발생 시에는 보험목적물에 이해관계를 가질 필요는 없다.

정답 ④

해설 보험기간(Duration of Risk)
• 피보험목적물이 그 기간 중에 사고에 노출돼서 피해가 발생하여 손해가 발생했을 때 그 보험금을 지급하게 되는 기간이다.
• 소급약관(Lost or Not Clause)에 의하여 위험이 노출되는 때부터 보험자의 위험부담책임이 개시된다.

59 아래 글상자 내용은 어떤 원칙에 관한 것인가?

- UN국제물품복합운송조약에서 채택한 원칙
- 손해발생구간의 확인여부에 관계없이 동일한 책임원칙을 적용하지만, 손해발생구간이 확인되어 그 구간에 적용될 법에 의한 책임한도액이 UN국제물품복합운송조약에서의 금액보다 높을 경우 높은 한도액을 적용한다는 원칙
- 운송 도중 발생한 물품의 멸실이나 손상에 대한 손해배상액은 손해발생구간이 판명되면 구간의 단일운송협약상 책임한도액이 적용되며, 손해발생구간이 불명일 때는 일반원칙이 적용되도록 함

① Network Liability System
② Uniform Liability System
③ Modified Uniform Liability System
④ Liability for Negligence

정답 ③

해설 ③ 수정단일책임체계(Modified Uniform Liability System) : 이 책임체계 하에서 복합운송인은 원칙적으로 손해발생 구간의 확인여부와 관계없이 동일한 책임규정을 적용하나 손해발생구간이 확인되고 그 구간에 적용될 법에 규정된 책임한도액이 UN조약의 책임한도액보다 높은 경우에는 그 구간법의 책임한도액을 적용하여 책임을 진다. 기본적으로는 전 운송구간 단일책임체계를 채택하나 예외적으로 각 운송구간 이종책임체계를 가미한 절충체계이다.
① 이종책임체계(Network Liability System) : 운송물품에 손상 등이 발생한 경우 손해발생구간이 확인된 경우와 아닌 경우로 구분하여 복합운송인에게 책임을 부담시키는 것을 말한다. 손해가 발생한 구간이 확인되지 않는 경우에는 해상구간에서 발생한 것으로 간주한다.
② 동일책임체계(Uniform Liability System) : 복합운송인이 운송물의 멸실, 손상 등에 대하여 어느 구간에서 발생하였는지의 여부를 불문하고 동일한 책임원칙에 따라 복합운송인에게 책임을 부담시키는 것을 말한다.
④ 과실책임(Liability for Negligence) : 복합운송인의 책임 및 입증원칙으로 물품의 결함 여부, 결함과 손해 인과관계, 물품 제조자의 고의 과실 등을 입증해야 한다.

60 Incoterms 2010에 대한 설명으로 옳은 것은?

① 매도인과 매수인 간에 강제적으로 적용되는 국제규칙이다.
② 국제매매계약뿐만 아니라 국내매매계약에도 사용가능하다.
③ 당사자 간에 합의되었더라도, 전자적 형태의 통신은 종이에 의한 통신과는 다른 효력이 부여된다.
④ 물품소유권의 이전 및 계약위반의 효과를 매도인, 매수인 입장에서 각각 다루고 있다.

정답 ②

해설 ② 인코텀즈 규칙은 전통적으로 물품이 국경을 넘는 국제매매계약에 이용되었다. 하지만 세계 각처에 유럽연합과 같은 자유무역지대가 등장하면서 나라 간의 경계가 퇴색되었다. 그 결과, 인코텀즈 2010 규칙의 부제목은 규칙들이 국제·국내매매계약에 모두 사용가능한 것을 공식적으로 인정한다. 즉, 인코텀즈 2010 규칙은 다양한 곳에서 수출입통관을 이행할 의무에 해당하는 경우에만 적용된다는 것을 명시한다.

61 양도가능 신용장에 대한 설명으로 옳지 않은 것을 모두 고르면?

> ㉠ 중계무역은 양도가능 신용장이 발행되는 경우에만 가능하다.
> ㉡ 제2의 수익자가 1개 회사인 경우, L/C금액의 전부를 양도하는 전액양도만 허용된다.
> ㉢ 제1의 수익자는 복수의 제2수익자에게, 분할양도 할 수 있다.
> ㉣ 제2의 수익자가 제3의 수익자에게 양도하는 경우 개설의뢰인과 개설은행 모두에게 사전 양해를
>   얻는다면 가능하다.
> ㉤ 국내 소재 제2의 수익자에게도 양도하는 경우 local L/C라고 한다.

① ㉠, ㉡, ㉢, ㉣
② ㉠, ㉡, ㉢, ㉤
③ ㉠, ㉡, ㉣, ㉤
④ ㉡, ㉢, ㉣, ㉤

정답 ③

해설 양도가능 신용장(Transferable L/C)
- 신용장을 받은 최초의 수익자인 원(제1)수익자가 신용장 금액의 전부 또는 일부를 1회에 한하여 국내외 제3자(제2수익자)에게 양도할 수 있는 권한을 부여한 신용장을 말한다.
- 양도가능 신용장은 1회에 한해 양도가능하므로 제2수익자가 다시 제3자에게 본 신용장을 양도할 수 없다.
- 신용장 개설 시 개설은행이 양도가능하다고 명시적으로 동의한 경우, 즉 신용장에 명시적으로 Transferable 표시가 있어야만 원(제1)수익자 외에 제3자(제2수익자)에게 양도가 가능하다.
- 양도 시 원칙적으로 원신용장 조건 하에서만 양도가능하나 "원신용장의 금액 및 단가의 감액, 선적서류 제시기간 및 선적기일 단축, 신용장 유효기일 단축, 보험부보율 증액"의 조건변경은 가능하다.
- 신용장 양도의 예 : 신용장 수익자가 쿼터 품목에서 자신의 수출 쿼터가 없거나 이미 소진해서 쿼터 보유자에 이를 양도하는 경우와 수익자가 생산능력이 있어도 타사에 신용장을 양도하고 양도 차익을 남기는 것이 유리하다고 판단될 때 이루어진다.

62 B/L상에 "Shipper's Load & Count"와 같은 문구가 있는 경우, 이에 대한 설명으로 옳지 않은 것은?

① Liner를 이용한 운송이다.
② Container 운송이다.
③ 하역비는 FIO 조건이 적용된다.
④ B/L의 발행일자 외에 선적일자가 별도로 기재되어야 한다.

정답 ③

해설 ③ FIO Term(Free In and Out) : 적하·양하비용 선주 무부담 조건
부지약관/문언(Unknown Clause)
- 화주가 포장한 컨테이너(Shipper's Pack)의 경우, 운송인은 운송물의 수량, 중량 등의 명세를 확인할 수 없으므로 화주의 요구에 따라 선하증권에 운송물의 명세를 기재할 때 화주의 신고를 신뢰할 수밖에 없다. 이로 인해 화주가 포장한 컨테이너에 대해서는 운송물의 수량, 중량 등의 명세를 모른다는 취지의 약관을 선하증권 이면에 기재하게 된다. 이것을 부지약관 또는 부지문언이라 한다.
- 선하증권 표면에 "Shipper's Load and Count"(SLC, 화주의 계산으로 포장한 것이므로 운송인은 모른다는 의미) 또는 "Said to Contain"(STC, 어떤 운송물이 포장되어 있지만 운송인은 모른다는 의미) 등의 문언을 기재하는 경우가 많다.

63 청약 등에 대한 내용 설명으로 옳지 않은 것은?

① 주문서도 청약으로 볼 수 있으나 확인(Confirmation)이나 승인(Acknowledgement)이 있어야 계약이 성립된다.
② 청약조건을 실질적으로 변동시키는 것은 대금지급 변경, 분쟁해결 변경, 인도조건의 조회 등이다.
③ Cross offer는 동일한 조건으로 매도청약과 매수청약이 동시에 이루어지는 것으로 영미법에서는 계약이 성립되지 않는다.
④ 조건부청약은 청약자의 최종확인이 있어야 계약이 성립되며 서브콘 오퍼라고도 한다.

정답 ②

해설 CISG 제19조 변경된 승낙의 효력
(3) Additional or different terms relating, among other things, to the price, payment, quality and quantity of the goods, place and time of delivery, extent of one party's liability to the other or the settlement of disputes are considered to alter the terms of the offer materially.
(3) 특히, 가격, 대금지급, 물품의 품질과 수량, 인도의 장소와 시기, 당사자 일방의 상대방에 대한 책임의 범위 또는 분쟁해결에 관한 부가적 또는 상이한 조건은 청약상의 조건을 실질적으로 변경하는 것으로 본다.

64 Frustration에 대한 설명으로 옳은 것은?

① Frustration의 성립요건은 계약목적물의 물리적 멸실, 후발적 위법 등이며 계약목적물의 상업적 멸실은 해당되지 않는다.
② Frustration은 신의성실의 원칙에서의 사정변경의 원칙과 관련이 있다.
③ 주요공급원의 예기치 못한 폐쇄는 Frustration에 해당되지만 농작물의 흉작, 불작황은 해당되지 않는다.
④ Frustration의 성립은 즉각 소급하여 계약을 소멸시키고 양당사자의 의무를 면제한다.

정답 ②

해설 ② Frustration(이행불능)은 계약체결 당시 예상할 수 없었던 사정변경으로 인해 계약 목적의 달성이 불가능함을 의미한다. Frustration Clause는 불가항력 조항과 그 역할이 본질적으로 동일하고 상호보완적인 관계에 있다.
① Frustration은 계약 당사자의 사망, 계약목적물의 멸실, 후발적 위법 및 사정변경이 있을 때 성립된다.
③ 농작물의 흉작, 불작황 등도 일반적으로 계약 당시에는 예기치 못했던 사정에 해당한다.
④ 해당 계약의 유효성을 즉시 소멸(장래의 계약 이행을 면제)시키고 양당사자들의 의무를 면제하나, 소급하여 계약을 소멸시키는 것은 아니다.

65 신협회적하약관 ICC(B) 조건에서 보상하는 손해로 옳지 않은 것은?

① 쌍방과실충돌
② 공동해손·구조비
③ 약관상 면책사항 이외의 우연적 사고에 의한 손해
④ 본선·부선에의 선적 또는 양륙작업 중 바다에 떨어지거나 갑판에 추락하여 발생한 포장단위당의 전손

정답 ③

ICC(B)
• 구 협회약관 WA 조건에 대응하는 약관으로 거의 동일한 조건이다. '화재, 폭발, 좌초, 지진, 분화, 낙뢰, 해수·호수·강물의 침입' 등 열거된 주요 위험에 의해 생긴 손해를 보상하는 열거책임주의를 취한다.
• 면책위험도 열거하여 명기하며, 클레임은 분손·전손 구분 없이 보상하고 면책률(Franchise) 적용도 없다.

66 복합운송증권의 특징에 대한 설명으로 옳지 않은 것은?

① 화물의 멸실, 손상에 대한 전 운송구간을 커버하는 일관책임을 진다.

② 선하증권과 달리 운송인뿐만 아니라 운송주선인에 의해서도 발행된다.

③ 화물이 본선적재 전에 복합운송인이 수탁 또는 수취한 상태에서 발행된다.

④ 지시식으로 발행된 경우 백지배서에 의해서만 양도가 가능하다.

정답 ④

해설 ④ 특히 백지배서를 의미하는 'Blank Endorsement', 'Endorsed in Blank'라는 표현은 Order, Order of Shipper와 같은 지시식 선하증권에서 전형적으로 등장하는 방식이다.
복합운송 선하증권[Combined Transport B/L, Multimodal Transport Document(MTD)]
• 목적지까지 복수의 운송수단으로 운송할 경우 복합운송인/최초의 운송인이 전 구간에 대해 책임을 부담한다. 이때 발행되는 운송서류가 복합운송증권이다.
• 주로 컨테이너화물에 사용된다.

67 포페이팅에 대한 설명 중 옳지 않은 것은?

① 환어음 또는 약속어음 등 유통가능한 증서를 상환청구권 없이(Without Recourse) 매입하는 방식이다.

② 포페이팅은 신용장 또는 보증(Aval) 방식으로 이루어지며 어음에 대한 할인은 보통 수출상이 최종적으로 부담한다.

③ 기계, 중장비, 산업설비, 건설장비 등 연불조건 구매가 이루어지는 경우 중요한 결제수단이다.

④ 포페이팅의 가장 큰 장점은 연불조건 구매와 같이 중장기 거래에 따른 신용위험(Credit Risk) 등을 회피할 수 있다는 것이다.

정답 ②

해설 포페이팅(Forfaiting)
• 장래에 지급해야 하는 매출채권(외상매출채권)에서 비롯되어, 어음 보증이 추가된 어음(환어음·약속어음)이나 신용장(화환신용장·보증신용장), 독립보증(Independent Guarantee) 등의 금전채권을 상환청구불능(Without Recourse)조건으로 매입하는 것을 말한다.
• 매입의뢰인(매도인)에 대한 어음의 상환청구불능 조건으로 채권을 매입하므로 만기일에 어음지급인이 지급을 하지 못하더라도 매도인은 이러한 신용위험은 물론 환어음, 통화위험 등을 피할 수 있다.
• 포페이터는 소구권이 없는 조건으로 채권을 매입하며, 수출자는 수입자(또는 거래은행)가 만기에 대금을 결제하지 않는 경우 대금을 반환할 책임이 없다.
• 포페이팅 거래에서는 환어음과 약속어음만을 그 할인대상으로 하며 기타의 증권 또는 채권을 취급하지 않는다.
• 포페이팅 거래의 할인대상은 통상 1~10년의 중장기 어음이며, 고정금리부로 할인이 이루어진다.
• 포페이팅 거래에서는 어음 보증을 추가한 보증은행, 독립보증을 발행한 보증은행, 신용장 발행은행 등의 추상적 지급약속에 의해 매수인의 신용이 대체되어 매도인은 별도의 담보 제공 없이 이용할 수 있다.

68 해상보험에서 위험에 대한 설명으로 옳지 않은 것은?

① Perils of the Seas는 해상 고유의 위험으로 stranding, sinking, collision, heavy wheather 를 포함한다.

② Perils on the Seas는 해상위험으로 fire, jettison, barratry, pirates, rovers, thieves를 포함한다.

③ 포괄담보 방식에서는 보험자가 면책위험을 제외한 모든 손해를 담보하는데, ICC(A) 또는 W/A가 여기에 속한다.

④ 갑판적, 환적, 강제하역, 포장불충분 등 위험이 변경되는 경우 보험자는 원칙저으로 변경 후 사고 에 대해 면책된다.

정답 ③

해설 해상위험 부담의 원칙
• 구 ICC(A/R) 및 신 ICC(A) : 포괄책임주의 채택
• 구 ICC(FPA), ICC(WA)와 신 ICC(B), CC(C) : 열거책임주의 채택

69 해상보험의 보상원칙으로 옳지 않은 것은?

① 보험사고가 발생하더라도 보험금액을 보상하는 것이 아니라 피보험자의 실손해만을 보상하는 실 손보상원칙을 따른다.

② 적하보험은 기평가보험으로서 통상 CIF 가액의 110%로 보험금액이 결정된다.

③ 보험자는 피보험자에게 보험금을 지급하면 피보험목적물에 대한 권리를 이전받는 대위원칙을 따 른다.

④ 보험자는 피보험자가 입은 직접적인 손해뿐만 아니라 간접 손해도 보상하는 손해보상원칙을 따른다.

정답 ④

해설 영국해상보험법(MIA)
• 근인주의 채택 : 피보험자는 항상 보험으로 보호되는 것이 아니고 당해 보험에서 담보하는 위험이 손해의 가장 우세하고 유력한 원인이 되는 경우에만 보호받는다.
• 실손보상의 원칙 : 피보험자로서는 자신이 부보한 보험금액 전액을 항상 보상받는 것은 아니다.
• 희망이익보험 : 화물이 목적지에 무사히 도착할 경우 이를 판매하여 얻을 수 있는 기대이익에 대해서도 피보험이익을 가질 수 있다. 화물의 도착지에서 화주가 얻게 될 기대예상이익을 보험가입 대상으로 하는 것을 희망이익보험이라 한다.
• 비례보상의 원칙 : 보험금액이 피보험목적물의 보험가액보다 적은 일부보험에 가입한 경우에 피보험자는 전손이 발생하더라도 보험금액 전액을 보상받을 수 없고 단지 보험가액에 대한 보험금액의 비율에 따라 일부만을 보상받을 수 있다.

70 선하증권에 대한 설명으로 옳지 않은 것은?

① 운송계약의 추정적 증거(Prima facie evidence)이다.

② 운송인이 물품을 수취했다는 물품의 수령증이다.

③ 'said by shipper to contain'과 같은 부지약관이 있어도 신용장 거래에서 수리된다.

④ 권리증권으로 유통이 가능하며 'Consignee'란에 수화인이 기재되어 유통될 수 있다.

정답 ④

해설 선하증권
- 유통증권이지만 어음과 같이 배서에 의해 자유로이 유통되는 추상적 불요인증권이 아니고 일정한 조건 하에서만 유통되는 요인·유인증권이다.
- "Negotiable"과 같은 문언이 있어야 하고, "Consignee(수하인)"란이 지시식으로 기재되어야 유통증권으로서의 기능을 갖는다. 그러나 우리 상법(제130조)에는 선하증권상에 배서를 금지하지 않는 한 기명식이라도 유통성을 갖도록 규정한다.
- 정당한 권리자에 의해 양도되고 유통되어야 하며 양도인이 양수인에게 양도한다는 의사가 있어야만 유통증권으로서의 기능을 갖는다.

71 Incoterms 2010상 FOB 규칙에 대한 설명으로 옳지 않은 것은?

① 매도인이 선적항에서 매수인이 지정한 본선에 수출 통관된 계약상품을 선적하면 매도인의 물품인도 의무가 완료된다.

② FCA 조건에 매도인의 본선으로의 선적의무가 추가된 조건이다.

③ 매수인은 자기의 책임과 비용부담 하에 운송계약을 체결하고 선박명, 선적기일 등을 매도인에게 통지해 주어야 한다.

④ 컨테이너 운송에서 매도인이 물품을 갑판이 아닌 CY 등 다른 장소에 인도하는 경우에는 FOB 대신 FCA 조건을 사용해야 한다.

정답 ②

해설 ② FCA 조건에 매도인의 본선으로의 선적의무가 추가된 조건은 FAS(선측 인도)이다.

FOB vs FCA

본선 인도(FOB ; Free on board)	운송인 인도(FCA ; Free Carrier)
• 해상운송 또는 내륙 수로운송에만 사용 가능	• 복합운송을 포함하여 운송방식에 관계없이 사용 가능
• 위험 분기점이 본선에 적재되었을 때 종료	• 위험 분기점이 지정장소에서 운송인에게 인도 시 종료
• 비용 분기점이 본선에 적재되었을 때 종료	• 비용 분기점이 지정장소에서 운송인에게 인도 시 종료
• 매도인이 물품을 수출통관	• 매도인이 물품을 수출통관
• 매수인이 목적항까지의 운임과 보험 등 일체 경비를 부담	• 매도인의 구내가 아닌 지점에서 물품을 인도할 때 매도인은 인도차량에서 적재화물 양하의무 없음

72 계약서에 들어가는 선적조건에 대한 설명으로 옳지 않은 것은?

① 신용장상에 할부선적 횟수가 규정되었을 때는 어느 한 부분이라도 선적이 이행되지 않았다면 그 선적분과 모든 잔여 선적분은 무효가 된다.

② 선적일은 수취선하증권이 발행된 경우에는 발행일이 곧 선적일이다.

③ 'on or about'에 대한 선적 시기에 대한 해석은 선적이 지정일자로부터 양끝의 일자를 포함하여 5일 전후까지의 기간 내에 선적되어야 한다.

④ 천재지변, 전쟁 등 불가항력에 의한 선적지연의 경우 원칙적으로 매도인은 면책된다.

정답 ②

해설 선적선하증권 vs 수취선하증권

선적선하증권(Shipped or On Board B/L)	수취선하증권(Received B/L)
• 원래 화물이 특정선박에 선적이 완료된 후 송하인의 요청에 따라 발행되는 (선적 사실 증명) 선적선하증권이 원칙 • 대개의 신용장도 선적선하증권을 요구	• 화물이 본선에 적재되지 않고 선사가 화물을 수취한 사실만을 나타내는 것 • 선사가 지정한 장소에 화물을 반입·통관시켜 선적 준비가 완료되면 본선의 입항 전이라도 송하인의 요구가 있으면 B/L을 발행

73 화물손해에 대한 해상운송인의 면책 사유로 옳지 않은 것은?

① 운송인은 항해 중 선장, 선원의 행위, 태만 또는 과실로 인하여 발생한 화물의 손해는 면책된다.

② 포장의 불충분성으로 인하여 발생하는 멸실이나 손상은 면책된다.

③ 선박의 화재로 인하여 발생한 화물의 손해는 면책되나 운송인의 고의로 인한 것이 아니어야 한다.

④ 운송인은 침몰, 좌초와 통상적인 풍파로 인하여 발생한 화물의 멸실이나 손상은 면책된다.

정답 ④

해설 ④ 해상운송인은 통상적인 풍파가 아니라 '해상 고유의 위험'으로 발생한 운송물의 손해에 대하여 면책된다(헤이그 규칙 제4조 2항 c호). '해상 고유의 위험'은 항행구역 또는 항행계절을 감안할 때 '상당한 주의'로써도 예견할 수 없거나 예견할 수 있다고 하더라도 방지할 수 없는 위험 또는 사고를 말한다. 폭풍, 농무, 해일, 심한 파도, 선박의 충돌, 난파, 좌초, 침몰 등이 이에 해당한다.

해상운송인의 면책 사유

해상운송화물이 멸실, 훼손, 또는 연착되는 손해가 발생한 경우, 운송인은 다음과 같은 사유에 의해 그 손해의 배상책임을 면한다.

- 항해과실
- 화 재
- 해상 고유의 위험 또는 사고
- 불가항력
- 전쟁, 폭동 또는 내란
- 해적행위와 그 밖에 이에 준하는 행위
- 재판상의 압류, 검역상의 제한, 기타 공권에 의한 제한
- 송하인 또는 운송물의 소유자나 그 사용인의 행위
- 동맹파업이나 그 밖의 쟁의 행위, 선박 폐쇄
- 운송물의 포장의 불충분 또는 기호 표시의 불완전
- 운송물의 특수한 성질 또는 숨은 하자
- 선박의 숨은 하자

74 환어음의 필수기재사항에 해당되는 것만으로 옳게 나열된 것은?

① 지급인, 지급기일, 수취인, 발행일 및 발행지
② 환어음표시문자, 지급인, 지급지, 신용장 번호
③ 금액, 지급지, 어음번호, 발행인의 서명
④ 상환불능문언, 환어음표시문자, 발행인의 서명, 환율문언

[정답] ①

[해설] 환어음 필수기재사항
- 환어음 표시문구
- 일정금액(대금)의 무조건 지급위탁문언
- 지급인
- 지급만기일
- 지급지(Place of Payment)
- 수취인
- 발행일 및 발행지
- 발행인의 기명날인 또는 서명

75 CISG상 유효한 승낙으로 간주되는 것은?

① 침묵에 의한 승낙
② 청약에 대해 동의의 의사를 표시하는 피청약자의 행위
③ 무행위(Inactivity)에 의한 승낙
④ 동일한 거래조건을 담은 교차 청약(Cross Offer)

[정답] ②

[해설] CISG상 유효한 승낙의 요건
승낙에도 일정한 요건이 있다. 유효한 승낙이 되려면 다음 요건을 갖추어야 한다.
- 경상의 원칙 : 청약의 내용과 조건 그대로 승낙해야 한다는 것으로 마치 거울을 보는 것과 같은 조건으로 청약과 승낙이 이루어져야 계약이 체결된다. 피청약자가 청약의 조건을 일부 변경하여 승낙하면 반대청약에 해당된다.
- 피청약자가 승낙할 것
- 청약의 유효기간 내에 승낙할 것
- 승낙의 의사를 표시할 것

CISG 제18조 승낙의 시기 및 방법
(1) A statement made by or other conduct of the offeree indicating assent to an acceptance. Silence or inactivity does not in itself amount to acceptance.
(1) 청약에 대한 동의를 표시하는 상대방의 진술 그 밖의 행위는 승낙이 된다. 침묵 또는 부작위는 그 자체만으로 승낙이 되지 아니한다.
(2) An acceptance often offer becomes effective at the moment the indicate of assent reaches the offeror. An acceptance is not effective if the indication of assent does not reach the offeror within the time he has fixed or, if no time is fixed, within a reasonable time, due account being taken of circumstances of transaction, including the rapidity of the means of communication employed by offeror. An oral offer must be accepted immediately unless the circumstances indicate otherwise.
(2) 청약에 대한 승낙은 동의의 의사표시가 청약자에게 도달하는 시점에 효력이 발생한다. 동의의 의사표시가 청약자가 지정한 기간 내에, 기간의 지정이 없는 경우에는 청약자가 사용한 통신수단의 신속성 등 거래의 상황을 고려하여 합리적인 기간 내에 도달하지 아니하는 때에는 승낙은 효력이 발생하지 아니한다. 구두의 청약은 특별한 사정이 없는 한 즉시 승낙되어야 한다.
(3) However, if, by virtue of as a result of practices which the parties have established between themselves of usage, the offeree may indicate assent by performing an act, such as one relating to the dispatch of the goods or payment of the price, without notice to the offeror, the acceptance is effective at the moment the act is performed, provided that the act is performed within the period of time laid down in the preceding paragraph.
(3) 청약에 의하여 또는 당사자 간에 확립된 관례나 관행의 결과로 상대방이 청약자에 대한 통지 없이, 물품의 발송이나 대금지급과 같은 행위를 함으로써 동의를 표시할 수 있는 경우에는, 승낙은 그 행위가 이루어진 시점에 효력이 발생한다. 다만, 그 행위는 제2항에서 정한 기간 내에 이루어져야 한다.

무역영어 1급 기출이 답이다

2019년 제2회(115회) 기출문제

제1과목　**영문해석**

01 Choose WRONG part of L/C explanation.

> The letter of credit is probably the most widely used method of financing for both (A) <u>export and import</u> shipments.
>
> In establishing a letter of credit, the buyer applies to his own bank for a specified amount (B) <u>in favor of the buyer</u>. The buyer stipulates the (C) <u>documents which the seller must present</u>, the duration of the credit, (D) <u>the tenor of drafts which may be drawn</u>, on whom they may be drawn, when shipments are to be made, and all other particulars in the transaction.

① A
② B
③ C
④ D

정답 ②

해석 **L/C에 대한 설명 중 틀린 부분을 고르시오.**

　신용장은 (A) 수출입 수송에 가장 폭넓게 사용되는 자금조달 방법이다.
　신용장 개설 시 매수인은 (B) 매수인 (→ 매도인)을 수익자로 하여 자신의 거래은행에 특정금액을 적용한다.
　매수인은 (C) 매도인이 제시해야 하는 서류와 신용장 기간, (D) 환어음 지급기한, 지급대상자, 선적일을 비롯하여 무역거래의 다른 세부사항들을 규정한다.

　*in favor of : ~을 수익자로 하여
　*tenor of drafts : 환어음 지급기한
　*method of financing : 자금조달 방법

해설 신용장이란 은행의 조건부 지급확약서이다. 즉, 무역거래의 대금지급 및 상품수입을 원활하게 하기 위하여 수입업자(매수인)의 거래은행인 신용장 개설은행이 수입업자의 요청과 지시에 의해 독자적인 책임으로, 수출업자(매도인) 또는 그의 지시인으로 하여금 신용장에 명시된 조건과 일치하는 운송서류를 제시하면, 수입업자를 대신하여 지급이행 또는 신용장에 의해 발행된 어음의 지급·인수를 수출업자 또는 어음매입은행 및 선의의 소지인에게 확약하는 증서를 말한다.

안심Touch

Dear Mr. Cox

We are a large motorcycle wholesale chain with outlets throughout Korea, and are interested in the heavy touring bikes displayed on your stand at the Tokyo Trade Fair recently.

There is an increasing demand here for this type of machine. Sales of larger machines have increased by more than 70% in the last two years, especially to the 40–50 age group, which wants more powerful bikes and can afford them.

We are looking for a supplier who will offer us an exclusive agency to introduce heavy machines. At present we represent a number of manufacturers, but only sell machines up to 600cc, which would not compete with your 750cc, 1000cc, and 1200cc models.

We operate on a 10% commission basis on net list prices, with an additional 3% del credere commission if required, and we estimate you could expect an annual turnover in excess of US $5,000,000.00 With an advertising allowance we could probably double this figure.

We look forward to hearing from you.

Steve Kim

02 **What can NOT be inferred?**

① Steve would like to represent same line of bikes with their current suppliers.
② Mr. Cox's company is engaged in heavy touring bikes.
③ Steve Kim may take endbuyers' credit risk.
④ 40–50 age Korean consumers tend to buy bikes with large engine displacement.

03 **Which is NOT related with del credere?**

① Del credere agent here guarantees that a buyer is trustworthy.
② Del credere agent here compensates the principal in case the buyer defaults.
③ To cover credit risk, del credere agents charge higher commission rates.
④ A del credere agent is an agent who guarantees the solvency of third parties with whom the agent contracts on behalf of the buyer.

02 ① 03 ④

친애하는 콕스씨께,

당사는 한국에서 대형 오토바이 도매 체인 유통매장을 운영하고 있으며, 최근 도쿄 무역박람회에서 전시된 귀사의 대형 투어링 바이크에 흥미가 있습니다.

이런 유형의 기계류에 대한 수요가 급증하고 있습니다. 지난 2년 동안 대형 기계류 판매가 70% 이상 증가했으며, 특별히 40~50대 연령층 그룹에서 좀 더 힘이 강력한 바이크를 원하고 있고 (그들은) 그것들을 살만한 여유가 있습니다.

당사는 대형 기계류에 대한 독점 판매권을 제공해줄 공급자를 찾고 있습니다. 현재 당사는 다수의 제조업자들을 대표하고 있지만, 600cc까지의 기계만을 판매하고 있는데, 귀사의 750cc와 1000cc, 1200cc 모델과는 경쟁이 되지 않을 겁니다.

당사는 가격표 정가 기준 10%의 수수료와 요청될 시 <u>지급보증수수료</u> 추가 3%로 운영하고 있으며, 귀사는 연간 US $5,000,000.00를 초과하는 총매출액을 기할 수 있을 것으로 추정됩니다. 광고비용과 함께 당사는 이 금액을 두 배로 만들 수 있습니다.

귀사의 연락을 기다리겠습니다.

스티브 김

*basis on net list prices : 가격표 정가 기준
*del credere commission : 지급보증수수료
*annual turnover : (기업의) 연매출량[액]
*With an advertising allowance : 광고비용과 함께

02 다음 중 추론할 수 없는 것은?
① 스티브는 최근 공급업자들과 동일한 라인의 바이크를 대표하고 싶어 한다.
② 콕스씨의 회사는 대형 투어링 바이크를 제공한다.
③ 스티브 김은 최종구매자의 신용 위험을 감당할 것이다.
④ 한국의 40~50대 소비자들은 엔진 배기량이 큰 바이크를 사려는 경향이 있다.

03 지급보증대리인과 관련이 없는 것은?
① 지급보증대리인은 여기서 매수인이 믿을 만하다는 것을 보증한다.
② 지급보증대리인은 여기서 매수인의 채무불이행 시 원금을 보상한다.
③ 신용 위험을 보장하기 위해 지급보증대리인은 좀 더 높은 수수료율을 청구한다.
④ 지급보증대리인은 매수인을 대신하는 대리인과 계약하는 제3자의 지불능력을 보증하는 대리인이다.

02
서신에서 스티브 김은 현재 자사에서 판매하고 있는 바이크보다 배기량이 큰 대형 투어링 바이크를 생산하는 회사의 바이크 판매를 원하고 있으므로, 정답은 ①이다.
*end-buyers' credit risk : 최종구매자의 신용 위험
*engine displacement : 엔진 배기량

03
지급보증대리인(Del Credere Agent)은 이탈리아어로서 '보증' 또는 '담보'를 의미한다. 대리인이 본인의 위탁 (Consignment)에 의거하여 상품을 현지에서 판매하는 경우에 현지 고객의 지급에 대하여 보증한다는 지급보증계약

(Del Credere Agreement)을 본인과 체결하고 있는 대리인을 말한다.

*trustworthy : 믿을 수 있는
*compensate : 보상하다
*principal : (꾸어 주거나 투자한) 원금
*default : 채무불이행
*solvency : 지불[상환] 능력

04 What could mostly represent the underlying transaction?

The terms of a credit are independent of the underlying transaction even if a credit expressly refers to that transaction. To avoid unnecessary costs, delays, and disputes in the examination of documents, however, the applicant and beneficiary should carefully consider which documents should be required, by whom they should be produced and the time frame for presentation.

① Sales contract
② Carriage contract
③ Proforma invoice
④ Certificate of origin

정답 ①

해석 원인거래는 무엇을 나타내는가?

신용장 조건은 신용장이 그 거래를 언급할지라도 원인거래에 독립된다. 하지만 서류 점검에 있어서 불필요한 비용과 연기, 분쟁을 피하기 위해 신용장 개설자와 수익자는 어떤 서류가 요청되는지와 어떤 당사자에 의해 생산되는지, 제출기한은 언제인지 주의 깊게 고려해야 한다.

*terms of a credit : 신용장 조건

① 매매계약
② 운송계약
③ 견적송장
④ 원산지증명서

해설 윗글은 UCP 600 제4조 신용장 독립원칙에 대한 내용이므로, 밑줄 친 underlying transaction은 ① Sales contract(매매계약)을 가리킨다.

UCP 600 제4조 신용장 독립원칙

a. 신용장은 그 본질상 그 기초가 되는 매매 또는 다른 계약과는 별개의 거래이다. 신용장에 그러한 계약에 대한 언급이 있더라도 은행은 그 계약과 아무런 관련이 없고, 또한 그 계약 내용에 구속되지 않는다(A credit by its nature is a separate transaction from the sale or other contract on which it may be based).

05 The following is about DAT under Incoterms 2010. Choose the wrong part.

> The seller delivers when the goods, (a) <u>once unloaded from the arriving means of transport</u>, are placed at the disposal of (b) <u>the buyer at a named terminal at the named port or place of destination.</u> "Terminal" (c) <u>includes any place, whether covered or not</u>, such as a quay, warehouse, container yard or road, rail or air cargo terminal. (d) <u>If the parties intend the buyer to bear the risks and costs involved in transporting and handling the goods from the terminal to another place</u>, then the DAP or DDP rules should be used.

① (a)
② (b)
③ (c)
④ (d)

정답 ④

해석 다음은 인코텀즈 2010 하에서 DAT에 대한 설명이다. 틀린 부분을 고르시오.

매도인은 (b) 지정도착항 또는 지정목적지에 있는 지정터미널에서 (a) 도착된 운송 수단으로부터 일단 양화한 물품을 매수인의 임의 처분 상태로 인도한다. '터미널'은 (c) 덮개의 유무를 불문하고 부두, 창고, CY, 도로, 철도 또는 항공 화물 터미널과 같은 장소를 포함한다. (d) 양 당사자가 터미널에서 다른 장소로 물품을 운송하고 처리하는 데 따른 위험과 비용을 매수인(→ 매도인)이 부담하기로 하는 경우에는 DAP 또는 DDP 조건이 사용될 수 있다.

해설 인코텀즈 2010 DAT(도착터미널인도) 조건에 따르면 밑줄 친 (d)에서 위험과 비용을 부담하는 주체는 매도인이므로 buyer → seller로 바뀌어야 한다. 따라서 정답은 ④이다.
DAT에서 DPU로의 명칭 변경
• Incoterms 2010의 DAT 사용지침(Guidance Note)에서는 "터미널"이라는 용어를 넓게 정의하여 "지붕의 유무를 불문하고 모든 장소"가 포함되도록 하였다.
• Incoterms 2010 규칙에서 DAT와 DAP의 유일한 차이점은, DAT의 경우에 매도인은 물품을 도착운송수단으로부터 양하한 후 "터미널"에 두어 인도하여야 하였고, DAP의 경우에 매도인은 물품을 도착운송수단에 실어둔 채 양하를 위하여 매수인의 처분 하에 두었을 때 인도를 한 것으로 되었다는 것이다.
• DAT와 DAP의 변경사항
 − 두 Incoterms 2020 규칙의 등장순서가 서로 바뀌었고, 양하 전에 인도가 일어나는 DAP가 DAT 앞에 온다.
 − DAT 규칙의 명칭이 DPU(Delivered at Place Unloaded)로 변경되었다. 이는 "터미널"뿐만 아니라 어떤 장소든지 목적지가 될 수 있다는 것을 강조하기 위한 것이다.

06 Choose the LEAST correct translation.

> (1) If a credit is transferred to more than one second beneficiary, (2) rejection of an amendment by one or more second beneficiary does not invalidate the acceptance by any other second beneficiary, (3) with respect to which the transferred credit will be amended accordingly. (4) For any second beneficiary that rejected the amendment, the transferred credit will remain unamended.

① (1) 신용장이 하나 이상의 제2수익자에게 양도된 경우에는
② (2) 하나 또는 그 이상의 제2수익자에 의한 조건변경의 거절은 어떤 다른 제2수익자에 의한 승낙을 무효로 하지 아니하고
③ (3) 따라서 승낙한 제2수익자와 관련하여 양도된 신용장은 조건변경이 되고
④ (4) 조건변경을 거절한 제2수익자에 대하여는, 양도된 신용장은 조건변경 없이 유지된다.

정답 ①

해석 가장 옳지 않은 번역을 고르시오.

(1) 신용장이 두 사람 이상의 제2수익자에게 양도된 경우에는 (2) 하나 또는 그 이상의 제2수익자에 의한 조건변경의 거절은 어떤 다른 제2수익자에 의한 승낙을 무효로 하지 아니하고 (3) 따라서 승낙한 제2수익자와 관련하여 양도된 신용장은 조건변경이 되고 (4) 조건변경을 거절한 제2수익자에 대하여는, 양도된 신용장은 조건변경 없이 유지된다.

해설 UCP 600 제38조 양도가능 신용장 조항으로 ① '신용장이 하나 → 두 사람 이상의 제2수익자에게 양도된 경우에는'이 되어야 한다.
UCP 600 제38조 양도가능 신용장
f. If a credit is transferred to more than one second beneficiary, rejection of an amendment by one or more second beneficiary does not invalidate the acceptance by any other second beneficiary, with respect to which the transferred credit will be amended accordingly. For any second beneficiary that rejected the amendment, the transferred credit will remain unamended.
f. 신용장이 2 이상의 제2수익자에게 양도된 경우에는, 하나 또는 그 이상의 제2수익자에 의한 조건변경의 거절은 이로 인하여 양도된 신용장이 조건변경되는 기타 모든 제2수익자에 의한 승낙을 무효로 하지 아니한다. 조건변경을 거절한 제2수익자에 대하여는, 양도된 신용장은 조건변경 없이 존속한다.

07 Which is NOT correct according to the letter?

> Dear Mr. Richardson
> We were pleased to receive your order of 15 April for a further supply of CD players.
> However, owing to current difficult conditions, we have to ensure that our many customers keep their accounts within reasonable limits. Only in this way we can meet our own commitments.
> At present the balance of your account stands at over US $1,800.00. We hope that you will be able to reduce it before we grant credit for further supplies.
> In the circumstances we should be grateful if you would send us your check for half the amount owed. We could then arrange to supply the goods now requested and charge them to your account.

① The writer is a seller.
② This is not the first time that the writer has business with Mr. Richardson.
③ The writer asks the receiver to send the check for current order.
④ This is a reply to the order.

정답 ③

해석 서신에 따르면 옳지 않은 것은?

친애하는 리처드슨씨께,
CD 플레이어 공급을 좀 더 늘려달라는 4월 15일자 귀사의 주문을 인수했습니다.
하지만 최근 어려워진 상황으로 인해, 당사는 많은 고객들에게 합리적인 범위 내에서 그들의 계정을 유지할 것을 요청해야 합니다. 이 방법으로만 당사는 약속을 이행할 수 있습니다.
현재 귀사의 미지불 잔액은 1,800 US달러를 넘었습니다. 당사가 귀사의 추가 공급에 대한 신용장을 승인하기 전에 그 금액을 줄여주시기를 희망합니다.
사정이 이러하므로 귀사가 미지불 잔액 절반 금액의 수표를 보내주신다면 감사하겠습니다. 그러면 당사는 지금 귀사가 요청하신 추가 물품 공급을 처리하고 귀사의 계정에 고지할 수 있습니다.

*ensure : 보장하다
*within reasonable limits : 합리적인 범위 내에서
*balance : 지불 잔액, 잔금
*in the circumstances : 사정이 이러하므로
*arrange : 마련하다, 처리하다

① 글쓴이는 매도인이다.
② 이번이 글쓴이가 리처드슨 씨와의 첫 번째 거래가 아니다.
③ 글쓴이는 수령인에게 최근 거래에 대한 수표를 보내달라고 요청한다.
④ 이것은 주문에 대한 답신이다.

해설 서신은 지금까지의 미불 잔액 절반에 해당하는 금액을 지불해주면 추가 공급 주문을 처리하고 금액을 고지하겠다는 내용이므로 정답은 ③이다.

We must express surprise that the firm mentioned in your enquiry of 25th May have given our name as a reference.

As far as we know, they are a reputable firm, but we have no certain knowledge of their financial position. It is true that they have placed orders with us on a number of occasions during the past two years, but the amounts involved have been small compared with the sum mentioned in your letter; and even so, accounts were not always settled on time.

_____. We accept your assurance that the information we give will be treated in strict confidence and regret that we cannot be more helpful.

08 According to the context, which is the best sentence in the blank?

① Therefore, we find this company to be a good credit rating.

② This, we feel, is a case in which caution is necessary and suggest that you make additional enquiries through an agency.

③ Our company was established in 1970 and has been enjoying steady growth in its business with excellent sales.

④ We regret that the amount of obligations you now carry makes it difficult for us to agree to allow you credit terms.

09 The passage in the box is a reply to the letter. Which of the following is LEAST to be included in the previous letter?

① Their requirements may amount to approximately US $200,000.00 a quarter and we should be grateful for your opinion of their ability to meet commitments of this size.

② They state that they have regularly traded with you over the past two years and have given us your name as a reference.

③ We should appreciate it if you would kindly tell us in confidence whether you have found this company to be thoroughly reliable in their dealings with you and prompt in settling their accounts.

④ We would appreciate a prompt decision concerning our order once you have contacted our references.

해석

당사는 5월 25일자 귀사의 조회에서 그 회사가 당사를 추천인으로 언급했다는 데 놀라움을 금할 수 없습니다. 당사가 알고 있는 한, 그들은 평판이 좋지만 그들의 재정적인 상태에 대해서는 잘 알지 못합니다. 그 회사가 지난 2년 동안 당사에 다수의 주문을 했던 것은 사실이지만, 귀사의 서신에 언급된 금액과 비교할 때 금액이 적습니다. 심지어 결제가 항상 제때에 이루어진 것도 아닙니다.

당사가 생각하기에, 이런 경우 신중할 필요가 있으며 에이전시를 통하여 추가로 문의할 것을 제안합니다. 당사가 제공한 정보를 극비로 해달라는 귀사의 확약을 받아들이며, 좀 더 도움을 드리지 못해서 유감입니다.

*enquiry : 조회, 문의
*reference : 추천
*in strict confidence : 극비로

08 문맥에 따르면, 빈 칸에 가장 알맞은 문장은 무엇인가?
① 그러므로, 당사는 이 회사가 신용등급이 좋다는 것을 알았습니다.
② 당사가 생각하기에, 이런 경우 신중할 필요가 있으며 에이전시를 통하여 추가로 문의할 것을 제안합니다.
③ 당사는 1970년 설립되었으며 우수한 판매실적으로 꾸준한 성장세를 보이고 있습니다.
④ 현재 귀사의 채무액으로 인해 당사가 귀사에 대한 신용조건 허락에 동의하기에 어려움이 있어 유감입니다.

09 윗글은 서신에 대한 답신이다. 이전 서신의 내용으로 가장 적절하지 않은 것은 무엇인가?
① 그들의 요청은 대략 분기당 200,000 US달러에 해당하는 금액이며 당사는 그 회사가 그 정도 금액에 대한 거래 수행 능력이 있는지 귀사의 의견을 주시면 감사하겠습니다.
② 그들이 언급하기를 그들은 지난 2년 동안 귀사와 정기적으로 무역거래를 했으며 귀사를 추천인으로 지정한다고 했습니다.
③ 귀사가 이 회사와 거래할 당시 철저히 믿을 만했는지, 결제가 즉시 이루어졌는지 은밀하게 말씀해주시면 감사하겠습니다.
④ 당사의 조회에 대한 연락 이후 당사 주문에 관하여 즉시 결정해 주셔서 감사드립니다.

해설 08

윗글은 어떤 회사에 대한 신용조회 문의에 대한 답신으로 빈 칸 바로 앞에 여러 차례 그 회사와 거래했지만 재정적인 상태에 대해서는 확신할 수 없다는 내용이 나오므로 정답은 ②이다.

09

윗글은 신용조회를 문의하는 서신에 대한 답신으로 ①, ②, ③에 대한 언급이 본문에 있으며, 신용조회와 관련이 높은 표현들인데 반해, ④는 신용조회와 관련이 없고 주문에 대한 결정에 감사를 표하는 내용이므로 가장 적절하지 않다.

10 Which can NOT be inferred from the following correspondence?

Dear Mr. Han,

With reference to your letter, we are pleased to inform you that we have been able to secure the vessel you asked for.
She is the SS Eagle and is docked at present in Busan. She is a bulk carrier with a cargo capacity of seven thousand tons, and has a speed of 24 knots which will certainly be able to make the number of trips in two months.
Once the charter is confirmed, we will send you a charter party.

Yours sincerely

---

① Shipper has a lot of goods in containers.
② Time charter is appropriate for the transaction.
③ The charter party to be issued is not negotiable.
④ The writer is a chartering broker.

정답 ①

해석 다음 서신으로부터 추정할 수 없는 것은?

친애하는 미스터 한,

귀하의 서신과 관련하여, 귀하가 요청한 선박을 확보할 수 있었다고 통지하게 되어 기쁩니다.
그 선박은 SS Eagle호이며 현재 부산에 정박하고 있습니다. 선박은 수용량이 화물 7천 톤 벌크선으로 24노트 속력으로 2개월 내 여행이 가능할 것입니다.
용선이 확정되면, 귀사에 용선계약서를 보낼 것입니다.

충심으로

*With reference to your letter : 귀하의 서신과 관련하여
*dock : (배를) 부두에 대다
*bulk carrier : 벌크선(船) (곡물·석탄 등의 화물을 포장하지 않고 그대로 운송하는)
*cargo : 화물
*capacity : 용량, 수용력
*charter party : 용선계약서
*Shipper : 선적처리업자, 행운회사
*Time charter : 정기용선계약
*chartering broker : 용선중개인

① 해운회사는 컨테이너에 상품이 많이 있다.
② 정기용선계약이 거래에 적절하다.
③ 발행된 용선계약서는 유통불가이다.
④ 글쓴이는 용선중개인이다.

해설 위 서신에는 해운회사의 컨테이너에 상품이 많이 있다는 내용은 없다.

11 Which of the following is the LEAST appropriate Korean translation?

① Over the past decade, our revenues have increased by double digit annually.

→ 지난 10년간 당사 수익은 매년 두 자리 수로 증가했습니다.

② Even though the domestic economy has been stagnant this year, we have managed for the third year in a row to sustain a 15% annual growth rate.

→ 올해 국내 경기가 침체되었지만, 당사의 경영은 세 번째 해에 드디어 연 15% 성장률을 유지하게 해주었습니다.

③ Your order has been completed and is now ready for shipment. When we receive the credit advice on or before July 21, as agreed, we will ship your order on C/S "Zim Atlantic" leaving Busan on August 6 and reaching Los Angeles on August 17.

→ 주문하신 상품은 완성되어 선적준비가 되어 있습니다. 합의에 따라 7월 21일까지 신용장 통지를 받으면, 8월 6일 부산항을 출항해 8월 17일 Los Angeles에 입항할 예정인 Zim Atlantic호에 선적하겠습니다.

④ We have to point out that all the product you are offering must be guaranteed to meet the requirements of the specifications we indicated.

→ 귀사가 제공하는 모든 상품은 당사가 제시한 명세서의 요구에 부합한다는 보증을 해 주셔야 합니다.

정답 ②

해설 ② for the third year in a row는 '세 번째 해'가 아니라 '3년 연속으로'이다.
*in a row : 잇달아, 연이어

12 Which is the LEAST appropriate English-Korean sentence?

① What we're looking for is a year-long contract for the supply of three key components.

→ 오늘 당사가 이루고자 하는 것은 세 가지 주요 부품의 공급에 관한 1년간의 계약을 체결하는 것입니다.

② When do you think we'll get the results of the market analysis? When could we see a return on our investment?

→ 시장 분석결과는 언제쯤 받을 수 있다고 생각합니까? 언제쯤 당사가 돌아와서 다시 투자할 수 있을까요?

③ Most other agencies don't have the expertise to handle our request.

→ 대부분의 다른 대리점은 당사의 요구를 들어줄만한 전문기술이 없습니다.

④ If the contract is carried out successfully, it will be renewed annually.

→ 계약이 성공적으로 이행되면 1년마다 연장이 될 겁니다.

② see a return on our investment는 '돌아와서 다시 투자하다'가 아니라 '투자 수익률을 보다'의 뜻이므로 '언제쯤 당사의 투자 수익률을 볼 수 있을까요?'이다.
*return : 수익

13 Which of the following is MOST likely to appear right BEFORE the passage below?

> Because we do not sell our garments directly to the consumer, we try to keep our wholesale prices between ourselves and our dealers. It is our way of meriting both the loyalty and good faith of those with whom we do business. Clearly, divulging our wholesale prices to a consumer would be a violation of a trust.
> However, I have enclosed for your reference a list of our dealers in the Bronx and Manhattan. A number of these dealers sell Maxine Sportswear at discount.
> Very truly yours

① If you are interested in importing the products, please feel free to contact us.

② We assure you that our price and quality are the most competitive.

③ We certainly appreciate your interest. Nevertheless, I am afraid I cannot supply you with the information you requested.

④ We regret to inform you that now is not an occasion for price hike.

정답 ③

해석 아래 글의 직전에 있었을 내용으로 가장 적절한 것은 무엇인가?

당사는 의류를 소비자에게 직접 판매하지 않기 때문에, 당사의 도매가격을 우리와 중개인들 사이의 기밀로 유지하려고 노력합니다. 그것이 당사와 거래하는 사람들에 대한 충성과 선의 두 가지 장점을 유지하는 방법입니다. 당사의 도매가격을 소비자에게 발설하게 되면 믿음을 위배하는 것이 될 것이 분명합니다.
하지만, 귀사가 참고할 수 있도록 브롱스와 맨해튼에 있는 당사의 중개인 목록을 동봉합니다. 이들 중 많은 곳에서 맥시온 스포츠웨어를 할인판매하고 있습니다.
진심으로,

*garments : 의류, 여성복
*dealer : 중개인
*divulge : (비밀을) 알려주다, 발설하다

① 귀사가 제품 수입에 관심 있다면, 당사에 언제든지 편하게 연락하세요.
② 당사는 가격과 품질 면에서 가장 경쟁력 있다고 장담합니다.
③ 귀사의 관심에 감사드립니다. 하지만, 유감스럽게도 요청하신 정보는 제공할 수 없습니다.
④ 지금은 가격인상 시기가 아님을 통보하게 되어 유감입니다.

해설 소비자에게 직접 판매하지 않고 중개상을 통해 판매하며 도매가격을 알려줄 수 없다고 했으므로 직전에 올 내용은 ③이 적절하다.
*assure : 장담하다, 확인하다

14 Which of the following insurance documents on the below are acceptable?

A documentary credit for US $150,000.00 calls for a full set of bills of lading and an insurance certificate to cover all risks. The bill of lading presented indicates an on board date of 15 December.

A. Policy for US $150,000.00.
B. Certificate dated 17 December.
C. Declaration signed by a broker.
D. Subject to a franchise.

① A + B only

② A + D only

③ B + C only

④ C + D only

[정답] 모두 정답

[해석] 아래 글에서 용인되는 보험서류는 무엇인가?

US $150,000.00에 대한 화환신용장은 선하증권 전 세트와 모든 위험을 보장하는 보험증명서를 필요로 한다. 제시된 선하증권은 선적일이 12월 15일임을 나타낸다.

*documentary credit : 화환신용장
*indicate : 나타내다

A. US $150,000.00에 대한 보험증서
B. 12월 17일자 보험증명서
C. 중개인이 서명한 신고서
D. 면책률을 조건으로 함

[해설] ※ 문제 출제 오류로 인한 보기 모두 정답 처리

15 If the CIF or CIP value cannot be determined from the documents, a nominated bank under UCP 600 will accept an insurance document, which covers:

> A. 110% of the gross amount of the invoice.
>
> B. 100% of the gross amount of the invoice.
>
> C. 110% of the documentary credit amount.
>
> D. 110% of the amount for which payment, acceptance or negotiation is requested under the credit.

① A + C only

② B + D only

③ A + B + D only

④ A + C + D only

[정답] ④

[해석] CIF 또는 CIP 가격이 서류로부터 결정될 수 없는 경우에는 UCP 600 하에서 지정은행이 다음을 보장하는 보험서류를 인수할 것이다.

A. 송장 총액의 110%

B. 송장 총액의 100%

C. 화환신용장 금액의 110%

D. 신용장 하에서 지급, 승인 또는 매입이 요청되는 금액의 110%

[해설] UCP 600 제28조 보험서류 및 담보

- CIF, CIP 또는 가격이 서류로부터 결정될 수 없는 경우에는 보험담보금액은 지급이행 또는 매입이 요청되는 금액 또는 송장에 표시된 물품의 총가액 중에서 보다 큰 금액을 기초로 하여 산정되어야 한다.
- f. i. The insurance document must indicate the amount of insurance coverage and be in the same currency as the credit.
  ii. A requirement in the credit for insurance coverage to be for a percentage of the value of the goods, of the invoice value or similar is deemed to be the minimum amount of coverage required.
  f. i. 보험서류는 보험담보의 금액을 표시하여야 하고 신용장과 동일한 통화이어야 한다.
  ii. 보험담보가 물품가액 또는 송장가액 등의 비율이어야 한다는 신용장상의 요건은 최소 담보금액이 요구된 것으로 본다.

16 What action should the negotiating bank take?

> A documentary credit advised to a beneficiary payable at sight calls for documents to include an invoice made out in the name of the applicant. Documents presented to the negotiating bank by the beneficiary include a customs invoice but not commercial invoice. All other terms and conditions have been met.

① Reject the documents as non-complying.
② Refer to the issuing bank for authority to pay.
③ Return the documents for amendment by the beneficiary.
④ Pay the documents as fully complying with the terms of the credit.

[정답] ④

[해석] 매입은행은 어떤 행동을 취해야 하는가?

수익자에게 일람불 지급을 통지한 화환신용장은 개설자의 이름으로 작성된 송장을 포함한 서류를 요청한다. 수익자에 의해 매입은행에 제시된 서류는 세관송장을 포함하지만, 상업송장은 포함되지 않는다. 다른 모든 조건은 충족되었다.

*negotiating bank : 매입은행
*beneficiary : 수익자
*customs invoice : 세관송장
*commercial invoice : 상업송장

① 비준수 서류를 거절한다.
② 지불 권한은 개설은행에 문의한다.
③ 수혜자에 의해 개정을 위해 서류를 반환한다.
④ 신용장 조건을 완전히 준수한 서류를 지불한다.

[해설] ④ 일람불 지급 화환신용장이 서류를 요청하는 상황에서 매입은행은 일치하는 제시서류에 의거하여 신용장 조건을 완전히 준수한 서류를 지불하여야 한다.

UCP 600 제2조 정의

Negotiation means the purchase by the nominated bank of drafts (drawn on a bank other than the nominated bank) and/or documents under a complying presentation, by advancing or agreeing to advance funds to the beneficiary on or before the banking day on which reimbursement is due to the nominated bank.
매입이란 해당 지정은행이 (자신에 대해) 상환이 이루어지게 될 은행 영업일이나 그 이전에 수익자에게 대금을 선지급하거나 선지급할 것에 동의함으로써 일치하는 제시서류에 의거하여 (지정은행이 아닌 은행을 지급인으로 하여 발행된) 환어음 및/또는 서류를 구매하는 것을 의미한다.

신용장부 화환어음(Documentary Bill of Exchange with L/C)
• 신용장에 의거 발행되는 화환어음이다.
• 은행이 지급 · 인수 · 매입을 확약한다.
• 신용장(L/C)은 화환어음에 은행의 조건부지급확약이 더 붙는 것이다.
• 종류 : 일람불어음(Sight/Demand Draft), 기한부어음(Usance Bill/Time Draft/After Sight Draft)

17 What is NOT appropriate as a reply to customer complaints?

① Thank you for taking time out of your busy schedule to write us and express your grievances on how our products and services do not meet up with your expectations.

② This is to confirm that I have seen your email. I look forward to receiving my consignment next week as you promised.

③ However, we can neither receive the return nor refund you as you demanded. This is because of our company's policy. We make refunds only for orders whose complaints are received within two weeks of purchase.

④ Despite our effort to deliver your order on time using Skynet Express Delivery Service, it's quite unfortunate that we didn't meet up with the time allotted for the delivery of those products.

정답 ②

해석 고객 불만사항에 대한 답변으로 적절하지 않은 것은?
① 바쁜 가운데 시간을 내서 당사 제품과 서비스가 고객의 기대에 미치지 못해 생긴 불만을 당사에 알려주셔서 감사합니다.
② 이것은 내가 귀사의 이메일을 확인하기 위한 것입니다. 나는 귀사가 약속한대로 다음 주에 배송물을 인수하기를 기대합니다.
③ 하지만, 당사는 귀하가 요구한대로 반품도 환불도 할 수 없습니다. 이것이 당사의 정책이기 때문입니다. 당사는 구매 후 2주일 안에 접수된 불편사항에 대한 주문일 경우에만 환불해 드립니다.
④ 스카이넷 익스프레스 배송서비스를 이용해서 귀사의 주문품을 제시간에 배송하려고 노력했지만, 당사는 유감스럽게도 그 제품에 대한 기한을 지키지 못했습니다.

해설 ①, ③, ④는 고객 불만사항에 대한 매도인의 답변인데, ②는 매수인이 매도인에게 배송기한을 지켜줄 것을 당부하는 내용이다.
*grievance : 불만, 고충
*confirm : 분명히하다, 확인하다
*consignment : 배송물, 탁송물
*meet : (필요요구 등을) 충족시키다; (기한 등을) 지키다

---

18 What is "This" in the sentences?

> • This should be located in a conspicuous place to tell the purchases where the product was produced.
> • This is used to clearly indicate to the ultimate purchaser of a product where it is made.

① Packaging
② Country of origin marking
③ Carton number marking
④ Handling caution marking

해석 다음 문장에서 "이것"은 무엇인가?

- 이것은 눈에 제품이 생산된 곳을 알려주는 것으로 눈에 잘 띄는 장소에 위치해야 한다.
- 이것은 궁극적인 구매자에게 제품이 생산된 곳을 분명하게 나타내기 위해 사용된다.

*be located in : ~에 위치하다
*conspicuous : 눈에 잘 띄는

① 포 장
② 원산국 표시
③ 카톤번호 표시
④ 취급 주의 표시

해설 '이것'은 문장에서 공통적으로 제품이 생산된 곳을 알려주는 것이므로 ② 원산국 표시이다.

19 Which is LEAST proper Korean translation?

① The selling prices of goods delivered to the customers in exchange are included in the computation of gross sales.
→ 고객에게 교환으로 인도된 상품의 판매가는 매출총액 계산에 포함된다.

② There is an implied warranty by the shipper that the goods are fit for carriage in the ordinary way and are not dangerous.
→ 화물이 통상적인 방법으로 운송에 적합하고 위험하지 않다는 화주의 묵시적 보증이 있다.

③ The consular invoice shall be certified by the consul of the country of destination.
→ 영사송장은 수입국의 영사가 인증하여야 한다.

④ If a bank loan is initially extended with a five-year tenor, after three years, the loan will be said to have a tenor of two years.
→ 만약 은행 대출이 처음에 5년이었는데, 그 후 3년 연장되면, 그 대출은 2년간의 기한이 생겼다고도 말할 수 있다.

해설 ④ 처음에 5년이었는데, 그 후 3년 연장되면 → 3년 후 최초로 5년 기한이 연장되면
주어진 문장은 If절로 이루어진 조건문이다. 조건문은 "If a bank loan is initially extended with a five-year tenor,"까지이며, "after three years,"는 조건문의 기한을 수식해준다고 할 수 있다. 따라서 해당 문장을 해석하면, "3년 후, 만약 은행 대출이 최초로 5년 기한이 연장된다면"이다.
*Shipper(송하인) : Consignor라고 한다. 운송계약의 당사자로서 화물운송을 운송인에 대해 자신의 이름으로 의뢰하는 자이다. 또한 수출자(Exporter)이고 매도인(Seller)이기도 하다. 영국에서는 수출자와 동의어로 사용하지만 미국에서는 항공운송, 육상운송의 어느 운송에서도 화물의 송하인은 Shipper라고 한다.
*implied warranty : 묵시적 담보[보증]

20 Which of the following is LEAST correct?

> Dear Ms. Jones :
>
> Thanks for your recent prompt payments. Our records reflect your current account.
> Given these circumstances, I am happy to restore your full credit line. In fact, your recent
> payment record enables me to extend your credit line from the previous US $5,000.00 to
> US $8,000.00 This will enable you to stock the added inventory you need to accommodate
> the growing demands of your customers.
> On a personal note, I admire your cooperation and appreciate your sincere efforts. You
> have made my job easier, and I appreciate it.

① The letter offers thanks and praises the customer's good payment record.
② Ms. Jones' company gets a credit extension up to US $13,000.00
③ There is a positive change in the terms of credit.
④ The letter announces that the credit line is now restored.

정답 ②

해석 다음 중 가장 옳지 않은 것은?

Ms. Jones께,
최근의 즉각적인 결제에 감사드립니다. 당사의 기록은 귀사의 현재 계정을 반영하고 있습니다.
이런 상황을 볼 때, 저는 귀사가 신용한도를 완전히 회복해서 기쁩니다. 사실, 귀사의 최근 결제 기록으로
인해 귀사의 신용한도를 이전 US $5,000.00에서 US $8,000.00로 확장할 수 있었습니다. 이것으로 귀사는
늘어나는 고객들의 수요를 수용하기 위해 필요한 추가 물품을 비축할 수 있게 됐습니다.
개인적으로, 저는 귀사의 협조를 존경하며 진심어린 노력에 감사드립니다. 귀사는 제 업무를 좀 더 용이하게
해주셨으며, 저는 그것에 사의를 표합니다.

*stock : 비축하다
*inventory : 물품 목록
*accommodate : 수용하다
*On a personal note : 개인적으로

① 서신은 고객의 우수한 결제 기록에 감사와 칭찬을 하고 있다.
② Ms. Jones의 회사는 US $13,000.00로 신용한도가 늘어났다.
③ 신용조건에 긍정적인 변화가 있다.
④ 서신은 신용한도가 현재 회복되었다고 발표하고 있다.

해설 Ms. Jones의 회사는 신용한도가 $13,000.00가 아니라 $8,000.00로 늘어났으므로 ②가 정답이다.

21   What is the main reason of the letter?

Dear Corporate Section Manager :

We are writing to inquire about the companies for our products in Bahrain. Your branch in Seoul, Korea, has told us that you may be able to help us.

We manufacture radio telephones. At present, we export to Europe and Latin America, but we would like to start exporting to the Arabian Gulf.

Could you please forward this letter to any companies in Bahrain that might be interested in representing us? We enclose some of our catalogs.

① to enlarge the branches in Seoul
② to inquire about an agent in Bahrain
③ to inquire about the radio telephones
④ to export to Europe and Latin America

정답 ②

해석 **서신의 주요 이유는 무엇인가?**

기업 부서장님께,

당사는 바레인의 당사 제품을 위한 회사에 대해 문의하기를 원합니다. 귀사의 서울 지사는 귀사가 당사에 도움을 줄 수 있을 거라고 알려주었습니다.

당사는 무선전화를 생산하고 있습니다. 현재, 유럽과 라틴아메리카에 수출하고 있지만 페르시아만에 수출을 시작하고 싶습니다.

당사와 거래하기를 원하는 바레인 회사들에 이 서신을 전달해 줄 수 있습니까? 당사의 카탈로그를 동봉합니다.

*forward : (물건 정보를) 보내다[전달하다]

① 서울 지사를 확장하기 위해서
② 바레인에 있는 대리점에 대해 문의하기 위해서
③ 무선전화에 대해 문의하기 위해서
④ 유럽과 라틴아메리카에 수출하기 위해서

해설 서신을 보낸 이유는 페르시아만에 수출을 시작하기 위해 바레인에 있는 대리점에 대해 문의하기 위해서이다.

22 Which is LEAST happening if transaction is conducted as intended below.

> Thank you for the email expressing your interest in our goods, which comes with the Intel xCPU and MS Window CE OS. Our export price is US $250,000.00 CIF LA per unit, and we do have various volume discount plans.

① Seller shall insure the goods with 110% of invoice.
② Buyer is responsible for damage of goods in transit.
③ Seller may take ICC(C) on the goods which will be delivered.
④ Seller shall deliver the goods up to LA at his risk.

정답 ④

해석 만약 아래에서 의도된 대로 거래가 이루어진다면 가장 일어날 가능성이 적은 것은?

당사 제품에 관심을 가져주셔서 감사드리며, 제품은 Intel xCPU와 MS Window CE OS와 함께 출시될 것입니다. 당사의 수출가격은 단위당 US $250,000.00이고, CIF LA 조건으로 다양한 할인 계획을 갖고 있습니다.

① 매도인은 물품에 송장가격의 110%를 보험에 가입해야 한다.
② 매수인은 운송 중인 물품의 손상에 대한 책임이 있다.
③ 매도인은 배송될 상품에 대해 ICC(C)를 사용할 수 있다.
④ 매도인은 위험을 무릅쓰고 LA까지 상품을 인도해야 한다.

해설 CIF 조건은 매도인이 목적항까지 물품을 운반하는 데 필요한 운임(Freight)과 보험료(Insurance)를 지급하되, 물품에 대한 모든 위험과 추가비용은 물품이 선적항에서 본선의 난간을 통과한 때 매수인에게 이전하는 거래 조건이다.

23 What situation is being explained in the letter below?

> As we wrote you previously about the delays in the delivery of your order, the situation is still the same, the trade union strike is on-going. We apologize for this occurrence, but there is not much that we can do to rectify this, as it is out of our hands.
>
> We again apologize and regret the delay in delivery of your order.

① Negotiation with union
② Force majeure
③ Nonpayment
④ Early delivery

해석 아래 서신에서 설명하고 있는 것은 무엇인가?

당사가 귀사의 주문의 배송 지연에 대해 이전에 알려드린 바와 같이 노동조합의 파업은 진행중이며, 여전히 동일한 상황입니다. 당사는 이런 상황이 발생한 것에 대해 사과드립니다. 하지만 이것을 바로잡기 위해 할 수 있는 게 많지 않은데, 그것은 우리 책임 밖의 일이기 때문입니다.

다시 한 번 사과드리며 귀사가 주문품 배송이 지연되어 유감입니다.

*occurrence : 발생, 존재, 나타남
*rectify : (잘못된 것을) 바로잡다

① 노조와의 교섭
② 불가항력
③ 미지급
④ 조속한 인도

해설 ② 불가항력(Force majeure) : 당사자들이 통제할 수 없고, 예견 불가능하며, 회피할 수 없는 사안으로 천재지변(Act of God)이나 화재, 전쟁, 파업, 폭동, 전염병과 기타 자연 재앙과 같은 특정한 사정이나 사건을 의미한다.

[24~25] Read the following and answer.

A lot of customers have been asking about your bookcase and coffee-table assembly kits. We would like to test the market and have 6 sets of each kit on approval before placing a (ⓐ) order. I can supply trade references if necessary.
I attach a (ⓑ) order (No. KM1555) in anticipation of your agreement. There is no hurry but we hope to have your response by the end of April.

24 Why trade references might be needed?

① Because the seller would not trust the buyer in this transaction.
② Because the buyer intends to pay upon arrival of goods.
③ Since the seller requires some references after shipment.
④ Since the buyer would not be satisfied with seller's performance.

25 Which is the best pair for the blanks?

① ⓐ firm - ⓑ provisional

② ⓐ provisional - ⓑ firm

③ ⓐ provisional - ⓑ provisional

④ ⓐ firm - ⓑ firm

정답 24 ① 25 ①

해석

많은 고객들이 귀사의 북케이스와 커피 테이블 조립 키트 제품에 대해 문의하고 있습니다. 당사는 시장을 시험해 보기 위해 (ⓐ 확정)주문 전에 점검매매의 조건으로 각각 6세트씩 주문합니다. 필요하다면, 신용조회처를 제공할 수 있습니다.

귀사의 동의를 예상하여 (ⓑ 임시)주문서(No. KM1555)를 동봉합니다. 서두를 필요는 없지만 4월말까지는 귀사의 답신을 받았으면 합니다.

*on approval : 점검매매의 조건으로
*trade references : 신용조회처; 신용조회
*in anticipation of : ~을 예상하고, 내다보고

24 어째서 신용조회처가 필요할 수도 있는가?
  ① 매도인이 이 거래에서 매수인을 신뢰하지 않을 것이기 때문에
  ② 매수인이 물품이 도착하자마자 결제하려고 하기 때문에
  ③ 매도인이 선적 후에 조회처를 요구하기 때문에
  ④ 매수인이 매도인의 성과에 만족하기 않을 것이기 때문에

25 빈 칸에 가장 알맞은 것으로 짝지어진 것은 무엇인가?
  ① ⓐ 확정 - ⓑ 임시
  ② ⓐ 임시 - ⓑ 확정
  ③ ⓐ 임시 - ⓑ 임시
  ④ ⓐ 확정 - ⓑ 확정

해설 24
위 서신은 거래 제안을 하는 내용으로 처음 거래를 하기 전에 상호 간 신뢰를 위해 신용조회처를 요구하는 게 일반적이다.

25
시장을 시험하기 위해 샘플을 주문하고 있으므로 문맥상 ⓐ는 firm order(확정주문), ⓑ는 provisional order(임시주문서)가 알맞은 짝이다.

26 Which of the following BEST fits the blanks?

> A constructive total loss is a situation where the cost of repairs plus the cost of salvage equal or exceed the (ⓐ) of the property, therefore insured property has been abandoned because its actual total loss appears to be unavoidable or because as mentioned above could not be preserved or repaired without an expenditure which would exceed it's value. One example : in the case of damage to the goods, where the cost of repairing the damage and forwarding the goods to their destination would exceed their value on (ⓑ).

① ⓐ cost - ⓑ inspection
② ⓐ value - ⓑ arrival
③ ⓐ cost - ⓑ receipt
④ ⓐ value - ⓑ sales

정답 ②

해석 빈 칸에 가장 알맞은 것은?

추정전손은 수리비용과 인양비용이 자산의 (ⓐ 가치)와 같거나 초과하는 상황으로, 실제 전손을 피할 수 없는 것으로 보이거나 위에서 언급한 바와 같이 보존할 수 없거나 비용이 자산의 가치를 초과하기 때문에 피보험자산이 유기되는 것이다. 한 가지 예시 : 물품 손상의 경우, 손상 수리 및 물품을 목적지로 운송하는 비용이 (ⓑ 도착) 시 물품가치를 초과하는 경우이다.

*constructive total loss : 추정전손
*salvage : (특히 재난사고로부터 재화의) 구조, (침몰선의) 인양
*total loss : 전손
*expenditure : 지출; 비용, 경비

해설 추정전손(Constructive Total Loss)
• 피보험목적물이 사실상 전손이 아니지만 그 수선 또는 회복의 비현실성 또는 비용 때문에 전손으로 처리하는 것이 바람직한 경우이다.
• 추정전손의 경우 피보험자가 전손 보험금을 청구하기 위해서는 보험자에게 보험목적물에 대한 일체 권리를 위부(Subrogation/Abandonment, 권리이전)해야 하며 위부하지 않을 경우 추정전손이 아니라 분손으로 처리한다.
• 요 건
 - 피보험목적물이 현실전손이 될 것이 확실하다고 인정될 경우
 - 피보험목적물에 대한 피보험자의 지배력 상실로 회복에 상당 기간이 필요한 경우
 - 회복비용이 회복 후 화물가액을 초과할 것으로 예상될 경우
 - 화물 훼손으로 인한 수리비(목적지까지 수송함에 소요될 비용이 있는 경우 이를 포함)가 도착 후의 화물가액을 초과할 경우 등
※ 보험목적물이 담보위험으로 전손된 경우 초과보험(CIF 가액보다 더 많은 금액을 기초로 하여 보험에 가입한 경우)이 아닌 한 보험금액을 보험금으로 보상받는다.

27 Put best right word(s) in the blank.

In reference to your letter concerning delayed payment, we wish to inform you that we are accepting your suggestion.

The one condition we would like to add is that if there would be delayed payment beyond what has been agreed upon in the payment schedule and if there is no proper notice given then, we will (   ) to seek legal action against your company.

① have no choice
② be inevitably
③ not help
④ be forced

정답 ④

해석 빈 칸에 가장 적절한 단어를 넣으시오.

결제 지연에 대한 귀사의 서신과 관련하여, 당사는 귀사의 제안을 승인하기로 했음을 통지합니다.

당사는 한 가지 조건을 추가하고 싶습니다. 합의된 결제 일정을 초과하는 결제 지연과 지연에 대한 정당한 통보가 없는 경우, 당사는 귀사에 대하여 법적인 조치를 모색(할 수밖에 없습니다).

*In reference to : ~과 관련하여
*be forced to : ~하도록 강요당하다

해설 빈 칸 다음에 to 부정사가 있으므로, 빈 칸에는 '~할 수밖에 없다'는 뜻의 ④ be forced가 와야 한다.

28 Which CANNOT be included in the underlined these?

When these are used, the seller fulfills its obligation to deliver when it hands the goods over to the carrier and not when the goods reach the place of destination.

① CPT   ② EXW
③ CIF   ④ FOB

정답 ②

해석 밑줄 친 these에 포함되지 않는 것은?

이 조건들이 사용되면, 매도인은 물품이 목적지 장소에 도착할 때가 아니라 물품을 운송인에게 인도할 때 그 의무가 완수된다.

*fulfill : (의무·약속·직무 등을) 다하다, 이행하다, 수행하다; 끝내다, 완료하다

해설 ② EXW(공장 인도) 조건에서 위험부담의 분기점은 매도인의 작업장 구내에서 매수인의 임의처분 상태로 물품 인도 시이다.

29 Which of the following is LEAST grammatically appropriate?

We have received (a) the number of enquiry for floor coverings suitable for use on the rough floors which seem to be a feature of much of the new building (b) taking place in this region.

It would be helpful (c) if you could send us samples showing your range of suitable coverings. A pattern-card of the designs (d) in which they are supplied would also be very useful.

① (a) ② (b)

③ (c) ④ (d)

정답 ①

해석 다음 중 문법적으로 가장 옳지 않은 것은?

당사는 거친 바닥에 사용하기에 적합한 (a) 바닥 마감재에 대한 문의를 많이 받았는데, 거친 바닥은 (b) 이 지역에서 지어진 새 건물에 많이 나타나는 특징으로 보입니다.
적합한 마감재 범위를 보여주는 (c) 귀사의 샘플을 보내줄 수 있으면 도움이 될 것입니다. (d) 샘플에서 제공하는 디자인 패턴카드 또한 매우 유용할 것입니다.

*the number of : 수
  예 The number of pupils who were late for class was five. 수업에 늦은 학생 수는 다섯 명이다.
*a number of : 많은
  예 A number of pupils were late for class. 많은 학생들이 수업에 늦었다.

해설 ① (a) the → a number of enquiries for floor coverings로 바뀌어야 한다.

30 Fill in the blank with the BEST word(s).

I was very pleased to receive your request of 12 March for waterproof garments on approval.

As we have not previously done business together, you will appreciate that I must request either the usual _____, or the name of a bank to which we may refer. As soon as these enquiries are satisfactorily settled we shall be happy to send you a good selection of the items mentioned in your letter.

I sincerely hope that our first transaction will be the beginning of a long and pleasant business association.

① trade references
② credit terms
③ letter of credit
④ bank references

정답 ①

해석 빈 칸에 알맞은 단어를 채워넣으시오.

나는 방수 의류에 대한 귀사의 3월 12일자 점검매매 요청을 받았습니다.
당사는 이전에 귀사와 거래한 적이 없으므로, 일상적인 신용조회처 또는 우리가 참조할 수 있는 은행 이름을 요구하는 것을 인정해주시리라 생각합니다. 이 문의가 만족스럽게 해결되자마자 귀사의 서신에서 언급한 품목들을 보내겠습니다.
우리의 첫 번째 거래가 앞으로 장구한 비즈니스 유대의 기분 좋은 시작이 되기를 바랍니다.

*on approval : 점검매매의 조건으로

해설 신용조회 의뢰
• 신용조회처에 상대방 회사의 신용상태(Credit Standing)를 조사하여 그 결과를 알려 달라고 요청하는 것이다.
• 주로 사용되는 신용조회처는 상대방 거래은행에 요청하는 은행 신용조회처(Bank Reference)와 같은 업종에 종사하는 사람에게 요청하는 동업자 신용조회처(Trade Reference)이다.

31 Which of the (a) ~ (d) is LEAST appropriate?

Please correct the following error in my credit report : The loan account number listed for
Citizens Bank on the report reads : "137547899." This is incorrect. The correct account
number is 137557899.
(a) <u>To verify this information</u> call my branch manager, Len Dane, at 123-456-7890.
This correction should change the report (b) <u>by deleting the erroneous statement</u> that says
I have twice been late in making payments.
Please (c) <u>open my credit</u> report and (d) <u>send me the corrected clean copy</u> within the next
10 days.

---

① (a)

② (b)

③ (c)

④ (d)

정답 ③

해석 (a) ~ (d) 중 가장 적절하지 않은 것은?

신용평가보고서에서 다음의 잘못을 수정하십시오. : 보고서에는 시티즌 은행의 대출계좌번호가 137547899로
되어있는데, 이것은 잘못된 것입니다. 정확한 계좌번호는 137557899입니다.
(a) <u>이 정보를 확인하려면</u> 지사 매니저 Lan Dane에게 123-456-7890으로 전화하십시오.
이 수정은 제가 결제를 두 번이나 늦었다고 하는 (b) <u>잘못된 문장을 삭제함으로써</u> 보고서를 교체해야 합니다.
(c) <u>제 신용평가보고서를 수정</u>해서 다음 10일 이내에 (d) <u>수정된 깨끗한 사본을 제게 보내주세요.</u>

*credit report : 신용평가보고서
*loan account number : 대출계좌번호
*verify : (진실인지·정확한지) 확인하다
*erroneous : 잘못된

해설 윗글은 신용평가보고서의 에러 수정을 요청하는 내용이다. 마지막 문장에서 (d) '깨끗하게 수정된 사본을 10일
이내에 보내달라'는 것으로 미루어 (c) open → correct가 되어야 한다.

32 What is best for the blank?

Thank you for your letter of 15 January regarding our November and December invoice No. 7713.

We were sorry to hear about the difficulties you have had, and understand the situation. However, we would appreciate it if you could (   ) the account as soon as possible, as we ourselves have suppliers to pay.

We look forward to hearing from you soon.

① clear
② make
③ debit
④ arrange

[정답] ①

[해석] **빈 칸에 적절한 것은?**

당사의 11월과 12월 송장 No. 7713에 관한 귀사의 1월 15일자 서신에 감사드립니다.

귀사가 겪은 어려움에 대해 듣게 되어 유감이며 상황을 이해했습니다. 하지만 당사도 결제해야 할 공급업체가 있기 때문에 가능한 빨리 (결제해) 주셨으면 감사하겠습니다.

당사는 귀사의 답변을 기대하겠습니다.

*clear : 결제하다

[해설] 결제를 독촉하고 있는 서신의 내용으로 미루어 빈 칸에는 ① clear(결제하다)가 적절하다.

33 Which of the following words is NOT appropriate for the blanks below?

> EXW rule places minimum responsibility on the seller, who merely has to make the goods available, suitably packaged, at the specified place, usually the seller's factory or depot.
> The (ⓐ) is responsible for loading the goods onto a vehicle; for all export procedures; for onward transport and for all costs arising after collection of the goods.
> In many cross-border transactions, this rule can present practical difficulties.
> Specifically, the (ⓑ) may still need to be involved in export reporting and clearance processes, and cannot realistically leave these to the (ⓒ). Consider (ⓓ) instead.

① ⓐ exporter
② ⓑ exporter
③ ⓒ buyer
④ ⓓ FCA(seller's premise)

[정답] ①

[해석] **다음의 단어들 중 아래 빈 칸에 알맞지 않은 것은?**

공장인도 규칙은 매도인에게 최소한의 책임을 부여한다. 매도인은 지정된 장소, 일반적으로 매도인의 공장이나 창고에서 물품을 적절하게 포장해야 한다.
(ⓐ 수출업체 → 매수인)은 상품을 차량에 적재하고, 모든 수출 절차를 수행하고, 제품수거 후 발생하는 모든 운송 및 운송비용에 대한 책임이 있다.
많은 국경 간 거래에서 이 규칙은 실질적인 어려움을 야기할 수 있다.
특히, (ⓑ 수출업체)는 여전히 수출보고 및 통관 절차에 관여해야 할 수 있으며 이를 현실적으로 (ⓒ 매수인)에게 맡길 수는 없다. 대신 (ⓓ 판매자 구내)를 고려하라.

[해설] EXW(Ex Work, 공장인도)
- 공장인도(EXW)는 매도인이 물품을 수출통관하지 아니하고 어떤 집하차량(Collecting vehicle)에 적재하지 아니한 상태로 자신의 구내(Premises) 또는 기타 지정된 장소(예컨대 작업장, 공장, 창고 등)에서 매수인의 임의처분상태로 둘 때 인도하는 것을 의미한다.
- 이 조건은 매도인에 대한 최소 의무를 나타내며, 또한 매수인은 매도인의 구내로부터 물품을 수령하는 데 수반되는 모든 비용과 위험을 부담하여야 한다. 그러나 당사자들이 매도인이 출발 시 물품의 적재에 대한 책임을 지고 그러한 적재의 위험과 모든 비용을 부담할 것을 원하는 경우에는, 매매계약상에 이러한 취지의 명시적인 문언을 추가함으로써 이를 명확히 하여야 한다.
- 이 조건은 매수인이 직접 또는 간접적으로 수출절차를 이행할 수 없을 경우에는 사용되어서는 안 된다. 그러한 상황에서는, 매도인이 자신의 비용과 위험으로 적재할 것을 합의하는 한, 운송인인도(FCA) 조건이 사용되어야 한다.

34 Which of the following is the LEAST appropriate one as part of the reply to the letter?

> For a number of years we have imported electric shavers from the United States, but now learn that these shavers can be obtained from British manufacturers. We wish to extend our present range of models and should be glad if you could supply us with a list of British manufacturers likely to be able to help us.
> If you cannot supply the information from your records, could you please refer our enquiry to the appropriate suppliers in London.

① They are the product of the finest materials and workmanship and we offer a worldwide after-sales service.

② We hope you will send us a trial order so that you can test it.

③ We are pleased to inform you that your order was shipped today.

④ We learn that you are interested in electric shavers of British manufacture and enclose our illustrated catalogue and price list.

정답 ③

해석 다음 중 서신에 대한 답신의 일부로 적절하지 않은 것은?

수년 동안 당사는 미국에서 전기면도기를 수입해 왔는데, 이제 이 제품들이 영국 제조업자들로부터 얻은 것이라는 사실을 알게 되었습니다. 당사는 현재 우리의 모델 범위를 늘리기를 원하며, 당사에 도움이 될 만한 영국의 제조업자 리스트를 보내주신다면 감사하겠습니다. 귀사의 기록에서 구할 수 없다면 당사의 요청에 적절한 런던의 공급업자들을 추천해 주셨으면 합니다.

① 그것들은 최상의 재료와 기술의 제품이며 당사는 전 세계적인 애프터서비스를 제공하고 있습니다.
② 제품을 테스트해볼 수 있도록 당사에 시험주문을 넣어주시기를 바랍니다.
③ 귀사의 주문품이 오늘 선적되었음을 통지하게 되어 기쁩니다.
④ 귀사가 영국의 전기면도기 제조업체들에 관심이 있다는 것을 알게 되어 당사의 도해 카탈로그와 가격리스트를 동봉합니다.

해설 서신의 내용은 영국산 전기면도기 제조업체를 찾아달라는 요청이므로, 주문품이 선적되었다는 ③은 답신으로 적절하지 않다.

35 Which of the following is the MOST appropriate English sentence?

> 하지만 당사는 합작투자보다는 기술이전을 선호합니다. 기술이전 계약을 하는 것이 가능한지요? 당사는 기술지향적인 회사입니다.

① We, yet, prefer technology transfer by joint venture. I wonder whether you are in a position to enter into the technology transfer agreement or not. We are a technology-oriented company.

② We, however, prefer technology transfer than joint venture. I wonder if you are in a position to enter the technology transfer agreement. We are a technology-orienting company.

③ We, however, prefer technology transfer to joint venture. I wonder whether you are in a position to enter into the technology transfer agreement. We are a technology-oriented company.

④ We, however, prefer joint venture of technology transfer. I wonder whether you are in a position to enter the technology transfer agreement or not. We are a technology-orienting company.

정답 ③

해설 ③ '합작투자보다는 기술이전을 선호한다'는 'prefer technology transfer to joint venture'이다. prefer A to B는 'B보다 A를 선호한다'이다. '기술지향적인 회사'는 'a technology-oriented company'이다.

① 하지만 당사는 합작투자에 의한 기술이전을 선호합니다. 당사는 귀사가 기술이전 계약을 할 것인지 아닌지 궁금합니다. 당사는 기술지향적인 회사입니다.

② 하지만 당사는 합작투자보다 기술이전을 선호합니다. 당사는 귀사가 기술이전 계약을 할 지 궁금합니다. 당사는 기술지향적인 회사입니다.

　　※ 'B보다 A를 선호한다'는 표현은 prefer A than B보다 prefer A to B로 나타내는 것이 더 자연스럽다.

④ 하지만 당사는 기술이전의 합작투자를 선호합니다. 당사는 귀사가 기술이전 계약을 할 것인지 아닌지 궁금합니다. 당사는 기술지향적인 회사입니다.

기술이전
• 플랜트수출과 같이 고도의 축적된 기술을 설비의 설치에서부터 가동에 이르기까지의 관련 기술 일부 또는 전부를 국제적으로 이전하는 것이다.
• 기술이전의 대상에는 기본설계도면, 상세설계도면의 공여, 플랜트 설비의 건설, 운전, Turn-key Project를 포함한 각종의 공업적 및 기술적 협력, 플랜트 수출계약 및 기술이전계약 등이 포함된다. 이러한 기술이전에는 반드시 인간의 이동이 수반된다.

합작투자
• 다른 기업과 지분 및 경영권을 공유하는 형태. 파트너가 성공의 주요한 변수로 서로 보완관계를 유지할 수 있는 형태가 바람직하다.
• 투자비 부담 경감과 적절한 합작선(Partner)을 선정하여 부족한 부분을 보완한다(자본과 경영자원의 상대적 부족, 투자 대상국의 현지사정에 대한 경험과 이해 부족 등).

36 Which of the following has similar meaning for the sentence underlined?

> We are a large music store in Korea and would like to know more about the mobile phones you advertised in this month's edition of "Smart World".
>
> Could you tell us if <u>the mobile phones are out of intellectual property issue</u> and are playable in Korean language? Also please let us know if there are volume discount. We may place a substantial order if the above matters are answered to our satisfaction.

① whether the mobile phones are free from intellectual property issue.
② if the mobile phones are abided by intellectual property problems.
③ provided that the mobile phones are free from intellectual property issue.
④ should the mobile phones are out of intellectual property issue.

정답 ①

해석 다음 중 밑줄 친 문장과 의미가 유사한 것은?

당사는 한국의 대형 음반가게이며 귀사가 이번 호 '스마트 월드'에서 광고한 휴대폰에 대해 좀 더 알고 싶습니다.

<u>휴대폰이 지적재산권 문제에서 벗어나는지</u>와 한국어로 작동할 수 있는지 알려줄 수 있습니까? 또한 수량할인이 있는지 알려주십시오. 상기 문제에 대한 답변이 만족스러울 경우 당사는 상당한 주문을 할 것입니다.

*intellectual property issue : 지적재산권 문제
*volume discount : 수량할인
*place a substantial order : 상당한 주문을 하다

① 휴대폰이 지적재산권 문제의 염려가 없는지
② 휴대폰이 지적재산권 문제들에 의해 따라야 하는지
③ 휴대폰이 지적재산권 문제에서 벗어났다면
④ 휴대폰이 지적재산권 문제에서 벗어났다면

해설 간접의문문에서 if/whether는 '~인지 아닌지'의 뜻이고, out of(~에서 벗어난)는 free from(~의 염려가 없는)과 같은 뜻으로 쓰였다.
*free from : ~의 염려가 없는
*abide by : (법률·합의 등을) 따르다

On behalf of the Board of Directors and Officers of the Stone Corporation, I would like to express sincere appreciation and congratulations to your company for successfully completing the reconstruction of our headquarters building in Incheon, which was devastated by fire last year. Your company has distinguished itself as a leader in the construction industry by performing what appeared to be an almost impossible task. <u>With working under difficult conditions and accelerated construction schedules, your company completed the building as scheduled.</u>

37 Which of the following is the BEST to summarize the underlined sentence above?

① Thanks to your hard work, we could come back to work exactly on the expected date.

② Without your sincere help, the buildings have been restored to its original state perfectly.

③ Although the working plans were tough and tight, your company did fulfill our needs.

④ We had worked hard despite the difficulties, and the construction was finished on time.

38 Which of the following is MOST likely to come after the letter above?

① This accomplishment is attribute to the fine group of professional engineers and skilled craftsmen you assembled on site and to the individual skill and dedication of your project manager, Charles Shin.

② We want to express our deepest appreciation for your hard work during our activities. Your untiring energy and labor made our company the most successful since our foundation began ten years ago.

③ All the people who explored were extremely pleased with your accommodations as well as the friendliness and attentiveness of your entire staff. Please extend my appreciation to the staff and, in particular, to Ms. Han.

④ Please accept my sincere appreciation for the prompt and courteous assistant you gave us in planning the type of event. We were quite pleased with your facility and with the friendly service during the seminar.

정답 37 ③ 38 ①

해석

스톤 코퍼레이션의 이사회의 임원과 이사들을 대표해서 저는 지난 해 화재로 완전히 파괴된 당사의 인천 본사 사옥 재건축을 성공적으로 마친 귀사의 노고에 심심한 감사와 축하를 보냅니다. 귀사는 거의 불가능해 보였던 과업을 수행함으로써 건설업 분야의 지도자로서의 탁월함을 보여주었습니다. 어려운 조건과 가속화된 공사 일정 하에서 작업하면서 귀사는 일정대로 건물을 완공했습니다.

*On behalf of : ～을 대신[대표]하여
*Board : 이사회, 위원회
*devastate : 완전히 파괴하다

37 밑줄 친 문장을 가장 잘 요약한 것은?
① 귀사의 힘든 작업 덕분에, 당사는 정확히 예정된 날짜에 업무에 복귀할 수 있었습니다.
② 귀사의 진심어린 도움 없이, 그 건물들은 원래의 상태를 완벽하게 회복했습니다.
③ 작업계획이 힘들고 빠듯했을지라도 귀사는 우리의 필요사항을 만족시켰습니다.
④ 당사는 어려움에도 불구하고 열심히 일해서 건축을 제 시간에 끝마쳤습니다.

38 위 서신 다음에 올 내용으로 가장 적절한 것은 무엇인가?
① 이 성취는 귀사가 현장에 모집한 전문적인 기술자들과 숙련된 장인 그룹과 개인적인 기술, 그리고 귀사의 프로젝트 매니저 찰스 신의 헌신의 결과입니다.
② 작업 기간 동안 귀사의 힘든 작업에 깊은 사의를 표합니다. 귀사의 지치지 않는 에너지와 노동이 10년 전 당사가 세워진 이후 가장 성공적인 회사로 만들어주었습니다.
③ 탐사한 모든 사람들은 귀사 전 직원들의 친절함과 관심뿐만 아니라 귀사의 숙박시설에 극히 기쁨을 느꼈습니다. 특별히 직원 중 미즈 한에게 감사를 표합니다.
④ 당사의 이벤트 기획에서 귀사가 보여준 즉각적이고 정중한 도움에 진심으로 감사드립니다. 당사는 세미나 동안 귀사의 시설과 친절한 서비스에 상당히 만족합니다.

해설 37

밑줄 친 문장은 '귀사가 어려운 조건과 가속화된 공사 일정 하에서 작업하면서 일정대로 건물을 완공했다'는 내용이므로, 정답은 ③이다.

38

위 서신은 어려운 조건과 빠듯한 일정 가운데 재건축 작업을 성공적으로 마친 것을 감사하는 내용이므로, 다음에 올 내용으로는 구체적으로 어떤 점이 감사한지 밝힌 ①이 적절하다. ②의 '10년 전 당사가 세워진 이후'는 서신에 나와 있지 않다.

[39~40] Read the following letter and answer the questions.

We (ⓐ) to your company by Hills Productions in San Francisco.

Our company produces and distributes (ⓑ) travel and educational DVDs in Korea. These include two 30 minute DVDs on Gyeongju and Buyeo and a 50 minute DVD on Hong Kong. With the overseas market in mind, these (ⓒ) with complete narration and packaging in English.

So far, they have sold very well to tourists in Korea and Hong Kong. We would now like to market the DVDs directly in the United States. We feel that potential markets for these DVDs are travel agencies, video stores, book stores, schools and libraries.

We would appreciate your advice on whether your company would be interested in acting as a (ⓓ) in the United States or if you have any recommendations on any other American associates. (ⓔ) for your evaluation. We look forward to your reply.

---

39 Which of the following does NOT fit in the blanks?

① ⓐ were referred
② ⓑ a number of
③ ⓒ have also produced
④ ⓓ distributor

40 Which is MOST suitable for the underlined (ⓔ)?

① Enclosed are English copies of the DVDs
② Same samples are produced
③ Like other agencies, we send originals
④ Originals and copies of sample are attached

정답 39 ③ 40 ①

해석
당사는 샌프란시스코에 있는 힐스 프로덕션에 의해 귀사에 (ⓐ 언급되었습니다).
당사는 한국에서 여행과 교육 관련 DVD를 (ⓑ 다수) 생산하고 배포하고 있습니다. 이것들에는 경주와 부여에 대한 30분짜리 DVD 두 개와 홍콩에 대한 50분짜리 DVD 한 개가 포함되어 있습니다. 해외시장을 염두에 두고, 이 제품들은 완벽한 영어 내레이션과 포장으로 (ⓒ 생산되었습니다).
지금까지 그것들은 한국과 홍콩에서 관광객들에게 대단히 잘 팔렸습니다. 당사는 이제 DVD를 미국에서 직접 판매하고 싶습니다. 이 DVD들의 잠재적 시장은 여행사, 비디오 가게, 서점, 학교, 도서관이라고 생각합니다. 당사는 귀사가 미국 내 (ⓓ 판매업자)로서 활동에 관심이 있는지 통보해주거나 미국의 다른 협력사를 추천해주신 다면 감사하겠습니다.
귀사의 평가를 위해서 (ⓔ 영문판 DVD 사본을 동봉합니다). 귀사의 답신을 기대하고 있겠습니다.

*be referred to : ~로 언급되다, 불리다.
*With the overseas market in mind : 해외시장을 염두에 두고
*market : (상품을) 시장에 내놓다[판매하다], 광고하다
*potential markets : 잠재시장
*associates : 협력사

39 다음 중 빈 칸에 들어갈 단어로 가장 어울리지 않는 것은?

① ⓐ 언급되었다   ② ⓑ 다수의

③ ⓒ 또한 생산되었다   ④ ⓓ 판매업자

40 밑줄 친 (ⓔ)에 가장 적절한 것은?

① 영문판 DVD 사본을 동봉합니다.

② 동일한 샘플들이 생산되었습니다.

③ 다른 대리점들처럼 당사는 원본을 보냅니다.

④ 원본과 샘플 사본들이 첨부되었습니다.

해설 39

'이 제품들이 생산되었다'는 수동의 의미이므로 ⓒ have also produced → have also <u>been</u> produced가 되어야 한다.

40

빈 칸 다음에 나온 for your evaluation(귀사의 평가를 위해서)으로 미루어 ①이 적절하다.

---

41   Choose a different intention from others.

① We shall have to cancel the order, and take all necessary actions for the claim for delayed shipment.

② As you have shipped a machine damaged packaging, all costs of the repairs should be borne by your company.

③ You're requested to substitute any damaged products by brand-new products packed properly at your expense. Otherwise, we have no choice but to raise a claim for a bad packing.

④ It's our regret to inform you that some boxes are terribly broken due to a bad packing. We found that several products seemed to be replaced promptly as they were damaged, bended, and even broken.

정답 ①

해설 **나머지와 의도가 다른 것을 고르시오.**

① 당사는 주문을 취소하고 선적 지연에 대한 클레임에 필요한 모든 조치를 취해야만 할 것입니다.

② 귀사가 포장이 훼손된 상태로 기계를 선적했으므로 일체의 수리비용은 귀사가 부담해야 합니다.

③ 귀사는 손상된 제품을 귀사의 비용으로 적절하게 포장된 새 제품으로 교체해줄 것을 요청받았습니다. 그렇지 않으면 당사는 포장불량으로 클레임을 제기할 수밖에 없습니다.

④ 포장불량으로 인해서 일부 상자들이 심하게 깨진 것을 알려드리게 되어 유감입니다. 당사는 일부 제품들은 손상되고 구부러지고 심지어 깨진 상태이므로 즉시 교체되어야 할 것으로 여겨집니다.

해설 ②, ③, ④는 클레임을 제기하는 회사의 입장인데, ①은 클레임을 받은 회사의 입장이다.

42 Below is a part of meeting memo between a seller and a buyer. Which CANNOT be inferred?

Point Discussed and Agreed
1) Both parties have agreed to sell and purchase 100 units of the control box for US $500,000.00.
2) Robert Corporation should make an irrevocable Letter of Credit issued payable at sight in favor of Hannam International by OCT 27, 2018.
3) Hannam International should ship the above products within two months after receiving the L/C from Robert Corporation.

---

① Robert Corporation agreed to buy some control boxes.
② Hannam International would be a beneficiary of the L/C.
③ Robert Corporation would be a drawee of the Bill of Exchange.
④ Robert Corporation would be an applicant of the L/C.

정답 ③

해석 아래는 매도인과 매수인 사이의 회의 메모의 일부이다. 추론할 수 없는 것은 무엇인가?

토의되고 합의된 점
1) 양 당사자는 제어박스 100 유닛을 US $500,000.00에 판매하고 구입하기로 합의했다.
2) 로버트 코퍼레이션은 한남 인터내셔널을 수익자로 하여 일람불 취소불능 신용장을 2018년 10월 27일까지 개설해야 한다.
3) 한남 인터내셔널은 로버트 코퍼레이션으로부터 신용장을 인수한 후 2개월 내 상기 제품을 선적해야 한다.

*irrevocable Letter of Credit : 취소불능 신용장
*payable at sight : 일람불 지급가능

① 로버트 코퍼레이션은 제어박스를 몇 개 사기로 합의했다.
② 한남 인터내셔널은 신용장의 수익자가 될 것이다.
③ 로버트 코퍼레이션은 환어음 지급인이 될 것이다.
④ 로버트 코퍼레이션은 신용장 개설인이 될 것이다.

해설 환어음의 당사자
• 발행인(Drawer) : 환어음을 발행하고 서명하는 자로 수출상이나 채권자가 된다. 환어음은 발행인의 기명날인이 있어야 유효하다.
• 지급인(Drawee) : 개설의뢰인으로부터 환어음 금액을 일정한 시기에 일정인(수취인)에게 지급하여 줄 것을 위탁받은 채무자로서 신용장 거래에서는 보통 신용장 개설은행이나 개설은행이 지정한 은행이 되며, 추심방식에서는 수입상이 된다.
• 수취인(Payee) : 환어음 금액을 지급받을 자로서 발행인 또는 발행인이 지정하는 제3자가 된다. 지급신용장에서는 발행인이 수취인이 되며 매입신용장의 경우 매입은행이 수취인이 된다.
• 선의의 소지인(Bona Fide Holder) : 환어음을 소지하고 있는 자를 소지인이라 하며 문면상 완전하고 합법적으로 환어음을 소지하는 경우를 '선의의 소지인'이라 한다(≠ Mala Fide Holder).
*a drawee of the Bill of Exchange : 환어음 지급인

43 Which is most AWKWARD English writing?

① 당사가 주문을 했을 때, 귀사는 3월 2일까지 FB-900의 선적을 마칠 수 있다고 보장했습니다.

→ When we placed the order, you guaranteed us that you could finish the shipment of FB-900 no later than March 2.

② 오늘 주문서 no. 4587의 배송을 받고 상자를 개봉하자, 당사는 보내주신 상품의 일부가 없어졌음을 발견했습니다.

→ Today we received delivery of order no. 4587, and on opening the box, we discovered some of the items were missing.

③ 향후 4주간 그 품목의 재고 확보를 기대할 수 없으므로, 이를 대신할 상품들을 제공해 드리고자 합니다.

→ We do not anticipate having inventory of the item for another 4 weeks, so we would like to suggest some alternatives for it.

④ 당사는 귀사의 주문서에 언급된 냉장고(Model no. 876)의 재고가 없음을 알려드리게 되어 유감으로 생각합니다.

→ We regret to inform you that the refrigerators(Model no. 876) mentioning in your order is not in stock.

정답 ④

해설 ④ '귀사의 주문서에 언급되었다'는 수동의 의미이므로 과거분사의 형태가 와야 한다. 따라서 mentioning in your order → mentioned in your order이다.

May we draw your attention to special discount which are given to our most valued customers for bulk purchases.

These discounts comprise 5% for order over US $10,000.00 10% for orders over US $50,000.00 and 15% for orders over US $100,000.00 As your company has always placed <u>sizeable</u> orders with us, we hope you take advantage of this event.

We look forward to continued business relationship with you.

44 What amount of discount is allowed when US $10,000.00 worth order is placed?

① $9,500.00 　　　　　　　② $5,000.00

③ $500.00 　　　　　　　　④ nothing

45 What can be best replacement for the underlined <u>sizeable</u>?

① minimum 　　　　　　　② average

③ small 　　　　　　　　　④ large

정답 44 ④ 45 ④

해석

당사의 가장 귀한 고객들을 대상으로 한 대량 구매에 대한 특별 할인에 주목해 주십시오.

금번 할인은 미화 10,000달러 초과 주문에 대해 5%, 미화 50,000달러 초과 주문에 대해 10%, 미화 100,000달러 초과 주문에 대해 15% 할인합니다. 귀사는 항상 당사에 <u>상당한</u> 주문을 해 왔기 때문에, 이 행사를 이용하길 바랍니다.

당사는 귀사와 계속 거래 관계를 유지하기를 기대합니다.

*bulk purchases : 대량구매
*place sizeable orders : 상당한 주문을 하다
*take advantage of : ~을 이용하다; ~을 기회로 활용하다

44 US $10,000.00의 주문을 하였을 때 어느 정도의 할인을 받을 수 있는가?

45 밑줄 친 <u>상당한</u>을 가장 잘 대체할 수 있는 것은?
　① 최 소 　　　　　　　② 평 균
　③ 작 은 　　　　　　　④ 거대한

해설 44

③ 미화 10,000달러 초과 주문에 대해 5% 할인이므로 미화 10,000달러 주문은 할인 범위에 포함되지 않는다.

45

④ 밑줄 친 sizeable은 '꽤 큰[많은], 상당한'의 의미이므로 비슷한 의미인 large(거대한, 규모가 큰)로 대체할 수 있다.

46 What is best written for the blank?

> There is still some risk in D/P transaction where a sight draft is used to control transferring the title of a shipment. The buyer's ability or willingness to pay might change from the time the goods are shipped until the time the drafts are presented for payment;
> (   )

① the presenter is liable for the buyer's payment.
② the seller shall ask the presenting bank to ship back the goods.
③ the carrier ask the buyer to provide indemnity for release of the goods.
④ there is no bank promise to pay.

정답 ④

해석 빈 칸에 가장 적절한 것은?

선적 소유권 양도를 통제하기 위해 일람불환어음이 사용되는 D/P 거래는 약간의 위험이 있다. 매수인의 지불 능력이나 의지는 상품을 발송한 시점부터 결제를 위해 환어음이 제시될 때까지 바뀔 수 있다. (은행의 지불 약속이 없기 때문이다.)

*sight draft : 일람불환어음

① 제시자는 매수인의 지불에 대한 법적 책임이 있다.
② 매도인은 제시은행에 물품을 재선적해 달라고 요청해야 한다.
③ 운송인은 매수인에게 물품의 개봉에 대한 배상을 제공할 것을 요청한다.
④ 은행의 지불 약속이 없다.

해설 D/P(Documents Against Payment)
• D/P 거래는 수입상의 거래은행인 추심은행(Collecting Bank)이, 수출자의 거래은행인 추심의뢰은행(Remitting Bank)으로부터 선적서류와 환어음을 접수하면, 서류 도착사실을 즉시 수입상에게 통보하고 수입상이 물품대금을 결제하는 조건으로 해당 서류들을 인도하는 '일람불 거래'이다.
• D/P 거래는 은행의 지급보증 없이 단지 수출입 당사자 간의 신용을 바탕으로 거래되기 때문에 수입상이 이런저런 이유를 대며 물품대금을 지급하지 않는 경우 당해 물품을 다시 운송해 와야 하는 문제가 발생할 수 있다. 이렇게 되면 운송비 등 비용지출이 발생하게 되는 것은 물론, 경우에 따라서는 물품의 품질이 시간의 경과에 따라 급속히 저하될 수도 있어서 물품이 도착해 있는 수입지에서 수출가격보다 훨씬 저렴한 가격으로 매각해야 하는 상황이 발생할 수도 있는 위험이 있다.
*ship back : 재선적
*indemnity : 배상[보상]금

47 What does the following explain?

> A provision in the contact of insurance which specifies a minimum of damage which must occur to the property insured for the insurer to be liable; where such specified cover is reached, the insurer then becomes liable for all the damages suffered as a consequence of a peril insured against.

① Deduction

② Limit

③ Immunity

④ Franchise

정답 ④

해석 다음에서 설명하고 있는 것은 무엇인가?

최소 손해액을 명시하는 보험 계약 조항으로 그 손해는 보험자가 책임져야 하는 재산에 발생해야 한다. 그러한 명시된 보장이 도달한 경우 보험자는 위험에 대하여 든 보험의 결과로 입은 모든 손해에 대해 책임을 진다.

*insurer : 보험업자[회사]
*becomes liable for : ~에 대해 책임을 지다
*as a consequence of : ~의 결과로서, ~때문에

① 공제(액)
② 한계, 한도
③ 면 제
④ 면책비율

해설 면책비율(Franchise)
적하보험 부보 시 WA 3% 조건일 경우 보험금액 3% 미만의 손해는 보험자가 면책된다. 이러한 비율을 면책비율이라 한다. 한편, 유럽 거래선의 경우 독점권을 요구할 때 프랜차이즈라는 말을 쓰기도 한다.

48 What is NOT true about Incoterms 2010?

① Under EXW rule, the seller has no obligation to the buyer to load the goods.

② Under FCA rule, the seller is not responsible to the buyer for loading the goods at the seller's premises.

③ Under CIF rule, the seller is responsible for delivery of the goods at the agreed place of shipment.

④ Under DAT rule, the seller is obliged to unload the goods at the terminal at the named port or place of destination.

정답 ②

해석 인코텀즈 2010에 대해 사실이 아닌 것은 무엇인가?
① 공장 인도조건 하에서 매도인은 매수인에게 상품을 적재할 의무가 없다.
② 운송인 인도조건 하에서 매도인은 매수인에게 매도인의 구내에 상품을 적재할 책임이 없다.
③ 운임, 보험료 포함 인도조건 하에서, 매도인은 합의된 선적 장소에서 상품을 인도할 책임이 있다.
④ 터미널 인도조건 하에서 매도인은 지정된 항구 또는 목적지의 터미널에서 상품을 하역할 의무가 있다.

해설 FCA[Free Carrier, (지정장소) 운송인 인도조건]
• 매도인이 매도인의 구내 또는 그 밖의 지정장소에서 약정기간 내에 매수인이 지정한 운송인 또는 그 밖의 당사자에게 수출통관을 필한 계약물품을 인도해야 하는 조건(매도인 수출통관)
• 물품의 인도장소
 – 매도인의 작업장(매도인은 운송수단에 물품을 적재할 의무가 있음)
 – 매수인이 지정한 운송인(물품 양하는 매수인의 책임)
• 물품에 대한 매매당사자의 위험부담의 분기점(위험이전) : 운송인에 게 인도한 시점(매도인은 지정된 장소에서 매수인이 지정한 운송인에게 수출통관이 된 물품을 인도하며 이 조건은 항공, 철도, 도로, 컨테이너, 복합운송과 같은 모든 운송형태에 적합)
• 물품에 대한 매매당사자의 비용부담의 분기점(경비이전) : 운송인에게 인도한 시점(매도인은 인도할 때까지 모든 비용부담)
*seller's premises : 매도인의 구내
*be obliged to : ~할 의무가 있다

---

49 Which has the LEAST proper explanation?

① Negotiable B/L – Bills of lading which are made out to one's order.

② Received B/L – A bill of lading evidencing that the goods have been received into the care of the carrier, but not yet loaded on board.

③ Foul B/L – A bill of lading which has been not qualified by the carrier to show that the goods were not sound when unloaded.

④ Straight B/L – A bill of lading which stipulates that the goods are to be delivered only to the named consignee.

해석 설명이 가장 적절하지 않은 것은 무엇인가?

① 유통가능 선하증권 : 지시식으로 작성된 선하증권

② 수취선하증권 : 화물이 본선에 적재되지 않고 선사가 화물을 수취한 사실을 입증하는 선하증권

③ 사고선하증권 : 하역 시 화물이 건전하지 않다는 것을 나타내는 운송인의 자격이 없는 선하증권

④ 기명식 선하증권 : 물품을 지정된 위탁자에게만 인도하도록 명기하는 선하증권

해설 사고선하증권(Foul/Dirty B/L)

• 화물의 손상 및 과부족이 있어서 그 내용이 M/R(Mate's Receipt, 본선수취증)의 Remarks(비고)란에 기재된 선하증권이다.

• 이런 Foul B/L의 경우 은행이 매입을 거절하므로 수출업자는 선박회사에 L/I(Letter of Indemnity, 손상화물보상장)를 제공하고 무고장선하증권(Clean B/L)을 교부받아야 한다.

*stipulate : 규정[명기]하다

50 Which pair does NOT have similar meaning?

① Your bank has been given to us as a reference by Brown & Co.

 - Brown & Co. have been referred by our bank to you.

② Please inform us of their credit standing.

 - Please furnish us with information about their credit status.

③ We will treat your information in strict confidence.

 - Your information will be treated as absolutely confidential.

④ We have had no previous dealings with the above company.

 - We have not had any business transactions with the above company so far.

해석 두 문장의 의미가 유사하지 않은 것은 무엇인가?

① 귀사의 은행은 브라운 앤 컴퍼니의 추천으로 당사에게 주어졌습니다.

 - 브라운 앤 컴퍼니는 당사의 은행에 의해 귀사에게 추천되었습니다.

② 당사에 그들의 신용상태를 통지해 주세요.

 - 그들의 신용상태에 대한 정보를 당사에 제공하세요.

③ 당사는 귀사의 정보를 극비리에 다룰 것입니다.

 - 귀사의 정보는 절대 기밀로 취급될 것입니다.

④ 당사는 상기 회사와 이전에 거래한 적이 없습니다.

 - 당사는 지금까지 상기 회사와 어떤 거래도 하지 않았습니다.

해설 ① 첫 번째 문장은 '브라운 앤 컴퍼니가 귀사의 은행을 추천했다'는 내용이고, 두 번째 문장은 '당사의 은행이 브라운 앤 컴퍼니를 추천했다'는 내용이다.

*credit standing / credit status : 신용상태

*furnish A with B : A에게 B를 제공하다

*in strict confidence : 극비로

*dealings with : ~와의 거래

51 신용장거래 중 은행의 서류심사 기준에 관한 설명으로 옳지 않은 것은?

① 지정은행, 확인은행, 개설은행은 서류가 문면상 일치하는지 여부를 서류만으로 심사해야 한다.

② 운송서류는 신용장의 유효기일 이내, 그리고 선적일 후 21일 이내에 제시되어야 한다.

③ 신용장에서 요구되지 아니한 서류는 무시되며, 제시자에게 반환될 수 있다.

④ 서류상의 화주 또는 송화인은 반드시 신용장의 수익자이어야 한다.

정답 ④

해설 UCP 600 제14조 서류심사 기준
- 어떤 서류에 상품의 선적인 또는 송하인으로 명시된 자가 신용장의 수익자일 필요는 없다.
- 수익자 및 발행의뢰인의 주소가 모든 명시된 서류상에 보이는 경우, 이들 주소는 신용장 또는 기타 모든 명시된 서류에 명기된 것과 동일할 필요는 없으나, 신용장에 언급된 각각의 주소와 동일한 국가 내에 있어야 한다.
- 요구되지 않은 서류는 제시인에게 반환할 수 있고, 서류의 요구 없이 조건만 있는 것은 무시할 수 있다.
- 송장 이외의 서류상 물품명세는 신용장 물품명세와 모순되지 않는 한 일반용어로 기재하더라도 무방하다.

52 매도인의 계약위반과 이에 대한 구제의 방법이 아닌 것은?

① 물품이 계약에 부적합한 경우 계약에 적합한 물품의 가액에 대한 비율에 따라 대금을 감액할 수 있다.

② 매수인은 매도인의 의무이행을 위하여 상당한 기간만큼의 추가기간을 지정할 수 있다.

③ 매도인이 상당한 기간 내에 그 물품명세를 지정하지 아니할 때는 매수인이 스스로 이를 확정할 수 있다.

④ 매도인이 약정된 기일 전에 물품을 인도한 경우, 매수인은 인도를 수령하거나 거절할 수 있다.

정답 ③

해설 매도인의 계약위반에 대한 매수인의 구제(매수인의 구제권)
- 특정이행청구권
- 대체물품인도청구권
- 하자보완청구권
- 추가이행기간설정권
- 대금감액권
- 계약해제권
- 손해배상청구권

53 고지의무 위반과 담보위반에 대한 다음 설명 중 적절하지 않은 것은?

① 고지내용은 실질적으로 충족되면 고지의무 위반으로 보지 않는다.

② 피보험자가 고지의무의 중요한 사항을 위반하면 보험계약이 취소될 수 있지만, 담보위반은 보험계약이 해지될 수 있다.

③ 고지의무 위반은 보험계약이 무효가 될 수 있고, 담보위반은 위반시점 이후의 계약이 무효가 될 수 있다.

④ 고지의무 위반의 경우는 보험료가 일부 반환되나, 담보위반은 보험료가 전부 반환된다.

정답 ④

해설 고지의무(Duty of disclosure)와 위반
- 고지의무(Duty of disclosure) : 보험자는 계약체결 대상인 피보험목적물의 내용을 일일이 파악할 수 없으므로 보험계약자[피보험자]에게 고지의무를 부과하여 중요사항을 보험자에게 고지하도록 한다. 피보험자가 고지의무 위반 시(불고지, 부실표시), 보험자는 보험계약 취소가 가능하다.
- 표시와 부실표시 : 고지가 진실되게 표시될 것을 요구하며, 표시란 사실의 진술을 말한다. 표시가 사실이 아니라면 부실표시이고, 부실표시가 중요사항에 관한 것이라면 보험자는 계약 취소가 가능하다.

담 보
보험자의 손해 보상(Cover), 피보험자의 약속(Warranty) 2가지 의미가 있다.
- 명시담보 : 담보내용이 문언화되어 있거나 인쇄된 서류가 첨부된 경우로 안전담보, 중립담보 등이 있다.
- 묵시담보 : 보험증권상에 명시되어 있지 않고 묵시적으로 제약받으며, 감항성담보와 적법담보가 있다.
- 피보험자가 담보를 위반하면 보험자는 해당일로부터 면책, 위반일 이전에 발생한 손해는 보험자가 보상책임이 있다.

54 다음 서류 제목 중, 신용장이 요구하는 송장(invoice)으로 인정할 수 없는 것은 무엇인가?

① Consular Invoice

② Tax Invoice

③ Provisional Invoice

④ Customs Invoice

정답 ③

해설 Provisional Invoice(가송장)
견적송장(Proforma Invoice)은 물품의 가격에 대한 견적을 해주는 역할을 하므로 선적 전에 작성하는 데 반하여 가송장(Provisional Invoice)은 선적 시에 작성된다. 선적 후 환율이나 거래수량, 가격의 변동을 예상하며 최종적인 결제금액을 조정할 수 있게 한 가격변동조건부거래에 사용된다. 수출 시에는 Provisional Invoice로 통관, 선적하고 그 후 환율과 상품 자체의 최종가격을 결정한 시점에서 수출자는 Final Invoice를 작성하여 수입자에게 보낸다.

55 다음 중 연관성이 있는 것끼리만 연결된 것을 고르시오.

> ㉠ Container B/L
> ㉡ Consolidation
> ㉢ Container Freight Station
> ㉣ Less than Container Loaded Cargo
> ㉤ House B/L

① ㉠, ㉡, ㉢, ㉣　　　　　　　　② ㉠, ㉡, ㉢, ㉤
③ ㉠, ㉡, ㉣, ㉤　　　　　　　　④ ㉡, ㉢, ㉣, ㉤

정답 ④

해설 ㉡ Consolidation(CONSOL, 혼재작업) : 컨테이너선 운송단위인 컨테이너 한 대를 채우지 못하는 소량화물(LCL)을 모아서 한 컨테이너를 짜는 행위
　　㉢ Container Freight Station(CFS) : 선사나 대리점이 선적할 화물을 화주로부터 인수하거나 양화된 화물을 화주에게 인도하기 위하여 지정한 장소
　　㉣ Less than Container Loaded Cargo(LCL) : 컨테이너 한 개를 채우기에 부족한 소량 화물을 말하며 FCL과 반대되는 개념
　　㉤ House B/L : 운송주선인이 선사로부터 받은 Master B/L을 근거로 각각의 LCL(Less Container Loading) 화주에게 개별적으로 발행한 선하증권
　　㉠ Container B/L(컨테이너 선하증권) : 문전운송(Door to door transportation)을 위해서 육상운송기관에 연결할 필요가 있는 화물의 경우 Container 전용선을 이용한다. 이때 발행하는 것이 복합운송증권(Combined Transport B/L)인데 이것을 편의상 Container B/L이라 부른다.

56 권리포기 선화증권(Surrendered B/L)에 관한 내용으로 옳은 것은?

① 원본의 선화증권을 의미한다.
② Non-negotiable이다.
③ 주로 중계무역 시에 사용한다.
④ 권리증권이다.

정답 ②

해설 권리포기 선하증권(Surrendered B/L)
　　• 현금거래이며 원본이 양도된 B/L을 말한다.
　　• 화물에 대한 주인의 권리를 포기한다는 의미로, B/L상에 Surrender 또는 Surrendered라는 문구를 찍어준다.
　　• 수출자는 수입상에게 Surrender B/L 사본을 팩스로 넣어주면 Surrender B/L의 사본만을 가지고도 화물을 수취할 수 있다.
　　• 통상 가까운 국가 간의 거래 시나 확실하게 믿을 수 있는 거래 시 발행한다.
　　• 유통 가능한 유가증권으로서의 기능을 포기하는 선하증권으로 신속한 화물의 인도를 목적으로 한다.
　　• 화물의 도착지에서 선하증권 원본의 제시 없이 전송(Fax)받은 사본으로 화물을 인수받을 수 있다.

57 B/L상에 기재된 화물은 다음과 같다. 이와 관련된 설명으로 가장 관련이 적은 것을 고르시오.

> GROUND GRANULATED BLAST FURNACE SLAG 30,000 M/T
> PACKING TO BE IN JUMBO BAGS OF 1.5 M. TON WITH TOLERANCE OF +/− 10 PERCENT
> IN EACH BAGS

① CHARTER PARTY B/L이다.
② 하역비용은 선사가 부담하게 된다.
③ 화물이 담긴 점보백의 총 개수는 2만개이다.
④ 각 점보백의 중량은 1.35~1.65톤 범위 이내이어야 한다.

정답 ②

해설 ② 하역비용은 선사가 부담하지 않는다. 항해용선의 경우 선주, 정기・나용선의 경우 용선자가 하역비를 부담한다.

58 결제방식에 대한 다음 설명 중 옳지 않은 것은?

① 수출입은행은 선적 후 무역금융으로서 수출팩토링, 포페이팅, 수출환어음매입 제도를 운영하고 있다.
② 수출팩토링은 수출채권을 수출기업으로부터 상환청구권 없이 매입하는 수출금융상품이다.
③ 포페이팅은 수출의 대가로 받은 어음을 수출업자에게 상환청구권 없이 고정금리로 할인하는 금융 기법이다.
④ 포페이터는 환어음에 추가하는 지급확약(Aval)을 담보로 활용하며 수출상에게도 별도의 보증을 요구한다.

정답 ④

해설 포페이팅(Forfaiting)
• 신용장거래에서 수출자가 발행한 환어음 및 선적서류를 수출입은행(Forfaiter)이 수출자로부터 무소구(Without Recourse) 조건으로 매입하는 수출금융[무소구 조건이란 수입국은행(수입자)이 환어음 만기일에 수출대금을 상환하지 못해도 수출자에게 대금을 청구하지 않는 조건]이다.
• 수출자는 수출이행 즉시 수출입은행으로부터 수출대금을 지급받고 환어음의 만기일에 수출입은행이 수입국은행으로부터 대금을 회수한다.
수출팩터링(Factoring)
수출팩터링은 사후송금방식(O/A 또는 D/A 방식)거래에서 발생된 외상수출채권을 수출기업으로부터 무소구 조건으로 수출입은행이 매입하는 수출금융이다.
포페이팅과 수출팩터링의 장점
• 수출대금 조기 회수 : 수출품 선적 후 즉시 대금회수가 가능하므로 대금회수 우려가 제거되고, 자금운용의 탄력성을 제고한다.
• 환차손 예방 : 수출대금 결제일까지의 환율변동에 따른 손실을 부보할 수 있다.

- 전액 신용취급 : 해외은행이나 수입자의 신용도 기준으로 환어음 및 수출채권을 100% 매입하므로 담보를 요구하지 않는다.
- 재무구조 개선 효과 : 수출환어음과 매출채권이 현금으로 전환되고, 차입금으로 계상되지 않으므로 수출기업의 재무구조가 개선된다(포페이팅 / 수출팩터링으로 제공된 자금은 기업별 여신한도 관리에서 제외).
- 개도국 등 새로운 수출시장 개척에 기여 : 신용도 낮은 개도국의 신용위험을 당행이 인수하므로 개도국에 대한 수출기업의 과감한 진출이 가능하다.

59 화환신용장방식에 의한 매입 관련 주의사항으로 옳지 않은 것은?

① 유효기일이 은행의 영업일이 아닐 경우, 그 다음 영업일까지 유효기일이 연장된다.
② 매입은 서류제시기간 이내로서 유효기일 이내에 이루어져야 한다.
③ 매입을 위하여 은행이 지정된 경우 지정은행이 아닌 수익자의 거래은행에 유효기일까지 서류를 제시하면 하자이다.
④ General L/C의 경우 지정된 은행에서 매입절차를 진행해야 하지만, 지정은행이 아닌 수출상의 거래은행에 매입을 의뢰할 경우 재매입 절차가 필요하다.

정답 ④

해설 ④ 가장 보편적인 형태의 신용장이라는 의미에서 이를 보통신용장(General L/C), 또는 매입(Nego)은행이 개방되어 있다는 의미에서 Open L/C라고도 하며, 재매입이 발생하지 않는다.

60 복합운송의 기본요건에 대한 설명으로 옳지 않은 것은?

① 운송책임의 단일성
② 복합운송증권의 발행
③ 단일운임의 설정
④ 복합운송인의 이종의 운송수단 보유

정답 ④

해설 복합운송의 기본요건
- 운송책임의 단일성(Through Liability) : 복합운송인은 송하인(화주)과 복합운송계약을 체결한 계약당사자로서 전체운송을 계획하고 여러 운송구간의 원활한 운송을 조정·감독할 지위에 있으므로 전 구간에 걸쳐 화주에 대해 단일책임을 져야 한다.
- 복합운송증권(Combined Transport B/L) 발행 : 복합운송인이 화주에 대하여 전 운송구간에 대한 유가증권으로 복합운송증권을 발행해야 한다.
- 일관운임(Through Rate) 설정 : 복합운송인은 그 서비스의 대가로서 각 운송구간마다 분할된 것이 아닌 전 구간에 대한 단일화된 운임을 설정, 화주에게 제시해야 한다.
- 운송수단의 다양성 : 복합운송은 서로 다른 여러 운송수단에 의해 이행되어야 한다. 여기에서는 운송인의 수가 문제가 아니라 운송수단의 종류가 문제가 되며, 이러한 운송수단은 각각 다른 법적인 규제를 받는 것이어야 한다.

61 해상보험계약의 법률적 성격으로 옳지 않은 것은?

① 낙성계약

② 요식계약

③ 부합계약

④ 쌍무계약

정답 ②

해설 해상보험계약의 법률적 성격
- 낙성, 불요식, 유상, 쌍무계약
- 부합계약
- 최대선의 계약
- 사행계약의 성격

62 해상보험에 대한 설명으로 옳지 않은 것은?

① 일부보험은 보험금액이 보험가액보다 많은 경우를 말한다.

② 전부보험은 보험금액과 보험가액이 같은 경우를 말한다.

③ 초과보험은 실제로 초과보험이 인정된다면 도덕적 위태가 발생할 수 있으므로 고의에 의한 초과보험은 무효로 우리나라 상법에서 규정하고 있다.

④ 병존보험은 동일한 피보험목적물에 수개의 보험계약이 존재하는 경우이다.

정답 ①

해설 ① 일부보험은 보험금액이 보험가액보다 많은 (→ 적은) 경우를 말한다.
일부보험 · 전부보험 · 초과보험 · 중복보험

전부보험(Full Insurance)	보험금액 = 보험가액
일부보험(Under Insurance)	보험금액 < 보험가액
초과보험(Over Insurance)	보험금액 > 보험가액
중복보험(Double Insurance)	보험금액 > 보험가액 (동일 피보험목적물에 대해 복수의 보험계약 존재)
공동보험(Co-Insurance)	보험금액 = 보험가액 (동일 피보험목적물에 대해 복수의 보험계약 존재)

63 양도가능 신용장에 관한 설명으로 옳은 것은?

① 신용장 양도와 관련하여 발생한 모든 수수료는 제2수익자가 지급해야 한다.

② 개설은행은 양도은행이 될 수 없다.

③ 제2수익자에 의한 또는 그를 위한 제시는 양도은행에 대하여 이루어져야 한다.

④ 양도된 신용장은 제2수익자의 요청에 의하여 수회 양도될 수 있다.

정답 ③

해설 양도가능 신용장(Transferable L/C)
- 신용장을 받은 최초의 수익자인 원(제1)수익자가 신용장 금액의 전부 또는 일부를 1회에 한하여 국내외 제3자(제2수익자)에게 양도할 수 있는 권한을 부여한 신용장을 말한다.
- 양도가능 신용장은 1회에 한해 양도가능하므로 제2수익자가 다시 제3자에게 본 신용장을 양도할 수 없다.
- 신용장 개설 시 개설은행이 양도가능하다고 명시적으로 동의한 경우, 즉 신용장에 명시적으로 Transferable 표시가 있어야만 원(제1)수익자 외에 제3자(제2수익자)에게 양도가 가능하다.
- 양도 시 원칙적으로 원신용장 조건 하에서만 양도가능하나 "원신용장의 금액 및 단가의 감액, 선적서류 제시기간 및 선적기일 단축, 신용장 유효기일 단축, 보험부보율 증액"의 조건변경은 가능하다.
- 신용장 양도의 예 : 신용장 수익자가 쿼터 품목에서 자신의 수출 쿼터가 없거나 이미 소진해서 쿼터 보유자에 이를 양도하는 경우와 수익자가 생산능력이 있어도 타사에 신용장을 양도하고 양도 차익을 남기는 것이 유리하다고 판단될 때 이루어진다.

64 신용장 문구가 "available with ANY BANK by negotiation of your draft at 180 days after sight for 100 percent of invoice value."일 때 발행은행인 KOOKMIN BANK가 해외의 매입은행에게 대금을 즉시 지급하고, 수출업자가 선적 후 즉시 대금 지급을 받는 경우를 무엇이라 하는가?

① Shipper's usance

② Domestic banker's usance

③ Overseas banker's usance

④ European D/P

정답 ②

해설 Banker's Usance L/C
Banker's Usance L/C는 신용장의 종류 중 신용공여의 형태에 따라 구분하여 부르는 신용장의 한 종류로써, 수입상에게 외상으로 신용공여를 해주는 신용공여자가 수출상이 아니라 수입상의 거래은행을 신용공여인 형태로 하는 것을 일컫는다. 수출상의 입장에서는 Usance L/C가 아닌 At Sight L/C이며, 수입상의 입장에서만 Usance L/C이다.
- Overseas Banker's Usance L/C : 신용공여자가 수입상의 입장에서 해외은행인 신용장
- Domestic Banker's Usance L/C : 신용공여자가 수입상의 입장에서 국내은행인 신용장

65 내국신용장이나 구매확인서에 대한 설명으로 옳지 않은 것은?

① 수출신용장은 Master L/C, 내국신용장은 Local L/C라고 한다.

② 원신용장이 양도신용장인 경우에 한하여 내국신용장 발급이 가능하다.

③ 내국신용장으로 국내에서 물품을 공급받는 경우 부가가치세 영세율이 적용된다.

④ 구매확인서와 달리 내국신용장은 개설은행의 지급확약이 있다.

[정답] ②

[해설] 내국신용장(Local L/C)
- 수출신용장(Master L/C)을 받은 수출업자가 물품확보를 위해 국내 생산업자나 원자재 공급업자에게 발행해 주는 신용장이다.
- 수출업자가 개설의뢰인이 되며, 공급업자가 수익자가 된다. 내국신용장을 근거로 해서 하위 내국신용장을 개설할 수도 있다.
- 내국신용장의 용도
  - 개설의뢰인(구매자) : 수출용 구매자금 대출, 은행의 지급보증, 수출용 원자재의 확실한 조달 보장, 관세 환급 신청 가능하다.
  - 수혜자(공급자) : 수출실적으로 인정, 부가가치세 영세율 적용, 은행의 지급보증으로 물품 공급 대금의 안전한 회수 보장, 무역금융 융자대상 증빙으로 인정한다.

2019 제2회 기출문제

66 은행이 서류심사를 할 때 신용장상의 표현과 엄격일치가 적용되는 서류는?

① 상업송장

② 원산지증명서

③ 선화증권

④ 포장명세서

[정답] ①

[해설] 상업송장(Commercial Invoice)
- 수출입계약조건을 이행했다는 것을 수출자가 수입자에게 증명하는 서류이다.
- 어음, 선하증권, 보험증권과 달리 그 자체가 청구권을 표시하는 것은 아니다.
- 계약상의 유용성에 비추어 기본서류로 취급한다.
- 상업송장에 기재하는 상품명은 꼭 신용장 내용과 일치해야 한다.
- 분할선적 금지를 명시하지 않았다면 분할 허용으로 간주한다.
- 분할선적이 금지되었더라도 전량이 선적되고 신용장에 단가가 기재되었다면 단가가 감액되지 않은 경우 신용장 금액의 5%까지의 부족은 허용된다.

67 대외무역법상의 특정거래형태에 관한 설명으로 옳지 않은 것은?

① 위탁판매거래는 수출자가 물품의 소유권을 수입자에게 이전하지 않고 수출한 후 판매된 범위 내에서만 대금을 영수한다.

② 외국인수수입은 물품을 외국에서 조달하여 외국의 사업현장에서 인수하고 그 대금을 국내에서 지급하는 거래방식이다.

③ 중계무역의 경우 수수료를 대가로 물품과 선적서류가 최초 수출자에게서 최종수입자에게 직접 인도된다.

④ 위탁가공무역은 가공임을 지급히는 조건으로 가공 후 국내에 재수입하거나 제3국에 판매하는 수출입거래이다.

[정답] ③

[해설] 무역거래는 거래를 자유롭게 할 수 있는 일반수출입거래와 특정거래형태의 수출입거래로 분류된다. 일반수출입거래가 아닌 거래는 모두 특정거래형태로 분류되며, 특정거래형태는 특정거래형태로 인정신고를 해야 하는 거래와 인정신고를 하지 않아도 되는 거래로 분류된다. 특정거래형태의 수출입 중에서 일부 중계무역과 일부 무환수출에 대해서만 인정신고대상으로 규정하고 있으며, 그 외에는 신고가 불필요하다.

무역거래의 구분

	일반수출입거래	수출입자유대상	–
무역거래		수출입승인대상	–
	특정거래형태	자유로운 거래	–
		특정거래형태의 수출입인정신고대상 거래	일부 중계무역*
			일부 무환수출

*중계무역 중 다음의 경우만 특정거래형태 인정신고대상이다.
• 대금의 영수 및 지급을 같은 외국환은행을 통하여 행하지 아니하는 송금방식의 거래
  예 수입대금지급(국민은행), 수출대금입금(외환은행)
• 선적서류를 같은 외국환은행을 통하여 인수 및 송부하지 아니하는 거래
  예 수입거래에 대한 선적서류 인수(국민은행), 수출거래에 대한 선적서류 송부(외환은행)

68 아래 글상자는 항공운임 관련 부대운임 중 무엇에 대한 설명인가?

> 항공화물 운임을 후불로 항공운송대리점에 지불할 경우 항공운송대리점이 환전 및 송금에 필요한 경비를 보전하기 위해 징구하는 요금을 말하며, 보통 인보이스 금액의 2%를 징구하며 최소 10달러를 징구한다.

① Handling Charge
② Documentation Fee
③ Collect Charge Fee
④ Terminal Handling Charge

[정답] ③

[해석] ① 취급수수료(포워더)
② 서류 발급비
③ 착지불수수료
④ 터미널화물처리비

[해설] CCF(Collect Charge Fee, 착지불수수료)
항공운송에서 수입화물의 운임이 착지불될 시 해당 포워더가 출발지 국가에 대금 송금이나 환리스크 등을 보존하기 위하여 통상적으로 항공운임에 2~5%를 부과하는 일종의 환가료 개념이다.

69 신용장상에 "available with issuing bank by payment"라는 문구가 의미하는 것은?

① 거래은행을 통하여 발행은행에게 지급을 요청한다.
② 일람불 환어음을 발행하여 상환은행에 매입을 요청한다.
③ 기한부 환어음을 발행하여 발행은행에 지급을 요청한다.
④ 일람불 환어음을 발행하여 발행은행에 인수를 요청한다.

[정답] ①

[해설] Available with/by payment(지급신용장)
수출자 은행은 수출자가 (환어음 없이) 제시/네고한 수출서류를 발행은행에 전달하고 이상이 없으면 개설은행은 바로 대금을 지불하는 L/C이다.

70 국제팩터링(International Factoring)의 수입국 팩터(Import Factor)에 대한 설명으로 옳지 않은 것은?

① 수입국에서 수입자와 국제팩터링계약을 체결하다.

② 수입자의 외상수입을 위하여 신용승낙의 위험을 인수한다.

③ 팩터링채권을 회수하고 전도금융을 제공한다.

④ 수출팩터에게 송금하는 팩터링회사를 말한다.

정답 ③

해설 국제팩터링 결제방식
- 수출입업체 간에 서로의 신용을 바탕으로 신용장 발행 없이 팩터링 금융기관이 대금지급을 보증하는 일종의 외상무역결제방식
- 기본적인 거래당사자 : 수출자, 수입자, 수출팩터(Export Factor), 수입팩터(Import Factor)
- 팩터링 절차
  - 수출자 : 팩터링 약정에 따라 외상으로 물품 수출, 송장 및 선적서류를 수출팩터에게 양도하고 전도금융을 받는다.
  - 수입자 : 수출팩터의 신용을 바탕으로 물품을 외상 수입, 만기일에 수입팩터에게 지급한다.
  - 수출팩터 : 수출자로부터 양도받은 수출채권에 양도장을 첨부하여 매출채권을 수입팩터에게 재양도, 송부, 대금회수를 요청한다.

71 외국중재판정의 승인과 집행을 위한 뉴욕협약(1958)상의 요건으로 옳게 설명하고 있는 것은?

① 중재판정의 승인과 집행국 이외에 영토에서 내려진 중재판정은 제외한다.

② 중재판정이 이루어진 후에는 중재합의가 무효라 해도 승인 및 집행이 가능하다.

③ 중재판정이 공서양속에 반하는 때에는 중재판정의 승인과 집행이 거부될 수 있다.

④ 중재판정이 구속력을 가지지 않아야 한다.

정답 ③

해설 뉴욕협약은 서면에 의한 중재합의를 방소항변으로 인정하는 것(뉴욕협약 제2조) 외에 외국중재판단의 승인·집행 거부사유로서 재계약이 유효하게 이루어지지 않은 것, 당사자에 대한 방어권의 보장이 결여되어 있는 것, 중재 의회사항을 일탈하고 있는 것, 중재의뢰 적격성이 결여되어 있는 것, 공서(公序)에 반하는 것 등을 규정하고 있다(뉴욕협약 제5조). 또한 일본은 상호주의의 유보를 선언하고 있다(뉴욕협약 제1조 제3항).

72 무역클레임의 간접적 발생원인이 아닌 것은?

① 상관습 및 법률의 상이
② 계약의 유효성 문제
③ 이메일 사용 시 전달과정상의 오류
④ 언어의 상위

정답 ②

해설 무역클레임의 발생원인 및 종류

무역클레임의 직접적 원인	• 상담에 원인이 있는 경우 • 계약내용에 원인이 있는 경우 • 계약의 이행에 원인이 있는 경우
무역클레임의 간접적 원인	• 언어의 상위에 따른 의사소통의 어려움에 의한 경우 • 상관습과 법률의 상위 • 기술적인 문제(전신에 의해) 정확한 의사소통이 되지 않는 경우 • 운송 중 위험
무역클레임의 종류	• 품질, 수량, 인도, 포장, 가격/결제, 서류, 계약

73 신용장 통일규칙(UCP 600)상 보험서류의 발행요건에 관한 설명 중 옳지 않은 것은?

① 보험서류는 문면상 필요하거나 요구가 있는 경우에는, 원본은 모두 정당하게 서명되어 있어야 한다.
② 보험서류는 필요한 경우 보험금을 지급하도록 지시하는 당사자의 배서가 나타나 있어야 한다.
③ 보험서류의 피보험자가 지정되지 않은 경우, 화주나 수익자 지시식으로 발행하되 배서가 있어야 한다.
④ 신용장에서 보험증권이 요구된 경우, 보험증명서나 포괄예정보험 확정통지서를 제시하여도 충분하다.

정답 ④

해설 ④ 신용장에서 보험증권은 포괄예정보험 하의 보험증명서 또는 보험확인서 대신에 수리될 수 있다.

74 신용장거래에서 서류상의 일자(date)에 관한 설명으로서 옳지 않은 것은?

① 신용장상에 일자의 요구가 없더라도 환어음, 운송서류, 보험서류 등은 반드시 일자가 있어야 한다.
② 선적전검사증명서(PSI)는 반드시 선적일자 이전의 일자에 발행된 사실이 나타나 있어야 한다.
③ "Within 2 days of"는 어떠한 사실 이전의 2일에서 동 사실 이후의 2일까지의 기간을 말한다.
④ 서류는 준비일자와 함께 서명일자가 따로 명시되어 있는 경우, 서명일자에 발행된 것으로 본다.

[정답] ②

[해설] 선적 전 검사(PSI ; Pre-Shipment Inspection)
수출 선적 전에 수입국 정부의 요청에 따라 품질 및 수량검사, 수출시장 가격산정, 과세표준 가격산정, 관세품목 분류 그리고 수입금지 또는 제한품목을 확인하는 정부대행 검사이다.

75 신용장에서 무고장의 운송서류(Clean transport document)가 요구된 경우, 운송서류상의 다음과 같은 문언 중에서 인수 가능한 것은?

① Packaging is not sufficient.
② Packaging contaminated
③ Goods damaged/scratched.
④ Packaging may be insufficient.

[정답] ④

[해설] 무고장 운송서류(UCP 600 제27조)
은행은 무고장 운송서류만을 수리한다. 무고장 운송서류는 물품 또는 그 포장의 결함 상태에 대해 명확하게 선언하는 조항이나 표기를 가지고 있지 않은 운송서류이다. 신용장이 운송서류가 '무고장 본선적재'이어야 한다는 요건을 가지고 있더라도 '무고장(Clean)'이라는 단어가 운송서류에 나타날 필요는 없다.
고장부 선하증권으로 되지 않는 문언
• 무포장화물의 경우 물품이 포장되지 않았다는 문언 : "unprotected", "unboxed", "party protected" 등
• 외관상의 하자가 수선되었다는 문언 : "repaired", "mended", "renewed", "repacked", "coopered" 등
• 다음과 같은 문언
  - Second-hand packaging materials used(중고 포장 재료의 사용)
  - Old packaging materials used(낡은 포장 재료의 사용)
  - Reconditioned packaging materials used(수리된 포장 재료의 사용)
  - packing may not be sufficient for the sea journey(포장은 해상운송을 위해서 충분하지 않을 수 있음)
• 물품 및/또는 포장의 하자상태를 명시적으로 표시하고 있지 않은 경우
  - "천장개방형 컨테이너(open top container)에 포장되었다"는 문언이 기재된 경우
  - "Clean"이라는 단어가 서류의 발행인에 의하여 삭제된 경우
  - 컨테이너 화물임을 표시하는 "said to contain(신고내용에 따름)"이라는 문언이 기재된 경우
  - 종이포대에 포장되었다는 것을 의미하는 "paper bag clause(종이포대조항)"가 기재된 경우
  - 신용장에 명시된 대로의 물품의 명세에 추가하여 위험물 조항으로서 "Corrosive liquid Nos.(부식성 액체)"라는 문언이 기재된 경우

무역영어 1급 기출이 답이다

2019년 제3회(116회) 기출문제

제1과목 **영문해석**

※ Below are correspondences between buyer and seller.

This is to inform you that we received the shipment of Celltopia on December 15. Our technicians have thoroughly tested all the machines and found 25 defective batteries. We listed the serial numbers of them in the attached sheet.

We have already sent the replacement batteries via Fedex.
Meanwhile, please send us the defective ones at our cost. You may use our Fedex account.

---

01 Which can NOT be inferred from the above?

① Defective batteries have their own serial numbers.

② Replacement batteries have been sent via courier service.

③ Buyer will pay freight for the returning batteries.

④ Seller agrees that some of their products were against the sales contract.

정답 ③

해석 ※ **다음은 매도인과 매수인 사이의 통신문이다.**

본 서신은 12월 15일 셀토피아 선적분을 인수했음을 알려드리기 위해서입니다. 당사의 기술자들이 모든 기계를 철저히 시험해 보니 결함이 있는 배터리는 25개였습니다. 당사는 별지에 그것들의 일련번호를 적은 명단을 첨부했습니다.

당사는 이미 페덱스를 통해 교체용 배터리를 보냈습니다.
한편, 결함이 있는 것은 저희 비용으로 보내주십시오. 귀사는 당사의 페덱스 계정을 사용할 수 있습니다.

위 서신에서 추론할 수 없는 것은 무엇인가?
① 결함이 있는 배터리는 그들 자체의 일련번호가 있다.
② 배터리 대체품은 택배 서비스를 통해 보내졌다.
③ 매수인은 반품하는 배터리에 대한 운임을 지불할 것이다.
④ 매도인은 그들의 제품 중 일부분이 판매 계약에 반대한다는 것에 동의한다.

02 Which can be inferred from the below?

Several of my customers have recently expressed an interest in your remote controlled window blinds, and have enquired about its quality.

We are a wide distributor of window blinds in Asia. If quality and price are satisfactory, there are prospects of good sales here.

However, before placing an order I should be glad if you would send me a selection of your remote-controlled window blinds on 20 days' approval. Any of the items unsold at the end of this period and which I decide not to keep as stock would be returned at our expense.

I hope to hear from you soon.

Alex Lee
HNC International

① Alex shall pay for the goods 20 days after arrival of goods.
② Alex has confidence on the window blinds, so cash with order is acceptable.
③ Freight for the returning goods will be borne by HNC International.
④ Seller shall deliver the goods within 20 days after order.

정답 ③

해석 아래에서 추정할 수 있는 것은?

당사의 고객 중 몇 명이 귀사의 원격 조종 창문 블라인드에 최근 관심을 표했으며, 그 품질에 대해 문의해 왔습니다.

당사는 아시아 전역의 창문 블라인드 유통업체입니다. 품질과 가격이 만족스럽다면, 이곳에서의 판매 전망은 좋습니다.

하지만, 주문하기 전에, 저는 귀사가 20일의 점검 후 매매 조건으로 원격 조종 창문 블라인드 셀렉션을 보내주셨으면 합니다. 이 기간 말까지 매매되지 않은 품목과 재고로 보관하지 않기로 결정된 품목은 당사의 비용으로 반품하겠습니다.

빠른 답신 부탁드립니다.

알렉스 리
HNC 인터내셔널

① 알렉스는 상품 도착 20일 후에 그 상품에 대한 대금을 지불할 것이다.
② 알렉스는 창문 블라인드 제품에 자신감이 있어서 주문불이 허용된다.
③ 반품 상품에 대한 운임은 HNC 인터내셔널이 부담한다.
④ 매도인은 주문 후 20일 이내에 물품을 인도할 것이다.

해설 서신의 마지막 문장인 '... 매매되지 않은 품목과 재고로 보관하지 않기로 결정된 품목은 당사의 비용으로 반품하겠습니다.'로 미루어 정답은 ③이다.

03 Which does NOT belong to 'some documents' underlined below?

Some documents commonly used in relation to the transportation of goods are not considered as transport documents under UCP 600.

① Delivery Order
② Forwarder's Certificate of Receipt
③ Forwarder's Certificate of Transport
④ Forwarder's Bill of Lading

정답 ④

해석 아래 밑줄 친 '일부 문서'에 해당하지 않는 것은?

물품 운송과 관련하여 일반적으로 사용되는 일부 문서는 UCP 600 하에서 운송서류로 간주되지 않는다.

*in relation to : ~에 관하여
*transport documents : 운송서류

해설 ④ 운송주선인 발행 선하증권(Forwarder's B/L) : B/L의 발행인이 선박회사가 아닌 화물운송 주선업자인 경우에 해당하는 선하증권이다.
① 화물인도지시서(Delivery Order ; D/O) : 선사가 수하인으로부터 선하증권(B/L)이나 수입화물 선취보증장(L/G)을 받고 본선 또는 터미널(CY 또는 CFS)에 화물인도를 지시하는 서류이다.
② 운송인 화물수령증(Forwarder's Certificate of Receipt ; FCR) : 운송인의 화물에 대한 Receipt에 불과하다. 수출업자와 수입업자가 편의상 신용장상에 FCR을 인정할 때 양 당사자 사이에서만 유통 가능한 운송서류로서 그 효력이 발생한다.
③ 운송인 운송증명서(Forwarders Certificate of Transport ; FCT) : 화물상환증. 송하인에게 이 서류를 발행함으로서 운송인은 자신이 지정한 대리점(또는 파트너)을 통해 도착지에서 FCT에 기록된 조건에 따라 정당한 서류소지인에게 화물을 인도해 줄 의무를 지게 된다.

04 In accordance with UCP 600, which of the following alterations can a first beneficiary request to a transferring bank to make under a transferable L/C?

① Extend the expiry date
② Decrease the unit price
③ Extend the period for shipment
④ Decrease insurance cover

정답 ②

해석 UCP 600에 따르면, 첫 번째 수익자가 양도가능 신용장 하에서 양도은행에 요청할 수 있는 변경 사항은 무엇인가?
① 유효기일 연장
② 단가 인하
③ 선적기일 연장
④ 부보비율 감소

해설 원신용장 하의 변경 사항
• 감액 또는 단축할 수 있는 내용
  – 신용장 금액(The amount of the credit)
  – 단가(Any unit price stated therein)
  – 유효기일(The expiry date)
  – 최종 제시일(The period for presentation)
  – 선적기일(The latest shipment date or given period for shipment)
• 증가시킬 수 있는 내용 : 부보비율(The percentage for which insurance cover)
*alterations : 변화, 개조
*transferable L/C : 양도가능 신용장. 원신용장의 수익자인 최초의 수익자(제1수익자 ; First Beneficiary)가 제3자(제2수익자 ; Second Beneficiary)에게 신용장의 전부 또는 일부를 사용하는 권리를 양도하는 것을 인정하고 있는 신용장을 말한다.
*transferring bank : 양도은행. 양도가능 신용장을 받은 제1수익자(First Beneficiary)의 요청에 따라 제2수익자(Second Beneficiary)에게 신용장의 양도를 실행하는 은행을 말한다. 양도가능 신용장의 경우 신용장상에 양도은행이 명시되어 있어야 한다.

Dear Mr. Han,

Thank you for your enquiry about our French Empire range of drinking glasses. There is a revival of interest in this period, so we are not surprised that these products have become popular with your customers.

I am sending this fax pp. 1~4 of our catalogue with CIF Riyadh prices, as you said you would like an immediate preview of this range. I would appreciate your comments on the designs <u>with regard to</u> your market.

I look forward to hearing from you.

05 What kind of transaction is implied?

① A reply to a trade enquiry
② A firm offer
③ An acceptance of an offer
④ A rejection of an offer

06 Which is NOT similar to the underlined with regard to?

① regarding
② about
③ concerning
④ in regard for

해석

친애하는 한 선생님,

당사의 다양한 프랑스 제국 술잔에 대해 문의해 주셔서 감사드립니다. 이 시기에 대한 관심이 되살아나고 있기 때문에, 당사는 이 제품들이 귀사의 고객들에게 인기를 얻고 있다는 것이 놀랍지 않습니다.

귀사가 이 영역의 제품들에 대한 즉시 미리 보기를 원한다고 말했기 때문에 당사 카탈로그의 1~4 페이지와 CIF 리야드 가격을 팩스로 보냅니다. 귀사의 시장과 관련된 디자인에 대한 귀사의 의견에 감사드립니다.

귀사의 답신을 기다리겠습니다.

*range : (특정 종류에 속하는 사물들의) 다양성
*revival : 회복, 부활
*with regard to : ~와 관련하여[~에 대하여]

05 다음 글에서 나타나는 것은 어떤 종류의 거래인가?
 ① 거래 조회에 대한 회신
 ② 확정청약
 ③ 청약의 승낙
 ④ 청약의 거절

06 밑줄 친 with regard to와 가장 유사하지 않은 것은?
 ① ~에 관하여
 ② ~에 대한
 ③ ~에 관한
 ④ ~에 관해서는[for → to]

해설 05
서신의 첫 문장인 '당사의 다양한 프랑스 제국 술잔에 대해 문의해 주셔서 ...'와 마지막 문장인 '귀사의 답신을 기다리겠습니다.'로 미루어 정답은 ①임을 알 수 있다.
*transaction : 거래, 매매

06
④ 'in regard for'가 아닌 'in regard to'가 쓰여야 유사한 의미가 된다.
①, ②, ③은 모두 '~에 관해서'의 뜻이다.

07 What would Jenny's representative do on the coming visit?

> Dear Jenny,
>
> With reference to our phone conversation this morning, I would like one of your representatives to visit our store at 443 Teheran Road, Seoul to give an estimate for a complete refit. Please could you contact me to arrange an appointment?
>
> As mentioned on the phone, it is essential that work should be completed before the end of February 2018, and this would be stated in the contract.
>
> I attach the plans and specifications.

① Offer
② Credit enquiry
③ Trade enquiry
④ Compensation

정답 ①

해석 제니의 대리인이 다가오는 방문에서 할 것은 무엇인가?

친애하는 제니에게,

오늘 아침 전화 통화와 관련해서, 완전한 재개장 작업을 위한 견적서를 작성하기 위해서 귀사의 대리인들 중 한 분이 서울 테헤란로 443번지에 있는 저희 가게를 방문해주셨으면 합니다. 제게 연락해서 약속을 잡아주시겠습니까?

전화에서 언급했듯이 2018년 2월 말 이전에 작업을 완료하는 것이 필수적이며, 이는 계약서에 명시될 것입니다.

계획서와 명세서를 첨부합니다.

① 청 약
② 신용 조회
③ 무역 조사
④ 보상(금)

해설 주어진 내용은 가게 재개장 작업을 위해 작업 일정을 기입한 계획서와 명세서를 송부하고 나서 견적서 작성을 요청하는 것이다. 즉, 가게 공사에 대한 오퍼(청약)를 발송한 것이다.

A sight draft is used when the exporter wishes to retain title to the shipment until it reaches its destination and payment is made.

In actual practice, the ocean bill of lading is endorsed by the exporter and sent via the exporter's bank to the buyer's bank. It is accompanied by the sight draft with invoices, and other shipping documents that are specified by either the buyer or the buyer's country(e.g., packing lists, consular invoices, insurance certificates). The foreign bank notifies the buyer when it has received these documents. As soon as the draft is paid, the (A) foreign bank turns over the bill of lading thereby enabling the buyer to obtain the shipment.

08 Which payment method is inferred from the above?

① Sight L/C　　　　　　　　　　② D/P

③ Usance L/C　　　　　　　　　④ D/A

09 What is the appropriate name for the (A) foreign bank?

① Collecting bank　　　　　　　② Remitting bank

③ Issuing bank　　　　　　　　④ Nego bank

정답 08 ② 09 ①

해석

일람불환어음은 수출업자가 선적물이 목적지에 도착하여 결제가 이루어질 때까지 자신의 소유권을 유지하고자 할 때 사용된다.

실제로, 해상선하증권은 수출업자가 배서하여 수출업자의 은행을 통해 매수인의 은행으로 보내진다. 그것은 송장과 매수인 혹은 매수인의 국가에 의해 지정된 기타 선적서류(포장명세서, 영사송장, 보험증명서)와 함께 일람불환어음에 의해 동반된다. 외국의 은행은 이 서류들을 받으면 매수인에게 통지한다. 환어음이 결제되자마자 (A) 외국은행이 선하증권을 넘기기 때문에 매수인이 선적물을 받을 수 있게 된다.

*sight draft : 일람출급어음. 어음의 소지인이 지급을 받기 위하여 어음을 제시한 일자가 만기일(지급기일)이 되는 어음이다. 이 경우 어음상의 채무자는 채권자로부터 어음의 제시를 받자마자 즉시 지급하여야 한다. 일람출급어음은 pay at sight로 표시된다.

08 위 글에서 추정할 수 있는 결제방식은 무엇인가?
　① 일람출급 신용장　　　　　　② 지급인도조건
　③ 기한부 신용장　　　　　　　④ 인수인도조건

09 (A) 외국은행의 이름으로 적절한 것은 무엇인가?
　① 추심은행　　　　　　　　　② 추심의뢰은행
　③ 개설은행　　　　　　　　　④ 매입은행

② 지급인도조건(D/P ; Documents Against Payment) : 수출업자가 수입업자와의 매매계약에 따라 물품을 자신의 책임 하에 선적한 후, 관련 서류가 첨부된 일람불환어음(Documentary sight bill)을 수입업자를 지급인(Drawee)으로 발행하여 자신의 거래은행인 추심의뢰은행(Remitting bank)에 추심을 의뢰하면, 수출업자의 거래은행은 그러한 서류가 첨부된 환어음을 수입업자의 거래은행인 추심은행(Collecting bank)으로 송부하여 추심을 의뢰한다. 그러면 수입업자의 거래은행인 추심은행은 그 환어음의 지급인인 수입업자로부터 대금을 지급받으면서 서류를 인도하고, 지급받은 대금은 추심을 의뢰하여 온 수출업자의 거래은행인 추심의뢰은행으로 송금하여 결제한다.

09

밑줄 친 (A) foreign bank는 수입업자의 거래은행인 추심은행을 의미한다.

10 Which of the following BEST completes the blanks in the letter?

> We would like to send (A)–Heathrow (B) Seoul, Korea, 12 crates of assorted glassware, to be delivered (C) the next 10 days.

① ex – to – within
② ex – to – off
③ from – through – within
④ from – through – above

정답 ①

해석 다음 중 서신의 빈 칸에 가장 적절한 것은?

당사는 앞으로 10일 (이내에) 12개의 다양한 유리제품 상자를 히스루(로부터) 한국 서울(로) 보내고 싶습니다.

해설 ① ex은 '~으로부터; 밖으로; 전적으로'의 뜻이고, within은 '(특정한 기간) 이내에[안에]'이라는 뜻이다.

11 What is the appropriate title of the document for the following?

> Whereas you have issued a Bill of Lading covering the above shipment and the above cargo has been arrived at the above port of discharge (or the above place of delivery), we hereby request you to give delivery of the said cargo to the above mentioned party without production of the original Bill of Lading.

① Fixture Note
② Trust Receipt
③ Letter of Guarantee
④ Letter of Indemnity

정답 ③

해석 다음에서 설명하는 서류의 제목으로 적절한 것은?

귀사가 상기 선적물을 포함하는 선하증권을 발행하고 상기 화물이 상기 양륙항(또는 상기 인도장소)에 도착한 사실이 있으므로, 당사는 이로써 해당 화물을 상기 언급된 당사자에게 원본의 선하증권의 생산 없이 인도할 것을 귀사에 요구한다.

*Whereas : (공식적인 문서에서 문장 첫 부분에 쓰여) ~한 사실이 있으므로
*port of discharge : 양륙항
*place of delivery : 인도장소

해설 ③ 수입화물 선취보증서(Letter of Guarantee ; L/G) : 수입지에 선적서류 원본보다 화물이 먼저 도착한 경우 수입업자가 서류도착 시까지 기다리지 않고 수입화물을 통관하려고 할 때 신용장 개설은행이 선박회사 앞으로 발행하는 보증서이다.
① 선복확약서(Fixture Note) : 선박회사가 제시한 신청서의 유효기간 내에 화주가 확정청약(Firm Offer)을 수락하면 용선계약이 성립된다. 이때 증빙서류로서 선복확약서를 작성한다. 선복확약서에 각 관계 당사자인 선박회사, 화주, 중개인이 각각 서명하고 각자가 한 통씩 보관한다. 그 다음에 정식 용선계약서(Charter Party ; C/P)를 작성하여 각 관계 당사자가 서명한 후 각자가 보관한다.
② 수입화물대도(Trust Receipt ; T/R) : 선적서류의 소유권은 담보물로서 그것을 보유하고 있는 은행에 있다는 것을 인정하고 그 선적서류를 대도받기 위하여 은행 소정의 수입화물대도 신청서에 필요사항을 기재하고 은행에 제출한다. 은행은 수입화물대도와 상환으로 선적서류를 수입자에게 대도한다. 즉, 수입화물대도는 은행은 담보권을 확보한 채로 수입자에게 담보화물을 대도하고 수입자는 화물매각대금으로 대금결제 또는 차입금을 상환하는 제도이다.
④ 파손화물보상장(Letter of Indemnity ; L/I) : 선적되는 제품이 내륙운송 중 파손되거나 수량이 부족할 경우 선사는 사고부 선하증권(Dirty B/L)을 발급하게 된다. 그러나 수출업자가 선박회사에 파손 또는 수량부족으로 인하여 야기되는 모든 책임을 송화인이 지겠다는 각서를 제출하면, 선박회사는 무사고 선하증권(Clean B/L)을 발급해 준다. 이와 같은 송하인의 책임각서를 파손화물보상장이라 한다.

12 What is TRUE about the CPT term of the Incoterms 2010?

① The seller delivers the goods to the carrier or another person nominated by the buyer at an agreed place.

② The seller fulfils its obligation to deliver when the goods reach the place of destination.

③ If several carriers are used for the carriage and the parties do not agree on a specific point of delivery, risk passes when the goods have been delivered to the first carrier at a point entirely of the seller's choosing.

④ If the seller incurs costs under its contract of carriage related to unloading at the named place of destination, the seller is entitled to recover such costs from the buyer.

[정답] ③

[해석] 인코텀즈 2010의 CPT 조건에 관한 것으로 옳은 것은?
① 매도인은 합의된 장소에서 운송업자 또는 매수인이 지정한 다른 사람에게 상품을 인도한다.
② 매도인은 물품이 목적지에 도착할 때 그의 인도의무를 충족한다.
③ 만약 합의된 목적지까지 운송하는 과정에서 여러 운송인이 사용되고 당사자들이 구체적인 인도지점을 합의하지 않았다면, 전적으로 매도인이 선택하여 매수인이 아무런 통제를 할 수 없는 지점에서 물품이 최초 운송인에게 인도되었을 때 위험이 이전된다.
④ 매도인이 지정목적지에서 하역 관련 운송계약에 따라 비용을 부담하는 경우, 매도인은 매수인으로부터 그러한 비용을 회수할 권리가 있다.

[해설] ① 매도인은 합의된 장소에서 운송업자 또는 매도인이 지정한 다른 사람에게 상품을 인도한다.
② 매도인은 운송인에게 물품을 인도하는 때 그의 인도의무를 충족한다.
④ 매도인이 지정목적지에서 하역 관련 운송계약에 따라 비용을 부담하는 경우, 매도인은 매수인으로부터 그러한 비용을 회수할 권리가 없다.

13 Which is LEAST proper Korean translation?

① The Manufacturer grants to the HNC the exclusive and nontransferable franchise.
→ 제조사는 HNC에게 독점적 양도불능 체인영업권을 부여한다.

② Despite its diminished luster, Apple remains the most valuable U.S. company with a market value of USD432 billion. → 비록 빛을 다소 잃기는 했어도 애플사는 432억불의 시장가치를 가진 가장 값진 미국 회사로 남아 있다.

③ Rejection of nonconforming goods should be made by a buyer in a reasonable time after the goods are delivered. → 불일치 상품의 인수거절은 상품이 인도된 후 합리적인 기간 내에 매수인이 해야 한다.

④ Please sign and return the duplicate to seller after confirming this sales contract.
→ 이 매매 계약서를 확인한 후 서명하고 그 부본을 매도자에게 보내 주십시오.

② billion은 10억불이라는 의미이므로, 432억불이 아닌 4320억불(= 432 × 10억불)이 옳은 해석이다.

14 What is the writer's purpose?

> ·······Your prices are not competitive and therefore we are unable to place an order with you at this time, even though we are favorably impressed with your samples·······. Under such circumstances, we have to ask for your most competitive prices on the particular item, your sample No. 10 which is in high demand.
>
> We trust you will make every effort to revise your prices.

① An acceptance of an offer

② A trade inquiry

③ An inquiry to search a new product

④ A purchase order

글쓴이의 목적은 무엇인가?

······· 비록 귀사의 견본품이 인상적이긴 했어도 ····· 귀사의 가격이 경쟁력이 없기 때문에 당사는 지금 귀사에 주문을 할 수 없습니다. 그런 상황에서 당사는 수요가 많은 특정 품목인 귀사의 샘플 No. 10에 대하여 가장 경쟁력 있는 가격을 요구해야 합니다.

당사는 귀사가 가격을 수정하기 위해 모든 노력을 기울일 것이라고 믿습니다.

① 청약에 대한 승낙

② 무역 조회[문의]

③ 신상품 검색 조회

④ 구입 주문

서신에서 '... 당사는 수요가 많은 특정 품목인 귀사의 샘플 No. 10에 대하여 가장 경쟁력 있는 가격을 요구 ...'라고 했으므로 정답은 ②이다.

15 The following is about CIF, Incoterms 2010. Choose the wrong one.

① The seller delivers the goods on board the vessel or procures the goods already so delivered.

② The seller must contract for and pay the costs and freight necessary to bring the goods to the named port of destination.

③ The seller contracts for insurance cover for the seller's risk of loss of or damage to the goods during the carriage.

④ The buyer should note that the seller is required to obtain insurance only on minimum cover.

[정답] ③

[해석] 다음은 인코텀즈 2010, CIF에 대한 것이다. 틀린 것을 고르시오.
① 매도인은 물품을 본선에 적재하여 인도하거나 이미 그렇게 인도된 물품을 조달한다.
② 매도인은 물품을 지정목적항까지 운송하는 데 필요한 계약을 체결하고 이에 따른 비용과 운임을 부담한다.
③ 매도인은 운송 중 매도인의 물품의 멸실 또는 손상의 위험을 위해서 보험계약을 체결한다.
④ 매수인이 유의하여야 할 것은 매도인이 단지 최소 조건으로 부보하도록 요구된다는 사실이다.

[해설] ③ The seller contracts for insurance cover for the seller's(→ against the buyer's) risk of loss of or damage to the goods during the carriage.
→ 매도인은 운송 중 매수인의 물품의 멸실 또는 손상의 위험에 대비하여 보험계약을 체결한다.
CIF 하에서 매도인과 매수인의 보험에 대한 의무
• 매도인의 의무
 – 매도인은 선적항부터 적어도 목적항까지 매수인의 물품의 멸실 또는 훼손 위험에 대하여 보험계약을 체결하여야 한다.
 – 매도인은 특정한 거래에서 다른 합의나 관행이 없는 경우, 자신의 비용으로 협회적하약관이나 그와 유사한 C약관에서 제공하는 담보조건에 따른 적하보험을 취득하여야 한다. 보험은 매수인 또는 물품에 피보험이익을 가지는 제3자가 보험자에게 직접 청구할 수 있는 것이어야 한다.
 – 보험금액은 최소한 매매계약에 규정된 대금에 10%를 더한 금액(즉, 매매대금의 110%)이어야 하고, 보험의 통화는 매매계약의 통화와 같아야 한다.
 – 보험은 물품에 관하여 규정된 인도지점부터 적어도 지정목적항까지 부보되어야 한다. 매도인은 매수인에게 보험증권이나 보험증명서 그 밖의 부보의 증거를 제공하여야 한다.
• 매수인의 의무 : 매수인은 매도인에 대하여 보험계약을 체결할 의무가 없다. 그러나 매수인은 요청이 있는 때에는 매수인이 요청한 추가보험을 조달하는 데 필요한 정보를 매도인에게 제공하여야 한다.
*procure : (특히 어렵게) 구하다[입수하다]
*risk of loss : 멸실 위험
*damage : 손상, 피해
*obtain : (특히 노력 끝에) 얻다[구하다/입수하다]

16 What is LEAST correct about a distributor and an agent?

① A distributor is an independently owned business that is primarily involved in wholesaling.

② A distributor doesn't take title to the goods that he's distributing.

③ The agent's role is to get orders and usually earn a commission for his services.

④ The initial investment and costs of doing business as an agent are lower than those of doing business as a distributor.

[정답] ②

[해석] **특약대리점과 대리점에 대해 가장 옳지 않은 것은?**
① 특약대리점은 주로 도매업에 관여하는 독립적 소유의 사업체이다.
② 특약대리점은 자신이 유통하고 있는 상품에 대한 권리를 갖지 않는다.
③ 대리점의 역할은 주문을 받고 대개 그의 서비스에 대한 수수료를 받는 것이다.
④ 대리점으로서 사업을 하는 초기 투자와 비용은 특약대리점으로서 사업을 하는 것에 비해 낮다.

[해설] 특약대리점과 대리점 비교

특약대리점(Distributor)	대리점(Agent)
• 자신 명의나 계정으로 해외에서 제품을 매입하여 국내에서 독점적으로 판매하는 권한을 부여받은 판매점 • 회사의 '고객'으로 회사로부터 산 물건을 자신의 고객에게 되파는 일을 함 • 유통 판매업자이므로 회사와 직접적인 커넥션이 있음 • 회사로부터 직접 물품을 사서 시장에 판매하고 애프터서비스(After sales service)를 직접 제공함	• 회사를 대표하여 판매를 주선하나 계약은 회사와 고객 간에 이루어짐 • 회사의 직원일 수도 자영업자일 수도 있음 • 상품의 홍보를 담당 • 회사보다는 고객과 더 직접적인 관계를 맺으므로 고객의 Needs를 잘 알아야 함 • 회사로부터 직접 물품을 구입하는 게 아니므로 물품의 배달 또는 애프터서비스는 책임지지 않음 • 고정된 커미션을 받음

*wholesaling : 도매업
*commission : (위탁 판매 대가로 받는) 수수료[커미션]

17 What does the following explain?

> The purchase of a series of credit instruments such as drafts drawn under usance letters of credit, bills of exchange, promissory notes, or other freely negotiable instruments on a "nonrecourse" basis.

① Forfaiting
② Factoring
③ Negotiation
④ Confirmation

정답 ①

해석 **다음에서 설명하고 있는 것은?**

> 기한부신용장과 환어음, 약속어음 또는 '비소구권'에 근거하여 유통어음 하에서 발행된 어음과 같은 일련의 신용증권의 구매

*purchase : 구입, 구매, 매입
*credit instrument : 신용증권, 신용수단
*usance letters of credit : 기한부신용장
*negotiable instrument : 유통어음

① 포페이팅
② 팩토링
③ 매 입
④ 확 인

해설 **포페이팅(Forfaiting)**
• 국제 간 무역거래에서 수출의 대가로 받은 어음을 수출업자나 이전 소지인에게 소구권을 행사하지 않는 조건 하에 고정금리로 할인하여 거래하는 금융기법이다.
• 일반적으로 수출(선적) 시점으로부터 만기 수출대금의 회수기간까지의 기간이 긴 경우, 수입국가 위험도가 높은 새로운 시장을 개척하려는 경우, 거래상 신용도가 낮은 업체와 거래하는 경우에 적합한 무역금융기법이다.
• 포페이팅의 특징
 - 개설은행의 인수통지를 받은 환어음에 대해서는 수출자에게 비소구방식으로 매입한다.
 - 기한부신용장에 의해 제시된 환어음 외에도 은행의 지급확약(Aval 또는 보증서)이 있는 D/A 어음에 대해서도 포페이팅 적용이 가능하다.

18 What is NOT correct about the FAS rule of the Incoterms 2010?

① Where merchandise is sold on an FAS basis, the cost of the goods includes delivery to alongside the vessel.

② Seller is responsible for any loss or damage, or both, until the goods have been delivered alongside the vessel.

③ Buyer must give seller adequate notice of name, sailing date, loading berth of, delivery time to, the vessel.

④ Buyer is not responsible for any loss or damage, while the goods are on a lighter conveyance alongside the vessel within reach of its loading tackle.

정답 ④

해석 인코텀즈 2010의 FAS 규칙에 대해 옳지 않은 것은?

① 물품이 FAS 조건으로 판매되는 경우, 물품비용은 선측에 인도를 포함한다.

② 매도인은 물품이 선측에 인도될 때까지 어떠한 손실이나 손상, 또는 양쪽 모두에 대한 책임이 있다.

③ 매수인은 매도인에게 이름, 항해일, 정박지 적재, 배송 시간 등을 충분히 통지해야 한다.

④ 물품이 적재 태클이 닿는 곳에 선박과 나란히 바지선 운송을 하는 동안 구매자는 어떠한 손실이나 손상에 대해서도 책임을 지지 않는다.

해설 FAS(Free Alongside Ship, 지정선적항 선측 인도조건)

- 지정선적항에서 매수인이 지정한 본선의 선측(예 부두 또는 부선상)에 수출통관을 필한 물품을 인도하는 조건(매도인 수출통관)
- 물품의 인도장소 : 매수인이 지정한 선박의 선측
- 물품에 대한 매매당사자의 위험부담의 분기점(위험이전) : 매수인이 지정한 선박의 선측(물품이 지정선적항 부두, 선측에 인도되었을 때)
- 물품에 대한 매매당사자의 비용부담의 분기점(경비이전) : 매수인이 지정한 선박의 선측(매도인은 인도할 때까지 모든 비용부담. 매도인은 반드시 지정된 항구에서 물품을 본선의 선측까지 인도해야 함)
- 매도인(Seller)과 매수인(Buyer)의 책임

매도인(Seller)	매수인(Buyer)
• 수출통관 필 [※ 연속매매(String Sales) 중에 있는 매도인은 물품이 첫 번째 매도인에 의해 이미 선적되었기 때문에 선적하지 않음. 따라서 중간 매도인은 선적된 물품을 조달함으로써 매수인에 대한 의무를 이행함]	• 선박수배 • 수배된 선박명, 선적장소 및 선적 시기를 매도인에게 통지 • 선측에 인도된 때부터 선적비용과 그 물품에 관한 모든 비용과 위험을 부담

19 What is NOT correct about the CIF rule of the Incoterms 2010?

① Where merchandise is sold on a CIF basis, the price includes the cost of the goods, insurance coverage and freight to the named port of destination.

② Seller must provide and pay for transportation to named port of destination.

③ Seller must pay export taxes, or other fees or charges, if any, levied because of exportation.

④ Buyer must receive the goods upon shipment, handle and pay for all subsequent movement of the goods.

[정답] ④

[해석] 인코텀즈 2010의 CIF 규칙에 대해 옳지 않은 것은?

① 물품이 CIF 기준으로 판매되는 경우, 가격은 물품 가격과 보험 적용 범위, 지정목적지까지의 운임을 포함한다.

② 매도인은 지정목적항까지 운송을 제공하고 운임을 지불해야 한다.

③ 매도인은 수출로 인해 부과된 수출관세 또는 그 밖의 운임이나 추가 부담금을 지불해야 한다.

④ 매수인은 선적 시 물품을 인수해야 하며, 이후 물품의 모든 이동을 다루고 지불해야 한다.

[해설] CIF(Cost, Insurance and Freight, 운임·보험료 포함 인도조건)

• CFR 조건에 보험조건이 포함된 조건(매도인 수출통관)
• 물품의 인도장소 : 선적항의 본선 난간을 통과한 곳
• 물품에 대한 매매당사자의 위험부담의 분기점(위험이전) : 물품이 지정선적항 본선 갑판에 안착됐을 때
• 물품에 대한 매매당사자의 비용부담의 분기점(경비이전) : 목적항(매도인은 적재 시까지 모든 비용과 목적항까지 운임, 양하비 부담 + 보험료)
• 매도인(Seller)과 매수인(Buyer)의 책임

매도인(Seller)	매수인(Buyer)
• 수출통관 필 • 해상운송계약 체결 • 운임을 부담 • 보험계약 체결 • 통상의 운송서류를 지체 없이 매수인에게 제공	• 물품이 운송인에게 인도된 이후의 모든 위험부담 • 지정목적지까지의 운송비 이외 모든 비용부담

*export taxes : 수출관세
*levy : (세금 등을) 부과[징수]하다
*subsequent : ~다음에[뒤에]
*handle : (상황·사람·작업·감정을) 다루다[다스리다/처리하다]

20 Under the UCP 600, what is the obligation of the issuing bank?

A documentary credit pre-advice was issued on 1 March for USD 510,000 with the following terms and conditions :

- Partial shipment allowed.
- Latest shipment date 30 April
- Expiry date 15 May

On 2 March the applicant requested amendments prohibiting partial shipment and extending the expiry date to 30 May.

① Clarify with the beneficiary the period for presentation.
② Issue the documentary credit as originally instructed.
③ Issue the documentary credit incorporating all the amendments.
④ Issue the documentary credit incorporating the extended expiry date only.

정답 ②

해석 **UCP 600 하에서 발행은행의 의무는 무엇인가?**

화환신용장의 사전통지가 3월 1일 USD 51만 달러에 대하여 다음과 같은 조건으로 발행되었다.

- 분할선적이 허용된다.
- 가장 늦은 선적일은 4월 30일
- 신용장 만기일은 5월 15일

3월 2일에 개설의뢰인은 분할선적을 금지하고 만기일을 5월 30일까지 연장하는 개정을 요청했다.

① 수익자와 제시 기간을 분명히 한다.
② 원래 지시된 대로 화환신용장을 발행한다.
③ 모든 개정사항을 결합하는 화환신용장을 발행한다.
④ 만기일 연장만 포함하여 화환신용장을 발행한다.

해설 ② 여러 개의 조건변경이 포함된 하나의 조건변경 통지서에서 일부의 조건만 선택적으로(일부수락, 일부거절) 수락해서는 안 된다. 조건변경의 부분적 승낙은 그 조건변경에 대한 거절통지로 간주된다.
사전통지된 신용장과 조건변경(UCP 600 제11조)
신용장의 발행 또는 조건변경 발행의 사전통지는 개설은행이 유효한 신용장 혹은 조건변경을 발행할 준비가 되어 있는 경우에만 송부해야 한다. 사전통지를 송부하는 개설은행은 취소불가능하고 사전통지의 조건과 일치하는 유효한 신용장 혹은 조건변경을 지체 없이 발행할 의무를 지닌다.

21 Which of the following is LEAST inferred?

> Dear Mr. Smith
>
> We appreciate receiving your order for 1,000 XTM-500 linear circuit amplifiers.
>
> Our credit department has approved a credit line of USD10,000 for you. Because the total on your current order exceeds this limit, we need at least partial payment (half up front) to ship the goods to your factory.
>
> If you anticipate more purchases of this size, call me and we'll see what we can do about extending your limit. We value your business, hope this is a satisfactory solution, and thank you for the opportunity to serve you.
>
> Sincerely yours,
>
> John Denver

① John requires minimum USD4,500 cash for accepting this order.

② Mr. Smith must have ordered the products for more than USD10,000.

③ The seller is granting credit, but not in the amount the customer wants.

④ John explains the balance required to deliver the entire order, and invite the customer to further discuss extending the credit limit.

[정답] ①

[해석] 다음 중 추정할 수 없는 것은?

친애하는 스미스 씨,
당사는 1,000 XTM-500 선형 회로 증폭기에 대한 귀사의 주문을 받아 감사드립니다.
당사의 신용부서는 귀사에 10,000달러의 신용 한도를 승인했습니다. 현재 주문 총액이 이 한도를 초과하기 때문에, 당사는 귀사의 공장에 물품을 선적하기 위해 적어도 주문 총액의 절반은 선불로 지급해 주시기를 원합니다.
이 정도 규모로 구매가 더 늘어날 것으로 예상되면, 제게 전화 주시면 한도 증액에 대해 당사가 할 수 있는 방법이 있는지 알아보겠습니다. 당사는 귀사의 사업을 소중히 여기고, 이것이 만족스러운 해결책이 되기를 바라며, 귀사에 물품을 제공할 수 있는 기회를 주셔서 감사드립니다.
충심으로,
존 덴버

*approve : 승인하다
*exceed : (특정한 수·양을) 넘다[초과하다/초월하다]
*up front : 선불로
*anticipate : 예상하다
*serve : (상품·서비스를) 제공하다

① 존은 이 주문을 수락하기 위해 최소 4천 5백 달러의 현금을 필요로 한다.
② 스미스 씨는 그 제품을 10,000달러 이상 주문했음이 분명하다.
③ 매도인은 신용을 승인하지만, 고객이 원하는 금액은 아니다.
④ 존은 주문 전액을 인도하는 데 필요한 잔액을 설명하고, 고객에게 신용 한도 증액을 좀 더 논의하도록 요청한다.

[해설] 서신에서 '... 적어도 주문 총액의 절반은 선불로 지급해 주시기를' 원한다고 했으므로, 정답은 ①이다. ①은 'John requires minimum <u>USD4,500 → USD5,000</u> cash for accepting this order.'로 바뀌어야 한다.

22 Which of the following is NOT acceptable as the maturity date for the draft below?

> A documentary credit is issued for an amount of USD60,000 and calls for drafts to be drawn at 30 days from bill of lading date. Documents have been presented with a bill of lading dated 9 November 2018. (9 November + 30 days = 9 December)

① 9 December 2018

② 30 days from bill of lading date

③ 30 days after 9 November 2018

④ December 9th, 2018

[정답] ②

[해석] 다음 중 아래 어음의 만기일로 용인되지 않는 것은?

미화 60,000달러에 대하여 화환신용장이 개설되었으며 선하증권 발행일로부터 30일에 환어음 금액이 지급될 것을 요청한다. 2018년 11월 9일자 선하증권과 함께 서류가 제시되었다. (11월 9일 + 30일 = 12월 9일)

[해설] 만기일(Maturity Date)의 표시

- 만기일에 사용되는 'from'과 'after'는 동일한 의미로, 만기 산정의 기준이 되는 일자를 배제한 다음 일부터 계산된다 (UCP 600 제3조).
- 만기(滿期)를 정하기 위하여 'from'과 'after'라는 단어가 사용된 경우에는 명시된 일자를 제외한다. 하자가 없는 경우(예 20 days from sight) 만기산정 기준은 인수한 다음 일로부터 계산되는 것이 아니라 환어음의 지급은행에 서류가 제시된 일이 기준일이 된다. 그러나 하자가 있고 개설은행이 신용장통일규칙에서 규정하는 유효한 하자통지를 하였다면 개설은행이 환어음을 인수한 일자 다음 일로부터 만기산정이 시작된다.
- 은행의 인수통보서에 인수한 일자를 별도로 표시하여 보내는 경우도 있으나 대부분은 어음의 만기일만 표시한다. 대부분의 경우 인수통보서의 발송일이 은행의 인수일과 동일하기 때문에 은행에서는 별도로 인수일을 표시하지는 않는다.

23 Which explains "pro-forma invoice" correctly?

① It is a commercial bill demanding payment for the goods sold.

② It is usually issued by diplomatic officials of the importing country to verify the export price.

③ It is completed on a special form of the importing country to enable the goods to pass through the customs of that country.

④ It is a preliminary bill of sale sent to buyer in advance of a shipment or delivery of goods.

정답 ④

해석 어느 것이 "견적송장"을 정확히 설명하고 있는가?
① 그것은 판매된 상품에 대한 지불을 요구하는 상업용 어음이다.
② 보통 수입하는 나라의 외교 관리들의 수출 가격을 검증하기 위해 발행된다.
③ 그것은 상품이 그 나라의 관습을 통과할 수 있도록 수입국의 특별한 형태로 완성된다.
④ 물품 선적이나 인도 전에 미리 매수인에게 보내는 예비 판매 청구서이다.

해설 ① 상업송장(Commercial Invoice) : 매매 또는 위탁계약으로 물품의 인도가 이루어질 때, 그 물품의 송하인이 수하인에게 화물 특성, 내용 명세, 계산 관계 등을 상세하게 알리기 위해 작성하는 서류이다. 수출업자가 작성하여 수입업자에게 보내는 선적안내서, 내용증명서 및 선적화물 계산서, 대금청구서 역할을 한다.
② 영사송장(Consular Invoice) : 수입상품가격을 높게 책정함에 따른 외화 도피나 낮게 책정함에 따른 관세포탈을 규제하기 위하여 수출국에 주재하고 있는 수입국 영사의 확인을 받아야 하는 송장이다.
③ 세관송장(Customs Invoice) : 영사송장과 함께 공용송장에 해당하는 서류로, 수출자가 수출물품의 과세가격기준의 확인 또는 무역거래 내역을 증명하기 위하여 수입국 세관에 제출하여야 하는 송장이다.
견적송장(Pro-forma invoice)
수출업자가 거래를 유발하기 위한 수단으로 또는 수입허가나 외환배정 등을 받기 위한 수입업자의 요청에 의해, 수입업자에게 장차 그가 매입할 물품에 대해서 시산적으로 작성하여 발송하는 송장이다. 외환사정이 좋지 않은 국가에서 주로 사용하고 있는데, 수입업자는 견적송장을 근거로 정부에서 외환배정을 받아 그 범위 내에서 수입을 한다. 성격은 일종의 Free Offer로, 송장에 표시된 물품가격 등에 대해 법적 구속력이 없다. 따라서 단지 수입업자의 신용장발행을 위해 형식을 갖추어주는 것에 불과하여 선적물품에 대한 증거가 될 수 없다. 계약체결 후 실제 매매되는 상품에 발행하는 Shipping Invoice의 가격과는 차이가 날 수 있다.
*pro-forma invoice : 견적송장
*verify : (진실인지·정확한지) 확인하다

안심Touch

24 Which is CORRECT about the letter?

> Enclosed please find a CI nonmetallic wind shifter, model BRON-6SJ7. As we discussed on the telephone, the device has recently developed a noticeable skew to the west.
> You suggested that we send the unit to your attention for evaluation and an estimate of the cost of repair of the unit. Please call me when you have that estimate; we will decide at that time whether it makes sense to repair the device or to purchase a new model.

① The letter is from Production Department to shipping company.
② The letter is from shipping company to Production Department.
③ The letter is from Customer Service to customer.
④ The letter is from customer to Customer Service.

정답 ④

해석 서신에 대한 것으로 옳은 것은?

CI 비금속 풍력 시프터 모델 BRON-6SJ7을 동봉합니다. 우리가 전화에서 논의했듯이, 그 장치는 최근 눈에 띄게 서쪽으로 기울어졌습니다.
귀사는 유닛의 평가와 수리 비용 견적을 위해 유닛을 귀사에 발송할 것을 제안하셨습니다. 귀사가 그 견적을 얻으면 제게 전화해 주십시오. 그러면 당사는 그 장치를 수리하는 것이 적절한지 아니면 새로운 모델을 구입하는 것이 적절한지 결정할 것입니다.

*Enclosed please : ~을 동봉합니다
*noticeable : 뚜렷한, 현저한, 분명한
*skew : 비스듬히 움직이다[있다]
*evaluation : 평가, 사정

① 서신은 생산부에서 운송회사로 온 것이다.
② 서신은 운송회사에서 생산부로 온 것이다.
③ 서신은 고객서비스에서 고객에게 온 것이다.
④ 서신은 고객으로부터 고객서비스에 온 것이다.

해설 위 서신은 구입한 물품의 하자를 알리고 수리비 견적을 요청하는 내용이므로, 정답은 ④이다.

25 What is NOT a good example in consideration of the following?

> In international trade, the seller should make certain that <u>the essential elements of the contract</u> are clearly stated in the communications exchanged by the buyer.

① The description of goods shall include the HS Cord of exporting country.

② The purchase price and the terms of payment should be stated.

③ The terms of delivery should be set out.

④ Instructions for transportation and insurance is to be specified.

정답 ①

해석 다음의 고려사항으로 좋은 예시가 아닌 것은?

국제무역에서 매도인은 매수인과 교환한 통신에서 <u>계약서의 필수 요소</u>가 명확하게 명시되어 있는지 확인해야 한다.

① 물품에 대한 설명은 수출국의 HS 코드를 포함해야 한다.

② 구입 가격과 지불 조건을 명시해야 한다.

③ 물품인도 조건을 정해야 한다.

④ 운송 및 보험에 대한 지침이 명시되어야 한다.

해설 무역계약서의 조항·내용 구성
- 일반적 무역(매매)계약서 기재사항
  - 기본사항 : 계약 당사자(Principal), 계약 성립의 확인, 계약 성립 일자(Effective Date)와 유효기간(Validity/Duration/Time Period), 용어 정의 등
  - 개별거래조항(표면/타이핑 조항) : 상품명·품질조건·수량조건·가격조건·선적조건·보험조건·결제조건·포장조건 등 거래 시마다 결정해야 할 사항이다.
  - 일반거래조항(이면/인쇄 조항) : 불가항력, 무역조건, 권리침해, 클레임조항, 중재, 준거법 등 모든 거래에 공통되는 사항. 특히 이 중 '품질조건, 수량조건, 가격조건, 선적조건, 보험조건, 결제조건, 포장조건(Terms of Packing), 무역 분쟁/클레임 조건(Terms of Trade Dispute/Claim)'을 무역계약의 8대 기본조건이라 한다.
- 무역(매매)계약서 조항의 우선순위
  - 표면약관(특약조항) 및 이면약관이 모순될 때에는 표면약관이 우선한다. 즉, 특수조항이 일반조항에 우선한다.
  - 조항이 수서(직접 쓴 것)·타이프·인쇄의 3가지 종류가 있는 경우 수서(직접 쓴 것)가 최우선이고, 타이프, 인쇄 순으로 우선순위가 높다.

HS Code(Harmonized Commodity Description and Coding System)
- 신국제통일상품분류로서 국제적인 상품분류방식이다.
- 우리나라는 1988년부터 적용된다.
- 현재 HS 6단위로는 약 5,000개 품목, HSK(HS Korea) 10단위로는 약 10,000개 품목이 거래되고 있다.
- 품목별 거래실적 등을 감안하여 수시로 조정한다.

26 Which is most AWKWARD English writing?

① 이번 지불 연기를 허락해 주신다면 정말 감사하겠습니다. → We would be very grateful if you could allow us the postponement of this payment.

② 귀사가 품질 보증서를 보내주실 수 없다면, 주문을 취소할 수밖에 없습니다. → If you cannot send us a guaranty, we will have no choice but canceling the order.

③ 매도인은 매수인의 요구조건에 따라 매도인 스스로 물품명세를 작성한다. → The Seller makes the specification himself in accordance with the requirements of the Buyer.

④ 매수인은 판촉에 대한 책임을 진다. → Buyer shall be responsible for sales promotion.

정답 ②

해설 ② '~하지 않을 수 없다'는 'have no choice but to + 동사원형'이므로 have no choice but canceling → have no choice but to cancel이다.
*postponement of payment : 지불연기
*guaranty : 보증
*specification : (자세한) 설명서, 사양(仕樣)

[27~28] Read the following and answer.

We are a chain of retailers based in Birmingham and are looking for a manufacturer who can supply us with a wide range of sweaters for the men's leisurewear market. We were impressed by the new designs displayed on your stand at the Hamburg Menswear Exhibition last month.

As we usually (ⓐ) large orders, we would expect a quantity discount in addition to a 20% trade discount off net list prices. Our terms of payment are normally 30-day bill of exchange, D/A.

If these conditions interest you, and you can (ⓑ) orders of over 500 garments at one time, please send us your current catalogue and price list.

We hope to hear from you soon.

27 Which is best rewritten for the underlined sentence?

① If you can meet these conditions,

② Provided that if we can meet these conditions,

③ Should you need interest to these conditions in advance,

④ If the interest brings you to the conditions above,

28 Which is the best pair for the blanks?

① ⓐ take − ⓑ meet

② ⓐ place − ⓑ meet

③ ⓐ take − ⓑ provide

④ ⓐ place − ⓑ provide

정답 27 ① 28 ②

해석

당사는 버밍엄에 본사를 둔 소매상 체인이며, 남성 레저 의류 시장을 위해 다양한 스웨터를 당사에 제공할 수 있는 제조업자를 찾고 있습니다. 당사는 지난달 함부르크 남성복 전시회에 진열된 귀사의 새로운 디자인에 감명받았습니다.

당사는 보통 대량으로 (ⓐ 주문하기) 때문에, 순 리스트 가격에서 20%의 무역 할인과 더불어 수량 할인을 기대하고 있습니다. 당사의 결제조건은 일반적으로 30일 기한부 환어음 인수인도조건(D/A)입니다.

이 조건에 관심 있고, 한 번에 500벌 이상의 의류 주문을 (ⓑ 충족시킬) 수 있다면, 귀사의 최근 카탈로그와 가격표를 보내주십시오.

귀사의 빠른 답신을 바랍니다.

*meet : (필요요구 등을) 충족시키다; (기한 등을) 지키다
*net list prices : 순 리스트 가격

27 밑줄 친 문장을 가장 적절하게 다시 쓴 것은 무엇인가?
① 귀사가 이 조건을 충족할 수 있다면
② 당사가 이 조건을 충족할 수 있다면
③ 이 조건에 대한 관심이 사전에 필요하다면
④ 만약 이익이 귀사를 상기 조건에 이르게 한다면

28 빈 칸에 들어갈 알맞은 짝은?
① ⓐ (주문을) 받다 − ⓑ 충족하다
② ⓐ (주문을) 하다 − ⓑ 충족하다
③ ⓐ (주문을) 받다 − ⓑ 제공하다
④ ⓐ (주문을) 하다 − ⓑ 제공하다

해설 27

밑줄 친 If these conditions interest you,는 '귀사가 이 조건에 관심이 있다면'의 뜻인데, 바꿔 말하면 '귀사가 이 조건을 충족할 수 있다면'의 의미이므로 정답은 ①이다.
*Provided that : ~한다면
*in advance : 사전에

28

ⓐ place large orders는 '대량주문하다'의 뜻이고, ⓑ meet orders는 '주문 조건을 충족하다'의 뜻이다.

[29~30] Read the following and answer.

We would like to place an order on behalf of Tokyo Jewelers Inc.

Please (   ) 5,000 uncut diamonds and once it is available, Tokyo Jewelers will surely buy it to be forwarded at the Quanstock Diamond Mine. We really would appreciate if you could accommodate this order.

Hans International

---

29 Fill in the blank with a suitable word.

① repair   ② replace

③ reserve   ④ revoke

30 Who is mostly likely to be Hans International?

① Buying agent   ② Selling agent

③ Importer   ④ Exporter

정답 29 ③ 30 ①

해석

당사는 도쿄 쥬얼러스 회사를 대표하여 주문하고 싶습니다.
5,000개의 원석 다이아몬드를 (확보해 주셔서) 일단 그것이 입수되면, 도쿄 쥬얼러스 회사는 반드시 콴스톡 다이아몬드 광산에서 배송될 수 있도록 그것을 살 것입니다. 이 주문서를 받아 주시면 정말 감사하겠습니다.

한스 인터내셔널

*on behalf of : ~을 대신[대표]하여
*uncut diamonds : 원석 다이아몬드
*accommodate : 수용하다

29 빈 칸에 알맞은 단어를 채우시오.
① 수리하다
② 대신하다
③ 확보하다
④ 철회하다

30 Hans International은 어떤 회사인가?
① 구매 대리점
② 판매 대리점
③ 수입자
④ 수출자

빈 칸 다음에 '일단 그것이 입수되면'이라고 했으므로, 빈 칸에 알맞은 단어는 '확보하다'의 뜻을 지닌 ③ reserve이다.

*reserve : (자리 등을) 따로 잡아[남겨] 두다; (판단 등을) 보류[유보]하다

*repair : 수리[보수/수선]하다

*replace : (다른 것의 기능을) 대신[대체]하다

*revoke : 폐지[철회/취소]하다

30

서신의 첫 문장 '당사는 도쿄 쥬얼러스 회사를 대표하여 주문하고 싶습니다.'로 미루어 한스 인터내셔널은 ① '구매 대리점'임을 알 수 있다.

[31~32] Read the following and answer.

In reference to your order No. 458973, we regret to inform you that we cannot supply the goods that were stated therein due to an outstanding (   ) from your preceding order. So far we have received no reply from you concerning this outstanding amount.

We are very disappointed about this fact, and hope that you can help us to <u>clear out this problem</u>, very soon. Should you have any comments regarding payments, we should appreciate hearing from you.

Please give this matter an immediate attention. We, therefore, expect to receive remittance without any further delay, before we can process future orders.

31 What is the most appropriate word for the blank?

① balance

② order

③ offer

④ complaint

32 Rephrase the underlined sentence.

① settle the discrepancy

② settle the overdue amount

③ pay the money in advance

④ pay interest first

해석

귀사의 주문번호 458973번과 관련하여, 당사는 귀사의 이전 주문의 미불(잔고)로 인해 명시된 상품을 공급할 수 없음을 알려드리게 되어 유감입니다. 지금까지 당사는 귀사로부터 이 미지불 금액에 대해 아무런 회답도 받지 못했습니다.

당사는 이 사실에 매우 실망했으며, 이 문제를 빨리 해결할 수 있도록 도와주기 바랍니다. 만약 귀사가 결제에 관해 의견이 있으시면, 당사는 귀사로부터 연락받는 것을 감사히 여길 것입니다.

이 일은 즉시 처리해 주시기 바랍니다. 그러므로 당사는 향후 주문을 처리하기 전에 더 이상 지체하지 않고 송금받을 수 있기를 기대합니다.

*In reference to : ~와 관련하여
*due to : ~에 기인하는, ~때문에
*outstanding balance : 미불잔고
*concerning : ~에 관한[관련된]
*disappointed : 실망한, 낙담한
*remittance : 송금액

31 빈 칸에 가장 적절한 단어는 무엇인가?
① 지불 잔액
② 주 문
③ 청 약
④ 불만사항

32 밑줄 친 문장을 바꿔 말한 것은 무엇인가?
① 불일치를 해결하다
② 연체금을 정산하다
③ 미리 돈을 지불하다
④ 이자를 먼저 지불하다

해설 31
① outstanding은 '미지불된, 미해결된'을 뜻하므로, 의미상으로 빈 칸에는 '(지불) 잔액'을 뜻하는 balance가 들어가면 '미불잔고'를 뜻하는 outstanding balance가 된다.

32
'귀사의 이전 주문의 미불(잔고)로 인해 명시된 상품을 공급할 수 없음을 알려드리게 되어 유감'이라는 서신의 내용으로 미루어 밑줄 친 문장의 의미는 ② '연체금을 정산하다'임을 알 수 있다.

33 How many televisions were expected to be unloaded at the port of destination?

> Thank you for the fast dispatch of our order, but I regret to inform you that, unfortunately you have not completed our order, three of the televisions were missing, and only 34 were received.
>
> We will be happy to receive a credit note for the missing goods or three televisions in this discrepancy.

① 3
② 31
③ 34
④ 37

[정답] ④

[해석] 목적지 항구에 몇 대의 텔레비전이 하역될 것으로 예상되었는가?

당사의 주문품을 신속하게 보내줘서 감사드립니다. 하지만, 귀사가 당사의 주문을 끝내지 못했다는 것을 알려드리게 되어 유감인데, 텔레비전 세 대가 부족한 34대만 도착했습니다.

당사는 주문서의 대수와 일치하지 않는 이 텔레비전 세 대에 대한 신용전표를 받으면 기쁠 것입니다.

[해설] 서신에서 '... you have not completed our order, three of the televisions were missing, and only 34 were received.'라고 했으므로, 원래 하역 예정되었던 텔레비전은 34대 + 3대 = 37대이다.

34 Which of the following BEST fits the blank?

> (   ) comprehends all loss occasioned to ship, freight, and cargo, which has not been wholly or partly sacrificed for the common safety or which does not otherwise come under the heading of general average or total loss.

① Abandonment
② Average
③ Particular average
④ Marine adventure

정답 ③

해석 다음 중 빈 칸에 적절한 것은?

(단독해손)은 선박과 화물운송, 화물에 발생하는 모든 손실을 의미하며, 공동의 안전을 위해 전체 또는 부분적으로 희생되지 않았거나 공동해손 또는 전손의 부류에 들지 않는 것을 말한다.

*comprehend : (충분히) 이해하다
*occasion : ~의 원인이 되다, ~을 야기하다
*come under the heading of : ~의 부류에 들다

① 위 부
② 평균 ; 해손[(Average) loss]
③ 단독해손
④ 해상사업

해설 단독해손(Particular average)
단독해손은 분손 중 손해를 입은 구성원의 단독부담으로 돌아가는 손해를 말한다. 선박이 항해 중에 난파물과 접촉해서 추진기를 손상시킨 경우의 손해는 선박의 단독해손이다. 또 선박의 화재사고로 화물이 손상을 입었거나 선창 내에 해수가 들어가서 화물에 조유가 생겼을 때의 손해는 화물의 단독해손이다. 이와 같이 단독해손은 피보험 위험에 의해서 불의에 은연중에 발생되었음을 요하는 동시에 그 멸실, 손상은 보험의 목적에만 관계있는 점이 공동해손과 다르다.
공동해손(General average loss)
항해단체(선박, 화물 및 운임 중 둘 이상)에 공동위험이 발생한 경우 그러한 위험을 제거·경감시키기 위해 (선장 책임 하에) 선체나 그 장비 및 화물의 일부를 희생(공동해손 희생손해)시키거나 필요한 경비(공동해손 비용손해)를 지출했을 때 이러한 손해와 경비(물적손해 및 비용손해)를 항해단체를 구성하는 이해관계자들이 공동분담(공동해손 분담금)해야 하는데, 이 같은 손해를 공동해손이라고 한다.

I would like your quotation for silicon used in automobile keypads with the following park number :

K0A11164B — 100,000pcs.
K0A50473A — 200,000pcs.

We require keypads appropriate for Mercedes Benz and Ford. It would be (   ) if you could state your prices, including delivery up to our works. Delivery would be required within three weeks from order date.

Peter Han
K-Hans International

35 What is suitable for the blank?

① appreciated
② delayed
③ depreciated
④ appreciating

36 Which rules of the Incoterms 2010 would be applied for the above situation?

① D terms
② E term
③ C terms
④ F terms

해석

저는 자동차 키패드에 사용되는 실리콘에 대한 귀사의 견적과 다음 구역의 번호를 알고 싶습니다.

K0A11164B - 100,000pcs.
K0A50473A - 200,000pcs.

당사는 메르세데스 벤츠와 포드에 맞는 키패드가 필요합니다. 당사의 공장까지 인도를 포함한 귀사의 가격을 명시해 주시면 (감사하겠습니다). 배달은 주문일부터 3주 안에 도착해야 합니다.

피터 한
K-한스 인터내셔널

35 빈 칸에 적절한 것은?
① 감사한
② 지연된
③ 가치가 떨어진
④ 가치가 올라가는

36 위 상황에 적용되어야 할 인코텀즈 2010의 규칙은 무엇인가?
① D 조건
② E 조건
③ C 조건
④ F 조건

해설 35

would be appreciated if~는 '~해 주신다면 감사하겠다'의 뜻이므로 정답은 ①이다.

36

① 위 서신에서 '당사의 공장까지 인도를 포함한 귀사의 가격을 명시해 주시면'이라고 했으므로 인코텀즈 2010 중 물품의 인도가 모두 지정목적지에서 일어나는 D그룹에 해당한다.

인코텀즈 2010의 D그룹 인도조건
• DAT(Delivered At Terminal) 도착터미널 인도 : 지정목적항 또는 지정목적지에 있는 지정터미널에서 도착된 운송수단으로부터 일단 양하한 물품을 수입통관을 하지 않고 매수인의 임의처분 상태로 인도
• DAP(Delivered At Place) 목적지 인도 : 지정목적지에서 수입통관을 필하지 않은 계약물품을 도착된 운송수단으로 부터 양하하지 않은 상태로 매수인의 임의처분 상태로 인도
• DDP(Delivered Duty Paid) 목적지 관세지급 인도 : 매도인이 지정목적지에서 수입통관을 필한 물품을 도착된 운송수단으로부터 양하하지 않은 상태로 매수인에게 인도

37 What is (A)?

The more geographic reach your company has, the more important (A) <u>this clause</u> will become. For example, if you're a small local business dealing 100% exclusively with locals, you may not really need a clause telling your customers which law applies.

Now, take a big corporation with customers and offices in numerous countries around the world. If a customer in Japan wants to sue over an issue with the product, would Japanese law apply or would the law from any of the other countries take over? Or, what if you're a Korea-based business that has customers from Europe.

In both cases, (A) <u>this clause</u> will declare which laws will apply and can keep both companies from having to hire international lawyers.

① Arbitration Clause   ② Governing Law Clause
③ Severability Clause   ④ Infringement Clause

정답 ②

해석 (A)는 무엇인가?

귀사의 지리적 범위가 넓을수록 (A) <u>이 조항</u>은 더욱 중요해질 것이다. 예를 들어, 만약 귀사가 100% 현지인들과 독점적으로 거래하는 소규모 지역 기업이라면, 귀사의 고객들에게 어떤 법률을 적용하는지 알려주는 조항이 정말로 필요하지 않을 수도 있다.

이제, 세계 여러 나라에서 고객들과 사무실들과 함께 큰 회사를 설립하라. 만약 일본의 고객이 이 상품에 대한 문제를 고소하고 싶다면, 일본의 법이 적용될 것인가, 아니면 다른 나라의 법을 받아들일 것인가? 아니면 유럽에서 온 고객들을 거느린 한국 기반의 사업이라면 어떨까.

두 경우 모두, (A) <u>이 조항</u>은 어떤 법을 적용할 것인지 선언할 것이며, 두 회사가 국제 변호사를 고용할 필요가 없도록 할 수 있다.

*exclusively : 배타적으로; 독점적으로
*numerous : 많은
*corporation : (큰 규모의) 기업[회사]
*sue over : 고소하다, 소송을 제기하다
*declare : 선언[선포/공표]하다

① 중재 조항
② 준거법 조항
③ 가분성 조항
④ 권리침해 조항

해설 준거법 조항(Governing/Applicable Law Clause)
• 계약을 해석할 때 어느 국가의 법률을 적용하느냐 하는 문제를 약정한 조항이다.
• 국제적으로 통일된 물품매매법이 존재하지 않기 때문에 계약의 성립·이행·해석 등을 할 때 어느 법을 준거법으로 할 것인지를 계약서에 명시해야 한다.

38 Fill in the blanks with the MOST proper word(s) in common.

(ⓐ) cannot be final if a contract is subsequently made on suppliers' term such as; all (ⓑ) are subject to confirmations and acceptance by us upon receipt of an order and will not be binding unless so confirmed by us in writing.

① ⓐ Quotations, ⓑ quotations
② ⓐ Letters of credit, ⓑ letters of credit
③ ⓐ Invoices, ⓑ invoices
④ ⓐ Contracts, ⓑ contracts

정답 ①

해석 빈 칸에 공통으로 들어갈 단어로 적절한 것은?

공급업체의 다음과 같은 조건에 따라 계약이 체결되는 경우 (ⓐ 견적)은 최종적인 것이 될 수 없다. ; 모든 (ⓑ 견적)은 주문서를 수령한 후 당사에 의해 확인 및 수락될 수 있으며, 당사에 의해 문서로 확인되지 않는 한 법적 구속력이 없다.

*subject to : ~을 조건으로
*upon receipt of an order : 주문을 받자마자
*binding : 법적 구속력이 있는

해설 견적(Quotation)은 무역거래에 있어서 어느 화물의 가격을 산정하는 것을 말한다. 화물의 가격은 견적서로서 상대방에게 제시한다. 잡화처럼 많은 종류의 품목에 대한 가격을 표시하는 경우에는 가격표(Price list)로 제시한다. 해상보험에서는 보험요율의 산정을 의뢰하는 경우 보험자는 해상보험료 견적서(Marine quotation)를 작성해 준다.

[39~40] Read the following and answer the questions.

We were pleased to receive your fax order of 29 June and have arranged to ship the electric shavers by SS Tyrania leaving London on 6 July and due to arrive at Sidon on the 24th.

As the urgency of your order left no time to make the usual enquiries, we are compelled to place this transaction this way and have drawn on you through Midminster Bank Ltd for the amount of the enclosed invoice. The bank will instruct their correspondent in Sidon to pass ⓐ ___ to you against payment of the draft.

Special care has been taken to select items suited to your local conditions. We hope you will find them satisfactory and that your present order will be the first of many.

39 What is the underlined 'this way'?

① D/P
② on credit
③ by letter of credit
④ by cash

40 What is the most appropriate word(s) for the blank ⓐ?

① the bill of lading
② invoice
③ credit reference
④ letter of credit

정답 39 ① 40 ①

해석

당사는 귀사의 6월 29일자 팩스 주문을 받아서 기쁘며, 7월 6일 런던을 출발하여 24일에 시돈에 도착할 예정인 SS Tyrania에 의해 전기면도기를 선적하기 위해 주선했습니다.

귀사의 주문의 긴급성으로 인해 통상적인 조사가 이루어지지 않은 상태로 당사는 이번 거래를 <u>이 방식으로</u> 할 수 밖에 없었으며, 동봉한 송장금액에 대하여 미드민스터 은행을 통해 귀사를 지급인으로 하여 어음을 발행하였습니다. 은행은 시돈에 있는 제휴은행에게 어음 금액을 지급받고 ⓐ <u>선하증권</u>을 귀사에 전달하라고 지시할 것입니다.

귀사의 지역 조건에 맞는 품목을 선택하기 위해 특별히 주의를 기울였습니다. 당사는 귀사가 그것들에 만족하고 귀사의 현재 주문이 앞으로 많은 주문들 중 첫 번째가 되기를 바랍니다.

*arrange : (일을) 처리[주선]하다
*be compelled to : 할 수 없이 ~하다

39 밑줄 친 '이 방식'은 무엇인가?
① 추심지급인도
② 신용으로
③ 신용장에 의하여
④ 현금에 의하여

40 빈 칸 ⓐ에 가장 적합한 단어는 무엇인가?
① 선하증권
② 상업송장
③ 신용 조회
④ 신용장

해설 39

D/P(Document against Payment, 지급인도조건)
수출상(의뢰인)이 계약물품 선적 후 구비서류에 '일람출급환어음'을 발행·첨부하여 자기거래은행(추심의뢰은행)을 통해 수입상의 거래은행(추심은행) 앞으로 그 어음대금의 추심을 의뢰하면, 추심은행은 수입상(Drawee, 지급인)에게 그 어음을 제시하여 어음 금액을 지급받고(Against Payment, 대금결제와 상환) 서류를 인도하는 거래 방식

40

D/P조건은 화환어음을 송부받은 수입지의 은행이 어음의 지급인인 수입자에게 어음을 제시하고 화물인수에 필요한 선적서류를 어음대금의 지급(Payment)과 상환으로 인도하는 방법을 말하므로, 빈 칸에 적절한 것은 ① '선하증권'이다.

41 Which is best rewritten for the underlined words?

We received your email of October 20 requesting a reduction in price for our Celltopia II. Your request has been carefully considered, but we regret that <u>it is not possible to allow a discount at this time</u> due to the recent appreciation of Korean won against US dollar.

① we are not acceptable to discount at this moment
② we are not in a position to discount at this moment
③ it is discounted for this time
④ it is discountable this time

정답 ②

해석 밑줄 친 단어들을 가장 잘 재작성한 것은?

당사는 셀토피아 II에 대한 가격 인하를 요구하는 귀사의 10월 20일자 이메일을 받았습니다. 귀사의 요청은 조심스럽게 고려되었지만, 유감스럽게도 최근 미국 달러화에 대한 원화 강세로 인해 당사는 <u>이 시기에 가격할인이 불가능합니다.</u>

① 당사는 현재 할인을 받아들일 수 없다.
② 당사는 현재 할인을 할 처지가 아니다.
③ 그것은 이번에 할인된 것이다.
④ 이번에는 할인할 수 있다.

해설 서신의 밑줄 친 부분은 '이 시기에 가격할인이 불가능하다'는 뜻이므로, 정답은 ② '당사는 현재 할인을 할 처지가 아니다.'이다.

42 What is the most appropriate for the blank?

We regret to inform you that payment of USD75,000 has not been made for order No. 3038.

We sent your company a (   ) notice three weeks ago, and so far we have received no reply from you. We hope that you can help us to clear this amount immediately.

① shipping
② payment
③ check
④ reminder

해석 빈 칸에 가장 적절한 것은 무엇인가?

당사는 귀사의 주문번호 3038에 대한 미화 7만 5천 달러가 결제되지 않았음을 통보하게 되어 유감입니다.

당사는 3주 전에 귀사에 (대금결제 독촉장)을 보냈는데, 지금까지 귀사로부터 아무런 회신도 받지 못했습니다. 당사는 귀사가 이 금액을 즉시 지불해 주시기를 바랍니다.

*reminder notice : 대금결제 독촉장
*clear : (수표가[를]) 결제를 받다[결제하다], (빚을) 청산하다[다 갚다]

해설 서신의 첫 문장에서 '귀사의 주문번호 3038에 대한 미화 7만 5천 달러가 결제되지 않았음을 통보한다'고 했으므로, 빈 칸에 알맞은 것은 ④이다.

43 Which is NOT similar to the underlined (A)?

This is (A) in reference to product No. 34. Our supplier has informed us that there is a price increase due to the increase in the price of materials used for this product.

① With reference to

② With regard to

③ As per

④ Regarding

해석 밑줄 친 (A)와 유사하지 않은 것은?

이것은 34번 제품과 (A) 관련된 것입니다. 당사의 공급업체가 이 제품에 사용되는 재료 가격의 상승으로 인해 가격 인상이 있다고 알려왔습니다.

*in reference to : ～와 관련하여

① ～와 관련하여
② ～에 관해
③ (이미 결정된) ～에 따라
④ ～에 관하여[대하여]

해설 ①, ②, ④는 모두 '～와 관련하여'의 뜻인데, ③은 '(이미 결정된) ～에 따라'의 뜻이다.

We have gained an impressive exports contract of USD100 million TV monitors. For this, we will need a fund for machinery and materials that will be used on this contract. Due to this massive outlay, we are requesting for an increase in our company's credit limit from USD30 million to USD50 million.

……

With reference to your letter, we are pleased to advise that the credit limit is (A) as per your request with effect from 1 November 2019. However please note that (B) <u>the interest rate will be increased from 6.5% to 7.5%</u>.

44 Which is best for the blank (A)?

① increased by USD20 million

② improved to USD20 million

③ decreased by USD20 million

④ between USD30 million to USD50 million

45 Rephrase the underlined (B).

① we will raise the interest rate from 6.5% to 7.5%

② we will rise the interest rate from 6.5% to 7.5%

③ the interest rate will exceed 6.5% for 1.0%

④ the interest rate will surpass 7.5% from 1.0%

해석

당사는 1억 달러의 TV 모니터 수출 계약을 맺었습니다. 이를 위해서는 금번 계약에 사용될 기계 및 자재를 위한 기금이 필요할 것입니다. 이 막대한 지출로 인해, 당사는 당사의 신용 한도를 미화 3천만 달러에서 5천만 달러로 늘려줄 것을 요청합니다.

……

귀사의 서신과 관련하여 2019년 11월 1일부터 귀사의 요청에 따라 신용 한도가 (A 미화 2천만 달러 증가)되었음을 알려드리게 되어 기쁩니다. 단, (B) 금리는 6.5%에서 7.5%로 인상된다는 점에 유의하십시오.

*fund : (특정 목적을 위한) 기금[자금]
*massive outlay : 막대한 지출
*advise : (정식으로) 알리다
*credit limit : 신용 한도(액)
*as per : (이미 결정된) ～에 따라
*interest rate : 금리, 이율

44 빈 칸 (A)에 가장 적절한 것은?
① 미화 2천만 달러 증가
② 미화 2천만 달러로 상향
③ 미화 2천만 달러 감소
④ 미화 3천만 달러와 5천만 달러 사이

45 밑줄 친 (B)를 재해석해 보시오.
① 당사는 6.5%에서 7.5%로 이자율을 높일 것이다.
② 당사는 금리가 6.5%에서 7.5%로 오를 것이다.
③ 금리가 1.0%에 6.5%를 넘을 것이다.
④ 금리가 1.0%에서 7.5%를 넘을 것이다.

해설 44

서신에서 '신용 한도를 미화 3천만 달러에서 5천만 달러로 늘려줄 것을 요청'했으므로, 빈 칸 (A)에는 ① '2천만 달러 증가'가 적절하다.

45

서신에서 '금리는 6.5%에서 7.5%로 인상된다'고 했으므로, 정답은 ①이다. ②에서 rise는 자동사로 서신을 쓴 당사자의 금리가 오르는 것이므로 정답이 될 수 없다.
*raise : (무엇을 위로) 들어올리다[올리다/들다]
*rise : (높은 위치·수준 등으로) 오르다, 올라가다[오다]
*exceed : (허용 한도를) 넘어서다[초과하다]
*surpass : 능가하다, 뛰어넘다

[46~47] Read the following and answer.

Dear Mr. Hong,

Thank you for your letter of 15 October concerning the damage to the goods against Invoice No. 1555. I can confirm that the goods were checked before they left our warehouse, so it appears that the damage occurred during shipment.

Please could you return the goods to us, carriage forward?
We will send a refund as soon as we receive them.

Please accept my (   ) for the inconvenience caused.

Yours sincerely

46 What can NOT be inferred from the letter above?

① Seller wants to pay freight for retuning goods.

② Buyer claimed for the goods damaged.

③ Goods were in good order at seller's warehouse.

④ Seller would like to replace goods.

47 Put the right word in the blank.

① thanks

② regards

③ apologies

④ relief

해석

친애하는 홍 선생님,

송장 제1555호의 물품 손상에 관한 10월 15일자 귀사의 서신에 감사드립니다. 저는 그들이 당사의 창고를 떠나기 전에 그 물품들이 점검되었다는 것을 확인할 수 있었습니다. 따라서 그 손상은 선적 시 발생한 것이 분명합니다.

물품을 당사에 운임 수취인 지불로 돌려보내시겠습니까?
당사는 그것들을 받는 즉시 환불해 드리겠습니다.

불편을 끼쳐드린 데 대한 저의 (사과)를 받아주시기 바랍니다.

충심으로,

*it appears that : 분명히 ~인 것 같다; ~이 명백해지다
*occur : (격식) 일어나다, 발생하다
*shipment : 수송품, 적하물
*return : 돌려보내다
*carriage forward : 운임 수취인 지불(로)
*refund : 환불(금), 환불하다

46 위 서신에서 추론할 수 없는 것은?
 ① 매도인은 반송품에 대한 운임을 지불하기 원한다.
 ② 매수인은 손상된 물품에 대해 배상을 요구했다.
 ③ 매도인의 창고에서는 물건이 잘 정돈되어 있었다.
 ④ 매도인은 물품을 교체하기를 원한다.

47 빈 칸에 적절한 단어를 넣으시오.
 ① 감 사
 ② 안 부
 ③ 사 과
 ④ 안 심

해설 46
매도인은 물품을 교체하기를 원하는 게 아니라 반송품을 받으면 환불해주겠다고 했으므로 정답은 ④이다.
*pay freight for : ~을 지불[청산]하다

47
서신에서 '불편을 끼쳐드린 데 대한 ...'이라고 했으므로, 빈 칸에 알맞은 것은 ③ '사과'이다.

48 Fill in the blank with suitable word.

> Sellers must trust that the bank issuing the letter of credit is sound, and that the bank will pay as agreed. If sellers have any doubts, they can use a (   ) letter of credit, which means that another (presumably more trustworthy) bank will undertake payment.

① confirmed

② irrevocable

③ red-clause

④ None of the above

정답 ①

해석 빈 칸에 적절한 단어를 채우시오.

매도인들은 신용장을 발행하는 은행이 건전하고, 은행이 동의한 대로 지불할 것이라고 믿어야 한다. 매도인이 조금이라도 의심을 품으면 (확인)신용장을 사용할 수 있는데, 이는 다른 (아마도 더 신뢰할 수 있는) 은행이 지불할 것이라는 것을 의미한다.

① 확 인
② 취소불능
③ 적색(선대지급)
④ 정답 없음

해설 확인신용장(Confirmed Credit)

일반적으로 확인신용장은 수익자가 발행한 어음의 인수, 지급 또는 매입에 대한 제3은행의 추가적 확약이 있는 신용장을 말한다. 발행은행이 지급불능상태에 빠지면 확인은행이 발행은행을 대신하여 지급하여야 하므로 수익자는 이중의 지급확약을 받게 된다. 발행은행이 통지은행에게 신용장 통지 시 확인을 추가하도록 요청하게 되며, 수익자 소재지 또는 제3국의 유력한 은행에게 확인을 요청하는 경우도 있다. 확인은행의 이러한 확약은 발행은행의 그것을 보증하는 것이 아니라 별개의 독립된 것이다.

49 Fill in the blank with suitable word.

> A ＿ letter of credit allows the beneficiary to receive partial payment before shipping the products or performing the services. Originally these terms were written in red ink, hence the name. In practical use, issuing banks will rarely offer these terms unless the beneficiary is very creditworthy or any advising bank agrees to refund the money if the shipment is not made.

① simple

② anticipatory

③ black

④ None of the above

정답 ②

해석 빈 칸에 적절한 단어를 채우시오.

선대지급 신용장은 수익자가 상품을 배송하거나 서비스를 수행하기 전에 부분 지불을 받을 수 있도록 한다. 원래 이 용어들은 붉은 잉크로 쓰여졌으므로 그 이름이 붙여졌다. 실질적으로, 발행은행은, 만약 선적이 이루어지지 않는다면, 수익자가 매우 신용할 만하거나 어떤 통지은행도 그 돈을 환불하는 것에 동의하지 않는 한, 이러한 조건을 거의 제공하지 않을 것이다.

*anticipatory letter of credit : 수출선지급 신용장, 수출품의 제조 또는 집하에 필요한 비용을 수입업자가 미리 선지급하기 위한 신용장
*beneficiary : 수익자
*creditworthy : (대출 시) 신용할 수 있는
*advising bank : 통지은행

① 단 순
② 선대지급(적색)
③ 흑색(해당하는 표현 없음)
④ 정답 없음

해설 선대지급 신용장(Red-Clause/Anticipatory L/C)
선대지급 신용장은 거래 상대방인 수입업자로부터 수출대금 중 일부를 미리 받아 물품을 구입 또는 생산하여 수출한 후 나머지 대금을 회수하는 거래방식을 말하며 이러한, 선수금 허용순번이 적색으로 기재되어 있어 Red-Clause L/C라고 한다.

50 What is best for the blank?

> We are a large engineering company exporting machine parts worldwide, and have a contract to supply a Middle Eastern customer for the next two years.
>
> As the parts we will be supplying are similar in nature and are going to the same destination over this period for USD50,000,000 annually.
>
> Would you be willing to provide (   ) against all risks for this period?
>
> We look forward to hearing from you.

① insurance policy
② insurance certificate
③ open cover
④ insurance premium

정답 ③

해석 빈 칸에 가장 적절한 것은?

당사는 기계 부품을 전 세계에 수출하는 대형 엔지니어링 회사로, 향후 2년간 중동 고객을 공급하기로 계약을 맺었습니다.

당사가 공급할 부품들은 본질적으로 비슷하기 때문에 이 기간 동안 연간 5천만 달러에 동일한 목적지로 갈 것입니다.

이 기간 동안 전위험담보로 (포괄예정보험)을 제공할 의향이 있으십니까?

당사는 귀사의 연락을 기다리겠습니다.

① 보험증권
② 보험증명서
③ 포괄예정보험
④ 보험료

해설 포괄예정보험계약(Open Policy)
계약자가 수출 또는 수입하는 화물 전부 또는 특정한 일부 화물에 대하여 무기한의 예정보험으로 계약을 체결하는 보험

51 승낙의 효력발생에 관한 국제물품매매계약에 관한 유엔협약(CISG)의 규정으로 옳지 않은 것은?

① 서신의 경우 승낙기간의 기산일은 지정된 일자 또는 일자의 지정이 없는 경우에는 봉투에 기재된 일자로부터 기산한다.

② 승낙이 승낙기간 내에 청약자에게 도달하지 아니하면 그 효력이 발생하지 아니한다.

③ 구두청약에 대해서는 특별한 사정이 없는 한, 즉시 승낙이 이루어져야 한다.

④ 지연된 승낙의 경우 청약자가 이를 인정한다는 뜻을 피청약자에게 통지하더라도 그 효력이 발생하지 아니한다.

[정답] ④

[해설] ④ 지연된 승낙은 청약자가 지체 없이 피청약자에게 유효하다는 취지를 구두로 알리거나 그러한 취지의 통지를 발송하는 경우에는 승낙으로서의 효력을 갖는다(CISG 제21조 (1)항).
①은 CISG 제20조 (1)항의 내용이고, ②·③은 CISG 제18조 (2)항의 내용이다.

52 다음 무역계약에 대한 설명 중 옳지 않은 것은?

① 협의의 무역계약은 국제물품매매계약이라고 볼 수 있으며 이외의 기타계약을 포함하면 광의의 무역계약이 된다.

② 매도인과 매수인간에 오랜 거래관계를 가지고 있는 경우에는 Case by Case Contract보다는 Master Contract가 바람직하다.

③ 미국의 계약법 리스테이트먼트는 기존판례들을 약술하여 정리한 것이다.

④ 양도승인에 의한 인도에는 점유개정, 간이인도, 목적물 반환청구권의 양도가 있다.

[정답] ②

[해설] ② 동일한 매수인과 거래하는 경우 계약서에 기재되는 필수 기재사항과 임의 기재사항을 매매[판매]계약서(Sales Contract)에 매 거래 주문 건마다 기재하기보다는, 기준이 되는 필수 기재사항을 Master Contract에 별도로 작성하여 아래와 같이 건별 계약서에 표기하면 업무의 효율성이 배가 된다[other terms and conditions as per Appendix(General Terms and Conditions)].

수출입 계약 체결 방식

계약의 종류	개념 및 특징	무역 계약서
개별계약 (Case By Case Contract)	거래가 성립될 때마다 체결하는 계약	Sales Confirmation Note[매매(확약)계약서] / Purchase Order Note(주문서)
포괄 또는 장기계약 (Master Contract)	연간 또는 장기간 기준으로 계약을 체결하고 필요 시마다 수정을 가하는 계약	Agreement on General Terms and Conditions of Business(일반 거래조건 협정서 + 물품매도확약서 / 매입확약서)
독점계약 (Exclusive Contract)	수출입 전문상사 간에 매매를 국한시키는 계약	Exclusive Sales Contract(독점판매 계약서)

53 신용장 개설 시 유의사항에 대한 설명으로 옳지 않은 것은?

① 수익자, 개설의뢰인의 회사명 등은 약어를 사용하지 않는 것이 좋다.

② 신용장은 명시적으로 'Transferable'이라고 표시된 경우에 한해 양도될 수 있다.

③ 선적기일, 유효기일 및 서류제시기일 표기 시 해석상 오해의 소지가 없도록 월(Month) 표시는 문자로 하지 않는 것이 좋다.

④ 신용장 금액 앞에 'about', 'approximately' 또는 이와 유사한 표현이 있는 경우 10% 이내에서 과부족을 인정한다.

정답 ③

해설 신용장 개설 시 유의사항

구 분	유의사항
신용장 자체에 관한 사항	• 수익자, 개설의뢰인의 회사명 등은 약어를 사용하지 않는 것이 좋다. • 신용장 금액은 숫자와 문자를 병기하며 금액 앞에 'about', 'approximately' 또는 이와 유사한 표현이 있는 경우 10% 이내에서 과부족을 인정한다. • 선적기일, 유효기일 및 서류제시 기일 표기 시 해석상 오해의 소지가 없도록 월(Month) 표시는 문자로 하는 것이 좋으며, 날짜 표시 앞에 to, until 등의 표현이 있을 경우 그날 자체도 포함된다. 또한 제시기간을 명시하지 않는 경우 운송서류 발행일 이후 21일까지를 제시기한으로 하여 이 이후에 제시된 서류는 수리 거절된다. • 신용장은 개설은행에 의해 명시적으로 'Transferable'이라고 표시된 경우에 한해 양도될 수 있다.

54 추심결제방식에 대한 설명으로 옳지 않은 것은?

① 은행을 통해 환어음을 수입상에게 제시하여 대금을 회수한다.

② D/P(Documents against Payment) 방식과 D/A(Documents against Acceptance) 방식이 있다.

③ URC 522(Uniform Rules for Collection 522)이 적용되며 은행은 이에 따라 서류를 심사할 의무를 부담한다.

④ 신용장 거래에 비해 은행수수료가 낮다.

정답 ③

해설 ③ 추심결제는 ICC(국제상업회의소)에서 제정한 '화환어음추심에 관한 통일규칙(URC 522)'에 따라서 절차가 진행된다. D/P 방식과 D/A 방식이 있는데, 신용장 방식에 의한 지급보증과는 달리 거래 당사자 간의 신용에 의거하여 무역거래가 성립되기 때문에 계약 시에는 상대방의 신용도 등을 미리 파악하여 거래에 관련되는 모든 사항을 빠짐없이 계약서상에 명기하여야 한다.

55 EXW 조건과 FCA 조건의 차이를 설명한 것 중 옳은 것은?

구 분	매도인이 운송수단에 적재하여 인도할 의무	매도인의 수출통관 의무
㉠	EXW, FCA	EXW, FCA
㉡	EXW, FCA	FCA
㉢	FCA	EXW, FCA
㉣	FCA	FCA

① ㉠
③ ㉢

② ㉡
④ ㉣

정답 ④

해설 EXW 조건과 FCA 조건 비교

구 분	인도조건	위험이전	경비이전
EXW (EX Works)	지정장소 공장 인도조건 (매수인 수출통관)	매도인이 영업장 구내에서 매수인이 임의처분할 수 있도록 인도	매도인은 인도할 때까지 모든 비용부담
FCA (Free Carrier)	지정장소 운송인 인도조건 (매도인 수출통관)	매도인이 지정장소에서 매수인이 지정한 운송인에게 수출통관된 물품을 인도하였을 때	상기와 동일

56 신용장의 조건변경 시 유의사항으로 옳지 않은 것은?

① 사소한 분쟁을 사전에 예방하기 위하여 수익자는 조건변경에 대해 수락하거나 거절한다는 의사표시를 명시적으로 하는 것이 좋다.
② 수익자는 여러 개의 조건변경이 포함된 하나의 조건변경통지서에서의 일부의 조건만 선택적으로 수락할 수 있다.
③ 수익자가 조건변경에 대한 승낙 또는 거절의 통고를 해야 하지만 그런 통고를 하지 않은 경우, 신용장 및 아직 승낙되지 않은 조건변경에 일치하는 제시는 수익자가 그러한 조건변경에 대하여 승낙의 통고를 행하는 것으로 본다.
④ 조건변경을 통지하는 은행은 조건변경을 송부해 온 은행에게 승낙 또는 거절의 모든 통고를 하여야 한다.

정답 ②

해설 ② 수익자는 여러 개의 조건변경이 포함된 하나의 조건변경통지서에서 일부의 조건만 선택적으로(일부수락, 일부거절) 수락해서는 안 된다. 조건변경의 부분적 승낙은 그 조건변경에 대한 거절 통지로 간주한다. 단, 여러 개의 조건변경통지서 중에서는 선별해서 수락 또는 거절할 권리가 있다(ICC 간행물 제411호 23쪽 8. Amendment).

57 해상운송장(Sea Waybill)에 대한 설명으로 옳지 못한 것은?

① 해상운송계약을 증빙하는 서류로 운송회사의 화물수령증이라는 점에서 선하증권(B/L)과 같은 기능을 한다.

② 해상운송장(Sea Waybill)이 유통불능이라는 점에서 기명식 선하증권(Straight B/L)과 유사하다.

③ 해상운송장(Sea Waybill)은 제3자 양도가 불가능하다.

④ 수하인이 화물수령을 위해 해상운송장(Sea Waybill) 원본을 운송회사에 제출해야 한다.

정답 ④

해설 ④ 해상화물운송장은 운송계약의 증빙서류이며 물품에 대한 수령증이라는 점에서 B/L과 공통점을 가지고 있으나 운송인에게 제시할 필요가 없다는 점이 다르다. 해상화물운송장은 B/L과 달리 수하인이 물품을 수령할 때 운송인에게 제출할 필요가 없는 서류, 즉 유가증권이 아니기 때문에 B/L의 입수가 화물의 도착보다 지연됨으로써 발생하는 물품의 인도지연을 해소할 수 있다.

58 제3자 개입에 의한 무역클레임 해결방법에 대한 설명으로 옳지 않은 것은?

① 조정안에 대하여 당사자가 수락할 의무는 없으며 어느 일방이 조정안에 불만이 있는 경우에는 조정으로는 분쟁이 해결되지 못한다.

② 알선은 형식적 절차를 거치며, 성공하는 경우 당사자 간에 비밀이 보장되고 거래관계를 계속 유지할 수 있다.

③ 중재는 양 당사자가 계약체결 시나 클레임이 제기된 후에 이 클레임을 중재로 해결할 것을 합의하는 것이 필요하다.

④ 소송은 사법협정이 체결되어 있지 않는 한, 소송에 의한 판결은 외국에서의 승인 및 집행이 보장되지 않는다.

정답 ②

해설 알선(Intermediation)

• 알선이란 공정한 제3자적 기관이 당사자의 일방 또는 쌍방의 의뢰에 의하여 사건에 개입, 원만한 타협이 이루어지도록 협조하는 방법으로 당사자 간에 비밀이 보장되고 거래관계의 지속을 유지할 수 있다는 장점이 있다.

• 알선은 쌍방의 협력이 없으면 실패로 돌아가고 강제력은 없으나, 알선수임기관의 역량에 따라 그 실효성이 나타나 대한상사중재원에 의뢰된 건 중 90% 이상이 알선단계에서 처리된다.

59 신용장의 양도와 관련된 설명으로 옳지 않은 것은?

① 분할양도는 분할선적이 허용된 경우에만 가능하다.

② 양도취급 가능은행은 원신용장에 지급, 인수, 매입은행이 지정된 경우에 그 은행이 양도은행이 된다.

③ 양도는 1회에 한해서만 허용된다.

④ 양수인이 원수익자에게 양도환원(Transfer back)하는 경우는 허용되지 않는다.

정답 ④

해설 신용장의 양도 조건
- 양도취급 가능은행 : 원신용장에 지급, 인수, 매입은행이 지정된 경우에는 그 은행이 양도은행이 되며, 자유매입 신용장인 경우에는 신용장상에 양도은행이 사전에 지정되어 있어야 한다.
- 양도가능 신용장 : 신용장상에 'Transferable'이라는 문구가 표시되어 있어야 한다.
- 양도는 1회에 한해서만 허용된다. 그러므로 제2수익자가 다른 제3수익자에게 다시 양도하는 2차 양도는 금지된다. 단, 양수인이 원수익자에게 양도환원(Transfer back)하는 경우는 양도취소로 간주하여 허용된다. 이런 경우, 원수익자는 또 다른 제3자에게 양도가 가능하다.
- 분할양도는 분할선적이 허용된 경우에만 가능하다.
- 원칙적으로 원신용장 조건에 따라 양도되어야 하나 신용장 금액, 단가를 감액하거나, 유효기간, 선적기간 및 서류제시기간을 단축하여 양도하는 경우는 원신용장의 조건을 변경하여 양도할 수 있다.

60 다음은 청약의 취소(Revocation)와 철회(Withdrawal)에 대한 설명이다. ( ) 안에 들어갈 내용이 옳게 나열된 것은?

(a)가 청약의 효력발생 후 효력을 소멸시키는 반면, (b)는 청약의 효력이 발생되기 전에 그 효력을 중지시키는 것이다. 비록 청약이 (c)이라도 청약의 의사 표시가 상대방에 도달하기 전에 또는 도달과 동시에 (d)의 의사표시가 피청약자에게 (e)한/된 때에는 (d)가 가능하다.

① (a) 청약의 취소, (b) 청약의 철회, (c) 취소불능, (d) 철회, (e) 도달

② (a) 청약의 철회, (b) 청약의 취소, (c) 철회불능, (d) 취소, (e) 도달

③ (a) 청약의 취소, (b) 청약의 철회, (c) 취소불능, (d) 철회, (e) 발송

④ (a) 청약의 철회, (b) 청약의 취소, (c) 철회불능, (d) 취소, (e) 발송

정답 ①

해설 청약의 취소(Revocation) 및 철회(Withdrawal)
- 청약의 철회와 취소의 차이점은 청약의 유효성에 있다. 철회는 청약이 유효해지기 전에 청약자의 청약의사를 회수하는 것이다. 반면, 취소는 청약이 유효해지고 나서, 즉 청약이 피청약자에게 도달하고 나서 청약자가 자신의 청약의사를 회수하는 것이다.
- 청약은 취소불가능하더라도 철회의 의사표시가 청약의 도달 전 또는 그와 동시에 피청약자에게 도달하는 경우에는 철회할 수 있다(CISG 제15조 (2)항).
- 피청약자가 승낙을 발송하기 전에 철회의 의사표시가 피청약자에게 도달한다면, 청약은 계약이 성립하기 전까지는 취소될 수 있다(CISG 제16조 (1)항).

61 환어음의 임의기재사항으로 옳지 않은 것은?

① 환어음의 번호
② 지급인의 명칭
③ 환어음의 발행매수 표시
④ 신용장 또는 계약서 번호

정답 ②

해설 환어음의 임의기재사항은 어음 자체의 효력에는 아무런 영향을 미치지 않으나 이를 기재함으로써 어음의 성격이나 내용을 좀 더 명확히 표시하게 된다. 이러한 임의기재사항으로는 어음번호, 신용장번호, 어음 발행수, 환율 및 이자문언, D/A, D/P 어음 표시 등이 있다.

62 우리나라에서 유럽대륙, 스칸디나비아 반도 및 중동 간을 연결하는 시베리아 횡단철도 복합운송 경로로 옳은 것은?

① SLB
② ALB
③ Mini Land Bridge
④ Interior Point Intermodal

정답 ①

해설 ① SLB(Siberian Land Bridge) : 국제운송에서 시베리아를 경유하는 복합운송경로로, 시베리아를 교각처럼 활용하여 운송하는 복합운송 방식을 말한다. 대륙을 횡단하는 철도를 이용하여 바다와 바다를 연결, 운송비를 절감하고 운송 시간을 단축시키는 랜드브리지의 일종이다. 시베리아 철도를 이용하여 동아시아, 동남아시아, 오세아니아 등과 유럽, 스칸디나비아 반도를 복합운송 형태로 연결한다. 원래 일본에서 화물을 러시아의 보스토치노 항으로 이동하고 이를 시베리아 철도에 실어 유럽으로 운송하던 방식이 발전된 것이다. 이 운송경로는 동아시아에서 유럽이나 서아시아를 잇는 최단 수송거리이며, 수송일수도 최대한 줄일 수 있다는 장점이 있다.
② ALB(American Land Bridge) : 동아시아에서 미국 대륙을 거쳐 유럽으로 화물을 운송하는 복합운송 경로. 국제무역에서 해상과 육로를 이용하여 화물을 운송하는 복합운송 경로이다. 화물을 동아시아에서 미국 태평양 연안의 항구까지는 해상으로 운송하고, 대륙횡단철도로 미국 동해안의 항구까지 운송한 뒤, 이를 다시 해상으로 유럽의 목적지까지 운송하는 방식이다.
③ Mini Land Bridge(MLB) : 극동지역에서 출발하여 태평양 연안을 거쳐 내륙지역을 통과한 후 북미 대서양 연안 항구까지 일관 운송하는 서비스이다.
④ IPI(Interor Point Intermodal) : 대륙간선항로. MBS(Micro Bridge Service)라고도 부른다. 서비스 운송인이 아시아 지역 수출화물을 북미 내륙지역까지를 연결하여 일관적으로 수송해 주는 서비스(반대방향 서비스 포함)를 말한다.

63

신용장통일규칙(UCP 600)에서 규정하고 있는 선하증권의 수리요건으로 볼 수 없는 것은?

① 운송인의 명칭과 운송인, 선장 또는 지정 대리인이 서명한 것
② 화물의 본선적재가 인쇄된 문언으로 명시되어 있거나 본선 적재부기가 있는 것
③ 신용장에 지정된 선적항과 양륙항을 명시한 것
④ 용선계약에 따른다는 명시가 있는 것

[정답] ④

[해설] ④ 용선계약에 따른다는 어떤 표시도 포함하지 않아야 한다(UCP 600 제2조 a항 vi).

UCP 600 제20조 a항 선하증권
vi. A bill of lading, however named, must appear to contain no indication that it is subject to a charter party.
vi. 선하증권은 그 명칭에 관계없이, 용선계약에 따른다는 어떤 표시도 포함하지 않아야 한다.

64

화물, 화주, 장소를 불문하고 운송거리를 기준으로 일률적으로 운임을 책정하는 방식은?

① Ad Valorem Freight
② Minimum Rate
③ Discrimination Rate
④ Freight All Kinds Rate

[정답] ④

[해설] ④ 무차별운임(Freight All Kinds Rate) : 화물의 종류나 내용에는 관계없이 화차 1대 당, 트럭 1대 당 또는 컨테이너 1대 당 얼마로 정하는 운임
① 종가운임(Ad Valorem Freight) : 화폐, 증권, 귀중품 등 고가품의 운임에 대하여 그 화물의 가격에 대한 백분율로 계산되는 운임
② 최저운임(Minimum Rate) : 극소량 화물에 대해 운임이 일정액 이하로 산출될 때 선사의 원가를 보전하기 위하여 최소한 징수해야 되는 하한선을 정한 운임
③ 차별운임(Discrimination Rate) : 운임부담 능력 또는 수요의 탄력성에 기초하여 독점 상태에서 정해지는 운임

65

해상보험에 대한 설명 중 옳지 않은 것은?

① 해상위험은 항해에 기인하거나 항해에 부수하여 발생되는 사고를 말한다.
② 해상손해는 피보험자가 해상위험으로 인해 보험의 목적인 선박, 적하 등에 입는 재산상의 불이익을 말하며 물적손해, 비용손해, 책임손해가 포함된다.
③ 추정전손은 보험목적물을 보험자에게 정당하게 위부함으로써 성립되며, 만약 위부(Abandonment)를 하지 않을 경우 이는 현실전손으로 처리될 수 있다.
④ 적하보험에서 사용되고 있는 ICC(B)와 ICC(C)에서는 열거책임주의 원칙을 택하고 있다.

정답 ③

해설 추정전손(Constructive Total Loss)
- 피보험목적물이 사실상 전손이 아니지만 그 수선 또는 회복의 비현실성 또는 비용 때문에 전손으로 처리하는 것이 바람직한 경우를 말한다.
- 추정전손의 경우 피보험자가 전손 보험금을 청구하기 위해서는 보험자에게 보험목적물에 대한 일체 권리를 위부 (Subrogation/Abandonment, 권리이전)해야 하며 위부하지 않을 경우 추정전손이 아니라 분손으로 처리한다.
- 요 건
  - 피보험목적물이 현실전손이 될 것이 확실하다고 인정될 경우
  - 피보험목적물에 대한 피보험자의 지배력 상실로 회복에 상당 기간이 필요한 경우
  - 회복비용이 회복 후 화물가액을 초과할 것으로 예상될 경우
  - 화물 훼손으로 인한 수리비(목적지까지 수송함에 소요될 비용이 있는 경우 이를 포함)가 도착 후의 화물가액을 초과할 경우 등
- ※ 보험목적물이 담보위험으로 전손된 경우 초과보험(CIF 가액보다 더 많은 금액을 기초로 하여 보험에 가입한 경우)이 아닌 한 보험금액을 보험금으로 보상받는다.

66 국제팩토링결제에 관한 설명으로 옳지 않은 것은?

① 수출팩터가 전도금융을 제공함으로써 효율적으로 운전자금을 조달할 수 있다.
② 수출자는 대금회수에 대한 위험부담 없이 수입업자와 무신용장 거래를 할 수 있다.
③ 국제팩토링결제는 L/C 및 추심방식에 비해 실무절차가 복잡하다.
④ 팩터가 회계업무를 대행함으로써 수출채권과 관련한 회계장부를 정리해 준다.

정답 ③

해설 국제팩토링결제의 효용성
- 해외시장 개척과 시장의 확대
- 부실채권의 방지
- 운영자금 조달의 용이
- 부대비용 절감
- 외상매출채권 관리능력 강화

67 ICC(C) 조건의 담보위험에 해당되지 않는 것은?

① 공동해손희생
② 화재, 폭발
③ 갑판 유실
④ 육상운송 용구의 전복, 탈선

정답 ③

해설 신·구 협회적하약관 위험담보범위 비교

구약관	ICC(A/R)	ICC(WA)	ICC(FPA)	• 전손(현실전손, 추정전손) • 공동해손 희생 및 비용손해 • 구조비, 특별비용 • 손해방지비용(보험가입금액과 별도로 지급) • 침몰, 좌초, 대화재로 인한 분손(인과관계 불문) • 선박 등 운송용구의 침몰, 좌초, 충돌, 대화재를 당한 경우의 단독해손 • 본선, 부선 또는 기타 운송용구와 물 이외 타 물체와의 충돌·접촉과 상당한 인과관계가 있는 경우의 화물의 멸실이나 손상 • 공동해손(General Average)손해(공동해손 희생손해, 공동해손 분담금) • 적재, 환적, 양하 작업 중의 포장 단위당 전손 • 화재, 폭발, 충돌, 접촉, 피난항에서의 양하에 기인한 손해
				• F.P.A의 보상범위에 추가하여 항해 중 악천후(풍랑)에 의한 손해(불특정분손)를 담보 – WA 3% : 단독해손이 화물가액의 3%를 초과한 경우에 한해 손해액 전부를 보상 – WAIOP : 면책비율 적용 없이(면책한도 없이) 단독해손 전액 보상
				• 상기 이외의 분손(소손해 포함)
신약관	ICC(A)	ICC(B)	ICC(C)	• 화재, 폭발 • (본선/부선의) 좌초, 교사, 침몰, 전복 • 육상운송용구의 전복, 탈선 • 충돌, 접촉 • 피난항에서 양하 중 발생한 손해 • 공동해손 희생(손해) • 투 하
				• 지진, 화산분화, 낙뢰 • 파도에 의한 갑판상의 유실 • 본선, 부선, 운송용구, 컨테이너 및 보관 장소에 유입한 해수, 호수, 하천수(강물)로 인한 손해 • 선적, 하역 중 해수면에 낙하하여 멸실되거나 추락에 의한 포장당 전손
				• 특정면책사항 이외의 모든 우발적 원인에 의한 손해

68 인코텀즈(Incoterms) 2010에 관한 내용 중 옳지 않은 것은?

① FCA의 경우 Buyer가 자신을 위하여 지정된 도착지까지 적하보험에 부보한다.

② CPT의 경우 Buyer가 자신을 위하여 지정된 도착지까지 적하보험에 부보한다.

③ CIP의 경우 Buyer가 자신을 위하여 지정된 도착지까지 적하보험에 부보한다.

④ CIF의 경우 Seller가 Buyer를 위하여 도착항까지 적하보험에 부보한다.

정답 ③

해설 CIP(Carriage and Insurance Paid to, 운임·보험료 지급 인도조건)
- CIP는 CPT 조건에 운송 도중의 위험에 대비한 적하보험계약을 체결하고 보험료를 지급하는 것을 매도인의 의무에 추가한 조건(매도인 수출통관)
- 물품의 인도장소 : 지정된 운송인
- 물품에 대한 매매당사자의 위험부담의 분기점(위험이전) : 지정된 운송인(물품을 지정목적지까지 운송할 운송인의 보관 하에 최초 운송인에게 물품 인도 시)
- 물품에 대한 매매당사자의 비용부담의 분기점(경비이전) : 합의된 목적지(매도인은 물품 인도 시까지 모든 비용과 지정목적지 운임·보험료 부담)
- 매도인(Seller)과 매수인(Buyer)의 책임

매도인(Seller)	매수인(Buyer)
• 수출통관 필 • 자기가 지명한 운송인 또는 기타 당사자에게 물품을 인도 • 운임을 부담, 보험계약 체결 • 통상의 운송서류를 지체 없이 매수인에게 제공	• 물품이 운송인에게 인도된 이후의 모든 위험부담 • 지정목적지까지의 운송비 이외 모든 비용부담

69 최저운임으로 한 건의 화물운송에 적용할 수 있는 가장 적은 운임을 의미하는 것은?

① Minimum charge

② Normal rate

③ Quantity rate

④ Chargeable weight

정답 ①

해설 최저운임(Minimum charge)
해상 동맹이 정한 해상 운임 중 정기선 운임의 한 형태로써 화물의 중량에 곱해서 산출된 금액이 일정액에 미치지 않을 경우와 같이 극소량 화물에 대해 운임이 일정액 이하로 산출될 때 선사의 원가를 보전하기 위하여 최소한 징수해야 되는 하한선을 정한 운임을 말한다.

70 신용장에서 송장(Invoice)을 요구하는 경우 수리되지 않는 송장(Invoice) 명칭으로 옳은 것은?

① Commercial invoice

② Final invoice

③ Proforma invoice

④ Tax invoice

정답 ③

해설 ③ 견적송장(Proforma invoice) : 선적 전에 수입자가 수입품의 가격을 견적하거나 수입허가 또는 외화 배정을 받기 위해 요청할 때 수출자가 작성하여 발송하는 견적송장을 말하며, 일반적으로 송장은 상업송장, 즉 선적 후 작성된 매매 송장의 상업송장을 말한다.

① 상업송장(Commercial invoice) : 매매 또는 위탁계약으로 물품의 인도가 이루어질 때, 그 물품의 송하인이 수하인에게 화물 특성, 내용 명세, 계산 관계 등을 상세하게 알리기 위해 작성하는 서류이다.

② 확정송장(Final invoice) : 양륙중량조건(Landed weight terms)은 수입통관 단계에서는 중량이 확정되지 않은 상태이므로 통관절차를 거치기 위해 가송장(Provisional invoice)을 작성하고 나서 추후 수량이나 금액 확정 시 수출자가 수입자에게 보내는 서류이다.

③ 관세송장(Tax invoice) : 물품 및 서비스의 과세 대상 공급에 대해 발행되는 청구서이다.

71 선하증권의 법적 성질에 대한 설명으로 옳지 않은 것은?

① 선하증권은 실정법에 규정된 법정기재사항을 갖추어야 유효하므로 요식증권이다.

② 선하증권은 화물수령이라는 원인이 있어야 발행하는 것이기 때문에 요인증권이다.

③ 선하증권은 권리의 내용이 증권상의 문언에 의하여 결정되기 때문에 유가증권이다.

④ 선하증권은 배서나 인도에 의하여 권리가 이전되기 때문에 유통증권이다.

정답 ③

해설 선하증권의 법적 성질

선하증권은 법률상 요인증권, 요식증권, 인도증권, 문언증권, 상환증권, 지시증권 등의 성질이 있다.

• 요인증권 : 증권상 권리가 그 증권 수수 원인의 존재를 전제로 하여 성립되는 경우
• 요식증권 : 기재사항이 법정되어 있는 유가증권
• 인도증권 : 증권상의 권리를 행사할 수 있는 자에게 증권을 인도한 경우에 그 인도가 물건을 인도한 것과 동일한 효력을 생기게 하는 증권
• 문언증권 : 증권상의 권리관계가 증권에 기재된 문언에 따라 정해지는 증권
• 상환증권 : 증권과 상환하지 않고는 채무의 이행을 할 필요가 없는 증권

72 해상보험의 주요 용어 및 내용에 대한 설명으로 옳지 않은 것은?

① Amount insured는 보험금액으로 사고 발생 시 보험자가 보상하는 최고 한도액이 된다.

② Insurable value는 피보험목적물의 평가액이다.

③ Under insurance는 보험가액보다 보험금액이 적은 경우로 둘 간의 비율에 따라 보상한다.

④ 담보는 명시담보와 묵시담보로 구분되는데 감항성 담보는 명시담보에 해당된다.

정답 ④

해설 담보(Warranties)

해상보험에서의 담보는 특정조건에 대해 피보험자가 지켜야 할 약속을 말하며, 피보험자가 이 담보조건을 위반한 경우 그 시점부터 보험계약은 무효가 된다. 담보에는 명시담보와 묵시담보의 두 가지가 있다.

• 명시담보(Express warranties) : 담보의 내용이 보험증권에 명시되거나 또는 별도로 인쇄된 서류를 증권에 첨부하는 경우를 말한다. 특히 해상적하보험의 경우는 일정 기간 피보험목적물의 안전에 관한 담보를 주로 하고 있다.

• 묵시담보(Implied warranties) : 보험증권에 명시되어 있지는 않으나 피보험자가 묵시적으로 제약을 받아야 하는 담보로서, 여기에는 감항성 담보와 적법성 담보가 있다.

　－ 감항성 담보(Warranty of seaworthiness) : 선박이 특정 항해를 완수할 수 있을 정도로 능력을 갖춘 상태, 즉 감항성이 있어야 한다.

　－ 적법성 담보(Warranty of legality) : 피보험자가 지배할 수 없는 경우를 제외하고는 모든 해상사업이 합법적이어야 한다.

---

73 신용장통일규칙(UCP 600) 서류심사의 기준에 대한 설명으로 옳지 않은 것은?

① 은행은 서류의 제시일을 포함하여 최장 5은행영업일 동안 서류를 심사한다.

② 운송서류는 선적일 후 21일보다 늦지 않게 제시되어야 하고 신용장 유효기일 이전에 제시되어야 한다.

③ 일치하는 제시는 신용장, 국제표준은행관행, UCP 600에 따라 제시된 서류를 말한다.

④ 서류 발행자에 대한 내용을 명시하지 않은 채로 운송서류, 보험서류, 또는 상업송장 이외의 서류가 요구된다면 은행은 제시된 대로 수리한다.

정답 ①

해설 ① 신용장통일규칙(UCP 600) 제14조 서류심사의 기준에 따르면, 지정에 따라 행동하는 지정은행, 확인은행이 있는 경우의 확인은행 그리고 개설은행에게는 제시가 일치하는지 여부를 결정하기 위하여 제시일의 다음날로부터 기산하여 최장 5은행영업일이 각자 주어진다. 이 기간은 유효기일 내의 제시일자나 최종제시일 또는 그 이후에 발생하는 사건에 의해서 단축되거나 달리 영향을 받지 않는다.

74 보험계약의 법적 성질에 대한 내용으로 옳지 않은 것은?

① Bilateral contact – 보험계약 당사자 쌍방이 계약상의 의무를 부담한다.

② Consensual contract – 당사자 간의 의사표시의 합치만으로 계약이 성립하며 그 의사표시에 특별한 방식이 필요하지 않다.

③ Remunerative contract – 보험자는 계약상 합의된 방법과 범위에서 피보험자의 손해를 보상할 것을 확약하는 대가로 보험료를 수취한다.

④ Formal contract – 보험증권이 발행되어야만 해상보험계약이 성립한다는 것으로 보험계약 당사자 간의 정해진 계약방식이 필요하다.

정답 ④

해설 ④ 보험계약은 요식계약(Formal contract)이 아니라, 당사자 쌍방의 의사의 합치에 의하여 성립하고 아무런 형식을 요하지 않는 불요식 낙성계약이다.

① 쌍무계약(Bilateral contact) : 무역 매매계약은 당사자 간 상호 채무를 부담하는 쌍무계약적 특성이 있다(매도인의 물품인도의무에 대해 매수인은 대금지급의무를 부담).

② 낙성(합의)계약(Consensual contract) : 무역 매매계약은 '매도인의 청약(Offer)'에 대한 매수인의 승낙(Acceptance)' 또는 '매수인의 주문에 대한 매도인의 주문승낙'에 의해 성립하는데 이를 낙성계약이라 한다.

③ 유상계약(Remunerative contract) : 무역계약은 약정물품의 인도에 대한 상호 대가로 대금을 수령하는 것을 목적으로 한다.

보험계약의 법적 성질

• 불요식 낙성계약 : 당사자 쌍방의 의사의 합치에 의하여 성립하고 아무런 형식을 요하지 않는 불요식 낙성계약이다. 보험증권은 당사자 쌍방에 의해 작성되는 것이 아니므로 보험계약서라 볼 수 없으며 단지 계약관계를 증명하는 증거증권에 불과하다.

• 유상 쌍무계약성 : 당사자 일방이 보험금의 지급을 약속하고 상대방이 그에 대하여 보험료를 지급할 것을 약정하는 유상계약이다. 보험계약에 있어서는 보험사고가 발생한 경우에 보험금의 지급과 보험료의 납입이 대가 관계에 있다.

• 사행계약성 : 보험자의 보험금지급의무는 미리 보험자가 보험료를 수령하였음에도 불구하고 우연한 사고가 발생한 경우에만 지급의무를 부담하므로 보험계약은 사행계약성을 갖고 있다.

• 선의계약성 : 선의계약, 즉 보험계약 양 당사자는 신의성실의 원칙에 따라 최대로 선의로 계약을 체결하여야 한다. 보험계약의 선의성은 보험계약의 사행계약적 성격의 반대논리로 보면 될 것이다.

• 부합계약성 : 다수인을 상대로 하여 대량으로 체결되고, 보험의 기술적 단체적 성격으로 인하여 그 정형성이 요구된다. 즉, 보험계약은 당사자의 일방이 그 내용을 미리 정하고 상대방이 이를 포괄적으로 승인함으로써 성립하는 부합계약적인 성격을 띠고 있다.

• 계속계약성 : 일정한 기간 동안 보험관계가 계속적으로 유지되는 계약이다. 보험자는 전보험기간 동안 위험을 부담하고 보험계약자는 정기적으로 보험료의 지급을 그 의무로 하고 있다.

75 국제물품매매계약에 관한 유엔협약(CISG)에 따라 수입상이 계약의무를 위반한 수출상에게 원래 물품을 대체할 대체물의 인도를 청구하려고 한다. 이에 대한 내용으로 옳지 않은 것은?

① 매수인이 매도인의 계약위반에 대해서 대체물을 청구한다면 발생한 손해에 대해서는 배상을 청구할 권리가 없다.

② 매도인의 계약위반이 본질적인 계약위반에 해당할 때에만 매수인이 대체물의 인도를 청구할 수 있다.

③ 매수인이 물품을 수령했으나 계약에 부적합한 인도가 있었고 수령한 상태와 동등한 상태로 물품을 반환할 수 있어야만 매도인은 대체물을 청구할 수 있다.

④ 매수인은 물품이 계약에 부적합하다는 사실에 대해 매도인에게 통지해야 하며 이 통지와 동시에 또는 그 후 합리적인 기간 안에 대체물을 청구해야 한다.

정답 ①, ③

해설 CISG 제45조 제2항 매수인의 구제방법

The buyer is not deprived of any right he may have to claim damages by exercising his right to other remedies.

매수인이 손해배상을 청구할 수 있는 권리는 다른 구제를 구하는 권리를 행사함으로써 상실되지 않는다.

매수인의 권리구제(Buyer's Remedies)

- 대금감액(Reduction of the Price) 청구권
- 추가기간 설정권
- 계약 해제권
- 손해배상 청구권
- 특정이행 청구권(매수인은 매도인에게 그 의무이행 청구 가능)
- 대체품인도 청구권
- 하자보완 청구권/수리 요구권

PART 03

2018년 기출문제

무역영어 1급 기출이 답이다

제1과목 **영문해석**

[01~03] Read the following and answer.

> Dear Ann,
>
> Please quote for collection from our office and delivery to Busan port.
>
> Our goods are :
> - 6 divans and mattresses, 700㎝ × 480㎝
> - 7 bookcase assembly kits packed in cardboard boxes, each measuring 14㎥
> - 4 coffee-table assembly kits, packed in cardboard boxes.
> - 4 armchairs, 320 × 190 × 260㎝
>
> The divans and armchairs are fully protected against knocks and scratches by polythene and corrugated paper wrapping, and the invoiced value of the goods is USD50,500. The freight will be borne by our customer.
>
> I would appreciate a prompt reply, as delivery must be made before the end of next week.

01 What is the purpose of the letter above?

① Request for a quotation of delivery
② Request to deliver the goods by a deadline
③ Offer of goods price being sold out
④ Request for proper packing

02 Who is most likely to be Ann?

① Buyer   ② Seller

③ Insurer   ④ Freight forwarder

03 What Incoterms would be applied for the above transaction?

① FCA   ② CIP

③ CFR   ④ FOB

정답) 01 ①   02 ④   03 ①

해석

Ann 귀하,

아래 물품을 당사에서 부산항으로 배달하는 건에 대한 견적을 부탁드립니다.
- 침대 받침대와 매트리스 6개, 700㎝ × 480㎝
- 책장 조립키트 7개, 마분지상자에 포장(각 부피는 14㎥)
- 커피 테이블 조립키트 4개, 마분지상자에 포장
- 안락의자 4개, 320 × 190 × 260㎝

침대 받침대와 안락의자는 부딪치고 긁히는 것을 방지하기 위해 전체를 폴리에틸렌 비닐과 골판지로 포장했으며, 제품 송장가격은 USD50,500입니다. 화물운송은 고객 부담입니다.

다음 주말까지 제품이 배송되어야 하므로 신속하게 답변해주시면 감사하겠습니다.

*quote for : ～에 대한 견적을 내다

01 위 서신의 목적은 무엇인가?
    ① 배송비 견적 요청
    ② 마감일까지 제품 배송 요청
    ③ 품절된 제품 가격 제의
    ④ 적절한 표장 요청

02 Ann은 누구인가?
    ① 매수인   ② 매도인
    ③ 보험자   ④ 화물운송업자

03 상기 거래에 적합한 인코텀즈 조건은 무엇인가?
    ① FCA(운송인 인도조건)   ② CIP(운송비・보험료 지급 인도조건)
    ③ CFR(운임 포함 인도조건)   ④ FOB(본선 인도조건)

01
"Please quote for collection from our office and delivery to Busan port."로 보아 물품을 회사에서 부산항까지
보낼 때의 배송비 견적을 요청하는 내용임을 알 수 있다.

02
배송비 견적을 요청하는 내용이므로 앤은 ④ 화물운송업자(Freight forwarder)일 것이다.

03
화물운송은 고객 부담이므로 ① FCA(Free Carrier, 운송인 인도조건)이다.

04 Which is NOT suitable for the blank?

> According to CISG, additional or different terms relating, among other things, (   ) are
> considered to alter the terms of the offer materially.

① the price, payment, quality and quantity of the goods
② place and time of delivery
③ late acceptance
④ the settlement of disputes

정답 ③

해석 빈 칸에 적절하지 않은 것은?

> CISG에 따르면, (   )에 관한 추가 또는 변경은 청약 조건을 실질적으로 변경하는 것으로 간주됩니다.

① 상품의 가격, 지불, 품질 및 수량
② 인도장소 및 시간
③ 지연된 승낙
④ 분쟁 해결

해설 청약 조건의 추가 또는 변경(CISG 제19조)
상품의 가격, 지불, 품질 및 수량, 인도 장소 및 시간, 일방 당사자의 책임 또는 다른 쪽 당사자의 합의 범위에
관한 추가 또는 변경은 청약 조건을 실질적으로 변경하는 것으로 간주된다.

[05~06] Read the following and answer the questions.

Dear Sirs,

We will be sending on behalf of our clients, Delta Computers, Ltd., a consignment of 20 computers to N.Z. Business Machines Pty., Wellington, New Zealand. The consignment is to be loaded on to the SS Northen Cross which sails from Tilbury on the 18th of May and is due in Wellington on the 25th of June.
We would be grateful if you could quote a rate covering all risks from port to port.
As the matter is urgent, we would appreciate a prompt reply.
Thank you.

Yours faithfully,

---

05 What is NOT included in the above?

① The subject-matter insured

② The name of vessel

③ The departing port and arriving port

④ Insurable value

06 What is being sought?

① Insurance premium

② Freight

③ Exchange rate

④ Insurance amount

해석

선생님께,

당사는 고객사인 Delta Computers, Ltd.를 대신하여 컴퓨터 20대를 탁송물로 뉴질랜드 웰링턴에 있는 N.Z. Business Machines Pty.로 보내려고 합니다. 배송물은 SS Northen Cross편에 선적되어 5월 18일 Tilbury를 출발해서 6월 25일 웰링턴에 도착 예정입니다.
항구에서 항구로 이동 시 발생하는 모든 위험요소를 부보하는 비용에 대한 견적을 부탁드립니다.
사안이 시급하므로 즉시 답변해 주시기를 부탁드립니다.
감사합니다.

안녕히 계십시오.

*consignment : 탁송물[배송물]

05 위 서신에 포함되지 않은 것은 무엇인가?
① 보험계약의 목적
② 배 이름
③ 출발항과 도착항
④ 보험가액

06 무엇을 찾고 있는가?
① 보험료
② 운 송
③ 환 율
④ 보험금액

해설 05
④ 위 서신에 보험가액은 언급되어 있지 않다.
① 항구에서 항구로 이동 시 발생하는 모든 위험요소를 부보(covering all risks from port to port)하기 위해서 보험계약을 체결하고자 한다.
② 선명은 SS Northen Cross이다.
③ 출발항은 Tilbury이고 도착항은 Wellington이다.

06
"We would be grateful if you could quote a rate covering all risks from port to port"로 보아 보험료에 대한 견적을 요구하는 것을 알 수 있다.

07 Below is a part of document. What is it?

> Whereas you have issued a bill of lading covering the above shipment and the above cargo has been arrived at the above port of discharge, we hereby request you to give delivery of the said cargo to the above mentioned party without production of the original bill of lading.
>
> In consideration of your complying with our above request, we hereby agree to indemnify you as follows :
>
> Expenses which you may sustain by reason of delivering the cargo in accordance with our request, provided that the undersigned Bank shall be exempt from liability for freight, demurrage or expenses in respect of the contract of carriage.
>
> As soon as the original bill of lading corresponding to the above cargo comes into our possession, we shall surrender the same to you, whereupon our liability hereunder shall cease.

① Shipping Letter of Guarantee   ② Letter of Insurance
③ Delivery Guarantee   ④ Demand Guarantee

정답 ①

해석 아래는 서류의 일부이다. 무엇인가?

귀사가 상기 선적물에 대한 선하증권을 발행하여 상기 화물이 상기 양륙항에 도착했으므로, 당사는 귀사에게 원본 선하증권을 발행하지 않고 상기 언급한 당사자에게 이 화물을 배달할 것을 요청합니다.
당사의 요청을 귀사가 수락한 데 대한 보답으로 당사는 다음을 귀사에 보상할 것을 동의합니다.
은행의 서명이 있다면, 당사의 요청에 맞는 화물 수송을 위한 체선료 또는 운송계약과 관련된 비용 지불, 화물에 대한 법적 책임은 귀사에게서 면제될 것입니다.
상기 화물에 일치하는 선하증권 원본이 넘어오자마자 당사는 귀사에 동일한 것을 넘겨줄 것이며, 그 결과 당사의 법적 책임은 이에 의거하여 종료될 것입니다.

*bill of lading : 선하증권
*port of discharge : 양륙항
*indemnify : 배상하다
*exempt from : ~을 면제하다
*demurrage : 체선료
*surrender : 포기하다, 넘겨주다

① 화물선취보증서   ② 부보결정통지서
③ 배송보장   ④ 청구보증

해설 화물선취보증서(Shipping Letter of Guarantee ; L/G)
수입화물이 수입지에 이미 도착하였음에도 불구하고 운송서류가 도착하지 않아 수입업자가 화물을 인수할 수 없을 때, 동 화물의 인수가 가능하도록 운송서류 원본을 제시하지 않고서도 화물을 인수하는 것과 관련된 모든 책임을 은행이 진다는 내용의 보증서이다. L/G의 발급은 운송서류의 원본을 인도하는 것과 동일한 효과를 가지며 신용장조건과 일치하지 않는 서류가 내도하여도 화물이 수입업자에게 인도된 후이므로 수입업자는 매입은행에 대하여 수입어음의 인수 또는 지급을 거절할 수 없다.

08 According to the CISG, which one is regarded as a valid acceptance?

① Acceptance by silence

② Offeree's conduct indicating assent to the offer

③ Acceptance by inactivity

④ Counter offer for expiry extension

09 Which is NOT correct according to the following?

> Insurance policy in duplicate, endorsed in blank for 110% of the invoice cost. Insurance policy must include Institute Cargo Clauses ICC(B).

① Insurance certificate can be presented instead of insurance policy.

② In negotiating, blank endorsement must be made by a beneficiary.

③ 10% is added to the invoice cost as expected profit.

④ Insurance policy shall be issued in two original copies.

보험서류 수리요건

- 신용장을 개설할 때 은행은 수익자가 제시한 보험서류의 종류, 부보금액, 담보위험 등이 신용장 조건에 일치하는가를 심사하여야 한다.
- 보험서류는 문면상 반드시 보험회사, 보험업자 또는 그 대리인이 발행하고 서명한 것으로 표시되어 있어야 한다.
- 은행은 보험자 자격이 없는 보험중개인이 발급한 보험인수증은 수리해서는 안 되지만, 보험자가 담보확약을 명확히 기재한 서류, 즉 보험증권 또는 보험증명서는 수리하여야 한다.
- 신용장이 보험증명서나 확정통지서를 요구한 경우라도, 보험증권이 대신 제시되면 은행은 이를 신용장 조건에 일치한 것으로 수리하여야 한다.
- 보험서류가 2통 이상의 원본으로 발행된 경우 그 원본의 전통을 제시할 것을 추가로 규정하였다.
- 보험서류의 발행일은 반드시 운송서류상의 본선적재, 발송 또는 수취일보다 늦어서는 안 된다.
- 보험서류상에서의 통화는 신용장에 표시된 통화와 일치하여야 한다.

10 What is NOT proper contractual position according to CISG?

We received your offer of April 1. 2018. After careful examination, we decided to accept your offer if you can reduce the price per set by US$2.

① The offeree rejects the original offer.
② This terminates the offer.
③ This is a conditional acceptance.
④ This is a counter offer.

정답 ③

해석 CISG에 따르면 적절한 계약상 위치가 아닌 것은?

당사는 2018년 4월 1일 귀사의 청약을 받았습니다. 세심히 조사한 결과 당사는, 만약 귀사가 세트당 US$2를 할인한다면, 귀사의 청약을 승인하기로 결정했습니다.

① 피신청인은 원청약을 거절하고 있다.
② 이것은 청약을 종료시킨다.
③ 이것은 조건부 승낙이다.
④ 이것은 반대청약이다.

해설 ③ 제시문은 세트당 가격을 인하한다면 청약을 받아들이겠다는 반대청약(Counter offer)의 내용이다.

(A) Not only are we still waiting for part of our order to arrive, but once again we have received components (a) <u>that should have sent to another department</u>. We have forwarded them to the correct factory, and of course (b) <u>we expect you to cover these costs</u>.

This is not the first time that this kind of mix-up has happened. (c) <u>These delivery problems are causing us extra work as well as delays in production</u>. We cannot accept this, and (d) <u>will have to cancel the contract if it happens again</u>.

11 Which of (a) ~ (d) is most grammatically INCORRECT?

① (a) ② (b)

③ (c) ④ (d)

12 What is the BEST sentence for blank (A)?

① I'm writing to amend our contract.

② I'm writing to complain about your latest delivery.

③ I'm writing to collect the money which you did not send.

④ I'm writing to inform you that I sent the components to the factory.

정답 11 ① 12 ②

해석

(A) 당사는 여전히 주문물품 일부가 도착하기를 기다리고 있을 뿐만 아니라, 또 다시 (a) <u>다른 부서로 발송되어야 하는</u> 부품을 받았습니다. 당사는 그것들을 올바른 공장으로 전달했고, 물론 (b) <u>그 비용들을 귀사가 지불하기를 원합니다</u>.

이런 종류의 혼동이 이번이 처음이 아닙니다. (c) <u>이런 배송 문제는 제품 생산 지연뿐 아니라 시간 외 잔업의 원인이 되고 있습니다</u>. 당사는 이것을 받아들일 수 없습니다. (d) <u>다시 이런 상황이 발생할 시 계약을 취소해야만 할 것입니다</u>.

11 다음 (a) ~ (d) 중 문법적으로 옳지 않은 것은?

12 빈 칸 (A)에 가장 적절한 문장은 무엇인가?
① 당사는 우리의 계약을 수정하고 싶습니다.
② 당사는 귀사의 배송 지연에 대한 불만을 적고 있습니다.
③ 당사는 귀사가 보냈던 금액을 회수하고 싶습니다.
④ 당사는 공장에 부품을 보냈다는 것을 귀사에게 알립니다.

해설 11
① sent의 주체가 부품이므로 발송되는 것이 옳다. (a) that should <u>have sent(→ have been sent)</u> to another department

12
제시문은 잘못된 부품이 배달된 최근의 배달 오류에 대해서 항의하고, 그로 인해 발생한 손해를 밝히고 있다.

13 Who might be underlined 'you'?

We will shortly have a consignment of tape recorders, valued at £50,000 CIF Quebec, to be shipped from Manchester by a vessel of Manchester Liners Ltd.
We wish to cover the consignment against all risks from our warehouse at the above address to the port of Quebec. Will <u>you</u> please quote your rate for the cover.

① Buyer
② Carrier
③ Insurance company
④ Freight forwarder

정답 ③

해석 밑줄 친 'you'는 누구를 가리키는가?

당사는 CIF 퀘벡 조건으로 Manchester Liners Ltd. 사의 선편에 맨체스터에서 선적 예정인 £50,000 상당의 녹음기 탁송물을 곧 보낼 예정입니다.
당사는 위 주소의 당사 창고에서 퀘벡항으로 배송되는 탁송물에 대한 모든 위험사항을 부보하기를 원합니다. 이 조건으로 <u>귀사</u>의 보험료를 견적바랍니다.

*consignment : 탁송물, 배송물
*quote : 견적을 내다[잡다]

① 매수인
② 운송인
③ 보험회사
④ 화물운송업자

해설 to cover the consignment against all risks(탁송물에 대한 모든 위험 사항을 부보하는)이라는 문구로 보아 you는 보험회사를 지칭함을 알 수 있다.

14 Which is RIGHT statement according to UCP 600?

① In the absence of an indication to the contrary, the credit is deemed to be revocable.

② A revocable credit may be amended or cancelled only if all the basic parties of letter of credit agree with such amendment or cancellation.

③ A transferable credit can be transferred only no more than once.

④ An irrevocable credit may be amended or cancelled only by the issuing bank or the confirming bank.

정답 ③

해석 UCP 600에 따르면 옳은 진술은?
① 반대표시가 없으면 그 신용장은 취소가능한 것으로 간주된다.
② 취소가능 신용장은 신용장의 당사자 전원이 변경·취소에 동의한 경우에만 변경·취소될 수 있다.
③ 양도가능 신용장은 한 번 이상 양도할 수 없다.
④ 취소불능 신용장은 발행은행이나 확인은행에서만 변경·취소될 수 있다.

해설 양도가능 신용장(Transferable credit)
신용장을 받은 최초의 수익자인 원(제)수익자가 신용장 금액의 전부 또는 일부를 1회에 한하여 국내외 제3자(제2수익자)에게 양도할 수 있는 권한을 부여한 신용장이다.
취소불능 신용장(Irrevocable credit)
신용장 개설 이후 신용장이 수익자에게 통지된 후 유효기간 내에 관계 당사자 전원(개설은행/확인은행, 수익자, 통지은행)의 합의 없이는 신용장을 취소·변경할 수 없다.

---

15 Which of the following is not covered by Incoterms 2010?

① The parties are well advised to specify as clearly as possible the point within the named place of delivery.

② If the seller incurs costs under its contract of carriage related to unloading at the named place of destination, the seller is not entitled to recover such costs from the buyer unless otherwise agreed between the parties.

③ The seller is liable for any lack of conformity with the contract which is due to a breach of any of his obligations.

④ The buyer may provide the seller with appropriate evidence of having taken delivery.

정답 ③

해석 다음 중 인코텀즈 2010으로 부보되지 않는 것은?
① 당사자들은 적재 지점을 가급적 명확하게 명시하는 것이 좋다.
② 매도인은 자신의 운송계약상 지정목적항에서 양하에 관하여 비용이 발생한 경우에 당사자 간에 달리 합의되지 않은 한 그러한 비용을 매수인으로부터 별도로 상환받을 권리가 없다.
③ 매도인은 그의 의무위반에 기인하는 적합성의 부족에 대하여 책임을 진다(CISG 제36조).
④ 매수인은 매도인에게 인도를 수령하였다는 적절한 증거를 제공할 수 있다.

해설 ③은 Incoterms 2010이 아니고, CISG에 포함되는 내용이다.

16 Read the following and choose WRONG one in explaining Incoterms.

Different countries have different business cultures so it is a good idea to make sure we have a clear written contract to minimize the risk of misunderstandings. The contract should set out where the goods are being delivered. It should cover who is responsible for every stage of the journey, including customs clearance, and what insurance is required. It should also make it clear who pays for each different cost.

To avoid confusion, internationally agreed Incoterms should be used to spell out exactly what delivery terms are being agreed, such as :

① Where the goods will be delivered
② Who arranges transport
③ When the ownership of goods is transferred
④ Who handles customs procedures, and who pays any duties and taxes

정답 ③

해석 **다음을 읽고 인코텀즈에 대한 설명으로 틀린 것을 고르시오.**

국가별로 서로 다른 비즈니스 문화를 가지고 있으므로, 오해의 위험을 최소화하기 위해서 계약사항을 문서화해서 확실히 하는 것이 이상적이다. 계약은 상품이 인도되는 장소에서 시작되어야 한다. 통관을 포함한 모든 배송과정에 대한 책임이 누구에게 있는가와 어떤 보험이 필요한지에 대한 내용을 포함해야 한다. 그것은 또한 각각 다른 가격을 지불할 것인지를 명확히 해야 한다.

혼란을 피하려면, 협의된 인도조건을 정확하게 설명하는 인코텀즈 협약이 사용되어야 한다. 인도조건에는 다음 사항과 같은 사항이 있다. :

*customs clearance : 통관
*spell out : ~을 간결하게[자세히] 설명하다

① 물품이 어디로 배달될 것인지
② 누가 운송을 처리하는지
③ 언제 물품 소유권이 이전되는지
④ 누가 통관수속을 처리하는지, 누가 관세와 세금을 지불하는지

해설 ③ 물품의 소유권에 대해서는 '영국 물품매매법(English Sale of Goods Act, SGA)'에서 설명하고 있는 사항이다.

17 Below is about containerization. Which is NOT related to the practical container works?

> Containerization is a method of distributing the goods in a unitized form thereby allowing a multimodal transport system to be developed providing a possible combination of rail, road and ocean transport.
>
> As containers are becoming a very common method in multimodal transport, the course of business in container transport will be specified. Although not all containerized transport is multimodal, and vice versa, they are so often inter-related that it is useful to consider these two concepts together.

① Container transports are frequently arranged by freight forwarders.

② Containers are not necessarily owned by the carrier but often by companies specializing in containers which lend them to carriers.

③ If the exporter intends to stuff a full container load(FCL), shipping line may send an empty container to the exporter for loading.

④ If the cargo is less than a full container load(LCL), the exporter will send it to the container yard.

정답 ④

해석 아래는 컨테이너 수송에 대한 내용이다. 컨테이너 작업과 관련이 없는 것은?

> 컨테이너 수송은 철도, 육로, 해상운송의 결합을 가능하도록 하는 발전된 복합운송 체계를 허용함으로써 단위화된 형태로 물품을 유통하는 방식이다.
> 복합운송에서 컨테이너 수송은 보편적인 방식이 되었기 때문에 컨테이너 수송의 비즈니스 과정은 구체화될 것이다. 모든 컨테이너 수송이 다 복합운송을 택하고 있지는 않다고 해도, 반대로 이 둘은 종종 밀접한 관계이므로 두 개념을 함께 고려하는 것이 유용하다.
>
> *containerization : 컨테이너 수송
> *multimodal transport : 복합운송

① 컨테이너 수송은 흔히 화물운송업자에 의해 주선된다.
② 운송인이 컨테이너를 필수적으로 소유할 필요는 없고, 대개 전문 컨테이너 회사가 운송인에게 대여를 해준다.
③ 만약 수출업자가 FCL 화물로 보낼 의도라면, 선박회사는 수출업자에게 빈 컨테이너를 보내야 할 것이다.
④ 만약 화물이 컨테이너 1대보다 부족한 LCL 화물이라면, 수출업자는 그것을 컨테이너 야드로 보낼 것이다.

해설 LCL(Less than Container Load, 소량 컨테이너 화물)
• 다수 화주의 소화물을 모아서 하나의 컨테이너 화물로 작업하는 경우를 LCL 화물이라 하며, LCL 화물의 경우 화주가 직접 운송사(선사)와 접촉하지 않고 대개 운송중개인(Forwarder)의 도움을 받는다.
• 선적절차 : 선적항구 또는 ICD의 LCL 화물을 수집 → FCL 화물로 작업할 공간인 CFS(Container Freight Station, 컨테이너 화물 조작장)까지 화주가 직접 또는 운송중개인(Forwarder)을 통해 운송 → LCL 화물의 FCL 작업 완료 → CFS에서 반출 후 CY에서 본선 상에 선적한다.
• 혼재작업 : 다수 소량 화주의 LCL 화물을 모아 FCL 화물로 작업하는 것을 혼재작업(Consolidation)이라 하며, 이러한 작업을 하는 운송중개인(Forwarder)을 혼재업자(Consolidator)라고도 한다. FCL 화물의 적입작업인 Stuffing/Vanning을 LCL 화물에서는 Consolidating이라 한다(즉, 다수 화주의 LCL 화물들을 하나의 FCL 화물로 작업하는 Stuffing을 Consolidating이라 함).

Thank you for your inquiry regarding opening an account with our company. Please, fill in the enclosed <u>financial information</u> form and provide us with two or more trade references as well as one bank reference. Of course, all information will be kept in the strictest confidence.

Thank you very much for your cooperation.

18 Which of the following is MOST likely to be found in the previous letter?

① We therefore request you to send us the names of three department stores with which your company already has accounts at present.

② If your company can supply us with two additional credit references as well as current financial statements, we will be pleased to reconsider your application.

③ We request that you open an account with us on 30-day credit terms, starting with the order listed.

④ I have enclosed our company's standard credit form for you to complete and would appreciate it if you would return it to me as soon as possible.

19 What would NOT be included in the underlined 'financial information'?

① Balance sheet   ② Profit and loss account

③ Cash flow   ④ Business registration certificate

정답 18 ③ 19 ④

해석

당사와의 거래를 요청하신 귀사에 감사드립니다. 동봉한 <u>재무 정보</u> 양식을 작성해서 보내주시고, 둘 이상의 신용조회처와 한 개의 신용조회은행을 알려주십시오. 물론, 모든 정보는 극비에 부치겠습니다.
귀사의 협력에 깊은 감사를 표합니다.

*open an account with : ~와 거래를 시작하다
*trade references : 신용조회처
*bank reference : 은행신용조회

18 다음 중 이전 서신의 내용으로 가장 가능성이 있는 것은 무엇인가?
　① 그러므로 당사는 귀사가 현재 거래하고 있는 백화점 세 곳의 이름을 보내줄 것을 요청합니다.
　② 만약 귀사가 추가로 두 곳의 신용조회처와 현행 재무제표를 제공할 수 있다면, 당사는 귀사의 신청을 흔쾌히 재고할 것입니다.
　③ 당사는 나열된 주문부터 시작하여 귀사와 30일 지불조건으로 거래하기를 요청합니다.
　④ 나는 당사의 표준신용양식을 동봉하니 될 수 있는 대로 빨리 작성해서 보내주시면 감사하겠습니다.

19 밑줄 친 '재무 정보'에 포함되지 않은 것은 무엇인가?

① 대차대조표
② 손익계정
③ 현금 유동성
④ 사업자등록증

18

제시문은 거래요청에 대한 답신이므로 이전 서신은 ③에서와 같이 거래를 요청하는 내용이 있어야 한다.

19

재무 정보에는 재무상태표, 손익계산서, 현금흐름표, 자본변동표 등이 포함되어 있다.

20 Which is (are) suitable for the underlined 'rules'?

> When banks are asked to make payments as specified documents are presented to them, banks decide whether to pay or not based only upon the conformity or otherwise of the documents. The banks normally subscribe to an accepted set of definitions and <u>rules</u> of conduct and strict adherence to the rules is key to the efficient operation of banks' international trade finance.

> A. UCP 600
> B. Incoterms 2010
> C. URC 522
> D. ISP 98

① A only
② A + B only
③ A + C + D only
④ all of the above

③

밑줄 친 '계약 규범'에 적합한 것은?

> 은행이 지정된 문서를 제시받아 지불을 요청받으면, 은행은 단지 관습이나 여타의 서류만을 기초로 지불 여부를 결정한다. 은행은 통상적으로 협의된 일련의 정의와 <u>계약 규범</u>, 엄격한 규칙 준수에 동의하며, 이것은 은행의 국제 무역금융의 효율적 운용을 위한 핵심이다.
>
> *make payments : 지불하다

국제 무역금융의 효율적 운용을 위한 규범을 뜻하므로, 매도인과 매수인이 부담해야할 권리와 의무에 관한 규정인 B. Incoterms 2010은 알맞지 않다.

21 Which of the following is NOT appropriate for the obligation of banks that are defined under URC 522?

① Banks will examine documents in order to obtain instructions.

② In the event that goods are dispatched directly to the address of a bank, such banks shall have no obligation to take delivery of the goods.

③ Banks will determine that the documents received appear to be as listed in the collection instruction.

④ Banks will act in good faith and exercise reasonable care.

정답 ①

해석 URC 522 하에 정의된 은행의 의무로 적절하지 않은 것은?
① 은행은 지시를 따르기 위하여 서류를 검토한다.
② 물품이 은행의 주소로 직접 발송되는 경우, 해당 은행은 물품을 인수하여야 할 의무를 지지 아니한다.
③ 은행은 접수된 서류가 추심지시서에 열거된 것과 외관상 일치하는지를 확인하여야 한다.
④ 은행은 신의성실에 따라 행동하고 상당한 주의를 다하여야 한다.

해설 ① Banks will(→ will not) examine documents in order to obtain instructions(은행은 지시를 따르기 위하여 서류를 검토하지 않는다)[URC 522 제4조 a항 ⅱ].

22 Which of the following is right applicable law clause?

① Neither party shall be liable for failure to perform its part of this agreement when such failure is due to fire, flood, strikes, labour, troubles or other industrial disturbances, inevitable accidents, ware, embargoes, blockades, legal restrictions, riots, insurrections, or any cause beyond the control of the parties.

② All claims which can not be amicably settled between Sellers and Buyers shall be submitted to Arbitration in Seoul.

③ Unless specially stated, the trade terms under this contract shall be governed and construed under and by the latest Incoterms and the formation, validity, construction and the performance of this agreement are governed by CISG.

④ This agreement must be construed and take effect as a contract made in Korea, and the parties hereby submit to the jurisdiction of the court of Korea.

해석 다음 중 적용할 수 있는 올바른 법 조항은 무엇인가?
① 양 당사자는 화재, 홍수, 파업, 노동, 문제 또는 기타 산업적 쟁의, 불가피한 사고, 제품, 금수, 차단, 법석 제한, 폭동, 반란 또는 당사자의 통제를 벗어난 모든 원인으로 인해 해당 계약의 일부를 이행하지 못한 것에 대해 책임을 지지 않는다.
② 매도인과 매수인 사이에 원만하게 해결될 수 없는 모든 클레임은 서울 중재원으로 제출되어야 합니다.
③ 특별히 명시하지 않는 한, 이 계약에 따른 거래 조건은 최신 인코텀즈에 의해 제약 및 해석되며 이 계약의 성립, 효력, 해석 및 이행은 CISG의 통제를 받게 된다.
④ 해당 계약은 한국에서 체결된 계약으로 해석되어 효력이 발생되어야 하며, 이에 따라 당사자들은 대한민국 법원에 제출하여야 합니다.

해설 ③ 특별히 명시하지 않는 한, 이 계약에 따른 거래 조건은 최신 인코텀즈에 의해 제약 및 해석되며 이 계약의 성립, 효력, 해석 및 이행은 CISG의 통제를 받게 된다[United Nations Commission on International Trade Law(UNCITRAL, 국제연합국제무역법위원회)].

23 The following statement is a part of contract. What kind of clause is it?

> If any provision of this Agreement is subsequently held invalid or unenforceable by any court or authority agent, such invalidity or unenforceability shall in no way affect the validity of enforceability of any other provisions thereof.

① Non-waiver clause　　　　　② Infringement clause
③ Assignment clause　　　　　④ Severability clause

정답 ④

해석 다음은 계약의 일부이다. 어떤 종류의 조항인가?

> 이 계약서 조항이 어떤 법원 혹은 대리권한에 의해 연이어 효력 상실 또는 시행불가능한 경우, 그러한 무효와 시행불가능성은 이전의 다른 조항의 효력과 시행가능성에 결코 영향을 미치지 않을 것이다.

*provision of this Agreement : 계약조항
*unenforceable : 시행할 수 없는, 강요할 수 없는
*unenforceability : 시행(집행) 불가능성
*thereof : (앞에 언급된) 그것의

① 권리불포기 조항　　　　　② 권리침해 조항
③ 양도 조항　　　　　④ 분리가능성 조항

해설 ④ 분리가능성 조항(Severability clause) : 중재합의와 그 합의를 포함한 계약전체와는 별개의 것이고, 후자가 무효인 경우에도 전자는 유효하다는 것이다.
① 권리불포기조항(Non-Waiver clause) : 클레임이나 권리의 포기는 서면으로 승인·확인한 경우에만 포기한 것으로 간주한다. 따라서 어느 일방이 타방 당사자의 계약조건 위반에 대해 이의를 제기하지 않았다는 것이 곧 이의제기를 포기하는 것 등으로 해석되어 그 위반과 관련되어 갖게 되는 권리가 박탈되지 않는다.
② 권리침해조항(Infringement clause) : 매수인이 요구한 디자인이나 기술 등을 사용함으로써 발생할 수 있는 특허침해 문제(저작권 등)로부터 매도인의 책임을 면제시키고자 할 때 사용할 수 있는 조항이다.
③ 양도 조항(Assignment clause) : (해상)보험증권상 당사자, 보험목적물을 현재 가지고 있는 자 및 장래에 가지게 될 자에게 보험증권의 양도를 미리 인정하고자 체결하는 보험약관이다.

24 As defined by UCP 600, complying presentation means a presentation that is in accordance with :

> A. the terms and conditions of the credit
> B. the applicable provisions of UCP 600
> C. ISBP 745
> D. international standard banking practice

① A
② A + B
③ A + B + C
④ A + B + D

정답 ④

해석 UCP 600의 정의에 따른 '일치하는 제시(complying presentation)'에 부합되는 것은 무엇인가?

    A. 신용장의 조항과 조건
    B. UCP 600의 해당 조항
    C. ISBP 745
    D. 국제표준은행관습

해설 UCP 600 제2조 정의
Complying presentation means a presentation that is in accordance with the terms and conditions of the credit, the applicable provisions of these rules and international standard banking practice.
일치하는 제시란 신용장 조건, 이 규칙에서 적용 가능한 조항, 국제표준은행관습에 따른 제시를 뜻한다.
UCP 600 제15조 일치하는 제시
a. When an issuing bank determines that a presentation is complying, it must honour.
b. When a confirming bank determines that a presentation is complying, it must honour or negotiate and forward the documents to the issuing bank.
c. When a nominated bank determines that a presentation is complying and honours or negotiates, it must forward the documents to the confirming bank or issuing bank.
a. 발행은행이 제시가 일치한다고 결정하는 경우, 그 발행은행이 결제하여야 한다.
b. 확인은행이 제시가 일치한다고 결정하는 경우, 그 확인은행이 결제 또는 매입하고 발행은행에 서류를 발송하여야 한다.
c. 지정은행이 제시가 일치한다고 결정하고 결제 또는 매입하는 경우, 그 지정은행이 확인은행 또는 발행은행에 서류를 발송하여야 한다.

25   In accordance with UCP 600, what MUST the issuing bank do?

> A documentary credit pre-advice is issued on 1 March for USD500,000 with the following terms and conditions :
>
> – Partial shipment allowed.
> – Latest shipment date 30 April.
> – Expiry date 15 May.
>
> On 2 March the applicant requests an amendment prohibiting partial shipment and extending the expiry date to 30 May.

① Clarify with the applicant the period for presentation.
② Issue the documentary credit as originally instructed.
③ Issue the documentary credit incorporating all the amendments.
④ Issue the documentary credit incorporating only the extended expiry date.

정답 ②

해석 UCP 600에 의하면, 개설은행이 꼭 해야 하는 것은 무엇인가?

> USD500,000에 대한 사전통지 화환신용장이 3월 1일 다음 조건으로 개설됩니다.
>
> – 분할선적 허용
> – 최종 선적 4월 30일
> – 만기일 5월 15일
>
> 3월 2일 개설의뢰인은 분할선적을 금지하고 만기일을 5월 30일로 연장해 달라고 요청하였습니다.

① 제시 기일을 신청자에게 명확히 한다.
② 원래 지시된 대로 화환신용장을 발급한다.
③ 모든 수정사항을 포함하는 화환신용장을 발급한다.
④ 만기일 연장만을 포함하는 화환신용장을 발급한다.

해설 UCP 600에 따르면 "irrevocable"의 명시가 있거나 또는 취소여부에 대한 아무런 명시가 없는 신용장은 모두 취소불능 신용장(Irrevocable Credit)에 속하는 것으로 규정하고 있어 제시된 신용장은 취소불능이므로, ② 원래 지시된 대로 화환신용장을 발급하여야 한다.
취소불능신용장(Irrevocable L/C)
• 취소불능신용장의 경우 신용장 개설 이후 신용장이 수익자에게 통지된 후 유효기간 내에 관계 당사자 전원(개설은행 /확인은행, 수익자)의 합의 없이는 신용장을 취소·변경할 수 없다.
• 기존 UCP에서는 신용장에 취소불능이나 취소가능 표시가 없거나 불명확할 때에 취소불능신용장으로 간주하도록 규정하고 있었으나, UCP 600 개정에서는 신용장은 원칙적으로 취소불능을 상정하고 있다.
UCP 600 제3항 해석
A credit is irrevocable even if there is no indication to that effect.
신용장은 취소불능에 대한 표시가 없는 경우에도 취소불능이다.

26 Who might be the underlined party?

> Gentlemen,
>
> As for the shipment of used furniture by S/S Arirang due to leave for Darkar in Senegal on the 21 May. <u>Our partner, Socida Ltd</u>, is to effect insurance on the goods as the contract is based on FOB.
>
> They instructed us to effect a marine insurance contract with you on ICC(B) including War Risks at the rate which was mutually agreed upon by both of you.

① Exporter
② Importer
③ Freight forwarder
④ Underwriter

정답 ②

해석 밑줄 친 Our partner, Socida Ltd는 누구인가?

> 선생님께,
>
> 중고가구 선적물에 대해서는 S/S Arirang호로 5월 21일에 세네갈 Darkar로 출발 예정임을 알려드립니다. <u>당사 파트너사인 Socida Ltd</u>가 FOB 조건으로 상품에 대한 보험을 계약할 것입니다.
>
> 그들은 전쟁위험 조항에서는 두 회사가 상호 합의한 비율로 할 것을 포함한 ICC(B)로 해상보험을 계약할 것을 당사에 지시했습니다.

① 수출자
② 수입자
③ 화물운송업자
④ 보험업자

해설 FOB 조건 하에서 매수인이 보험계약을 체결하므로 Our partner, Socida Ltd는 ② 수입자이다.

Dear Mr. Kang,

With reference to your fax of 10 January 2018, we are pleased to inform you that we have identified a vessel that will meet your requirements.

She is the Arirang and is currently docked in Busan. She is a bulk carrier with a cargo (　　) of seven thousand tons. She has a maximum speed of 24 knots, so would certainly be capable of ten trips in the period you mentioned.

Please fax us to confirm the charter and we will send you the charter party.

27 Fill in the blank with suitable word.

① capacity   ② entrance

③ permission   ④ insurance

28 What type of transportation arrangement would best fit?

① Voyage charter   ② Time charter

③ Speed charter   ④ Bareboat charter

정답 27 ① 28 ②

해석

강 선생님께,
2018년 1월 10일자 귀하의 팩스에 대하여 당사는 귀하의 요구사항에 알맞은 선박을 찾았음을 알려드립니다.

그것은 아리랑호인데 최근 부산항에 정박했습니다. 아리랑호는 화물 (적재량)이 7천 톤인 벌크선으로 최대 속도가 24노트이므로 말씀하신 기간 동안 10번 왕복이 가능할 것입니다.

용선계약자를 확인해서 팩스로 알려주시면, 당사가 용선계약서를 보내드리겠습니다.

*bulk carrier : 벌크선
*charter : 용선자

27 빈 칸에 알맞은 단어를 채우시오.
① 적재량
② 입 장
③ 허 가
④ 보 험

28 어떠한 종류의 운송계약이 적절한가?
  ① 항해용선계약
  ② 정기용선계약
  ③ 속도용선계약(*일반적인 용선계약에 포함되지 않는 사항임)
  ④ 나용선계약

해설 27

① 적재량을 의미하는 capacity가 적절하다(with a cargo capacity of seven thousand tons : 화물 적재량이 7천 톤).

28

정해진 기간에 10번 왕복이 가능하다는 내용으로 보아 ② 정기용선계약이 적절하다.
정기용선계약(Time Charter)
• '용선 기간'을 기준으로 대가(용선료)를 산정하는 방식으로 선원 및 선박에 필요한 모든 용구를 비치시킨 내항성 (Seaworthiness)을 갖춘 선박을 일정기간 용선하는 것을 말한다.
• 정기용선계약의 용선료는 본선의 재화중량 톤수(DWT)를 기준으로 한다.

[29~31] Choose one which is NOT correctly composed into English.

29 ① 귀사의 서신에서 귀사가 면제품에 특별히 관심이 많다는 것을 알 수 있는데 이 분야에서는 당사가 전문가라 할 수 있습니다. → Your letter conveys us that you are specially interested in cotton goods, and we can say that we are specialists in this line.

② 당사는 25년 전에 설립된 전자제품 수출업체입니다. → Twenty five years have passed since we were established as an exporter of electronic goods.

③ 현재 시장상황이 불경기임에도 불구하고 만일 귀사가 경쟁력이 있다면 당사는 귀사와 거래를 시작 할 수 있습니다. → Since at present the dullness rules the market, we are able to start a business with you unless you are in a competitive position.

④ 귀사가 다른 회사들처럼 가격을 10% 정도 할인해 주시거나 60일의 인수인도조건을 허용해 주시면 귀사의 청약을 수락하겠습니다. → If you would either discount the price by about 10% like other companies do or allow D/A at 60 days, we will accept your offer.

정답 ③

해설 ③ Since at present the dullness rules the market, we are able to start a business with you unless(→ if) you are in a competitive position.

30 ① 계약이 체결되기 전까지 청약은 취소될 수 있습니다. 다만 이 경우에 취소의 통지는 피청약자가 승낙을 발송하기 전에 피청약자에게 도달하여야 합니다. → Until a contract is concluded, an offer may be revoked if the revocation reaches the offeree before an acceptance is dispatched by offeree.

② 매매계약은 서면에 의하여 체결되거나 또는 입증되어야 할 필요가 없으며, 또 형식에 관하여도 어떠한 다른 요건에 구속받지 아니합니다. → A contract of sales needs not be concluded in or evidenced by writing and is not subject to any other requirement as to form.

③ 보험서류에서 담보가 선적일보다 늦지 않은 일자로부터 유효하다고 보이지 않는 한 보험서류의 일자는 선적일보다 늦어서는 안됩니다. → The date of the insurance document must be no later than the date of shipment if it appears from the insurance document that the cover is effective until a date not later than the date of shipment.

④ 송하인의 지시식으로 작성되고 운임선지급 및 착하통지처가 발행의뢰인으로 표시된 무고장 선적 해상선하증권의 전통을 제시하십시오. → Please submit full set of clean on board bill of lading made out to the order of shipper marked freight prepaid and notify applicant.

> 정답 ③
>
> 해설 ③ The date of the insurance document must be no later than the date of shipment if it appears(→ does not appear) from the insurance document that the cover is effective until a date not later than the date of shipment.

31 ① 동봉해 드린 주문서 양식에 정히 기입하셔서 즉시 반송해 주시길 바랍니다. → We suggest that you return to us straightway the enclosed order form duly filled in.

② 주문이 쇄도해서 귀사가 주문한 미니 컴퓨터는 매진되었습니다. → The mini-computers you ordered are sold out owing to the rush of orders.

③ 면셔츠 가격이 상당히 치솟았으나 종전 가격으로 귀사 주문품을 조달해 드리겠습니다. → The prices of cotton shirts have soared considerably, but we can fill your order at the former prices.

④ 이번 구매로 상당한 이익이 될 것이며 더 많은 주문을 하게 될 것으로 믿습니다. → We believe this purchase will bring you a good profit and result from your further orders.

> 정답 ④
>
> 해설 ④ We believe this purchase will bring you a good profit and result from(→ result in) your further orders.

32 What is the correct wordings for the consignee column of the B/L under the following L/C requirement?

> A Credit, which was issued by American Commercial Bank, requires a document that "full set of clean on board ocean bills of lading made out to our order and notify applicant".

① To order of American Commercial Bank
② To order of Shipper
③ To order
④ To order of applicant

정답 ①

해석 아래 신용장의 요구조건 하에서 선하증권의 화물인수자란에 들어갈 올바른 문구를 고르시오.

아메리카 상업은행에 의해 발행된 신용장은 "지시식 해상 무사고 해양선하증권 전통과 개설의뢰인에게 통보할" 서류를 요청합니다.

해설 ① "made out to our order"일 경우, our는 개설은행을 지칭하므로 B/L의 수하인(Consignee)란에는 "To order of XYZ Bank(Issuing Bank)"로 표시한다. 따라서 화물인수자는 American Commercial Bank이다.

[33~34] Read the following and answer the questions.

> I regret to inform you that an error was made on our invoice number B 832 of 18 August. 100 pieces of polyester shirts were sent. The correct charge for polyester shirts, medium, is £26.70 per piece and not £26.00 as stated. We are therefore enclosing a (ⓐ) for the amount undercharged, namely £(ⓑ). This mistake was due to an input error and we are sorry it was not noticed before the invoice was sent.

33 Fill in the blanks with the most suitable answer.

	ⓐ	ⓑ
①	charge	26.70
②	debit note	70.0
③	payment	26.0
④	credit note	267.0

34 Who is the sender of the letter?

① Buyer
② Banker
③ Supplier
④ Shipping agent

해석

당사의 8월 18일자 B 832번 송장에 오류가 있었음을 통보하게 되어 유감스럽습니다. 폴리에스터 셔츠는 100벌이 배송되었습니다. 중간 사이즈 폴리에스터 셔츠 한 벌의 정확한 가격은 송장에 기재된 £26.00이 아니고, £26.70입니다. 따라서 당사는 정가보다 낮게 청구한 금액, 즉 (ⓑ 70.0)에 대한 (ⓐ 차변표)를 동봉합니다. 금번 실수는 입력 오류 때문이며 송장을 보내고 나서 알게 되어 유감스럽습니다.

*undercharged : 제값보다 싸게 청구한

33 빈 칸에 들어갈 가장 적절한 답을 채우시오.

	ⓐ	ⓑ
①	요 금	26.70
②	차변표	70.0
③	지 불	26.0
④	대변표	267.0

34 서신의 발송인은 누구인가?

① 매수인
② 은 행
③ 공급자
④ 운송 대리인

해설 33
제값보다 싸게 청구했기 때문에 26.70 × 100 − 26.00 × 100 = 70, 즉 £70.0에 대한 차변표를 동봉한다는 내용이다.
*debit note : 차변표
*credit note : 대변표

34
폴리에스터 셔츠 100벌을 배송했는데, 한 벌당 가격이 낮게 책정된 송장을 잘못 보냈다는 내용으로 보아 발송인은 ③ 공급자임을 알 수 있다.

[35~36] Read the following and answer the questions.

Dear Mr. Sheridan,
We are currently planning to add yard and garden tractors to our line of leased equipment. It is my pleasure to announce that we shall feature your line of Titan tractors.
Would you please send us a catalog containing a complete list of models, specifications, and price terms for Titan tractors. In particular, we require data in attached file on each model.
We need this information no later than September 30 in order to include it in our November catalog. We are delighted to have found such an excellent line of products, and we look forward to a pleasant and profitable business relationship.

35 Which is LEAST likely to be included in the underlined 'this information'?

① Sales terms

② Credit reference

③ Product lines

④ Product specifications

36 Who is Mr. Sheridan MOST likely to be?

① Sales manager

② Credit manager

③ Personnel manager

④ Accountant

정답 35 ② 36 ①

해석

Sheridan 귀하,

당사는 최근 임대장비 라인에 뒷마당과 정원용 트랙터를 첨가할 것을 계획하고 있습니다. 당사의 임대장비 라인에 귀사의 타이탄 트랙터를 포함시키게 되었음을 알려드리게 돼서 기쁩니다.

타이탄 트랙터의 완전한 모델명과 설계명세서, 가격이 적힌 카탈로그를 보내주십시오. 특별히 각 모델별 데이터를 첨부파일로 보내주셨으면 합니다.

당사의 11월 카탈로그에 포함시키려면 늦어도 9월 30일까지는 <u>이 정보</u>가 필요합니다. 이처럼 뛰어난 제품을 알게 돼서 기쁘고, 앞으로 즐겁고 유익한 비즈니스 관계가 되기를 기대합니다.

*leased equipment : 임대장비

*specifications : 설계명세서

35 밑줄 친 '이 정보'에 포함되는 것으로 옳지 않은 것은?
① 매매조건
② 신용조회처
③ 상품라인
④ 상품 상세

36 Mr. Sheridan은 누구인가?
① 판매 책임자
② 신용 조사원
③ 인사 책임자
④ 회계사

해설 35

② Credit reference(신용조회처)는 조회 의뢰 내용 등에 대해 비밀을 유지하여야 하므로, 공개적인 제품 카탈로그에 포함되지 않는다.

36

① 서신의 내용으로 보아 Mr. Sheridan은 판매 책임자(세일즈 매니저)일 가능성이 높다.

37 Fill in the blank with suitable word(s).

Trade finance generally refers to the financing of individual transactions or a series of revolving transactions. And, trade finance loans are often (   ), that is, the lending bank stipulates that all sales proceeds are to be collected, and then applied to payoff the loan. The remainder is credited to the exporter's account.

① self liquidating

② repaid later

③ added separately

④ easily taken

정답 ①

해석 빈 칸에 들어갈 말로 가장 적절한 것은?

무역금융은 개인 매매 또는 일련의 회전 매매거래에 대한 금융을 가리킨다. 무역금융 융자는 종종 (자기변제적으로), 즉 모든 판매수익금은 모두 추심해서 융자금 지불에 적용하도록 대출은행이 규정하고 있다. 나머지는 수출업자의 계좌에 입금된다.

*stipulate : 규정하다, 명기하다
*payoff : 지불

① 자기변제적인
② (후불) 상환하는
③ 제각기 추가되는
④ 쉽게 받는

해설 빈 칸 다음에 나오는 that is, the lending bank stipulates that all sales proceeds are to be collected, and then applied to payoff the loan로 보아 빈 칸에는 ① self liquidating(자기변제적인)이 적절하다.

38 Below explains voyage charter. Fill in the blank with right word.

A voyage charter is the hiring of a vessel and crew for a voyage between a load port and a discharge port. The charterer pays the vessel owner on a per ton or lump-sum basis. The owner pays the port costs, fuel costs and crew costs. The payment for the use of the vessel is known as freight. A voyage charter specifies a period, known as (   ), for loading and unloading the cargo.

① tenor

② transit time

③ off hire

④ laytime

정답 ④

해석 아래는 항해용선계약에 대한 설명이다. 빈 칸에 들어갈 말로 옳은 것은?

항해용선계약은 선적항과 양륙항 사이의 항해를 위해서 선박과 선원을 고용하는 것이다. 용선주는 선주에게 톤당 또는 총액 기준으로 지불한다. 선주는 항만비용과 연료비, 선원급료를 지불한다. 선박사용에 대한 지불은 해상운임으로 알려져 있다. 항해용선계약은 기간, 즉 화물 하역을 위한 (정박기간)을 구체적으로 명시한다.

*voyage charter : 항해용선계약
*load port : 선적항
*discharge port : 양륙항
*charterer : 용선주
*lump-sum : 총액의
*port costs : 항만비용

① (환어음) 지급기일
② 체류시간
③ 용선 중단
④ 정박기간

해설 빈 칸 뒤에 for loading and unloading the cargo(화물의 하역을 위한)로 보아 ④ laytime이 적절하다.
*laytime : 용선 정박기간의 길이를 시간 수로 나타낸 것을 말하며, 정박기간과 거의 같은 뜻으로 흔히 '레이 타임'이라 부른다.
항해용선계약(Voyage/Trip Charter)
• 한 항구에서 다른 항구까지 1항차 또는 수개항차의 운송을 기준으로 체결하는 용선계약으로 특정항해구간에 대해서만 운송계약을 체결하는 것이다.
• 용선료는 실제 적재량(톤당 얼마 등)을 기준으로 책정한다.
• 항해용선계약의 변형으로 Lump-sum charter(선복용선계약)와 Daily charter(일대용선계약)가 있다.
• 용선계약 시 용선주가 화물하역(선적 또는 양륙)을 위해 항구에 정박할 수 있는 기간인 정박기간(Laydays/Laytime)을 정한다.

39 Below is about marine insurance. Fill in the blank with right word(s).

> While cargo is usually insured against the perils of the sea, which are defined as natural accidents peculiar to the sea, most ship owners carry hull insurance on their ships and protect themselves against claims by third parties by purchasing (   ) insurance.

① protection and indemnity

② vessel

③ Institute Cargo Clauses

④ open policy

정답 ①

해석 아래는 해상보험에 대한 내용이다. 빈 칸에 들어갈 말로 옳은 것은?

> 일반적으로 화물은 해상 고유의 위험, 특히 바다의 자연적인 사고로 정의되는 위험에 대한 보험을 드는 반면, 대부분의 선주들은 그들의 선박에 대하여 선체해상보험과 (선주상호)보험을 들어서 제3자의 청구에 대비하여 그들 자신을 보호한다.
>
> *be insured against : ~에 대한 보험을 들다
> *perils of the sea : 해상고유의 위험
> *hull insurance : 선박[선체]해상보험. 선박의 멸실이나 손상 때문에 선주가 경제상의 손실을 보상할 것을 목적으로 하는 해상보험

① 선주상호보험

② 선 박

③ 협회적하약관(ICC)

④ 포괄예정보험계약

해설 선주상호보험(Protection and Indemnity Insurance ; P&I)
일반적인 해상보험증권(Marine Insurance Policy)에서 부보되지 않은 제3자에 대한 배상책임을 선주 상호 간에 보호하기 위한 보험이다. 통상의 해상보험에서 담보하지 않은 인명이나 여객에 관한 선주의 손해, 선원의 과실에 의해서 발생한 선체 또는 적하품의 손해 등을 보상해 준다.

40 What could best replace the underlined words?

Forfaiting involves the purchase of trade receivables without recourse, meaning that the purchasing bank or finance company cannot claim against the original ⓐ trade creditor in the event that the ⓑ trade debtor refuses or is unable to pay its obligations when due. A frequent exception is when non-payment is due to a trade dispute between the seller and buyer, who claims the seller did not ship the right goods or otherwise committed fraud in the transaction.

	ⓐ	ⓑ
①	seller	buyer
②	bank	seller
③	insure	buyer
④	buyer	insurer

정답 ①

해석 밑줄 친 단어를 대신하는 것으로 가장 적절한 것은?

포페이팅은 상환청구권 없는 매출채권의 구매를 포함한다. 그것은 매입은행 또는 금융회사는 ⓑ 무역 채무자가 거절하거나 지불 기한이 왔을 때 지불 능력이 없을 경우에 원래의 ⓐ 무역 채권자에 대해 청구할 수 없다는 뜻이다. 빈번히 발생하는 예외적인 경우는 매수인과 매도인 사이의 무역 분쟁으로 인한 미지급으로, 판매인이 적절한 상품을 선적하지 않았거나 거래에서 사기를 친 경우이다.

*trade receivables : 매출채권, 영업채권
*recourse : 상환청구권
*trade creditor : 무역 채권자
*trade debtor : 무역 채무자

	ⓐ	ⓑ
①	매도인	매수인
②	은 행	매도인
③	보 험	매수인
④	매수인	보험자

해설 ⓐ 무역 채권자는 매도인(seller), ⓑ 무역 채무자는 매수인(buyer)에 해당한다.
무역거래 관계에 따른 당사자의 명칭

구 분	수출업자(Exporter)	수입업자(Importer)
신용장관계	Beneficiary(수익자)	Applicant(개설의뢰인)
매매계약관계	Seller(매도인)	Buyer(매수인)
화물관계	Shipper/Consignor(송하인)	Consignee(수하인)
환어음관계	Drawer(환어음발행인)	Drawee(환어음지급인)
계정관계	Accounter(대금수령인)	Accountee(대금결제인)
매출채권관계	Trade creditor(무역 채권자)	Trade debtor(무역 채무자)

41 Below explains some characteristics of insurance. Make a suitable pair for (ⓐ) and (ⓑ).

> Some policies include either an (ⓐ) or (ⓑ) clause. (ⓐ) represents a predetermined amount that is deducted from a claim and is used to discourage irresponsible, malicious and small claims. (ⓑ) means a percentage of the value of a loss, below which no payment is made but above which total compensation is paid.

	ⓐ	ⓑ
①	Excess	Franchise
②	Franchise	Excess
③	Minimum	Maximum
④	Maximum	Maximum

정답 ①

해석 아래는 보험의 특성에 대한 설명이다. ⓐ와 ⓑ에 들어갈 알맞은 짝은?

> 일부 보험증권은 (ⓐ 초과액) 약관 또는 (ⓑ 면책비율) 조항을 포함한다. (ⓐ 초과액) 약관은 사전에 결정된 청구에서 공제된 금액을 의미하며 무책임하고 악의적인 소액청구를 막는 데 사용된다. (ⓑ 면책비율) 조항은 손실의 가치에 대한 비율로, 정해진 금액 아래의 손실에 대해서는 지불하지 않고 정해진 금액을 초과하는 손실액의 총액은 지불하는 것을 의미한다.

*predetermined amount : 미리 결정된 금액
*deducted from : ~에서 공제하다
*discourage : 막다, 좌절시키다

	ⓐ	ⓑ
①	초과액	면책비율
②	면책비율	초과액
③	최 소	최 대
④	최 대	최 대

해설 Franchise clause[면책(免責)비율 조항]
정해진 금액을 초과하지 않는 범위의 손해에 대해서는 피보험자 측에서 보전하고, 정해진 금액과 같거나 또는 그것을 초과하는 손해에 대해서는 보험 금액을 한도로 하여 보험 회사 측에 보전의 책임이 발생하는 것을 규정하고 있는 조항이다.

42 This is a letter advising the issuance of L/C. Which is a right match?

Gentlemen :

ⓐ We have arranged with ⓑ the Bank of America for an Irrevocable Letter of Credit in your favor for US.$125,000. ⓒ Korea Exchange Bank, in your city, will send you the L/C which ⓓ you will receive within a few days.

---

① ⓐ We – Beneficiary

② ⓑ the Bank of America – Reimbursing bank

③ ⓒ Korea Exchange Bank – Advising bank

④ ⓓ you – Applicant

[정답] ③

[해석] **신용장 발행 통지에 대한 서신이다. 옳게 짝지어 진 것은?**

선생님께

ⓐ 당사는 귀사를 수익자로 US$125,000에 대한 취소불능 신용장을 발행할 것을 ⓑ 아메리카 은행과 합의했습니다. 귀사의 도시에 있는 ⓒ 한국 외환은행이 신용장을 송부할 예정이며 ⓓ 귀사는 수일 내에 받게 될 것입니다.

*Irrevocable Letter of Credit : 취소불능 신용장
*in your favor : 귀사를 수익자로 하여

① ⓐ 당사 – 수익자

② ⓑ 아메리카 은행 – 상환은행

③ ⓒ 한국 외환은행 – 통지은행

④ ⓓ 귀사 – 개설의뢰인

[해설] ③ Advising bank : 통지은행. 외국의 거래은행으로부터 신용장 개설의 통지를 받아 그것을 수익자인 수출상에게 전달하도록 의뢰를 받고 그것을 수출상에 통지하는 은행을 말한다.

① ⓐ We – Beneficiary → Applicant(개설의뢰인) : 수출상(Beneficiary)과의 매매계약에 따라 자기거래은행(Opening Bank)에 신용장을 개설해줄 것을 요청하는 수입상으로 향후 수출 환어음 대금의 결제의무자가 된다.

② ⓑ the Bank of America – Reimbursing bank → Issuing bank(개설은행) : 보통 수입자의 거래은행으로서 개설의뢰인(수입상)의 요청과 지시에 의하여 신용장을 발행하는 은행이다.

④ ⓓ you – Applicant → Beneficiary(수익자) : 신용장 수취인으로서 수혜자라고도 하며 수출상을 말한다.

신용장거래 당사자
- 개설의뢰인(Applicant) = 수입상(Buyer) / 환어음지급인(Drawee) / 발송물품수탁자(Consignee / Opener / Accountee)
- 수익자(Beneficiary) = 수출상(Seller) / 환어음발행인(Drawer) / 물품발송자(Consignor) / Shipper
- 개설은행(Issuing Bank)
- 통지은행(Advising Bank = Notifying Bank)
- 확인은행(Confirming Bank) 등
- 수권은행(Authorized Bank) = 지정은행(Nominated Bank)
  - (연)지급은행(Paying Bank)
  - 인수은행(Accepting Bank)
  - 매입은행(Negotiating Bank)
- 기타 은행(기타 당사자)

43 What is MOST suitable for the blank below?

> Payment can be deferred in the case of a/an ( ) which gives time for the buyer to inspect or even sell the goods.

① restricted L/C
② usance L/C
③ straight L/C
④ revocable L/C

정답 ②

해석 아래 빈 칸에 들어갈 말로 가장 적절한 것은?

> (기한부 신용장)의 경우, 구매자에게 점검과 제품 구매에 대한 시간을 주어 지불이 연기될 수 있다.
>
> *defer : 미루다, 연기하다
> *in the case of : ～에 관하여는, ～에 관하여 말하면
> *inspect : (특히 모든 것이 제대로 되어 있는지 확인하기 위해) 점검[검사]하다

① 매입제한 신용장
② 기한부 신용장
③ 특정(스트레이트) 신용장
④ 취소가능 신용장

해설 기한부 신용장(Usance L/C)
• 환어음의 기간(Tenor)이 기한부 어음의 발행을 요구하는 신용장을 말한다.
• 기한부 신용장은 어음이 지급인에게 제시되면 즉시 인수가 이루어지고, 만기일(Maturity/Due Date) 내도 시 지급할 것을 약속한다.
• 기한부 신용장에는 기한부 매입신용장, 인수신용장, 연지급 신용장이 있다.
• 기한부(Usance) 어음의 기일
 – 일람 후 정기출급(at ××days after sight)
 – 일부 후 정기출급(at ××days after date)
 – 확정일 후 정기출급(at ××days after B/L date) 등

44 Choose the most appropriate set of words to complete the sentences.

> For carriers, (ⓐ) simply means the seller/shipper is responsible for stuffing the container and the cost thereof. The shipping line receives the containers at (ⓑ) and does not commit itself as regards the contents.
>
> On the other hand, (ⓒ) means that the carrier is responsible for the suitability and condition of the container, and the stuffing thereof. The containers are filled or stuffed on the carrier's premises, ideally at a (ⓓ). Therefore, it has become accepted practice combining (ⓔ) with (ⓕ), and (ⓖ) with (ⓗ).

	ⓐ	ⓑ	ⓒ	ⓓ	ⓔ	ⓕ	ⓖ	ⓗ
①	LCL	CY	FCL	CFS	LCL	CY	FCL	CFS
②	LCL	CFS	FCL	CY	LCL	CFS	FCL	CY
③	FCL	CY	LCL	CFS	FCL	CY	LCL	CFS
④	FCL	CFS	LCL	CY	FCL	CFS	LCL	CY

[정답] ③

[해석] 다음 문장들을 완성하기 위해 가장 적절한 단어들을 고르시오.

운송인에게 (ⓐ FCL) 화물은 단순히 판매인/선적처리업자가 컨테이너를 채우고 해당 요금을 지불하는 것을 뜻한다. 해운회사는 (ⓑ CY)에서 컨테이너를 받고 내용물에 관해서는 상관하지 않는다.

한편, (ⓒ LCL) 화물은 운송인이 컨테이너의 적합성과 상태, 그것을 채우는 것에 책임이 있다. 컨테이너는 운송인의 부지, 이상적으로는 (ⓒ CFS)에서 적입된다. 그러므로 (ⓔ FCL) 화물은 (ⓕ CY)와, (ⓖ LCL) 화물은 (ⓗ CFS)와 결합하는 것이 관행이 되었다.

*premises : (한 사업체가 소유·사용하는 건물이 딸린) 부지[지역], 구내

[해설] 컨테이너 화물 운송에서 LCL 화물은 CFS(Container Freight Station, 소량 컨테이너 화물 집화소/컨테이너 화물 조작장)와 Pier에서, FCL 화물은 CY(Container Yard, 컨테이너 야적/장치장)와 Door에서 작업이 이루어진다. FCL vs LCL 선적절차

FCL	LCL
FCL 화물 화주가 선사에 연락 → 선사가 화주 지정 공장창고 앞 컨테이너 반입 → 화주가 직접 컨테이너에 화물 적입(Stuffing/Vanning) → 적입 완료 후 컨테이너 도어 작업 및 실링(Sealing) 완료 → 컨테이너를 CY로 운송 → 컨테이너 전용선에 선적	선적항구 또는 ICD의 LCL 화물을 수집 → FCL 화물로 작업할 공간인 CFS까지 화주가 직접 또는 운송중개인(Forwarder)을 통해 운송 → LCL 화물의 FCL 작업 완료 → CFS에서 반출 후 CY에서 본선에 선적

45 Choose the most appropriate set of words to complete the sentences.

> A bill of lading is a (　　) instrument and can be passed from a shipper through any number of parties, each party (　　) it to assign title to the next party. The only condition is that (　　) can be assigned only by the party shown on the bill as having (　　) at the time. Any failure to respect this condition breaks what is known as the chain of title; all purported assignments of title after such a break are invalid.

① negotiable - endorsing - title - title
② transferable - naming - delivery - delivery
③ transferable - endorsing - delivery - delivery
④ negotiable - naming - title - delivery

46 Choose the WRONG one which explains EXW in respect of loading.

① The seller has no obligation to the buyer to load the goods, even though in practice the seller may be in a better position to do so.
② If the seller does load the goods, it does so at the buyer's risk and expense.
③ In cases where the seller is in a better position to load the goods, FCA is usually more appropriate.
④ EXW obliges the seller to load at its own risk and expense.

해석 다음 EXW(공장 인도조건)에 대한 설명 중 틀린 것을 고르시오.
① 매도인이 그렇게 하는 것이 더 나은 상황일지라도, 매도인은 매수인에 물품 적재에 대한 의무가 없다.
② 매도인이 물품을 적재한다면, 매수인의 위험과 비용도 함께 한다.
③ 매도인이 물품을 적재하기 더 좋은 상황인 경우, FCA가 대개 더 적합하다.
④ EXW는 적재 시의 위험과 비용을 매도인이 부담하여야 한다.

해설 인코텀즈 2010의 EXW(Ex Works)에 의하면 매도인은 적재의무가 없다. EX Works는 매도인의 영업장소(작업장, 공장, 창고 등)에서 매수인의 임의처분 상태로 물품을 놓아두었을 때 매도인이 인도하는 것을 의미한다. 매도인은 수취용 차량에 적재할 필요가 없으며, 수출통관이 필요한 경우에도 물품의 수출통관을 이행할 필요가 없다.

47 What does the following refer to?

Any extraordinary sacrifice or expenditure is voluntarily and reasonably made or incurred in time of peril for the purpose of preserving the property imperilled in the common adventure.

① Total loss
② Particular average
③ General average
④ Partial loss

정답 ③

해석 다음이 가리키는 것은 무엇인가?

공동위험이 발생했을 때나 위험한 시기가 닥쳤을 때 자산을 보호하기 위해 자발적이고 합리적인 희생 또는 경비 지출이 행해진다.

*expenditure : 경비
*imperil : 위태롭게 하다

① 전 손
② 단독해손
③ 공동해손
④ 분 손

해설 공동해손(General average)
항해단체(선박, 화물 및 운임 중 둘 이상)에 공동위험이 발생한 경우 그러한 위험을 제거·경감시키기 위해 (선장 책임 하에) 선체나 그 장비 및 화물의 일부를 희생(공동해손 희생손해)시키거나 필요한 경비(공동해손 비용손해)를 지출했을 때 이러한 손해와 경비(물적손해 및 비용손해)를 항해단체를 구성하는 이해관계자들이 공동분담(공동해손 분담금)해야 하는데, 이 같은 손해를 공동해손이라고 한다.

[48~49] Read the following and answer.

The most common transfer document is the bill of lading. The bill of lading is a (ⓐ) given by the freight company to the shipper. A bill of lading serves as a document of title and specifies who is to receive the merchandise at designated port. It can be in non-negotiable or in negotiable form. In a ⓑ straight bill of lading, the seller consigns the goods directly to the buyer. This type of bill is usually not desirable in a letter of credit transaction, because it allows the buyer to obtain possession of the merchandise without regard to any bank agreement for repayment.

48 Fill in the blank (ⓐ) with right word.

① receipt   ② evidence

③ proof   ④ exchange

49 What is best substitute for 'ⓑ straight'?

① order   ② usance

③ sight   ④ special

정답 48 ① 49 ④

해석

가장 보편적인 양도서류는 선하증권이다. 선하증권은 운송회사가 선적업자에게 주는 (ⓐ 수취증)이다. 선하증권은 권리증권의 역할을 하며 누가 지정된 항구에서 상품을 받을 것인지를 명기한다. 유통불능 또는 유통가능한 양식이 될 수도 있다. ⓑ 기명식 선하증권에서 판매자는 상품을 구매자에게 직접 양도한다. 이런 종류의 선하증권은 신용장 거래에서는 바람직하지 않은데, 그 이유는 은행의 상환 동의를 고려하지 않고 구매자에게 상품 소유권 획득을 허가했기 때문이다.

*transfer document : 양도서류
*serve as : ~의 역할을 하다
*document of title : 권리증권
*consign : ~에게 ~을 보내다
*letter of credit transaction : 신용장 거래
*repayment : 상환

48 빈 칸 ⓐ에 들어갈 말로 적절한 것을 고르시오.
   ① 수취증   ② 증 거
   ③ 증명서   ④ 환

49 'ⓑ straight'를 대체할 말로 가장 적절한 것은?
   ① 주 문   ② 기한부
   ③ 일 람   ④ 특 정

해설 48

선하증권은 선주가 화주로부터 의뢰받은 운송화물을 적재하고 또는 선적을 위하여 그 화물을 수취한 것을 증명하고, 이것을 도착항에서 일정 조건 하에 수화인이나 그 지시인에게 인도할 것을 약정한 유가증권이다. 선하증권의 기능은 선장 또는 선주의 대리인으로서 정당한 권한을 부여받은 자가 서명한 화물수취증(Receipt of goods), 송화인과 운송인(선주) 사이에서 협정된 운송계약을 나타내는 증거서류, 선하증권에 기재된 물건을 화체하는 권리증권 (Document of title)으로 권리증권의 소지인은 증권에 기재된 물건을 임의로 처분할 수 있다.

49

④ straight bill of lading은 special bill of lading이라고도 한다.

*straight bill of lading : 기명식 선하증권. 특정의 수취인에게 화물을 인도하도록 배서되어 있는 선하증권으로 남에게 양도할 수 없다.

50 Fill in the blank with suitable words.

If a contract is silent on the country of the proper court, the parties involved in a dispute may want to invoke the jurisdiction of the national courts in which they think they have the highest likelihood of success, or the courts which are most convenient for them. This practice is known as (   ).

① forum seeking
② forum shopping
③ court tour
④ court reference

정답 ②

해석 빈 칸에 들어갈 말로 적절한 것을 채우시오.

그 나라의 적절한 법원에서 계약이 성립되지 않는다면, 분쟁에 연루된 당사자들은 승소할 가능성이 높은 지역의 법원이나 가장 편리한 법원의 관할권 적용을 원할 것이다. 이러한 관행은 (포럼쇼핑)이라고 알려져 있다.

*jurisdiction : 관할권

① 포럼 탐색
② 포럼쇼핑
③ 법원투어
④ 법원 조회처

해설 ② forum shopping : 포럼쇼핑. 원고가 소송을 제기하는 데 있어서 다수의 국가 또는 주의 재판소 중에서 자신에게 가장 유리한 판단을 받을 수 있는 재판소를 선택하는 것을 말한다.

51 ( ) 안에 들어갈 용어를 올바르게 나열한 것은?

> (a)는 선박의 밀폐된 내부 전체용적을 나타내며 100ft³을 1톤으로 하되 기관실, 조타실 따위의 일부
> 시설물의 용적은 제외한다. 각국의 보유 선복량 표시, 관세, 등록세, 도선료 등의 부과 기준이 된다.
> 반면 (b)는 상행위에 직접적으로 사용되는 장소만을 계산한 용적으로 전체 내부용적에서 선원실,
> 갑판창고, 통신실, 기관실 따위를 제외한 부분을 톤수로 환산한 것이며, 톤세, 항세, 항만시설사용
> 료, 운하통과료 등의 부과 기준이 된다.

① a : 총톤수(G/T ; Gross Tonnage)

   b : 순톤수(N/T ; Net Tonnage)

② a : 순톤수(N/T ; Net Tonnage)

   b : 총톤수(G/T ; Gross Tonnage)

③ a : 재화중량톤수(DWT ; Dead Weight Ton)

   b : 배수톤수(Displacement Ton)

④ a : 배수톤수(Displacement Ton)

   b : 재화중량톤수(DWT ; Dead Weight Ton)

정답 ①

해설 **톤수의 유형**

- **총톤수**
  - 선박의 밀폐된 내부 총 용적
  - 상갑판 이하 모든 공간과 상갑판 위 모든 밀폐된 장소의 적량을 합한 것
  - 선박의 안전과 위생을 위해 사용하는 장소는 제외
- **배수톤수** : 선체가 수면에 잠긴 부분의 용적에 상당하는 물의 중량
- **만재중량톤수** : 선박이 적재할 수 있는 화물의 최대중량을 톤으로 환산한 것
- **순톤수** : 총톤수에서 기관실, 선원실, 해도실 등 선박 운항 관련 장소 용적을 제외한 것

52 Incoterms 2010상 FCA 조건에 대한 설명이다. (　) 안에 들어갈 내용을 올바르게 나열한 것은?

> 물품의 지정된 인도장소가 매도인의 영업장 구내인 경우에는, (a)이 매수인 지정 운송수단에 적재
> 책임을 부담한다. 그리고 기타의 경우에는, 물품이 매도인의 (b) 상태로 매수인이 지정한 운송인이
> 나 제3자의 임의처분 하에 놓인 때이다.

① a : 매도인, b : 운송수단에 실린 채 양륙 준비된
② a : 매수인, b : 운송수단으로부터 양륙 완료된
③ a : 매수인, b : 운송수단에 실린 채 양륙 준비된
④ a : 매도인, b : 운송수단으로부터 양륙 완료된

정답 ①

해설 FCA(Free Carrier, 운송인 인도조건)
• 인코텀즈 2010의 FCA(Free Carrier)는 매도인이 자신의 영업장 또는 합의된 장소에서 매수인에 의해 지정된
  운송업자 또는 다른 당사자에게 물품을 인도하는 것을 의미한다.
• 매도인의 영업소인 경우에는 매수인의 수취용 차량에 적재된 때에 인도가 종료된다.
• 그 이외의 합의된 장소에서 인도되는 경우에는 물품이 매도인의 차량으로부터 양륙되지 않은 채 매수인의 임의처분
  상태로 놓인 때 인도가 완료된다.

53 산업설비수출계약이나 해외건설공사계약을 체결한 수출자가 계약상의 의무이행을 하지 않음으로써
발주자가 입게 되는 손해를 보상받기 위해 발행하는 수출보증서로 옳은 것은?

① Retention Bond
② Performance Bond
③ Maintenance Bond
④ Advanced Payment Bond

정답 ②

해설 ② Performance Bond(계약이행 보증) : 계약체결 시 약정된 계약을 이행하지 않을 경우에 지급토록 되어 있는
  은행이나 보험사가 발행한 보증서
① Retention Bond(유보금 환급 보증) : 기성고방식의 수출거래에 있어서 수입자는 각 기성단계별 기성대금 중
  일부를 수출자의 완공불능위험에 대비하기 위해 유보하게 되는데, 수출자가 유보금에 해당하는 금액을 결제받기
  위해서 제출하는 보증서
③ Maintenance Bond(하자보수 보증) : 산업설비의 설치 또는 해외건설공사 완료 후, 일정기간 완공설비나 건물
  등에서 발생하는 하자발생에 따른 손실을 담보하기 위해 발행하는 보증서
④ Advanced Payment Bond(선수금 환급 보증) : 수출자가 선수금 수령 후 수출이행을 하지 않는 경우에 수령한
  선수금에 대한 반환청구를 할 수 있는 보증서

54 무역계약의 성립요건에 대한 설명으로 옳지 않은 것은?

① 계약의 목적과 내용이 위법이거나 실현 불가능한 것이어서는 안 된다.

② 계약당사자의 행위능력이 있어야 한다.

③ 사기나 강박 등에 의한 것이 아니어야 한다.

④ 착오에 의한 계약도 유효하므로 계약체결 시 유의하여야 한다.

정답 ④

해설 ④ 사기(Fraud), 착오(Mistake), 부실표시(Misrepresentation), 강박(Duress), 부당위압(Undue influence)에 의한 계약은 무효가 된다.

55 Incoterms 2010상 복합운송조건에 대한 설명으로 옳지 않은 것은?

① 해상운송이 전혀 포함되지 않은 경우에도 사용가능하다.

② 해상운송만 이용되는 경우에도 문제없이 사용할 수 있다.

③ 선택된 운송방식이 어떤 것인지, 운송방식이 단일운송인지 복합운송인지 불문하고 사용가능하다.

④ 복합운송 중 최초의 운송방식이 해상운송인 경우에도 사용가능하다.

정답 ②

해설 ② Incoterms 2010의 복합운송조건은 해상운송조건의 포함 여부는 관계없지만 단독 해상운송조건만 있을 때에는 복합운송을 사용할 수 없다.

56 신용장통일규칙(UCP 600)에서 규정하고 있는 선하증권의 수리요건으로 볼 수 없는 것은?

① 운송인의 명칭과 운송인, 선장 또는 지정대리인이 서명한 것

② 신용장에 지정된 선적항과 양륙항을 명시한 것

③ 화물의 본선적재가 인쇄된 문언으로 명시되어 있거나 본선적재필이 부기된 것

④ 용선계약에 따른다는 명시가 있을 것

해설 **선하증권의 수리요건**
- 운송인의 명의와 함께 운송인, 선장 또는 그 대리인이 서명하거나 기타의 방법으로 인정한 서류
- 물품이 본선적재 또는 선적되었음을 명시한 서류
- 선적항과 수탁지 또는 양륙항과 최종목적지가 다르거나, 지정된 선적항과 양륙항을 명시하면서 '예정된' 선적항이나 양륙항을 명시한 경우에도 신용장상에 지정된 선적항과 양륙항을 명시한 서류
- 단일의 원본이나 여러 통의 원본으로 발행된 전통으로 구성된 서류
- 운송에 관한 배면약관이 있거나 그 약관이 없는 약식의 서류
- 용선계약 또는 범선만에 의한 운송이라는 어떠한 명시도 없는 서류
- 기타 신용장에 있는 모든 규정을 충족한 서류

57 환어음을 작성할 필요가 없는 결제방법은?

① Freely Negotiable Credit
② D/P
③ D/A
④ COD

해설 **COD(Cash On Delivery, 물품인도 결제방식)**
- 상품이 목적지에 도착하면 '상품과 상환'으로 현금결제하는 방식이다.
- 수출자가 수입국에서 수입통관을 완료하고 수입자에게 물품을 인도할 때 대금(Cash)을 수령하는 결제방식이다.
- 통상 수출업자 지사나 대리인이 수입국에 있는 경우 또는 귀금속과 같은 고가품을 거래할 때 활용한다.
- 사후송금방식이므로 CAD와 함께 환어음을 작성할 필요가 없는 결제방식이다.

58 신용장 방식의 경우 곡물, 광산물과 같은 Bulk cargo의 선적수량에 대한 설명으로 옳은 것은?

① 일반적으로 3%의 과부족을 용인한다.
② 일반적으로 5%의 과부족을 용인한다.
③ 일반적으로 10%의 과부족을 용인한다.
④ 일체의 과부족을 용인하지 않는다.

해설 신용장 방식 거래에서는 과부족을 인정하지 않는다는 금지조항이 없는 한 5%의 과부족(Tolerance)이 허용되는 것으로 본다. 반면, 신용장 방식 거래 시 신용장 금액, 수량, 단가 앞에 "about, approximately, circa, around" 등의 용어가 사용된 경우 상하 10% 이내의 과부족(Difference)을 허용하며, 이런 표현이 없을 때에도 수량에 대해서만은 어음발행 금액이 신용장 금액을 초과하지 않는다는 것을 전제로 상하 5% 범위 내에서 과부족을 허용한다.

59 수출상과 수입상이 동종의 물품을 일정기간에 걸쳐 반복적으로 거래할 경우 한번 개설된 신용장의 효력이 일정기간 경과 후 다시 갱생되는 신용장은?

① 선대신용장
② 회전신용장
③ 기탁신용장
④ 토마스 신용장

정답 ②

해설
① 선대신용장(Red Clause L/C) : 수출물품의 생산·가공·집화·선적 등에 필요한 자금을 수출업자에게 융통해 주기 위하여 매입은행으로 하여 일정한 조건에 따라 신용장 금액의 일부 또는 전부를 수출업자에게 선대(선불)해 줄 것을 허용하고 신용장 개설은행이 그 선대금액의 지급을 확약하는 신용장이다.
③ 기탁신용장(Escrow L/C) : 수입신용장 개설 시 환어음 매입대금을 수익자에게 지급하지 않고 수익자 명의의 'Escrow 계정'에 기탁(입금)해 뒀다가 수익자가 수입하는 상품의 대금 결제용으로만 인출 가능하도록 한 신용장이다.
④ 토마스 신용장(TOMAS L/C) : 일정 기간 내 수출자도 신용장을 개설하겠다는 보증서를 요구하는 구상무역을 위한 특수한 신용장으로, 수출국의 수출물품은 확정되었지만 수입할 물품이 확정되지 않은 경우 이용된다.

60 국제물품매매계약에 관한 UN협약(CISG)에서 매도인이 계약을 위반했을 때 매수인에게 부여할 권리 구제의 방법에 대한 설명으로 옳지 않은 것은?

① 매도인이 계약을 이행하지 않는 경우에 매수인은 원칙적으로 계약대로의 이행을 청구할 수 있다.
② 매수인은 매도인의 의무이행을 위하여 합리적인 추가기간을 지정할 수 있다.
③ 매수인이 수령당시와 동등한 상태로 반환할 수 없는 경우에도 대체물품인도청구권을 가질 수 있다.
④ 매도인이 물품의 하자를 보완하였거나 매수인이 매도인의 보완제의를 부당하게 거절하는 경우 대금감액은 인정되지 않는다.

정답 ③

해설 물품의 부적합이 계약의 본질적인 위반이 되는 경우, 그 통지 시 또는 그 상당한 기간 내에 대체물을 청구할 수 있다. 그러나 매수인은 이미 수령한 물품을 반환할 수 없거나 수령 당시와 동등한 상태로 반환할 수 없는 경우에는 대체물품인도청구권을 상실하게 된다.
매도인의 의무(Seller's Obligations)
• 물품인도의 의무
• 물품서류 교부의 의무
• 일치된 물품인도의 의무
매수인의 권리구제(Buyer's Remedies)
• 대금감액(Reduction of the Price) 청구권
• 추가기간 설정권
• 계약 해제권
• 손해배상 청구권
• 특정이행 청구권(매수인은 매도인에게 그 의무이행 청구 가능)
• 대체품인도 청구권
• 하자보완 청구권/수리 요구권

61 Incoterms 2010상 DAP와 DAT 조건에 대한 설명이다. ( ) 안에 들어갈 내용을 올바르게 나열한 것은?

> DAP와 DAT는 모두 도착지인도 규칙(Delivered rule)으로서, (a) 사용될 수 있다. DAP와 DAT는 인도(Delivery)가 지정목적지(Named place of destination)에서 일어난다는 공통점이 있으나, 구체적으로 (b)에서는 물품이 그러한 목적지에서 운송수단으로부터 양륙된 상태로 매수인의 처분 하에 놓인 때에, (c)에서는 물품이 그러한 도착지에서 운송수단에 실린 채 양륙 준비된 상태로 매수인의 임의처분 하에 놓인 때에 인도가 일어난다는 차이가 있다.

	a	b	c
①	운송방식에 관계없이	DAT	DAP
②	해상운송 및 내수로 운송에	DAT	DAP
③	운송방식에 관계없이	DAP	DAT
④	해상운송 및 내수로 운송에	DAP	DAT

정답 ①

해설 DAT는 물품이 도착운송수단으로부터 양륙된 상태로 지정목적항이나 지정목적지의 지정 터미널에서 매수인의 처분 하에 놓이는 때에 매도인이 인도한 것으로 되고, DAP는 물품이 지정목적지에서 도착운송수단에 실린 채 양륙 준비된 상태로 매수인이 처분하에 놓이는 때에 매도인이 인도한 것으로 되는 것을 말한다.

62 청약의 소멸사유로 옳지 않은 것은?

① 청약에 대한 상대방의 승낙
② 청약의 철회(Withdrawal)
③ 당사자의 사망
④ 청약의 거절 또는 반대청약

정답 ②

해설 청약의 취소(Revocation of Offer)는 청약의 소멸사유가 될 수 있으나 'Withdrawal(청약의 철회)'은 아직 효력이 발생하지 않은 의사표시를 거두어들이는 것으로 효력이 발생한 적이 없어 소멸도 없다는 것으로 본 것이 출제의도인 듯하다. 그러나 논란의 여지가 있는 문제이다.

청약의 철회(Withdrawal)와 취소(Revocation)
• 청약의 철회와 취소의 차이점은 청약의 유효성에 있다. 철회는 청약이 유효해지기 전에 청약자의 청약의사를 회수하는 것이다. 반면, 취소는 청약이 유효해지고 나서, 즉 청약이 피청약자에게 도달하고 나서 청약자가 자신의 청약의사를 회수하는 것이다.
• 청약은 취소불가능하더라도 철회의 의사표시가 청약의 도달 전 또는 그와 동시에 피청약자에게 도달하는 경우에는 철회할 수 있다(CISG 제15조 (2)항).
• 피청약자가 승낙을 발송하기 전에 철회의 의사표시가 피청약자에게 도달한다면, 청약은 계약이 성립하기 전까지는 취소될 수 있다(CISG 제16조 (1)항).

63 신용장에서 "Manually Signed Commercial Invoice in triplicate certifying goods as per 'Description of Goods' and to be of CHINESE origin. Original Invoice to be legalized by UAE Embassy/Consulate"라고 기재된 경우, 옳지 않은 것은?

① 송장상에 서명은 반드시 수기로 하여야 한다.
② 송장 3부 모두 반드시 원본으로 제시하여야 한다.
③ 송장상에 물품의 원산지가 중국임을 증명하는 내용이 포함되어 있어야 한다.
④ 송장 원본은 반드시 아랍에미레이트 대사관에서 직인(확인)을 받아야 한다.

[정답] ②

[해설] ② Commercial Invoice in triplicate은 상업송장의 원본만 요구하는 의미는 아니고 '원본 1부, 나머지 2부는 사본 가능'이라는 의미로 해석할 수 있다.
선하증권에 표기하는 통상적인 신용장 조건 - Full set
• 선사가 각각 서명하여 발행한 B/L 전체(전통)를 말하며 일반적으로 B/L은 원본 3통/부(Original, Duplicate, Triplicate)를 1조로 하여 발행한다.
• 3통 모두 정식 선하증권으로 독립적 효력이 있어서 이 중 어느 1통(부)만 있어도 선사는 화물을 수하인에게 인도하므로, 1통이 사용되면 나머지 2통은 무효이다.
• 신용장 취급은행은 3통의 선하증권을 모두 제시받아야 담보권이 확보되었다고 볼 수 있다[대개 은행은 전통(부)을 요구하며 취급은행이 Original(원본) 한 통에 배서, 수하인에게 인도하면 나머지는 무효가 된다].

64 해상운임에 대한 설명으로 옳지 않은 것은?

① 귀금속 등 고가의 운송에 있어 화물의 가격을 기초로 일정률을 징수하는 종가운임이 있다.
② 화물의 용적이나 중량이 일정기준 이하일 경우 최저 운임이 적용된다.
③ 중량 또는 용적 중 운임이 높은 쪽으로 실제운임을 부과하는 중량톤(Revenue Ton)이 있다.
④ 화물, 장소, 화주에 따라 운임을 차별적으로 부과하는지의 여부에 따라 차별운임과 무차별운임이 있다.

[정답] ③

[해설] ③ 기본운임(Basic Rate)은 중량(Weight) 또는 용적(Measurement) 단위로 책정되는데, 2가지 중 운임이 높은 쪽이 실제운임으로 결정되는 것을 운임톤(Revenue Ton ; RT)이라 한다.

65 공동해손 비용손해(General average expenditure)에 해당하지 않는 것은?

① 인양비용
② 피난항 비용
③ 임시 수리비
④ 손해방지비용

정답 ④

해설 ④ 손해방지비용은 공동해손 비용손해에 해당하지 않는다.

공동해손의 적격범위
• 공동해손 희생손해
　– 적하의 투하(Jettison of Cargo)
　– 투하로 인한 손상
　– 선박의 소화 작업
　– 기계 및 기관손해
　– 임의 좌초
　– 하역작업 중 발생하는 손해
　– 운임의 희생손해
• 공동해손 비용손해
　– 구조비
　– 피난항 비용
　– 임시 수리비
　– 자금조달비용

66 Incoterms 2010상 EXW(Ex Works) 조건에 대한 설명으로 옳지 않은 것은?

① 매도인은 매매계약과 일치하는 물품을 자신의 영업장 구내에서 매수인에게 인도한다.
② 당사자 사이에 합의되었거나 관습이 있는 경우에 서류는 그에 상당하는 전자적 기록이나 절차로 할 수 있다.
③ 매수인은 매도인의 영업장 구내에서 물품을 수령하고 이를 입증하는 적절한 증빙을 제공하여야 한다.
④ 매도인은 수출국에 의하여 강제적인 검사를 포함하여 모든 선적 전 검사 비용을 부담하여야 한다.

정답 ④

해설 ④ 매수인(Buyer)은 수출국에 의하여 강제되는 것을 포함하여 강제적인 선적 전 검사에 드는 비용을 부담해야 한다.

67 혼재서비스(Consolidation Service)에 대한 설명으로 옳지 않은 것은?

① 공동혼재(Joint Consolidation)는 운송주선인이 자체적으로 집화한 소량화물을 FCL로 단위화하기에 부족한 경우 동일 목적지의 LCL을 확보하고 있는 타 운송주선인과 FCL 화물을 만들기 위해 업무를 협조하는 것이다.

② Buyer's Consolidation은 운송주선인이 한 사람의 수입상으로부터 위탁을 받아 다수의 수출상으로부터 화물을 집화하여 컨테이너에 혼재한 후 그대로 수입상에게 운송하는 형태이다. CFS-CY 형태로 운송된다.

③ Forwarder's Consolidation은 운송주선인이 여러 화주의 소량 컨테이너화물을 CFS에서 혼재한다. 혼재된 화물은 목적항의 CFS에서 화주별로 분류되어 해당 수입상에게 인도된다. CY-CY 형태로 운송된다.

④ Shipper's Consolidation은 수출상이 여러 수입상에게 송부될 화물을 혼재하는 것이다. CY-CFS 형태로 운송된다.

정답 ③

해설 ③ 포워더 혼재(Forwarder's Consolidation)는 운송주선인이 동일한 목적지로 보내지는 소량화물을 집하하여 FCL 화물로 혼재하는 작업을 말한다.

혼재작업(Consolidation)
• 다수 소량화주의 LCL 화물을 모아 FCL 화물로 작업하는 것이다.
• 혼재작업을 하는 운송중개인을 혼재업자(Consolidator)라고도 한다.
• FCL 화물의 적입 작업(Stuffing/Vanning)을 LCL 화물에서는 Consolidating이라 한다(즉, 다수 화주의 LCL 화물을 하나의 FCL 화물로 작업하는 Stuffing을 Consolidating이라 함).

---

68 중재(Arbitration)에 의한 분쟁의 해결에 대한 설명으로 옳지 않은 것은?

① 중재합의의 주요 내용으로 중재지, 중재기관, 준거법을 포함해야 한다.
② 중재합의는 반드시 서면으로 이뤄져야 한다.
③ 중재절차의 심문은 비공개를 원칙으로 서면주의와 구술주의를 병행한다.
④ 중재절차에서 당사자 일방이 심문에 출석하지 아니하면 심문절차는 진행되지 않는다.

정답 ④

해설 어느 한쪽 당사자가 구술심리에 출석하지 아니하거나 정하여진 기간 내에 서증을 제출하지 아니하는 경우 중재판정부는 중재절차를 계속 진행하여 제출된 증거를 기초로 중재판정을 내릴 수 있다(중재법 제26조 제3항).

69 원산지증명서에 대한 설명으로 옳지 않은 것은?

① 원산지증명서는 양허세율의 적용 시 기준으로 이용되기도 한다.

② 일반적인 원산지증명서는 대한상공회의소에서 발급하고 있다.

③ 관세양허 원산지증명서는 세관에서도 발급하고 있다.

④ 원산지증명서에서 수화인의 정보는 운송서류상의 수화인의 정보와 다르게 표시할 수 있다.

정답 ④

해설 ④ 원산지증명서의 수화인 정보가 만일 표시되었다면, 운송서류의 수화인 정보와 상충되지 않아야 한다.

원산지증명서(Certificate of Origin ; C/O)

• C/O는 수입통관 시 관세양허용뿐만 아니라 특정국으로부터의 수입제한 또는 금지, 국별 통계를 위해 수입국이 요구하는 경우 발행된다.

• 양국의 통상협정에 의한 관세양허를 위한 일반원산지증명서는 상공회의소 또는 세관이 발행한다.

• FTA 특혜관세 적용 대상물품의 경우 수입신고 시 원산지증명서를 제출하여야 한다.

• 협정세율은 협정 종류에 따라 당해 협정에 가입한 국가에서 생산한 물품에 한하여 적용이 가능하므로 원산지증명서에 의거 원산지를 확인하고 양허세율을 적용한다.

70 서류의 용도가 다른 하나는?

① Letter of Guarantee

② Letter of Indemnity

③ Surrendered B/L

④ Sea Waybill

정답 ②

해설 ② Letter of Indemnity(파손화물 보상장) : 적재된 화물에 대해 사고나 파손이 있음을 첨부한 수령서가 작성되었을 때 무사고 선하증권 발급 청구를 위해 하주가 선주에게 제공하는 보상장

① Letter of Guarantee(수입화물 선취보증장) : 선하증권 없이 수입화물을 먼저 수취할 때 선사에게 제출하는 보증서

③ Surrendered B/L : 화물이 선하증권(B/L)보다 먼저 도착할 경우에 하주의 요청에 따라 선하증권에 'Surrendered'라고 표시하면 유가증권으로서의 기능을 포기한 선하증권

④ Sea Waybill : 선하증권과 달리 운송중인 화물에 대한 전매 필요성이 없는 경우 발행되는 선적서류로 유통성 있는 권리증권이 아니라는 점을 제외하면 선하증권과 성질 및 기능이 동일하다.

71 무역금융 융자대상이 되지 않는 것은?

① D/A, D/P 방식에 의한 물품 수출
② 중계무역방식에 의한 물품 수출
③ CAD, COD 방식에 의한 물품 수출
④ 구매확인서에 의한 수출용 원자재의 국내 공급

[정답] ②

[해설] ② 중계무역방식에 의한 수출은 융자대상에서 제외된다.
무역금융 융자대상
• 융자대상증빙 보유 : 수출신용장, 선수출계약서(D/P, D/A), 외화표시물품 공급계약서(산업설비 수출계약서 등), 내국신용장 등
• 수출거래에 의한 과거실적을 보유 : 단순송금방식 수출, 대금교환도(COD 및 CAD 조건 수출방식에 의한 수출), 국내 보세판매장을 통한 내국수출, 팩터링 방식에 의한 과거실적 보유

72 다음의 경우 환가료를 원화로 계산한 것으로 옳은 것은?

> 1) 거래금액 : USD800,000
> 2) 거래조건 : A/S
> 3) 환가료율 2.00%
> 4) 우편일수 9일
> 5) 환율(장부가격) : USD1 = KRW1,100

① 1,600원
② 4,400원
③ 16,000원
④ 44,000원

[정답] 모두 정답(※ 보기 중 해당하는 환가료 값이 없어 모두 정답 처리함)

[해설] 환가료 = 매입금액 × 매매기준율 × 환가료율 × 일자 / 360
= 800,000 × 1,100 × 0.02 × 9 / 360 = 440,000원
환가료
외국환은행이 수출환어음, 여행자수표 등의 외국환을 매입한 후 완전한 외화자산(cash)으로 현금화할 때까지 또는 미리 지급한 자금을 추후 상환 받을 때까지 은행 측에서 부담하는 자금에 대한 이자보전 명목으로 징수하는 기간 수수료이다.

73 신용장통일규칙(UCP 600)상 '신용장 양도'에 관한 설명으로 옳지 않은 것은?

① 신용장이 양도가능하기 위해서는 신용장에 "양도가능(Transferable)"이라고 기재되어야 한다.

② 양도은행이라 함은 신용장을 양도하는 지정은행을 말하며, 개설은행은 양도은행이 될 수 없다.

③ 양도와 관련하여 발생한 모든 수수료는 제1수익자가 부담하는 것이 원칙이다.

④ 제2수익자에 의한 또는 그를 대리하여 이루어지는 서류의 제시는 양도은행에 이루어져야 한다.

[정답] ②

[해설] ② 개설은행도 양도은행이 될 수 있다.
UCP 600 제38조 양도가능 신용장
Transferring bank means a nominated bank that transfers the credit or, in a credit available with any bank, a bank that is specifically authorized by the issuing bank to transfer and that transfers the credit. An issuing bank may be a transferring bank.
양도은행은 신용장을 양도하는 지정은행 또는 모든 은행에서 사용될 수 있는 신용장에 있어서, 개설[발행]은행에 의하여 양도하도록 특별히 수권되고 그 신용장을 양도하는 은행을 말한다. 개설[발행]은행은 양도은행일 수 있다.

74 운송계약의 당사자인 운송인은 용선자가 아니라 선주 또는 선박임차인이고, 선하증권의 효력이 선하증권 소지인과 선주 간에만 미치므로 운송 중 화물의 손해에 대해 용선자는 아무런 책임도 부담하지 않는다는 취지의 조항은?

① Jason Clause

② Himalaya Clause

③ Demise Clause

④ Indemnity Clause

[정답] ③

[해설] ③ Demise Clause(디마이즈 약관) : 운송계약 당사자인 운송인은 용선자가 아니라 선주 또는 선박임차인이고, 선하증권의 효력이 선하증권 소지인과 선주 간에만 미치므로 운송 중 화물 손해에 대해 용선자는 아무런 책임도 부담하지 않는다는 취지의 조항
① Jason Clause(과실공동손해약관) : 항해상 과실로 발생한 공동해손인 손해를 운송인이 화물 소유자에게 분담시킨다는 취지를 명문화한 약관
② Himalaya Clause(히말라야 약관) : 선하증권에 기재된 사용인 면책약관
④ Indemnity Clause(보상약관) : 정기용선계약에서 용선자가 선주에게 보상할 내용을 규정한 약관

75 수출자 또는 수출물품 등의 제조업자에 대한 외화획득용 원료 또는 물품 등의 공급 중 수출에 공하여 지는 것으로 수출실적의 인정범위에 해당하지 않는 것은?

① 내국신용장(Local L/C)에 의한 공급
② 내국신용장(Local L/C)의 양도에 의한 공급
③ 구매확인서에 의한 공급
④ 산업통상자원부장관이 지정하는 생산자의 수출 물품 포장용 골판지상자의 공급

정답 ②

해설 **수출실적의 인정범위(대외무역관리 규정 제25조 제1항 제3호)**
수출실적의 인정범위에는 수출자 또는 수출 물품 등의 제조업자에 대한 외화획득용 원료 또는 물품 등의 공급 중 수출에 공하여 지는 것이 포함되는데 다음에 해당하는 경우가 그것이다.
• 내국신용장(Local L/C)에 의한 공급
• 구매확인서에 의한 공급
• 산업통상자원부장관이 지정하는 생산자의 수출 물품 포장용 골판지상자의 공급

제1과목　영문해석

01 What is WRONG in Incoterms 2010 explanation?

① CIF : Seller is not responsible for the condition of the goods while they are in pre-carriage transit.

② CIF : Same as CFR, except for the insurance coverage.

③ CPT : Direct extension of the FCA Incoterm. It switches the contract of main-carriage task from the buyer to the seller.

④ CPT : Seller is not responsible for the condition of the goods during vessel loading when the loading takes place after the goods have been delivered to the previous carrier.

정답 ①

해석 다음 Incoterms 2010에 대한 설명 중 잘못된 것은 무엇인가?

① CIF : 매도인은 선적 전 운송 제품의 상태에 대해서는 책임이 없다.

② CIF : 보험담보범위를 제외하고는 CFR 조건과 동일하다.

③ CPT : Incoterm FCA의 직접적인 확장. 주요 운송 임무에 대한 계약을 매수인에서 매도인으로 전환한다.

④ CPT : 매도인은 물품이 이전 운송인에게 전달된 이후 물품이 선적될 동안의 상태에 대한 책임이 없다.

해설 CIF(운임·보험료 포함 인도조건)

매도인이 물품을 본선에 적재하여 인도하거나 이미 그렇게 인도된 물품을 조달하는 것을 의미한다. 물품의 멸실 혹은 손상에 관한 위험은 물품이 본선에 적재되었을 때 이전된다. 매도인은 물품을 지정목적항까지 운송하는 데 필요한 계약을 체결하고 이에 따른 비용과 운임을 부담한다.

*insurance coverage : 보험담보범위

02 Which has a different topic from others?

① We are pleased to say that we can deliver the goods by November 1, so you will have stock for the Christmas sales period.

② As there are regular sailings from Busan to New York, we are sure that the goods will reach you well within the time you specified.

③ We have the materials in stock and will ship them immediately on receipt of your order.

④ All list prices are quoted FOB Busan and are subject to a 25% trade discount with payment by letter of credit.

정답 ④

해석 다음 중 주제가 다른 것은 무엇인가?
① 당사는 11월 1일까지 물품 배송이 가능함을 알려드립니다. 따라서 귀사는 크리스마스 세일을 위한 재고를 확보할 수 있을 것입니다.
② 부산발 뉴욕행 정기 운항이 있으므로, 당사는 물품이 귀사가 명시한 시기 내에 도착할 것을 확신합니다.
③ 당사는 그 자재의 재고가 있으므로 귀사의 주문을 받는 대로 즉시 선적할 것입니다.
④ 가격 목록은 FOB Busan 조건으로 견적되었으며 신용장 결제로 25% 할인 거래 조건입니다.

해설 ①~③은 물품 배달에 대한 것인 반면, ④는 가격 조건에 대한 내용이다.
*on receipt of your order : 귀사의 주문을 받는 대로

[03~04] Read the following and answer.

Dear Mr. Han,

We are pleased to tell you that the above order has been shipped on the SS Marconissa and should reach you in the next 30 days.
Meanwhile, our bank has forwarded the relevant documents and draft for USD3,000,000 which includes the agreed trade and quantity discounts, to HSBC Seoul for your acceptance of the draft.
We are sure you will be very satisfied with the consignment and look forward to your next order.

Best wishes,

William Cox
Daffodil Computer

03 What payment method can be inferred?

① COD   ② CAD

③ D/P   ④ D/A

04 Which document is most far from the underlined 'relevant documents'?

① Bill of exchange   ② Commercial invoice

③ Packing list   ④ Bill of lading

정답 03 ④ 04 ①

해석

친애하는 한 선생님께,

당사는 상기 주문이 SS Marconissa에 선적되어 다음 30일 안에 귀사에 도착할 것을 알립니다.
그 동안 당사의 은행은 귀사의 어음 승인을 위해 합의된 물량 할인을 포함한 USD3,000,000의 어음과 <u>관련 서류들</u>을 HSBC 은행 서울 지점으로 전달하였습니다.
당사는 귀사가 배송 물품에 매우 만족하실 것으로 확신하며 귀사의 다음 주문을 기대합니다.

그럼 안녕히 계십시오.

William Cox
Daffodil Computer

*relevant documents : 관련 서류
*consignment : 배송물

03 추론할 수 있는 지불방법은 무엇인가?
  ① 물품인도 결제방식(Cash On Delivery)
  ② 서류인도 상환방식(Cash Against Document)
  ③ 지급인도조건(Document against Payment)
  ④ 인수인도조건(Document against Acceptance)

04 밑줄 친 '관련 서류들'과 가장 거리가 먼 것은 무엇인가?
  ① 환어음   ② 상업송장
  ③ 포장명세서   ④ 선하증권

해설 03

D/A(Document against Acceptance, 인수인도조건)
수출상(의뢰인)이 물품을 선적한 후 구비된 서류에 '기한부환어음'을 발행·첨부하여 자기거래은행(추심의뢰은행)을 통해 수입상 거래은행(추심은행)에 그 어음대금의 추심을 의뢰하면, 추심은행은 이를 수입상(Drawee, 지급인)에게 제시하여 그 제시된 환어음을 일람지급 받지 않고 인수만 받음으로써(Against Acceptance, 환어음 인수와 상환) 선적서류를 수입상에게 인도 후 약정된 만기일에 지급받는 방식이다.

04
밑줄 친 관련 서류는 선적서류(선화증권, 보험서류, 상업송장 등)를 말하는데, ① Bill of exchange는 환어음이다.

05 Which is most far from usage of export credit insurance?

① It protects against financial cost of non-payment by buyer.

② It enables exporters to offer buyers competitive payment terms.

③ It helps to obtain working capital loans from banks.

④ It protects against losses from damage of goods in transit.

정답 ④

해석 **다음 중 수출신용보험의 사용과 가장 거리가 먼 것은 무엇인가?**
① 매수인의 대금 미지급에 대해 재정적으로 보호한다.
② 수출업자가 매수인에게 경쟁력 있는 지불 조건을 제공할 수 있게 한다.
③ 은행으로부터 운용 자본 융자금을 얻도록 도움을 준다.
④ 운송 중 물품의 손상으로 인한 손실에 대하여 보호한다.

해설 **수출신용보험**
수출어음에 대한 대금을 받을 수 없게 되었을 때 이를 보상하는 보험이다. 수입업자의 파산, 대금지급 지체, 수입국에서의 전쟁·혁명·내란·천재지변, 환거래 제한이나 금지 등 신용위험과 상대국의 비상 위험으로부터 수출거래를 보호하기 위한 것으로 지급받지 못하게 된 금액의 90%(단, 중소기업은 95%)를 보상한다.

---

06 Who might be A?

Transport documents are required both to assure that the goods are being properly transported and for the A to claim possession of the goods at destination.

① Buyer

② Seller

③ Carrier

④ Banks

정답 ①

해석 **A는 누구인가?**

운송서류는 물품이 적절하게 운송되는 것과 목적지에서 A를 위한 물품 소유권을 보장할 것을 모두 요구받는다.

① 매수인
② 매도인
③ 운송인
④ 은 행

해설 ① 물품이 운송된 목적지에서 소유권은 매수인에게 있다.

07 Which is MOST suitable for (A)?

A credit requiring an "invoice" without further definition will be satisfied by any type of invoice presented except : (A)

① customs invoice
② tax invoice
③ consular invoice
④ pro-forma invoice

정답 ④

해석 (A)에 가장 적합한 것은 무엇인가?

추가적인 정의가 없는 송장을 요구하는 신용장은 (A 견적송장)을 제외하고 제시된 어떤 유형의 송장에 의해서도 충족될 것이다.

① 세관송장
② 세금계산서
③ 영사송장
④ 견적송장

해설 ① 세관송장(Customs Invoice) : 영사송장과 함께 공용송장에 해당하는 서류로, 수출자가 수출물품의 과세가격기준의 확인 또는 무역거래 내역을 증명하기 위하여 수입국 세관에 제출하여야 하는 송장이다.
② 관세송장(Tax invoice) : 물품 및 서비스의 과세 대상 공급에 대해 발행되는 청구서이다.
③ 영사송장(Consular Invoice) : 수입상품가격을 높게 책정함에 따른 외화 도피나 낮게 책정함에 따른 관세포탈을 규제하기 위하여 수출국에 주재하고 있는 수입국 영사의 확인을 받아야 하는 송장이다.
Pro-forma Invoice(견적송장)
수출업자가 거래를 유발하기 위한 수단으로 또는 수입허가나 외환배정 등을 받기 위한 수입업자의 요청에 의해, 수입업자에게 장차 그가 매입할 물품에 대해서 시산적으로 작성하여 발송하는 송장이다. 그 활용은 외환사정이 좋지 않은 국가에서 주로 사용하고 있는데, 수입업자는 견적송장을 근거로 정부에서 외환배정을 받아 그 범위 내에서 수입한다. 일종의 Free Offer로, 송장에 표시된 물품가격 등에 대해 법적 구속력이 없다. 따라서 단지 수입업자의 신용장 발행을 위해 형식을 갖추어주는 것에 불과하여 선적물품에 대한 증거가 될 수 없다.

08 Which is correct according to CISG?

> On 1 July Seller delivered an offer, which is valid until 30 Sep 2018, to Buyer.
> On 15 July Buyer sent letter "I do not accept your offer because the price is too high" but on 10 August the Buyer sent again "I hereby accept your prior offer of 1 July". Seller immediately responded that he could not treat this "acceptance" because of Buyer's earlier rejection.

① Buyer can not insist his last acceptance.
② Seller shall accommodate the buyer's acceptance.
③ As long as the offer is valid, buyer can claim his last acceptance.
④ Buyer is able to withdraw his first acceptance.

[정답] ①

[해석] CISG에 따르면 옳은 것은?

> 7월 1일 매도인은 2018년 9월 30일까지 유효한 청약을 매수인에게 전달했다.
> 7월 15일 매수인은 "나는 가격이 너무 비싸서 귀사의 청약을 받아들이지 않는다."라고 서신을 보냈다. 하지만 매수인은 8월 10일 "나는 귀사의 7월 1일자 청약을 승인한다."라는 서신을 다시 보냈다. 매도인은 즉시 매수인의 이전 거절로 인해서 이 "승인"을 취급할 수 없다고 답신했다.

① 매수인은 그의 마지막 승낙을 주장할 수 없다.
② 매도인은 매수인의 승낙을 수용할 것이다.
③ 그 청약이 유효한 한, 매수인은 그의 마지막 승낙을 주장할 수 있다.
④ 매수인은 그의 최초의 승낙을 취소할 수 있다.

[해설] CISG 제17조 청약의 거절
An offer, even if it is irrevocable, is terminated when a rejection reaches the offeror.
청약은 그것이 취소불능한 것이라도 어떠한 거절의 통지가 청약자에게 도달한 때에는 그 효력이 상실된다.
*accommodate : 수용하다
*withdraw : 취소[철회]하다

09 Choose one which describes BEST for (a) ～ (d).

> (a) We have drawn a draft at sight for US$35,000 on (b) the Bank of New York, N.Y. under the L/C No. 089925 and negotiated it through (c) the Korea Exchange Bank, Seoul, Korea.
>
> Please note that all documents required in the Letter of Credit were forwarded to our (d) negotiating bank as per copies attached.

① (a) is an applicant of the Credit.
② (b) is a drawee of the Bill of Exchange.
③ (c) is a drawer of the Bill of Exchange.
④ (d) is Bank of New York.

정답 ②

해석 (a) ～ (d)를 가장 잘 설명한 것을 하나 고르시오.

(a) 당사는 L/C No. 089925에 따라 (b) 뉴욕은행 앞으로 US$35,000에 대한 일람출급어음을 발행했고 (c) 한국 외환은행을 통해 그것을 매입했습니다.

신용장에서 요구하는 모든 서류들은 첨부한 사본대로 당사의 (d) 매입은행으로 전달되었음을 알려드립니다.

*a draft at sight : 일람출급어음
*note : 주목하다
*negotiating bank : 매입은행

① (a)는 신용장 개설의뢰인이다.
② (b)는 환어음의 지급인이다.
③ (c)는 환어음의 발행인이다.
④ (d)는 뉴욕은행이다.

해설 ① (a)는 환어음 발행인이다.
③ (c)는 매입은행이다.
④ (d)는 한국 외환은행이다.
*drawee : 어음 지급인
*drawer : 어음 발행인

10 In the following situation, which BEST suits the exporter's needs?

An exporter is willing to release the shipping documents directly to the buyer, but wishes to retain some guarantee of payment should the buyer fail to pay on the due date.

① Red Clause L/C
② Transferable L/C
③ Confirmed L/C
④ Standby L/C

정답 ④

해석 다음 상황에서, 수출업자의 필요에 가장 적합한 것은?

수출업자는 선적서류를 매수인에게 직접 양도할 용의가 있지만, 만약 매수인이 결제 기일까지 지불하지 못할 경우에 대하여 약간의 지불보증을 받고자 한다.

*due date : 지불만기일

① 선대/전대신용장
② 양도가능 신용장
③ 확인신용장
④ 보증신용장

해설 Standby L/C(보증신용장)
보증신용장은 고객이 현지은행으로부터 금융서비스를 받거나 화환신용장을 개설받고자 할 때, 자신이 거래은행에 요청하여 그 거래은행이 현지은행(수익자) 앞으로 고객의 채무보증을 확약한다는 뜻으로 개설하는 신용장을 말한다. 따라서 일반적인 화환신용장처럼 물품에 대한 결제수단으로 이용되는 것이 아니고 해외 현지법인이나 지점이 현지에서 금융담보조나 또는 건설·용역과 관련된 입찰기관에의 입찰보증(Bid bond)·계약이행보증(Performance bond)·하자보증(Maintenance bond) 등에 대한 채무보증의 성격을 띠고 있으며, 운송서류 없이 단지 채무불이행에 관한 사실 서류와 환어음에 의해서 대금지급이 확약되므로 무담보신용장(Clean L/C)이라고도 한다.

11 What is the maximum value available for this final drawing?

A beneficiary receives an irrevocable documentary credit for which USD20,000 may be drawn during each month of the documentary credit's one year validity. The documentary credit also indicates that reinstatement is on a cumulative basis. Full monthly drawings were made during the first, second, fourth, fifth and seventh months and there have been no other drawings. In the last month of the documentary credit's validity, the beneficiary expects to make a final shipment.

① USD80,000   ② USD100,000
③ USD120,000   ④ USD140,000

해석 이 최종 인출에 대한 이용 가능한 최대 금액은 얼마인가?

> 수익자는 화환신용장의 유효기간 1년 동안 매달 USD20,000 지급에 대한 취소불능 신용장을 인수한다. 화환신용장은 복권(復權)이 누적되는 기준이라는 것을 나타낸다. 매달 전체 지급은 첫 번째, 두 번째, 네 번째, 다섯 번째, 일곱 번째 달에 이루어졌고 다른 지급은 없었다. 수익자는 화환신용장 유효기간의 마지막 달에는 최종 선적이 이루어지기를 기대한다.
>
> *beneficiary : 수익자
> *irrevocable documentary credit : 취소불능 신용장
> *documentary credit : 화환신용장

해설 USD240,000(USD20,000 × 12달) - USD100,000(USD20,000 × 5번) = USD140,000

12 What kind of contract is the below?

> Bailment of goods to another (bailee) for sale under agreement that bailee will pay bailor for any sold goods and will return any unsold goods.

① Contract of sale　　　　　　　② Offer on approval
③ Sole agent agreement　　　　　④ Consignment contract

해석 아래는 어떤 종류의 계약인가?

> 다른 수탁자에게로의 물품 위탁판매로 수탁자가 협정에 따라, 판매 물품대금을 위탁자에게 지불하고, 판매되지 않은 물품은 반환한다는 협정에 따른다.
>
> *bailment : 위탁
> *bailee : 수탁자
> *bailor : 위탁자

① 매매계약　　　　　　　　　　② 견본승인 청약
③ 독점판매계약　　　　　　　　④ 위탁계약

해설 ① 매매계약 : 수출상인 매도인과 수입상인 매수인 간의 물품의 소유권 양도 및 물품 인도를 약속하고, 수령 및 대금 지급을 약정하는 것이다.
② 견본승인 청약 : 명세서로서는 Offer 승낙이 어려운 경우, 청약 시 견본을 송부, 피청약자가 견본 점검 후 구매의사가 있으면 대금을 지급하고 그렇지 않으면 반품해도 좋다는 조건의 청약이다.
③ 독점판매계약 : 연간 또는 수출입 전문상사 간에 매매를 국한시키는 계약이다.
*consignment contract : 위탁계약

13 Below is a reply to a letter. Which of the following is the MOST appropriate title for the previous letter?

> Thank you for your interest in our solutions at Bespoke Solutions Inc. We are a leading software development firm with an impressive track record creating responsive solutions to support organizational objectives. We offer a broad range of website development solutions.
> Attached is our comprehensive price list, please find.

① Request for Acceptance
② Request for Quotation(RFQ)
③ Purchase Order(P/O)
④ Shipment Notice

정답 ②

해석 아래는 서신에 대한 답신이다. 이전 서신의 제목으로 가장 적절한 것은?

> 당사(Bespoke Solutions Inc)에서 솔루션에 대한 귀사의 관심에 감사드립니다. 당사는 주도적인 소프트웨어 개발회사로 조직의 목표를 지원하기 위한 대응 솔루션 개발에서 인상적인 실적을 갖고 있습니다.
> 당사의 종합 가격리스트를 첨부하오니 살펴보시기 바랍니다.

① 승인 요청
② 견적 요청
③ 구입 주문서
④ 선적 통지

해설 위 서신 중 '당사의 종합 가격리스트를 첨부한다'는 내용으로 미루어 이전 서신은 견적 요청(Request for Quotation)에 대한 내용이 있을 것을 알 수 있으므로, ② Request for Quotation(RFQ)가 적절하다.

[14~15] Read the following and answer the questions.

> Dear Chapman,
> We were pleased to receive your order of 15th April for a further supply of transistor sets, but as the balance of your account now stands at over USD400,000, we hope you will be able to reduce it before we grant credit for further supplies.
> We should therefore be grateful if you could send us your check for, say, half the amount you owe us. We could then arrange to supply the goods you now ask for and <u>charge</u> them to your account.
> Yours faithfully,
> Brown Kim

14 Which is MOST similar to the underlined 'charge'?

① remove   ② allow

③ credit   ④ debit

15 Which is LEAST correct about the letter?

① Chapman placed an order with Brown.

② The writer is reluctant to extend credit.

③ The action of this letter resulted from the previous account which remains unpaid.

④ Brown Kim wants the overdue to be reduced at least by USD200,000 this time.

정답 14 ④   15 ④

해석

Chapman 귀하

당사는 트랜지스터 세트의 추가 공급에 대한 귀사의 4월 15일자 주문을 기쁘게 받았습니다. 하지만 현재 귀사 계정의 지불잔액이 USD400,000이 넘는 상태이므로 추가공급에 대한 신용(외상) 거래를 승인하기 전에 잔금을 줄여주시기를 바랍니다.

귀사가 지불잔액의 절반 금액을 수표로 보내주시면 감사하겠습니다. 그러면 당사에서 바로 요청하신 물품을 보내고 귀사 계정에 <u>청구하겠습니다</u>.

그럼 안녕히 계십시오.

Brown Kim

*balance : 지불잔액

14 밑줄 친 'charge'와 가장 유사한 것은?

① 제거하다

② 승낙하다

③ 신용 거래

④ 계좌로 결제하다

15 서신에 관한 내용 중 가장 옳지 않은 것은?

① Chapman은 Brown에게 주문했다.

② 글쓴이는 외상 거래를 망설인다.

③ 이 서신은 미지불된 이전 계정에서 비롯되었다.

④ Brown Kim은 이번에 최소한 USD200,000를 할인받기를 원한다.

해설 **14**

밑줄 친 charge는 '청구하다'라는 뜻이므로, ④ debit(~의 계좌로 결제하다)가 비슷한 의미이다.

15

위 서신으로 미루어 Brown Kim은 이번에 최소한 USD200,000를 <u>할인받기를(→ 지불받기를)</u> 원한다.

*overdue : 지불기한을 넘긴[지난]

*reduce : (규모·크기·양 등을) 줄이다[축소하다]; (가격 등을) 낮추다[할인/인하하다]

16 Which of the following is grammatically INCORRECT?

> (a) <u>I am afraid I have noticed</u> there is a word missing (b) <u>in the final version of our contract.</u>
> (c) <u>I would like you to take a look at it</u> and determine (d) <u>whether it is enough big to cause</u>
> <u>a dispute.</u> Once again, I give you my sincerest apologies for the inconvenience.

① (a)   ② (b)
③ (c)   ④ (d)

정답 ④

해석 다음 중 문접적으로 틀린 것은?

> (a) <u>나는</u> (b) <u>우리 계약서의 최종본에서</u> 빠진 단어가 있음을 (a) <u>알게 되어 유감입니다.</u>
> (c) <u>나는 귀사가 그것을 살펴보고</u> (d) <u>논쟁의 소지가 될 만큼 큰 문제인지 아닌지를</u> 결정하기 바랍니다. 다시 한 번, 불편을 드린 점 진심으로 사과드립니다.

해설 '~하기에 충분한'이라는 뜻의 enough는 형용사 뒤에서 수식해주므로 ④ (d) whether it is <u>enough big(→ big enough)</u> to cause이다.

[17~18] Read the following and answer the questions.

> Dear Mr. Edwards,
> Thank you for letting us know about the roses that arrived at your company in less perfect condition. I enclose a check refunding your full purchase price.
> An unexpected delay in the repair of our loaded delivery van, coupled with an unusual rise in temperatures last Thursday, caused the deterioration of your roses. Please accept our apology and our assurance that steps will be taken to prevent this from happening again.
> During the past fifteen years, it has been our pleasure to number you among our valued customers, whose satisfaction is the goal we are constantly striving to achieve. I sincerely hope you will continue to count on us for your needs.
> Yours very truly,
> Thomas Sagarino

17 Which is LEAST correct about the letter?

① Mr. Edwards is a longtime customer.
② Thomas believes that Edwards has a legitimate complaint.
③ Mr. Edwards asked for an exchange because some of the roses were missing.
④ Thomas Sagarino is a supplier.

18 What is the main purpose of the letter?

① Goodwill with the customers

② Confirming the order

③ Apology for damaged goods

④ Appreciation for the business

정답 17 ③ 18 ③

해석
친애하는 Mr. Edwards,
귀사에 배달된 장미가 완벽하지 않은 상태임을 알려주셔서 감사드립니다. 귀사가 지불한 전체 금액을 변상하는 수표를 동봉합니다.
당사의 배달 차량 수리가 예상치 않게 늦어지고 지난 목요일의 이상 고온 때문에 주문하신 장미의 품질이 떨어졌습니다. 저희 사과를 받아주시고 이런 상황이 다시는 발생하지 않도록 조치를 취할 것을 약속드립니다.
지난 15년 동안, 귀사가 저희 소중한 고객이 되어주셔서 저희 기쁨이었으며, 고객 만족을 목표로 삼아 끊임없이 노력하겠습니다. 필요한 경우 앞으로도 지속적으로 저희에게 의뢰해 주시기를 진심으로 바랍니다.
그럼 안녕히 계십시오.
Thomas Sagarino

*deterioration : 악화, (가치의) 하락, 저하
*number ∼ among : (특정 집단에) 들어가다[넣다]

17 서신의 내용에 대해서 가장 올바르지 않은 것은 무엇인가?
① Edwards씨는 오래된 고객이다.
② Thomas는 Edwards가 타당한 불만 제기를 하고 있다고 생각한다.
③ Edwards씨는 장미 중 일부가 빠졌기 때문에 교환을 요청했다.
④ Thomas Sagarino는 공급자이다.

18 이 서신의 목적은 무엇인가?
① 고객들과의 친선
② 주문 확인
③ 제품 하자에 대한 사과
④ 사업에 대한 감사

해설 17
지불 금액 전체를 변상하는 수표를 동봉한다는 서신의 내용으로 보아, 이전 서신에서 교환이 아닌 환불을 요청했음을 유추할 수 있다.
*legitimate complaint : 타당한 불만 제기

18
위 서신의 목적은 "Please accept our apology and our assurance ..."로 보아 ③ '제품 하자에 대한 사과'이다.

19 Which is most WRONG about the difference between EXW and FCA under Incoterms 2010?

① In terms of EXW, the obligation of delivery of goods by the seller is only limited to arrange goods at his premises.

② In terms of FCA, the export cleared goods are delivered by the seller to the carrier at the named and defined location mentioned in the contract.

③ In terms of FCA, the delivery of goods also can be at the seller's premises, if mutually agreed between buyer and seller.

④ If the buyer can not carry out the export formalities, either directly or indirectly, EXW terms are opted in such business transactions.

정답 ④

해석 Incoterms 2010 하에서 EXW와 FCA 조건의 차이점으로 가장 잘못된 것은 무엇인가?
① EXW 조건에서 매도인의 물품 인도 의무는 그의 영업소에 물품을 놓아두는 것에 한한다.
② FCA 조건에서 통관 수속을 마친 수출물품은 매도인에 의해 운송인에게 계약서에 명시된 지정된 장소로 인도된다.
③ FCA 조건에서 매수인과 매도인 상호 간에 동의했다면, 매도인의 영업소에서 물품의 인도가 이루어질 수 있다.
④ 매수인이 수출 수속을 직접적으로 혹은 간접적으로 수행할 수 없다면, EXW 조건은 그러한 상거래에 선택된다.

해설 EXW 조건 vs. FCA 조건
• EXW 조건에서의 명확화 : 인코텀즈 2010의 EXW(Ex Works)에 의하면 매도인은 적재의무가 없다. EX Works는 매도인의 영업장소(작업장, 공장, 창고 등)에서 매수인의 임의처분 상태로 물품을 놓아두었을 때 매도인이 인도하는 것을 의미한다. 매도인은 수취용 차량에 적재할 필요가 없으며, 수출통관이 필요한 경우에도 물품의 수출통관을 이행할 필요가 없다.
• FCA 조건에서의 명확화 : 인코텀즈 2010의 FCA(Free Carrier)는 매도인이 자신의 영업장 또는 합의된 장소에서 매수인에 의해 지정된 운송업자 또는 다른 당사자에게 물품을 인도하는 것을 의미한다. 매도인의 영업소인 경우에는 매수인의 수취용 차량에 적재된 때에 인도가 종료된다. 하지만 그 이외의 합의된 장소에서 인도되는 경우에는 물품이 매도인의 차량으로부터 양하되지 않은 채 매수인의 임의처분 상태로 놓여진 때 인도가 완료된다.
*at his premises : 그의 영업소[구내]에서
*cleared : 통관 수속을 필한, 허가[인가]된; 지불이 끝난
*carry out : 수행하다
*export formalities : 수출 수속
*opt : ~하기로/하지 않기로 선택하다

[20~21] Read the following and answer the questions.

> We have received your letter of 23rd May enclosing your Debit Note No. 123. We are sorry not to have paid your account earlier by (a).
>
> In payment of these accounts, we enclose a check for USD5,000,000 (b) <u>covering your invoice up to the end of May 2018.</u>
>
> We shall be obliged if you will send us a receipt by return of post.

20 Which of the following is MOST appropriate for (a)?

① an oversight   ② a request

③ a credit   ④ an order

21 What is the MOST accurate Korean translation on (b)?

① 2018년 5월 말까지 보내올 송장을 해결하기 위하여

② 2018년 5월 말까지 귀사의 송장 대금을 결제하는

③ 2018년 5월 말에 보낼 귀사의 송장에 포함시키기 위하여

④ 2018년 5월 말에 보내 주신 송장을 처리하기 위하여

정답 20 ① 21 ②

해석

당사는 귀사의 차변표 No. 123을 동봉한 5월 23일자 서신을 받았습니다. (a 실수)로 인하여 좀 더 일찍 지불하지 못한 점에 대해 죄송스럽게 생각합니다.

이 계정 지불에 관하여, 당사는 (b) 2018년 5월 말까지 귀사의 송장 대금을 결제하는 USD5,000,000수표를 동봉합니다.

영수증을 반송우편으로 당사에 보내주시면 감사하겠습니다.

*Debit Note : 차변표
*by return of post : 반송우편으로

20 다음 중 (a)에 들어갈 말로 가장 적절한 것은?

  ① 실 수   ② 요 청

  ③ 신 용   ④ 주 문

21 (b)를 한글로 가장 정확하게 번역한 것은?

해설 20

서신의 내용상 '실수로'라는 뜻의 ①이 가장 적절하다.
*by an oversight : 실수로

21

(b) 'covering your invoice up to the end of May 2018.'에서 cover는 '(돈을) 대다; 결제하다', up to the end of는 '~의 끝까지'라는 뜻이므로, 정답은 ② '2018년 5월 말까지 귀사의 송장 대금을 결제하는'이다.
*cover : (무엇을 하기에 충분한 돈을[이]) 대다[되다]

안심Touch

22 Which of the following is the MOST appropriate purpose of the letter below?

Dear Alice,

Thank you for your call this afternoon and your interest in my business development services. It was great talking to you and discussing your business concept and expansion plans for Alize Catering.

As discussed during our telephone conversation :
You would like me to develop a detailed business plan for Alize Catering.
The business plan will set out guidelines for Alize Catering operations in terms of the :
Organizational plan, Production plan, Marketing Plan, and Financial plan.

The total cost for the development of the business plan is USD3,000 payable in 3 installments, with the first installment due immediately as confirmation of this engagement, the 2nd due on receipt of the draft document, and the 3rd due on delivery of the final document.

① To confirm a verbal agreement   ② To inform about a new product
③ To request free product samples   ④ To cancel the order

정답 ①

해석 다음 중 아래 서신의 목적으로 가장 적절한 것은?

Alice님께,

오늘 오후 자사의 비즈니스 개발 서비스에 대한 귀하의 전화에 감사드립니다. Alize Catering에 대한 귀하의 비즈니스 개념과 확장 계획에 대하여 이야기하는 매우 뜻깊은 통화였습니다.

전화 통화에서 논의한 바는 다음과 같습니다.
귀하는 자사에서 Alize Catering에 대한 상세한 비즈니스 계획을 개발하기를 원합니다.
비즈니스 계획은 Alize Catering 기업의 조직계획과 생산계획, 마케팅 계획, 재정계획의 가이드라인을 정립할 것입니다.

비즈니스 계획 개발에 대한 총 금액 USD3,000은 3회 분납 가능하며 최초 분납금은 본 계약이 확정됨과 동시에 납부되어야 합니다. 두 번째 할부금은 초안문서 수령일에, 최종 분납금은 최종 서류 인도일에 납부되어야 합니다.

*installment : 분납, 할부금

① 구두 협의사항을 확정하기 위하여
② 새로운 제품에 대하여 고지하기 위하여
③ 무료 견본품을 요청하기 위하여
④ 주문을 취소하기 위하여

해설 위 서신의 목적은 전화로 논의한 구두 협의사항을 확정하기 위한 것이므로, ① To confirm a verbal agreement가 정답이다.

23 Which is a LEAST appropriate match?

A (a) <u>forwarder</u> booked 2 × 20′ containers with (b) <u>a shipping line</u> to Doha on behalf of (c) <u>his client</u>.

Due to a mistake of the shipping line staff, the shipping line shipped 1 × 20′ to Doha and put the other 1 × 20′ with some other clients' container and shipped it to Bremerhaven. By the time the forwarder found this mistake out, the container was already on its way to (d) <u>Bremerhaven</u>. The shipping line has advised that this container will be rerouted but the container will take about 60 days to reach Doha instead of the original transit time of 20 days if it had gone directly.

① (a) is a NVOCC
② (b) is a VOCC
③ (c) is an exporter
④ (d) is an original destination

정답 ④

해석 가장 적절하게 연결되지 않은 것은?

(a) <u>운송업자</u>는 (c) <u>그의 의뢰인</u>을 대신해서 도하행 20′컨테이너 2개와 (b) <u>선박회사</u>를 예약했다.
선박회사 직원의 실수로 인해 선박회사는 컨테이너 한 개는 도하로 보내고 다른 한 개는 다른 의뢰인들의 컨테이너와 함께 선적하여 Bremerhaven로 운송되었다. 운송업자가 이것을 발견하기 전에 컨테이너는 이미 (d) <u>Bremerhaven</u>로 가는 중이었다. 선박회사는 항로를 변경할 것이지만 컨테이너가 도하에 도착하는 데 원래 운송시간인 20일 대신 대략 60일이 소요될 것이라고 통지했다.

*forwarder : 운송업자

① (a)는 무선박운송업자이다.
② (b)는 선박운송인이다.
③ (c)는 수출업자이다.
④ (d)는 원래 도착지이다.

해설 ④ 첫 번째 문장 "A forwarder booked 2 × 20′ containers with a shipping line to Doha ..." 로 미루어 원래 도착지는 도하임을 알 수 있다.
NVOCC(무선박운송인)
운송수단을 지니지 않은 채, 화주에 대해서 자기의 요율로 운송계약을 체결하고, 선박 회사에게 하청하여 운송하는 해상운송인을 말한다. 즉, 무선박운송인은 선박운송인(VOCC)에 대하여는 화주의 역할을 하고, 화주에게는 운송인의 역할을 한다.

24 Which of the following has a different intention from others?

① They deserve your confidence and credit in the sum you mentioned.

② The company enjoys an excellent reputation among the business circles here.

③ You may run the least risk in granting the said credit in this deal.

④ After three months' experience of delay, we were obliged to withdraw credit privileges from them.

정답 ④

해석 다음 중 의도가 다른 것은 무엇인가?
① 그들은 귀사에 대한 신뢰와 신용을 토대로 귀사가 제시한 금액이 합당하다고 인정한다.
② 그 회사는 이곳 비즈니스 업계에서 탁월한 명성을 지닌 회사이다.
③ 귀하는 이번 거래에서 언급된 신용을 보증하는 데 최소한의 위험을 감수하게 될 것이다.
④ 3개월의 지연을 경험한 후에, 당사는 그들에 대한 신용 특권을 철회할 수밖에 없었다.

해설 ④는 신용조회에 대한 부정적인 견해를 밝히고 있다.
*be obliged to : 부득이 ~하다

---

25 What is LEAST likely to be the one which the seller writes?

① A batten-reinforced case would meet your needs and be much lower in price than a slid wooden case.

② The 1lb. size cans of chemicals will be shipped in strong cartons, each containing 24 cans.

③ When all items of the order are collected at our factory, we will pack them into suitable sizes for delivery.

④ Overall measurements of each case must not exceed 80cm(L) × 50cm(W) × 40cm(D).

정답 ④

해석 다음 중 매도인이 쓴 것이 아닌 것으로 추정되는 것은 무엇인가?
① 강화 널빤지 케이스는 슬라이드 나무 케이스보다 귀사의 필요에 적합하며 가격이 훨씬 저렴할 것입니다.
② 1lb. 사이즈의 화학품 캔이 24캔씩 견고한 상자에 담긴 상태로 선적될 것입니다.
③ 모든 주문 물품이 당사의 공장에 모이면 배달에 적합한 크기로 포장할 것입니다.
④ 개별 케이스의 전체 크기는 80cm(L) × 50cm(W) × 40cm(D)를 초과해서는 안 됩니다.

해설 ④는 매도인이 아니라 매수인의 포장에 대한 요청사항이다.

[26~28] Read the following and answer.

A sight draft is used when the exporter wishes to retain title to the shipment until it reaches its destination and payment is made.

In actual practice, the ocean bill of lading is endorsed by the exporter and sent via the exporter's bank to the buyer's bank. It is accompanied by the sight draft, invoices, and other supporting documents that are specified by either the buyer or the buyer's country. The foreign bank notifies the buyer when it has received these documents. As soon as the draft is paid, the (A) foreign bank turns over the bill of lading thereby enabling the buyer to obtain the shipment.

There is still some risk when a sight draft is used to control transferring the title of a shipment. The buyer's ability or willingness to pay might change from the time the goods are shipped until the time the drafts are presented for payment; (B)

26 What is suitable payment method for the above transaction?

① D/P
② D/A
③ Sight L/C
④ Usance L/C

27 Who is (A)?

① Collecting bank
② Remitting bank
③ Issuing bank
④ Nego bank

28 What is a most proper sentence for blank (B)?

① there is no bank promise to pay on behalf of the buyer.
② the presenting bank is liable for the buyer's payment.
③ the seller shall ask the presenting bank to ship back the goods.
④ the carrier asks the buyer to provide indemnity for release of the goods.

해석

일람불환어음은 수출업자가 선적물이 목적지에 도착하고 지불이 이루어질 때까지 소유권을 보유하기를 원할 때 사용된다.

실제로는 선하증권이 수출업자에 의해 이서되고 수출업자의 은행을 경유하여 매수인의 은행으로 보내진다. 그것은 일람불환어음과 송장, 매수인 또는 매수인의 국가에서 규정한 다른 선적서류들과 함께 보내진다. 외국의 은행은 이 서류들을 인수하면 매수인에게 통지한다. 어음이 지불되는 대로 (A) 외국 은행은 선하증권을 넘겨서 매수인이 선적물을 획득할 수 있게 된다.

일람불환어음이 선적물의 소유권 전환 통제에 사용될 경우에는 여전히 약간의 위험이 있다. 매수인의 지불능력 또는 의사가 물품이 선적될 당시부터 지불을 위해 어음이 제시될 시기까지 변할지도 모른다. (B 매수인을 대신해서 지불을 약속하는 은행은 없다.)

*sight draft : 일람불환어음
*retain : 유지하다, 보유하다
*title : 소유권
*ocean bill of lading : 선하증권

26 위 거래에 적절한 결제방식은 무엇인가?
① 지급인도조건
② 인수인도조건
③ 일람불 신용장
④ 기한부 신용장

27 (A)는 누구인가?
① 추심은행
② 추심의뢰은행
③ 발행은행
④ 네고은행

28 빈 칸 (B)에 가장 적절한 문장은 무엇인가?
① 매수인을 대신해서 지불을 약속하는 은행은 없다.
② 제시은행은 매수인의 지불에 대하여 지불의무가 있다.
③ 매도인은 제시은행에게 물품의 재선적을 요청할 것이다.
④ 운송인은 매수인에게 물품 인도에 대한 보장을 제공할 것을 요청한다.

해설 **26**

D/P(Document against Payment, 지급인도조건)

수출상(의뢰인)이 계약물품 선적 후 구비된 서류에 '일람출급 환어음'을 발행·첨부하여 자기거래은행(추심의뢰은행)을 통하여 수입상의 거래은행(추심은행) 앞으로 그 어음대금의 추심을 의뢰하면, 추심은행은 수입상(Drawee, 지급인)에게 그 어음을 제시하여 어음 금액을 지급받고(Against Payment, 대금결제와 상환) 서류를 인도하는 거래방식이다.

27

(A)는 수입상의 거래은행, 즉 Collecting bank(추심은행)이다.

28

일반적으로 신용장 개설계약은 매수인과 개설은행 간 계약인데 반해, 환계약은 환어음 매입 및 매도인에 대한 대금지급을 약정하는 매도인과 매입은행 간의 환거래 체결 계약이다. 신용장 거래의 경우 매도인은 물품대금 회수를 위해 신용장과 함께 화환어음을 가지고 은행에 화환 취결하는데, 이때 화환어음이란 환어음에 선적서류가 첨부된 것이다.

*be liable for : 지불의무가 있다
*ship back : 재선적
*indemnity : (배상·보상의) 보장, 보상금

29 Which is NOT proper replacement for the underlined?

Dear team,

Our company is facing <u>regular</u> shipments to East Asian countries so that we will need to review cost scheme in relation to transportation and insurance.

Please note that meeting will be held on next week Monday 9:00 A.M. in my office.

Tony Han

General Manager

① customary

② usual

③ normal

④ punctual

정답 ④

해석 밑줄 친 부분을 대체하기에 적절하지 않은 것은 무엇인가?

team에게,

당사는 동아시아 국가에 대한 <u>정기적인</u> 선적에 당면해 있으므로, 운송과 보험 관련 비용 운영계획에 대한 재검토가 필요합니다.

다음 주 월요일 오전 9시 제 사무실에서 회의가 열릴 예정임을 알려드립니다.

Tony Han

총지배인

① 관례적인
② 평상시의
③ 평범한
④ 시간을 엄수하는

해설 ④ punctual은 '시간을 엄수하는'의 뜻이므로 '일반적, 정기적, 평상시' 등의 유사한 의미를 가진 단어들과 대체할 수 없다.

30 Which of the following statements on INCOTERMS 2010 is NOT correct?

ⓐ The Incoterms 2010 rules are standard shipment term designed to assist traders when goods are sold and transported. ⓑ Each Incoterms rule specifies the obligations of each party (e.g. who is responsible for services such as transport; import and export clearance etc), and ⓒ the point in the journey where risk transfers from the seller to the buyer. ⓓ By agreeing on an Incoterms rule and incorporating it into the sales contract, the buyer and seller can achieve a precise understanding of what each party is obliged to do, and where responsibility lies in event of loss, damage or other mishap.

① ⓐ
② ⓑ
③ ⓒ
④ ⓓ

[정답] ①

[해석] 다음 중 INCOTERMS 2010에 따라 올바르지 않은 문장은 무엇인가?

ⓐ Incoterms 2010 규칙은 물품이 판매되고 운송될 때 무역업자들을 돕기 위해 고안된 표준 선적 조건이다. ⓑ 각각의 Incoterms 규칙은 개별 당사자(누가 수입과 수출통관 등의 운송 서비스에 대한 책임이 있는지)의 의무와, ⓒ 위험이 매도인에서 매수인으로 전환되는 여정의 지점을 명시한다. ⓓ 인코텀즈 규칙에 동의하고 그것을 매매계약서에 포함함으로써, 매수인과 매도인은 각각의 당사자가 해야 할 의무와 손실, 손상 또는 다른 사고 발생 시 책임 소재에 대해 정확하게 이해할 수 있다.

*incorporate : (일부로) 포함하다
*in event of : 만약 ~하면[~할 경우에는]
*mishap : 작은 사고[불행]

[해설] ① ⓐ 인코텀즈 규칙은 물품판매계약에서 기업 간 거래 관행을 반영하는 무역조건을 설명한다. 인코텀즈 규칙은 주로 매도인과 매수인 사이에서 물품이 인도되는 것과 관련된 업무 비용과 위험에 대하여 설명한다.

Dear Mr. Cho,

Your name was given to us (A) Mr. L. Crane, the chief buyer of F. Lynch & Co. Ltd, who have asked us to allow them to settle their account by 90-day Bill of Exchange.
We would be grateful if you could confirm that this company settles promptly on due dates, and are sound enough to (B) credits of up to USD50,000 in transactions.

Thank you in advance for the information.

31 Who is MOST likely to be Mr. Cho?

① Referee　　　　　　　　　② Seller
③ Broker　　　　　　　　　④ Drawee

32 Fill in the blank (A) and (B) with right words.

① by - meet　　　　　　　② from - fill
③ by - grant　　　　　　　④ from - allow

정답 31 ① 32 ①

해석

Mr. Cho 귀하,

귀하의 이름은 F. Lynch & Co. Ltd의 구매책임자인 주요 Mr. L. Crane에 (A 의해) 당사에 주어졌습니다. F. Lynch & Co. Ltd사는 당사에게 그들의 계정에 대한 90일 환어음 결제 허락을 요청했습니다. 당사는 귀하께서 이 회사가 지불일에 즉시 결제하는지와 USD50,000에 달하는 매매거래를 할 만한 건전한 신용조건을 (B 충족하는지) 확인해 주신다면 감사하겠습니다.

정보에 미리 감사드립니다.

*settle : (주어야 할 돈을) 지불[계산]하다, 정산하다
*transaction : 매매거래
*meet : (필요·요구 등을) 충족시키다; (기한 등을) 지키다

31 Mr. Cho는 누구인가?
　① 신원보증인　　　　　　② 매도인
　③ 중개인　　　　　　　　④ 지급인

32 빈 칸 (A)와 (B)에 알맞은 단어를 채우시오.
　① ~에 의해 - 충족하다　　② ~으로부터 - 채우다
　③ ~에 의해 - 승인하다　　④ ~으로부터 - 허가하다

서신의 내용으로 미루어, Mr. Cho는 F. Lynch & Co. Ltd사의 신용을 조회해 줄 수 있는 신원보증인일 가능성이 크다.

32
서신의 내용으로 미루어 빈 칸 A에는 '~에 의해'라는 뜻의 by가, 빈 칸 B에는 '충족하는지'라는 뜻의 meet가 적절하다.

33 Which of the following words is MOST suitable for the blank below?

> Factoring companies provide a flexible and cost effective way to free up capital and improve cash flow. Factoring is a form of (   ) which allow business to raise funds or aid cash flow by providing funds against unpaid invoices. The banks then collect payment from the customer for you, saving you the time and hassle of chasing payments. Once payment is collected, the bank pays the balance of the invoice value, minus agreed fees.

① draft finance
② invoice finance
③ ordering service
④ overdraft service

정답 ②

해석 **다음 중 아래 빈 칸에 가장 적절한 것은?**

> 팩터링 회사는 자본을 풀어주고 현금유동성을 향상하기 위해 탄력적이고 비용 효과적인 방법을 제공한다. 팩터링은 (송장 금융)의 형식인데, 그것은 비즈니스 거래에 자금을 융통하는 것을 허용하거나 미지불된 송장에 대한 융자를 제공함으로써 현금유동성을 돕는다. 그리고 나서 은행은 고객으로부터 지불을 추심하여 여러분의 시간을 절약해주고 지불을 재촉해야 하는 번거로움을 덜어준다. 지불이 추심되면 은행이 합의된 수수료를 제외한 송장 청구 잔액을 지불한다.
>
> *free up : ~을 해방하다, 풀어주다; 해소하다
> *cash flow : 현금유동성
> *collect : (빚·세금 등을) 수금하다[징수하다]
> *minus agreed fees : 합의된 수수료를 제외한

① 어음 금융
② 송장 금융
③ 주문 서비스
④ 당좌대월 서비스

해설 팩터링이란 수출업자가 수입업자에게 물품이나 서비스를 제공함에 따라 발생하는 외상매출금과 관련 팩터링 회사(Factor)가 수출업자를 대신하여 수입업자에 관한 신용조사, 신용위험의 인수, 금융의 제공, 대금의 회수 등의 업무를 대행하는 금융서비스를 말한다. 무신용장방식의 수출 시 국제 팩터링을 이용하면 수출 시 외상수출에 따른 대금부담이 제거되고, 수입 시에도 신용장 개설 없이 팩터의 보증으로 수입할 수 있다.

[34~35] Read the following and answer.

Dear Herr Kim,

We would like to invite you to our annual dinner on 15 February, and 당신이 우리의 초청 연사 중 한 분이 되어 주실지 궁금합니다.

Our theme this year is 'The effects of the USD', and we would appreciate a contribution from your field on how this is affecting exporting companies.

Please let us know as soon as possible if you are able to speak.
(A) a formal invitation for yourself and a guest.

Yours sincerely,

34 What is best written for the underlined part?

① wonder if you would consider being one of our guest speakers.
② doubt if you would be one of our inviting speaker.
③ want you would accept as one of our speakers.
④ question goes for your acceptance as one of our host speakers.

35 Which is best for the blank (A)?

① Enclosed you will find
② Attached is our file
③ You may put out
④ We appreciate if you could sign

안심Touch

정답 34 ① 35 ①

해석

Herr Kim 귀하,

저희는 귀하를 2월 15일에 있는 당사의 연례 만찬회에 초대하고 싶습니다. 또한 <u>당신이 우리의 초청 연사 중 한 분이 되어 주실지 궁금합니다.</u>

올해 저희 회사의 주제는 'USD의 노력'이며, 귀하의 분야에서 수출회사에 영향을 끼친 기여도에 대해 감사드립니다.

연사가 되어주실 수 있다면 가능한 한 빨리 알려주십시오.
귀하와 동행 1인에 대한 정식 초청장을 (A 동봉하니 참조해주시기 바랍니다.)

그럼 안녕히 계십시오.

34 밑줄 친 우리말에 가장 알맞은 것은 무엇인가?
① 당신이 우리의 초청 연사 중 한 분이 되어 주실지 궁금합니다.
② 당신이 우리의 초청 연사 중 한 분이 되실지 의심스럽습니다.
③ 당신이 우리의 연설자 중 한 분으로서 수락해 주시기를 바랍니다.
④ 당신이 사회자 중 한 명이 될 것을 수락하는 것에 대한 질문이 있습니다.

35 빈 칸 (A)에 가장 알맞은 것은 무엇인가?
① 동봉하니 참조해주시기 바랍니다.
② 첨부된 것은 당사의 파일입니다.
③ 당신은 해고될지도 모르겠습니다.
④ 서명해주시면 감사하겠습니다.

해설 34
wonder if는 '~인지 아닌지 궁금하다', guest speakers는 '초청 연사'이므로 '당신이 우리의 초청 연사 중 한 분이 되어 주실지 궁금합니다.'를 영작하면 ① wonder if you would consider being one of our guest speakers.가 된다.

35
위 서신에서는 수신자를 당사의 초청 연사로 초대하고 있으며, 빈 칸 뒤에서 a formal invitation(정식 초대장)을 언급하고 있으므로 이를 서신에 동봉하니 참조하라는 내용이 자연스럽다.

36 Which of the following is the right match for blanks below?

(ⓐ) Average Loss is a voluntary and deliberate loss, while (ⓑ) Average Loss is purely accidental and unforeseen loss. (ⓒ) Average Loss falls entirely upon the owner of the cargo. In (ⓓ) Average Loss the loss shall be shared by all the owners of cargo.

	ⓐ	ⓑ	ⓒ	ⓓ
①	General	Particular	Genral	Particular
②	General	Particular	Particular	Genral
③	Particular	General	Genral	Particular
④	Particular	General	Particular	Genral

정답 ②

해석 아래 빈 칸에 알맞은 것으로 짝지어진 것은 무엇인가?

(ⓐ 공동)해손은 자발적이고 의도적인 손실을 말하는 반면, (ⓑ 단독)해손은 순수하게 예상치 못한 돌발적인 손실이다. (ⓒ 단독)해손은 전적으로 화물 소유주가 부담한다. (ⓓ 공동)해손에서 손실은 모든 화물소유주가 분담한다.

*accidental : 돌발적인
*unforeseen : 예상치 못한

해설 해상손해 중 분손(Partial Loss)의 종류

단독해손 (Particular Average Loss)	• 담보위험으로 인해 피보험이익의 일부가 멸실되거나 훼손되어 발생한 손해 • 손해를 입은 자가 단독으로 부담하는 손해, 즉 동일 운반선의 다른 화주와 선주 등에게 그 손해의 분담을 청구할 수 없는 손해
공동해손 (General Average Loss)	• 선박 및 적하 등의 사고로 공동 위험에 직면한 경우, 이를 벗어나기 위해 선장의 책임 하에 선박이나 적하품의 일부를 희생시킨 물적손해 및 비용손해

37 Which is NOT a difference between Institute Cargo Clause (B) and Institute Cargo Clauses (C)?

① Only difference between ICC(B) and ICC(C) is the additional risks covered under ICC(B) cargo insurance policies.

② ICC(C) is the minimum cover cargo insurance policy available in the market.

③ ICC(B) covers loss of or damage to the subject-matter insured caused by entry of sea lake or river water into vessel, craft, hold, conveyance, container or place of storage but ICC(C) does not.

④ ICC(B) covers loss of or damage to the subject-matter insured caused by general average sacrifice but ICC(C) does not.

정답 ④

해석 다음 중 ICC(B)와 ICC(C)의 차이점이 아닌 것은 무엇인가?
① ICC(B)와 ICC(C) 간의 유일한 차이점은 ICC(B) 화물보험 하에서는 보장되는 추가적인 위험이다.
② ICC(C)는 시장에서 이용 가능한 최소 보장 화물보험증권이다.
③ ICC(B)는 선박, 배, 화물실, 수송 기관, 컨테이너 또는 저장장소로의 해수, 호수 등의 침입으로 인한 보험계약의 목적에 따른 손실 또는 손상을 보장하지만, ICC(C)는 보장하지 않는다.
④ ICC(B)는 공동해손 희생손해에 기인한 보험계약의 목적에 따른 손실 또는 손상을 보장하지만, ICC(C)는 보장하지 않는다.

해설 ④ ICC(C)는 ICC(B) 약관에서 보상되는 위험 가운데 '지진, 분화, 낙뢰, 해수, 호수 등의 침입, 갑판유실, 추락한 매 포장당 전손' 등을 ICC(C) 약관에서는 보상하지 않는다.

ICC(B) vs ICC(C)

ICC(B)	ICC(C)
• 구 협회약관 WA 조건과 거의 동일한 조건이나, 구 WA 약관에 대응하는 약관으로 '화재, 폭발, 좌초, 지진, 분화, 낙뢰, 해수·호수·강물의 침입' 등 열거된 주요위험에 의해 생긴 손해를 보상하는 열거책임주의를 취한다. • 면책위험도 열거하여 명기하며, 클레임은 분손·전손 구분 없이 보상하며 면책률(Franchise) 적용도 없다.	• 구 협회약관 FPA 조건과 거의 동일한 조건으로 신 약관에서 가장 담보 범위가 작은 보험조건이다. • ICC(B)와 같이 열거위험에 의해 발생한 손해를 분손, 전손의 구분 및 면책률(Franchise) 없이 보상한다. 그러나 ICC(B) 약관에서 보상되는 위험 가운데 '지진, 분화, 낙뢰, 해수, 호수 등의 침입, 갑판유실, 추락한 매 포장당 전손' 등을 ICC(C) 약관에서는 보상하지 않는다. 면책위험을 열거하는 점은 ICC(A), (B) 약관과 같다.

*cover : (보험의) 보장
*subject-matter insured : 보험계약의 목적

[38~39] Read the following and answer the questions.

Thank you very much for your letter of March 20th inquiring about our model number HW-118.
(a) We have quoted our best prices and terms as attached price list. We trust that you can figure out our eagerness (b) to do business with you as we quoted special prices for you.
As a matter of fact, (c) we may have to raise our prices since (d) the prices of raw materials have been expensive from early this year. Therefore, we would ask you to (e) without delay.

---

38 Which of the following is grammatically INCORRECT?

① (a)   ② (b)
③ (c)   ④ (d)

39 Which answer best fits the blank (e)?

① place a backorder   ② place an initial order
③ take a bulk order   ④ take a volume order

정답 38 ④ 39 ②

해석

당사의 모델 번호 HW-118에 대해 문의한 귀사의 3월 20일자 서신에 감사드립니다.
(a) 최상의 가격과 조건을 견적한 당사의 가격 리스트를 첨부했습니다. 당사는 (b) 귀사와의 거래를 위해 특별 가격으로 견적하였으므로 이러한 저희의 열의를 인지하시리라 확신합니다.
사실, (d) 올해 초부터 원자재 가격이 비싸졌기 때문에 (c) 당사는 가격을 인상했어야 합니다. 따라서 지체 없이 (e 최초주문을 해주시기를) 귀사에게 요청합니다.

*raw materials : 원자재

38 다음 중 문법적으로 옳지 않은 것은?

39 빈 칸 (e)에 들어갈 답으로 가장 적절한 것은?
① 이월주문하다   ② 최초주문하다
③ 대량주문하다   ④ 대량주문하다

해설 38

(d) the prices of raw materials have been expensive(→ have been high) from early this year.

39
"귀사와의 비즈니스 성립을 위해 특별가격으로 견적한 저희의 열의를 이해"해 달라는 서신의 내용으로 미루어 빈 칸에는 '최초주문을 하다'라는 뜻의 ②가 적절하다.

40 Which has the same meaning with the following sentence?

> Shipment is to be made within the time stated in the contract, except in circumstances beyond the Seller's control.

① Shipment is to be made within the time without exceptions.

② Shipment is allowed to be made later, if the seller is unable to secure promised materials.

③ The seller is not responsible for delay in shipment in the case of force majeure.

④ The buyer is likely to ignore whatever the seller asks for an excuse.

정답 ③

해석 다음 문장과 동일한 의미를 가진 것은?

> 선적은 매도인의 통제를 벗어난 경우를 제외하고는, 계약서에 명시된 기간 안에 이루어져야 한다.
>
> *in circumstances : ~ 상황 하에서

① 선적은 예외 없이 기간 안에 이루어져야 한다.

② 매도인이 약속한 재료를 확보하지 못한다면 추후 선적이 허용된다.

③ 매도인은 불가항력의 경우에는 선적 지연에 대해 책임지지 않는다.

④ 매도인이 어떤 핑계를 요청해도 매수인은 무시하기 쉽다.

해설 제시문의 '통제를 벗어난 경우를 제외하고'는 '불가항력의 경우'에 해당하므로, ③이 정답이다.

불가항력(Force Majeure)

• 당사자들이 통제 및 예견이 불가능하고 회피할 수 없는 사안으로, 천재지변(Act of God)이나 화재, 전쟁, 파업, 폭동, 전염병과 기타 자연 재앙과 같은 특정한 사정이나 사건을 의미한다.

• 계약서상에 이러한 불가항력 면책조항을 삽입해 두는 것이 바람직하다.

• 신용장 거래에서 은행은 불가항력에 의한 의무불이행 시 면책될 수 있다.

*force majeure : 불가항력

---

41 Choose the answer which is MOST similar to the following sentence.

> Shipment not later than October 10.

① Shipment anytime after October 10.

② Shipment must be made by October 10.

③ Shipment must be made on October 10.

④ Shipment is no earlier than October 10.

해석 다음 문장과 가장 유사한 답을 고르시오.

늦어도 10월 10일까지는 선적

*not later than : 늦어도 ~까지는

① 10월 10일 이후 아무 때나 선적
② 선적은 10월 10일까지는 이루어져야 한다.
③ 선적은 10월 10일에 반드시 이루어져야 한다.
④ 선적은 10월 10일 이전에야 비로소 이루어진다.

해설 제시문은 '10월 10일까지 선적'해야 한다는 뜻이므로, ②가 정답이다.

42 Fill in the blank with the best answer.

Regarding your order number HW-07133, we are pleased to inform you that the goods are ready for shipment.
On such a short notice, please note that we made special effort to meet your required delivery date.
We trust that the excellent quality and the fashionable design of our products will give your customers full satisfaction.
Please let us have your (   ).

① quotation about this order
② letter of credit
③ invoice as soon as possible
④ shipping instructions

해석 빈 칸에 가장 적절한 답을 채우시오.

귀사의 HW-07133번 주문에 관해서, 당사는 물품이 선적 예정임을 고지합니다.
그러한 짧은 공지에도 당사는 귀사가 요청한 인도일을 맞추기 위해 특별히 노력했음에 주목해 주시기를 바랍니다.
당사는 저희 제품의 뛰어난 품질과 유행을 따른 디자인이 귀사의 고객들을 충분히 만족시킬 것을 믿습니다.
귀사의 (선적지침서)를 알려주십시오.

*full satisfaction : 충분한 만족

① 이 주문에 대한 견적서
② 신용장
③ 가능한 빨리 송장
④ 선적지침서

해설 서신은 주문에 대한 선적 예정을 알리는 내용이므로, 빈 칸에는 ④ '선적지침서'가 들어가야 한다.

43

① 선적되어 온 것을 풀어보고 당사는 제품이 귀사의 견본과 품질이 동등하지 않다는 것을 발견하였습니다.

→ While we were unpacking the shipment, we realized that the quality of the goods is not equal to your sample.

② 이 지연으로 말미암아 당사는 큰 불편을 겪었습니다. 더 이상 지연되면 당사는 판매할 기회를 많이 놓친다는 점을 이해해 주십시오.

→ This delay has caused us great disconvenience. You will understand that you would lose much of your chance of selling them if their delivery were put off any further.

③ 귀하께서 당사의 클레임의 타당성을 인정하실 수 있도록 동봉한 견본을 조사해 주시기 바랍니다.

→ We ask you to examine the sample enclosed so that you will admit the reasonableness of our claim.

④ 이 문제를 해결하기 위하여 귀사가 생각하고 있는 할인액을 알려주시기 바랍니다.

→ We would be glad to hear of the allowance you consider in settling this matter.

정답 ②

해설 ② 이 지연으로 말미암아 당사는 큰 불편을 겪었습니다. 더 이상 지연되면 당사는 판매할 기회를 많이 놓친다는 점을 이해해 주십시오.

→ This delay has caused us great disconvenience(→ inconvenience). You will understand that you(→ we) would lose much of your(→ our) chance of selling them if their delivery were put off any further.

*put off : 연기하다

*allowance : 공제액

*settle : 해결하다, 합의를 보다

44 ① 당사는 영국에 거래처가 없으므로 귀사께서 당사가 이 특수 분야의 영업을 할 수 있는 기회를 얻도록 협력해 주신다면 감사하겠습니다.
  → We have no contacts in England, so we would be highly appreciated all the assistance you could render in let us have a chance of doing a business in this particular area.

② 우리들 상호의 이익을 도모하기 위하여 빠른 시일 내에 귀사와 거래를 시작하기를 바랍니다.
  → We hope that we can soon enter into business relations with you which we are sure will lead to our mutual profit.

③ 당사는 서울에 위치한 무역회사로 세계의 주요 무역중심지에 지점들을 두고 있으며 광범위하고 다양한 상품을 취급하고 있습니다.
  → We are a trading firm in Seoul with branches covering the world's principal trade centers handling a wide range of various goods.

④ 당사는 일반 상품, 기계류 및 장비의 수출입상으로 20년이 넘는 역사를 가지고 있습니다.
  → We have a proud record of more than 20 years in our business as an exporter-importer dealing in general goods, machinery and equipment.

정답 ①

해설 ① 당사는 영국에 거래처가 없으므로 귀사께서 당사가 이 특수 분야의 영업을 할 수 있는 기회를 얻도록 협력해 주신다면 감사하겠습니다.
  → We have no contacts in England, so we would be highly appreciated(→ would highly appreciate) all the assistance you could render in let(→ render) us have a chance of doing a business in this particular area.
*appreciate : 고마워하다, 진가를 알아보다, 감상하다
*render : (어떤 상태가 되게) 만들다[하다], 주다[제공하다]
*enter into : 시작하다[들어가다]

45

① 보증에 대한 정보도 받아보고 싶습니다.

　→ We are also interested in receiving information about the warranty.

② 귀하의 주문품을 오늘 신속히 항공 속달편으로 발송하였습니다.

　→ We have today promptly shipped your order by air express.

③ 선적이 지연된 이유는 최근 오클랜드 항구 직원들의 파업 때문입니다.

　→ The shipping delay is due to the recent strike of port workers in Oakland.

④ 거듭된 시도에도 불구하고, 귀사로부터 아무런 답변도 받지 못했습니다.

　→ Despite of repeated attempts, we have unable to receive an answer from you.

정답 ④

해설 ④ 거듭된 시도에도 불구하고, 귀사로부터 아무런 답변도 받지 못했습니다.

　→ Despite of repeated attempts, we have(→ were) unable to receive an answer from you.

*warranty : (제품의) 품질 보증서

*due to : ~에 기인하는, ~때문에

46

① 귀사가 2개월 전 당사에 공급한 배터리에 문제가 있었습니다.

　→ There has been a problem with the batteries you had supplied us two months ago.

② 당사 기록을 철저하게 검토한 결과, 추가 금액이 실수로 청구된 것이 확실합니다.

　→ Having made a thorough check of our records, I am certain that the extra charge was made in error.

③ 귀사의 22-A01번 주문에 대한 청구서를 보내드린 지 2주가 되었습니다.

　→ It was two weeks since we have sent you the billing for your order 22-A01.

④ 사무실 책상과 의자 품목의 사진을 보내주시겠습니까?

　→ Would you mind sending me pictures of your line of office desks and chairs?

정답 ③

해설 ③ 귀사의 22-A01번 주문에 대한 청구서를 보내드린 지 2주가 되었습니다.

　→ It has been two weeks since we have sent(→ sent) you the billing for your order 22-A01.

47 Choose the one which does NOT have the same meaning with the underlined.

> If the payment should not be made, then I am afraid that we shall have no choice but to <u>start proceedings</u> for dishonor.

① resume negotiation   ② take a legal step

③ sue   ④ bring an action

정답 ①

해석 밑줄 친 부분과 동일한 의미를 가지지 않는 것을 고르시오.

지불이 이루어지지 않는다면, 유감스럽지만 당사는 지급거절 절차에 착수할 수밖에 없습니다.

*dishonor : 부도, 지급거절
*start proceedings for : ~를 위한 절차에 착수하다

① 협상을 재개하다   ② 법적 절차에 들어가다
③ 소송하다   ④ 법에 호소하다

해설 ②·③·④는 모두 '법적인 절차에 들어가다(소송하다)'의 뜻이다.
*resume negotiation : 협상을 재개하다
*bring an action : 법에 호소하다

48 Which is LEAST proper in explanation of Transhipments?

① Transhipments are usually made where there is no direct air, land, or sea link between the consignor's and consignee's countries.

② Transhipments can be made where the intended port of entry is blocked.

③ Transhipments are not allowed in L/C operation, unless the goods are containerised.

④ Transhipments exposes the shipment to a lower probability of damage.

정답 ④

해석 환적에 대한 설명 중 가장 적절하지 않은 것은 무엇인가?
① 환적은 일반적으로 화주와 수하인의 국가 간에 직접적인 항공, 육상, 또는 해상 교통이 없을 때 이루어진다.
② 환적은 지정된 수입항이 봉쇄된 곳에서 이루어진다.
③ 환적은 컨테이너 수송방식이 아니면, 신용장 방식에서는 허락되지 않는다.
④ 환적은 손상 가능성을 낮추기 위해 선적물을 노출한다.

해설 환적(Transshipment)
선적된 화물을 목적지로 운송 도중 다른 선박이나 운송수단에 옮겨 싣는 것을 말한다(이적이나 재선적 의미). 환적은 화물 손상 우려가 있기 때문에 바람직하지 않지만, 보통 선적항에서 목적항까지 직항선이 없는 경우 이용된다. 환적도 분할선적과 마찬가지로 금지의 특약이 없는 한 허용되며, 비록 신용장상에 금지되어 있어도 복합운송(Combined/Multimodal Transport)을 약정하고 있으면 허용되는 것이 일반적이다.

안심Touch

49 What does the underlined mean?

> Underlying transaction is a deal between the account party and beneficiary of a letter of credit (L/C). An L/C is said to be independent of the underlying transaction.

① Sales contract
② Carriage contract
③ Negotiation contract
④ Payment terms

정답 ①

해석 밑줄 친 부분의 의미는 무엇인가?

> 기본 상거래는 대금결제인과 신용장 수익자 간의 거래이다. 신용장은 기본 상거래에서 독립된 것으로 알려진다.
>
> *underlying : 근원적인, 밑에 있는
> *transaction : 거래
> *account party : 대금결제인
> *beneficiary : 수익자
> *be independent of : ~에서 독립하다

① 매매계약
② 운송계약
③ 협상계약
④ 지불조건

해설 밑줄 친 underlying transaction은 '기본 상거래'라는 뜻이므로, '매매계약'을 뜻하는 ①이 적절하다.

물품매매계약의 정의(Sale of goods Acts 제2조)

"A contract of sale of goods is a contract by which the seller transfers or agrees to transfer the property in goods to the buyer for a money consideration, called the price."

물품매매계약은 매도인이 금전적 대가(Price)를 받기 위해 물품의 소유권(Property in Goods)을 매수인(Buyer)에게 양도하거나 양도에 동의하는 계약이다.

50 Which is right for the blank?

One of the ways how to deal with the negotiation is that the exporter can get a discount from negotiating bank through (　　　) for discrepant documents presented under the Documentary Credit.

① under reserve negotiation
② forfaiting
③ factoring
④ confirmation

정답 ①

해석 빈 칸에 옳은 것은?

협상을 다루는 방법들 중 하나는 수출업자가 매입은행으로부터 (유보부 매입)을 통해 화환신용장 하에서 제시된 불일치 서류들에 대한 할인을 얻어내는 것이다.

*negotiating bank : 매입은행
*discrepant documents : 하자가 있는 서류
*Documentary Credit : 화환신용장

① 유보조건부
② 포페이팅
③ 팩터링
④ 확 인

해설 ① 유보조건부(Pay under reserve) : 형식적 지급이나 매입 등 일반 신용장을 기반으로 이루어지지만, 그 매입대금의 현실적 결제는 서류가 발행은행 및 확인은행에 확인된 경우에 한한다. 즉, 조건 불충족이 발행은행, 발행 의뢰인에게 용인되는 경우에 한한다.

포페이팅과 팩터링

포페이팅 (Forfaiting)	• 신용장거래에서 수출자가 발행한 환어음 및 선적서류를 수출입은행(Forfaiter)이 수출자로부터 무소구(Without recourse) 조건으로 매입하는 수출금융 • 수출자는 수출이행 즉시 수출입은행으로부터 수출대금을 지급받고 환어음의 만기일에 수출입은행이 수입국은행으로부터 대금을 회수한다.
팩터링 (Factoring)	• 사후송금방식(O/A 또는 D/A방식) 거래에서 발생된 외상수출채권을 수출기업으로부터 무소구 조건으로 수출입은행이 매입하는 수출금융

51 신용장 양도 시 확인사항으로 옳지 않은 것은?

① 2회 이상 양도가능한지 여부

② 원신용장에 명기된 조건대로 양도되는지 여부

③ 당해 L/C가 양도가능(Transferable) 신용장인지 여부

④ 양도은행이 신용장상에 지급, 인수 또는 매입을 하도록 수권받은 은행인지 여부

정답 ①

해설 ① 양도가능 신용장은 1회에 한해 양도가능하므로 제2수익자가 다시 제3자에게 본 신용장을 양도할 수 없다.

신용장 양도 시 확인사항

• 당해 L/C가 양도가능(Transferable) 신용장인지 여부
• 양도은행이 신용장상에 지급, 인수 또는 매입을 하도록 수권받은 은행인지 여부
• 원수익자와 제2수익자 공동연서에 의한 양도신청인지 여부
• 원신용장에 명기된 조건대로 양도되는지 여부
• 1회에 한한 양도인지 여부

52 Incoterms 2010상의 '매도인의 의무(The seller's obligations)'에 관한 항목이 아닌 것은?

① Licences, authorizations, security clearance and other formalities

② Transfer of risks

③ Assistance with information and related costs

④ Provision of goods in conformity with the contract

정답 ④

해석 ① 허가, 승인, 안전 통관 및 기타 수속절차

② 위험의 이전

③ 정보제공에 대한 협조 및 관련 비용

④ 계약에 따른 물품 공급

해설 ④는 Incoterms 2010가 아닌 비엔나 협약(CISG)의 항목 중 하나이다.

CISG vs INCOTERMS

• CISG : 일반적인 계약 성립, 하자 물품인도, 매수인의 검사 의무, 매수인의 하자통지 의무, 채무불이행 시 효과 등을 규율한다.
• INCOTERMS : 매매계약 용어, 계약조건에 관한 통일 규칙으로 국제물품매매의 일부 구체적인 문제(가격조건, 비용부담, 위험의 이전, 운송, 보험, 통관의무 등)를 규율한다.

53 무역계약이 체결된 장소 또는 국가에서 계약의 전부 또는 일부가 이행될 때 계약이 체결된 국가의 법률을 적용해야 한다는 원칙으로 옳은 것은?

① 무명조건
② 계약이행지법
③ 중재지법
④ 계약체결지법

정답 ④

해설 ④ 계약체결지법은 계약이 체결된 국가에서 계약의 내용, 형식, 절차 따위에 관하여 그 나라의 국가의 법률을 따르도록 한다는 원칙이다.
① 무명조건 : 계약서나 계약서 작성 시 사용된 언어 등이 준거법을 확인하는데 주된 실마리가 된다는 조건이다.
② 계약이행지법 : 계약이 제3국에서 체결되었더라도 관할지역, 즉 그 나라에 피고의 주소가 있거나 주된 영업소가 있거나 의무의 이행지로 그 나라를 정하는 경우 관할권을 갖는 것으로 해석한다.
③ 중재지법 : 당사자 간 분쟁이 발생할 경우 중재로 해결할 것을 합의하며 중재가 이루어지는 국가 또는 장소의 법을 준거로 하는 원칙이다.

54 다음 설명에 해당하는 수출보증보험의 대상이 되는 보증서는 무엇인가?

> 계약체결 시에 제출하는 것으로서 낙찰자가 약정된 계약을 이행하지 않을 경우에 대비하여 상대방(발주자)이 요구하며 보증금액은 보통 계약금액의 10% 전후이다.

① Bid bond
② Performance bond
③ Advance payment bond
④ Retention payment bond

정답 ②

해설 ① 입찰보증서 : 국제입찰 시 참가에 수반되는 보증금
③ 선수금반환보증서 : 발주자(선주)가 선수금 반환 확보를 위하여 수주자(선박회사)로부터 은행으로부터 발행받는 보증
④ 유보금환급보증서 : 하자 보수 의무 기간이 종료되거나 공사가 완료될 때 유보금 반환을 확보하기 위해 요구하는 보증

55 다음의 경우 환가료를 원화로 계산한 것으로 옳은 것은?

> 1) 거래금액 : JPY3,600,000
> 2) 거래조건 : 120d/s
> 3) 환가료율 : 2.00%
> 4) 우편일수 : 8일
> 5) 환율(장부가격) : JPY100 = KRW1,000

① 128,000원
② 240,000원
③ 256,000원
④ 480,000원

[정답] ③

[해설] 환가료는 '매입금액 × 매매기준율 × 환가료율 × 추심일수 / 360'이다. 이 때 추심일수는 거래조건과 우편일수를 더해서 계산한다. 따라서 3,600,000 × 10 × 0.02 × (8 + 120) / 360 = 256,000원이다.

56 해상운송에 관한 헤이그-비스비 규칙의 설명으로 옳지 않은 것은?

① 운송인의 책임은 과실책임주의에 기초하고 있다.
② 선적 시로부터 양륙 시까지의 기간 동안에 대해서만 적용된다.
③ 운송인은 자신에게 과실이 없음을 입증해야만 책임을 면할 수 있다.
④ 운송인은 항해과실에 대해서 책임을 부담하지 않는다.

[정답] ③

[해설] ③ 헤이그-비스비 규칙은 그 입증책임에 대하여 명확한 규정이 없으며, 함부르크 규칙에서 운송인은 자신의 무과실을 입증하여야 한다.
헤이그-비스비(Hague-Visby) 규칙
• 해상운송 및 운송인의 책임 등에 관한 규정으로 화물에 대한 운송인의 책임범위를 'from tackle to tackle'로 규정한다.
• 운송인은 선박의 감항능력을 유지하도록 상당한 주의를 다하여야 하며, 이러한 선박의 감항능력은 선박의 발항 당시뿐만 아니라 발항 전에도 요구된다.
• 선박의 운항 또는 관리에 있어서 선장, 선원, 수로 안내인 또는 운송인의 사용인에 행위와 태만 또는 과실에 의한 손실은 운송인의 면책사항으로 규정하고 있다.
• 과실책임주의를 채택하였다.
• 면책 범위를 변경하였다(항해과실은 면책되나 상업과 실은 면책되지 않음, 인도 지연 면책 등).

57 선하증권의 법적 성질로 옳지 않은 것은?

① 요인증권
② 요식증권
③ 상환증권
④ 금전증권

정답 ④

해설 **선하증권의 법률상 성질**
- 요인증권 : 증권상 권리가 그 증권 수수원인의 존재를 전제로 하여 성립되는 경우
- 요식증권 : 기재사항이 법정되어 있는 유가증권
- 인도증권 : 증권상의 권리를 행사할 수 있는 자에게 증권을 인도한 경우에 그 인도가 물건을 인도한 것과 동일한 효력을 생기게 하는 증권
- 문언증권 : 증권상의 권리관계가 증권에 기재된 문언에 따라 정해지는 증권
- 상환증권 : 증권과 상환하지 않고는 채무의 이행을 할 필요가 없는 증권

58 신용장에 대한 내용으로 옳지 않은 것은?

① 신용장은 개설은행의 조건부 지급확약으로 상업신용을 은행신용으로 전환시켜 주는 금융수단이다.
② 신용장상에 아무런 언급이 없는 경우 양도가 불가능하다.
③ 무역거래에 일반적으로 사용되는 신용장은 'Documentary Credit'이다.
④ 신용장에 의해 발행되는 환어음의 만기가 'at 90 days after sight'라면 'Sight Credit'이 된다.

정답 ④

해설 ④ 신용장에 의해서 발행되는 어음이 일람출급어음인 경우를 일람출금신용장(Sight Credit)이라 하고 기한부 어음의 발행을 요구하고 있는 신용장을 기한부신용장(Usance Credit)이라 한다. 기한부조건(After Sight ; Usance)인 경우에는 "at 90 days after(from) B/L date", "at 90 days after(from) negotiating date", "at 90 days after sight" 등으로 표시한다.

59 해상운송 과정 중에 발생한 해상사고로 화물손해가 발생하였고, Surveyor의 조사결과 General Average에 해당하지 않는 사고로 판명되었다. 이 경우 화주가 손해를 보상받을 수 있는 해상적화보험조건으로 구성된 것은?

① ICC(A), ICC(B)

② ICC(A), ICC(C)

③ ICC(B), ICC(C)

④ ICC(A), ICC(B), ICC(C)

정답 ①

해설 **신 협회적하약관상 보험조건**
- ICC(A) : 구협회약관 AR 조건과 거의 동일한 조건으로 "전위험(ALL Risks of Loss or Damage)"을 담보하는 조건이다. 다만, AR 조건에서는 해적위험(Piracy)이 전쟁위험의 일종으로 면책위험이나, ICC(A)에서는 해적위험을 보상한다.
- ICC(B) : 구협회약관 WA 조건에 대응하는 약관으로 거의 동일한 조건이다. '화재, 폭발, 좌초, 지진, 분화, 낙뢰, 해수·호수·강물의 침입' 등 열거된 주요위험에 의해 생긴 손해를 보상하는 열거책임주의를 취한다.
- ICC(C) : 구 협회약관 FPA 조건과 거의 동일한 조건으로 신 약관에서 가장 담보범위가 작은 보험조건이다. ICC(B)와 같이 열거위험에 의해 발생한 손해를 분손, 전손의 구분 및 면책률(Franchise) 없이 보상하지만 ICC(B) 약관에서 보상되는 위험 가운데 '지진, 분화, 낙뢰, 해수, 호수 등의 침입, 갑판유실, 추락한 매 포장당 전손' 등을 ICC(C) 약관에서는 보상하지 않는다.

---

60 정기선의 해상운임에 대한 설명으로 옳지 않은 것은?

① 정기선의 해상운임은 기본운임(Basic Rates)에 할증료(Surcharges), 추가요금(Additional Charges) 등으로 구성된다.

② 품목별무차별운임(Freight All Kinds, FAK)은 품목에 관계없이 동일하게 적용하는 운임이다.

③ BAF는 유류할증료, CAF는 통화할증료로 운임 외에 부가되는 할증료(Surcharge)이다.

④ THC는 터미널 화물처리비를 말하는데 통상적으로 해상운임에 포함되어 있다.

정답 ④

해설 ④ 터미널 화물처리비(THC)는 선박이 항만에 들어온 후 화물을 부두에 하역하고, 하역한 짐을 다시 컨테이너 야드(CY)로 옮겨 화물창고에 보관하는데 드는 각종 비용으로, 운임 외에 추가로 발생하는 부대비용이다.

61 중재합의에 대한 설명으로 옳지 않은 것은?

① 유효한 중재합의가 존재하는 경우에는 직소금지의 원칙에 따라 소송으로 분쟁을 해결할 수가 없다.

② 분쟁 발생 후에도 중재합의는 별도의 중재계약에 의해 이루어질 수 있다.

③ 우리나라 중재법에 따르면 중재합의는 서면으로 하여야 한다.

④ 중재합의의 한 형태로서 매매계약서상에 삽입되어 있는 중재조항은 동 계약서가 무효가 되면 동 중재조항도 그 효력을 자동적으로 상실하게 된다.

정답 ④

해설 중재조항 분리의 원칙
계약에 포함된 중재조항은 본 계약의 효력 여부와는 상관없이 독립적으로 강제될 수 있어야 한다는 법리로 중재합의와 관련된 주된 계약이 무효가 되는 경우에도 중재조항은 주된 계약과는 별도로 분리, 독립한다(중재법 제17조 제1항).

62 Incoterms 2010에 대한 설명으로 옳지 않은 것은?

① Incoterms 2010은 국내매매계약에도 사용가능하다.

② EXW에서 매도인은 물품을 매수인의 운송수단에 적입할 의무가 없다.

③ 컨테이너 운송에서는 FOB나 CIF 조건은 부적절하다.

④ FAS 조건에서 매도인은 외항에 정박한 본선까지의 부선료를 부담할 필요가 없다.

정답 ④

해설 ④ FAS 조건에서 매도인은 선측에서 계약물품을 인도할 때까지의 비용과 위험을 부담하고, 매수인은 그 이후에 발생하는 모든 비용과 계약물품의 멸실 또는 손상에 따른 위험을 부담한다. 그리고 본선이 부두 밖에 정박하고 있는 경우에는 매도인이 부선료(Lighterage)를 부담하여야 한다.

63 원신용장을 견질로 하여 국내의 공급업자 앞으로 개설하는 내국신용장에 대한 설명으로 옳지 않은 것은?

① 내국신용장상에서 표시통화는 원화, 외화, 원화 및 외화금액 부기 중 하나이어야 한다.

② 유효기일은 물품의 인도기일에 최장 10일을 가산한 기일 이내이어야 한다.

③ 부가가치세 영세율을 적용한다.

④ 어음 형식은 개설의뢰인을 지급인으로 하고, 개설은행을 지급장소로 하는 기한부 환어음이어야 한다.

정답 ④

해설 ④ 어음의 형식은 개설의뢰인을 지급인으로 하고, 개설은행을 지급장소로 하는 일람출금 환어음이어야 한다.

64 매도인 계약위반과 매수인 권리구제에 대한 설명으로 옳지 않은 것은?

① 매도인이 계약을 이행하지 않는 경우에 매수인은 원칙적으로 계약대로의 이행을 청구할 수 있다.

② 매수인은 매도인의 의무이행을 위하여 추가기간을 지정할 수 없다.

③ 매수인이 수령 당시와 동등한 상태로 반환할 수 없는 경우에는 대체물품인도 청구권을 상실한다.

④ 계약의 해제는 정당한 손해배상의무를 제외하고는 당사자 쌍방을 모든 계약상의 의무로부터 해방시킨다.

> 정답 ②

> 해설 ② 국제물품매매계약에 관한 UN협약(CISG)에서 규정한 추가기간 지정권 제47조 제1항에 따라 매수인은 매도인의 의무이행 위반기간을 추가 지정할 수 있다. 추가기간의 지정은 물품의 일부 인도불이행에도 적용할 수 있다.

65 승인조건부 청약이나 보세창고도거래 등에서 품질을 결정하는데 가장 바람직한 방법은?

① 표준품매매   ② 상표매매
③ 명세서매매   ④ 점검매매

> 정답 ④

> 해설 ④ 점검매매 : 바이어가 상품을 직접 점검하고 행하는 것으로 보세창고인도(BWT)조건의 거래나 현품인도지급(COD) 거래 등에서 사용되는 거래
> ① 표준품매매 : 표준으로 인정하는 것을 기초로 가격을 결정하고, 실제 상품 품질이 표준품과 다른 경우 가격 증감으로 조정하는 거래
> ② 상표매매 : 국제적으로 널리 알려져 있는 유명상표의 경우 견본제공 없이 상표만으로 품질의 기준을 삼고 가격을 정하여 계약하는 거래
> ③ 명세서매매 : 제품의 품질에 관한 매수인의 요구조건을 고려한 상세한 기술 설명서, 설계도, 사진 등의 명세서를 기초로 생산하여 인도하는 거래

66 Incoterms 2010상 FCA 조건에 대한 설명으로 옳지 않은 것은?

① 매도인은 매수인이 지정한 장소(수출국 내륙의 한 지점)에서 매수인이 지정한 운송인에게 물품 인도

② 인도장소가 매도인의 구내인 경우, 매수인의 집화용 차량에 적재하여 인도

③ 인도장소가 매도인의 구내 이외의 장소인 경우, 물품을 적재한 차량을 매수인이 지정한 장소에 반입함으로써 인도(반입된 차량으로부터 양륙할 의무는 없음)

④ 매도인이 지정한 운송인에 인도한 물품에 대해 매수인이 수출통관의무 부담

④ FCA 조건은 매도인이 매도인의 구내(Seller's Premises) 또는 그 밖의 지정장소에서 약정기간 내에 매수인이 지정한 운송인 또는 그 밖의 당사자에게 수출통관을 필한 계약물품을 인도해야 하는 조건(매도인 수출통관)이므로, 수출통관은 매도인, 수입통관은 매수인의 의무이다.

67 무역계약에서 수량조건에 대한 설명으로 옳지 않은 것은?

① 수량을 표시하는 용어는 piece, length, measurement, weight, package 등이 있다.
② 용적을 표시하는 용어는 CBM, TEU, liter, square, drum 등이 있다.
③ 중량 1톤을 영국계에서는 1,016kg, 미국계는 907kg이며 유럽계는 1,000kg으로 사용한다.
④ UCP 600에는 산화물의 과부족 용인에 대해 어음발행금액이 신용장금액을 초과하지 않는 범위 내에서 5%의 과부족을 허용하는 규정을 두고 있다.

② square는 면적을 표시하는 용어이다. 용적/부피(Measurement)의 경우 주로 목재나 액체류의 거래에 쓰이는데 목재 등은 Cubic Meter(CBM ; ㎥), Cubic Feet(CFT), 용적톤(M/T)을 주로 사용한다. 또한, 액체류 등은 drum, gallon, barrel 등을 주로 사용한다.

68 운임에 관한 설명으로 옳지 않은 것은?

① Port Congestion Surcharge – 도착항에 체선(滯船)이 있어 선박의 가동률이 저하되는 경우에 발생하는 선사의 손해를 화주에게 전가하기 위하여 부과하는 할증요금
② Bunker Adjustment Factor – 선박의 연료인 벙커유의 가격변동에 따른 손실을 보전하기 위하여 부과하는 할증요금
③ Lump Sum Charge – 선적할 때에 지정하였던 양륙항을 선적 후에 변경할 경우에 추가로 부과되는 운임
④ Transhipment Charge – 화주가 환적을 요청하는 경우에 선사가 그에 따른 추가비용을 보전하기 위하여 부과하는 운임

③ 선적할 때에 지정하였던 양륙항을 선적 후에 변경할 경우에 추가로 부과되는 운임은 양륙지 변경료(Diversion Charge)이다. 선복운임료(Lump Sum Charge)는 선복(Ship's space) 또는 항해를 단위로 하여 포괄적으로 지급하는 요금이다.
① 체선할증료(Port Congestion Surcharge) : 도착항에 체선이 있어 선박 가동률이 저하되는 경우에 발생하는 선사의 손해를 화주에게 전가하기 위하여 부과하는 할증요금이다.
② 유류할증료(Bunker Adjustment Factor ; BAF) : 선박의 연료인 벙커유의 가격변동에 따른 손실을 보전하기 위해 부과하는 할증요금이다.
④ 환적할증료(Transhipment Charge) : 화주가 환적을 요청하는 경우 선사가 그에 따른 추가비용을 보전하기 위해 부과하는 운임이다.

69 Incoterms 2010의 사용법에 대한 내용으로 옳지 않은 것은?

① Incoterms 2010 규칙을 적용하고자 하는 경우, 그러한 취지를 계약에서 명확히 하여야 한다.

② 선택된 Incoterms 규칙은 당해 물품과 운송방법에 적합한 것이어야 한다.

③ Incoterms 규칙은 매매대금이나 그 지급방법 등과 관련 매도인과 매수인의 부담을 명확히 규정하고 있다.

④ Incoterms 규칙보다 국내법의 강행규정이 우선한다.

정답 ③

해설 ③ Incoterms 규칙은 매매계약의 어느 당사자가 운송계약이나 보험계약을 체결할 의무를 부담하는지, 매도인은 매수인에게 언제 물품을 인도하는지, 각 당사자는 어떠한 비용을 부담하는지를 규정한다. 그러나 매매대금이나 그 지급방법에 대하여는 침묵한다.

INCOTERMS 2020의 적용상 특성 및 유의사항
• 인코텀즈 2020이 시행된다고 해서 종전의 인코텀즈 조건이 사용 금지되는 것은 아니다. 심지어 변형된 인코텀즈가 얼마든지 사용될 수 있다.
• 강제법규가 아니라 당사자들의 자유의사에 따른 합의에 의해서만 효력이 있는 임의법규다.
• 개별조건에서 가능한 구체적인 인도장소나 항구를 명기하는 것이 분쟁의 소지를 줄인다.
• 인코텀즈 2020은 복합운송조건의 활용을 권장한다.
• 터미널화물처리비(THC) 부담자를 운송계약 체결자로 한다.
• 인코텀즈는 물품매매계약상 매도인과 매수인의 의무사항에 대한 내용을 담고 있지만, 당사자 간 권리구제에 관한 사항이나, 운송계약, 보험계약에 관련된 내용은 포함돼 있지 않다. 따라서 매도인과 매수인은 추가적인 계약 조건에 대해서는 다른 규정들을 준거법으로 채택하거나, 서로 합의가 이루어져야 할 필요가 있다.

70 해상화물을 컨테이너 방식으로 선적할 때 이에 대한 설명으로 옳지 않은 것은?

① 운송계약의 청약에 해당하는 선복요청서와 승낙에 해당하는 인수확인서에 의해서 실제적인 운송계약이 성립한다.

② FCL 화물인 경우에 수출상의 공장 또는 창고에서 화주의 책임 하에 컨테이너에 화물을 적재한다.

③ 구체적인 선적일정에 의해 본선이 입항하면 컨테이너는 CY에서 마샬링 야드(Marshalling Yard)로 이송되어 본선적재가 이루어진다.

④ LCL 화물인 경우 화물인수도증을 근거로 운송주선인은 개별화주에게 Master B/L을 발급해 줄 수 있다.

정답 ④

해설 ④ LCL 화물인 경우 화물인수도증을 근거로 운송주선인은 개별화주에게 선하증권을 발급한다. 이때 선하증권을 House B/L이라 한다.

71 무역운송을 이해하는 데 가장 기초를 이루는 해상운송에 대한 설명으로 옳지 않은 것은?

① 해상운송계약은 정기선에 의한 개품운송계약과 부정기선에 의한 용선운송계약으로 나눈다.

② 개품운송에 사용되는 운송서류로는 선하증권과 해상화물운송장이 있다.

③ 용선자가 제3자의 화물을 운송하는 경우에 화주에게 용선계약부 선하증권을 발급해 줄 수 있다.

④ 신용장이 용선계약부 선하증권과 관련하여 용선계약서 제시를 요구하는 경우에는 은행은 반드시 용선계약서를 심사해야 한다.

정답 ④

해설 ④ 신용장이 용선계약부 선하증권과 관련하여 용선계약서의 제시를 요구한 경우에도 은행은 용선계약서를 심사하지 않으며, 은행 측의 아무런 책임 없이 이를 송달하여야 한다(신용장 통일규칙 제22조 제b항).
UCP 600(신용장통일규칙) 제22조 용선계약선하증권
b. A bank will not examine charter party contracts, even if they are required to be presented by the terms of the credit.
b. 신용장이 용선계약부 선하증권과 관련하여 용선계약서의 제시를 요구한 경우에도 은행은 용선계약서를 심사하지 않으며, 은행 측의 아무런 책임 없이 이를 송달하여야 한다.

72 개별계약과 포괄계약의 내용 및 상호관계에 대한 설명이다. (ⓐ), (ⓑ), (ⓒ) 안에 들어갈 용어로 올바르게 연결한 것은?

> 개별계약서에는 (ⓐ) 등을 명기한다. 포괄계약서에는 (ⓑ) 등이 명기된다. 포괄계약과 개별계약 은 상호보완적이며, 서로 모순될 경우 (ⓒ) 내용이 우선한다.

	ⓐ	ⓑ	ⓒ
①	단 가	청약 및 주문의 방식	개별계약
②	청약 및 주문의 방식	선적일의 증명방법	개별계약
③	인도시기	수 량	포괄계약
④	품 명	불가항력조항	포괄계약

정답 ①

해설 개별계약은 매매당사자가 거래 시마다 거래조건에 상호 합의하여 계약서를 작성하는 것으로 개별계약서에는 단가 등을 명기한다. 포괄계약은 동일한 상대방과의 장기 거래 시 주로 이용되는 방식으로 포괄계약서에는 청약 및 주문의 방식 등이 명기된다. 포괄계약과 개별계약은 상호보완적이며, 서로 모순될 경우 개별계약 내용이 우선한다.

73 리네고(재매입)가 발생할 수 있는 신용장으로 올바르게 짝지은 것은?

㉠ available with JAKARTA BANK by SIGHT PAYMENT
㉡ available with JAKARTA BANK by ACCEPTANCE
㉢ available with JAKARTA BANK by DEFERRED PAYMENT
㉣ available with ANY BANK by NEGOTIATION
㉤ available with JAKARTA BANK by NEGOTIATION

① ㉠, ㉢, ㉣
② ㉡, ㉢, ㉤
③ ㉢, ㉣, ㉤
④ ㉡, ㉣, ㉤

정답 ②

해설 재매입(Re-Nego)은 신용장에서 요구하는 매입은행으로 수출자가 매입신청을 하지 못하게 되는 경우에 사용되는데, 외국환거래의 관리를 위하여 우리나라는 수출자의 외국환거래은행을 통하여만 매입/추심이 가능하기에 거래은행을 통하여 매입지정은행으로 재매입이 들어가는 형식을 취하게 된다.

㉠ available with 개설은행(또는 지정은행) by PAYMENT : 지급신용장
선적서류 등의 서류가 개설은행(또는 지정은행)에 도착 후 하자가 없으면 개설은행(또는 지정은행)이 대금을 지급한다. 수입자에게 At Sight 조건이 붙는다.

㉡ available with 개설은행(또는 지정은행) by ACCEPTANCE : 인수신용장
선적서류 등의 서류가 개설은행(또는 지정은행)에 도착 후 Usance 기간 만기일(환어음 만기일, At Maturity)까지 개설은행(또는 지정은행)이 대금을 지급한다. Re-Nego가 발생하지 않으려면 Usance 조건이 있고, Usance에 대한 기간 이자를 부담해야 한다.

㉢ available with 개설은행(또는 지정은행) by DEFERRED PAYMENT : 연지급신용장
선적서류 등의 서류가 개설은행(또는 지정은행)에 도착 후 Usance 기간 이내에 개설은행(또는 지정은행)이 대금을 지급한다. Re-Nego가 발생하지 않으려면 Usance 조건이 있고, Usance에 대한 기간 이자를 부담해야 한다.

㉣·㉤ available with 지정은행(또는 ANY BANK) by NEGOTIATION : 매입신용장
By Negotiation 앞에 개설은행이 지정될 수 없으며 지정은행은 수출지 은행이다. By Negotiation 앞에 지정된 지정은행이 Beneficiary의 거래은행이 아니면 Re-Nego가 발생될 수 있으며, Any Bank로 된 경우에는 자유매입 신용장으로서 Beneficiary가 자신의 거래은행으로 매입(추심) 신청 가능하다.

74. 송화인의 요구에 따라 항공사, 송화인 또는 대리인이 선불한 비용을 수화인으로부터 징수하는 금액은?

① THC
② CFS Charge
③ Documentation Fee
④ Disbursement Fee

정답 ④

해설 ④ 지불수수료(Disbursement Fee) : 송하인의 요구에 따라 항공사, 송하인 또는 대리인이 선불한 비용을 수하인으로부터 징수하는 금액
① 터미널 화물처리비(THC) : 터미널 화물취급비용
② CFS 작업료(CFS Charge) : LCL 화물을 운송하는 경우 선적지 및 도착지의 CFS(컨테이너 화물 장치장)에서 화물의 혼적 또는 분류작업을 하게 되는데 이때 발생하는 비용
③ 서류발급비(Documentation Fee) : 선사에서 선하증권과 화물인도지시서를 발급할 때 소요되는 행정비용을 보전하기 위해 신설한 비용

75 청약의 요건으로 옳지 않은 것은?

① 1인 혹은 그 이상의 특정인에 대한 의사표시일 것
② 물품의 표시, 대금 및 수량에 관하여 충분히 확정적인 의사표시일 것
③ 승낙이 있는 경우 이에 구속된다는 의사표시가 있을 것
④ 상대방의 거래문의에 대한 응답으로 절대적이고 무조건적인 거래개설의 의사표시

정답 ④

해설 ④는 청약에 대해 절대적(Absolute)이고 무조건적(Unqualified)으로 동의해야 하는 '승낙(Acceptance)'에 관한 내용이다.
청약의 요건
• 내용의 확정성 : 청약은 계약이 성립할 수 있을 정도로 확정적 내용이어야 한다.
• 의사의 확정성 : 승낙이 있을 시 의사 표현이 있어야 한다. 구속성이 없는 청약은 청약의 유인(Invitation to Offer)에 불과하다.
• 대상의 확정성 : 1인 이상의 특정한 자에게 통지하지 않은 제의는 청약의 유인에 불과하다.

제1과목 **영문해석**

01 Which is related to "offer subject to prior sale"?

① We are pleased to offer firm subject to receiving your reply by September 30, 2018.

② We are pleased to offer you the following items subject to our final confirmation.

③ We have the pleasure in offering you the following items subject to being unsold.

④ We have the pleasure in offering you the following items subject to receiving your reply by September 30, 2018.

[정답] ③

[해석] 다음 중 '선착순 판매조건부 청약'과 관련된 것은 무엇인가?
① 당사는 2018년 9월 30일까지 귀사의 답신을 받는 조건으로 기꺼이 확정청약합니다.
② 당사는 다음 품목에 대해 당사의 최종 확인을 조건으로 귀사에 청약하게 되어 기쁩니다.
③ 당사는 다음 품목에 대하여 귀사에 재고잔류 조건으로 청약하게 되어 기쁩니다.
④ 당사는 다음 품목에 대하여 2018년 9월 30일까지 귀사의 답신을 받는 조건으로 청약하게 되어 기쁩니다.

[해설] 재고잔류 조건부 청약(Offer Subject to Being Unsold)
청약에 대한 승낙 의사가 피청약자로부터 청약자에게 도달했다 해도 바로 계약이 성립되는 것이 아니라 그 시점에 당해 물품 재고가 남아 있는 경우에 한해 계약이 성립되는 Offer로서 선착순매매 조건부 청약(Offer Subject to Prior Sale)이라고도 한다.
*offer subject to prior sale : 선착순 판매조건부 청약
*offer subject to being unsold : 재고잔류 조건부 청약

02 Which deals with a different topic from others?

① We would only be prepared to supply on a cash basis.

② Our factory does not have facilities to turn out 30,000 units a week.

③ The shirts we manufacture are sold by the dozen in one colour. I regret that we never sell individual garments.

④ Our factory only sells material in 30-meter rolls which cannot be cut up.

정답 ②

해석 다음 중 나머지와 주제가 다른 하나는 무엇인가?
① 당사는 오직 현금 조건으로만 공급을 준비합니다.
② 당사의 공장은 1주일에 30,000세트를 생산할 설비를 갖고 있지 않습니다.
③ 당사가 제조하는 셔츠는 단일 색상으로 12개씩 판매되고 있습니다. 유감스럽게도 당사는 개별 품목으로는 판매하지 않습니다.
④ 당사의 공장은 30미터 롤 단위로만 판매하고 조각으로 잘라서 판매할 수는 없습니다.

해설 ①·③·④는 판매 가능한 조건을 다루고 있는데, ②는 생산이 불가능하다는 내용이므로 정답은 ②이다.
*on a cash basis : 현금 조건으로
*turn out : ~을 만들어 내다[생산하다]

03 Which is most awkward when it is used in closing part of the business letter?

① We hope that this will be the first of many orders we place with you.

② We will place further orders if this one is completed to our satisfaction.

③ If our sales targets are met, we shall be placing further orders in near future.

④ The carpets should be wrapped, and the packaging reinforced at both ends to avoid wear.

정답 ④

해석 비즈니스 서신에서 끝맺음하는 부분에 사용하기 가장 어색한 표현은 무엇인가?
① 이번이 당사가 귀사에 하는 많은 주문 중 첫 번째 주문이 되기를 바랍니다.
② 이번 주문이 만족스럽게 마무리 된다면 당사는 추가주문을 할 예정입니다.
③ 당사의 세일즈 타겟과 맞다면, 당사는 가까운 시일에 추가주문을 할 예정입니다.
④ 카펫은 포장되어야 하며, 마모를 방지하기 위해 포장재 양끝이 강화되어야 합니다.

해설 ①·②·③은 추가주문에 대한 내용인데, ④는 포장 시 유의점을 말하고 있으므로, 정답은 ④이다.
*further orders : 추가주문
*reinforce : 강화하다
*avoid : 방지하다, 막다,
*wear : (많이 사용되어) 닳음, 마모

04 Which has a different topic from others?

① It is essential that the goods should be delivered in time before the beginning of November for the Christmas sales period.

② Delivery before 28 February is a firm condition of this order, and we reserve the right to refuse goods delivered after that time.

③ Please confirm that you can complete the work before the end of March, as the opening of the store is planned for early April.

④ We would like to confirm that the 25% trade discount is quite satisfactory.

정답 ④

해석 **나머지와 주제가 다른 것은?**
① 크리스마스 세일 기간을 위해서 11월 시작 전에 상품이 인도되어야만 하는 것이 매우 중요합니다.
② 2월 28일 이전의 인도는 이번 주문의 확정청약이며, 당사는 그 이후 인도된 물품은 거부할 권리가 있습니다.
③ 매장 개장이 4월 초이므로, 귀사는 3월 말 전에 작업을 완성할 수 있다는 확인 부탁드립니다.
④ 당사는 25%의 영업 할인이 상당히 만족스럽다는 것을 확인하고 싶습니다.

해설 ①·②·③은 상품 인도일에 대한 것인데, ④는 할인율에 대한 것이므로 정답은 ④이다.
*reserve : (어떤 권한 등을) 갖다[보유하다]
*trade discount : 동업자 간 할인, 영업 할인

---

05 What does the following refer to?

> The shipper is liable to pay freight if the goods shipped are carried, on his instructions or in his interest, to a place other than the port of destination.

① Dead freight   ② Lump sum freight
③ Put option freight   ④ Back freight

정답 ④

해석 **다음에서 추정할 수 있는 것은?**

만약 상품이 선적업자의 지시에 따라 또는 그의 이익을 위해 임의대로 도착항이 아닌 다른 장소에 선적되어 운반될 경우, 선적처리업자는 운임을 지급할 것이다.

*be liable to : ~할 것 같다
*shipper : 선적처리업자
*port of destination : 도착항

① 부적운임   ② 선복운임
③ 풋옵션운임   ④ 반송운임

① 부적운임(Dead freight) : 화물의 실제선적수량이 선복예약수량보다 부족할 때 그 부족분에 대해서도 지급해야 하는 운임으로서 일종의 손해배상금이다. 그러나 화물을 예약수량대로 전부 선적하지 못한 것이 불가항력에 의한 경우에는 화주측은 면책된다.

② 선복운임(Lump sum freight) : 운송계약에서 운임은 운송품의 개수(個數), 중량 또는 용적을 기준으로 계산되는 경우와 선복(Ship's space) 또는 항해를 단위로 하여 포괄적으로 지급되는 경우가 있다. 후자의 계약은 선복계약이라 하고 이 경우에 지급되는 운임을 뜻한다.

③ 풋옵션운임(Put option freight) : 옵션거래에서 특정한 기초자산을 장래의 특정 시기에 미리 정한 가격으로 팔 수 있는 권리를 매매하는 계약에서 지급해야 하는 운임이나, 통상적으로 거의 사용하지 않는다.

06 Which is WRONG in the explanation of CIP under Incoterms 2010?

① The seller must contract or procure a contract for the carriage of the goods from the agreed point of destination.

② The contract of carriage must be made on usual terms at the seller's expense and provide for carriage by the usual route and in a customary manner.

③ The seller must obtain at its own expense cargo insurance at least with the minimum cover.

④ The buyer must pay the costs of any mandatory pre-shipment inspection, except when such inspection is mandated by the authorities of the country of export.

07 What is WRONG in the explanation of Incoterms 2010?

① DAT requires the seller to bear all transportation-related costs and risks up to the delivery point at the agreed destination, which may be in the buyer's country.

② CPT requires the seller to clear the goods for export, where applicable. However, the seller has no obligation to clear the goods for import, pay any import duty.

③ FOB requires the seller to deliver the goods on board the vessel or to procure goods already so delivered for shipment.

④ CIF requires the parties to specify the port of destination, which is where risk passes to the buyer.

[정답] ④

[해석] 다음 Incoterms 2010에 대한 설명 중 잘못된 것은 무엇인가?

① 터미널 인도조건(DAT)은 매도인에게 운송과 관련된 모든 비용과 합의된 목적지에서 물품인도지점까지 위험을 부담하기를 요구하며, 합의된 목적지는 매수인의 나라에 있을 수 있다.

② 운송비 지급 인도조건(CPT)은 매도인에게 해당 사항이 있는 경우 수출품 통관을 요구한다. 그러나, 매도인은 수입품 통관과 수입관세를 지불할 의무는 없다.

③ 본선 인도조건(FOB)은 매도인에게 본선에 물품을 적재하여 인도하거나 이미 인도된 물품을 조달하는 것을 요구한다.

④ 운임·보험료 포함 인도조건(CIF)은 당사자들에게 목적항을 구체적으로 명시하기를 요구하는데, 목적항에서 위험이 매수인에게 이전된다.

[해설] 운임·보험료 포함 인도조건(CIF)은 물품의 멸실 혹은 손상에 관한 위험은 물품이 본선에 적재되었을 때 이전되므로, 정답은 ④이다. 당사자들에게 목적항을 구체적으로 명시하기를 요구하는데, 목적항에서 위험이 매수인에게 이전되는 것은 DAP[Delivered At Place, 목적지(지정장소 국경/지정목적항 착선) 인도조건]이다.

CIF[Cost, Insurance and Freight, (지정목적항) 운임·보험료 포함 인도조건]
• CFR 조건에 보험조건이 포함된 조건(매도인 수출통관)
• 물품의 인도장소 : 선적항의 본선을 통과한 곳
• 물품에 대한 매매당사자의 위험부담의 분기점(위험이전) : 물품이 지정선적항 본선 갑판에 안착됐을 때
• 물품에 대한 매매당사자의 비용부담의 분기점(경비이전) : 목적항(매도인은 적재 시까지 모든 비용과 목적항까지 운임, 양하비 부담 + 보험료)

*import duty : 수입관세
*on board : 승선하여
*vessel : (대형) 선박[배]
*shipment : 수송품, 적하물

08 Which of the following is NOT appropriate as shipping documents when presented for the negotiation of L/C under FCA term?

① On board Bill of Lading
② Commercial Invoice
③ Forwarder's Cargo Receipt
④ Packing List

정답 ①

해석 FCA 조건 하에서 신용장 매입을 위한 제시에 선적서류로 적절하지 않은 것은 무엇인가?
① 선적선하증권
② 상업송장
③ 운송주선인의 물품수취증
④ 포장명세서

해설 ① On board Bill of Lading(선적선하증권) : B/L은 원래 화물이 특정선박에 선적이 완료된 다음 송하인의 요청에 따라 발행되는(선적사실 증명) 선적선하증권이 원칙이며, 대개의 신용장도 선적선하증권을 요구하고 있다. FCA 규칙에서 인도는 물품의 본선적재 전에 완료되는데, 매도인이 운송인으로부터 선적선하증권을 취득할 수 있는지는 확실하지 않다. 운송인은 자신의 운송계약상 물품이 실제로 선적된 후에야 비로소 선적선하증권을 발행할 의무와 권리가 있기 때문이다.
② Commercial Invoice(상업송장) : 수출입계약조건을 이행했다는 것을 수출자가 수입자에게 증명하는 서류이다. 계약상의 유용성에 비추어 기본서류로 취급한다.
③ Forwarder's Cargo Receipt(운송주선인의 물품수취증) : 운송주선인(Forwarder)이 화주에 대해서 발행하는 수취증으로서 유가증권이 아니다. 운송주선인은 선하증권상의 화주(Shipper)로서 선박회사로부터 선하증권을 교부받는다.
④ Packing List(포장명세서) : 수입업자가 각 화물의 내용을 쉽게 파악하기 위해 요구되는 포장된 내장품의 명세서로 상업송장의 부속서류로 작성되는 서류이다. 계약서나 신용장상에 요구가 없으면 화환어음 취결 시 선적서류로서 은행에 제출할 필요가 없지만 포장명세서는 상업송장의 보충서류로 관례적으로 선적서류에 포함한다.
FCA[Free CArrier, (지정장소) 운송인 인도조건]
• 매도인이 매도인의 구내(Seller's Premises) 또는 그 밖의 지정장소에서 약정기간 내에 매수인이 지정한 운송인 또는 그 밖의 당사자에게 수출통관을 필한 계약물품을 인도해야 하는 조건(매도인 수출통관)
• 물품의 인도장소
  – 매도인의 작업장(매도인은 운송수단에 물품을 적재할 의무가 있음)
  – 매수인이 지정한 운송인(물품 양하는 매수인의 책임)
• 물품에 대한 매매당사자의 위험부담의 분기점(위험이전) : 운송인에게 인도한 시점(매도인은 지정된 장소에서 매수인이 지정한 운송인에게 수출통관된 물품을 인도하며 이 조건은 모든 운송형태에 적합)
• 물품에 대한 매매당사자의 비용부담의 분기점(경비이전) : 운송인에게 인도한 시점(매도인은 인도할 때까지 모든 비용부담)

Dear Mr. Merton,

Please find attached an order(R1432) from our principals, Mackenzie Bros Ltd, 1-5 Whale Drive, Dawson, Ontario, Canada.

They have asked us to instruct you that the 60 sets of crockery ordered should be packed in 6 crates, 10 sets per crate, with each piece individually wrapped, and the crates marked clearly with their name, the words 'fragile' and 'crockery', and numbered 1-6.

Please send any further correspondence relating to shipment or payment direct to Mackenzie Bros, and let us have a copy of the commercial invoice when it is made up.

Many thanks,
David Han

09 Who might be Mackenzie Bros Ltd?

① Buyer
② Seller
③ Freight forwarder
④ Carrier

10 Why does David Han want a copy of commercial invoice?

① to calculate an agent commission to be charged to the Mackenzie Bros Ltd later
② to ask an agent commission to Mr. Merton after supply of goods
③ to keep it as a record for principal
④ to calculate import tax for his customer

해석

Merton씨께,

당사의 의뢰인인 Mackenzie Bros Ltd, 1-5 Whale Drive, Dawson, Ontario, Canada로부터의 주문(R1432)을 첨부합니다.

그들은 당사에 요청하기를 귀사에게 주문한 그릇 60세트를 6개의 나무상자에 그릇 10세트씩 넣고 각각의 그릇은 개별 포장하도록 지시하라고 했습니다. 상자 겉면에는 그들의 이름과 '깨지기 쉬움'과 '도자기' 표시를 하고 1부터 6까지 번호를 매기도록 했습니다.

선적과 지불에 관련된 추가 서신은 Mackenzie Bros에게 직접 보내고, 결정되면 상업송장 사본을 당사에 보내주십시오.

감사합니다.
David Han

*crockery : 그릇(특히 도자기류)
*crate : (물품 운송용 대형 나무) 상자

09 Mackenzie Bros Ltd는 누구인가?
① 매수인
② 매도인
③ 운송주선인
④ 운송인

10 David Han이 상업송장 사본을 원한 이유는 무엇인가?
① 추후 Mackenzie Bros Ltd에 청구할 대리점 수수료를 산출하기 위해서
② 상품 공급 후에 Merton씨에게 대리점 수수료를 요구하기 위해서
③ 의뢰인을 위한 기록으로 보관하기 위해서
④ 그의 고객을 위한 수입관세를 산출하기 위해서

해설 09

서신은 매수인을 대신하여 매도인에게 포장 방법을 지시하는 내용이고, Mackenzie Bros Ltd는 그릇 60세트를 주문한 ① 매수인이다.

10

David Han은 계약 당사자인 Mackenzie Bros Ltd의 대리인이므로, 자신의 수수료를 산출하기 위해서 상업송장 사본을 참조하려는 것으로 추정할 수 있다.
*agent commission : 대리점 수수료
*principal : 의뢰인, 수출상

11 What is NOT obligation of seller according to CISG?

① Delivery of the goods

② Hand over any documents relating to the delivery

③ Transfer the property in the goods

④ Examine the goods after arrival

정답 ④

해석 CISG에 따르면, 매도인의 의무가 아닌 것은 무엇인가?
① 물품의 인도   ② 인도와 관련된 서류를 양도하기
③ 물품의 소유권을 이전하기   ④ 도착 후 물품을 검사하기

해설 CISG 제2장 제30조에 따르면 매도인은 계약과 본 협약에서 요구하는 대로 물품을 인도하고, 모든 물품 관련 서류 및 물품에 대한 소유권을 이전해야 한다고 규명되어 있다. 따라서 정답은 ④이다.
*hand over : 이양[양도]하다

12 What does the following refer to?

A document required by certain foreign countries for usually tariff purposes, certifying the country in which specified goods have been manufactured, processed, or produced in the exporting country.

① Commercial Invoice   ② Bill of Exchange
③ Bill of Lading   ④ Certificate of Origin

정답 ④

해석 다음에서 추정할 수 있는 것은?

외국 국가에 의해 요청되는 서류로 통상적으로 관세목적과 명시된 상품이 제조, 가공된 국가 또는 수출국에서 생산되었음을 증명한다.

① 상업송장   ② 환어음
③ 선하증권   ④ 원산지증명서

해설 원산지증명서(Certificate of Origin ; C/O)
• C/O는 수입통관 시 관세양허용으로 뿐만 아니라 특정국으로부터의 수입제한 또는 금지, 국별 통계를 위하여 수입국이 요구하는 경우 발행된다.
• 현재 일반원산지증명서(비특혜)는 전국 상공회의소에서 발급하고, 관세양허원산지증명서(특혜) 및 FTA 원산지증명서는 전국 73개 상공회의소, 47개 세관, 7개 자유무역지역관리원에서 발급하고 있다. G.S.P.용 C/O는 관세 특혜를 받기 위한 원산지증명서로 시·도에서 발급되던 것을 2003년 3월 1일부터 상공회의소 및 세관에서 발급하고 있다.
*tariff purpose : 관세 목적
*specified : 명시된

13 Choose one that is NOT correct about the remedies regulated in the CISG(United Nation Convention on Contracts for the International Sale of Goods).

① The buyer may require the delivery of substitute goods only when non-conformity constitutes a fundamental breach of contract.

② The buyer may require to repair the goods only when non-conformity constitutes a fundamental breach of contract.

③ When non-delivery of goods constitutes a fundamental breach of goods, the buyer may declare avoidance of contract.

④ The buyer may claim for damage even when non-conformity does not constitute a fundamental breach of contract.

정답 ②

해석 CISG(국제물품매매에 관한 UN협약)에서 규정하고 있는 구제 방법에 대해 올바르지 않은 것을 고르시오.
① 매수인은 불일치가 계약의 불완전이행이 되는 경우에만 대용품 인도를 요구할 수도 있다.
② 매수인은 불일치가 계약의 불완전이행이 되는 경우에만 상품의 수선을 요구할 수도 있다.
③ 상품의 인도불이행이 계약의 불완전이행이 되는 경우, 매수인은 계약의 회피를 선언할 수도 있다.
④ 매수인은 불일치가 계약의 불완전이행이 되지 않는 경우에는 심지어 손해배상청구를 할 수도 있다.

해설 CISG는 ②의 경우 매수인(Buyer)이 아닌 매도인(Seller)이 해야 할 역할로 규정하고 있기 때문에 ②가 CISG에 규정된 내용에 어긋난다고 볼 수 있다.
*regulated : 통제된, 규제된
*remedy : 처리 방안, 해결[개선]책
*substitute goods : 대용품
*non-conformity : 불일치
*constitute : ~이 되는 것으로 여겨지다, ~이 되다
*fundamental breach of contract : 불완전이행
*declare : 선언[선포/공표]하다
*avoidance of contract : 계약의 회피
*claim for damage : 손해배상청구

2018 제3회 기출문제

14 Which of the following statements on the documentary credit under UCP 600 is CORRECT?

① It is an undertaking enforceable against the advising bank even if the issuing bank is unable to pay.

② It is an undertaking enforceable against the applicant even if the issuing bank is unwilling to pay.

③ It is a guarantee enforceable against the nominated bank even if the issuing bank is willing to pay.

④ It is an irrevocable undertaking enforceable against the issuing bank even if the confirming bank is unwilling to pay.

정답 ④

해석 다음 진술들 중 UCP 600 하에서 화환신용장에 대한 것으로 옳은 것은?
① 그것은 신용장 개설은행이 지불불능일지라도 통지은행에 대해서 강제할 수 있는 동의이다.
② 그것은 신용장 개설은행이 지불을 꺼려하더라도 개설의뢰인에 대하여 강제할 수 있는 동의이다.
③ 그것은 신용장 개설은행이 기꺼이 지불할지라도 지정은행에 대하여 강제할 수 있는 확약이다.
④ 그것은 확인은행이 지불을 꺼려하더라도 신용장 개설은행에 대해 강제할 수 있는 취소불능의 동의이다.

해설 화환신용장(Documentary credit)
• 일종의 담보 역할을 하는 선하증권, 송장, 보험증권 등의 운송서류가 첨부되어야만 어음대금을 결제받을 수 있는 신용장이다.
• 신용장 발행은행이 수출업자가 발행한 어음을 수송화물의 담보가 되는 선적서류 첨부를 조건으로 하여 인수 또는 지불할 것을 확약하는 신용장이다.
• 화환신용장 하에서는 선적서류 매입 시 운송서류를 제시하여야 하므로 선적 전 선적서류 매입이 불가능하고 선적을 이행하여야만 선적서류의 매입이 가능하다.
*undertaking : 약속, 동의
*enforceable : 시행[집행, 강제]할 수 있는
*advising bank : 통지은행
*issuing bank : 신용장 개설은행
*nominated bank : 지정은행
*guarantee : 굳은 약속, 확약

15 Which is NOT correct about order B/L?

① It is negotiable transport document.

② When it is issued "TO ORDER", the buyer may endorse.

③ The cargo may be transferred ONLY to the party to whom the bill of lading has been endorsed.

④ The cargo may be released when at least 1 of the issued originals is surrendered.

해석 다음 중 지시식 선하증권에 대한 설명이 올바르지 않은 것은 무엇인가?
① 그것은 유통가능한 운송서류이다.
② 그것이 지시식으로 개설되면, 매수인이 배서할 수도 있다.
③ 화물은 오직 배서된 선하증권의 당사자에게만 이전될 수 있다.
④ 화물은 개설된 원본 중 적어도 한 개 이상이 양도될 경우에 인도될 수 있다.

해설 지시식 선하증권
• 선하증권의 Consignee(수하인)란에 특정인을 기재하지 않고 향후 수하인을 특정하게 될 지시인만을 기재하는 것으로, 배서에 의한 양도에 의해 운송중인 화물의 자유로운 전매가 가능한 유통가능 선하증권(Negotiable B/L)이다.
• Consignee(수하인)란에 단순히 "To Order" / "To Order of Shipper" 또는 "To Order of OOO Bank"라고 기재되어 있는 것으로, 전자의 경우에는 수출업자가, 후자의 경우에는 은행이 증권 이면에 백지배서만 하면 이 증권의 소지인이 화물에 대한 소유권을 갖도록 양도할 수 있는 선하증권이 된다.
• 지시식 선하증권은 신용장 방식의 거래에서만 사용될 수 있다. 실제무역거래에 있어서는 Order B/L에 송하인의 백지배서(Blank Endorsement)가 통례로 되어 있다.
*to order : 주문에 따라; 필요[요구]에 따라

16 In accordance with UCP 600, which of the following terms may NOT be reduced or curtailed on a transferred documentary credit?

① The amount of the credit
② Any unit price
③ The latest shipment date
④ The percentage for which insurance cover must be effected

해석 UCP 600에 따르면, 다음 중 신용장 양도 시 축소되거나 단축될 수 없는 조건은 무엇인가?
① 신용장의 금액
② 물품의 단가
③ 최종 선적일
④ 보험부보율

해설 ④ 신용장 양도 시 보험부보율의 증액만 가능하다.
UCP 600 조건변경 가능 사항
UCP 600에서 신용장은 원 신용장 조건 하에서만 양도 가능하지만 다음의 조건변경은 가능하다.
• 원 신용장의 금액 및 단가 감액
• 선적서류 제시기간 및 선적기일 단축
• 신용장 유효기일 단축
• 보험부보율 증액

17 Which is correct about Bill of Exchange?

> (a) It is used only in international trade.
> (b) Draft is another name for Bill of Exchange.
> (c) It is used as a payment guarantee.
> (d) Drawee under negotiation L/C is applicant.

① (a) ② (b)

③ (c) ④ (d)

정답 ②

해석 환어음에 대한 것으로 옳은 것은?

> (a) 그것은 오직 국제무역에서만 사용된다.
> (b) 어음은 환어음의 또 다른 이름이다.
> (c) 지급보증으로써 사용된다.
> (d) 매입신용장하의 어음지급인은 신용장 개설의뢰인이다.
>
> *Draft : (은행이 발행한) 어음
> *payment guarantee : 지급보증

해설 Bill of Exchange(환어음)
무역결제에 사용되는 어음이며, 수출자는 환어음의 발행인(Drawer)이 되고, 채무자인 수입자(또는 은행)는 어음의 지급인(Drawee or Payer)이 된다. 환어음은 Bill 또는 Draft라고도 부른다. 신용장 결제의 경우에도, D/P 또는 D/A 어음결제의 경우와 마찬가지로 이 환어음에 선적서류(Shipping Documents)를 첨부한 화환어음(Documentary Bill)을 수출지의 은행에 제시하여 수출대금을 지급받는다. 이것을 화환어음의 매입(Negotiation)이라 한다.

[18~19] Read the following and answer the questions.

> Dear Mr. Brown,
> We thank you very much for your inquiry of July 5th and are glad to hear that you are interested in our products.
> In your letter, you requested a special price discount of 5% off the list prices. While appreciating your interest in our products, we have to point out that we have already cut our prices to the minimum possible and that these goods are not obtainable elsewhere at these prices.
> However, 'in case' you are ready to increase your order for over 100,000 pieces at a time, please be advised that we can allow you quantity discount of 5% as you requested.
> Sincerely yours,
> Mike Son

18 Which does NOT have similar meaning to 'in case'?

① in spite   ② provided

③ if   ④ when

19 Which is MOST appropriate about the letter?

① Mr. Brown asked Mike Son to raise the price.

② The writer accepts Mr. Brown's offer.

③ Mike Son is a buyer.

④ Mike Son suggests a volume discount.

정답 18 ①   19 ④

해석

Brown씨께,

당사는 7월 5일자 귀하의 문의에 대단히 감사드리며, 당사의 제품에 관심이 있으시다니 기쁩니다. 귀하께서는 가격 리스트의 금액에서 5% 특별할인을 요청하셨습니다. 당사의 제품에 관심을 가져주셔서 감사드리지만, 당사는 이미 최소한의 가능 금액으로 가격을 내렸으며 이 제품들은 이 가격으로 어디서도 구하실 수 없을 것이라는 것을 알려드립니다.

하지만, 한 번에 100,000개 이상 주문 수량을 늘릴 의향이 있을 경우, 당사는 수량할인으로 요청하신 5% 할인을 해 드릴 수 있음을 알려드립니다.

그럼 안녕히 계십시오.

Mike Son

18 'in case'와 비슷한 의미가 아닌 것은 무엇인가?

   ① ~라고 하더라도

   ② 만약 ~라면

   ③ 만약 ~라면

   ④ ~할 때

19 서신에 대한 내용으로 가장 적절한 것은?

   ① Brown씨는 Mike Son에게 가격 인상을 요구했다.

   ② 글쓴이는 Brown씨의 청약을 승낙한다.

   ③ Mike Son은 매수인이다.

   ④ Mike Son은 수량할인을 제시한다.

해설 18

②・③・④는 모두 '만약 ~한다면'의 의미를 갖고 있으므로, 정답은 ①이다.

*provided : (만약) ~라면

19

위 서신은 특별할인을 요구하는 매수인(Mike Son)에게 주문량을 늘릴 경우 수량할인을 할 수 있다고 제안하는 내용이므로, 정답은 ④이다.

*volume discount : 수량할인

20 Which of the followings words is NOT appropriate for the blanks below?

> Under the letter of credit transaction, bill of lading is consigned directly "to order" or "to the order of" a designated party, usually (ⓐ) or (ⓑ).
> The phrase "to order" or "to the order of (ⓐ)" signifies (ⓒ) permitting the title of the merchandise to be transferred many times by means of appropriate (ⓓ).

① ⓐ the shipper
② ⓑ the buyer
③ ⓒ "negotiable"
④ ⓓ endorsement

정답 ②

해석 다음 중 아래 빈 칸에 적절하지 않은 것은?

> 신용장 거래 하에서, 선하증권은 "to order" 또는 "to the order of" 다음의 지정된 당사자인 보통 (ⓐ 송하인) 또는 (ⓑ 매수인 → 은행)에 직접 보내진다.
> "to order" 또는 "to the order of (ⓐ 운송업자)"라는 문구는 적절한 (ⓓ 배서)에 의해 상품소유권의 여러 차례 이전을 허용하는 (ⓒ 유통가능성)을 의미한다.
>
> *bill of lading : 선하증권
> *consign : ~에게 ~을 보내다
> *designated party : 지정된 당사자
> *signify : 의미하다, 뜻하다, 나타내다
> *by means of : ~에 의하여

① ⓐ 송하인(화주)
② ⓑ 매수인
③ ⓒ "유통[매입]가능성"
④ ⓓ 배 서

해설 지시식 선하증권
- 선하증권의 Consignee(수하인)란에 특정인을 기재하지 않고 향후 수하인을 특정하게 될 지시인만을 기재하는 것으로, 배서에 의한 양도에 의해 운송중인 화물의 자유로운 전매가 가능한 유통가능 선하증권(Negotiable B/L)이다.
- Consignee(수하인)란에 단순히 "To Order" / "To Order of Shipper" 또는 "To Order of OOO Bank"라고 기재되어 있는 것으로, 전자의 경우에는 수출업자가, 후자의 경우에는 은행이 증권 이면에 백지배서만 하면 이 증권의 소지인이 화물에 대한 소유권을 갖도록 양도할 수 있는 선하증권이 된다.
- 지시식 선하증권은 신용장 방식의 거래에서만 사용될 수 있다. 실제 무역거래에 있어서는 Order B/L에 송하인의 백지배서(Blank Endorsement)가 통례로 되어 있다. 수출자는 화환취결 시 선하증권 이면에 백지배서하여 은행에 제출한다.

21 Which of the following is LEAST proper about the letter?

> Dear Mr. Steve,
>
> We are obliged for your letter of 22nd May quoting for "Kleenkwick" cleaning powder at USD9,000 per case, but regret that at this price we cannot place an order. If your prices are within our reach, we could place regular large orders.
>
> We therefore hope you will reconsider your quotation and find it possible to offer a lower price, calculated on the basis of a monthly order for a minimum of forty cases.
>
> Your faithfully,
>
> Grace Yang

① Mr. Steve have sent a quotation to Grace before, and the price is a bit higher than what Grace expected.

② Grace asks to lower the price.

③ Mr. Steve expresses regret at inability to accept.

④ Grace may make a firm offer if the price is lowered.

정답 ③

해석 다음 중 서신에 대한 내용으로 가장 적절하지 않은 것은?

> Steve씨께,
>
> 당사는 5월 22일자 귀하의 서신에 감사드리며, "Kleenkwick"를 상자당 미화 9,000달러로 견적하셨습니다. 하지만, 유감스럽게도 당사는 이 가격으로는 주문할 수 없습니다. 만약 귀사의 가격이 당사가 수용할 수 있는 범위라면 정기적으로 대량주문을 할 수 있을 것입니다.
>
> 그러므로 당사는 귀사가 견적을 재고해서, 매월 최소 40상자 주문을 기반으로 추정한 좀 더 낮은 가격을 알려주시기를 바랍니다.
>
> 그럼 안녕히 계십시오.
>
> Grace Yang
>
> *quoting for : ~을 견적하는
> *quotation : 견적

① Steve씨는 이전에 Grace에게 견적을 보냈으며, 가격이 Grace의 예상보다 약간 비싸다.
② Grace는 좀 더 낮은 가격을 요구한다.
③ Steve씨는 승낙이 불가함에 대한 유감을 표현한다.
④ Grace는 가격이 내려가면 확정청약을 할 것이다.

해설 서신은 견적가격이 예상보다 비싸서 주문하기 어렵다면서 가격을 인하해서 견적해준다면 정기주문이 가능하다는 내용이므로, 정답은 ③이다.

22 The following is a part of the contract. Which document is MOST appropriate for transport under the price terms?

> Description : TV Monitors (Item No. 123-ABS)
> Quantity : 2,000 pcs
> Price : USD200/pcs <u>FCA Daejeon</u>
> Place of Destination : New York

① Multimodal Transport Bill of Lading
② Air Waybill
③ Ocean Bill of Lading
④ Inland Waterway Transport Document

정답 ①

해석 다음은 계약서의 일부이다. 가격조건 하에서 가장 적절한 운송서류는 무엇인가?

> 상품 : TV 모니터 (품목 번호 123-ABS)
> 수량 : 2,000개
> 가격 : 미화 200달러/개 <u>FCA 대전</u>
> 목적지 : New York

① 복합운송 선하증권
② 항공화물운송장
③ 해양선하증권
④ 내륙 수로 운송서류

해설 RULES FOR ANY MODE OR MODES OF TRANSPORT(복합운송 방식 – 모든 운송용 규칙)
EXW, FCA, CPT, CIP, DPU, DAP, DDP로 선택한 운송모드에 구애받지 않는 규칙으로 단일운송과 복합운송 여부를 가리지 않고 사용할 수 있다. 이 7가지 규칙은 해상운송이 전혀 포함되지 않은 경우에도 사용이 가능하며, 운송의 일부에 선박이 이용되는 경우에도 사용할 수 있다.
FCA(Free Carrier, 운송인 인도)
• 매도인이 자신의 영업장 또는 합의된 장소에서 매수인에 의해 지정된 운송업자 또는 다른 당사자에게 물품을 인도하는 것을 의미한다. 매도인의 영업소인 경우에는 매수인의 수취용 차량에 적재된 때에 인도가 종료된다. 하지만 그 이외의 합의된 장소에서 인도되는 경우에는 물품이 매도인의 차량으로부터 양륙되지 않은 채 매수인의 임의처분 상태로 놓인 때 인도가 완료된다.
• FCA 조건은 FOB 조건과 상호 보완적이다. 따라서 항공 화물이나 컨테이너 화물 수출 시 FCA로 해야 하며, 벌크 화물 수출 시 FOB를 써야 한다.

23 Which of the following is NOT appropriate as the obligation of the buyer under FCA term of Incoterms 2010?

① Payment of all costs relating to the goods from the time they have been delivered by the seller.

② Payment of any additional costs incurred by failing to take delivery of the goods when they have been placed at the buyer's disposal.

③ Payment of the costs of carrying out customs formalities payable upon import.

④ Reimburse all costs incurred by the seller in loading the goods at the seller's premises.

정답 ④

해석 다음 중 Incoterms 2010 FCA 조건 하에서 매수인의 의무로 적절하지 않은 것은 무엇인가?
① 매도인에 의해 물품이 인도되는 때부터 물품과 관련된 모든 비용에 대한 지급
② 물품이 매수인의 처분에 놓일 때 물품인도의 실패에 의해 발생한 추가비용에 대한 지급
③ 물품 수입에 부과되는 수입통관 비용에 대한 지급
④ 매도인의 작업장에서 물품을 적재할 때 발생하는 모든 비용에 대한 배상

해설 ④ Incoterms 2010 FCA 조건에서 매도인의 작업장 내 운송수단에 물품을 적재할 의무는 매도인에게 있다.
FCA[Free CArrier, (지정장소) 운송인 인도조건]
• 매도인이 매도인의 구내(Seller's Premises) 또는 그 밖의 지정장소에서 약정기간 내에 매수인이 지정한 운송인 또는 그 밖의 당사자에게 수출통관을 필한 계약물품을 인도해야 하는 조건(매도인 수출통관)
• 물품의 인도장소
 – 매도인의 작업장(매도인은 운송수단에 물품을 적재할 의무가 있음)
 – 매수인이 지정한 운송인(물품 양하는 매수인의 책임)
• 물품에 대한 매매당사자의 위험부담의 분기점(위험이전) : 운송인에게 인도한 시점(매도인은 지정된 장소에서 매수인이 지정한 운송인에게 수출통관이 된 물품을 인도하며 이 조건은 모든 운송형태에 적합)
• 물품에 대한 매매당사자의 비용부담의 분기점(경비이전) : 운송인에게 인도한 시점(매도인은 인도할 때까지 모든 비용부담)
• 매도인(Seller)과 매수인(Buyer)의 책임

매도인(Seller)	매수인(Buyer)
• 수출통관 필 • 매도인이 지정장소에서 매수인이 지정한 운송인에게 물품을 인도 • 매도인은 자신의 사업장 내에서 인도하는 경우 매수인의 운송수단에 적재 의무가 있으나 제3자의 장소에서 인도하는 경우 적재 의무가 없음	• 물품이 운송인에게 인도된 이후의 모든 위험과 비용 부담

*disposal : 처리
*reimburse : 배상[변제]하다

24 Which of the following is the payment method involved?

> This is to notify you that the goods invoiced by you on December 12 have arrived here. In settlement of the amount of invoice, Korea Exchange Bank accepted your bill of exchange, for USD35,800 at 120 days after sight together with shipping documents. The proceeds will be sent to you at maturity accordingly.

① Deferred payment credit
② Standby credit
③ Usance credit
④ D/P

정답 ③

해석 다음 중 제시문에 포함된 지불방식은 무엇인가?

> 12월 12일에 귀사에 의해 송장에 기입된 물품이 이곳에 도착했음을 귀사에 통지합니다. 송장금액을 결제하기 위해 한국외환은행은 선적서류와 함께 미화 35,800달러의 일람 후 120일 환어음을 승인했습니다. 대금은 만기 시에 상황에 맞춰 귀사에 보내질 것입니다.
>
> *invoiced : 송장에 기입된
> *in settlement of : ~에 대한 해결로
> *after sight : 일람 후
> *proceeds : (물건 판매·행사 등을 하여 받는) 돈[수익금]
> *at maturity : 만기 시에
> *accordingly : (상황에) 부응해서, 그에 맞춰

① 연지급신용장
② 보증신용장
③ 기한부신용장
④ 지급인도

해설 기한부신용장(Usance L/C)
• 신용장에 의거 발행되는 환어음의 기간(Tenor)이 기한부인 어음의 발행을 요구하는 신용장이다.
• 어음이 지급인에게 제시되면 즉시 인수가 이루어지고, 만기일(Maturity/Due Date)의 내도 시 지급할 것을 약속한다.
• 기한부 매입신용장, 인수신용장, 연지급신용장이 있다.
• 기한부(Usance) 어음의 기일
 – 일람 후 정기출급(at ××days after sight)
 – 일부 후 정기출급(at ××days after date)
 – 확정일 후 정기출급(at ××days after B/L date) 등

25 Which of the following is LEAST appropriate about the letter?

> Dear Mr. Kirchoffer :
> This is the third time we have called your attention to your long-overdue account. So far we have received neither your check nor the courtesy of a reply.
> Credit and friendly relations are complementary efforts. We feel we have done our part and are counting on you as a fair-minded businessman to meet your obligations.
> Please send your check by this week. Otherwise, we will take a legal action.
> Sincerely,
> Anthony T. Legere

① Kirchoffer's account has long been past due.
② Anthony has sent several reminders to Kirchoffer requesting payment.
③ Kirchoffer replied to Anthony but did not send the check.
④ This is a stern ultimatum for collection.

정답 ③

해석 다음 중 서신에 대한 것으로 가장 적절하지 않은 것은?

> Kirchoffer씨께 :
> 이번이 당사가 귀사의 장기미불금액에 대한 관심을 촉구하는 세 번째 서신입니다. 지금까지 당사는 귀사의 수표나 정중한 답신을 받지 못했습니다.
> 신용과 우호적인 관계는 상호보완적인 노력입니다. 당사 측에서 할 수 있는 것을 했으며, 귀사에게 의무를 준수하는 공정한 경영인의 자세를 기대하고 있습니다.
> 이번 주까지 귀사의 수표를 보내주십시오. 그렇지 않으면, 법적인 조치를 취할 것입니다.
> 그럼 안녕히 계십시오.
> Anthony T. Legere 드림
>
> *long-overdue account : 장기미불금액
> *count on : 기대하다
> *meet : (필요·요구 등을) 충족시키다; (기한 등을) 지키다
> *take a legal action : 법적 조치를 취하다

① Kirchoffer의 계좌는 만기가 지난 지 오래되었다.
② Anthony는 Kirchoffer에게 지불 요청 독촉장을 여러 번 보냈다.
③ Kirchoffer는 Anthony에게 답장을 보냈지만 수표는 보내지 않았다.
④ 이것은 추심을 위한 엄중한 최후통첩이다.

해설 위 서신은 장기미불금액의 결제를 요청하는 독촉장으로 엄중한 최후통첩의 경고이며, Kirchoffer는 정중한 답신도 수표도 보내지 않았으므로, 내용에 맞지 않는 것은 ③이다.
*past due : 만기가 지난(= overdue)
*reminder : 독촉장
*stern : 엄중한, 근엄한
*ultimatum : 최후통첩

26 What is the seller's DDP price under the following cost break down? (excluding optional cost)

> Cost of Goods : USD100
> freight : USD10
> Insurance : USD5
> Export TAX : USD5
> THC in Seller's country : USD5
> Import TAX : USD5

① USD125
② USD130
③ USD120
④ USD115

정답 ①

해석 다음 가격 명세에서 (선택적인 비용은 제외한) 매도인의 DDP 가격은 무엇인가?

> 상품 비용 : USD100
> 운송 : USD10
> 보험 : USD5
> 수출관세 : USD5
> 매도인의 국가 내 터미널화물처리비 : USD5
> 수입관세 : USD5
>
> *Export TAX : 수출관세

해설 ① 상품 비용 + 운송 + 보험 + 수입관세 + 터미널화물처리비 = USD125
DDP(Delivered Duty Paid, 관세 지급 인도)
매도인이 물품을 수입통관하여 지정된 목적지에 도착한 운송수단에서 양하하지 않은 채로 매수인에게 인도하는 거래조건으로 매도인은 목적지 국가에서 수입통관 비용과 관세 등을 포함하여 목적지까지 물품을 운송하는 데 따른 모든 비용과 위험을 부담해야 한다. 매도인이 물품을 지정된 목적지까지 운송하는 동안에는 매도인이 물품의 손상, 멸실 위험에 대해 모든 책임을 지기 때문에 매수인에 대하여 보험을 가입할 의무가 없다. 다만, 매도인이 필요하다고 느끼면 스스로를 위하여 보험을 가입할 수 있다.
*cost break down : 개별 항목의 가격이 명시된 명세서(견적)

[27~28] Read the following and answer.

Dear Mr. Couper,
The above order has now been completed and sent to Busan Port where it is awaiting to be loaded on to the SS Arirang, sailing for London on 06 July and arriving on 30 July. When we have the necessary documents, we will forward them to (A) Seoul Bank, here, and they will forward them to HSBC London for collection.
We have taken particular care to see that the goods have been packed (　　) your instructions : the six crates have been marked with your name.
If you need any further information, please contact us.
Yours sincerely,
Peter Han

27 What role may (A) Seoul Bank assume if D/A is employed as payment?

① Remitting Bank　　　　　② Advising Bank
③ Collecting Bank　　　　　④ Confirming Bank

28 Fill in the blank with suitable word.

① as per　　　　　② regarding
③ with reference　　　　　④ into

 정답 27 ① 28 ①

해석
Couper씨께,
상기 주문은 현재 완료되었으며, 부산항으로 보내져 SS Arirang호에 적재를 기다리고 있습니다. 아리랑호는 7월 6일 런던을 향해 출항해서 7월 30일 도착할 예정입니다. 필요한 서류는 여기 (A) 서울은행으로 전달할 것이며, 다시 추심을 위해서 런던의 HSBC은행으로 전달할 것입니다.
당사는 귀사의 지시(에 따라) 상품이 포장되도록 특별한 주의를 기울였습니다. :
6개의 나무상자에는 귀사의 이름이 표기되었습니다.
좀 더 정보가 필요하시면, 당사에 연락하십시오.
그럼 안녕히 계십시오.
Peter Han

*forward : (물건정보를) 보내다[전달하다]
*crate : (물품 운송용 대형 나무) 상자

27 만약 대금지불이 인수인도방식인 경우 (A) 서울은행의 역할은 무엇으로 추정되는가?
① 추심의뢰은행
② 통지은행
③ 추심은행
④ 확인은행

① ~에 따라
② ~에 관하여[대하여]
③ ~을 참고로 하여
④ ~안[속]으로[에]

해설 27

D/A(Document against Acceptance, 인수인도조건)
수출상(의뢰인)이 물품을 선적한 후 구비된 서류에 기한부환어음을 발행·첨부하여 자기거래은행(Remitting Bank, 추심의뢰은행)을 통해 수입상 거래은행(추심은행)에 그 어음대금의 추심을 의뢰한다. 추심은행은 이를 수입상(Drawee, 지급인)에게 제시하여 그 제시된 환어음을 일람지급 받지 않고 인수만 받음으로써(Against Acceptance, 환어음 인수와 상환) 선적서류를 수입상에게 인도 후 약정된 만기일에 지급받는 방식이다.
*employ : (기술방법 등을) 쓰다[이용하다]

28
빈 칸에는 '귀사의 지시에 따라 포장되도록 특별한 주의를 기울였습니다.'라는 의미에 알맞은 어구가 와야 하므로, ①이 정답이다.

29 Which word fits best for the blanks?

Dear Simon Lee,

I intend to place a substantial order with you in the next few months.

As you know, over the past two years I have placed a number of orders with you and settled promptly, so I hope this has established my reputation with your company. Nevertheless, if necessary, I am willing to supply (   ).

I would like, if possible, to settle future accounts every three months with payments (   ) quarterly statements.

① credits – for
② references – against
③ credits – against
④ debits – from

정답 ②

해석 빈 칸에 가장 적절한 것은?

친애하는 Simon Lee,
저는 앞으로 수개월 후에 귀사에 대량주문을 하려고 합니다.
귀사가 아는 바와 같이, 지난 2년 넘게 저는 귀사에 많은 주문을 하였으며, 기일에 맞춰 결제해왔습니다. 따라서 귀사에서 저의 평판을 확립했기를 바랍니다. 그럼에도 불구하고 만약 필요하다면, 저는 기꺼이 (신용조회처)를 제공하겠습니다.
만약 가능하다면, 저는 앞으로 분기별 지불명세서(에 대한) 대금을 매 3개월마다 정산하고 싶습니다.

*place a substantial order with : ~에게 대량주문하다
*settle : (주어야 할 돈을) 지불[계산]하다, 정산하다

① 신용 – 위하여   ② 신용조회처 – ~에 대한
③ 신용 – ~에 대한   ④ (통장이나 장부의) 차변 – ~로부터

해설 서신은 지난 2년 동안의 주문 횟수와 정확한 결제로 평판을 쌓았으므로, 몇 달 후 대량주문에 대한 대금을 3개월마다 정산하고 싶다는 내용으로 빈 칸에는 '신용조회처를 제공하다'와 '분기별 지불명세서에 대한 대금'이라는 의미가 적절하다. 따라서 정답은 ②이다.

30   What is the name of the surcharge?

> Apart from normal freight, an additional surcharge is levied by shipping company to cover a foreign exchange loss from the fluctuation of exchange rate of the currency of its own country and US Dollars in which freight is paid.

① CAF
② BAF
③ IAF
④ Currency Surcharge

정답 ①

해석 할증료의 이름은 무엇인가?

> 정상적인 화물을 제외한 추가적인 요금은 자국의 통화와 화물요금이 지불된 미국 달러의 환율변동으로 인해 발생한 환율 손실을 보장하기 위해 선적회사에 의해 부과된다.
>
> *apart from : ~외에는, ~을 제외하고
> *levy : (세금 등을) 부과[징수]하다
> *fluctuation of exchange rate : 환율변동

① 통화할증료(Currency Adjustment Factor)
② (선박) 유류할증료(Bunker Adjustment Factor)
③ 국제인정협력기구(International Accreditation Forum)
④ 통화 추가 요금(Currency Surcharge)

해설 CAF(Currency Adjustment Factor, 통화할증료)
운임이 보통 미 달러로 계산되기 때문에 미국 이외의 국가에서는 환 리스크가 발생하므로 선박회사들이 여기서 발생하는 손실을 기본운임에 부가하여 징수하는 할증료를 가리킨다.

I have enclosed an order No.1555 for seven more 'SleepAid' beds which have proved to be a popular (   ) here, and will pay for them as usual <u>on invoice</u>. However, I wondered if in future you would let me settle my accounts by monthly statement as this would be more convenient for me.

As we have been dealing with one another for some time, I hope you will agree to trade on the basis of (   ) facilities.

Yours sincerely,

31 What does the underlined 'on invoice' imply?

① Settlement by cash

② Payment by sight LC

③ Payment by sight draft

④ Settlement by open account

32 Fill in the blanks with suitable words.

① products - escrow account

② line - open account

③ offer - escrow account

④ agenda - open account

해석

저는 7개의 'SleepAid' 침대를 추가하는 주문서 번호 1555를 동봉합니다. 상기 제품은 이곳에서 인기 있는 제품 (종류)임이 증명되었으며, 통상적인 <u>현금결제</u>로 지불할 것입니다. 그러나 저는 앞으로 귀사가 월별로 정산을 허락해 주실지 궁금하며, 그 편이 제게는 좀 더 편리합니다.

저희가 한동안 다른 거래도 있었기 때문에, 저는 귀사가 (청산계정)의 편의를 기초로 한 거래에 동의할 것을 바랍니다.

그럼 안녕히 계십시오.

*line : (상품의) 종류

31 밑줄 친 'on invoice'가 암시하는 것은 무엇인가?
① 현금에 의한 결제
② 일람출급 신용장에 의한 결제
③ 일람불환어음에 의한 결제
④ 청산계정에 의한 결제

32 빈 칸에 알맞은 단어를 채우시오.
① 제품 - 에스크로 계정
② 종류 - 청산계정
③ 청약 - 에스크로 계정
④ 의제 - 청산계정

해설 **31**

① 'on invoice'는 현금에 의한 결제를 의미한다.
*sight LC : 일람출급 신용장
*sight draft : 일람불환어음
*open account : 청산계정

32
위 서신은 상기 제품이 인기 있는 종류의 제품이므로, 7대를 추가로 주문하며 그 동안의 거래 실적에 미루어서 앞으로는 청산계정으로 결제하기를 원한다는 내용이므로, 빈 칸에 알맞은 것은 ②이다.

Dear Mr. Cooper,

We wrote to you on two occasions, 21 October and 14 November, concerning the above account, which now has an outstanding balance of USD3,541.46 and is made up of the <u>copy invoices</u> enclosed.

We have waited three months for (   ) a reply to explain why the balance has not been cleared, (   ) a remittance, but have received (   ).

We are reluctant to take legal action to recover the amount, but you leave us no alternative. Unless we receive your remittance within the next ten days, we will instruct our solicitors to start proceedings.

Yours sincerely,

33 Choose best words for the blanks.

① either − or − neither

② neither − nor − either

③ either − and − neither

④ neither − and − either

34 Why did the writer enclose the 'copy invoices'?

① To request double payment

② Copy invoices prove better than original invoices

③ To back up original invoices sent previously

④ Copy invoice is more cost saving over original invoice

해석

Cooper씨께,

당사는 10월 21일과 11월 14일 두 차례 상기 계정에 관하여 귀사에게 썼습니다. 현재 미지불 잔액은 USD3,541.46 이며, 동봉된 송장 사본으로 이루어져 있습니다.

당사는 잔액이 결제되지 않은 이유를 설명하는 답신 (또는) 송금을 3개월 동안 기다렸으나, (어느 것도) 받지 (못했습니다).

당사는 잔액 회수를 위해 법적 조치까지 취하고 싶지는 않으나, 귀사의 아무런 대안 제시도 없는 상황입니다. 만약 앞으로 10일 안에 송금액을 받지 못한다면, 당사는 소송절차를 시작하도록 당사의 사무변호사에게 지시할 것입니다.

그럼 안녕히 계십시오.

*outstanding balance : 미지불 잔액
*remittance : 송금
*solicitor : 사무변호사
*proceedings : 소송 절차

33 빈 칸에 가장 적절한 단어들을 고르시오.

34 글쓴이가 '송장 사본'을 동봉하는 이유는 무엇인가?
① 이중 지불을 요구하기 위해서
② 송장 사본이 원본보다 증명하는 데 더 낫기 때문에
③ 이전에 보낸 원본 송장을 뒷받침하기 위해서
④ 송장 사본은 원본송장보다 비용을 더 절감할 수 있기 때문에

해설 33

위 서신은 '미지불 잔액을 송금하거나 적절한 이유를 설명하는 서신을 기다렸으나, 둘 중 어느 것도 받지 못했다'는 내용이다. 따라서 빈 칸에는 either A or B(둘 중 어느 하나)와 neither(어느 것도 ~아니다)가 들어가야 한다.

34

위 서신에서 송장 사본을 보낸 이유는 미지불 잔액에 대한 결제를 요청하면서 이전에 보낸 원본 송장을 다시 상기시키기 위해서이다. 따라서 정답은 ③이다.

35 Fill in the blank with a suitable word.

Letter of Indemnity is issued by a merchandise shipper to a steamship company as an inducement for the carrier to issue a clean bill of lading, where it might not otherwise do so, and this document serves as a form of guarantee whereby the shipper agrees to settle a claim against the line by a (   ) of the bill of lading arising from issuance of a clean bill.

① carrier
② grantor
③ consignor
④ holder

정답 ④

해석 빈 칸에 적절한 단어를 채우시오.

파손화물보상장은 물품 선적업자에 의해 기선회사에 발행되는 서류로 화주에게 무고장 선하증권을 발행하도록 하는 유인책이다. 그렇지 않은 경우, 이 서류는 무담보어음의 발행으로 인해 발생하는 선하증권의 (소유자)에 의한 상품에 대한 클레임을 화주가 처리하는 데 동의한다는 보증서이다.

*Letter of Indemnity(L/I) : 파손화물보상장
*merchandise : 물품, (상점에서 파는) 상품
*steamship company : 기선회사
*inducement : (어떤 일을 하게 하기 위한) 유인책[장려책]
*clean bill of lading : 무고장 선하증권
*line : (상품의) 종류, (수송) 회사
*issuance of a clean bill : 무담보어음의 발행

① 운송인
② 양도인
③ 화주(Shipper)
④ 소유자[소지자/보유자]

해설 파손화물보상장(Letter of Indemnity, L/I)
수출업자가 실제로는 고장 선하증권이지만 무고장 선하증권으로 발행받을 때 선박회사에 제출하는 보상장을 말한다. 무역의 관행상 은행은 고장 선하증권을 수리하지 않기 때문에 화주는 선적화물에 하자가 있으면 선박회사에 L/I를 제출하고 이로 인한 화물의 손상은 화주가 부담하기로 한다.

36 What is <u>THIS</u>?

<u>THIS</u> is the term used to describe the offence of trying to conceal money that has been obtained through offences such as drug trafficking.

In other words, money obtained from certain crimes, such as extortion, insider trading, drug trafficking and illegal gambling is "dirty".

① Money laundering
② Fraud
③ Illegal investment
④ Abnormal remittance

정답 ①

해석 <u>이것</u>은 무엇인가?

<u>이것</u>은 마약 밀매 같은 범죄를 통해서 취득한 자금을 숨기기 위한 위법 행위를 설명하는 용어로 사용된다.

다시 말하면, 강탈, 내부자 거래, 마약 밀매, 불법 도박과 같은 어떤 범죄로부터 취득한 '정직하지 못한' 자금이라는 것이다.

*offence : 위법[범법] 행위, 범죄
*drug trafficking : 마약 밀매
*extortion : 강요, 강탈, 강청
*insider trading : 내부자 거래[부당 내부 거래]
*illegal gambling : 불법 도박

① 돈[자금] 세탁(Money washing)
② 사기(죄)
③ 불법적인 투자
④ 비정상적인 송금

해설 자금 세탁(Money laundering)
1920년대 미국에서 마피아가 무기 판매, 밀수, 마약 거래같이 불법적으로 번 돈을 자기 조직이 운영하는 세탁소를 통해 세탁하는 데서 유래한 것으로 불법 자금을 세탁소 영업을 통해 합법적으로 벌어들인 돈인 것처럼 위장했다는 뜻이다. 현재 자금 세탁은 법을 어기고 몰래 만든 돈을 합법적인 것처럼 위장하는 모든 행태를 아우르는 말로 쓰인다. 조직폭력 범죄는 물론 뇌물, 불법 정치자금, 보이스피싱 사기 등 광범위한 부분에서 통용되는 단어이다.

37 Choose the WRONG English composition for Korean meaning.

> 당사의 정보에 따르면, 해당 상사는 제때에 채무를 변제하고 있습니다.

① According to our records, they are punctually meeting their credits.

② As far as our information goes, they are punctually meeting their liabilities.

③ According to our records, they are punctually meeting their commitments.

④ As far as our information goes, they are punctually meeting their obligations.

정답 ①

해석 한글 의미와 맞지 않는 영작문을 고르시오.
① 당사의 기록에 따르면, 그들은 기일대로 신용을 충족하고 있다.
② 당사의 정보에 의하면, 그들은 기일대로 부채를 갚고 있다.
③ 당사의 기록에 따르면, 그들은 기일대로 그들의 약속을 지키고 있다.
④ 당사의 정보에 의하면, 그들은 기일대로 그들의 의무를 다하고 있다.

해설 ②, ③, ④는 주어진 보기와 유사한 의미를 나타내는데 반해, ①은 '당사의 기록에 따르면, 그들은 기일대로 신용을 충족하고 있다.'의 의미이다.
*credits : 신용, 외상
*as far as : (거리·범위·정도가) ~까지
*meet liabilities : 부채를 갚다
*meet commitments : 약속을 지키다
*meet obligations : 의무를 다하다

---

38 Which of the following statements on forfaiting is NOT correct?

① It helps exporters to obtain cash flow by selling their receivables with a discounted price to forfaiting companies.

② Forfaiting can be applied to a wide range of trade related and purely financial receivables.

③ Forfaiting can be applied to both international and domestic transactions.

④ Under a forfaiting agreement, 100% financing is made with recourse to the seller of the debt.

정답 ④

해석 **포페이팅에 대한 다음 진술들 중 옳지 않은 것은?**

① 그것은 그들의 수취 계정을 포페이팅 회사에 할인 가격으로 매도함으로써 수출자가 현금 유동성을 얻도록 도와준다.
② 포페이팅은 광범위한 관련 무역과 오직 재정적인 수취 계정에 적용될 수 있다.
③ 포페이팅은 국제 거래와 국내 거래 모두에 적용될 수 있다.
④ 포페이팅 협정서하에서는, 100% 자금조달이 매도인의 부채에 소구조건으로 이루어진다.

해설 **포페이팅(Forfaiting)**
신용장거래에서 수출자가 발행한 환어음 및 선적서류를 수출입은행(Forfaiter)이 수출자로부터 무소구(Without recourse)조건으로 매입하는 것으로, 수출금융이 환어음 만기일에 수출대금을 상환하지 못해도 수출자에게 대금을 청구하지 않는 조건이다.
*receivables : 수취 계정
*cash flow : 현금 유동성
*financing : 자금조달, 융자, 조달자금

---

39 Which of the following statements on the UCP 600 is NOT correct?

① The UCP 600 rules are voluntarily incorporated into contracts and have to be specifically outlined in trade finance contracts when LC is used for finance.

② An accompaniment to the UCP 600 is the ISBP, which assists with understanding whether a document complies with the terms of Letters of Credit.

③ UCP 600 rules apply to any documentary credit except for the standby letter of credit.

④ Credits that are issued and governed by UCP 600 will be interpreted in line with the entire articles contained in UCP 600. However, exceptions to the rules can be made by express modification or exclusion.

정답 ③

해석 **UCP 600에 대한 다음 진술들 중 옳지 않은 것은?**

① UCP 600 규칙은 자발적으로 계약에 통합되며, 신용장이 자금을 위해서 사용될 경우 무역 자금계약에서 명확하게 개요가 설명되어야 한다.
② UCP 600과 함께 사용되는 ISBP는 서류의 신용장 조건 준수 여부에 대한 이해를 돕는다.
③ UCP 600 규칙은 보증신용장을 제외한 어떠한 화환신용장에도 적용된다.
④ UCP 600 규칙에 의해 발행되고 지배받는 신용장은 UCP 600이 포함한 전체 조항과 긴밀하게 연결되어 해석될 것이다. 하지만, 규칙에 대한 예외는 수정 또는 제외 조항에 의해서 결정될 수 있다.

해설 ③ UCP 600 제1조에서 UCP 600 규칙은 보증신용장을 포함하여 어떠한 화환신용장에도 적용될 수 있다고 명시하고 있다.
*incorporated into : ~에 통합시키다
*outline : 윤곽을 보여주다[나타내다], 개요를 설명하다
*documentary credit : 화환신용장
*standby letter of credit : 보증신용장
*in line with : ~와 비슷한; ~와 긴밀히 연결되도록

40 Considering Incoterms 2010, which of the following statement is NOT correct about the case below?

> Consider goods that are taken in charge at Felixstowe, UK, for transport to Long Beach, California, under the rule "CIP Long Beach, California, Incoterms 2010".

① The seller will arrange and pay for freight to Long Beach.
② The seller will arrange and pay for the export clearance.
③ The buyer will arrange and pay for the inland transportation to his premise in the importing country.
④ The risk will pass from the seller to the buyer upon delivery of the goods to the carrier at Long Beach.

정답 ④

해석 인코텀즈 2010을 고려하면 다음 진술들 중 아래 조건에 맞지 않는 것은?

> "인코텀즈 2010 CIP 롱비치 캘리포니아" 조건 하에서 물품을 수송하기 위해서 영국 Felixstowe에서 인수된 물품을 고려하라.

*Consider : 사례[고려/숙고]하다
*take in charge : 인수하다
*transport : 수송

① 매도인은 롱비치까지 화물운송을 주선하고 지불할 것이다.
② 매도인은 수출통관을 주선하고 지불할 것이다.
③ 매수인은 수입국 내 자신의 영내에 대한 국내수송을 주선하고 지불할 것이다.
④ 위험은 롱비치 운송회사에 물품이 인도되는 순간 매도인으로부터 매수인에게 옮겨질 것이다.

해설 ④ 물품에 대한 매매당사자의 위험부담의 분기점(위험 이전)은 '지정된' 운송인(물품을 지정목적지까지 운송할 운송인의 보관 하에 최초 운송인에게 물품 인도 시)이다.
*arrange : 마련하다, (일을) 처리[주선]하다
*export clearance : 수출통관
*pass from : ~에서 옮겨지다

41 Which of the following is LEAST appropriate?

Thank you very much for your samples and price list of silk fabrics we received today. (a) Upon inspecting them, we appreciate the excellence of your products in both material and finish, but we have to tell you that (b) your prices are substantially high compared with those of Italian origin.

We are afraid that (c) there is little chance of doing business with you (d) unless five percent discount off your list prices is not granted.

① (a)

② (b)

③ (c)

④ (d)

정답 ④

해석 다음 중 가장 적절하지 않은 것은?

당사는 오늘 귀사의 견직물 샘플과 가격리스트를 감사히 받았습니다.
(a) 그것들을 조사하자마자, 당사는 재료와 완성도에서 귀사 제품의 우수성을 인정합니다. 하지만, (b) 귀사의 가격이 이탈리아 원산지 제품과 비교할 때 상당히 비싸다는 것을 말씀드려야겠습니다.
당사는 유감스럽게도 (d) 만약 가격리스트에서 5퍼센트 할인이 허용된다면, 귀사와 (c) 거래할 가능성은 거의 없다는 것을 알려드립니다.

*appreciate : 진가를 알아보다[인정하다]
*discount off : 할인하다

해설 서신은 샘플의 품질은 마음에 들지만, 상대적으로 비싼 가격을 5퍼센트 할인해 달라는 내용이다. 따라서 문맥상 (d)는 '5퍼센트 할인이 허용되지 않는다면'이 되어야 한다.
(d) unless five percent discount off your list prices is not granted(→ is granted)

42 Which of the following words is NOT appropriate for the blanks below?

One of the most common mistakes in using Incoterms rules is the use of a traditional "sea and inland waterway only" rule such as (ⓐ) for containerized goods, instead of the "all transport modes" rule (ⓑ). This has exposed the exporter to unnecessary risks. A dramatic recent example was the Japanese tsunami in March 2011, which wrecked the Sendai container terminal. Many hundreds of consignments awaiting despatch were damaged. Exporters who were using (ⓒ) found themselves responsible for losses that could have been avoided!

Another common mistake is attempting to use (ⓓ) without thinking through whether the seller can undertake all the necessary formalities in the buyer's country, such as paying GST or VAT.

① ⓐ FOB
② ⓑ FCA
③ ⓒ FCA
④ ⓓ DDP

정답 ③

해석 다음 단어들 중 아래 빈 칸에 적절하지 않은 것은?

인코텀즈 규칙의 사용에서 가장 일반적인 실수 중 하나는 "모든 운송수단" 규칙인 (ⓑ FCA) 대신에 컨테이너로 수송되는 상품을 위한 (ⓐ FOB) 같은 전통적인 "해상 및 내수로 운송을 위한 규칙"의 사용이다. 이것은 수출자를 불필요한 위험에 노출시킨다. 최근의 극적인 사례는 2011년 3월 일본의 쓰나미였는데, 그때 Sendai 컨테이너 터미널이 파괴되었다. 발송을 위해 기다리던 수많은 화물들이 손상되었다. (ⓒ FCA → FOB) 조건을 사용하는 수출업자들은 되돌아보니 손실에 대한 책임을 피할 수 있었던 것이다!
또 다른 흔한 실수는 매도인이 매수인의 나라에서 GST 또는 VAT 같은 모든 필요한 절차를 수행할 수 있는지 아닌지를 고려하지 않고 (ⓓ DDP)의 사용을 시도하는 것이다.

*wreck : 망가뜨리다, 파괴하다
*consignments : 탁송물[배송물]
*await : 기다리다
*despatch : 발송
*GST : 물품·용역소비세
*VAT : 부가가치세

해설 ③ FOB 조건(본선 적재)이 아니라 FCA 조건(운송인 인도)이 사용되는 경우, '쓰나미의 피해를 입지 않을 수도 있었다.'가 되어야 한다. 그러므로 FCA이 아닌 FOB가 사용되어야 한다.

[43~44] Read the following and answer.

Dear Mr. Cupper,

I am sorry that at present I am unable to settle your invoice dated 9 May for your invoice No. 1555. The reason for this is that our stockroom was flooded after recent heavy rain, and much of the stock were damaged or destroyed.

Unfortunately, I am unable to pay any of my suppliers until I receive compensation from my (   ). They have promised me this within the next four weeks. As soon as I receive payment, I will settle the invoice in full.

I hope that you will understand the situation.

Yours sincerely,

43 What is the main purpose of this letter?

① Request for more time to settle a debt
② Explain why suppliers do not meet compensation
③ Chase payments for unsettled account
④ Ask claims to insurance company

44 Fill in the blank with right word(s).

① insurer
② insurance policy holder
③ surveyor
④ insured

안심Touch

해석

친애하는 Cupper씨께,

저는 5월 9일자 귀사의 송장 번호 1555에 대해 정산할 수 없게 되어 죄송스럽게 생각합니다. 그 이유는 당사의 창고가 최근의 폭우로 인해서 물에 잠겨 많은 재고품이 손상되거나 파괴되었기 때문입니다.

유감스럽게도, 저는 (보험업자)로부터 보상금을 받을 때까지는 공급업자들에게 대금을 지불할 수 없습니다. 그들은 앞으로 4주 후에 보상할 것을 약속했습니다. 제가 보상금을 지불받는 대로, 청구액을 전부 정산할 것입니다.

저는 귀사가 이 상황을 이해해 주시기를 바랍니다.
그럼 안녕히 계십시오.

*stockroom : 물품 보관소[창고]
*compensation : 보상(금)

43 위 서신의 주요 목적은?
① 부채를 결제하는 데 좀 더 시간을 요청하기 위해서
② 공급업자가 보상금을 지불하지 않은 이유를 설명하기 위해서
③ 정산되지 않은 계정에 대한 지불을 추구하기 위해서
④ 보험회사에 클레임을 요청하기 위해서

44 빈 칸을 알맞은 단어들로 채우시오.
① 보험업자
② 보험가입자
③ 감독관
④ 피보험자

해설 43
위 서신은 갑작스러운 폭우로 인해서 창고가 물에 잠겨서 재고품이 손상되었기 때문에 보험회사로부터 보상금을 받기 전까지 지불을 연기해 달라는 내용이다.
*settle a debt : 부채를 결제하다

44
서신의 until I receive compensation from my (   )는 '보험업자로부터 보상금을 받기 전까지는'의 뜻이므로, 빈 칸에는 ①이 적절하다.

45 Which of the following is a correct set of words for the blanks at the message below?

Both letter of credit (L/C) and bill of exchange (B/E) facilitate international transactions between buyers and sellers. The main difference between the two is that a (ⓐ) is a payment mechanism whereas a (ⓑ) is a payment instrument.

The (ⓒ) will set up the conditions that are to be met in order for the payment to be made, and is not the actual payment itself. On the other hand, a (ⓓ) is a payment instrument where the seller can discount the (ⓔ) with the bank and receive payment. At maturity, the (ⓕ) will become a negotiable payment instrument that can be traded, and the holder of the (ⓖ) (either the seller or the bank) will receive payment.

	ⓐ	ⓑ	ⓒ	ⓓ	ⓔ	ⓕ	ⓖ
①	L/C	B/E	B/E	L/C	B/E	B/E	L/C
②	L/C	B/E	L/C	B/E	B/E	B/E	B/E
③	B/E	L/C	L/C	B/E	B/E	B/E	L/C
④	B/E	L/C	B/E	L/C	B/E	B/E	B/E

정답 ②

해석 다음 중 아래 본문의 빈 칸에 적절한 단어쌍은?

신용장과 환어음은 둘 다 매수인과 매도인 사이의 국제적인 매매를 용이하게 한다. 그 둘의 주요 차이점은 (ⓑ 환어음)은 지불의 수단인데 반해서, (ⓐ 신용장)은 지불의 매커니즘이라는 것이다.

(ⓒ 신용장)은 지불이 이루어지기 위해서 필요한 조건들을 준비할 것이고 실제 지불 그 자체는 아니다. 반대로, (ⓓ 환어음)은 매도인이 은행과 (ⓔ 환어음)을 할인하고 지불받을 수 있는 지불 수단이다. 만기일에 (ⓕ 환어음)은 교역될 수 있는 유통가능한 지불 수단이 될 것이고, (ⓖ 환어음)의 소지자는 (매도인 또는 은행에서) 지불을 받을 것이다.

*facilitate : 가능하게[용이하게] 하다
*set up : 설립하다, 세우다, 준비하다
*At maturity : 만기일에
*negotiable payment instrument : 유통가능한 지불 수단

해설 본문은 신용장과 환어음에 대하여 비교하는 내용이다. 신용장은 신용장 개설은행의 수익자(수출상)에 대한 조건부 대금지급 확약서이다. 신용장 자체로는 지급 증서로 사용되지 않는다. 환어음은 환어음 그 자체가 유통 가능하며 대금을 지급하는 수단이 된다.

46 Fill in the blank with right expression.

> Your order No. 1555 is being sent express rail-freight and can be delivered after 09:00 tomorrow.
> Enclosed is consignment note No. 051202, which should be presented on delivery. You should contact us immediately if any problems arise.
> Thank you for your order, and we hope (   ) in the future.
> Yours faithfully,

① we can be of further service

② the problem is sorted out soon

③ an enhanced credit allowance

④ an extended credit period

정답 ①

해석 빈 칸에 옳은 표현을 채우시오.

> 귀사의 주문서 번호 1555는 급행 철도화물로 보내져서 내일 9시 이후에 인도될 수 있습니다.
> 동봉한 탁송화물 운송장 No. 051202은 물품 인도 시 제시되어야 합니다. 문제가 생길 시에 귀사는 당사와 즉시 연락해야 합니다.
> 귀사의 주문에 감사드리며 당사는 앞으로 (더 도움이 되기를) 바랍니다.
> 그럼 안녕히 계십시오.
>
> *express rail-freight : 급행 철도화물
> *consignment note : 탁송화물 운송장

① 당사는 더 도움이 될 수 있다

② 문제가 곧 해결되다

③ 향상된 신용공제액

④ 연장된 신용장 기간

해설 ① 빈 칸 앞 내용이 'You should contact us immediately if any problems arise. Thank you for your order(문제가 생길 시에 귀사는 당사와 즉시 연락해야 합니다. 귀사의 주문에 감사드리며),'이므로 흐름상 향후 서비스를 더욱 제공하고 싶다는 내용이 오는 것이 자연스럽다.

*sort out : ~을 해결[처리]하다

*enhanced : 증대한; 높인, 강화한

47 Choose the WRONG word for each blank.

> Draft means a written order by the first party, called the (ⓐ), instructing a second party, called the (ⓑ)(such as the bank), to pay money to a third party, called the (ⓒ). An order to pay a sum certain in money, signed by a drawer, payable on (ⓓ) or at a definite time.

① ⓐ drawer
② ⓑ drawee
③ ⓒ payee
④ ⓓ future

정답 ④

해석 **각 빈 칸에 틀린 것을 고르시오.**

환어음은 (ⓐ 어음발행인)인 제1당사자가 (은행과 같은) (ⓑ 어음수취인)인 제2당사자에게 제3당사자인 (ⓒ 수취인)에게 대금지불을 지시하는 서면 명령을 의미한다. 어떤 액수의 돈을 지불하라는 어음발행인이 서명한 명령으로 (ⓓ 제출) 즉시 또는 특정 기일에 지불가능하다.

*drawer : 어음발행인
*drawee : (환)어음 수취인
*payee : 수취인
*on presentation : 제출 즉시

① ⓐ 어음발행인
② ⓑ (환)어음 수취인
③ ⓒ 수취인
④ ⓓ 미 래

해설 **환어음(Draft)**
채권자인 수출자의 발행인(Drawer)이 되고 채무자인 수입자 또는 은행을 어음의 지급인(Drawee 또는 Payer)으로 발행되는 무역결제에 사용되는 어음을 말하고 Bill 또는 Draft라고도 부른다. 신용장결제의 경우에도 D/P 또는 D/A 어음결제의 경우와 마찬가지로 이 환어음에 선적서류(Shipping Documents)를 첨부한 화환어음(Documentary Bill)으로서 수출지의 은행에 제시하여 수출대금을 지급받는다. 이것을 화환어음의 매입(Negotiation)이라 한다.

안심Touch

48 Choose the WRONG part from (a) ~ (d).

(a) Stranding means the drifting, driving, or running aground of a ship on a shore or strand. (b) This term includes bumping over a bar, a mere touch and go or a grounding (c) by reason of the rise and fall of the tide. (d) The vessel must be hard and fast for a appreciable period of time.

① (a)
② (b)
③ (c)
④ (d)

정답 ②

해석 (a) ~ (d)에서 틀린 부분을 고르시오.

(a) 좌초는 해변이나 물가에서 표류하고, 운항하고, 좌초하는 선박을 의미한다. (b) 이 용어는 충돌, (c) (파도의 상승과 하강으로 인한) (b) 단순 접촉이나 좌초를 포함한다. (d) 상당한 기간 동안 항해를 위해서 선박은 견고하고 단단해야만 한다.

*stranding : 좌초
*strand : (바다 호수 강의) 물가
*running aground : 좌초
*grounding : 단순 접촉

해설 좌초(Stranding)
침몰(Sinking), 화재(Burning), 충돌(Collision)과 함께 SSBC라고 불리는 해상보험의 주요 사고의 하나로서 통상 보험자에 의해서 보상된다. 다만, 난외약관(Marginal Clauses) 중의 운하약관(Canal Clause)에 의해서 운하 항해상의 좌초에 대해서는 보험자의 면책이 규정되어 있다.

49 Fill in the blank (ⓐ) and (ⓑ) with right word(s).

> Where the insurance policy specifies the extent of value of the insured property, the policy is called a(n) (ⓐ) and where the insurance policy does not show or declare the subject-matter insured, the policy is called the (ⓑ).

① ⓐ floating policy, ⓑ valued policy
② ⓐ valued policy, ⓑ time policy
③ ⓐ unvalued policy, ⓑ valued policy
④ ⓐ valued policy, ⓑ floating policy

정답 ④

해석 빈 칸 ⓐ와 ⓑ에 옳은 단어들을 채우시오.

보험증서가 피보험재산의 가치에 대한 범위를 명시한 경우에는 (ⓐ 확정보험증권)이라 불리며, 보험증서가 피보험목적물을 보여주거나 공표하지 않을 때 (ⓑ 포괄예정보험증권)이라 불린다.

*insurance policy : 보험증권[증서]
*insured property : 피보험재산
*subject-matter insured : 피보험목적물

① ⓐ 포괄예정보험증권, ⓑ 확정보험증권
② ⓐ 확정보험증권, ⓑ 정기[항해] 보험증권
③ ⓐ 금액미상 보험증권, ⓑ 확정보험증권
④ ⓐ 확정보험증권, ⓑ 포괄예정보험증권

해설 해상 보험증권(계약)의 형태
• 확정보험증권과 금액미상 보험증권
 – 확정보험증권(Valued Policy) : 합의된 보험가액을 기재한 보험증권
 – 금액미상 보험증권(Unvalued Policy) : 보험금액의 한도 내에서 보험가액이 추후 결정되는 증권
• (포괄)예정보험증권(Floating Policy, Open Policy)
 – 보험계약 체결 시 계약 내용의 일부가 확정되지 않은 보험계약이다.
 – 피보험목적물과 그 수량, 보험금액, 적재선박, 기타 보험계약의 내용이 미확정상태이기 때문에 이들을 개괄적으로 결정하였다.
정기[항해] 보험증권(Time Policy)
보험자의 위험부담이 존속하는 일정한 기간을 기준으로 결정되는 보험증권으로, 선박보험에 주로 적용된다.

50 Which of the following statements on 'transferable credit' is NOT appropriate?

① A transferable credit may be made available in whole or in part to another beneficiary ("second beneficiary") at the request of the beneficiary("first beneficiary").

② Transferring bank means a nominated bank that transfers the credit or, in a credit available with any bank, a bank that is specifically authorized by the issuing bank to transfer and that transfers the credit.

③ Unless otherwise agreed at the time of transfer, all charges (such as commissions, fees, costs or expenses) incurred in respect of a transfer must be paid by the issuing bank.

④ Transferred credit means a credit that has been made available by the transferring bank to a second beneficiary.

정답 ③

해석 다음 '양도가능 신용장'에 대한 설명 중 적절하지 않은 것은 무엇인가?
① 양도가능 신용장은 수익자(제1수익자)의 요청에 의해 전체로든 부분으로든 다른 제3자(제2수익자)가 이용할 수 있게 만들어진 신용장이다.
② 양도은행은 신용장을 양도하는 지정은행 또는 모든 은행에서 이용 가능한 신용장의 경우 특별히 신용장 발행은행으로부터 양도할 수 있는 권한을 부여받아서 신용장을 양도하는 은행을 의미한다.
③ 양도할 당시 합의된 것이 아니라면, 양도에 관한 모든 비용(수수료, 요금, 비용 또는 경비)은 신용장 발행은행에 의해 지불되어야 한다.
④ 양도된 신용장은 양도은행에 의해 제2수익자가 사용가능하도록 만들어진 신용장을 의미한다.

해설 ③ 양도할 당시 합의된 것이 아니라면, 신용장 양도에 관한 모든 비용은 제1수익자가 부담하여야 한다.
양도가능 신용장(Transferable L/C)
• 신용장을 받은 최초의 수익자인 원수익자(제1수익자)가 신용장 금액의 전부 또는 일부를 1회에 한하여 국내외 제3자(제2수익자)에게 양도할 수 있는 권한을 부여한 신용장이다.
• 양도가능 신용장은 1회에 한해 양도가능하므로 제2수익자가 다시 제3자에게 본 신용장을 양도할 수 없다.
*beneficiary : 수익자
*at the request of : ~의 청구가 있으면
*transferring bank : 양도은행
*nominated bank : 지정은행
*transfer : (재산의 소유권을) 넘겨주다[이전하다]
*authorize : 재개[인가]하다, 권한을 부여하다
*issuing bank : 신용장 발행은행
*commission : (은행 등에서 서비스 대가로 받는) 수수료
*incur : (비용을) 발생시키다[물게 되다]

51 화인(Shipping marking) 가운데 표시되어야 할 필수사항으로 옳지 않은 것은?

① 주화인(Main mark)
② 화번(Case number)
③ 항구표시(Port mark)
④ 주의표시(Attention mark)

정답 ④

해설 **반드시 표시해야 하는 화인**

- 주화인(네모·다이아몬드형 도형 표시), 도착항(양륙항)표시, 화물번호(상자번호)의 필수화인 3요소와 원산지 (Country of Origin)표시 등은 필수적으로 표시해야 한다.
- 특히, 도착항 표시와 화물번호(상자번호)가 없는 화물을 무화인화물(NM ; No Mark Cargo)이라 하며, 무화인화물의 경우 Non Delivery 등으로 화주에게 커다란 손해를 줄 수 있다.
- 화인의 내용이나 형태는 통상 Sales Note나 Purchase Note에 표시된다.

52 CISG상 일방당사자의 청약 의사표시가 충분히 확정적이기 위한 요건으로 옳지 않은 것은?

① 물품을 표시하고 있을 것
② 대금을 정하고 있거나 이를 정하는 규정을 두고 있을 것
③ 수량을 정하고 있거나 이를 정하는 규정을 두고 있을 것
④ 분쟁해결방법을 정하고 있거나 이를 정하는 규정을 두고 있을 것

정답 ④

해설 **CISG(비엔나협약)상 "확정적"이란 단어의 의미**

어떠한 제의가 물품을 표시하고 그 수량과 대금을 명시적 또는 묵시적으로 지정하거나 이를 결정할 규정을 둔 경우에는 이 제의는 충분히 확정적인 것으로 한다.

청약의 요건

- 내용의 확정성 : 청약은 계약이 성립할 수 있을 정도로 확정적 내용이어야 한다.
- 의사의 확정성 : 승낙이 있을 시 의사 표현이 있어야 한다. 구속성이 없는 청약은 청약의 유인(Invitation to Offer)에 불과하다.
- 대상의 확정성 : 1인 이상의 특정한 자에게 통지하지 않은 제의는 청약의 유인에 불과하다.

53 해상보험에서 물적손해(Physical Loss)에 대한 설명으로 옳지 않은 것은?

① 현실전손은 보험의 목적이 파괴(destroyed)된 경우 또는 물적으로 존재하고 있지만 보험에 부보된 종류의 물품으로서 존재할 수 없을 정도로 심한 경우를 말한다.

② 추정전손은 현실전손은 아니지만 보험목적물을 구조하기 위한 비용과 구조 후의 수리비용이 보험 목적 가액을 초과하여 경제적 전손이라고 인정되는 경우가 해당된다.

③ 추정전손은 위부의 행위를 수반하게 되는데 보험목적물의 일부에 대해서도 위부가 가능하다.

④ 공동해손이란 선박이나 화물이 해난에 직면하였을 때 선박 및 화물을 위험으로부터 구조하기 위하여 선장이 임의적으로, 그리고 합리적으로 선박이나 화물의 일부를 희생시키거나 비용을 지출함으로서 발생한 분손을 말한다.

정답 ③

해설 ③ 추정전손의 경우 피보험자가 전손 보험금을 청구하기 위해서는 보험자에게 보험목적물에 대한 일체 권리를 위부(Subrogation/Abandonment, 권리이전)해야 한다. 위부하지 않을 경우 추정전손이 아니라 분손으로 처리한다.

54 수출환변동과 수입환변동 두 제도의 비교 설명으로 옳지 않은 것은?

구 분		수출환변동	수입환변동
①	가입목적	환율상승에 따른 손실방지	환율하락에 따른 손실방지
②	가입기업	수출기업	수입기업
③	보험금지급(K-sure → 기업)	환율 하락 시	환율 상승 시
④	이익금환수(기업 → K-sure)	환율 상승 시	환율 하락 시

정답 ①

해설 수출환변동 vs. 수입환변동

구 분	수출환변동	수입환변동
가입목적	환율하락에 따른 손실방지	환율상승에 따른 손실방지
가입기업	수출기업	수입기업
보험금지급 (K-sure → 기업)	환율 하락 시	환율 상승 시
이익금환수 (기업 → K-sure)	환율 상승 시	환율 하락 시

55 Incoterms 2010상 CPT(Carriage Paid To)에 대한 설명으로 옳지 않은 것은?

① 매도인은 해상운송서류를 제공할 필요가 없으며, 해당되는 운송방식에서 통상적으로 사용되는 운송서류를 제공하면 된다.

② 매도인은 물품의 적재비를 포함하여 목적지까지의 운송계약에 따른 비용과 운반비를 부담해야 한다.

③ 매수인은 목적지에서 양하비가 운송비에 포함되어 있지 아니할 경우 이를 지급해야 한다.

④ 매수인은 매도인에 대한 통지 불이행으로 인하여 물품의 인도가 지연되어 발생하는 모든 위험과 추가적인 비용을 지급할 필요가 없다.

정답 ④

해설 ④ 매수인은 매도인에 대한 통지 불이행으로 인하여 물품의 인도가 지연되어 발생하는 모든 위험과 추가적인 비용을 지급하여야 한다.

CPT 조건에서 매도인과 매수인의 책임

매도인(Seller)	매수인(Buyer)
• 수출통관 필 • 해상운송계약을 체결 • 운임을 부담 • 통상의 운송서류를 지체 없이 매수인에게 제공	• 물품이 운송인에게 인도된 이후의 모든 위험부담 • 지정목적지까지의 운송비 이외 모든 비용부담

56 무역계약의 품질조건에 대한 설명으로 옳지 않은 것은?

① 선적품질조건에는 EXW, FAS, FCA, FOB 조건이 속한다.

② 선적품질조건에는 Tale Quale, FAQ가 속한다.

③ 양륙품질조건에는 CFR, CIF, CPT, CIP, DAT, DAP, DDU, DDP 조건이 속한다.

④ 양륙품질조건에는 Rye Term, GMQ가 속한다.

정답 ③

해설 ③ 양륙품질조건에는 INCOTERMS상의 D Group(DAF, DEQ, DES, DDU, DDP)이 속한다. 선적품질조건에는 INCOTERMS상의 E Group(EXW), F Group(FCA, FOB, FAS), C Group(CFR, CIF, CIP, CPT)이 속한다.

품질결정시기

• 선적품질조건[Shipped Quality Terms/Final = TQ(Tale Quale)]

– 주로 변색·변질 위험이 적은 공산품인 경우 활용되는 조건이다.

– 인도된 물품의 품질이 선적 시에 (공인 검사기관의 품질확인을 받고) 약정된 품질과 일치하기만 하면 그 후 (운송 도중) 변질되어 도착지에서 하자가 발견되어도 수출상은 이에 대한 책임을 지지 않는 조건이다.

– 품질결정시기에 관해 당사자 간 합의가 없는 경우 정형거래조건의 E·F·C Group은 선적지 품질을 기준으로 한다.

– FOB, CFR, CIF 조건 등 선적지 무역조건에서는 품질결정시기에 대한 특별한 약정이 없는 경우 품질에 대한 수출상의 책임은 선적시점에서 종료된다.

- 양륙품질조건[Landed Quality Terms/Final = RT(Rye Terms)]
  - 주로 운송 도중에 품질이 변질될 수 있는 곡물·피혁·어류 등과 같은 농산물·광물(1차 상품)의 경우 활용되는 조건이다.
  - 양륙 시에 (공인검사기관의 품질확인을 받고) 약정된 품질과 일치하면 수출상이 면책되고, 변질 시에는 수출상이 책임을 부담하는 조건이다.
  - 품질결정시기가 별도로 명시되지 않은 경우 정형거래조건이 D Group이면 양륙지가 품질기준 시점이 된다.

57 도착항의 항만사정이 선박으로 혼잡할 경우 신속히 하역할 수 없고, 선박의 가동률이 저하되어 선박회사에 손해가 발생하므로 이를 화주에게 전가하는 정기선 운임의 할증료를 무엇이라 하는가?

① 장척할증료
② 항만변경료
③ 체화할증료
④ 환적할증료

정답 ③

해설 ① 장척할증료 : 길이가 특히 긴 경우에 부과되는 비용
② 항만변경료 : 해상 운임 최초로 의도한 목적 항구에서 다른 항구로 화물 운송을 변경할 때 발생하는 비용
④ 환적할증료 : 화주가 환적을 요청하는 경우 선사가 그에 따른 추가비용을 보전하기 위해 부과하는 운임

58 환어음의 필수기재사항에 해당하는 것은?

① 지급인 – 지급기일 – 수취인 – 발행일 및 발행지
② 환어음표시문자 – 지급인 – 지급지 – 신용장 번호
③ 금액 – 지급지 – 어음번호 – 발행인의 서명
④ 상환불능문언 – 환어음표시문자 – 발행인의 서명 – 환율문언

정답 ①

해설 환어음 필수기재사항
- 환어음 표시문구
- 일정금액(대금)의 무조건 지급위탁문언
- 지급인
- 지급만기일
- 지급지(Place of Payment)
- 수취인
- 발행일 및 발행지
- 발행인의 기명날인 또는 서명

59 해상운송에서 정기선 운송과 부정기선 운송을 비교한 내용으로 옳지 않은 것은?

① 부정기선 운송은 미리 정해진 항로가 없다.
② 정기선 운송은 미리 공시된 운임률표에 따라 운임이 결정된다.
③ 정기선 운송의 화물은 완제품 내지 반제품이 주종을 이루지만, 부정기선의 화물은 원자재나 농·광산물이 주종을 이룬다.
④ 부정기선의 운임은 물동량(수요)과 선복(공급)에 영향을 받지 않는다.

정답 ④

해설 ④ 부정기선이란 항로나 운항기일이 지정되지 않고 화물이 있을 때마다 또는 선복 수요가 있을 때, 화주가 요구하는 시기와 항로에 따라 화물을 운송하는 것이므로 물동량(수요)과 선복(공급)에 영향을 받는다.

60 무역계약의 계약자유 원칙에 대한 내용으로 옳지 않은 것은?

① 계약 체결의 자유
② 불평등초래 약관을 포함한 계약 내용 결정의 자유
③ 계약 체결방식의 자유
④ 계약 상대방 선택의 자유

정답 ②

해설 ② 계약자유의 원칙에는 계약 체결의 자유, 계약 체결 상대방 선택의 자유, 계약의 내용을 결정하는 자유, 계약방식의 자유가 있다. 계약 내용 결정의 자유는 강행법규나 선량한 풍속 기타 사회질서에 위반되지 않는 한 전적으로 계약 체결의 쌍방 당사자가 그 계약의 내용을 자유롭게 결정할 수 있는 것을 말한다.

61 신용장에 대한 내용으로 옳지 않은 것은?

① 신용장에서 단순히 "Invoice"라고만 표기된 경우, 송장상에 서명이 없어도 된다.
② 신용장에서 단순히 "Invoice"라고만 표기된 경우, 송장상에 발행일자가 없어도 된다.
③ 신용장에서 복합운송증권을 요구하는 경우 B/L 명칭도 사용 가능하다.
④ 신용장에서 복합운송증권을 요구하는 경우 Charter Party B/L도 사용 가능하다.

정답 ④

해설 ④ 복합운송증권은 일반적으로 수취 선하증권(Received B/L)을 발행한다. 용선계약 선하증권(Charter Party B/L)은 부정기선, 용선계약 시 발행하며 그 계약조건을 따르게 되어 있는 선하증권이다.

62 Transferable Credit에 대한 설명으로 옳은 것은?

① L/C상에 "Transferable" 등 양도가 가능하다는 표현이 없어도 가능하다.

② L/C 금액의 전부를 Transfer하는 전액양도만 허용된다.

③ 2nd Beneficiary가 3rd Beneficiary에게 양도하는 경우 Applicant의 사전 양해를 얻는다면 가능하다.

④ 국내는 물론 국외에 소재하고 있는 2nd Beneficiary에게도 양도가 가능하다.

정답 ④

해설
①·② 양도가능 신용장(Transferable Credit)은 신용장 금액의 전액 또는 일부를 제3자에게 양도할 수 있는 권한을 부여한 신용장으로, 반드시 "Transferable" 표시가 있어야 한다.

③ 신용장의 양도란 양도가능 신용장상의 권리를 수익자가 지시하는 제3자에게 양도하는 것을 말한다. 이 때 양도인을 제1수익자라 하고, 양수인은 제2수익자라고 한다. 제2수익자가 제3수익자에게 재양도할 수 없다.

63 (ⓐ), (ⓑ), (ⓒ) 안에 들어갈 용어로 옳은 것은?

(ⓐ)조건은 선적지 인도조건이기 때문에 계약에 별도의 명시가 없으면 선적 시를 품질기준시기로 보아야 한다. 곡물류의 거래에 있어서 (ⓑ)는 선적품질조건을 의미하며 (ⓒ)는 조건부 선적품질 조건으로 해상운송 중 생긴 유손(Damaged by wet) 등으로 야기되는 품질손해에 대하여는 매도인 이 도착 시까지 책임을 지는 조건이다.

	ⓐ	ⓑ	ⓒ
①	FCA	TQ(Tale Quale)	SD(Sea Damage)
②	CPT	RT(Rye Term)	SD(Sea Damage)
③	CAP	SD(Sea Damage)	RT(Rye Term)
④	CIF	TQ(Tale Quale)	RT(Rye Term)

정답 ①

해설
ⓐ FCA(운송인 인도)조건 : 매도인이 물품을 수출통관하고, 지정된 장소에서 매수인이 지정한 운송인에게 이를 인도하는 거래조건. 매수인은 물품의 인도지점을 정확히 지정하여야 하며 계약에 별도의 명시가 없으면 선적 시를 품질기준 시기로 본다.

ⓑ TQ(Tale Quale) : 선적품질조건으로, 곡물의 선적 시 품질기준을 나타내며 SD(Sea Damage)를 제외하고는 선적 시에 품질에 대한 매도인의 책임이 종료된다.

ⓒ SD(Sea Damage) : 해상운송 중 생긴 유손(Wet Damage, 빗물이나 침수로 생긴 손해)으로 야기되는 품질손해는 매도인이 도착 시까지 책임을 진다.

64 수출 컨테이너화물의 선적 시 진행순서를 옳게 나열한 것은?

① Booking Note → S/R → B/L → EIR → Dock's Receipt
② EIR → S/R → B/L → Booking Note → Dock's Receipt
③ S/R → Booking Note → EIR → Dock's Receipt → B/L
④ EIR → S/R → Dock's Receipt → B/L → Booking Note

정답 ③

해설 수출 컨테이너화물 운송절차
선박수배 → 선적의뢰서(S/R) 발송 → 선적예약(Booking) → 컨테이너 인수 후 기기인수도증(EIR) 발급 → 화물
반입 후 부두수취증(D/R) 수령 → 선하증권(B/L) 발행

65 "Freight forwarder"가 하는 역할로 옳지 않은 것은?

① Customs brokerage provider
② Port agent
③ Inspector
④ Multimodal transport operator

정답 ③

해석 ① 통관 대행
② 해상운송 관련 대행
③ 검사관
④ 복합운송인

해설 ③ 운송주선인(Freight forwarder)은 Inspector(검사관)의 역할은 하지 않는다.
운송주선인(Freight forwarder)의 역할
• 전문적인 조언
• 운송관계서류의 작성
• 운송계약의 체결
• 선복의 예약
• 항구로 반출
• 통관수속
• 운임 및 기타 비용의 입체
• 포장 및 창고 보관
• 화물의 관리 및 분배
• 혼재서비스
• 시장조사

66 UCP 600에서 Honour의 의미에 해당되지 않는 것은?

① 신용장이 일람지급으로 이용이 가능하다면 일람출급으로 지급하는 것
② 신용장이 연지급으로 이용이 가능하다면 연지급을 확약하고 만기에 지급하는 것
③ 신용장이 매입으로 이용이 가능하면 환어음 및 서류를 매수하는 것
④ 신용장이 인수에 의해서 이용이 가능하다면 수익자가 발행한 환어음을 인수하고 만기에 지급하는 것

정답 ③

해설 UCP 600상에서 결제(Honour)의 의미
• 신용장이 일람지급에 의하여 이용가능하다면 일람출급으로 지급하는 것
• 신용장이 연지급에 의하여 이용가능하다면 연지급을 확약하고 만기에 지급하는 것
• 신용장이 인수에 의하여 이용가능하다면 수익자가 발행한 환어음을 인수하고 만기에 지급하는 것

67 중재제도에 관한 다음 설명에 해당하는 것은?

> 중재절차에서 중재판정부는 당사자들의 지위를 보호하고 중재판정의 결과를 기다리는 동안 중재대상의 목적물의 처분이나 재산 도피 등을 제한하고 그 상태를 유지하도록 한다.

① 임시적 처분(Interim measure)
② 최종판정(Final award)
③ 자기심사권한(Competence-competence)
④ 보수청구(Remuneration)

정답 ①

해설 임시적 처분(Interim measure)
• 중재절차에서 중재판정부는 당사자들의 지위를 보호하고 중재판정 결과를 기다리는 동안 중재대상 목적물의 처분이나 재산 도피 등을 제한, 그 상태를 유지하도록 한다.
• 일반적으로 당해 분쟁이 종국적인 해결에 이르기까지 당사자의 권리를 보호하는 것이다.

68 무역보험에서 보험계약자나 피보험자에 의한 보험사고의 역선택을 방지하기 위한 내용으로 옳지 않은 것은?

① 보험기간의 제한
② 보험책임 시기(始期)의 제한
③ 포괄보험의 실시
④ 보험계약자의 통지의무

해설 ④ 통지의무가 아닌 고지의무가 보험사고의 역선택을 방지하기 위한 대책이 된다.

보험사고의 역선택
- 보험사고 확률이 높은 보험계약자 등이 보험에 가입하는 경우를 의미한다.
- 방지 대책 : 보험기간의 제한, 보험책임 시작 시기의 제한, 보험계약자의 고지의무 강화

69 신용장거래에서 서류심사기준에 관한 설명으로 옳지 않은 것은?

① 상업송장상 물품의 기술은 신용장의 기술과 정확하게 일치하여야 한다.

② 신용장에서 별도의 언급이 없는 한, 운송서류의 원본은 유효기일 이내 그리고 선적일 후 21일 내에 제시되어야 한다.

③ 신용장에서 요구되지 않은 서류가 제시된 경우 은행은 이를 무시하고 제시인에게 반송할 수 있다.

④ 신용장 발행일자 이전에 발행된 서류는 그 제시일자보다 늦게 발행된 것일 수도 있다.

해설 ④ 서류는 신용장 개설일 이전 일자에 작성된 것일 수 있으나 제시일자보다 늦은 일자에 작성된 것이어서는 안된다.

70 국제물품매매계약에 관한 UN협약(CISG)상 매도인의 계약위반에 따른 매수인의 구제권에 대한 설명으로 옳지 않은 것은?

① 대체물품인도청구권 – 물품이 계약과 불일치하고 그 불일치의 정도가 근본적 계약위반에 해당하는 경우에 매수인은 매도인에게 대체물품의 인도청구를 할 수 있다.

② 하자보완청구권 – 물품이 계약과 불일치하고 그 불일치의 정도가 근본적 계약위반에 해당되고 매수인이 모든 사정을 고려하여 자신에게 불리하지 않는 한 매도인에게 그 불일치의 보완을 청구할 수 있다.

③ 추가기간지정권 – 매수인은 매도인의 의무이행을 위하여 상당한 추가기간을 지정할 수 있는데 추가 기간의 허용은 매수인의 의무가 아니라 재량에 따라 행사가 가능하다.

④ 계약해제권 – 매도인의 인도 불이행의 경우 근본적 계약위반이 아니더라도 매수인이 정한 최고기간 이내에 인도의 의무를 이행하지 않겠다는 의사를 명백히 한 경우에는 계약해제가 가능하다.

해설 ② 하자보완청구권 : 매도인이 인도한 물품이 계약과 일치하지 않은 경우 불일치사항의 시정, 보완을 요구하는 권리로 청구의 내용이 주위의 모든 사정에서 보아 불합리하지 않고, 불일치 통지와 함께 합리적인 기간 내에 보완청구가 이루어져야 한다.

71 D/P, D/A 거래에 대한 설명으로 옳지 않은 것은?

① 수출상 입장에서는 D/P보다 D/A가 위험부담이 크다.

② D/P, D/A 거래가 신용장거래에 비하여 수입상에게 은행에 대한 비용부담이 적다.

③ D/P at sight뿐만 아니라 D/P usance도 있다.

④ D/P, D/A는 수출보험공사의 수출보험 대상이 되지 않는다.

정답 ④

해설 ④ 수출어음보험은 D/P, D/A 거래에 따라 발행된 어음을 은행이 매입한 경우 발생할지도 모르는 수출대금 회수불능의 위험을 제거하기 위한 보험으로 한국무역보험공사에서 취급한다.

72 무역클레임에 대비하여 계약서에 삽입하는 조항에 관한 설명으로 옳지 않은 것은?

① Arbitration clause는 분쟁해결방법을 중재로 선택하는 경우에 사용하는 조항이다.

② Entire agreement clause는 계약서가 유일한 합의서이고, 다른 것의 내용은 인정하지 않는다는 완전합의조항이다.

③ Non waiver clause는 클레임이나 권리의 포기는 서면으로 승인하거나 확인한 경우에만 포기한 것으로 간주한다는 조항이다.

④ Warranty Disclaimer clause는 통상적으로 요구되는 정도의 안정성 또는 기능 등에 대해 묵시적으로 보장하는 조항이다.

정답 ④

해설 ④ Warranty Disclaimer clause는 담보책임을 부정하기 위한 조항으로 매도인(수출상)의 묵시적인 담보 또는 하자 발생 시 보증을 부정한다.

73 무역계약의 수량조건에 대한 설명으로 옳지 않은 것은? (정답 2개)

① 중량의 단위는 ton, lb, kg 등이 있다.

② 영국식(Long ton) 1ton의 무게는 1,024kg이다.

③ 순중량(Net weight)은 포장무게 및 함유잡물의 무게를 공제한 순 상품 자체만의 무게이다.

④ 길이의 단위는 주로 생사(Silk), 면사(Cotton yearn), 인조견사(Rayon)의 직물류 및 필름 등의 거래에 사용된다.

해설 ② 영국식(Long ton) 1ton의 무게는 1,016kg이다.

　　　Long(English/Gross) ton = 2,240Lbs(pounds) = 1,016kg = 270,946관

　　③ 정미순중량(= 순순중량, Net net weight)의 설명이다.

74 무역운송관련 헤이그-비스비 규칙상 운송인의 면책항목 중 나머지 셋과 가장 거리가 먼 것은?

　① 포장이나 화인의 불충분성

　② 해상의 인명이나 재산의 구조

　③ 선장, 운송인의 사용인 등의 과실

　④ 상당주의를 요하는 선박의 불내항성

해설 ④ 운송인은 선박의 불내항성으로 인한 손해에 대하여 책임을 면하기 위하여 상당한 주의를 다하였다는 것, 즉 선박의 불내항성에 관한 무과실을 입증해야 한다. 따라서 선박의 불내항성은 면책 항목에 포함되지 않는다.

75 두 국가가 외환위기대비나 무역결제를 지원하기 위해 자국 통화를 맡겨놓고 상대국 통화를 빌려오는 외환 거래형태는?

　① 통화선물(Currency futures)

　② 통화옵션(Currency options)

　③ 통화스왑(Currency swap)

　④ 팩토링(Factoring)

해설 ① 통화선물(Currency futures) : 일정시점에서 당초의 약정가격으로 매입 또는 매도하기로 하는 계약

　　② 통화옵션(Currency options) : 특정 통화 일정액을 미래 일정기간 내 또는 특정일에 특정의 환율에 의해 다른 통화를 그 대가로 매입 또는 매도하는 권리

　　④ 팩토링(Factoring) : 제조업자가 구매자에게 상품 등을 외상으로 판매한 후 발생되는 외상매출채권을 팩터링회사(Factor)에게 일괄 양도함으로써 팩터링회사로부터 구매자에 관한 신용조사 및 지급보증, 매출채권의 관리, 회계업무(Accounting), 대금회수 및 전도금융 제공 등의 혜택을 부여받는 서비스

MEMO

부록

무역영어 1급 기출이 답이다

핵심 영단어 A to Z

핵심 확인학습

부 록

무역영어 1급 기출이 답이다
핵심 영단어 A to Z

▮ 무역계약

- acceptance : 승낙
- accumulate : 축적하다, 모으다
- anticipate : 예상하다, 기대하다
- approval : 승인, 시제품
- authoritative : 권위 있는, 믿을 만한
- bank reference : 은행 신용조회처
- banker's check : 은행수표
- barrel : 통
- bilateral contract : 쌍무계약
- borne : bear(비용이나 책임 등을 지다, 떠맡다) 의 과거분사
- bundle : 묶음
- business ability : 영업능력
- business proposal : 거래제안
- buyer : 구매자, 구입자, 매수인
- capacity : 기업운용능력
- capital : 재정상태
- case by case contract : 개별계약
- character : 상도덕
- claim : (주문품의 미도착 등으로 인한) 클레임
- client : 고객
- collateral : 담보능력
- commercial invoice : 상업송장
- common carrier : 전문 운송인
- conditional offer : 조건부 청약
- consensual contract : 낙성계약

- contract of carriage : 운송계약
- contract of sales of goods : 물품매매계약
- correspond : 일치하다
- counter offer : 반대청약
- credit inquiry : 신용조회
- cross offer : 교차청약
- currency : (거래) 통화
- deal : 처리하다, 다루다, 거래하다
- deficit : 적자, 부족액
- delay : 지연시키다, 연기하다, 미루다
- escalation : (단계적인) 증대, 확대, 상승
- exclusive contract : 독점계약
- expiry date : 만료일, 유통기간
- export license : 수출승인
- facility : (기계나 서비스 등의 특수) 기능
- factoring : 팩터링
- fair average quality : 평균중등 품질조건(FAQ)
- financial status : 재정상태
- firm offer : 확정청약
- good merchantable quality : 판매적격 품질조 건(GMQ)
- handwriting : 수기
- hereto : 이에 관하여
- hereunder : 이 아래에, 이 다음에
- honesty : 정직성
- implied contract : 묵시계약
- import license : 수입승인
- inferior quality : 열등한 품질

- informal contract : 불요식 계약
- infringement : 위반, 침해
- inherent : 내재된, 고유의
- inland waters : 내수
- insurance premium : 보험료
- intermediary trade : 중계무역
- invisible trade : 무형무역
- invitation to offer : 청약의 유인
- invoice : 송장
- knockdown export : 녹다운 수출
- landed quality terms : 양륙 품질조건
- letter of credit : 신용장
- M/L Clause : 과부족용인 약관
- market research : 해외시장조사
- master contract : 포괄계약
- maximum order quantity : 최대주문수량
- merchandising trade : 중개무역
- minimum order quantity : 최소주문수량
- negotiate : 협상하다, 협의하다, (어음 등을) 현금으로 바꾸다
- obligation : 의무, 계약, 약정
- occupy : 차지하다, 점유하다
- offer : 청약
- offer on sale or return : 반품허용 조건부 청약
- offer sheet : 물품매도확약서
- offer subject to prior sale : 선착순매매 조건부 청약
- offeree : 피청약자
- offeror : 청약자
- oral offer : 구두청약
- owe : 빚지다, 의무가 있다
- partial acceptance : 부분적 승낙
- payment : 결제, 지급, 지불액
- personal check : 개인수표

- plant export : 플랜트 수출
- price terms : 가격조건
- principal : 계약당사자
- profit : 이익
- property in goods : 물품의 소유권
- purchase order sheet : 매입확약서
- rejection : 거절
- remunerative contract : 유상계약
- reputation : 평판
- reverse : 반대의, 뒤의
- revocation of offer : 청약의 철회
- rock-bottom : 최저선, 맨 밑바닥, 최저인
- sales by description : 설명매매
- seller : 파는 사람, 판매인, 매도인
- shareholder : 주주, 출자자
- shipped quality terms : 선적 품질조건
- shipping date : 선적기일
- sub-con offer : 확인조건부 청약
- suit : 적합하다, 어울리다
- switch trade : 스위치무역
- tariff barrier : 관세장벽
- terms of packing : 포장조건
- trade inquiry : 거래조회
- trade reference : 동업자 신용조회처
- transshipment : 환적
- transit trade : 통과무역
- transport document : 운송서류
- typewritten : 타자
- unit price : 단가
- Unknown Clause : 부지약관
- usual standard quality : 보통 품질조건(USQ)
- waiver : 권리포기, (지불 의무 등의) 면제
- within reasonable time : 합리적인 기간 동안
- workmanship : (제품의) 만듦새, (일의) 숙련도

▌무역결제

- abstraction : 추상성
- acceptance : 인수
- accounting : 회계업무
- advance payment : 사전송금 방식
- advising bank : 통지은행
- amend : 변경 ; 개정하다
- apparent authenticity : 외관상 진위여부
- applicant : 개설의뢰인
- arbitral : 조정의, 중재의
- assignable : 양도할 수 있는
- at any moment : 언제라도
- at maturity : 만기에
- authorized bank : 수권은행
- available : 이용할 수 있는
- be accompanied by : ~을 동반하다
- belong to : ~에 속하다, ~의 부속이다
- beneficiary : 수익자
- between : 사이에, ~간에
- bill of lading : 선하증권(B/L)
- bona fide holder : 선의의 소지자
- cash against document : 서류인도 상환방식 (CAD)
- cash on delivery : 물품인도 결제방식(COD)
- cash on shipment : 동시지급
- cash with order : 주문불 방식
- certificate of origin : 원산지증명서(C/O)
- chartering : 용선
- claimant : 요구인, 원고
- clean L/C : 무화환 신용장
- collect : 수금하다, 징수하다
- collection bank : 추심은행
- collection exchange : 추심환

- commodity description : 상품명세
- complying : 일치하는
- conclusive : 종결적인, 최종의
- confirm : 확정하다, 더 분명히 해주다
- confirming bank : 확인은행
- consent : 동의하다, 승낙하다
- consignee : 수하인
- consignor : 물품 발송자
- corres bank : 환거래은행
- correspondent : ~에 일치하는
- cumulative : 누적하는, 누적에 의한
- defective : 결함 있는, 불량품, 불완전한
- defer : 연기하다, 미루다
- deferred payment : 후지급
- deferred payment credit : 연지급 신용장
- Del Credere Agent : 지급보증 대리인
- demand draft : 수표송금 방식(D/D)
- divisible : 나눌 수 있는, 양도할 수 있는
- document against payment : 지급인도조건(D/P)
- documentary sight bill : 일람불 화환어음
- documentary usance bill : 기한부 화환어음
- domestic : 국내의
- draft : 환어음, 어음 발행
- drawee : 지급인
- drawer : 수표 발행인
- due date : 만기일
- enforce : (법 등을) 집행하다
- engagement clause : 지급확약문언
- exchange : 환, 환율
- exemption method : 국외소득면제방식
- extravagant : 낭비하는, 사치스러운, 과장된
- following : 그 다음의, 다음에 나오는(언급되는)
- foreign tax credit method : 외국납부 세액공제방식
- honor : (기일에) 지불하다

- in accordance with : ~과 일치하여, ~에 따라서
- income : 소득, 수입
- issuing bank : 개설은행
- jurisdiction : 관할권, 지배권
- letter of credit : 신용장
- limitation : 한계
- local L/C : 내국신용장
- marine : 바다의, 해운의
- maturity date : 만기일
- mirror image rule : 경상의 법칙, 거울의 법칙
- negotiation : 매입
- nominated bank : 지정은행
- non-documentary L/C : 무화환 신용장
- notify : 알리다, 통지하다, 통보하다
- on its(their) face : 문면상
- opener : 신용장 개설의뢰인
- original : 원본
- overseas : 해외의, 외국의
- payee : 대금영수인, 지급인
- paying bank : 일람지급은행
- payment : 지급
- place and date of issue : 개설 장소 및 일자
- practice : 관례
- prepaid : 선불의, 선납의
- presentation : 제시
- presenting bank : 제시은행
- principle : 원칙
- prior to : ~에 앞서, ~보다 전에
- prohibit : 금지하다, 막다, 방해하다
- proxy : 대리, 대리권
- quotation : 견적, 시세
- reasonable care : 상당한 주의
- red clause L/C : 전대 신용장
- reimbursement method : 상환방법
- remedy : 구제(책)

- remittance : 송금, 송금액
- remittance basis : 송금방식
- remittance exchange : 송금환
- remitting bank : 추심의뢰은행
- restricted L/C : 매입제한 신용장
- revolving L/C : 회전신용장
- sight payment : 일람지급
- special instruction : 특별지시사항
- stand-by L/C : 보증신용장
- tenor : 환어음의 기간
- total amount : 합계금액
- transferable L/C : 양도가능 신용장
- trust receipt : 수입담보화물대도(T/R)
- understaffed : 직원이 부족한, 인원 부족의
- until : ~까지
- usance : 어음기간(환어음의 만기일까지의 기간)
- value : 가격, 값, 구매력, 가치
- with recourse : 상환청구
- without engagement : 약정 없이
- without prior notice : 사전통지 없이

▌무역운송

- acid with care : 질산주의(주의사항 표시)
- actionable : (정보 등이) 이용할 수 있는, (계획 등이) 실행할 수 있는, 소송을 제기할 수 있는
- additional risk : 추가적 위험
- ad-hoc arbitration : 임시 중재
- affreightment contract in general ship : 개품운송계약
- air transport document : 항공운송서류
- along : ~을 따라
- apron : 격납고·터미널에 붙은 포장된 장소, 부두, 선창의 하역용 광장

- argue : 논쟁하다, 논의하다
- article : 조항
- assignment : (할당된) 임무
- at sight : 일람의, 보자마자, 제시하면 곧
- attention mark : 지시표시
- avert : (재난이나 어려운 사태 등을) 막다, 피하다
- bale : 가마니, 곤포
- bareboat : 나용선 계약의 선박, 나용선의
- bearer : (선하증권) 소지인
- berth : (항구의) 정박지, 정박시키다
- blank endorsement : 백지식 배서
- breach : 위반
- brief details : 간략한 세부사항
- bulk cargo : 대량 무포장 화물
- bundle : 다발
- canvass : (화물의) 집하
- cartel : 카르텔, 기업 연합
- carton box : 종이상자
- case number : 화물의 일련번호
- certificate of analysis : 분석증명서
- certificate of insurance : 보험증명서
- certificate of quarantine : 검역증
- charter party contract : 용선계약
- China's land bridge : 극동지역, 중국 대륙 철도와 실크로드를 거쳐 유럽에 도착하는 경로(CLB)
- circumstance : 상황, 환경
- combined transport operator : 복합운송인
- commercial packing : 상용 포장
- commission : 수수료
- compel : 억지로 시키다, 무리하게 시키다
- concession : 양보, 승인, 용인, 면허, 특허
- consigner : 발송인, 화주
- consolidate : 하나로 묶어 만들다, 통합 정리하다
- consolidation : 혼재작업

- consular invoice : 영사송장
- container freight station : 소량 컨테이너 화물 집합소(CFS)
- container yard : 컨테이너 전용 야드(CY)
- counter mark : 부화인
- countervailing duty : 상쇄 관세, 상계 관세
- courier and post receipts : 특사수령증 및 우편 수령증
- credit note : 대변표
- cubic meter : 입방미터(CBM)
- customary quick despatch : 관습적 조석 하역(CQD)
- daily charter : 일대용선계약
- dangerous : 위험물(주의사항 표시)
- date of pick up : 발송일
- dead freight : 부적운임, 공하운임
- dead weight tonnage : 재화중량톤수
- debit note : 차변표
- delay in shipment : 선적지연
- demand guarantee : 청구 보증서
- demise charter : 나용선(의장을 제외하고 오직 선박만을 이름)
- demurrage : 체선료, 초과 정박, 일수 초과료
- description of cargo : 화물의 명세
- discharge : (뱃짐을) 내리다, 양륙하다
- displacement tonnage : 배수톤수
- dispute : 분쟁, 논쟁, 문제, 갈등
- dock receipt : 부두수취증(D/R)
- document of title : 권리증권
- education taxes : 교육세
- electronic data interchange : EDI
- endorsee : 피배서인
- endorsement : 배서, 승인, 보증
- erroneous : 잘못된, 틀린

- evidence of contract for carriage : 운송계약의 증빙
- exclusively : 독점적으로
- explosive : 폭약물(주의사항 표시)
- export license : 수출승인서
- extension : 확장, 신장, 범위, 한도
- favorable report : 호의적인 내용의 보고(서)
- flexible tariff system : 탄력관세제도
- forty-foot equivalent units : 40피트 컨테이너(FEU)
- forwarder : 운송업자
- foul B/L : 고장부 선하증권
- franchise : (해상 보험에서) 면책율
- full container load : 만재화물(FCL)
- gate : 정문
- generalized system of preferences : 일반특혜관세
- glass with care : 유리주의(주의사항 표시)
- gross tonnage : 총톤수
- groupage B/L : 집단 선하증권(= master B/L)
- gunny bag : 마대
- hamper : 광주리
- handle with care : 취급주의(주의사항 표시)
- import declaration : 수입신고
- import permit : 수입신고필증/수입면장
- in lieu of : ~대신에
- indent invoice : 매입위탁송장
- inflamable : 타기 쉬움(주의사항 표시)
- inner protection : 보호적 내장
- inquiry : 조회, 문의
- inspect : 검사하다, 조사하다, 검열하다
- insurance policy : 보험증권
- intercession : 중재, 주선
- interior packing : 수용물 포장
- irrevocable L/C : 취소불능 신용장
- keep dry : 건조한 곳에 보관(주의사항 표시)
- keep in cool : 서늘한 곳에 보관(주의사항 표시)
- keep out of the sun : 햇볕에 쬐지 말 것(주의사항 표시)
- land transportation : 육상 운송
- layday : 짐을 싣고 내리는 기간, 선적 하역기간
- layday statement : 정박일 계산서
- legal step : 법적 수단
- less than container load : 소량 컨테이너 화물(LCL)
- letter of guarantee : 수입화물 선취보증서(L/G)
- liner : 정기선
- liquidate : 결제하다, 변제하다, (증권이나 부동산을) 현금화하다
- load : 짐, 싣다, 실어넣다
- loan : 대출, 융자
- lump-sum charter : 선복용선계약
- main mark : 주화인
- manifest consolidation system : 적하목록 취합 시스템(MFCS)
- marshaling field : 본선 입항 전 선내적입 계획에 따라 선적한 컨테이너를 적재해 두는 장소
- master of the vessel : (배의) 선장
- Mate's receipt : 본선수취증(M/R)
- measurement : 용적
- mini land bridge : 극동에서 미국 태평양 연안을 거쳐 미국 동부에 도착하는 경로(MLB)
- multimodal : 다양한 방식의
- multimodal transport document : 복합운송서류
- name of the vessel : 선박 명
- net tonnage : 순톤수
- no mark cargo : 무화인화물(NM)
- no upside down : 거꾸로 들지 말 것(주의사항 표시)
- notify party : 통지처

- order B/L : 지시식 선하증권
- origin mark : 원산지표시
- outer packing : 외장
- over packing : 과대포장
- partial charter : 일부 용선
- perishable : 부패성 화물(주의사항 표시)
- piece : 하나, 한 개(의)
- pier : 부두
- pirate : 해적
- poison : 독약(주의사항 표시)
- port mark : 항구표시
- prejudice : 편견, 선입관, 혐오감
- presume : 추정하다, 가정하다
- private carrier : 부정기선 운송인
- public carrier : 정기선 운송인
- quality certificate : 검사 증명서
- quay : 안벽, 부두
- receipt for the goods : 화물영수증
- red B/L : 적색 선하증권
- reimburse : 환급하다
- reimbursement : 환급, 상환
- retaliatory duties : 보복 관세
- reveal : 드러내다, 보여주다
- reversible : 거꾸로 할 수 있는, 원상으로 되돌릴 수 있는
- running laydays : 연속 작업일 하역조건
- sack : 면대
- sailing schedule : 선적 스케줄
- salvage : 해난 구조, 침몰선의 인양
- sample invoice : 견본송장
- seal : 봉인
- seaworthiness : 내항성
- seizing : 압류, 점유, 체포
- SHEX(Sundays and Holidays Excepted) : 일요일과 공휴일 정박기간에서 제외

- SHEXUU(Sundays and Holidays Excepted Unless Used) : 일요일과 공휴일에 실제 하역작업을 하지 않는 경우 일수에서 제외, 실제 하역작업 수행 시에는 일수에 포함
- shipper : 수출상
- shipping : 선적, 적재, 해운업
- shipping conference : 해운동맹
- shipping mark : 화인
- shipping order : 선적지시서(S/O)
- shipping request : 선복요청서(S/R)
- ship's space : 선박 공간
- Siberian land bridge : 한국·일본, 시베리아 횡단철도를 거쳐 유럽/중동에 도착하는 경로(SLB)
- signature : 사인, 서명
- similar to : ~와 비슷한
- skeleton case : 투명상자
- sort : (화물의) 분류
- space booking : 선적공간 예약
- special excise tax : 특별 소비세
- stale B/L : 기간경과 선하증권
- stevedorage : 하역비
- stevedore : 뱃짐을 싣고 부리는 인부, 부두인부
- stock purchase : 주식 매수
- straight B/L : 기명식 선하증권
- stuffing : 적입
- submit : 제출하다, 제시하다
- sufficient to : ~하기에 충분한, 족한
- supply A with B : A에 B를 공급하다
- surrendered B/L : 현금거래이며 원본이 양도된 B/L
- target of the pirates : 해적들의 표적
- tariff : 운임률
- time charter : 정기(기간)용선계약
- track record : 업적, 실적
- tramper : 부정기선
- transportation packing : 운송용 포장

- transshipment B/L : 환적 선하증권
- tribunal : 재판소, 법정
- trip[voyage] charter : 항해용선계약
- twenty-foot equivalent units : 20피트 컨테이너 (TEU)
- undertake : ~할 의무를 지다, (일 등을) 시작하다
- undue : 지급 기한이 되지 않은, 아직 지급 의무가 없는
- unit load : 단위화물
- unitary packing : 개장
- unloading : 양륙
- value added tax : 부가가치세(VAT)
- vanning : 적입
- violation : 위반
- void : 쓸 수 없는, 무효인, 법적 구속력이 없는
- weather working days : 청천 작업일 조건(WWD)
- weight : 중량
- weight mark : 중량표시
- whole charter : 나용선(의장을 갖춘 상태)
- wooden case : 나무상자
- wrapped with paper : 종이로 포장된

▍무역보험

- abandonment : 권리이전
- accuracy : 정확성
- Act of God : 불가항력
- actual total loss : 현실전손
- all risks clause : 전위험 담보조건(AR)
- assignment of policy : 보험증권의 양도
- attributable : 기인하는, 기인한다고 생각되는
- bottomry : 모험대차 채권
- breakage : 파손위험
- cargo insurance : 적하보험

- change of voyage clause : 항해변경약관
- claim amount : (지급) 보험금
- clauses : 보험약관
- collision : 충돌
- constructive total loss : 추정전손
- contamination : 혼합위험
- covered risks : 담보위험
- deliberate damage : 고의적인 손상
- denting and/or bending : 곡손위험
- derailment : (운송 기차 등의) 탈선
- disbursement : 선비
- disclaimer : 면책
- disclosure : 고지
- distress : 조난, 해난
- duration of policy : 보험계약기간
- duration of risk : 보험기간
- duty of disclosure : 고지의무
- expected commission : 기대보수
- expected profit : 기대 이익
- express warranties : 명시담보
- extent : 범위, 정도, 한도
- falsification : 위조성
- fire : 화재
- first beneficiary : 제1수익자
- Force Majeure : 불가항력
- free from particular average : 단독해손 부담보 조건(FPA)
- general average expenditure : 공동해손 비용 손해
- general average loss : 공동해손
- general average sacrifice : 공동해손 희생손해
- general conditions : 일반조건
- general policy : 포괄보험계약
- genuineness : 진정성
- H/H : 구손(Hook & Hole)

- hull insurance : 선박보험
- implied warranties : 묵시담보
- incident : 사건, 사고, 사태
- incidental : 부수적인, 부수하여 일어나는
- indemnify : ~에게 (손해나 손실이 가지 않도록) 보장하다, 배상하다
- inherent defect : 고유의 하자
- insolvency : 지급 불능, 파산
- Institute Cargo Clauses : 협회적하약관(ICC)
- insurable interest : 피보험이익
- insurable value : 보험가액
- insurance agent : 보험대리인
- insurance broker : 보험중개인
- insurance premium : 보험료
- insured : 피보험자(= assured)
- insured amount : 보험금액
- insurer : 보험회사, 보험업자
- jettison : 투하
- Jettison and/or Washing Over Board : 투하/갑판 유실 위험(JWOB)
- leakage : 누손
- legal effect : 법적 효력
- lost or not lost clause : 소급약관
- marine losses : 해상손해
- maritime perils : 해상위험
- material facts : 중요 사실
- misconduct : 위법행위, 불법행위
- misrepresentation : 부실고지
- mould & mildew : 곰팡이 손해
- negligence : 태만, 부주의, 과실
- on deck clause : 갑판적 약관
- open policy : 포괄예정보험계약
- ordinary tear & wear : 자연소모
- particular average loss : 단독해손
- particular charges : 특별비용(P/C)
- particular conditions : 특별조건
- passing of risk : 위험의 이전
- piracy : 해적위험
- policy : 보험증권
- policy holder : 보험계약자
- premium rate : 보험요율
- provisional policy : 예정보험계약
- proximate cause : 근인주의
- representation : 고지의무(= Duty of Disclosure)
- responsibility : 책임, 의무
- Rain and/or Fresh Water Damage : 우담수 누손(RFWD)
- right to substitute : 대체할 권리
- salvage : 구조비(= salvage awards, salvage remuneration)
- salvage charges : 구조료(S/C)
- secondary beneficiary : 제2수익자
- sinking : 침몰
- specific policy : 개별보험계약
- spontaneous combustion : 자연 발화
- stranding : 좌초
- strikes exclusion clause : 동맹파업 면책약관
- subject-matter insured : 피보험목적물
- sue and labour charges : 손해방지비용(S/L)
- superimpose : 덧붙이다, 첨가하다
- surveyor : 손해액사정인
- the latest added, the most effect : 최근 문언의 우선효과
- the principle of indemnity : 실손보상의 원칙
- the principle of utmost good faith : 최대 선의의 원칙
- total loss : 전손
- Theft, Pilferage and Non-Delivery : 도난, 발하, 불착손 위험(TPND)
- transmission : 송달

- undertake : (~하기를) 약속하다, ~할 의무를 지다
- War, Strike, Riot, Civil Commotion : 전쟁, 파업, 폭동, 소요 위험 담보조건(W/SRCC)
- waiver clause : 포기약관
- war perils : 전쟁위험
- warranty of legality : 적법성 담보
- warranty of seaworthiness : 내항능력 담보
- washing overboard : 갑판유실
- willful : 의도적인, 고의의
- with average : 분손담보조건(WA)

▌ 무역클레임

- accessible : 접근하기 쉬운, 이용하기 쉬운
- administer : 관리하다, 실시하다, 집행하다
- amicable settlement : 화해
- apologize : 사과하다
- appeal to a higher court : 상소하다
- arbitration : 중재
- arbitrator : 중재인
- arrival : 도착
- assemble : 구성하다, 모으다, 소집하다
- at least : 적어도
- arbitration agreement : 상사중재계약
- award : 중재판정, 심사, 판결
- breach of contract : 무역계약위반
- buyer's remedies : 매수인의 권리구제
- cash flow : 현금 유동성
- cede : 양보하다, 인정하다
- cheque : 수표(= check)
- clause : 조항
- clean receipt : 무사고수령증

- commercial arbitration : 상시중재
- Commercial Arbitration Board : 상업중재위원회
- complaint : 고발, 불평
- compromise : 타협하다, 절충하다, 양보하다
- concession : 양보, 인정, 시인, 양도
- conciliation : 조정(= mediation)
- conflict : 갈등, 분쟁, 충돌, 투쟁
- Constitution : 헌법
- controversy : 논쟁, 논의
- council : 회의, 위원회, 협의회
- counsel : (법정에서 변론하는) 변호사, 변호인단, 법률 고문
- court : 법정, 법원, 법관
- crease : 주름이 생기게 하다, 구기다, 구겨지다
- dedicated : (장비나 기계가 ~의) 전용(인)
- delay in performance : 이행지체(= failure to perform)
- demand : 요구하다
- destination port : 목적지항
- dispute settlement body : 분쟁해결기구
- dissension : 불화, 의견 충돌, 분쟁
- enforcement : 시행, 실시, 집행, 적용
- enforcement of awards : 판결시행
- equivalent to : ~와 같은
- exclusive jurisdiction agreement : 비전속적 관할의 합의
- expand : 확대되다, 확대시키다
- facilitate : 가능하게 하다
- feasible : 실현 가능한
- final : 최종적인, 최종심의
- flagship : 최고급 선박, (어느 항로에서의) 주요선
- formidable : (문제가) 해답이 곤란한, 무찌르지 못할 것 같은
- general purpose : 범용(의)

- impossibility of performance : 이행불능
- in dispute : 논쟁 중인, 미해결인
- incomplete performance : 불완전 이행
- increasing cost : 비용 증가
- infringe : 침해하다, 어기다, 위반하다
- intercession : 알선(= recommendation)
- international litigation : 국제소송
- invalid : 효력 없는, 무효한
- jurisdiction : 사법권, 관할권, 권한
- legal : 법적인, 법률상의
- legitimate interest : 정당한 이익
- litigate : 소송하다, 법정에서 다투다
- litigation : 소송, 고소
- Long Arm Statutes : 관할 확장법[미국 주(州)]
- market claim : 마켓클레임
- maximum discount : 최대할인
- mutual : 상호간의, 서로의
- net worth : 순자산
- non exclusive jurisdiction agreement : 비전속적 관할의 합의
- non-performance of contract : 무역계약의 불이행
- packing list : 포장명세서
- panel of arbitrators : 중재인단 명부
- practice : 관행, 관습, 실행
- principle of effectiveness : 실효성의 원칙
- procedure : (법률 정식) 절차, 소송절차
- promotional material : 홍보자료
- questionnaire : 설문조사, 질문서
- recognize : 인정하다, 승인하다, 평가하다
- reconciliation : 화해, 중재, 조정
- regretfully : 유감스럽게도, 애석하게도
- reject : 거절하다, 받아들이지 않다
- render : (판결, 판정 등을) 공식적으로 말하다, 전하다

- renunciation : 이행거절(= refusal to perform mance)
- security dispute : 안보 분쟁
- seller's remedies : 매도인의 권리구제
- strife : 분쟁, 투쟁, 갈등, 싸움
- submit : 제출하다, 제시하다
- succinct : 간결한
- sue : 소송을 제기하다, 고소하다
- suit : 소송
- surrender : 포기하다, 인도하다
- survey report : 사고조사 보고서
- synthetic alternative : 종합적인 대안
- tactical : 전술의, 전술상의
- tribunal : 법정, 재판소
- unfortunately : 안타깝게도, 불행히도
- valid : 유효한, 합법적인
- venue : 재판지
- waive an appeal : 상소를 포기하다
- waiver of claim : 청구권 포기
- weight certificate : 중량증명서
- wholesaler : 도매업자
- withdraw an appeal : 상소를 취하하다

▌ 서비스 무역

- adhere : 고집하다, 집착하다
- adherence : 고수
- affiliate : 제휴하다, 연계하다, 계열사
- agency agreement : 대리점 계약
- aim : ~을 목표로 하다, ~을 대상으로 하다
- alternative : 대안, 선택 가능한 것
- announce : 발표하다, 알리다
- association : 협회, 제휴

- authorization request cryptogram : 승인 요청 암호문
- automated clearing house : (통신서비스) 자동 결제
- Bank Identifier Codes : 은행식별부호(BICs)
- bilateral trade : 쌍무무역
- bill : 어음(= draft, note)
- bill of quantities : 물량명세서
- practice document : 사업실행 서류
- check : 수표
- commence : 시작하다, 시작되다
- commercial presence : 상업적 주재
- commission : 수수료
- comprise : ~으로 구성되다
- consult : 상담하다, 상의하다
- consumer : 소비자
- consumption abroad : 해외소비
- contract of marine cargo insurance : 해상적하 보험계약
- contractor : 계약인
- cooperative : 협동하는, 협력하는
- cost recovery : 비용회수
- credit : (거래 상대의) 신용도
- cross-border supply : 국경 간 공급
- cryptogram : 암호
- customer relationship management : 고객 관계 관리(CRM)
- delivery : 배달, 인도, 전달
- direct : ~에게 명령하다, ~하도록 지시하다
- distinct : 뚜렷한, 분명한
- distributorship agreement : 판매점 계약
- e-customer relationship management : e-고객 관계 관리
- efficient : 능률적인, 유능한
- electronic funds transfer : 전자(온라인)자금이체 (이행 결제)
- electronic funds transfer services : 전자자금이 체업무
- farm subsidies : 농업 보조금, 농산물 수출 보조금
- federation : 연방 국가
- FIDIC : 국제 컨설턴트 엔지니어링 연맹
- financial institution : 금융 기관
- foreign exchange market : 외환 시장
- free trade agreement : 자유무역협정(FTA)
- freight : 운임
- funding : 자금, 자금 제공, 재정 지원
- general headquarters : 총사령부
- Hague Protocol : 개정 국제항공운송조약
- Hague Rules : 선하증권통일조약
- Hague Visby Rules : 개정 선하증권통일조약
- Hamburg Rules : UN 해상화물운송조약
- Hardware Security Module : (데이터 통신) 보안 토큰
- headquarters : 본사, 본부
- income tax : 소득세
- incorporation : 합병
- industrial financing service : 산업금융업
- industrial goods : 산업용 제품
- industrial services : 산업 서비스
- infrastructure : 기반시설
- intangible : (회사의 자산이) 무형인
- intangible asset : 무형자산
- joint venture : 합작개발
- land development : 국토개발
- loan on security : 담보대출
- Lump Sump Contract : 총액방식 공사계약
- magnetic ink character recognition : 자기잉크 문자 판독

- manual : 수동의
- marine insurance policy : 해상보험증권
- most favored nation : 최혜국
- negotiable deposit : 양도성 예금
- participant : 참가자
- phantom withdrawal : 현금자동입출금기를 이용한 은행계좌의 허가되지 않은 자금 제거
- presence of natural persons : 자연인의 이동
- producer : 생산자, 생산 국가
- production sharing contract : 생산분배 계약
- production split : 생산분배
- promote : 촉진하다, 고취하다
- protect : (보호관세를 통해 자국 산업을) 보호하다
- provide : 규정하다
- provisional : 임시의, 일시적인
- quantity surveyor : 물량검측사
- regional : 지역적, 지역의
- reminder : 독촉장
- remittance : 송금액, 송금
- representative : 대리인
- retention : (어떤 것을 잃지 않는) 보유, 유지
- risk service contract : 위험 청부작업계약
- service fee : 서비스 제공에 따른 대가
- short form of contract : 약식 표준계약조건
- strictly : 엄격하게, 엄하게
- substantiation : 실증, 입증, 증거
- supervise : 감독하다, 지휘하다
- surveyor : 측량사, (배의 내항성) 검사관
- Society for Worldwide Interbank Financial Telecommunication : 은행 간 국제 금융거래 정보를 주고받는 네트워크를 제공하는 기구(SWIFT)
- technical task : 기술적 업무
- telecommunications : 통신
- tourism sector : 관광사업 분야

- transaction : 거래, 매매
- turnkey contract : 완성품 인수 인도 방식계약
- Warsaw convention : 국제항공운송통일조약

▌ 기술무역 · 해외투자

- advance payment bond : 선수금반환보증서
- analysis : 분석
- Answer to CAR : 신용승인통지서
- application : 응용
- area franchise : 지역개발 프랜차이즈
- be equipped with : ~을 갖추고 있다
- be responsible for : ~에 책임이 있다
- budget : 예산
- business format franchise : 사업형 프랜차이즈
- commercial transactions : 상업적 거래
- commercial use : 민간 응용
- confidentiality agreement : 비밀유지계약
- credit approval : 신용승인
- credit approval request : 신용승인의뢰서(CAR)
- credit limit : 신용승인 한도
- data storage : 자료 저장
- defend the intellectual property rights : 지적 재산권을 침해하다
- demonstration facility : 전시시설
- development budget : 연구개발비
- direct unit franchise : 단일지역 프랜차이즈
- drawdown period : 인출기간
- drawing : 설계도면
- earlier termination : 조기종료
- eurocurrency floating rate loans : 유로정기 대출
- exclusive right : 독점 영업권

- expenditure : 지출, 비용, 경비
- expiration : 만기종료
- export factor : 수출팩터
- facilitate : 가능하게 하다, 용이하게 하다
- factoring agreement : 국제팩터링계약
- financial lease : 금융리스
- fluctuations in exchange rate : 환율변동
- foreign direct investment : 해외직접투자(FDI)
- franchise : 프랜차이즈
- franchisee : 가맹점
- franchisor : 가맹본부
- full turnkey contract : 플랜트 수출과 플랜트 시공 모두 인수한 계약
- generating plant : 자가발전 설비
- greenfield investment : 신설투자
- import factor : 수입팩터
- individual credit approval : 매 거래 시마다 신용승인조사를 결정하는 건별 방식
- industrial facility : 산업설비
- information technology : 정보 기술
- infringe intellectual property rights : 지적재산권을 침해하다
- inhibit : 금지하다, 억제하다
- install : 설치하다
- integrated : 통합적인
- intellectual property rights : 지적재산권, 지적소유권
- international bond related agreement : 국제증권관련계약
- international financial leasing agreement : 국제금융리스계약
- international license agreement : 국제라이센스계약
- international term loan agreement : 국제정기대출계약
- invest : 투자하다

- join-several contract : 참여하는 기업이 각자 자신이 참여하는 부분에 대하여만 개별적으로 계약을 체결하지만 책임은 참여기업이 연대하여 부담하는 경우의 계약
- joint venture : 수 개의 기업이 합작투자회사를 설립하여 이 회사가 계약을 체결하는 방식
- large scale R&D projects : 대형연구개발사업
- lessor : 임대인
- license agreement : 라이센스계약
- licensee : 기술을 필요로 하는 기업
- licensor : 생산기술을 보유한 기업
- life sciences : 생명과학
- main subcontract : 1개 기업만이 수주하지만 발주자의 동의를 얻어 하도급을 줄 수 있는 계약
- majority ownership : 다수지분
- master franchise : 지역분할 프랜차이즈
- mergers and acquisitions : (기업의) 인수합병 (M&A)
- minority ownership : 소수지분
- operate : 운용하다
- operating lease : 운용리스
- patent : 특허권
- patent law : 특허법
- performance bond : 이행보증서
- plant export : 플랜트수출
- portfolio investment : 해외간접투자
- product & name franchise : 상품·상호유통 프랜차이즈
- product development process : 제품개발 과정
- promotion policy : 촉진 정책
- renewable : 재생 가능한, 갱신 가능한
- research development : 연구개발
- royalty : 대가
- semi turnkey contract : 발주자가 플랜트를 공급하고 수주자는 시공만을 하는 계약

- similar characteristics : 유사한 특성
- sole venture : 단독투자
- specification : 시방서
- status : 동향, 상태, 상황
- strategy : 전략
- structural change : 구조적 변화
- syndicated loan agreement : 신디케이트론 계약
  (= syndicated loan)
- take steps : 조치를 취하다
- technical guidance agreement : 기술자 파견계약
- technical support center : 기술지원 센터
- technology licensing office : 기술이전 전담 조
  직(TLO)
- technology manager : 기술관리자
- technology transfer : 기술이전
- turnkey contract : 플랜트 판매와 함께 현지에서
  플랜트 시공까지 인수하는 계약
- warranty : 보증

▌ 전자무역 · 무역규범

- abstraction : 추상(성)
- act on the establishment of free export zones
  : 수출자유지역설치법
- agricultural policy advisory committee : 농업
  정책자문위원회(APAC)
- allocate : 할당하다, 배분하다, 책정하다
- alternative dispute resolution : 소송외적인 분쟁
  해결(ADR)
- apportion : 나누다, 배분하다
- arbitration law : 중재법
- Association of South East Asian Nations :
  동남아시아국가연합(ASEAN)
- auto approved payment : 자동승인 지급방식
  (AAP)

- bill of lading for Europe : bolero 프로젝트. 전
  세계 무역체인의 보안과 전자무역서류의 법적
  문제를 해결하기 위한 네트워크
- budget : 예산, (지출 예상) 비용
- clear a balance : (결산) 차액/부족액을 결제
  하다, (빚을) 갚다, 청산하다
- clearinghouse : 어음교환소, 정보 교환 기관, 홍
  보 기관
- collaborate : 협력하다, 공동으로 작업하다
- compensation : 보상금
- compulsory enforcement : 강제집행규정
- customs tariff law : 관세법
- cut down : 줄이다, 삭감하다, 축소하다
- cyber market : 사이버마켓[온라인시장]
- direct network : 직접 네트워크
- electronic commerce : 전자 상거래, 온라인 상
  거래
- electronic data interchange : 전자문서교환방식
  (EDI)
- electronic signature : 전자서명
- electronic trade : 전자무역(= e-trade)
- emasculate : (문장이나 법률 등의) 효력을 약화
  시키다
- European Free Trade Association : 유럽 자유
  무역연합
- exchange rate : 환율, 외환 시세
- export free-zone : 수출자유지역
- export inspection act : 수출검사법
- export insurance act : 수출보험법
- foreign capital inducement act of Korea : 외자
  도입법
- foreign exchange transactions act : 외국환 거
  래법
- foreign trade act : 대외무역법
- generate revenue : 수익을 내다
- Group of five : 미국, 영국, 프랑스, 독일, 일본
  5개국(G-5)

- Group of seven : G5에 이탈리아와 캐나다가 참가(G-7)
- Hague Rules : 헤이그 규칙
- Hague-Visby Rules : 헤이그-비스비 규칙
- Hamburg Rules : 함부르크 규칙
- hold down : 억제하다, 유지하다
- in respect of : ~에 대한, ~에 대한 보수로
- INCOTERMS : 정형거래조건의 해석에 관한 국제규칙
- industrial policy : 산업 정책
- insolvency : 파산, 지급 불능
- inspect : 검사하다, 정밀히 조사하다
- Institute Time Clauses-Hulls : 협회기간약관
- intangible goods : 무형물
- interchange agreement : 거래약정(I/A)
- International Bank for Reconstruction and Development : 국제부흥개발은행(IBRD)
- International Development Association : 국제개발협회(IDA)
- International Law Association : 국제법협회(ILA)
- International Monetary Fund : 국제통화기금(IMF)
- International Standardization Organization : 국제표준화기구(ISO)
- International Trade Organization : 국제무역기구(ITO)
- inventory : 재고, 재고품
- make a commitment to : ~에 헌신하다
- manifest consolidation system : 적하목록취합시스템(MFCS)
- marine insurance act : 해상보험법(MIA)
- natural environment conservation act : 자연환경 보전법
- network agreement : 네트워크 약정(N/A)
- nominate : 지명하다, 임명하다
- notation : 표기
- off-shore : 외국의
- on behalf of : ~을 대신하여, ~을 대표하여
- Organization for Economic Cooperation and Development : 경제협력개발기구(OECD)
- outsource : (회사가 작업이나 생산을) 외부에 위탁하다
- paper document : 종이서류
- paperless trade : 서류 없는 무역거래
- pharmacy law : 약사법
- plant protection act : 식물방역법
- potential risks : 위험 요인들
- powerhouse : 강력한 그룹, 강력한 조직
- protective legislation : 무역 보호 법령
- refund : 환불하다, 환불(금)
- Rules for Electronic Bills of Lading : 전자식 선하증권에 관한 규칙
- Sales of Goods Act : 물품매매법(SGA)
- stamped : 소인이 찍힌
- structured format data : 구조화된 형태의 데이터
- subscriber : 가입자, 기부자
- superimpose : 덧붙이다, 첨가하다
- syntax : 구문
- tangible goods : 유형재
- terminate an agreement : 계약을 종료하다
- third party network : 제3자 네트워크
- trade related intellectual properties : 무역 관련 지적재산권(TRIPS)
- turn out : 밝혀지다, 드러나다
- Uniform Customs and Practice for Documentary Credits : 화환신용장통일규칙 및 관례(UCP)
- Uniform Rules for Collections : 추심통일규칙
- Uniform Rules for Sea Waybills : 해상화물운송장에 관한 통일규칙
- upscale market : 고소득층 시장
- value added network : 부가가치통신망

- Vienna Convention : 비엔나협약(CISG)
- Warsaw-Oxford Rules for CIF Contracts : CIF 계약에 대한 바르샤바-옥스퍼드 규칙
- World Customs Organization : 세계관세기구 (WCO)
- York and Antwerp Rules : 요크-앤트워프 규칙 (YAR)

▌ UCP 600

- a range of : 다양한
- acceptable : 용인되는, 받아들여지는
- advise : (정식으로) 알리다, 통지하다
- air transport document : 항공운송서류
- amendment : 개정, 수정
- applicant : (개설) 의뢰인
- apply : 적용하다
- article : (합의서나 계약서 등에서의) 조항
- as of : ~일자로, ~현재
- authentication : 입증, 증명, 인증
- authenticity : 진실성
- authorize : 권한을 부여하다, 인가하다
- be construed as : ~로 해석되다
- bind : (약속 등으로) 의무를 지우다, 구속하다
- certificate of posting : 우송증명서
- charges additional to freight : 운임의 추가 비용
- charter party bill of lading : 용선계약 선하증권
- clean transport document : 무고장 운송서류
- competent : 능숙한
- comply : (법이나 명령 등을) 따르다, 준수하다
- confirmation : 확인
- courier receipt : 특송화물수령증

- cover : 담보, 담보하다
- customary risks : 관습적 위험
- deduct : 공제하다, 제하다, 감하다
- deferred payment : 대금 후불
- describe : 서술하다, 묘사하다
- destination : 목적지
- discrepancy : 차이, 불일치
- dispatch : (편지, 소포, 등을) 보내다, 발송하다
- due to : ~때문에
- entire carriage : 전체 운송
- even if : ~라 하더라도, ~에도 불구하고
- evidence : 증언하다, 입증하다, 증거가 되다
- exclusion clause : 면책조항
- expeditious : 신속한, 효율적인
- expiry date : 만기 날짜
- extension of expiry date : 유효기일의 연장
- extent : 정도, 규모
- forward the document : 문서를 보내다, 전달하다
- geographical : 지리학상의, 지리적인
- hours of presentation : 제시시간
- in accordance with : ~에 부합되게
- in addition to : ~에 더하여, ~일뿐 아니라
- in duplicate : 2통
- in relation to : ~에 관하여, ~와 비교하여
- in respect of : ~에 대한
- inconsistent with : ~와 상반되는
- inland waterway transport documents : 내륙수로운송서류
- installment drawings : 할부어음 발행
- installment shipments : 할부선적
- irrevocable : 변경할 수 없는
- LASH barge : 래쉬선
- last day for presentation : 제시를 위한 최종일
- legalize : 합병화하다

- loss of interests : 이익의 손실
- maturity date : 어음만기일
- modify : 수정하다, 변경하다
- nominated bank : 지정은행
- non-negotiable sea waybill : 비유통성 해상화 물운송장
- notification : 알림, 통지, 공고
- obligation : (법적 혹은 도의적) 의무(가 있음)
- official : 공인된
- on behalf of : ~을 대신하여, ~을 대표하여
- on deck : 갑판적
- partial drawings : 분할어음 발행
- partial shipments : 분할선적
- pending : ~을 기다리는 동안, (어떤 일이) 있을 때까지
- perforate : 구멍을 내다, 뚫다
- permit : 허용하다
- port of loading : 적재항
- post receipt : 우편수령증
- pre-printed wording : 사전에 인쇄된 문언
- preclude : ~하지 못하게 하다, 불가능하게 하다
- preliminary : 예비의, 예비 단계
- prior to : ~에 앞서, 먼저
- prohibit : 금하다, 금지하다
- provided that : ~라면, ~하면
- provision of this article : 본 조항의 규정
- purchase a draft : 어음을 구입하다
- qualification : 자격, 자격증
- qualified : 자격이 있는
- reference : 언급, 대상, 참고, 참조
- refuse to honor or negotiate : 지급이행 또는 매입을 거절하다
- respectively : 각자, 각각, 제각기
- revision : 개정
- said by shipper to contain : 송하인의 신고 내용에 따름

- separate transaction : 별도의 거래
- shipper's load and count : 송하인의 적재 및 수량확인
- standby : 예비품
- state : 진술하다, 서술하다
- stipulate : 규정하다
- subsequent : 차후의, 그 다음의
- terms : 조건, 요구액
- tolerance in credit amount : 신용장 금액의 과부족
- trailer : 트레일러
- underlying contract : 밑에 있는 계약
- usual risks : 통상적 위험
- disclaimer on transmission and translation : 송달 및 번역에 대한 면책
- disclaimer for acts of an instructed party : 피지시인의 행위에 대한 면책
- transferable : 양도가능
- assignment of proceeds : 대금의 양도

▌ 협회적하약관

- assureal : 피보험자
- atomic : 원자력의, 핵무기의
- attempt : 시도, 시도하다, 애써 해보다
- bailee : 수탁자
- bear : (책임 등을) 떠맡다, 감당하다
- belligerent : 적대적인, 공격적인
- binding contract : 구속력 있는 계약
- both to blame collision clause : 쌍방과실 충돌 조항
- capacity : 능력, 용량
- circumstance : 환경, 상황, 정황

- civil strife : 사회적인 갈등
- collision : 충돌, 부딪침
- commence : 시작하다
- confirmation : 확인, 입증
- confrontation : 대결, 직면, 충돌
- contemplate : 고려하다, 생각하다
- continuation : 연속, 지속
- credibility : 진실성, 신용할 수 있음
- deliberate damage : 의도적 손상(피해)
- derailment of land conveyance : 육상운송용구의 탈선
- derelict : 이용되지 않는, 버려진
- detainment : 구금하다, 억류하다
- deviation : 일탈, 탈선
- discharge of cargo : 양하
- disseminate : 유포하다, 퍼뜨리다
- duty of assured : 피보험자의 의무
- earthquake : 지진
- enclose : 동봉하다, 넣다, 봉하다
- English law : 영국 법률
- ensure : 반드시 ~하게 하다, 보장하다
- except : ~을 제외하고
- exclude : 제외하다, 배제하다
- financial default : 채무불이행
- fire or explosion : 화재 또는 폭발
- foresee : 예견하다, 내다보다
- foreseeable : 예견할 수 있는
- forwarding charges : 계반비용
- get in touch with : ~과 접촉을 유지하다, 계속해서 연락하다
- hereunder : 아래에, 이 기록에 따라, 이에 의거하여, 이 조건에 따라

- hostile act : 적대행위
- in favor of : (수표 등이) ~을 수취인으로 하여
- in no case : 어떠한 경우에도 ~하지 않다, 결코 ~이 아니다
- increased value : 증액
- indemnify : 배상하다, 보상하다
- inherent vice : 고유의 하자
- insurrection : 반란사태, 내란사태
- labor disturbance : 노동쟁의
- locked-out workmen : 직장폐쇄노동자
- look forward to ~ing : ~할 것을 기대하다
- marketing strategy : 마케팅 전략
- nature of the subject-matter : 보험목적물의 성질
- negligence : 부주의, 태만, 과실
- notwithstanding : ~에도 불구하고, 그러하긴 하지만
- nuclear fission : 핵분열
- obligation : 의무, 책임, 책무
- ordinary course of transit : 통상의 운송과정
- ordinary leakage : 통상의 누손
- overthrow : 타도하다, 전복시키다
- overturning : 뒤집힘
- owing to : ~때문에
- payable : 지불해야 하는, 지불할 수 있는
- pending requisition : 보류 중인 요청
- piracy excepted : 해적위험 제외
- port of distress : 조난항
- prejudice : 편견, 편견을 갖게 하다
- prevent : ~을 하지 못하게 하다
- privy to : ~에 접근할 수 있는
- prompt notice : 지체 없는 통고

- properly : 제대로, 적절히
- provision : 규정
- pursuance : 이행, 수행, 속행
- radioactive force : 방사능
- reasonable commercial market rate : 합리적인 상업적 시장요율
- rebellion : 반란, 모반
- recession : 불황, 침체, 불경기
- reliable : 믿을 만한, 신뢰할 만한
- religious motive : 종교적 동기
- right : 권리, 권한
- seizure : 압수, 물량
- special discount : 특별할인
- stipulate : (계약 조항으로) 규명하다, 명기하다
- stowage : 짐칸
- strand : 좌초하다, 오도 가도 못하게 되다
- subject-matter : 보험의 목적[보험목적물]
- sum : 액수, 총계, 합계
- take up : 수리하다
- tentative : 임시의, 일시적인
- termination : 종료
- therefrom : 그것으로부터
- therein : 그 안에
- thereon : (앞에 언급된) 그것에 대해
- unfitness of vessel or craft : 본선 또는 부선의 부적합성
- unseaworthiness of vessel or craft : 본선 또는 부선의 불내항성
- unsuitability of packing : 포장 부적절
- variation : 변화, 차이
- volcanic eruption : 화산 분화
- waiver : (권리) 포기
- warehouse : 창고
- washing overboard : 갑판유실
- weapon : 무기

- whilst : ~하는 동안, ~인 데 반하여(= while)
- wilful misconduct : 고의의 불법행위
- withstand : 견뎌내다, 이겨내다
- attributable to : ~에 기인하는, ~이 그 원인인
- in connection with : ~와 관련되어
- only if : ~해야만

▌ CISG(비엔나협약)

- according to : ~에 따르면, ~에 따라서
- additional period of time : 추가기간
- adequate to : ~에 적합한
- alter : 변하다, 달라지다, 바꾸다
- amount to : ~에 이르다
- amount to acceptance : 승낙하다
- anticipatory breach and instalment contract : 이행기일 전의 계약위반과 분할이행계약
- apparent : ~인 것처럼 보이는, 여겨지는
- arbitral tribunal : 중재 재판부
- assent to : ~에 대해 찬성하다, 동의하다
- assurance : 확언, 장담, 확약
- auction : 경매
- avoidance of the contract : 계약해제
- be fixed : 결정되다
- breach of contract : 계약위반
- claim damages : 손해배상을 청구하다
- commercial character : 상사상의 성격
- commit : 저지르다, 범하다
- comparable circumstance : 유사한 상황
- completely : 완전하게
- conclude : 결론을 내리다, 끝내다, 마치다
- conduct : 행위
- constitute : ~이 되다

- constitute a counter offer : 반대청약이 되다
- contemplate : 고려하다, 생각하다
- contract rate : 계약비율
- contractual period of guarantee : 계약상의 보증기간
- declare : 선언하다
- deficiency in the quantity : 수량결함
- definite : 확실한, 분명한, 뚜렷한
- deprive of : ~에게서 ~을 빼앗다
- derogate : 약화시키다
- detriment : 손상
- different specification : 상이한 물품명세
- document embodying the contract of carriage : 운송계약을 구현하고 있는 서류
- effective : 시행되는, 발효되는
- effects of avoidance : 해제의 효과
- excess quantity : 초과수량
- execution : 강제집행
- exemption : 면책
- exercise the right : 권리를 행사하다
- final provision : 최종규정
- foresee : 예견하다, 내다보다
- fundamental : 본질적인
- fundamental breach of contract : 계약의 본질적인 위반
- general provision : 통칙
- grant : 주다
- habitual residence : 일상적인 거주지
- household use : 가사용
- in case of non-delivery : 인도 불이행의 경우
- in conformity with : ~에 따르는, ~에 일치하여
- in respect of : ~에 대한, ~에 대해서는
- inactivity : 무활동, 정지, 휴지
- instantaneous communication : 즉각적인 연락
- intellectual property : 지적소유권

- interest : 이자
- interpretation of the convention : 협약의 해석
- investment security : 투자증권
- irrevocable : 취소불능인
- judgement : 판단, 비판
- lack of conformity : 불일치
- lapse : 소멸되다
- late delivery : 인도 지연
- liability : 책임
- liable : 법적 책임이 있는
- manufacture : 제조하다, 생산하다
- modification : 수정, 변경
- negotiable instrument : 유통증권
- non-business day : 비영업일
- notwithstanding the provision : 규정에도 불구하고
- observance : (법률이나 규칙 등의) 준수
- official holiday : 공휴일
- opportunity to examine the goods : 물품을 검사할 기회
- ought to : ~해야 한다
- period of grace : 유예기간
- preponderant : 우세한, 능가하는
- preservation of the goods : 물품의 보존
- property : 소유권
- reduce the price : 대금을 감액하다
- relevant circumstances : 관련 상황
- remedy for breach of contract : 계약위반에 대한 규제
- resort to : ~에 기대다, 의지하다
- result in : ~을 야기하다
- retain : 유지하다, 보유하다
- revoke : 폐지하다, 철회하다
- sale of goods : 물품의 매매
- serious deficiency : 중대한 결함

- settlement of dispute : 분쟁 해결
- share : 지분
- sphere of application : 적용범위
- stock : 주식
- substantial part of the materials : 재료의 중요한 부분
- substitute goods : 대체품
- take : 수용하다
- take ~ into consideration : 고려하다
- third party : 제3자
- transfer the property in the goods : 물품에 대한 소유권을 이전하다
- usage : 어법, 용법
- validity of the contract : 계약의 유효성
- withdraw : 중단하다, 취소하다, 철회하다
- witness : 증인

▌Incoterms

- accrue : (이자나 이익이) 생기다
- acquire : 획득하다, 입수하다
- against : ~와 교환으로, ~ 대신에
- air cargo terminal : 공중수송 화물터미널
- alongside : ~옆에, 나란히
- applicable : 해당되는, 적용되는
- appropriate : 적절한
- arrange shipment : 선적을 마련하다
- associate : 제휴하다, 공동으로 함께 하다
- avoid : 회피하다, 막다
- be advised to : ~충고를 받다
- be bound to : ~할 의무가 있다
- be entitled to : ~할 권리가 있다
- be reluctant to : ~을 주저하다, 망설이다

- be suitable for : ~에 맞는, 적합한
- bear all the costs and risks : 모든 비용과 위험을 부담하다
- business proposal : 사업제안
- buyer's risk and expense : 매수인의 위험과 비용
- carry out : 수행하다, 이행하다
- cater for : ~에 맞추다, 부응하다
- clear the goods for export : 수출통관 승인을 얻다
- clearance : 승인, 허락
- commodity : 상품, 판매품
- commodity trade : 상품무역
- contract : 계약하다
- critical point : 중요한 지점
- customs formalities : 통관 수속
- damage to the goods : 물품의 손실
- deposit : (은행에) 예금하다
- disposal : 처분, 임의 처분
- domestic demand : 국내수요
- duplicate : 부본, 사본, 복사(물)
- either : 어느 하나
- emerging economies : 신흥국들
- ensure : 확실하게 하다, 보증하다
- financial analysis : 금융 분석
- financial standing : 신용상태
- follow suit : 선례를 따르다
- fulfill the obligation to deliver : (물품 등을) 인도할 의무를 다하다
- hand the goods : 물품을 넘겨주다
- headhunt : 인재를 스카우트하다
- identify : 나타내다
- implementation : 이행, 수행, 완성
- import duty : 수입 관세
- inland waterway transport : 내수로 운송방식

- involve : 수반하다, 포함하다
- irrespective of : ~와 상관 없이, 관계 없이
- manner specified in the chosen rule : 선택된 규칙에 규정된 방식
- market opportunity : 시장성
- memorandum : 각서 계약(서)
- minimum cover : 최소담보
- minimum obligation for the seller : 매도인에게 최소 의무
- mode of transport : 운송수단의 종류
- moderate : 완화하다, 누그러지다
- monetary : 통화의, 금융의
- named place : 지정된 장소
- necessary to : ~에 필요한
- obligation to clear the goods for import : 수입 통관 승인을 얻을 의무
- obtain export clearance : 수출통관 승인을 얻다
- operating revenue : 영업수익
- particularly : 특히, 특별히
- party : (소송이나 계약 등의) 당사자
- pass : 이전시키다
- phase out : ~을 단계적으로 중단하다, 폐지하다
- postpone : 연기하다, 미루다, 지연시키다
- precisely : 바로, 꼭, 정확히
- proceed : (이미 시작된 일을 계속) 진행하다, 계속해서 ~을 하다
- procure : 구입하다, 입수하다
- reach the place of destination : 목적지에 도착하다

- rebate : 환불, 할인하다
- receive an order : 주문을 받다
- recover : 되찾다, 만회하다
- rectify : 조정하다, 시정하다
- reference : 참고, 참조, 문의
- reimbursement : 상환, 변제
- renounce : 포기하다, 부인하다, 단념하다
- reporting purpose : 보고 목적
- represent : 대신하다, 대표하다
- reputation : 평판, 명성
- risk of loss : 분실의 위험
- rules for any mode or modes of transport : 복합운송 방식
- seller's premises : 매도인의 부지[구내]
- several carriers : 여러 명의 운송인
- ship : 배에 싣다, ~을 보내다, 수송하다
- shortfall : 부족분, 부족액
- specification : 세목, 내역, 명세 사항
- specify : (구체적으로) 명시하다
- streamline : (일, 과정, 계획 등을) 능률적으로 하다, 합리화하다
- string sales : 연속 매매
- take legal action : 기소하다
- tariff : 관세
- taxation : 조세, 세수
- typical : 전형적인, 대표적인
- unless otherwise agreed : 별도 합의된 사항이 없으면
- unload : (짐을) 내리다

해석을 보고 빈칸을 채워보세요.

001 당사는 금일 귀사를 지급인으로 한 일람 후 30일 출급조건의 환어음을 발행하였고, 런던의 바클레이 은행을 통하여 매입하였습니다.

→ We have today drawn on you at 30 d/s, and (   ) the draft through the Barclays Bank, London.

002 당사자 무역은 자기 자신을 위해 혹은 자신의 회사 이익을 위해 교역하는 것이나 대행사는 고객 혹은 고객사를 위해 교역한다.

→ (   ) is trading for himself or money for his firm but agency is trading for a client or firm of a client.

003 귀사의 상품이 동 시장에 적합하기 때문에 9월 10일자 귀사의 제안을 기꺼이 수락합니다.

→ We are pleased to (   ) your proposal dated September 10 as your goods suit our market.

004 당사는 전보로 확정청약을 합니다.

→ We cable you the (   ) offer.

005 당사는 반대청약을 하고자 합니다.

→ We would like to make a (   ) offer.

006 제품의 품질은 샘플의 품질과 정확히 동일해야 합니다.

→ The (   ) of the goods should be exactly to that of the samples.

007 운송비 지급 인도조건에서 합의된 목적지까지 운송을 위하여 후속 운송인이 사용될 경우에, 위험은 물품이 최초 운송인에게 인도되었을 때에 이전된다.

→ In CPT, if subsequent carriers are used for the carriage to the agreed destination, the risk passes when the goods have been delivered to the first (   ).

008 공장 인도조건을 제외한 모든 인코텀즈는 매도인이 물품의 수출통관을 이행할 것을 요구하고 있다.

→ All the terms of INCOTERMS except EXW require the (   ) to clear the goods for export.

009 이 신용장의 만기는 6월 9일까지입니다.

→ The (   ) of this L/C is June 9.

010 당사는 포장명세서, 선화증권, 상업송장, 원산지증명서, 수입승인서를 동봉합니다.

→ Enclosed you will find packing lists, bill of lading, (   ), certificate of origin and import license.

011 결제조건에 따라, $5,000에 대한 일람 후 60일 지급 환어음을 귀사를 지급인으로 하여 발행하였습니다.

→ In compliance with the terms of payment, we have drawn a (   ) on you at 60 d/s for $5,000.

012 환어음은 취소불능 신용장에 의거하여 일람 후 90일 출금 조건으로 발행될 것이다.

→ Drafts are to be drawn at 90 d/s under (   ).

013 어음이 제시되면 결제해 주십시오.

→ Please (   ) the bills when it is presented.

014 선적서류를 첨부한 환어음을 한국외환은행에서 매입하였습니다.

→ We have (   ) the draft through Korea Exchange Bank with shipping documents attached.

015 귀사의 선적서류와 신용장 조건에 차이가 있다면, 매입은행은 귀사에 환어음 가액을 주지 않을 것입니다.

→ If there should be any (   ) between your shipping documents and L/C terms, the negotiation bank will not give the value of the drafts to you.

016 신용장은 그것이 일람지급, 연지급, 인수 또는 매입 중 어느 것에 의하여 사용될 수 있는지를 명기하여야 한다.

→ A credit must state whether it is available by (   ), deferred payment, acceptance or negotiation.

017 지급이행 또는 매입을 위하여 명기된 유효기일은 제시를 위한 유효기일로 본다.

→ An expiry date stated for honor or negotiation will be deemed to be an expiry date for (   ).

018 은행은 그 은행에 의하여 명시적으로 동의된 범위 및 방법에 의한 경우를 제외하고 신용장을 양도할 의무를 부담하지 아니한다.

→ A bank is under no obligation to (　　　　　) a credit except to the extent and in the manner expressly consented to by that bank.

019 발행은행(개설의뢰인)은 외국이 법률과 관행에 의하여 부과되는 모든 의무와 책임에 구속되며 이에 대하여 은행에게 보상할 책임이 있다.

→ The issuing bank(applicant) shall be bound by and liable to indemnify a bank against all (　　　　　) and responsibilities imposed by foreign laws and usages.

020 귀사가 요청한 것과 동일한 품질의 물품은 생산되지 않습니다.

→ The same quality as you requested is (　　　　　) of production.

021 신용장에는 환적이 금지되어 있어도, 환적이 행해지거나 행해질 수 있다고 표시되어 있는 운송서류는 수리될 수 있다.

→ A transport document indicating that transshipment will or may take place is acceptable, even if the credit (　　　　　) transshipment.

022 항공운송서류는 신용장이 원본의 전통을 명시하고 있는 경우에도, 탁송인 또는 송화인용 원본이어야 한다.

→ An air transport document must be the (　　　　　) for consignor or shipper, even if the credit stipulates a full set of originals.

023 철도 또는 내륙수로운송서류는 원본이라는 표시의 유무에 관계 없이 원본으로서 수리된다.

→ A rail or inland waterway (　　　　　) will be accepted as an original whether marked as an original or not.

024 선적 최종일은 연장되지 아니한다.

→ The (　　　　　) for shipment will not be extended.

025 당사는 비유통성 선하증권 사본 한 부, 해상보험증권 사본 몇 부 및 포장명세서 사본 한 부를 동봉하였습니다.

→ Enclosed please find a copy of (　　　　　), copies of Marine Insurance Policy and one copy of Packing List.

026 약 5%의 물품이 손상된 상태로 도착했습니다.

→ About 5% of your goods arrived in a (　　　　　) condition.

027 선하증권의 일자는 선적일의 결정적인 증거로 간주되어져야 한다.

→ The date of bill of lading shall be taken as conclusive proof of the day of (　　　).

028 무고장 선하증권을 보면 화물이 양호한 상태로 선적되었음을 알 수 있을 것입니다.

→ From the (　　　), you will see that the goods were shipped in good condition.

029 선적서류는 당사의 운송중개인이 귀사로 발송할 것입니다. 그러면 귀사는 선적서류 수령 후 60일 이내에 상업송장을 보내야만 합니다.

→ Our (　　　) will send you the shipping documents. Then you must remit the invoice within 60 days on receipt of shipping document.

030 이 보험은 운송인 또는 기타의 수탁자의 이익을 위하여 이용되어서는 안 된다.

→ This (　　　) shall not extend to or otherwise benefit the carrier or other bailee.

031 추가 보험료는 당사자가 부담할 것입니다.

→ The additional (　　　) will be paid by us.

032 보험목적물을 목적지까지 운송하기 위해 선박이 내항성을 갖추고 적합하여야 한다는 묵시담보를 위반한 경우에 보험자는 그 권리를 포기한다.

→ The insurers waive any breach of the (　　　) of seaworthiness of the ship and fitness of the ship to carry the subject-matter insured to destination.

033 보험증권은 포괄예정보험에 의한 보험증명서 또는 통지서를 대신하여 수리될 수 있다. 그러나 보험승인서는 수리되지 아니한다.

→ An (　　　) is acceptable in lieu of an insurance certificate or a declaration. But cover notes will not be accepted.

034 당 보험은 최종 양륙항에서 외항선으로부터 보험목적물의 양하 작업을 완료한 후 60일이 경과될 때에 종료한다.

→ This insurance terminates on the expiry of 60 days after completion of discharge overside of the (　　　) insured from the oversea vessel at the final port of discharge, whichever shall first occur.

035 이 보험이 개시된 후에 피보험자에 의하여 목적지가 변경되는 경우에는 합의될 보험요율과 보험조건을 위해 보험자에게 지체 없이 통지되어야 한다.

→ Where, after attachment of this insurance, the destination is changed by the Assured, this must be notified promptly to insurers for (   ) and terms to be agreed.

036 보험목적물을 구조, 보호, 회복하기 위하여 피보험자 또는 보험자가 취한 조치는 위부의 포기 또는 승낙으로 보지 아니하며, 또는 그 밖에 어느 일방의 권리 침해로도 보지 않는다.

→ Measures taken by the Assured or the Insurers with the object of saving, protecting or recovering the subject-matter insured shall not be considered as a (   ) or acceptance of abandonment or otherwise prejudice the rights of either party.

037 분쟁의 양측이 중재를 받기로 합의했다.

→ Both sides in the (   ) have agreed to go to arbitration.

038 중재는 상업적 분쟁에 있어서 유용한 수단이다.

→ (   ) is a wonderful thing in commercial disputes.

039 그 회사는 법적 분쟁에 대한 자문을 제공하는 10명의 사내변호사가 있다.

→ The company has 10 in-house lawyers providing consultancy services for (   ) disputes.

040 두 회사는 특허권 문제로 분쟁 중이다.

→ The two companies are in the middle of a (   ) dispute.

041 WTO의 분쟁해결기구는 회원국 간의 무역분쟁에 대한 결정을 내려준다. 분쟁해결기구의 결정은 주로 분쟁 패널의 결정과 일치한다.

→ The (   ) of the World Trade Organization makes decisions on trade disputes between governments that are adjudicated by the Organization. Its decisions generally match those of the dispute panel.

042 분쟁해결기구는 역만장일치제라고 알려진 특별한 결정절차를 사용한다.

→ The DSB uses a special decision procedure known as (   ).

043 귀사의 클레임 조사 결과, 당사는 당사 발송부서에서 실수가 있었음을 확인하였습니다.

→ After (   ) your complaint, we have ascertained that an error was made in our dispatch department.

044 귀사의 클레임을 우호적으로 해결하기 위하여 송장금액 기준 5%의 할인을 제공할 용의가 있습니다.

→ In order to settle your claim amicably, we are willing to give you 5% discount off the (   ).

045 당사보다는 보험회사에 클레임을 제기하는 편이 더 나을 것입니다.

→ We feel that you should (   ) a claim the insurance company rather than us.

046 국내 턴키공사의 클레임 예방을 위한 클레임 요인 추출 및 분석에 관한 연구

→ The Study on Extraction and Analysis of the (   ) for Preventing the Potential Claim in Domestic Turnkey Base Project.

047 중국 정부는 미국에 무역최혜국 대우를 1년 연장해 줄 것을 촉구했습니다.

→ China called on the United States to extend its (   ) nation trade status for another year.

048 그 합작투자 사업은 아시아 전역에 걸쳐 TV 및 인터넷 서비스를 제공하게 될 위성 시스템을 발사할 것이다.

→ The (   ) will launch a satellite system that will offer television and Internet services throughout Asia.

049 우리는 정부가 임박해오고 있는 시장 개방이라는 위험으로부터 우리(농부들)를 보호해 줄 것을 요청한다.

→ We demand the government (   ) farmers from the growing dangers of market opening.

050 우리는 새로운 금융거래 시스템이 필요하다.

→ We need a new (   ) trading system.

051 1960년대에 해외생산이 확대되었고 아르헨티나, 오스트레일리아, 벨기에, 브라질, 프랑스, 영국, 인도, 이탈리아, 일본, 멕시코, 스페인 그리고 미국에서 공장들이 건설되었다.

→ In the 1960s, (   ) was expanded and plants were built in Argentina, Australia, Belgium, Brazil, France, United Kingdom, India, Italy, Japan, Mexico, Spain and the United States.

052 송금은 수표로도 할 수 있고 신용카드로도 할 수 있다.

→ (   ) can be made by check or credit card.

053 외상매출 채권 매입은 중요한 금융도구이다.

→ (   ) is an important financial instrument.

054 비과세 금융 상품에 가입하는 것은 좋은 절세 방법이다.

→ A good way to (   ) is to purchase tax-exempt financial instruments.

055 그는 유엔 안보리 회원들에게 몇 가지 문제들을 제출하기 위해 유엔에 갔고, 그들에게 라이베리아의 목재 수출에 제재를 가해달라고 호소했습니다.

→ He went to the UN to present some issues to members of the (   ) and urged them to impose a ban on the Liberian timber trade.

056 세계 무역 기구 WTO는 2005년 국제 무역은 느린 출발을 보였지만 중반부터 약진을 보여 2005년 말 물품과 서비스의 무역 양은 6퍼센트 증가한 것으로 결론지었다.

→ The World Trade Organization says cross-border trade got off to a sluggish start in 2005, but picked up mid-year to end the year with a six percent growth in the (   ) of goods and services traded.

057 많은 프랜차이즈 업체들은 유망한 프랜차이즈 가맹점으로 하여금 계약내용에 대해서 법률적 검토할 것을 권고한다.

→ Many franchisors advise aspiring (   ) to have their contracts legally checked.

058 두 회사는 50 대 50의 지분으로 합작회사를 설립했다.

→ The two companies set up a fifty-fifty (   ).

059 미국에서는, 전매특허를 얻는 데 약 1년이 걸린다.

→ In the USA, it takes about a year to take out a (   ).

060 UBS 그룹은 다수의 국내 주요 인수합병 건에 적극 참여해 왔다.

→ UBS has been involved in a number of major (   ) in Korea.

061 신설투자는 합병보다 아주 약간의 더 큰 영향을 미친다.

→ (   ) have a slightly greater impact than acquisitions.

062 지적재산법은 정책 입안자와 업계에서 주요 쟁점이 되고 있다.

→ (　　　　　) is becoming a key issue for policy makers and businesses.

063 20개 금융기관들은 신디케이트론에 2조 3,100억 원을 적립할 계획이며 산업은행은 이 프로젝트가 예산 부족을 겪게 될 경우를 대비해 2천억 원의 자금을 대기 자금으로 추가 제공할 계획이다.

→ The 20 financial institutions will pool 2.31 trillion won into a (　　　　　) while KDB will extend an additional 200 billion won in stand-by facility in case the project runs over budget.

064 이 기술이 이전된다면 국내 주요 수출품목의 하나인 DCMA 방식 휴대폰 제조업체들이 엄청난 타격을 받을 것이 분명하다.

→ The (　　　　　), if realized, will surely deal a devastating blow to domestic manufacturers of CDMA technology-based mobile phones, one of the nation's major export items.

065 몇몇 생산회사들은 24시간 공장을 운용하고 있다.

→ Some (　　　　　) are operating plants 24 hours a day.

066 DJH와 SOE는 각각 9천억 달러를 합작기업에 투자할 예정이다.

→ DJH and SOE will (　　　　　) $900 billion each in a joint venture.

067 사무라이 채권은 일본 내 외국 회사들에 의해 엔화로 발행된 채권이다.

→ (　　　　　) are yen bonds issued by overseas companies in Japan.

068 PAA의 또 다른 목표는 기업들에게 전자상거래 응용프로그램 서비스를 제공하기 위하여 국가간 전자무역 네트워크를 구축하는 것이다.

→ Another PAA objective is to allow inter-connection of network services to provide e-commerce transaction application (　　　　　) for the business community.

069 PAA 회원들은 글로벌 전자무역 서비스를 개방하기 위한 무역회사들과의 협력을 강화하고 보다 많은 대기업들이 전자상거래 관행을 채택할 것을 독려하기로 합의했다.

→ Alliance members also agreed to strengthen cooperation with trading companies to develop global e-trade services and encourage more big corporations to practice (　　　　　).

070 1995년, 무역을 규정하기 위한 정식 기구인 세계 무역 기구가 설립되었다. 이것은 세계 무역법 역사에서 가장 중요한 발전이다.

→ In 1995, the (   ), a formal international organization to regulate trade, was established. It is the most important development in the history of international trade law.

071 관세 및 무역에 관한 일반 협정은 20세기를 통틀어 세계 무역법의 중추적인 역할을 해오고 있다.

→ The (   ) has been the backbone of international trade law throughout most of the twentieth century.

072 운송인 인도라 함은 매도인이 물품을 자신의 영업장 구내 또는 기타 지정장소에서 매수인에 의해 지정된 운송업자나 다른 사람에게 인도하는 것을 의미한다.

→ Free Carrier means that the seller delivers the goods to the carrier or another person (   ) by the buyer at the seller's premises or another named place.

073 운송인 인도조건에서, 당사자들은 합의된 인도장소의 인도지점을 가능한 명확하게 특정해야 한다. 왜냐하면 그 해당 지점에서 위험이 매수인에게 이전되기 때문이다.

→ In FCA, the parties are well advised to specify as clearly as possible the point within the named place of delivery, as the (   ) passes to the buyer at that point.

074 운송비 · 보험료 지급 인도조건은 매도인이 합의된 장소(당사자 간에 장소가 합의된 경우)에서 자신이 지정한 운송인이나 다른 사람에게 물품을 인도하는 것을 의미하며, 매도인은 지정된 목적지까지 물품을 운송하기 위해 필요한 운송계약을 체결하고 운송비를 지급해야 한다.

→ CIP means that the seller delivers the goods to the carrier or another person nominated by the seller at an agreed place (if any such place is agreed between the parties) and that the seller must contract for and pay the costs of carriage necessary to (   ) the goods to the named place of destination.

075 통지은행이란 발행은행의 요청에 따라 신용장을 통지하는 은행을 의미한다.

→ Advising bank means the bank that (   ) the credit at the request of the issuing bank.

076 개설은행이란 개설 의뢰인의 요청에 의해 또는 자체적으로 신용장을 발행하는 은행을 의미한다.

→ Issuing bank means the bank that issues a credit at the request of an (   ) or on its own behalf.

077 확인은행이란 발행은행의 수권 또는 요청에 따라 신용장에 확인을 추가하는 은행을 의미한다.

→ Confirming bank means the bank that adds its (   ) to a credit upon the issuing bank's authorization or request.

078 "~경에" 또는 그 유사한 표현은 어떤 일이 특정일 이전 5일부터 특정일 이후 5일까지의 기간 동안에 발생했다는 명문으로 해석될 것이며, 시작일 및 종료일 모두를 포함하는 개념이다.

→ The expression "on or about" or similar will be interpreted as a stipulation that an event is to occur during a period of five calendar days before until five calendar days after the specified date, both start and end dates (   ).

079 본질적으로 신용장은 그 근거를 두고 있는 매매계약 또는 기타 계약과는 독립된 별도의 거래이다. 그러한 계약과 관련된 어떤 사항이 신용장에 포함되어 있다 할지라도, 은행은 그러한 계약과는 전혀 무관하며 이에 구속되지도 않는다.

→ A credit by its nature is a (   ) from the sale of other contract on which it may be based. Banks are in no way concerned with or bound by such contract, even if any reference whatsoever to it is included in the credit.

080 은행은 서류를 취급하는 것이지 그 서류와 관련된 물품, 용역 또는 의무이행을 취급하는 것이 아니다.

→ Banks deal with (   ) and not with goods, services or performance to which the documents may relate.

081 발행은행은 신용장을 발행하는 시점부터 지급을 이행할 취소불능의 의무를 진다.

→ An issuing bank is irrevocably bound to (   ) as of the time it issues the credit.

082 지정에 따라 행동하는 지정은행, 확인은행(있는 경우) 또는 발행은행은 제시가 일치하지 아니한 것으로 결정할 경우, 지급이행 또는 매입을 거절할 수 있다.

→ When a nominated bank acting on its nomination, a confirming bank, if any, or the issuing bank determines that a presentation does not comply, it may (   ).

083 공동해손 : 이 보험은 제4조, 제5조, 제6조, 제7조의 면책사유를 제외한 일체의 사유에 따른 손해를 피하기 위해 또는 피함과 관련하여 발생한, 해상운송계약 및 또는 준거법이나 관습에 따라 정산되거나 결정된 공동해손과 구조료를 보상한다.

→ General Average : This insurance covers general average and (   ), adjusted or determined according to the contract of carriage and/or the governing law and practice, incurred to avoid or in connection with the avoidance of loss from any cause except those excluded in Clauses 4, 5, 6 and 7.

084 쌍방과실충돌조항 : 이 보험은 본 약관에서 담보된 위험과 관련하여, 운송계약의 "쌍방과실충돌" 조항에 따라 발생한 책임에 대하여 피보험자에게 보상한다.

→ Both to Blame Collision Clause : This insurance (   ) the Assured, in respect of any risk insured herein, against liability incurred under any Both to Blame Collision clause in the contract of carriage.

085 ICC(A) : 어떠한 경우에도 이 보험은 피보험자의 고의의 불법행위에 기인하는 멸실, 손상 또는 비용을 담보하지 않는다.

→ ICC(A) : In no case shall this insurance cover loss damage or expense attributable to (   ) of the Assured.

086 ICC(A) : 어떠한 경우에도 이 보험은 보험목적물의 통상의 누손, 통상의 중량손 또는 용적손, 또는 자연소모를 담보하지 않는다.

→ ICC(A) : In no case shall this insurance cover ordinary leakage, ordinary loss in weight or volume, or ordinary wear and tear of the (   ) insured.

087 ICC(A) : 어떠한 경우에도 이 보험은 보험목적물의 고유의 하자 또는 성질로 인하여 발생한 멸실, 손상 또는 비용을 담보하지 않는다.

→ ICC(A) : In no case shall this insurance cover loss damage or expense caused by inherent vice or (   ) of the subject-matter insured.

088 ICC(B) · ICC(C) : 어떠한 경우에도 이 보험은 보험목적물 또는 그 일부에 대한 어떠한 자의 불법행위에 의한 고의적인 손상 또는 고의적인 파괴를 담보하지 않는다.

→ ICC(B) · ICC(C) : In no case shall this insurance cover (   ) damage to or deliberate destruction of the subject-matter insured or any part thereof by the wrongful act of any person or persons.

089 이 협약은 물품을 공급하는 당사자의 의무 중에서 대부분이 노동 또는 기타 서비스의 공급으로 구성되어 있는 계약의 경우에는 적용되지 아니한다.

→ This Convention does not apply to contracts in which the preponderant part of the obligations of the party who furnishes the goods consists in the supply of labor or other (   ).

090 이 협약은 물품에 의하여 야기된 누군가의 사망 또는 신체적인 상해에 대한 매도인의 책임에 대해서는 적용되지 아니한다.

→ This Convention does not apply to the (   ) of the seller for death or personal injury caused by the goods to any person.

091 당사자는 이 협약의 적용을 배제하거나 제12조에 의거 이 협약의 어떤 조항의 효력을 약화시키거나 변경시킬 수 있다.

→ The parties may exclude the application of this Convention or, subject to article 12, (   ) from or vary the effect of any of its provisions.

092 이 협약에 의하여 규율되는 사항이나 이 협약에서 명시적으로 해결되지 아니한 사항과 관련된 문제는 이 협약의 기초가 되는 일반원칙에 따라 해결되거나 그러한 원칙이 없는 경우 국제사법의 규칙에 의하여 적용되는 법률에 따라 해결되어야 한다.

→ Questions concerning matters governed by this Convention which are not expressly settled in it are to be settled in conformity with the (   ) on which it is based or, in the absence of such principles, in conformity with the law applicable by virtue of the rules of private international law.

093 당사자가 사업장을 갖고 있지 아니한 경우에는, 당사자의 일상적인 거주지를 사업장으로 간주한다.

→ If a party does not have a place of business, reference is to be made to his (   ).

094 매매계약은 서면으로 체결 또는 입증되어야 할 필요가 없으며, 또 형식과 관련해서도 다른 특정요건에 따를 필요는 없다. 매매계약은 증인을 포함하여 여하한 수단에 의해서도 입증될 수 있다.

→ A contract of sale need not be concluded in or evidenced by writing and is not subject to any other requirement as to form. It may be proved by any means, including (   ).

095 청약은 피청약자에게 도달한 때 효력이 발생한다.

→ An offer becomes (   ) when it reaches the offeree.

096 EXW : 일반적으로 국내 교역에는 본 규칙이 적합한 반면, 국제 교역에는 FCA 규칙이 더 적합하다.

→ EXW : It is suitable for trade, while FCA is usually more appropriate for (   ) trade.

097 FCA : 본 규칙 조항은 운송수단의 종류에 구애받지 않고 적용할 수 있을 뿐만 아니라 하나 이상의 운송수단이 사용될 경우에도 적용될 수 있다.

→ FCA : This rule may be used irrespective of the (   ) selected and may also be used where more than one mode of transport is employed.

098 운송인 인도조건에서는 가능하다면 매도인이 물품의 수출통관을 이행하여야 한다. 그러나 매도인에게 물품의 수입통관, 수입관세 지불, 수입 관련 통관절차 이행에 관한 의무는 없다.

→ FCA requires the seller to (　　　　　) for export, where applicable. However, the seller has no obligation to clear the goods for import, pay any import duty or carry out any import customs formalities.

099 CPT : 당사자들은 합의된 인도장소의 인도지점을 가능한 명확하게 특정해야 한다. 왜냐하면 그 해당 지점까지의 비용을 매도인이 부담해야 하기 때문이다.

→ CPT : The parties are well advised to identify as precisely as possible the point within the agreed place of destination, as the costs to that point are for the account of the (　　　　　).

100 터미널 인도라 함은 지정목적항이나 지정목적지에 있는 지정터미널에서 물품을 도착한 운송수단에서 양화하자마자 즉시 매수인의 임의 처분 상태에 두었을 때 매도인이 인도하는 것을 의미한다.

→ Delivered at Terminal means that the seller delivers when the goods, once unloaded from the arriving means of transport, are placed at the (　　　　　) of the buyer at a named terminal at the named port or place of destination.

101 관세 지급 인도조건은 매도인에게는 최대 의무를 의미한다.

→ DDP represents the maximum (　　　　　) for the seller.

102 FAS : 본 규칙은 오로지 해상 및 내수로 운송에만 사용된다.

→ FAS : This rule is to be used only for sea or (　　　　　) transport.

103 본선 인도란 매도인이 지정선적항에서 매수인이 지정한 선박의 본선상에 물품을 인도하거나 이미 선적을 위해 인도된 물품을 조달하는 것을 의미한다.

→ Free on Board means that the seller delivers the goods (　　　　　) the vessel nominated by the buyer at the named port of shipment or procures the goods already so delivered.

번 호	정 답	번 호	정 답
001	negotiated	031	premium
002	Principal	032	implied warranties
003	accept	033	insurance policy
004	firm	034	subject−matter
005	counter	035	rates
006	quality	036	waiver
007	carrier	037	dispute
008	seller	038	Arbitration
009	expiry date	039	legal
010	commercial invoice	040	patent
011	draft	041	dispute settlement body
012	irrevocable L/C	042	reverse consensus
013	honor	043	investigating
014	negotiated	044	invoice amount
015	differences 또는 discrepancy	045	file
016	sight payment	046	Claim Elements
017	presentation	047	most favored
018	transfer	048	joint venture
019	obligations	049	protect
020	out	050	financial
021	prohibits	051	production abroad
022	original	052	Remittance
023	transport document	053	Factoring
024	latest date	054	reduce tax
025	non−negotiable B/L	055	Security Council
026	damaged	056	volume
027	shipment	057	franchisees
028	clean B/L	058	joint venture
029	forwarder	059	patent
030	insurance	060	mergers and acquisitions

061	Greenfield investments	083	salvage charges
062	Intellectual property law	084	indemnifies
063	syndicate loan	085	willful misconduct
064	technology transfer	086	subject—matter
065	manufacturers	087	nature
066	invest	088	deliberate
067	Samurai bonds	089	services
068	services	090	liability
069	electronic commerce	091	derogate
070	World Trade Organization(WTO)	092	general principles
071	GATT	093	habitual residence
072	nominated	094	witnesses
073	risk	095	effective
074	bring	096	international
075	advises	097	mode of transport
076	applicant	098	clear the goods
077	confirmation	099	seller
078	included	100	disposal
079	separate transaction	101	obligation
080	documents	102	inland waterway
081	honor	103	on board
082	refuse to honor or negotiate	−	−

MEMO

좋은 책을 만드는 길
독자님과 함께하겠습니다.

도서나 동영상에 궁금한 점, 아쉬운 점, 만족스러운 점이
있으시다면 어떤 의견이라도 말씀해 주세요.
SD에듀는 독자님의 의견을 모아 더 좋은 책으로 보답하겠습니다.

www.sdedu.co.kr

2022 합격자 무역영어 1급 기출이 답이다

개정9판1쇄 발행	2022년 05월 04일 (인쇄 2022년 03월 25일)
초 판 발 행	2013년 04월 22일 (인쇄 2013년 04월 22일)
발 행 인	박영일
책 임 편 집	이해욱
저 자	무역시험연구소
편 집 진 행	김은영 · 이나래
표지디자인	박수영
편집디자인	최미란 · 곽은슬
발 행 처	(주)시대고시기획
출 판 등 록	제10-1521호
주 소	서울시 마포구 큰우물로 75 [도화동 538 성지 B/D] 9F
전 화	1600-3600
팩 스	02-701-8823
홈 페 이 지	www.sdedu.co.kr
I S B N	979-11-383-2085-6 (13320)
정 가	27,000원

합격에 자신있는 무역시리즈

합격자 *ROADMAP*

관세사 1차 한권으로 끝내기 ▶ 동영상 강의 교재

- [상권]+[하권] 분권구성
- 출제경향을 반영한 과목별 핵심이론
- 최신기출문제+상세한 해설 수록
- 출제예상문제 및 OX문제 수록

관세사 1차 3개년 기출문제집 ▶ 동영상 강의 교재

- 기출문제 학습을 통한 실전대비서
- 과목별 분리 편집구성
- 최신기출문제+상세한 해설 수록

관세사 2차 논술답안백서 ▶ 동영상 강의 교재

- [상권]+[하권] 분권구성
- 핵심이론 및 최신기출문제 수록
- 모의문제 및 고득점 비법 수록
- 최신 개정내용 추가 수록

국제무역사 1급 한권으로 끝내기

- 출제경향을 완벽 반영한 핵심이론
- 과목별 100문제+최종모의고사 1회분 수록
- 소책자 무역이론 핵심요약노트+오디오북 제공

※ 도서의 구성 및 이미지는 변경될 수 있습니다.